憲法答弁集

［1947－1999］

監　修

浅 野 一 郎
杉 原 泰 雄

編　集

浅 野 善 治　岩 﨑 隆 二　植 村 勝 慶
浦 田 一 郎　川 﨑 政 司　只 野 雅 人

信　山　社

執筆分担・執筆者紹介

前文～第二条……植村勝慶（國學院大學法学部教授）
第三条～第八条……浅野善治（衆議院調査局調査員）
第九条第一節～第三節……岩﨑隆二（参議院法制局参事）
第九条第四節一(1)～(4)……浦田一郎（一橋大学大学院法学研究科教授）
第九条第四節一(5)……中富公一（岡山大学法学部教授）
第九条第四節二～第五節……倉持孝司（甲南大学法学部教授）
第九条第六節……岩﨑隆二
第一〇条～第一三条……植村勝慶
第一四条～第一六条……川﨑政司（参議院法制局参事）
第一七条～第二〇条……小泉洋一（甲南大学法学部教授）
第二一条……久保健助（日本女子体育大学体育学部助教授）
第二二条……川﨑政司
第二三条～第二八条……前原清隆（長崎総合科学大学工学部教授）
第二九条～第四〇条……川﨑政司
第四一条～第六四条（国会雑）……浅野善治
第六五条～第七五条……村田尚紀（関西大学法学部教授）
第七六条～第八二条……只野雅人（一橋大学大学院法学研究科助教授）
第八三条～第九一条……浅野善治
第九二条～第九九条……大津　浩（東海大学法学部教授）

『憲法答弁集』の刊行にあたって

一　近現代の国家は、政治と社会の根本的な在り方を憲法に定め、その憲法に従って政治をする立憲主義の体制をとっている。すべての法律は憲法に従って制定されなければならず、行政も司法も最終的には憲法に従わなければならない。その憲法が政治と社会の在り方についてどのようなことを定めているかは、憲法の解釈にまつところが少なくない。解釈をまつまでもなく意味が明瞭な憲法の条文は、おそらく一条もあるまい。その意味では、憲法の解釈・運用こそが、政治と社会の在り方についての法的な枠組みを最終的にきめることになる。

政治と社会が安定した状況にあるときは、憲法の解釈・運用は、さして動かない。しかし、それらが不安定な状況に陥ると、それに対応して解釈・運用も、動揺しがちになる。日本の政治と社会は、いまそのような状況に大きく入りこんでいるようである。

二　政治の場で、誰が憲法の解釈をきめるか。権力担当者による憲法や法律の解釈を有権解釈（公権解釈）という。憲法について最高の有権解釈権をもっているのは、裁判所、とくに最高裁判所である。最高裁判所は、「一切の法律、命令、規則又は処分が憲法に適合するかしないかを決定する権限を有する終審裁判所」（憲法第八一条）として、その任務を果たすために憲法について最高の有権解釈権を認められている。

日本国憲法においては、裁判所による法律等の違憲審査は、通常の事件の審理のなかでその前提問題としておこなわれている。具体的な法的紛争（事件）を要件とする「付随的違憲審査制」である。それ故、国民の権利・利益の保障に直接関係しない憲法の多くの条項は、裁判所で解釈されることが少ない。また、国民の権利・利益の保障に直接関係するたとえば人権規定であっても、その解釈が裁判所で問題になるのは、多くの場合、具体的な事件が裁判所に係属してからのことであるから、法律等の制定後長い時間がたった後ということになりやすい。

裁判所で解釈されない憲法の多くの条項については、立法権や条約の承認権をもつ国会が最高の有権解釈権をもつことになる。また、裁判所で審理される憲法の条項についても、事件として裁判所で審理されるまでは、国会の憲法解釈が、現実の政治を規律することになる。国会が多数決の場であるところからすれば、多数党（与党）が憲法の解釈をきめるといってもいいであろう。日本の政治の実際においては、多数党によって政府が組織され、その政府が主要な法律案を提出し条約を締結しているという事情もあってか、主として政府（とくに内閣法制局）がその役割を担っているようである。

三　「国会の憲法論議」、「国会における政府の憲法答弁」に注目しなければならない。これを軽視すると、憲法がどのように解釈・運用されているか、立憲主義が尊重されているかどうか、憲法政治の軌跡や動向はどうかが、みえなくなってしまう。たしかに、憲法がどのように政治と社会の在り方を定めているかは、憲法を解釈する書物（たとえば憲法の教科書）を読めば、一応は理解できる。しかし、憲法の教科書を読んでも、政治が現実に憲法をどのように解釈・運用しているかはよく分からないことが多い。現在のように憲法政治が大きく動いているときは、とくにそうである。教科書では、そこまで政治の現実を追いかけることはむずかしい。

官報で議事録を読み、憲法の解釈・運用の現実を知ることが考えられる。それが現実を知るまっとうな方法であることは、間違いない。しかし、その方法は、時間をもつ専門家は別として、不可能に近いことである。膨大な議事録を読み、憲法の解釈・運用にかんする部分を的確に整理することは、時間的にも能力的にも容易なことではない。しかし、憲法の解釈・運用の現実を的確に理解することは、憲法の解釈・運用にかかわる政治家・公務員・法曹にとって、国民の知る権利を代行するマスメディアにとって、憲法を研究・教育する研究者とそれを学習する学生にとって、そしてなによりも主権者として政治を理解しかつ監視すべき立場にある国民にとって、必要不可欠のことである。

国会の衆議院・参議院の本会議と委員会の議事録から、憲法に関する重要な政府答弁を抽出して、憲法の条文と論点ごとに整理した『憲法答弁集』を公刊することにした。その具体化が本書である。憲法答弁がなされた政治的社会的な背景状況についても解説をしている。憲法研究者と実務の方々の協力によって、正確で公平な、利用し易いよき資料集ができたと思っている。積極的なご利用を願っている。また、必要な度に追加・補訂をしていきたいとも願っている。

浦田一郎教授を中心とする編集委員会のみなさんと整理・解説を分担して下さったみなさんからは多大な時間とご努力をい

ただいた。衷心よりお礼を申し上げたい。また、困難な出版事情のなかで信山社が出版を引き受けて下さり、多くのご配慮をいただいた。信山社の関係者に対しても心からのお礼を申し上げたい。

二〇〇三年五月

浅野一郎

杉原泰雄

利用案内

一　資料集の意義

1　立憲主義と議会　議会を中心とする政治部門は民主主義の場であり、司法・裁判部門は立憲主義の場であると想定されることが多い。この想定は基本的に正当である。しかしながら、原則的にまず議会において一定の憲法解釈を前提にして立法が行われ、しかしなお例外的に法律に憲法上の問題が含まれている場合、違憲審査制の下で最終的に裁判所による憲法判断が示され確定する。憲法解釈に関する最終的判断に着目して違憲審査制による立憲主義が重視されるが、その前提として議会における立憲主義の機能にも本来注意が払われる必要がある。

日本の場合にも国会において膨大な数の重要な憲法論議が積み重ねられており、そのことを抜きにして日本の立憲主義を語ることはできないはずである。憲法論議のなかで憲法解釈は、実際には議員の質問に対する政府の答弁という形で示されてきた。その場合、政府答弁における過去と現在の整合関係が議員によって問題にされるため、政府答弁には判例に類似した先例拘束性が実際上相当程度働いている。各種の憲法論議のなかでもとりわけ平和主義の分野で、戦争放棄の憲法規定の下で日米安保と自衛隊が運用されてきたため、重要な憲法論議の蓄積が見られる。平和主義に関する判例が砂川事件や長沼事件における判例など比較的限定されているのと、対照的である。国会において安保条約が承認され自衛隊法が制定され政府によって運用されるとともに、専守防衛、海外派兵の禁止、集団的自衛権の否認など憲法上の原則とされるものが示されてきた。裁判が事件性の要件によって相対的に限定される付随的違憲審査制の下で、司法消極主義的な運用が加わって、実際には国会において示された憲法解釈に基づいて憲法運用がなされる場合が多い。

2　資料集の必要性　以上のように、日本における立憲主義の現状を理解するために国会における憲法論議を知ることが不可欠と考えられるが、その歴史的・体系的把握は必ずしも容易ではなく、そのための資料集が必要である。資料集がなければ、市民が憲法問題にかかわり、マスメディアが報道し、研究者が分析し、議員が取り組むうえで、困難が生じる。その資料集は、国会衆参の本会議と委員会の議事録の中から、憲法に関する答弁として重要なものを選択し、憲法の条文と論点毎に整理したものでなければならない。議事録は、本会議に関するものが官報で公刊されるほか、現在では国会図書館と国会衆参のホーム・ページで公開されるようになり、キー・ワードによって検索できるようになった。しかしながら、キー・ワード検索によっても膨大な論議に当たらざるを得ず、そのなかから重要なものを選択・整理した資料集の必要性はやはり大きい。資料集なしに国会で膨大な議事録に基づいて審議することは、資料集なしに裁判所において膨大な判例集によって訴訟することと同様に、困難なことである。

二　利用案内

1　基礎資料　本答弁集は、議事録の中から重要と考えられる答弁を選択したものであるが、選択に当たって山内一夫・浅野一郎編集代表『国会の憲法論議』(ぎょうせい、一九八四年)なども参考にさせていただいた。

2　利用者　本答弁集の利用者として、憲法研究者等の研究者、国家・地方の議員・公務員、裁判官・検察官・弁護士等の法曹、労働組合・市民運動等にかかわる労働者・市民、教員の推薦によって図書館で学習する学生等を想定している。憲法運用に関する研究・教育・実務の基礎資料として、関心の強い個人に揃えていただくほか、大学の図書館、各種の図書館・資料室に備えていただきたいと願っている。

3　対象時期　本答弁集は日本国憲法の運用に関する資料集なので、憲法制定議会における答弁は対象外であり、昭和二二(一九四七)年以降の答弁が収録されている。平成一一(一九九九)年までの答弁が収められているが、編集・執筆・印刷に予想以上に時間がかかり、それ以降のものについては扱うことができなかった。可能な限り早い機会に、本答弁集の改訂版を出したいと考えている。

4　項目の配列　答弁は、まず条文毎に分け、次に項目の多い九条関係については論点毎に分類し、原則として日付の順に配列されている。

5　タイトルとサブタイトル　各項目毎に、憲法上の論点が明確になるよう、簡潔なタイトルが体言の形式で付けられている。次に答弁の内容と結論が、サブタイトルとして用言の形式で示されている。

6　議事録　答弁がなされた年月日、会期、衆参の別、本会議・委員会が示されているが、インターネットによって議事録にアクセスする場合が一般的だと考えられるので、議事録の号数や頁数は省略されている。

7　議論の背景　抽象的な形式で出された答弁が、どのような社会的・政治的背景の下でなされたかが、議論の背景として示されている。これは、原則として議事録で確認できるものが基礎になっているが、問題によっては新聞記事、年表、資料集に当たったものも含まれている。

8　質問と答弁　憲法解釈は議員の質問に対する政府の答弁という形で示されることが多いため、原則として質問はその趣旨が要約され、答弁は議事録から引用されている。

9　答弁の重要な部分　答弁のなかで重要な部分には、傍線が引かれており、タイトルやサブタイトルに対応した部分を容易に見つけることができるように配慮されている。

10　索　引　何条関係の答弁か、どの論点の答弁か分からない場合には、タイトルを基礎にして作られた「事項索引」を利用していただきたい。また、論文等に年月日が引用されている答弁を探せるように、日付の順に答弁を配列した「年月日順索引」も設けられている。さらに、質問者・答弁者から探せるようにするため、「質問者・答弁者索引」も設けられている。

編集委員　浦田一郎

目次

『憲法答弁集』の刊行にあたって
利用案内
凡例
委員会名一覧
法令略語一覧

前文

1 現行憲法の効力 昭三〇（一九五五）・七・二九（二二回 参・内閣）……1
2 前文の「これに反する一切の憲法…を排除する」と旧憲法による改正手続 昭五一（一九七六）・五・七（七七回 参・予算）……1
3 「国体」の意義 昭五四（一九七九）・五・八（八七回 参・内閣）……2
4 前文「選挙された国会」の意味 昭五四（一九七九）・三・一〇（八七回 参・予算）……3
5 前文「政府の行為によつて」の趣旨 昭五六（一九八一）・三・一一（九四回 参・予算）……4
6 前文の第二段及び第三段の意味 昭五六（一九八一）・三・一一（九四回 参・予算）……5
7 日本国憲法制定の法理 昭六〇（一九八五）・九・二七（一〇二回 衆・本会議録）……6
8 前文の規範的効力 平六（一九九四）・一〇・一八（一三一回 参・予算）……7
9 前文の裁判規範性 平七（一九九五）・一〇・一一（一三四回 衆・予算）……7

第一章 天皇

第一条（天皇の地位・国民主権）

10 憲法一四条の国民に天皇は含まれるか 昭二二（一九四七）・七・三一（一回 衆・司法）……9

11 「象徴たる地位」と「国事行為を行われる地位」　昭四八（一九七三）・六・一九　〔七一回　衆・内閣〕……9
12 日本は立憲君主制か　昭四八（一九七三）・六・二八　〔七一回　参・内閣〕……10
13 天皇の戦争責任　平元（一九八九）・二・一四　〔一一四回　参・内閣〕……11
14 天皇は元首か　平二（一九九〇）・五・一四　〔一一八回　参・予算〕……12
15 天皇・皇族の選挙権・被選挙権　平四（一九九二）・四・七　〔一二三回　参・内閣〕……12

第二条（皇位の継承）

16 「男系の男子」には皇庶子を含むか　昭四三（一九六八）・四・三　〔五八回　衆・内閣〕……13
17 天皇の退位　昭四六（一九七一）・三・一〇　〔六五回　衆・内閣〕……14
18 天皇・皇太子・皇太孫の成年　昭五九（一九八四）・四・三　〔一〇一回　衆・内閣〕……14
19 天皇の退位　昭五九（一九八四）・四・三　〔一〇一回　衆・内閣〕……15
20 女帝否認と法の下の平等　平四（一九九二）・四・七　〔一二三回　参・内閣〕……16

第三条（天皇の国事行為に対する内閣の助言と承認）

21 天皇の国事行為の性質は、行政権か　昭三九（一九六四）・三・一七　〔四六回　衆・内閣〕……17
22 天皇の国事行為についての拒否権・猶予権　昭四八（一九七三）・六・七　〔七一回　衆・内閣〕……18
23 天皇の公的行為についての政府の責任　昭五〇（一九七五）・一一・二〇　〔七六回　参・内閣〕……18

第四条（天皇の権能の限界、天皇の国事行為の委任）

24 国事行為の臨時代行と摂政の相違　昭四七（一九七二）・三・三〇　〔六八回　衆・内閣〕……19
25 天皇の公的行為の根拠　昭五〇（一九七五）・三・一四　〔七五回　衆・内閣〕……20
26 天皇の行為の国政に及ぼす影響　昭五〇（一九七五）・一一・二〇　〔七六回　参・内閣〕……21
27 大嘗祭の意義、性格　平二（一九九〇）・四・一九　〔一一八回　衆・内閣〕……22

28 天皇の公的行為の限界及び責任の主体　平二（一九九〇）・五・一七（一一八回　衆・予算）……23
第七条（天皇の国事行為──解散）
29 衆議院の解散制度に関する勧告　昭二七（一九五二）・六・一七（一三回　衆・両院法規）……24
30 内閣不信任決議案可決・信任決議案否決の場合の衆議院の解散の根拠　昭二七（一九五二）・一二・一二（一五回　衆・予算）……26
31 内閣不信任決議案可決に応ずる解散の詔書に引用する根拠条文　昭二八（一九五三）・五・二三（一六回　衆・昭和二八年度一般会計暫定予算外六件特別）……27
32 衆議院の解散権の帰属　昭六一（一九八六）・一・一四（一〇三回　参・本会議録）……27
33 衆議院の解散について　昭六一（一九八六）・三・二八（一〇四回　参・予算）……29
34 同日選挙と参議院の緊急集会　昭六二（一九八七）・一二・一一（一一一回　参・予算）……33
35 同日選挙と衆議院の解散権　昭六三（一九八八）・一・二七（一一二回　衆・本会議）……34
36 衆議院の解散について内閣が実質的決定権を有する根拠　昭六三（一九八八）・二・五（一一二回　衆・予算）……35
37 衆議院議員の定数是正が行われていない場合の解散権の制約　平元（一九八九）・一二・一一（一一六回　衆・決算）……36
38 認証は、官吏の任命の効力発生要件か　昭三八（一九六三）・六・一四（四三回　衆・文教）……36
第七条（天皇の国事行為──勲章・儀式・認証）
39 勲章授与の根拠　昭五〇（一九七五）・六・五（七五回　衆・決算）……37
40 天皇の行う国事行為の「儀式を行うこと」は、具体的に何か　平五（一九九三）・四・二七（一二六回　参・内閣）……37
第八条（皇室の財産授受）
41 皇室の財産は国に属し、財産の授受は国会の議決に基づかなければならない趣旨　平二（一九九〇）・四・二六（一一八回　参・内閣）……38

42 内親王の皇族費が親王の二分の一になっている理由　平二（一九九〇）・五・二四〔一一八回　参・内閣〕……39

第二章　戦争の放棄

第九条（戦争の放棄、戦力および交戦権の否認）

第一節　戦争放棄

43 憲法第九条に関する政府の解釈　昭五五（一九八〇）・一二・二六〔九三回　衆・本会議録〕……41
44 戦争放棄に関する我が国憲法の特徴　昭五七（一九八二）・七・八〔九六回　衆・内閣〕……44
45 「国際紛争」の定義　平一〇（一九九八）・五・一四〔一四二回　衆・安全保障〕……44

第二節　戦力

一　戦力の意義
(1)　戦力の定義
46 憲法第九条第二項の「戦力」の定義　昭二六（一九五一）・一〇・一七〔一二回　参・本会議〕……45
47 自衛力と憲法第九条第二項の「戦力」　昭二九（一九五四）・一二・二一〔二一回　衆・予算〕……46
48 自衛のための必要最小限度の実力　昭三三（一九五八）・四・一八〔二八回　参・内閣〕……46
49 憲法第九条第二項の「戦力」の定義　昭四七（一九七二）・一一・一三〔七〇回　参・予算〕……47
(2)　戦力禁止の目的
50 戦力保持の禁止の目的　昭二七（一九五二）・三・一〇〔一三回　参・予算〕……48
51 憲法第九条第二項の「前項の目的を達するため」の意味　昭四八（一九七三）・九・一三〔七一回　参・内閣〕……49
(3)　我が国の戦力
52 我が国による戦力保持の禁止　昭二七（一九五二）・三・一〇〔一三回　参・予算〕……50
53 自衛隊の戦う力　昭五〇（一九七五）・三・五〔七五回　参・予算〕……50
54 近代戦遂行能力と自衛隊　昭五三（一九七八）・四・一四〔八四回　参・決算〕……51

55 自衛隊と「軍隊」　昭六〇（一九八五）・一一・一五〔一〇三回　参・本会議録〕……51
56 憲法制定当時における軍事組織創設等の想定　平三（一九九一）・四・一八〔一二〇回　参・内閣〕……52
57 自衛隊と「軍隊」　平八（一九九六）・四・四〔一三六回　衆・安全保障〕……53
二　兵　器
(1) 兵器一般
58 自衛のための必要最小限度の武器の保有　昭三二（一九五七）・二・二〇〔二六回　衆・内閣〕……53
59 いわゆる防御用兵器の保持　昭四四（一九六九）・四・一〇〔六一回　衆・本会議録〕……54
60 憲法上保有を許されない兵器　昭五六（一九八一）・五・七〔九四回　衆・内閣〕……54
(2) 核兵器
61 核兵器の保有と憲法　昭三二（一九五七）・五・七〔二六回　参・内閣〕……55
62 米国軍隊による核兵器の持込み　昭三四（一九五九）・三・一七〔三一回　参・予算〕……55
63 非核三原則と安保条約　昭四三（一九六八）・三・二〔五八回　衆・予算〕……56
64 非核三原則と安保条約　昭四三（一九六八）・三・六〔五八回　衆・外務〕……56
65 非核三原則決議と安保条約　昭四三（一九六八）・三・一一〔五八回　衆・予算〕……57
66 軍艦の無害航行等と非核三原則の関係　昭四三（一九六八）・三・一七〔五八回　衆・予算〕……57
67 ポラリス潜水艦の無害航行　昭四三（一九六八）・三・一七〔五八回　衆・予算〕……58
68 いわゆる非核三原則と憲法との関係　昭四三（一九六八）・四・三〔五八回　参・予算〕……59
69 憲法上保有することが許される核兵器　昭四四（一九六九）・二・一四〔六一回　衆・予算〕……59
70 非核三原則にいう「持ち込ませず」の意味　昭四六（一九七一）・五・一四〔六五回　衆・内閣〕……60
71 非核三原則の「保有せず」の意味　昭四六（一九七一）・五・一五〔六五回　衆・内閣〕……60
72 いわゆる戦略核、戦術核及び戦場核の区別　昭四六（一九七一）・五・一五〔六五回　衆・内閣〕……61

73 沖縄返還と非核三原則　昭四六（一九七一）・一一・二四〔六七回　衆・本会議〕……61
74 攻撃的核兵器と防御的核兵器の区別　昭四八（一九七三）・三・二〇〔七一回　参・予算〕……62
75 我が国が保持できない攻撃的兵器　昭五三（一九七八）・二・一三〔八四回　衆・予算〕……63
76 核兵器と憲法第九条第二項　昭五三（一九七八）・三・一一〔八四回　参・予算〕……63
77 核兵器保有に関する憲法解釈と条約遵守義務　昭五三（一九七八）・三・一一〔八四回　参・予算〕……64
78 核積載艦船の我が国領海内通過　昭五六（一九八一）・六・二〔九四回　衆・本会議録〕……65
79 核の抑止力と非核三原則　昭六〇（一九八五）・三・七〔一〇二回　衆・予算一分科〕……66
80 米軍部隊との共同行動と非核三原則　昭六一（一九八六）・五・二一〔一〇四回　衆・本会議録〕……67
81 核兵器の保有と憲法　平五（一九九三）・一二・一四〔一二八回　参・本会議録〕……67
82 核兵器の使用と憲法第九条　平一〇（一九九八）・六・一七〔一四二回　参・予算〕……68
(3) その他の兵器
83 戦闘爆撃機の保有　昭四二（一九六七）・三・二五〔五五回　衆・予算〕……68
84 ＩＣＢＭの配置　昭四三（一九六八）・四・三〔五八回　参・予算〕……69
85 ＢＣ兵器の保有と憲法　昭四四（一九六九）・七・二〔六一回　衆・沖縄北方〕……69
86 Ｆ―15及びＰ―３Ｃの保有の可否　昭五三（一九七八）・二・一四〔八四回　衆・予算〕……71
87 Ｆ―15導入についての統一見解　昭五三（一九七八）・三・四〔八四回　衆・予算〕……72
三　武器の製造・輸出
88 武器の製造と憲法第九条　昭二八（一九五三）・二・一二〔一五回　衆・通商産業〕……74
89 武器の製造・輸出　昭四二（一九六七）・五・一〇〔五五回　参・予算〕……75
90 武器輸出三原則について　昭四七（一九七二）・三・二三〔六八回　衆・予算四分科〕……75
91 武器輸出三原則と憲法　昭五六（一九八一）・二・二〇〔九四回　衆・予算〕……76

92 武器輸出問題等に関する決議　昭五六（一九八一）・三・二〇〔九四回　衆・本会議〕……77
93 輸出規制の対象となる「武器」の範囲について　昭四二（一九六七）・五・一〇〔五五回　参・予算〕……77

第三節　交戦権

一　交戦権の意義
94 交戦権の意義　昭五六（一九八一）・四・一六〔九四回　衆・本会議録〕……78

二　交戦権と国際法
95 自衛隊の実力行使と戦時国際法の関係　昭五三（一九七八）・八・一六〔八四回（閉）衆・内閣〕……79

三　交戦権と自衛権
96 交戦権の否認と自衛権の行使　昭二七（一九五二）・二・二七〔一三回　衆・外務〕……80
97 自衛権と交戦権の関係　昭四四（一九六九）・二・二一〔六一回　参・予算〕……81
98 交戦権否認と自衛権行使との関係　昭五六（一九八一）・五・一九〔九四回　衆・本会議録〕……82

第四節　自衛権

一　自衛権

(1) 自衛権の存在
99 武力によらざる自衛権の存在　昭二五（一九五〇）・一・二八〔七回　衆・本会議〕……83
100 武力によらざる自衛権の存在と状況との対応　昭二五（一九五〇）・一・二八〔七回　衆・本会議〕……83
101 自衛権と戦力に至らざる自衛力の存在　昭二八（一九五三）・七・二五〔一六回　参・予算〕……84
102 自衛のための武力行使と実力部隊の合憲性　昭二九（一九五四）・一二・二二〔二一回　衆・予算〕……84
103 集団的自衛権・海外派兵の禁止、交戦権の意味　昭五五（一九八〇）・一〇・三〇〔九三回　衆・本会議録〕……85
104 自衛権をめぐる吉田茂総理の答弁の変化　昭五六（一九八一）・三・九〔九四回　参・予算〕……87

(2) 自衛権の意義
105 国家の自衛権と個人の正当防衛権の関係　昭三一（一九五六）・三・六〔二四回　参・内閣〕……88
106 憲法上の自衛権と国際法上の自衛権の関係　昭三一（一九五六）・三・九〔二四回　参・予算〕……88

107 自衛権行使の三要件　昭四四（一九六九）・三・一〇〔六一回　参・予算〕……89
108 自衛のための武力行使と国際法上の戦争の関係　昭四八（一九七三）・九・一八〔七一回　参・内閣〕……89
109 自衛権行使の発動と発動後の要件　昭五六（一九八一）・六・三〔九四回　衆・法務〕……90
(3) 自衛権の発動
110 自衛隊の行動と米軍の行動の関係　昭三四（一九五九）・三・一七〔三一回　参・予算〕……90
111 在日米軍基地に対する攻撃と自衛権の発動　昭三四（一九五九）・八・一〔三二回（閉）参・内閣〕……91
112 自衛権と先制攻撃・自衛の関係　昭四三（一九六八）・三・二七〔五八回　参・予算〕……92
113 自衛権の発動と自衛隊法七六条の防衛出動の関係　昭四四（一九六九）・七・一〇〔六一回　参・内閣〕……92
114 自衛権の発動と武力攻撃の発生　昭四五（一九七〇）・三・一八〔六三回　衆・予算〕……93
115 自衛権と専守防衛の範囲　昭四六（一九七一）・四・二八〔六五回　衆・内閣〕……93
116 自衛権の発動と先制攻撃　昭四八（一九七三）・六・二一〔七一回　衆・内閣〕……94
117 専守防衛の概念　昭五六（一九八一）・三・一九〔九四回　参・予算〕……95
118 自衛権の発動と商船隊に対する計画的攻撃　昭五二（一九七七）・一一・一五〔八二回　参・内閣〕……95
119 憲法九条の解釈等　昭六〇（一九八五）・九・二七〔一〇二回　衆・本会議録〕……96
120 自衛権と外国・公海上の日本人の生命等の保護　平三（一九九一）・三・一三〔一二〇回　衆・安全保障特別〕……101
121 国際法上の侵略の定義　平五（一九九三）・六・一〇〔一二六回　参・内閣〕……103
(4) 自衛権行使の地理的範囲
a 地理的範囲一般
122 自衛権の行使と敵基地の攻撃　昭三一（一九五六）・二・二九〔二四回　衆・内閣〕……104
123 自衛権の行使と日本の領域　昭三九（一九六四）・三・九〔四六回　参・予算〕……104
124 自衛権の行使と公海、公空の範囲　昭四四（一九六九）・

一二・二（六二回　参・本会議録）……105
125　日本人の生命等の保護のための自衛官の派遣　昭四五（一九七〇）・三・三（六三回　参・予算）……106
126　自衛権の場合の追跡権の地理的範囲　昭五〇（一九七五）・一二・九（七六回　衆・内閣）……107
b　海外出動
127　自衛隊の海外出動を為さざることに関する決議　昭二九（一九五四）・六・二（一九回　参・本会議）……108
128　自衛権発動の要件と海外派兵　昭四四（一九六九）・四・一〇（六一回　衆・本会議録）……111
129　海外派兵と情報収集目的等の自衛官の海外駐在　昭四八（一九七三）・四・一二（七一回　衆・内閣）……112
130　海外派兵の禁止と武力行使目的　昭四八（一九七三）・九・一九（七一回　衆・決算）……112
131　海外派兵と軍用輸送機による邦人救出　昭五五（一九八〇）・一〇・二八（九三回　衆・内閣）……114
132　徴兵制度あるいは海外派兵と憲法解釈　昭五八（一九八三）・三・三（九八回　衆・内閣）……115
c　公海における行動
133　海外派兵と公海上の日本の船舶の護衛　昭五五（一九八〇）・一一・四（九三回　衆・内閣）……115
134　有事における海上交通の安全確保と外国船舶（統一見解）昭五八（一九八三）・三・一五（九八回　参・予算）……116
135　機雷の除去と武力の行使　昭六二（一九八七）・一〇・一六（一〇九回　参・本会議録）……117
136　武力の行使と機雷の除去　平九（一九九七）・六・一六（一四〇回　参・内閣）……118
(5)　集団的自衛権
a　集団的自衛権一般
137　集団的自衛権とその行使の合憲性　昭和三四（一九五九）・九・一（三二回　衆・外務）……119
138　外国に対する武器援助の合憲性　昭四四（一九六九）・三・一〇（六一回　参・予算）……120
139　集団的自衛権（国連憲章五一条）の発動要件　昭四四（一九六九）・四・一〇（六一回　衆・本会議録）……120
140　米艦船を守ることの合憲性　昭五〇（一九七五）・六・一八（七五回　衆・外務）……122

141 特定海域の防衛を分担することの合憲性　昭五六（一九八一）・四・二七〔九四回　参・安全保障特別〕……122
142 集団的自衛権の位置づけおよびその合憲性　昭五六（一九八一）・六・二〔九四回　衆・本会議録〕……123
143 集団的自衛権の国際法および国内法上の位置づけ　昭五六（一九八一）・六・三〔九四回　衆・法務〕……124
144 シーレーン防衛の合憲性　昭五六（一九八一）・一一・一七〔九五回　参・本会議録〕……125
145 集団的自衛権と憲法解釈の枠　昭五八（一九八三）・二・二二〔九八回　衆・予算〕……126
146 日本に物資を輸送する外国船舶の護衛　昭五八（一九八三）・三・九〔九八回　参・予算〕……126
147 自衛権と米艦の護衛　昭五八（一九八三）・三・二四〔九八回　参・内閣〕……127
148 自国に攻撃があった場合の集団的自衛権の行使　昭五八（一九八三）・四・一〔九八回　参・予算〕……128
149 集団的自衛権等に関する憲法解釈の変更　平八（一九九六）・二・二七〔一三六回　衆・予算〕……129
150 「武力の行使との一体化」論の憲法上の根拠　平九（一九九七）・一一・二七〔一四二回　衆・安全保障〕……130
151 集団的自衛権の定義の「実力をもって」の意味　平一〇（一九九八）・三・一八〔一四二回　衆・予算〕……131
152 集団的自衛権は実力の行使を中核とした概念　平一一（一九九九）・四・一〔一四五回　衆・防衛指針特別〕……131
153 第三国に対する自衛権の行使、商船の臨検　平一一（一九九九）・四・二〇〔一四五回　衆・防衛指針特別〕……132

b　日米安保条約

154 米軍に対する補給業務の合憲性　昭三四（一九五九）・三・一九〔三一回　参・予算〕……133
155 事前協議の性格　昭四三（一九六八）・三・一二〔五八回　衆・予算二分科〕……134
156 自衛権の発動と国会による統制　昭四三（一九六八）・四・一一〔五八回　参・予算二分科〕……135
157 米軍の戦闘作戦行動のための基地提供の合憲性　昭四四（一九六九）・四・一〇〔六一回　衆・本会議録〕……136
158 事前協議に関し内閣が国会の意見を徴するケース　昭四六（一九七一）・二・一〔六五回　衆・予算〕……137
159 公海上における自衛隊の作戦行動範囲　昭五〇（一九七五）・八・二六〔七五回（閉）　衆・内閣〕……138

160 自衛隊は公海上で米国艦船を守れるか　昭五〇（一九七五）・一〇・二九〔七六回　衆・予算〕……139
161 日米共同訓練と集団的自衛権　昭五四（一九七九）・九・七〔八八回　参・本会議〕……140
162 集団的自衛権を認めるための安保条約の改正　昭五五（一九八〇）・一〇・九〔九三回　衆・予算〕……141
163 日本が武力攻撃を受けた場合の米艦船護衛の合憲性　昭五八（一九八三）・二・五〔九八回　衆・予算〕……141
164 シーレーン単独有事における米国来援と米艦護衛　昭六一（一九八六）・二・二二〔一〇四回　衆・予算〕……143
165 米軍に対する支援として憲法上許される範囲　平八（一九九六）・五・二一〔一三六回　参・内閣〕……144
166 新ガイドラインに基づく米軍の活動への支援　平九（一九九七）・一〇・三〔一四一回　参・本会議〕……145
167 自衛権及び周辺事態における対応の憲法上の根拠　平九（一九九七）・一一・二七〔一四一回　衆・安全保障〕……146
168 基地使用の応諾と集団的自衛権　平九（一九九七）・一二・三〔一四一回　参・本会議〕……147
169 周辺事態対応措置と自衛権との関係　平一一（一九九九）・四・二三〔一四五回　衆・防衛指針特別〕……148
170 自己の生命等を防護するための武器使用の合憲性　平一一（一九九九）・四・二三〔一四五回　衆・防衛指針特別〕……149

二　自衛力

(1)　自衛力の保持

171 憲法と自衛隊の関係についての鳩山首相の見解　昭三〇（一九五五）・七・二五〔二二回　参・内閣〕……150
172 「前項の目的を達するため、」に関する解釈　昭三〇（一九五五）・七・二八〔二二回　参・内閣〕……151
173 「自衛のための必要最小限度の実力」の意味　昭三六（一九六一）・四・二五〔三八回　衆・内閣〕……151
174 憲法と自衛力　昭四八（一九七三）・九・二三〔七一回　参・本会議〕……152
175 自衛隊の合憲性に関する社会党の見解　平六（一九九四）・七・二〇〔一三〇回　衆・本会議〕……153

(2)　自衛力と戦力

176 戦力と自衛力の関係　昭二八（一九五三）・三・五〔一五回　参・予算〕……154

177 海外権益の保護と防衛力の限界　昭四七（一九七二）・九・一二〔六九回（閉）衆・内閣〕……155
178 自衛力の限界　昭五三（一九七八）・六・六〔八四回　衆・内閣〕……156
179 「自衛のための必要最小限度の実力」の判定基準　昭六三（一九八八）・四・六〔一一二回　参・予算〕……156

第五節　集団的安全保障

一　集団的安全保障一般

180 自衛隊の国連の活動への参加　昭三三（一九五八）・三・一八〔二八回　衆・内閣〕……157
181 国連の活動への協力と憲法上の限界　昭三三（一九五八）・三・一六〔二八回　衆・予算〕……158
182 国連軍と自衛隊　昭四二（一九六七）・五・三〇〔五五回　参・内閣〕……158
183 国連軍による日本の基地使用　昭四三（一九六八）・四・一六〔五八回　衆・外務〕……159
184 在日米軍基地に対する攻撃と米韓条約等との関係　昭四四（一九六九）・二・一九〔六一回　衆・予算〕……160
185 自衛隊の国連軍への参加　昭五五（一九八〇）・一〇・三〇〔九三回　衆・本会議録〕……161
186 国際海上監視部隊に対する費用分担と集団的自衛権　昭五六（一九八一）・六・三〔九四回　参・本会議録〕……162
187 自衛隊の正規の国連軍への参加　平二（一九九〇）・一〇・一九〔一一九回　衆・予算〕……163
188 憲法と国連憲章　平六（一九九四）・五・二五〔一二九回　衆・予算〕……164
189 憲法と国連決議に従った日本の行為　平六（一九九四）・六・八〔一二九回　衆・予算〕……165
190 憲法と集団的安全保障　平六（一九九四）・六・一三〔一二九回　参・予算〕……165
191 憲法と国連憲章の異同　平一一（一九九九）・五・二〇〔一四五回　参・防衛指針特別〕……166

二　ＰＫＯ

192 自衛隊の国連監視団への協力　昭四二（一九六七）・六・一四〔五五回　衆・外務〕……167
193 平和協力隊の国連軍への「参加」と「協力」　平二（一九九〇）・一〇・二六〔一一九回　衆・国際平和協力特別〕……168
194 自衛隊のＰＫＯへの参加の合憲性　平三（一九九一）・

三・一一〔一二〇回　衆・予算二分科〕………169

195　自衛隊のPKFへの参加の合憲性　平三（一九九一）・九・二五〔一二一回　衆・国際平和協力特別〕………170

196　PKO等協力法案の「武器の使用」と指揮系統　平三（一九九一）・九・二五〔一二一回　衆・国際平和協力特別〕………171

197　「武力の行使」とPKO等協力法案中の「武器の使用」の関係　平三（一九九一）・一一・一八〔一二二回　衆・国際平和協力特別〕………172

198　PKO等協力法案中の「指図」と国連の「コマンド」の関係　平三（一九九一）・一一・二七〔一二二回　衆・国際平和協力特別〕………173

199　「武力の行使」とPKO等協力法案中の「武器の使用」の関係　平三（一九九一）・一二・五〔一二二回　参・国際平和協力特別〕………174

200　「武力の行使」とPKO等協力法案中の「武器の使用」の関係　平三（一九九一）・一二・一八〔一二二回　参・国際平和協力特別〕………175

201　「武力の行使」とPKOにおける上官の命令による「武器の使用」の関係　平一〇（一九九八）・五・二〇〔一四二回　参・本会議〕………176

三　多国籍軍

202　多国籍軍への参加・協力　平四（一九九二）・一二・八〔一二五回　参・内閣〕………177

第六節　有事法制その他

一　有事法制

203　「戒厳令」について　昭四〇（一九六五）・二・一〇〔四八回　衆・予算〕………178

204　有事の場合の治安・警備に当たる組織　昭四〇（一九六五）・二・二三〔四八回　衆・予算二分科〕………178

205　有事法制と憲法　昭五三（一九七八）・一〇・一七〔八五回　参・内閣〕………179

206　有事法制と基本的人権の制約　昭五九（一九八四）・五・一八〔一〇一回　参・本会議録〕………180

207　現行憲法下における非常時立法の可否　昭五〇（一九七五）・五・一四〔七五回　衆・法務〕………180

二　徴兵制等

208　徴兵制と憲法第九条　昭五六（一九八一）・三・二〇〔九四回　衆・本会議録〕………181

三　その他

209 個人の自由意思による外国軍隊への参加　昭二六（一九五一）・一〇・二九（一二回　参・平和条約及び日米安全保障条約特別）……182
210 防衛庁におけるシビリアン・コントロール　昭四三（一九六八）・四・五（五八回　参・予算）……182
211 防衛出動の承認後の国会の撤収決議　昭四六（一九七一）・五・一四（六五回　衆・内閣）……183
212 国連常任理事国入りと憲法との関係　平六（一九九四）・五・一三（一二九回　衆・本会議）……184
213 不審船事件における爆弾による警告　平一一（一九九九）・四・一四（一四五回　参・外交・防衛）……184
214 国連憲章と憲法の関係　平一一（一九九九）・五・一一（一四五回　参・防衛指針特別）……185

第三章　国民の権利及び義務

第一〇条（国民の要件）

215 国籍を持つ権利　昭五九（一九八四）・五・一〇（一〇一回　参・法務）……187

第一一条（基本的人権の享有）

216 外国人の人権享有主体性　昭四四（一九六九）・六・二四（六一回　衆・法務）……188
217 胎児の基本的人権　昭四五（一九七〇）・四・二（六三回　参・予算）……189
218 天皇・皇族の人権享有主体性　昭五〇（一九七五）・一一・二〇（七六回　参・内閣）……190
219 自由権的基本権の私人間効力　昭五一（一九七六）・一〇・一二（七八回　参・運輸）……191

第一二条（自由・権利の保持の責任とその濫用の禁止）

220 公共の福祉の概念　昭三三（一九五八）・一〇・三一（三〇回　衆・地方行政・法務・社労連合）……192

第一三条（個人の尊重、幸福追求権、公共の福祉）

221 公共の福祉による制限の範囲　昭三三（一九五八）・一〇・三一（三〇回　衆・地方行政・法務・社労連合）……193
222 公共の福祉の内容　昭五〇（一九七五）・五・一四

〔七五回　衆・法務〕……194
223　猟銃の所持は人権か　昭五四（一九七九）・二・二〇〔八七回　参・法務〕……194
224　酒税免許と幸福追求権　昭五六（一九八一）・一〇・二三〔九五回　参・決算〕……195
225　胎児の生命尊重と憲法一三条　昭五七（一九八二）・三・一五〔九六回　参・予算〕……195
226　医療を拒否する権利　昭六二（一九八七）・九・一八〔一〇九回　参・本会議録〕……196
227　プライバシーの権利　昭六三（一九八八）・一〇・一三〔一一三回　衆・内閣〕……196

第一四条第一項（法の下の平等）

228　「法の下に平等」の意義　昭四六（一九七一）・二・一九〔六五回　衆・大蔵〕……197
229　憲法一四条一項が列挙する不合理な差別事由　昭四六（一九七一）・一二・一七〔六七回　参・沖縄北方特別〕……198
230　都道府県知事の多選禁止の合憲性　昭二九（一九五四）・五・二四〔一九回　参・地方行政〕……199
231　条例による規制の差異と法の下の平等　昭三五（一九六〇）・三・一七〔三四回　参・議運〕……200
232　給与所得に係る源泉徴収の合憲性　昭三六（一九六一）・三・二三〔三八回　参・予算〕……200
233　民間会社における女性の早期定年制と憲法　昭四一（一九六六）・三・一一〔五一回　衆・法務〕……201
234　国籍の父母両系主義・父系血統主義と憲法　昭五九（一九八四）・四・二〇〔一〇一回　衆・法務〕……202
235　非嫡出子の嫡出子と異なる取扱い　平五（一九九三）・五・二八〔一二六回　参・本会議〕……203
236　嫡出でない子の国籍取得の取扱いと平等原則　平一〇（一九九八）・五・一九〔一四二回　衆・本会議録〕……203
237　先住民族・少数民族の権利とその有利な処遇　平元（一九八九）・一・三一〔一一三回　参・本会議録追録〕……205
238　人種差別撤廃条約の「世系」と憲法の「門地」　平八（一九九六）・三・二六〔一三六回　衆・本会議録〕……206
239　国会議員の定数配分と人口比例　昭五三（一九七八）・一〇・一八〔八五回　参・選挙特別〕……207

240　憲法上許容される一票の格差　昭六〇（一九八五）・六・二四〔一〇二回　衆・本会議〕……209
241　衆議院議員の定数是正に関する合理的期間とその起点　昭六〇（一九八五）・一二・三〔一〇三回　衆・選挙特別〕……209
242　衆議院小選挙区選挙の区割り法案の合憲性　平六（一九九四）・一〇・二六〔一三一回　衆・政治改革特別〕……211
243　在外投票を比例代表選挙に限ることの合憲性　平九（一九九七）・一一・二七〔一四一回　衆・選挙特別〕……213

第一四条第三項（栄典）

244　文化功労者年金等と特権禁止　昭二八（一九五三）・二・二〇〔一五回　衆・内閣〕……214
245　旧金鵄勲章年金受給者への一時金と特権禁止　昭三九（一九六四）・二・二一〔四六回　参・本会議〕……215

第一五条（公務員選定罷免権、公務員の本質、普通選挙の保障、秘密選挙の保障）

246　国民の公務員の選定罷免権　昭二二（一九四七）・九・二五〔一回　衆・決算〕……216
247　国家公務員の政治活動の制限の合憲性の根拠　昭二四（一九四九）・一一・一〇〔六回　衆・法務〕……217
248　選挙権年齢の引下げについて　昭四五（一九七〇）・九・四〔六三回（閉）参・選挙特別〕……218
249　拘束名簿式比例代表選挙の合憲性　昭五六（一九八一）・一〇・一四〔九五回　参・本会議〕……220
250　定住外国人の地方参政権　平一二（二〇〇〇）・五・二三〔一四七回　衆・政治倫理・選挙特別〕……221

第一六条（請願権）

251　国民の請願権　昭五九（一九八四）・五・一〇〔一〇一回　衆・本会議録〕……222

第一七条（国および公共団体の賠償責任）

252　予防接種事故の国家賠償　昭四五（一九七〇）・七・七〔六三回（閉）参・決算〕……223

第一八条（奴隷的拘束および苦役からの自由）

253 奴隷的拘束・意に反する苦役禁止条項の意味　昭五五（一九八〇）・三・四〔九一回　衆・予算一分科〕……224
254 徴兵制の合憲性　昭五五（一九八〇）・一二・二六〔九三回　衆・本会議録〕……225
255 国民徴用制度の合憲性　昭五六（一九八一）・三・一四〔九四回　参・予算〕……226
256 「その意に反する苦役」と徴兵制　昭五六（一九八一）・三・二〇〔九四回　衆・本会議録〕……226
257 民間業者に対する罰則つきの労務強制　平九（一九九七）・一〇・一三〔一四一回　衆・予算〕……227

第一九条（思想および良心の自由）

258 公務員服務宣誓の合憲性　昭二五（一九五〇）・一二・五〔九回　衆・地方行政〕……228
259 NHKの受信契約強制の合憲性　昭五三（一九七八）・三・一〔八四回　衆・逓信〕……229
260 思想良心の自由と政党助成　平五（一九九三）・一〇・一三〔一二八回　衆・本会議〕……230
261 思想良心の自由と国旗・国歌の指導　平一一（一九九九）・六・二九〔一四五回　衆・本会議〕……230

第二〇条（信教の自由）

262 宗教団体の行う政治活動と政教分離　昭四五（一九七〇）・四・二四〔六三回　衆・本会議録〕……231
263 公共施設と宗教の関係　昭四五（一九七〇）・六・一九〔六三回　衆・本会議録〕……232
264 内閣総理大臣の伊勢神宮参拝　昭四六（一九七一）・三・二五〔六五回　参・予算四分科〕……233
265 内閣総理大臣等の靖国神社参拝　昭五三（一九七八）・一〇・一七〔八五回　参・内閣〕……234
266 憲法上の政教分離原則と神道指令　昭五五（一九八〇）・一〇・三〇〔九三回　衆・本会議録〕……235
267 靖国神社国家護持を行うために必要な措置　昭五五（一九八〇）・一〇・三〇〔九三回　衆・本会議録〕……235
268 内閣総理大臣の靖国神社公式参拝　昭六〇（一九八五）・八・二〇〔一〇二回（閉）衆・内閣〕……236
269 国務大臣の神社への公式参拝と私的参拝　昭六三（一九八八）・二・一七〔一一二回　参・本会議録〕……237
270 大嘗祭への宮廷費支出の合憲性　平二（一九九〇）・四・一七〔一一八回　衆・内閣〕……238

271 米軍に対する教会用建物提供の合憲性　平二（一九九〇）・六・一〔一一八回　参・内閣〕……239
272 宗教系私学に対する助成の合憲性　平元（一九八九）・一一・一〔一一六回　参・決算〕……240
273 宗教法人法改正と信教の自由　平七（一九九五）・一〇・二六〔一三四回　衆・予算〕……241
274 破防法に基づく解散指定と信教の自由　平八（一九九六）・一一・二七〔一三八回（閉）参・決算〕……242
275 宗教法人に対する税法上の特典の合憲性　昭二六（一九五一）・三・二三〔一〇回　衆・文部〕……242

第二一条第一項（集会・結社・表現の自由）

276 公安条例に基づく集団示威運動の許可と表現の自由　昭四二（一九六七）・一〇・一八〔五六回（閉）参・地方行政〕……244
277 戸別訪問の禁止と表現の自由　昭四三（一九六八）・四・一七〔五八回　衆・選挙特別〕……245
278 報道の自由と証言の拒否　昭四六（一九七一）・七・一三〔六六回　衆・法務〕……245
279 報道及び取材の自由と公務員の守秘義務　昭四七（一九七二）・五・九〔六八回　衆・本会議録〕……247
280 裁判官の政治活動の自由とその制限　昭四七（一九七二）・三・八〔六八回　衆・法務〕……249
281 いわゆるポルノ映画を摘発するか否かの判断基準　昭四七（一九七二）・三・二二〔六八回　衆・予算一分科〕……250
282 条例に基づく屋外広告物規制と表現の自由　昭四八（一九七三）・五・八〔七一回　参・建設〕……252
283 政党機関紙誌の規制と表現の自由　昭五〇（一九七五）・三・一二〔七五回　参・予算〕……253
284 いわゆるポルノ雑誌の規制と表現の自由　昭五二（一九七七）・三・二八〔八〇回　参・予算〕……254
285 無所属立候補を制限する選挙制度と結社の自由　昭五六（一九八一）・一〇・一四〔九五回　参・本会議〕……255
286 法廷における写真取材の制限と表現の自由　昭六三（一九八八）・五・二六〔一一二回（閉）参・決算〕……255
287 人種差別撤廃条約と表現の自由　平五（一九九三）・四・一二〔一二六回　衆・決算〕……256
288 放送における政治的公平等の要件と表現の自由　平五（一九九三）・一一・一五〔一二八回　参・予算〕……256

289 放送法と表現の自由　平五（一九九三）・一〇・二七〔一二八回　衆・逓信〕……257
290 報道の自由と知る権利　平五（一九九三）・一〇・二七〔一二八回　衆・逓信〕……258
291 政党助成法と結社の自由　平六（一九九四）・一・一〇〔一二八回　参・政治改革特別〕……259
292 知る権利の性格・内容といわゆる情報公開法　平一一（一九九九）・三・五〔一四五回　参・本会議〕……260
293 いわゆるオウム新法による団体規制と結社の自由　平一一（一九九九）・一一・一七〔一四六回　衆・法務〕……260

第二一条第二項（通信の秘密）

294 刑務所における文書閲読制限等について　昭四五（一九七〇）・五・六〔六三回　衆・内閣〕……261
295 関税定率法二一条一項三号該当物品の個人的使用目的での輸入と検閲　昭五五（一九八〇）・三・二七〔九一回　参・大蔵〕……262
296 税関検査と検閲の禁止　昭五五（一九八〇）・三・二七〔九一回　参・大蔵〕……263
297 表現の自由と教科書検定　昭六〇（一九八五）・八・七〔一〇二回　参・本会議録〕……264

第二二条第一項（居住・移転・職業選択の自由）

298 外国人の入国、出国等の自由　昭四四（一九六九）・七・二〔六一回　衆・法務〕……264
299 タクシー運転者の登録制と職業選択の自由　昭四五（一九七〇）・四・八〔六三回　衆・運輸〕……266
300 酒・たばこ販売業に関する距離制限の合憲性　昭五〇（一九七五）・六・一七〔七五回　衆・決算〕……267
301 国家公務員法による公務員の天下り規制　昭五二（一九七七）・四・一三〔八〇回　参・予算一分科〕……269
302 弁護士会への強制加入と職業選択の自由　昭五三（一九七八）・五・三一〔八四回　衆・法務〕……270
303 国際的な平和と安全の維持のための輸出規制　昭六二（一九八七）・八・二八〔一〇九回　参・本会議〕……271

第二二条第二項（外国移住・国籍離脱の自由）

304 国籍離脱の権利と無国籍となる自由　昭五九（一九八四）・五・一〇〔一〇一回　参・法務〕……272

第二三条（学問の自由）
305　大学の自治と警察の学内出動　昭四三（一九六八）・三・五〔五八回　衆・地方行政〕……273
306　大学の自治と学生の自治　昭四三（一九六八）・三・一四〔五八回　衆・予算一分科〕……274
307　学問の自由と大学の自治　昭四三（一九六八）・四・八〔五八回　参・予算〕……275
308　学長任命と文部大臣の拒否権　昭四四（一九六九）・三・三一〔六一回　参・予算〕……276
309　学問の自由と教育の自由　昭四六（一九七一）・一・二六〔六五回　衆・本会議〕……277
310　大学の自治の内容と限界　昭四六（一九七一）・五・一三〔六五回　参・内閣〕……277
第二四条（家族生活における個人の尊厳と両性の平等）
311　女性の再婚禁止期間の規定と男女平等　昭二二（一九四七）・八・一一〔一回　衆・司法〕……278
第二五条（生存権、国の使命）
312　環境権の内容　昭四九（一九七四）・四・八〔七二回　参・予算一分科〕……279
313　生活保護基準と住民税の課税最低限との関係　昭五五（一九八〇）・三・二一〔九一回　衆・地方行政〕……280
314　生存権と個人補償　平八（一九九六）・二・六〔一三六回　衆・予算〕……281
第二六条（教育を受ける権利、教育の義務）
315　自衛官の大学受験拒否　昭四四（一九六九）・三・一五〔六一回　参・予算〕……282
316　義務教育における教育権の所在　昭四六（一九七一）・二・九〔六五回　衆・決算〕……283
317　義務教育無償規定と教科書無償給与制　昭五五（一九八〇）・一〇・二三〔九三回　参・文教〕……284
318　海外子女の教育を受ける権利　昭五九（一九八四）・三・一〔一〇一回　衆・内閣〕……284
第二七条（勤労の権利・義務、勤労条件の基準、児童酷使の禁止）

319 勤労の権利と定年制 昭四四（一九六九）・五・六（六一回 衆・地方行政）……286
320 勤労の権利の性格 昭四四（一九六九）・五・一五（六一回 衆・地方行政）……286

第二八条（勤労者の団結権）

321 公務員の労働基本権の制約 昭四九（一九七四）・三・一六（七二回 参・予算）……287
322 公務員の争議行為禁止と人事院勧告 昭五七（一九八二）・一二・一六（九七回 衆・予算）……288
323 国鉄改革法案の合憲性 昭六一（一九八六）・九・二五（一〇七回 衆・本会議）……289
324 スト規制法の合憲性 昭三一（一九五六）・一一・一七（二五回 衆・本会議）……290
325 憲法の争議権保障と政治スト 昭四九（一九七四）・三・二六（七二回 衆・社労）……291
326 三公社五現業職員の争議行為禁止の合憲性 昭三九（一九六四）・四・一〇（四六回 衆・本会議）……292

第二九条（財産権）

327 政治資金の規正と財産権 昭四二（一九六七）・七・一九（五五回 衆・選挙特別）……293
328 特許出願の早期公開制度と財産権 昭四四（一九六九）・七・一七（六一回 参・商工）……294
329 憲法二九条三項の「公共のため」の意味 昭四八（一九七三）・二・一（七一回 衆・予算）……295
330 終戦時に接収された在外財産と補償 昭五〇（一九七五）・二・二六（七五回 衆・予算二分科）……296
331 市街化調整区域における開発規制と財産権 昭四三（一九六八）・四・三（五八回 衆・建設）……297
332 急傾斜地崩壊危険区域内の行為制限と補償 昭四四（一九六九）・四・二五（六一回 衆・建設）……299
333 都市計画法・建築基準法による規制と財産権 昭五五（一九八〇）・三・二八（九一回 衆・建設）……300
334 土地の所有と利用を分離する法制度の合憲性 昭六二（一九八七）・八・二八（一〇九回 衆・決算）……301
335 国土利用計画法の規制区域内の規制の合憲性 昭六二（一九八七）・一二・九（一一一回 参・土地問題特別）……302
336 土地収用における損失補償と正当な補償 昭六三（一

九八八）・二・二四〔一一二回　衆・予算〕……303
337 土地と公共の福祉　平元（一九八九）・一一・二九〔一一六回　参・土地特別〕……303
338 災害対策基本法による警戒区域の設定と補償　平四（一九九二）・六・一七〔一二三回　参・災害対策特別雲仙・普賢岳小委〕……304
339 財産的な損害を受けた災害被災者に対する補償　平七（一九九五）・二・一〔一三二回　参・予算〕……305
340 駐留軍用地特措法の暫定使用制度の合憲性　平九（一九九七）・四・七〔一四〇回　衆・安全保障土地特別〕……305
341 日本鉄道共済移換金に係るJR負担と財産権　平一一（一九九九）・三・二〔一四四回　衆・本会議録追録〕……306

第三〇条（納税の義務）

342 憲法三〇条の規定の意味　平一一（一九九九）・三・五〔一四五回　参・予算〕……308

第三一条（法定手続の保障）

343 条例で罰則を定めることと罪刑法定主義　昭三九（一九六四）・二・一七〔四六回　衆・予算四分科〕……309
344 憲法三一条と財産権　昭四六（一九七一）・一一・二九〔六七回　衆・沖縄北方特別〕……310
345 憲法三一条による適正手続の保障の射程　昭五二（一九七七）・五・一八〔八〇回　衆・法務〕……311
346 工作物の除去等の行政処分と適正手続　昭五三（一九七八）・五・一二〔八四回　参・運輸〕……311
347 監獄法上の懲罰と罪刑法定主義　昭五九（一九八四）・六・二七〔一〇一回　参・本会議録〕……313
348 損失補てんと罰則の構成要件の明確性　平三（一九九一）・九・三〇〔一二一回　参・本会議〕……314
349 駐留軍用地の暫定使用制度と適正手続保障　平九（一九九七）・四・一〇〔一四〇回　衆・安全保障土地特別〕……315

第三二条（裁判を受ける権利）

350 不服申立て前置と裁判を受ける権利　昭四四（一九六九）・六・一七〔六一回　衆・大蔵〕……316

第三三条（逮捕の要件）

351 緊急逮捕等と令状主義 昭二三（一九四八）・六・五〔二回 衆・司法〕……318

第三四条（抑留・拘禁の要件、不法拘禁に対する保障）

352 勾留理由開示手続と憲法三四条 昭二八（一九五三）・七・二二〔一六回 衆・法務〕……319

第三五条（住居の不可侵）

353 一般行政目的のための立入りと憲法三五条 昭二三（一九四八）・六・二三〔二回 参・治安・地方制度・司法連合〕……321

354 国税犯則事件における差押えと令状 昭四二（一九六七）・一二・一五〔五七回 衆・法務〕……323

第三六条（拷問・残虐刑の禁止）

355 死刑の廃止 昭四二（一九六七）・五・二四〔五五回 参・予算一分科〕……324

356 死刑の廃止と終身刑の創設 平四（一九九二）・二・一九〔一二三回 衆・予算〕……325

第三七条第一項（公平な裁判所の迅速な公開裁判を受ける権利）

357 略式命令の合憲性 昭二二（一九四七）・一〇・一〔一回 衆・本会議録〕……326

358 憲法三七条一項の規定の性格 昭五六（一九八一）・三・二〇〔九四回 参・決算〕……328

第三七条第二項（証人審問権・喚問権）

359 反対尋問を経ない供述証書の証拠能力 昭六〇（一九八五）・二・七〔一〇二回 衆・予算〕……329

第三七条第三項（弁護人依頼権）

360 弁護人の依頼権 昭四七（一九七二）・六・六〔六八回 衆・法務〕……330

361 弁護人なしの裁判を認める制度の合憲性 昭五三（一九七八）・四・一八〔八四回 衆・本会議〕……331

第三八条（自己に不利益な供述、自白の証拠能力）

362　黙秘権の性格　昭五九（一九八四）・七・一七（一〇一回　衆・本会議録）……332
363　黙秘権の範囲と被疑者への告知　昭二七（一九五二）・六・一七（一三回　衆・法務）……333
364　国税犯則取締法の質問権に係る黙秘権　昭四三（一九六八）・四・一一（五八回　参・予算二分科）……335
365　税法上の質問検査と黙秘権　昭四四（一九六九）・五・九（六一回　衆・大蔵）……336

第三九条（遡及処罰の禁止、一事不再理）

366　保護処分取消後の刑事訴追と二重処罰の禁止　昭二五（一九五〇）・三・一四（七回　参・法務）……338
367　公訴時効を事後的に延長することの合憲性　平八（一九九六）・二・八（一三六回　衆・予算）……340

第四〇条（刑事補償）

368　被疑者補償規程による補償　昭四二（一九六七）・八・一八（五六回　衆・法務）……341
369　心神喪失による無罪と刑事補償　昭四三（一九六八）・一二・一九（六〇回　衆・法務）……342

第四章　国　会

第四一条（国会の地位・立法権）

370　行政機構と法律の関係　昭二二（一九四七）・八・一三（一回　参・決算・労働連合）……345
371　内閣の法案提出権　昭二九（一九五四）・三・二〇（一九回　参・補助金等の臨時特例等に関する法律案特別）……346
372　「勲章従軍記章制定ノ件」の合憲性　昭四六（一九七一）・二・八（六五回　衆・予算）……347
373　国民投票法の合憲性　昭五三（一九七八）・二・三（八四回　衆・予算）……348
374　国権の最高機関の意味　昭五三（一九七八）・三・一一（八四回　参・予算）……349
375　国会の行政監督権　平八（一九九六）・一二・六（一三九回　衆・予算）……350

第四二条（両院制）

376 参議院の存在理由　昭五一（一九七六）・五・四（七七回　参・予算）……351

第四三条（両議院の組織・代表）

377 国会の責任　昭五一（一九七六）・五・四（七七回　参・予算）……352

378 拘束名簿式比例代表制の合憲性　昭五六（一九八一）・一〇・一四（九五回　参・本会議）……353

第四四条（議員・選挙人の資格）

379 政党の憲法上の位置付け　昭五七（一九八二）・四・一四（九六回　参・選挙特別）……354

第五〇条（議員の不逮捕特権）

380 不逮捕特権と逮捕許諾要求との関係　昭二三（一九四八）・一二・三（四回　衆・議運）……355

381 期限付逮捕許諾の可否　昭二九（一九五四）・四・一四（一九回　参・議運）……358

第五一条（議員の発言・表決の無責任）

382 議院証言法に基づく議員の証言と免責特権との関係　昭五一（一九七六）・九・八（七七回（閉）衆・ロッキード特別）……359

第五二条（常会）

383 国会の常会の召集を毎年一回としている趣旨　昭六〇（一九八五）・二・二二（一〇二回　衆・予算）……360

第五四条（衆議院の解散・特別会、参議院の緊急集会）

384 緊急集会における憲法改正の可否　昭二八（一九五三）・三・一九（一五回後緊急　参・予算）……361

385 衆参同日選挙の合憲性　昭六〇（一九八五）・一二・三（一〇三回　衆・選挙特別）……362

第五八条（役員の選任、議院規則、懲罰）

386 議員辞職勧告決議の効力　昭五八（一九八三）・一一・

二一〔一〇〇回　参・行革特別〕……363
387　第一審で有罪判決を受けた国会議員に対する懲罰　昭五九（一九八四）・三・一〔一〇一回　衆・地方行政〕…364
388　国会議員の個人的行為による懲罰の可否　平九（一九九七）・三・一三〔一四〇回　参・予算〕……366

第五九条（法律案の議決、衆議院の優越）

389　両院協議会が不調に終わった場合の処理手続　昭二六（一九五一）・五・一〇〔一〇回　衆・議運〕……366
390　一時不再議の原則　昭三一（一九五六）・三・二六〔二四回　参・議運〕……367

第六二条（国政調査権）

391　裁判官の適格性に対する国政調査権行使の可否　昭四二（一九六七）・一一・一〔五六回（閉）衆・法務〕……368
392　国政調査権の性質　昭四九（一九七四）・三・六〔七二回　衆・法務〕……369
393　「国家の重大な利益に悪影響を及ぼす」場合（議院証言法五Ⅲ）　昭四九（一九七四）・一一・一三〔七三回（閉）参・大蔵〕……370
394　秘密会と公務員の守秘義務との関係　昭四九（一九七四）・一一・一五〔七三回（閉）参・決算〕……371
395　国政調査権と守秘義務との関係についての政府の統一見解　昭四九（一九七四）・一二・二三〔七四回　参・予算〕……372
396　国政調査権と司法権との関係　昭五一（一九七六）・四・二七〔七七回　参・予算〕……373
397　国政調査権と刑訴法・議院証言法との関係　昭五一（一九七六）・五・一九〔七七回　参・本会議録〕……375
398　国政調査権と司法行政・検察との関係　昭五一（一九七六）・八・四〔七七回（閉）参・ロッキード特別〕…377
399　刑事被告人に対する証人喚問　昭五一（一九七六）・一〇・一二〔七八回　参・ロッキード特別〕……378
400　刑事責任と政治的・道義的責任との関係　昭五一（一九七六）・一〇・一三〔七八回　衆・ロッキード特別〕…379
401　国政調査権の限界（議院証言法上の公務員の守秘義務との関係）　昭五三（一九七八）・三・一一〔八四回　参・予算〕……381
402　国政調査権と検察との関係　昭五三（一九七八）・三・二三〔八四回　衆・決算〕……382

403 国政調査権と捜査内容の公表　平五（一九九三）・三・一一〔一二六回　参・予算〕……383
404 国会の補助的機関による政府への勧告・あっせんの可否　平八（一九九六）・一二・一〇〔一三九回　参・予算〕……384
405 国政調査権行使の手段としての立入調査権の有無　平九（一九九七）・一・二八〔一三九回　衆・本会議録追録〕……385
406 国政調査権の行使主体　平九（一九九七）・五・二七〔一四〇回　衆・決算一分科〕……387

第六三条（国務大臣の議院出席の権利・義務）

407 国務大臣の議院出席・答弁義務　昭五〇（一九七五）・六・五〔七五回　参・法務〕……389
408 国務大臣の答弁義務（外交交渉の過程について）　昭六三（一九八八）・三・二四〔一一二回　参・予算〕……391

国会雑

409 国会議員の職務権限　昭四三（一九六八）・二・二九〔五八回　衆・予算〕……393
410 国会決議の意義・拘束力　平六（一九九四）・一一・二九〔一三一回　衆・WTO特別〕……394

第五章　内　閣

第六五条（行政権）

411 行政委員会の合憲性　昭五〇（一九七五）・三・六〔七五回　参・予算〕……395
412 日弁連の行う登録事務の合憲性　昭五三（一九七八）・五・三一〔八四回　衆・法務〕……396
413 六五条の行政権と自治体の行政権の関係　平八（一九九六）・一二・六〔一三九回　衆・予算〕……397

第六六条第二項（文民）

414 文民の意味　昭四八（一九七三）・一二・六〔七二回　衆・予算〕……398
415 文民の意味　昭四八（一九七三）・一二・一九〔七二回　衆・建設〕……398

第六六条第三項（国会に対する連帯責任）

416 内閣、閣僚の政治責任のとり方　昭五〇（一九七五）・五・一五〔七五回　参・法務〕……399
417 行政委員会の職権行使についての内閣の責任　昭五二（一九七七）・五・一九〔八〇回　参・商工〕……400
418 閣議決定に多数決制を採用することの可否　平一〇（一九九八）・四・二八〔一四二回　衆・行革特別〕……401
419 副大臣制等の可否　平一一（一九九九）・六・一一〔一四三回　参・本会議〕……402

第六七条（内閣総理大臣の指名、衆議院の優越）

420 あらかじめ臨時代理が指名されていない場合に内閣総理大臣が欠けたときの措置　昭三二（一九五七）・三・一五〔二六回　衆・内閣〕……403
421 内閣総理大臣臨時代理の権限　昭三九（一九六四）・一〇・五〔四六回（閉）衆・予算〕……403
422 首相準公選制の違憲性　昭四七（一九七二）・三・二四〔六八回　衆・予算三分科〕……404

第七三条（内閣の職務）

423 違憲の疑いのある法律の執行義務　昭五七（一九八二）・五・一二〔九六回　参・選挙特別〕……406
424 委任命令の限界　平三（一九九一）・二・二〇〔一二〇回　衆・法務〕……406
425 内閣の政策企画立案機能の根拠　平一〇（一九九八）・六・二〔一四二回　参・行革特別〕……407
426 条約の事前承認原則　昭三四（一九五九）・三・一七〔三一回　衆・内閣〕……408
427 国会の条約修正権の有無　昭三五（一九六〇）・二・一九〔三四回　衆・安全保障特別〕……409
428 国際機関加入に対する国会承認の必要性　昭四二（一九六七）・六・二三〔五五回　衆・外務〕……411
429 多国間条約の改正と国会承認の要否　昭四八（一九七三）・六・二一〔七一回　参・外務〕……412
430 国会承認を必要とする条約の範囲　昭四九（一九七四）・二・二〇〔七二回　衆・外務〕……414
431 国会の条約不承認の効果　昭四九（一九七四）・三・四〔七二回　衆・外務〕……416
432 留保付条約を国会が留保しない形で議決した場合の効果　昭五四（一九七九）・四・二六〔八七回　衆・外

務）……………………………………417
433 条約の訳語の訂正　昭六一（一九八六）・一〇・三〔一〇七回　衆・予算〕……………………418
434 新日米防衛協力の指針の国会承認の必要性　平一〇（一九九八）・三・二五〔一四二回　参・予算〕……………419
435 政令を国会の事後承諾にかけることの合憲性　昭二二（一九四七）・八・一三〔一回　参・決算・労働連合〕…419

第六章　司　法

第七六条（司法権・裁判所、特別裁判所の禁止、裁判官の独立）

436 内閣総理大臣の異議申立てと司法権　昭三七（一九六二）・四・一九〔四〇回　衆・法務〕……………421
437 内閣総理大臣の異議申立て制度と司法権の独立　昭四三（一九六八）・三・一三〔五八回　衆・予算一分科〕…422
438 下級裁判所の判決に対する行政権の対応　昭四五（一九七〇）・九・四〔六三回（閉）参・決算〕………423
439 司法権と弁護士会の懲戒権　昭五三（一九七八）・五・三一〔八四回　衆・法務〕……………………423
440 陪審制の合憲性　昭五二（一九七七）・三・一二〔八〇回　衆・予算一分科〕……………………424
441 日本における陪審制の採用について　平元（一九八九）・七・一一〔一一四回　衆・本会議録〕……………425
442 青法協会員である裁判官に対する国の忌避申立て　昭四五（一九七〇）・四・二〇〔六三回　参・決算〕……426
443 裁判官の「職権」の意味　昭四六（一九七一）・五・二一〔六五回　衆・法務〕……………………428
444 裁判官の「良心」の意味　昭四八（一九七三）・三・六〔七一回　衆・予算一分科〕……………………429
445 国際人権B規約の個人通報制度と司法権の独立　平九（一九九七）・三・一四〔一四〇回　参・予算〕………430

第七七条（最高裁判所の規則制定権）

446 訴訟手続と最高裁規則　昭二九（一九五四）・五・一〇〔一九回　衆・法務〕……………………431
447 裁判所職員定員法に関する最高裁判所の提案権　昭四三（一九六八）・三・二八〔五八回　参・法務〕……432

448 「弁護士に関する事項」と最高裁規則　昭五八（一九八三）・三・四〔九八回　衆・法務〕……433

第七八条（裁判官の身分保障）

449 裁判官の表現の自由の限界　昭四二（一九六七）・五・一〔五五回　衆・法務〕……434

第七九条（最高裁判所の裁判官、国民審査、定年、報酬）

450 最高裁判所裁判官任命諮問委員会　昭四七（一九七二）・三・八〔六八回　衆・予算〕……435
451 最高裁長官としての国民審査の要否　昭四七（一九七二）・三・一四〔六八回　衆・法務〕……436
452 連記制による国民審査投票用紙の可否　昭五一（一九七六）・五・二一〔七七回　衆・法務〕……437

第八〇条（下級裁判所の裁判官・任期・定年・報酬）

453 裁判官名簿と内閣の裁判官任命権　昭二二（一九四七）・一〇・六〔一回　参・司法〕……438
454 裁判官再任の趣旨　昭四七（一九七二）・三・二八〔六八回　参・法務〕……440
455 裁判官の十年任期・再任の趣旨　昭四八（一九七三）・二・二三〔七一回　衆・法務〕……441

第八一条（法令審査権）

456 最高裁と憲法裁判所的機能　昭二九（一九五四）・四・九〔一九回　参・法務〕……442
457 最高裁と抽象的違憲訴訟　昭三二（一九五七）・四・二五〔二六回　衆・法務〕……444
458 条約についての最高裁の違憲審査権　昭三四（一九五九）・三・三一〔三一回　参・予算〕……445
459 違憲判決の効力　昭四八（一九七三）・四・六〔七一回　衆・法務〕……446
460 違憲判決裁判書国会送付の趣旨　昭四八（一九七三）・七・一三〔七一回　衆・法務刑小〕……448
461 統治行為論と司法権　昭四八（一九七三）・九・一三〔七一回　参・内閣〕……449
462 最高裁の憲法判断が下級審を拘束するとの立法　昭五〇（一九七五）・六・二〇〔七五回　衆・本会議〕……451

463 憲法八一条の違憲立法審査権の趣旨　昭五四（一九七九）・一二・一一〔九〇回　衆・法務〕……452
464 最高裁の法令違憲判決の効力　昭五九（一九八四）・四・一九〔一〇一回　衆・決算〕……453
第八二条（裁判の公開）
465 公開されるべき裁判の範囲　昭六二（一九八七）・五・一四〔一〇八回　参・法務〕……455
466 裁判の公開と傍聴人がメモをとる自由　昭六三（一九八八）・四・二〇〔一一二回　衆・決算〕……455
第七章　財　政
第八三条（財政処理の基本原則）
467 予算の空白と憲法の国会の議決に基づく財政処理との関係　昭六三（一九八八）・四・五〔一一二回　参・予算〕……457
468 公共事業各種五ヵ年計画の国会承認について　平八（一九九六）・一二・九〔一三九回　衆・予算〕……458
第八四条（課税）
469 税制上の景気調整措置の政令への委任と租税法律主義　昭四二（一九六七）・五・二五〔五五回　衆・大蔵〕……459
470 国鉄の定期運賃の大臣認可による値上げと独占的事業の料金の国会の議決　昭四三（一九六八）・三・一五〔五八回　衆・予算五分科〕……460
471 租税法律主義と政令への委任　昭四八（一九七三）・三・七〔七一回　衆・大蔵〕……460
472 賦課額や税率を明記しない秋田市の国民健康保険条例について　昭五五（一九八〇）・三・二一〔九一回　参・地方行政〕……461
473 消費税は憲法違反か　平元（一九八九）・一一・一七〔一一六回　参・税制特別〕……462
474 通達による土地等の時価の算定基準と租税法律主義　平四（一九九二）・一一・二五〔一二五回　衆・予算〕……464
第八五条（国費の支出、国の債務負担）

475 インドネシアに対する円借款、贈与の交換公文と国会の承認　昭四二（一九六七）・七・一三〔五五回　衆・予算〕……465
476 旧憲法第七〇条の財政上の緊急処分と憲法　昭五〇（一九七五）・一二・三〔七六回　衆・大蔵〕……466

第八六条（予算）

477 財政法上の継続費の制度と憲法の毎会計年度の予算の作成、議決との関係　昭二七（一九五二）・一・三一〔一三回　参・大蔵〕……466
478 予算の組替えを要求する決議と国会の権能　昭二八（一九五三）・七・二〇〔一六回　参・予算〕……467
479 衆議院可決後の予算の組替え要求決議は可能か　昭二八（一九五三）・七・二九〔一六回　参・予算〕……468
480 大幅な繰越明許費と憲法の毎会計年度の予算の作成、議決との関係　昭三〇（一九五五）・五・二四〔二二回　衆・決算〕……468
481 予算の支出と法律的な根拠の関係　昭四三（一九六八）・三・一三〔五八回　衆・予算一分科〕……469
482 暫定予算が成立しない場合の措置　昭四三（一九六八）・三・二一〔五八回　参・予算〕……469
483 財政投融資計画の国会審議　昭四六（一九七一）・二・八〔六五回　衆・予算〕……471
484 特例債の二、三年まとめて発行できる制度と予算の単年度主義　昭五一（一九七六）・一〇・七〔七八回　参・大蔵〕……471
485 国会の予算修正権について　昭五二（一九七七）・二・二三〔八〇回　衆・予算〕……472
486 参議院において予算の修正がなされた場合の予算の自然成立について　平四（一九九二）・三・一六〔一二三回　参・予算〕……475

第八七条（予備費）

487 予備費の国会開会中の支出は憲法違反か　昭三九（一九六四）・五・七〔四六回　衆・大蔵〕……476
488 予備費の使用について国会の承諾が得られなかった場合の責任　昭五三（一九七八）・五・一〇〔八四回　衆・決算〕……477
489 予備費の計上の考え方　昭六二（一九八七）・四・二〔一〇八回　衆・決算〕……478

第八八条（皇室財産、皇室の費用）

490 宮中三殿の所有権とその修理費　昭五〇（一九七五）・五・二九（七五回　参・内閣）……479

第八九条（公の財産の支出または利用の制限）

491 どのような場合に「公の支配に属する」といえるか　昭三三（一九五八）・一〇・三〇（三〇回　参・文教）……480
492 無認可保育所に対する公金支出　昭四三（一九六八）・三・一五（五八回　衆・予算三分科）……481
493 私立学校は「公の支配」に属しているか　昭四四（一九六九）・七・一（六一回　参・文教）……482
494 私学助成措置と公金の支出制限との関係　昭四六（一九七一）・三・三（六五回　参・予算）……482
495 宗教法人立、個人立の幼稚園に対する補助と公金の支出制限との関係　昭四九（一九七四）・九・二〇（七三回（閉）参・決算）……483
496 公金の教育・福祉事業への支出制限の趣旨　昭五六（一九八一）・三・一一（九四回　参・予算）……484
497 政教分離規定における「宗教上の組織」の意義　平七（一九九五）・一一・一〇（一三四回　衆・宗教法人特別）……485

第九〇条（決算、会計検査院）

498 国会の決算審査に関する諸問題について　昭三五（一九六〇）・四・一五（三四回　衆・決算）……486
499 決算に対する国会の議決と両院の意思の一致について　昭三五（一九六〇）・四・二〇（三四回　参・決算）……487
500 国会に提出された決算の扱い　昭二五（一九五〇）・三・八（七回　衆・決算）……488
501 会計検査院の地位、内閣に対する独立について　昭四三（一九六八）・三・二八（五八回　衆・決算）……489
502 会計検査院は予算の作成についての追及ができるか　昭四三（一九六八）・三・二八（五八回　衆・決算）……490
503 決算を提出したときの国会の取扱いと国会で出された意思について　昭五三（一九七八）・五・一〇（八四回　衆・決算）……491

第八章　地方自治

第九二条（地方自治の基本原則）

504　自治体の二重構造の保障　昭四四（一九六九）・六・一〇〔六一回　参・地方行政〕……493

505　固有権としての地方自治権の確認　昭四四（一九六九）・七・八〔六一回　参・地方行政〕……494

506　区長公選制実施後の東京都特別区の性格　昭四九（一九七四）・五・一六〔七二回　衆・地方行政〕……495

507　地方税法による自治体の自主課税権の制限　昭五〇（一九七五）・三・一二〔七五回　参・予算〕……496

第九三条（地方公共団体の機関、直接選挙）

508　特別区区長の公選制を廃止することの合憲性　昭二七（一九五二）・四・二八〔一三回　衆・地方行政〕……497

509　教育委員の選任方法を直接公選制から任命制に変えることの合憲性　昭三一（一九五六）・三・一三〔二四回　衆・本会議〕……498

510　知事の多選を禁止する法律の合憲性　昭四二（一九六七）・八・二〔五六回　衆・選挙特別〕……499

511　定住外国人に対する地方参政権の付与と国民主権の関係　平七（一九九五）・二・二〇〔一三二回　衆・予算三分科〕……499

第九四条（地方公共団体の機能）

512　条例による自由権の制限の可否　昭二三（一九四八）・九・一〇〔二回（閉）参・治安及び地方制度〕……500

513　公害規制における法律と条例の関係について　昭四五（一九七〇）・二・二七〔六三回　衆・予算〕……501

第九五条（地方自治特別法の住民投票）

514　本来は特定の自治体のみに関わる法律を一般法と見なすことの是非　昭四三（一九六八）・五・一四〔五八回　衆・地方行政〕……502

515　住民投票を不要とする手続を含む都道府県合併特例法案の合憲性　昭四三（一九六八）・五・一四〔五八回　衆・地方行政〕……503

516　憲法九五条における「一の地方公共団体」の意味　昭四六（一九七一）・一二・一一〔六七回　衆・沖縄北方特別〕……504
517　沖縄復帰特別措置法案における地方特別法の該当性　昭四六（一九七一）・一二・一五〔六七回　参・本会議〕……505
518　沖縄駐留軍用地特別措置法案における地方特別法の該当性　昭五二（一九七七）・五・一四〔八〇回　参・内閣〕……505

第九章　改　正

第九六条〔改正の手続〕

519　憲法改正権の限界と憲法九条　昭二六（一九五一）・一〇・一九〔一二回　衆・平和条約及び日米安全保障条約特別〕……507
520　憲法改正の限界としての国民主権・平和主義・基本的人権　昭五四（一九七九）・五・二九〔八七回　参・内閣〕……508
521　憲法改正の限界に関する内閣法制局の正式見解の欠如　昭五五（一九八〇）・一〇・一四〔九三回　参・予算〕……508
522　内閣による憲法改正提案の是非と提案後の国会審議手続　昭五五（一九八〇）・一二・一八〔九三回（閉）参・法務〕……509
523　憲法改正権の意義とその手続法が不備であることの責任　平一一（一九九九）・四・六〔一四五回　参・決算〕……510

第十章　最高法規

第九七条〔基本的人権の本質〕

524　実定憲法上の抵抗権の存否　昭四六（一九七一）・三・五〔六五回　参・予算〕……512

第九八条〔最高法規、条約・国際法規の遵守〕

525　教育勅語と日本国憲法の関係　昭二三（一九四八）・六・二〇〔二回　参・本会議〕……513

526 憲法と条約の効力関係　昭二六（一九五一）・一一・九（一二回　参・平和条約及び日米安全保障条約特別）……514
527 条約と法律の効力関係　昭二六（一九五一）・一一・九（一二回　参・平和条約及び日米安全保障条約特別）……515
528 条約に対する最高裁の違憲判決の意味　昭二九（一九五四）・四・二二（一九回　参・外務・内閣・大蔵連合）……516
529 憲法に優越する条約の範囲　昭三四（一九五九）・一一・一七（三三回　参・予算）……517
530 「確立された国際法規」と国際慣習法の関係　昭五三（一九七八）・四・二八（八四回　衆・法務）……517
531 政府の違憲判断の基準　昭三三（一九五八）・一〇・二三（三〇回　衆・内閣）……519
532 政府の憲法解釈を変更することの可否　平七（一九九五）・一一・九（一三四回　衆・宗教法人特別）……519
533 憲法九条をめぐる政府の憲法解釈変更の困難性　平一〇（一九九八）・一二・七（一四四回　衆・予算）……520

第九九条（憲法尊重擁護義務）

534 内閣の方針に反して閣僚が改憲推進の言動をすることの是非　昭五〇（一九七五）・五・二一（七五回　参・決算）……521
535 閣僚が改憲団体に所属することの是非　昭五五（一九八〇）・一〇・七（九三回　衆・本会議）……522
536 大臣や国会議員の憲法尊重擁護義務と憲法改正発議権の関係　昭五五（一九八〇）・一〇・一七（九三回　衆・本会議録）……523
537 公務員の憲法尊重擁護義務の法的意味　平一一（一九九九）・三・一（一四五回　参・予算）……524

年月日順索引（巻末）
事項索引（巻末）
質問者・答弁者索引（巻末）

凡例

一　収載した答弁の範囲　昭和二二（一九四七）年から平成一一（一九九九）年の間になされた憲法にかかわる国会での答弁（決議を含む。以下同じ）から、重要な答弁を選択した。
二　項目の配列　原則として条文ごとに日付順とした。ただし、内容を勘案し若干の例外がある。
三　各項目の見出し　答弁において応答されている論点を体言のかたちで示した。
四　法令の略記　法令の略記は有斐閣刊『六法全書』による。略記のない法令については、正式名称のままとした。ただし、答弁中で異なる略称を用いている場合には、その略称を併記した。条文は漢数字、項は時計数字、号は丸なか数字とした。
五　参照条文の扱い　項目に関連する憲法・法律等の条文を掲げた。ただし、当該項目が配置されている日本国憲法の条文は除いた。
六　質問者・答弁者の表記　質問者および答弁者の表記は、各項目において初出のみ姓名および肩書を表記し、二回目以降は姓のみとした。質問者の肩書は原則として「議員」とし、答弁者の肩書は答弁時の職名とした。
七　質問の扱い　質問は要旨のみを示した。質問主意書については原文を引用した。
八　誤字・脱字の扱い　答弁中のあきらかな誤字・脱字は訂正した。
九　字体の扱い　字体は原則として姓名も含め新字体を使用した。
一〇　促音・拗音の表記　促音・拗音は一律に小書きにした。
一一　答弁の扱い　答弁は必要個所のみを引用し、省略個所は「……」で示した。また、趣旨をより明確にするため、必要に応じて適宜、〔　〕内で言葉を補足した。
一二　引用の表記　質問主意書及び答弁の引用個所は「　」で示した。
一三　傍線の扱い　答弁中とくに重要と考えられる個所には傍線を付した。

委員会名一覧（五十音順）

参・運輸……参議院運輸委員会
参・大蔵……参議院大蔵委員会
参・沖縄北方特別……参議院沖縄及び北方問題に関する特別委員会
参・外交・防衛……参議院外交・防衛委員会
参・外務・内閣・大蔵連合……参議院外務・内閣・大蔵連合委員会
参・議運……参議院議院運営委員会
参・行革特別……参議院行政改革に関する特別委員会
参・決算……参議院決算委員会
参・決算・労働連合……参議院決算・労働委員会連合審査会
参・建設……参議院建設委員会
参・国際平和協力特別……参議院国際平和協力等に関する特別委員会
参・災害対策特別雲仙・普賢岳特別小委……参議院災害対策特別委員会雲仙・普賢岳火山災害対策小委員会
参・司法……参議院司法委員会
参・商工……参議院商工委員会
参・政治改革特別……参議院政治改革に関する特別委員会
参・税制特別……参議院税制問題等に関する特別委員会
参・選挙特別……参議院公職選挙法改正に関する特別委員会
参・治安及び地方制度……参議院治安及び地方制度委員会
参・治安・地方制度・司法連合……参議院治安及び地方制度・司法委員会連合審査会
参・地方行政……参議院地方行政委員会
参・土地特別……参議院土地問題等に関する特別委員会
参・土地問題特別……参議院土地問題等に関する特別委員会
参・内閣……参議院内閣委員会
参・文教……参議院文教委員会
参・平和条約及び日米安全保障条約特別……参議院平和条約及び日米安全保障条約特別委員会
参・防衛指針特別……参議院日米防衛協力のための指針に関する特別委員会
参・法務……参議院法務委員会
参・補助金等の臨時特例等に関する法律案特別……参議院補助金等の臨時特例等に関する法律案特別委員会
参・予算……参議院予算委員会
参・予算一分科……参議院予算委員会第一分科会
参・予算二分科……参議院予算委員会第二分科会
参・ロッキード特別……参議院ロッキード問題に関する調査特別委員会
衆・安全保障……衆議院安全保障委員会
衆・安全保障特別……衆議院安全保障特別委員会
衆・安全保障土地特別……衆議院日米安全保障条約の実施に伴う土地使用等に関する特別委員会
衆・運輸……衆議院運輸委員会
衆・大蔵……衆議院大蔵委員会
衆・沖縄北方……衆議院沖縄及び北方問題に関する特別委員会
衆・沖縄北方特別……衆議院沖縄及び北方問題に関する特別委員会

衆・外務……衆議院外務委員会
衆・議運……衆議院議院運営委員会
衆・行革特別……衆議院行政改革に関する特別委員会
衆・決算……衆議院決算委員会
衆・決算一分科……衆議院決算委員会第一分科会
衆・建設……衆議院建設委員会
衆・国際平和協力特別……衆議院国際連合平和協力に関する特別委員会
衆・司法……衆議院司法委員会
衆・社労……衆議院社会労働委員会
衆・宗教法人特別……衆議院宗教法人に関する特別委員会
衆・昭和二八年度一般会計暫定予算外六件特別……衆議院昭和二八年度一般会計暫定予算につき同意を求める件外六件特別委員会
衆・政治倫理・選挙特別……衆議院政治倫理の確立及び公職選挙法改正に関する特別委員会
衆・選挙特別……衆議院公職選挙法改正に関する調査特別委員会
衆・WTO特別……衆議院世界貿易機関設立協定等に関する特別委員会
衆・地方行政……衆議院地方行政委員会
衆・地方行政・法務・社労連合……衆議院地方行政・法務・社会労働委員会連合審査会
衆・通商産業……衆議院通商産業委員会
衆・逓信……衆議院逓信委員会
衆・内閣……衆議院内閣委員会
衆・文教……衆議院文教委員会
衆・平和条約及び日米安全保障条約特別……衆議院平和条約及び日米安全保障条約特別委員会
衆・防衛指針特別……衆議院日米防衛協力のための指針に関する特別委員会
衆・法務……衆議院法務委員会
衆・法務刑小……衆議院法務委員会刑法改正に関する小委員会
衆・文部……衆議院文部委員会
衆・予算……衆議院予算委員会
衆・予算一分科……衆議院予算委員会第一分科会
衆・予算三分科……衆議院予算委員会第三分科会
衆・予算二分科……衆議院予算委員会第二分科会
衆・予算四分科……衆議院予算委員会第四分科会
衆・ロッキード特別……衆議院ロッキード問題に関する調査特別委員会
両院法規……両院法規委員会

法令略語一覧（五十音順）

【あ】

あっせん利得……公職にある者等のあっせん行為による利得等の処罰に関する法律（平一二・一一・二九　法一三〇）

安保協定（日米地位協定）……日本国とアメリカ合衆国との間の相互協力及び安全保障条約第六条に基づく施設及び区域並びに日本国における合衆国軍隊の地位に関する協定（昭三五・六・二三　条七）

安保約……日本国とアメリカ合衆国との間の相互協力及び安全保障条約（昭三五・六・二三　条六）

【か】

会検……会計検査院法（昭二二・四・一九　法七三）

外交約……外交関係に関するウィーン条約（昭三九・六・二六　条一四）

外為法……外国為替及び外国貿易法（昭二四・一二・一　法二二八）

監……監獄法（明四一・三・二八　法二八）

監則……監獄法施行規則（明四一・六・一六　司一八）

議院証言……議院における証人の宣誓及び証言等に関する法律（昭二二・一二・二三　法二二五）

急傾斜地災害……急傾斜地の崩壊による災害の防止に関する法律（昭四四・七・一　法五七）

教育行政……地方教育行政の組織及び運営に関する法律（昭三一・六・三〇　法一六二）

教基……教育基本法（昭二二・三・三一　法二五）

行組……国家行政組織法（昭二三・七・一〇　法一二〇）

行訴……行政事件訴訟法（昭三七・五・一六　法一三九）

刑……刑法（明四〇・四・二四　法四五）

警……警察法（昭二九・六・八　法一六二）

警職……警察官職務執行法（昭二三・七・一二　法一三六）

刑訴……刑事訴訟法（昭二三・七・一〇　法一三一）

刑訴記録……刑事確定訴訟記録法（昭六二・六・二　法六四）

刑補……刑事補償法（昭二五・一・一　法一）

憲……日本国憲法（昭二一・一一・三）

建基……建築基準法（昭二五・五・二四　法二〇一）

検察……検察庁法（昭二二・四・一六　法六一）

皇経……皇室経済法（昭二二・一・一六　法四）

公選……公職選挙法（昭二五・四・一五　法一〇〇）

国事代行……国事行為の臨時代行に関する法律（昭三九・五・二〇　法八三）

国籍……国籍法（昭二五・五・四　法一四七）

国土利用……国土利用計画法（昭四九・六・二五　法九二）

国賠……国家賠償法（昭二二・一〇・二七　法一二五）

国連憲章……国際連合憲章及び国際司法裁判所規程（昭三一・一二・一九　条二六）

国連平和維持……国際連合平和維持活動等に対する協力に関する法律（平四・六・一九　法七九）

国会……国会法（昭二二・四・三〇　法七九）

国旗国歌……国旗及び国歌に関する法律（平一一・八・一三　法一二七）
国企独行労……国営企業及び特定独立行政法人の労働関係に関する法律（昭二三・一二・二〇　法二五七）
国公……国家公務員法（昭二二・一〇・二一　法一二〇）

【さ】

裁……裁判所法（昭二二・四・一六　法五九）
財……財政法（昭二二・三・三一　法三四）
災害基……災害対策基本法（昭三六・一一・一五　法二二三）
災救……災害救助法（昭二二・一〇・一八　法一一八）
最事規……最高裁判所裁判事務処理規則（昭二二・一一・一　最高裁規六）
最審……最高裁判所裁判官国民審査法（昭二二・一一・二〇　法一三六）
財特……財政法第三条の特例に関する法律（昭二三・四・一四　法二七）
裁判定員……裁判所職員定員法（昭二六・三・三〇　法五三）
参規……参議院規則（昭二二・六・二八　参議院議定）
自衛……自衛隊法（昭二九・六・九　法一六五）
私学……私立学校法（昭二四・一二・一五　法二七〇）
私学助成……私立学校振興助成法（昭五〇・七・一一　法六一）
自治……地方自治法（昭二二・四・一七　法六七）
児童約……児童の権利に関する条約（平六・五・一六　条二）
児福……児童福祉法（昭二二・一二・一二　法一六四）
衆規……衆議院規則（昭二二・六・二八　衆議院議決）
銃刀所持……銃砲刀剣類所持等取締法（昭三三・三・一〇　法六）
周辺事態……周辺事態に際して我が国の平和及び安全を確保するための措置に関する法律（平一一・五・二八　法六〇）
宗法……宗教法人法（昭二六・四・三　法一二六）
収用……土地収用法（昭二六・六・九　法二一九）
酒税……酒税法（昭二八・二・二八　法六）
少……少年法（昭二三・七・一五　法一六八）
消税……消費税法（昭六三・一二・三〇　法一〇八）
省庁改革基……中央省庁等改革基本法（平一〇・六・一二　法一〇三）
証取……証券取引法（昭二三・四・一三　法二五）
消防……消防法（昭二三・七・二四　法一八六）
所税……所得税法（昭四〇・三・三一　法三三）
人規……人事院規則
新空港安全……新東京国際空港の安全確保に関する緊急措置法（昭五三・五・一三　法四二）
人権宣言……世界人権宣言（一九四八・一二・一〇　国際連合総会を通過し、且つ、これによつて宣言された。）
人権B規約……市民的及び政治的権利に関する国際規約（昭五四・八・四　条七）
人種差別撤廃約……あらゆる形態の人種差別の撤廃に関する国際条約（平七・一二・二〇　条二六）
新都基盤……新都市基盤整備法（昭四七・六・二二　法八六）
人保……人身保護法（昭二三・七・三〇　法一九九）
スト規制……電気事業及び石炭鉱業における争議行為の方法の規制に関

する法律（昭二八・八・七　法一七一）
生活保護……生活保護法（昭二五・五・四　法一四四）
請願……請願法（昭二二・三・一三　法一三）
政資……政治資金規正法（昭二三・七・二九　法一九四）
税通……国税通則法（昭三七・四・二　法六六）
政党助成……政党助成法（平六・二・四　法五）
税犯……国税犯則取締法（明三三・三・一七　法六七）
相税……相続税法（昭二五・三・三一　法七三）
総務省……総務省設置法（平一一・七・一六　法九一）

【た】

タクシー業務……タクシー業務適正化臨時措置法（昭四五・五・一九　法七五）
たばこ事……たばこ事業法（昭五九・八・一〇　法六八）
治安維持……治安維持法（大一四・四・二二　法四六）
地公……地方公務員法（昭二五・一二・一三　法二六一）
地税……地方税法（昭二五・七・三一　法二二六）
定率……関税定率法（明四三・四・一五　法五四）
典……皇室典範（昭二二・一・一六　法三）
都計……都市計画法（昭四三・六・一五　法一〇〇）
土地基……土地基本法（平一・一二・二二　法八四）
土地使用特措……日本国とアメリカ合衆国との間の相互協力及び安全保障条約第六条に基づく施設及び区域並びに日本国における合衆国軍隊の地位に関する協定の実施に伴う土地等の使用等に関する特別措置法（昭二七・五・一五　法一四〇）
特許……特許法（昭和三四・四・一三　法一二一）
独禁……私的独占の禁止及び公正取引の確保に関する法律（昭二二・四・一四　法五四）

【な】

内……内閣法（昭二二・一・一六　法五）
内閣府……内閣府設置法（平成一一・七・一六　法八九）
日米防衛……日本国とアメリカ合衆国との間の相互防衛援助協定（昭二九・五・一　条六）
入管……出入国管理及び難民認定法（昭二六・一〇・四　政三一九）

【は】

破防……破壊活動防止法（昭二七・七・二一　法二四〇）
犯人引渡……逃亡犯罪人引渡法（昭二八・七・二一　法六八）
被疑者……被疑者補償規程（昭三二・四・一二　法務訓一）
武器製造……武器等製造法（昭二八・八・一　法一四五）
服務宣誓令……職員の服務の宣誓に関する政令（昭四一・二・一〇　政一四）
文化年金……文化功労者年金法（昭二六・四・三　法一二五）
平和条約……日本国との平和条約（昭二七・四・二八　条五）
弁護……弁護士法（昭二四・六・一〇　法二〇五）
法税……法人税法（昭四〇・三・三一　法三四）
放送……放送法（昭二五・五・二　法一三二）
ポ宣……ポツダム宣言（一九四五・七・二六）

【ま】

民……民法（明二九・四・二七　法八九）（明三一・六・二一　法九）
民訴……民事訴訟法（平八・六・二六　法一〇九）
民訴規……民事訴訟規則（平八・一二・一七　最高裁規五）
無差別殺人団規……無差別大量殺人行為を行った団体の規制に関する法律（平一一・一二・七　法一四七）
明憲……大日本帝国憲法（明二二・二・一一）

【や】

薬……薬事法（昭三五・八・一〇　法一四五）
輸出管理令……輸出貿易管理令（昭二四・一二・一　政三七八）

【ら】

労基……労働基準法（昭二二・四・七　法四九）

前　文

1　現行憲法の効力

〔要旨〕　現行憲法は、無効ではなく、その精神は尊重されるべきである

昭三〇（一九五五）・七・二九　〔二二回　参・内閣〕

【参照条文】　明憲七三

【議論の背景】　昭和二九（一九五四）年一二月、民主党・鳩山一郎内閣誕生とともに改憲ムードは高まりをみせたが、国防会議の構成等に関する法律案の審議の中で、鳩山一郎内閣総理大臣が日本国憲法についての見解を求められた。

【答弁】

○田畑金光議員　現行憲法には無効論もあるが、総理はどう考えるか。

○鳩山一郎内閣総理大臣　「現在の憲法について、ただいま田畑君が言われました通りに、全然無効だというようなことを言う人もずいぶんおりまするけれども、私は無効であるとは考えません。ただしかしながら、占領下においてできた憲法ではあるし、比較的短い間にできた憲法であるし、今日完全に独立した形になった日本においては、今までの経験に徴しても再検討すべき時期だと考えるのであります。」

○田畑　現行憲法はあくまで憲法として存続する限りは尊重すべきものであると考えるが、総理はどう考えるか。

○鳩山　「現行憲法の精神とするところの民主主義とか、あるいは平和主義とか、あるいは基本的人権を定めたるところの条章というようなものは、私は憲法の精神として尊重いたしたいと考えております。」

2　前文の「これに反する一切の憲法…を排除する」と旧憲法による改正手続

〔要旨〕　日本国憲法は、旧憲法が改正されてできたものであり、それに反する法令などが排除されるのは当然である。

昭五一（一九七六）・五・七　〔七七回　参・予算〕

【参照条文】　明憲七三

【議論の背景】　昭和五一（一九七六）年度予算案審議における総括質疑において、憲法問題が取り上げられた。

【答弁】

○源田実議員　「これに反する一切の憲法、法令及び詔勅を排除する。」という部分は、新憲法が制定されると旧憲法は排除することになり、道義的に問題ではないか。

○吉国一郎内閣法制局長官　「新憲法の制定と申しますか、日本国憲法の制定が法理論的にどういうものであるかということについては、いろんな学説があることは御指摘のとおりでございます。ただ、政府といたしましては、これはあくまでも旧大日本帝国憲法第七十三条の改正手続によって旧大日本帝国憲法が改正されて、その改正された後の姿として日本国憲法ができたものであると考えておりまして、その間、法理的に何ら矛盾はないものであると考えております。」

○源田　法理的に矛盾はないが、道徳的におかしいのではないか。

○吉国　「ただいま申し上げましたように、旧大日本帝国憲法第七十三条では、憲法の改正手続を定めております。その改正手続によって、もちろん旧憲法は欽定憲法でございましたので、その改正手続も天皇が発議をされて、それで当時の帝国議会が審議をして、それをさらに天皇が裁可されるという形で改正が行われたわけでございます。改正が行われて新しい憲法の基本原理は国民主権ということにあることは御承知のとおりでございます。そこで、人類普遍の原理である国民主権に反するように一切の憲法、法令及び詔勅を排除するということを言ったわけでございまして、大日本帝国憲法第七十三条の規定によって改正手続が行われ、その改正が行われた結果、国民主権というものが確立をされた。国民主権が確立される以上は、それに矛盾抵触するようなあらゆる法令、詔勅は排除されることは当然でございまして、法理的のみならず、一般の理念としても何らそこに矛盾するものはないと私どもは考えております。」

3　「国体」の意義

〔要旨〕　「国体」とは、主権の所在を意味する

昭五四（一九七九）・五・八〔八七回　参・内閣〕

【参照条文】　ポ宣　治安維持一

【議論の背景】　元号法案の審議にあたり、戦前戦後の天皇制の違いに関わり、ポツダム宣言及び治安維持法にいう「国体」の意味が取り上げられた。

【答弁】

○野田哲議員　ポツダム宣言の受諾の際に用いられた国体とはどういうことか。

○真田秀夫内閣法制局長官　「国体という言葉につきましては、非常に広く国柄、あるいはお国ぶりとかいうような意味で用いられている場合もございますが、法律的にはもう少し厳密に、

主権の所在、つまり主権者がだれであるかということに着目して区別を立てる場合に国体という言葉を使うのが普通でございます。ポツダム宣言の受諾の意思を表示しましたときに、天皇の統治の大権は妨げられることがないという了解のもとに受諾をしますよという趣旨の、言葉は正確には私覚えておりませんけれども、そういう趣旨の了解のもとに受諾をするという回答を連合国の方に出したということに相なっておるようでございます。」

○野田　治安維持法の「国体」について昭和四年五月三十一日に大審院で判決が出ているが、知っているか。

○真田　「中身についてはただいま的確には記憶しておりません。ただ、治安維持法に言うその『国体ヲ変革』しという場合の国体というのは、先ほど来申しておりますような天皇の統治の大権、それを指しているものだろうと思います。」

4　前文「選挙された国会」の意味

『要旨』　「正当に選挙された国会」とは、帝国議会の衆議院議員で構成される衆議院の議を経たという意味である。

昭五四（一九七九）・三・一〇〔八七回　参・予算〕

【議論の背景】　昭和五四（一九七九）年度予算審議の総括質問において、憲法の前文の意味について質問がなされた。

【答弁】

○玉置和郎議員　憲法前文に「日本国民は、正当に選挙された国会における代表者を通じて行動し、」とあるが、日本国憲法は帝国議会の議を経たものであって国会ではなかったという議論があるが、どうか。

○真田秀夫内閣法制局長官　「憲法の前文に、『日本国民は、正当に選挙された国会における代表者を通じて行動し、』云々という規定がございます。この規定の実は読み方といたしまして二通りございまして、この『正当に選挙された国会における代表者を通じて行動し、』というのは、それは日本国憲法が代表民主制をとるんだよということをここで宣言しているんだという見方と、それから日本国民はこの憲法を制定するについて、『正当に選挙された国会における代表者を通じて』この憲法を確定したんだという読み方と、二つあるわけでございますが、どうも前者の説を甲説といたしますと、甲説もかなり学者の中には述べていらっしゃる方もございますが、どうも文脈からしまして乙説といいますか、後説、後の説ですね、乙説の方が一般的な考え方だろうと思われる次第でございます。そこで、そうすると、それじゃ『国会』と書いてあるではないかと。この日本国憲法が制定された沿革は、まさしくこれは帝国議会の議決を経て行われたわけであるから、これはおかしいではないかがその惨禍を受けたという、憲法制定の経緯を述べたものである。

昭五六（一九八一）・三・一一〔九四回　参・予算〕

【参照条文】　自衛七六

【議論の背景】　竹田五郎自衛隊統幕議長が、雑誌上で徴兵制を違憲とする政府統一見解に異議を唱えたことなどが問題化し有事立法論議がなされる中で、予算の総括審議において、防衛法制との関わりで、前文の意味について質問がなされた。

【答弁】

○源田実議員　「政府の行為によつて再び戦争の惨禍が起ることのないやうにすることを決意し、」とあるが、政府の行為によって戦争を起こすということは現在の日本においてはあり得ないのではないか。

○角田礼次郎内閣法制局長官　「御指摘の文章の後には続けて『ここに主権が国民に存することを宣言し、この憲法を確定する。』というふうに述べているわけでございます。その趣旨は、過去の戦争が政府の行為によって行われ、日本国民がその惨禍を受けたと、その惨禍を日本国民が受けたというところに着目をしまして、平たく言えばこの際国民主権の新しい憲法を制定いたしましたと、こういう日本国民の決意、そういうものを述べているのでありまして、この文章が国民主権の確立した、新しい憲法が施行された後に、なお政府の行為によって戦争が起

というこことになるわけなんですが、……憲法の上諭を見ますと、旧憲法の七十三条によって『帝国議会の議決を経た』というふうに書いてございますし、事実もそのとおりでございますので、……これは帝国議会というふうに読むべきであると考えるわけなんです。

そこで次は、それでは貴族院はどうだと、正当に選挙された院ではないではないかという疑問が出るわけなんですが、どうもこの条文の前文の主眼は、衆議院に重点を置きまして、それで衆議院の議決を経ているぞということをここで言っているんだろうというふうな読み方もできるわけなんで、それでこの憲法制定議会が開かれる前に、すでに衆議院議員選挙法の改正がございまして、選挙権及び被選挙権の要件である年齢の引き下げとかあるいは女性にも選挙権を与えるというような改正もすでに行われておりまして、まさしく全国民を代表する正当に選挙された衆議院議員で構成される衆議院の議を経たという点に力点を置いてこのような条文になっているんだろうというふうに解釈するわけでございます。」

5　前文「政府の行為によつて」の趣旨

【要旨】　過去の戦争が政府の行為によって行なわれ、日本国民

こるかもしれないというようなことを想定しているわけではないというふうに私どもは解しております。」

6 前文の第二段及び第三段の意味

【要旨】 平和主義と国際協調主義を掲げて、それらを軍事的な手段以外で実現するという趣旨である。

昭五六（一九八一）・三・一一〔九四回 参・予算〕

【議論の背景】 竹田五郎自衛隊統幕議長が、雑誌上で徴兵制を違憲とする政府統一見解に異議を唱えたことなどが問題化し有事立法論議がなされる中で、予算の総括審議において、防衛法制との関わりで、前文の意味について質問がなされた。

【答弁】

○**源田実議員** 前文の第二段の「平和を愛する諸国民の公正と信義に信頼して、われらの安全と生存を保持しようと決意した。」の意味は？

○**角田礼次郎内閣法制局長官** 「御指摘の文章は、憲法の基本的な原則である平和主義を宣明したものだと思います。その意味において、他国に対してもそういうことを期待している意味が含まれていると思います。」

○**源田** 日本は、「平和を愛する諸国民」のうちに入るのか。

○**角田** 「文脈の上から言いますと、これは、『平和を愛する諸国民の公正と信義に信頼』をするというわけですから、他人に信頼をするわけで、ここで言う『平和を愛する諸国民』には日本国の国民は入らないと思います。しかし、日本国の国民が平和を愛する国民であるということを別にそれによって否定するような意味でないことはこれまた明らかでございます。」

○**源田** 憲法の制約によって、他の国が不当な侵略を受けても日本は助けないのか？

○**伊東正義外務大臣** 「軍事的なことは個別自衛権でございますから一切できないのでございますが、経済面等でそういうこと、国際社会の一員としてやるべきことは、できることは、法律上許されていることはやるということでございます。」

○**源田** 軍事的援助をしないで、この「名誉ある地位」になるのか。

○**角田** 「憲法の前文というものの性格として、その国の憲法の制定の由来であるとか、あるいはその憲法を制定するその理想とか、そういうものを掲げているわけでございます。したがいまして、わが憲法におきましては、平和主義あるいは国際協調主義ということを大きく掲げているわけであります。同時に、いま源田委員が御指摘のように、『名誉ある地位を占めたいと思ふ。』ということも言っているわけでございますが、しかし、平和主義なり、国際協調主義というものを掲げて、それを実現するための方策として、軍事的な手段以外に、いろいろな方法によってそういうものを実現する。いわば、国際的にも名誉ある地位を占めるということは、これは憲法自体として決して不可能なことではないと、そういう考え方の基本を示しているものだと思います。具体的な場合にどういう政策選択をとるかというのは、そういう憲法の前文の考え方の範囲内において、いろいろな方策があろうかと思いますが、それは私が申し上げることでないので、それは申し上げないことにいたします。」

○源田　「日本国民は、国家の名誉にかけ、全力をあげてこの崇高な理想と目的を達成することを誓ふ。」の意味は。

○角田　「第二段及び第三段におきましては、平和主義及び国際協調主義というわが憲法の理想を掲げるとともに、そういう理想が実現されることを全国民がみんなでやろうということを誓っていると思います。ただ、そういう誓いのもとにおいて、現実にどういう政策的な選択をするかということは、ある範囲内においてそれは政治が決める問題であろうかと思います。」

7　日本国憲法制定の法理

〔要旨〕　日本国憲法は、連合国最高司令官の権限において有効性が保障されているわけではなく、陸戦法規慣例ニ関スル規則からみても問題ない。

昭六〇（一九八五）・九・二七　〔一〇二回　衆・本会議録〕

【参照条文】　陸戦法規慣例ニ関スル規則

【議論の背景】　「戦後政治の総決算」を掲げる中曽根内閣の下で、改憲論議が活発化する中、日本国憲法制定にかかわる包括的な質問書が提出された。

【答弁】

○森清議員提出日本国憲法制定に関する質問主意書

「一　明治憲法の根幹は『天皇統治』であり、新憲法は、『国民主権』となっている。このように、憲法体制の根幹の改変は、その憲法の改正手続によってはできないのではないか。

三　陸戦の法規慣例に関する条約（ハーグ条約）第四三条は、次の如く規定している。

『国の権力が事実上占領者の手に移りたる上は、占領者は、絶対的の支障なき限り、占領地の現行法規を尊重して、成るべく公共の秩序及び生活を回復確保する為、施し得べき一切の手段を尽すべし。』

憲法改正について占領軍総司令官のとった行為は、この条項に違反しているのではないか。」

○答弁書（昭和六〇年（一九八五）九月二七日提出）

「一について

日本国憲法は、大日本帝国憲法の改正手続によって有効に成立したものであって、その間の経緯については、法理的に何ら問題はないものと考える。

三について

陸戦ノ法規慣例ニ関スル規則中の占領に関する規定は、本来交戦国の一方が戦闘継続中他方の領土を事実上占領した場合のことを予想しているものであって、連合国による我が国の占領のような場合について定めたものではないと解される。」

8　前文の規範的効力

【要旨】　前文は、個々の条文を解釈する場合の解釈上の指針としての意味をもつ。

平六（一九九四）・一〇・一八（一三一回　参・予算）

【議論の背景】　予算の執行状況について審議がおこなわれる中で、当時の村山富市首相に対して、従来社会党が採っていた自衛隊違憲論の根拠をたずねる前提として、憲法前文の規範的効力についての質問がなされた。

【答弁】

○大出峻郎内閣法制局長官　「ただいまの御質問は、憲法の前文でございますが、これの規範的な効力というものはどういうものであるか、こういう御趣旨の質問と承りましたが、一般論として申し上げますというと、憲法前文は、その憲法制定の由来とか目的とか制定者の決意などを宣言するために個々の条文の前に置かれるものでありまして、そこでは憲法の基本原理などが述べられるのが通常であると思います。

日本国憲法の前文の性質につきましては、学説としてはいろいろな考え方がございますが、法規範としては一般的に言えば個々の条文が重要な意味を持つものでありまして、他方、日本国憲法前文はそれぞれの条文を解釈する場合の解釈上の指針としての意味を持っているとするのが、これが学説における通説的な考え方であろうかと思います。

政府といたしましても従来からそのような理解をしてきておるところであります。」

9　前文の裁判規範性

【要旨】　それ自体としては裁判規範ではないが、個々の条文を解釈する場合の一つの解釈基準という役割を果たす。

平七（一九九五）・一〇・一一（一三四回　衆・予算）

【議論の背景】　平成七（一九九五）年度補正予算の審議において、当時の村山富市首相に対して、従来社会党が採っていた自衛隊違憲論の根拠をたずねる前提として、憲法前文の裁判規範性についての質問がなされた。

【答弁】

○西岡武夫議員　違憲訴訟が前文をめぐって行なわれた例はあるか。

○大出峻郎内閣法制局長官　「憲法の前文の規定というのは、それ自体として裁判規範として考えられているものではない、こういうのが一般的な考え方であろうかと思います。

ただ、この前文といいますのは、先ほど総理もおっしゃられましたように、憲法全体の基本的な考え方というものを示しているものである、そういう意味合いにおきまして、憲法の個々の条文を解釈する場合の一つの解釈基準とでも申しましょうか、そういう役割を果たしているということであろうかと思います。」

第一章　天　皇

第一条（天皇の地位・国民主権）

10　憲法一四条の国民に天皇は含まれるか

〖要旨〗　憲法一四条の国民に天皇は含まれるが、象徴であるという特別な地位にあることは言うまでもない。

昭二二（一九四七）・七・三一（一回　衆・司法）

【参照条文】　刑七三～七六

【議論の背景】　皇室に対する罪の廃止を含む刑法改正の審議において、天皇の地位と憲法一四条との関係が問題となった。

【答弁】

○北浦圭太郎議員　すべて国民は法の下に平等であるとされるが、このことが天皇の地位とどのような関係にあるのか。

○佐藤藤佐司法次官　「憲法第十四条の国民という観念の中に天皇が含まれるかどうかという御質問でありますが、私はこれは天皇がやはり含まれておるものというように解釈いたしております。しかしながら新憲法の第一条において天皇が日本国の象徴であり、日本国民統治の象徴であらせらるる特別なる地位にあらるることは、これはもちろん言うまでもないことであります。刑法のこの改正案におきましては、天皇の特別なる地位に基ずき、いわゆる天皇制に関する保護のために特別な規定は設けなかったというまでにすぎないのでありまして、憲法第十四条の精神を徹底させて、皇室に対する罪を削除いたしましたけれども、その天皇の新憲法における特別なる地位、また皇族の特別なる地位について、特に刑法上特別な規定は設けなかったというにすぎないのであります。決して第十四条の国民に天皇が含まれるという解釈をいたしましても、天皇に特別なる地位を認めないという趣旨ではないのであります。」

11　「象徴たる地位」と「国事行為を行われる地位」

〖要旨〗　象徴たる地位と国事行為を行なわれる地位は別である。

昭四八（一九七三）・六・一九（七一回　衆・内閣）

【議論の背景】　自衛官の増員及び防衛医科大学設置を主な内容とする防衛庁設置法・自衛隊法改正案の審議において、増原防衛庁長官内奏問題（同年五月）との関わりで、天皇の地位について質問がなされた。

【答弁】

○横路孝弘議員　象徴としての地位に基づいて憲法が国事行為を名目的、形式的に与えているのか。

○吉国一郎内閣法制局長官　「憲法の第四条第一項に、『天皇は、この憲法の定める国事に関する行為のみを行ひ』という規定がございますが、この場合の天皇の御地位というものは、一つの国家機関としての天皇の御行動である。その基本におきましては、その根本におきましては、象徴たる地位にあられる天皇というものに着目した規定であろうと思いますけれども、象徴という地位と、天皇の国家機関として国事に関する行為を行なわれる地位は、また別なものでございます。」

○横路　象徴としての地位に基づいて当然にその権能は要求されているわけではないのだという点はどうか。

○吉国　「御質疑の趣旨は、天皇が象徴という地位にあられることによって、その象徴という地位に基づいて当然ある機能を要請するものであるかどうかという点にあるかと思いますが、天皇が象徴たる地位にあられるということ、そのことが憲法第一条に規定するところでございまして、先ほども申し上げましたように、第四条以下にございますような国事に関する行為を行なわれる天皇の地位というものは、象徴であるから当然に出てくる権能ではない。これは一つの国家機関、天皇も国家の機関としてその国事に関する行為を行なわれるという、別個の地位であるということでございます。」

12　日本は立憲君主制か

『要旨』　近代的な憲法をもち、その憲法に従って政治を行なう国家であるので、立憲君主制である。

昭四八（一九七三）・六・二八〔七一回　参・内閣〕

【議論の背景】　国の防衛に関する調査が議題とされる中で、天皇の地位について質問がなされた。

【答弁】

○内藤誉三郎議員　日本国は立憲君主制の国であるか。

○吉国一郎内閣法制局長官　「国家の形態を君主制と共和制とに分けまして、わが国がそのいずれに属するかということがまず問題になるわけでございますが、公選による大統領その他の元首を持つことが共和制の顕著な特質であるということが一般の学説でございますので、わが国は共和制でないことはまず明らかであろうと思います。

それでは、君主制をさらに専制君主制と立憲君主制に分けるといたしますならば、わが国は近代的な意味の憲法を持っておりますし、その憲法に従って政治を行なう国家でございます以上、立憲君主制と言っても差しつかえないであろうと思います。もっとも、明治憲法下におきまするような統治権の総攬者としての天皇をいただくという意味での立憲君主制でないことは、これまた明らかでございます。」

13　天皇の戦争責任

『要旨』　天皇は旧憲法下においては無答責であり、戦争についての責任がなく、国際法上の戦争責任についてはすでに決着している。

平元（一九八九）・二・一四（一一四回　参・内閣）

【議論の背景】　昭和天皇の死去（昭和六四（一九八九）年一月七日）にともない、昭和天皇の大喪の礼の行われる日を休日とする法律案及び国民の祝日に関する法律の一部を改正する法律案の審議が行われる中で、天皇の戦争責任の問題が取り上げられた。

【答弁】

○飯田忠雄議員　天皇は、法律上、戦犯であり得るか。

○味村治内閣法制局長官　「さきの大戦につきましての天皇の法的な責任のみについて申し上げます。

先ほど委員が御指摘になられましたように、旧憲法下におきましては天皇は統治権の総攬者でございまして、戦いいわゆる宣戦の権能をお持ちになっておられましたが、国務大臣がそれにつきましては天皇を輔弼しまして一切の責任を負う、こういうことになっておりまして、天皇は神聖不可侵であるという規定が旧憲法の三条にあったわけでございます。この神聖不可侵ということの意味の一つといたしまして、天皇は先ほどおっしゃいましたように無答責である、責任を負わないんだということに、この解釈は恐らく争いがなかったことであると思います。したがいまして、天皇は旧憲法下におきまして国内法上一切の法的責任を負うことはないと、このようにされておりました。当時の憲法において一切の法的責任を負うことがないとされております以上は、その旧憲法当時の行為につきまして後になって法的責任があると言うわけにはまいりませんので、国内法上は昭和天皇には戦争についての法的責任がないと考えてございます。

さらに、国際法の問題について御議論がございましたが、これは、先生の御指摘のとおり、昭和天皇の戦争責任の問題につきましては極東国際軍事裁判において検討がなされましたが、連合国が昭和天皇に対して訴追を行わなかったということは御指摘のとおりでございまして、昭和天皇の国際法上の戦争責任の問題は既に決着した問題であるというふうに考えております。」

14　天皇は元首か

〔要旨〕　天皇は、国の象徴であり外交関係において国を代表する面もあり、限定された意味において元首である。

平二（一九九〇）・五・一四　（一一八回　参・予算）

【議論の背景】　平成二（一九九〇）年度予算審議の総括質疑において、戦争責任についての対外的な意思表明をすべきであるとの議論と関わり、天皇が元首であるかどうかが質問された。

【答弁】

〇久保亘議員　日本の元首はだれか。

〇工藤敦夫内閣法制局長官　「元首ということにつきましては、元首の定義いかんにかかわる問題であると、かようにかつてお答え申し上げていると思います。かつてといいますか、はるか以前のように、元首というのが内治外交のすべてを通じまして国を代表し、行政権を掌握している存在である、こういうふうに定義いたしますならば、現在の憲法のもとにおきましては天皇は元首ではない、こういうことになろうと思います。しかし、今日の定義の、まあ定義する方にもよるわけでございますが、実質的な国家統治の大権を持たなくても国家におけるいわゆるヘッドの地位にある、こういう方を元首と見る見解もございますし、そういう見解もかなり有力であろうと思いますが、この定義によりますならば、今総理大臣がお答えになりましたように、天皇は国の象徴であり、さらにはごく一部ではございますけれども、外交関係におきまして国を代表する面もございます。そういう意味で、現憲法下において、そのような限定された意味におきましては元首であると言っても差支えなかろうと、かように考えております。」

15　天皇・皇族の選挙権・被選挙権

〔要旨〕　天皇・皇族は政治的に中立を要請されており、選挙権・被選挙権を持たないのは当然である。

平四（一九九二）・四・七　（一二三回　参・内閣）

【議論の背景】　平成四（一九九二）年度予算中、皇室費などについて審議される中で、天皇・皇族の選挙権・被選挙権の問題が取り上げられた。

【答弁】

〇三石久江議員　天皇・皇族に選挙権、被選挙権を認めないのは、基本的人権を無視したものではないか。

○宮尾盤宮内庁次長　「選挙権の問題でございますが、今御質問の中にありましたように、やはり天皇陛下というのは象徴的な立場にあられるわけでございまして、政治的な立場もこれも中立でなければならないと、こういうことが要請をされておるわけでございます。そういう意味から選挙権は持たない、また被選挙権も当然のことでありますが、そういう権利はお持ちにならない、こういうことになっております。

皇族さん方も、それは考え方は同じでございまして、やはり皇室というのは天皇陛下を中心とする御一家でございますから、やはり皇族さんが被選挙権、あるいは選挙権というものをお持ちになるということは非常にいろいろな問題が出てくる、こういうことになっておるわけでございます。

こういうような考え方というのは、例えば皇族さんにつきましても、当然皇族としての特権というものが片方にあるわけでございまして、例えば皇族については、男子の場合には皇位継承資格があるとか、あるいは男女を含めて、摂政あるいは国事行為の代行に御就任する資格があるとか、あるいは殿下という敬称を称せられる。品位の保持の資として、国から一定の皇族費が支給される。こういうような、片方でそういうお立場にある特別の権利というものを与えられておるわけでございまして、他方、皇族に対する制約としまして、今お話がありました、結婚について皇室会議で承認を得なければいけないとか、養子は禁止をされているとか、あるいは選挙権等がない。こういうような特権に対する制約というものがあるわけでございます。」

第二条（皇位の継承）

16　「男系の男子」には皇庶子を含むか

【要旨】　現行の皇室典範においては、皇位継承者を嫡出子に限っている

昭四三（一九六八）・四・三（五八回　衆・内閣）

【参照条文】　典一・二I・六（旧皇室典範四）

【議論の背景】　内廷費及び皇族費の増額を内容とする皇室経済法施行法改正案の審議において、現行の皇室典範の皇位継承資格について質疑がなされた。

【答弁】

○受田新吉議員　男系の男子には、皇庶子を含むのか。

○吉国一郎内閣法制次長　「この点は皇室典範が制定せられま

したときの第九一回帝国議会におきまして当時の金森国務大臣が説明をいたしておりますが、旧憲法時代の旧皇室典範と新しい憲法のもとにおきます皇室典範におきまして、皇位継承の資格者については今後はできるだけ嫡男系、嫡出に限定するということになっております。皇位そのものの永続性ということを念頭に置いて考えますならば嫡出者以外にもその範囲を認めることに一応理由はある。しかし、新憲法になりまして道徳的判断というものが漸次変遷をしてまいった現在の段階においては、嫡出者としからざる者、つまり嫡出者、庶出者との間に相当大きな変化を加えるということは、当然のことではないかというようなことで、一方においては皇位の永続性と申しますか永久性と申しますか、他方においては世の中における道義的な判断というものを折衷して、新皇室典範におきましては旧皇室典範と違いまして嫡出者に限ったという説明をしております。おそらくそのようなところがこの皇室典範の現在の規定の趣旨であろうと存じます。」

17　天皇の退位

【要旨】皇室典範を改正すれば、可能である。

昭四六（一九七一）・三・一〇〔六五回　衆・内閣〕

【参照条文】　典四

【議論の背景】　総理府設置法改正案の審議にあたり、天皇のヨーロッパ訪問がこの年の秋におこなわれることとついて議論がなされ、退位論も取り上げられた。

【答弁】

○受田新吉議員　退位は、皇室典範四条の「天皇が崩じたとき」を改正すれば、可能か。

○高辻正巳内閣法制局長官　「天皇の御退位についての法律上の問題点の御指摘がございましたが、これは簡単に申せば仰せのとおりだと思います。憲法の第二条の、皇位は『国会の議決した皇室典範の定めるところにより、これを継承する。』という規定を受けまして皇室典範があって、これもご指摘のとおり第四条『天皇が崩じたときは、皇嗣が、直ちに即位する。』ということで、退位の御自由がないというのが現行の憲法及び法律のたてまえであります。したがって、概していえば仰せのとおりということがいえると思います。」

18　天皇・皇太子・皇太孫の成年

【要旨】　天皇・皇太子・皇太孫の成年が一八歳とされているのは、摂政が置かれる場合をできるだけ少なくするためである。

昭五九（一九八四）・四・三〔一〇一回　衆・内閣〕

【参照条文】　民三　典二二

【議論の背景】　内廷費・皇族費の増額等を内容とする皇室経済法施行法改正案の審議において、皇室典範上の成年について質疑がなされた。

【答弁】

○鈴切康雄議員　天皇・皇太子・皇太孫の成年が、民法上の成年とは異なり、十八歳とされているのはなぜか。

○山本悟宮内庁次長　「御指摘のとおりに、天皇及び皇太子の成年は満十八歳ということで皇室典範の二十二条で決められております。民法の原則二十歳とは違うわけでございますが、この立法の理由というのを調べてまいりますと、天皇が未成年である場合には摂政を置く、これは皇室典範によって決められているわけでございます。考え方といたしましては、なるべく摂政というものよりも天皇御自身によるところの国事行為、法的行為が行われますような体制に持っていくことがベターである、それからまた、天皇が特定の理由によりまして摂政を置かれるという場合に、摂政になる順位は当然のことながら皇太子は第一順位になるわけでございますが、この場合も、皇太子が未成年なるがゆえに他の方が摂政になるよりも、なるべく一番皇位継承順位の高い皇太子が早い時期に摂政になる方がベターである、こういったようないろいろの配慮から二十歳説をとらず十八歳説をとっておる、こういうことになっているわけでございます。

ただ、民法におきましても、御案内のとおり、営業に関するような行為につきましては未成年でも法律行為をなし得るというような規定もあるわけでございまして、やはりある程度の年齢、この場合には十八歳でございますが、十八歳に達せられた場合には天皇ないし皇太子としては十分そういうような意味での法律行為をなさる能力というものがあり得るのではないか、こういうような考え方、これによりまして、民法の一般原則と違って二歳若い十八歳という制度になっていると存じております。」

19　天皇の退位

【要旨】　天皇の地位を純粋に安定させるという趣旨から、皇室典範制定当時、退位の制度をおかなかったのであり、摂政・国事行為の臨時代行の制度によって補うことで十分である。

昭五九（一九八四）・四・三〔一〇一回　衆・内閣〕

【参照条文】　典四・一六～二一　国事代行

【議論の背景】　内廷費・皇族費の増額等を内容とする皇室経済法施行法改正案の審議において、昭和天皇の高齢化にともない、退位制度について質疑がなされた。

【答弁】

〇和田一仁議員　生前の退位を考えてもいいのではないか。

〇山本悟宮内庁次長　「お考えは一つの考え方を代表しているものだろうと存じます。世の中にいろいろな御意見があることは私どももよく承知をいたしているわけでございますが、現在の皇室典範は御指摘のとおり退位の制度を置いておりません。

こういう退位の制度を置かなかったことにつきましては、やはり典範が制定されました当時はいろいろな議論があっていたようでございます。そのとき、現在の皇室典範のように生前の退位という制度を置かなかったその理由といたしまして言われておりますのは、一つには、退位制度を置くことによりまして、我が国の歴史上見られたような上皇あるいは法皇的な存在が出ることによってのいろいろな弊害、これは歴史の判断の問題でございますけれども、いろいろ問題のあったことは事実でございますし、そういった議論があったようでございます。あるいは、必ずしも天皇の自由意思に基づかない退位の強制というようなことについて、これも歴史上の問題でございますが、どう考えるべきなのか、こういった問題、あるいは逆に、今度は天皇が恣意的に退位するというようなことになった場合には、憲法に規定してあります象徴天皇制というものと一体どういう関連になるのかというようないろいろな議論があったようでございまして、こういうようないろいろな議論を踏まえた上での天皇の地位を純粋に安定させるということが望ましいという趣旨から、典範制定当時、退位の制度を置かなかったというように存じているわけでございます。

先生十分御承知のとおりに、こういったような理由の上に、制度といたしましては摂政の制度あるいは国事行為の臨時代行の制度というようなことによって十分そのカバーができるのではないかというような考え方がございまして、ただいまのような典範になっていると存じているところでございます。」

20　女帝否認と法の下の平等

【要旨】　憲法二条は、皇位継承者を男子に限ることを許容しており、憲法一四条に違反するものではない。

平四（一九九二）・四・七（一二三回　参・内閣）

【参照条文】　典一

【議論の背景】　平成四（一九九二）年度予算中、皇室費などについて審議がなされる中で、女子にも皇位継承資格を認めるべきではないかとする質問がなされた。

これは、一般の国民の権利義務に関する男女の平等というものとは違う論点で考えられるべきことではないかなと思っております。」

第三条（天皇の国事行為に対する内閣の助言と承認）

21　天皇の国事行為の性質は、行政権か

【要旨】　天皇は、行政権の機構に属する機関ではなく、その行為は、行政権の作用ではない。

昭三九（一九六四）・三・一七〔四六回　衆・内閣〕

【議論の背景】　国事行為の臨時代行に関する法律案の審議において天皇の国事行為の性質が論議された。

【答弁】

○石橋政嗣議員　天皇の国事に関する行為は憲法上行政権の一部に属するのか。

○関道雄内閣法制局第四部長　「天皇の行なわれる国事行為そのものは、これは別に行政、何とかという区画の外にあると考

【答弁】

○三石久江議員　女子にも継承を認めてはどうか。

○加藤紘一内閣官房長官　「憲法第二条は、『皇位は、世襲のものであって、』『皇室典範の定めるところにより、これを継承する。』と書いてございますけれども、この規定は皇統に属する男系の男子が皇位を継承するという伝統を背景として制定されたものでございますので、同条は、皇位継承者を男系の男子に限るという制度を許容しているものと私たちも考えております。したがって、皇族女子の皇位継承を認めない現在の皇室典範第一条の規定は、法のもとの平等を保障した憲法第十四条に違反するものではないというふうに考えております。

……やはり憲法自体に皇位というものを世襲であると明記いたしてありますところからもわかりますように、皇位というものはいわゆる憲法十四条の特則をなすものだと考えております。

それは、象徴としての天皇陛下及び皇室というものが、日本古来の歴史的な伝統に基づいての基礎の上に引き継がれてきたものでございますし、それを新憲法の中に引き継いできているということでございますので、確かにいろいろな御指摘はあろうかと思いますけれども、日本の歴史の流れとして男系男子の継承とはいうことで憲法は許しているし、また、それが今の日本の流れに沿ったものでないだろうかなというふうに思っております。

えられたものだろうと思います。」

「内閣の助言と承認という問題……はまさに行政権の行使であることは、内閣のほうにおいても明らかだと思いますが、結局実質的には天皇の国事行為が、事柄の性質からどこに入るかといえば、それは行政権的なものだということはわかりますけれども、天皇そのものは、行政権の機構に属する機関ではございませんので、その行為自体は、行政権の作用ではございません。しかしながら、それの助言と承認ということは、内閣の行為でございますから、これは行政権の行為であろうと思います。」

22　天皇の国事行為についての拒否権・猶予権

【要旨】　天皇の国事行為は、内閣の助言と承認に基づいて行われるものであり、拒否権・猶予権は有せられない。

昭四八（一九七三）・六・七（七一回　衆・内閣）

【議論の背景】　増原防衛庁長官が天皇に内奏に参上したときの発言、その後の記者会見が問題となり、辞任した。この増原問題に伴って問題にされた。

【答弁】

○受田新吉議員　天皇は国事行為について、拒否権、猶予権を有しているのか。

○田中角栄内閣総理大臣　「天皇に拒否権があるかどうかとか、それから、この人事は少し待ったらどうかというような、平たくいえばそういう猶予権、余裕を求められるような権能がおありになるかということでありますが、これは憲法に明定するところ、内閣の助言と承認に基づいて行なわれるものでございますから、この問題にしては拒否権は有せられない。また、猶予というようなことをなさるようなことは全くない。これはまた法律上、憲法上も存在しない、このように理解しております。」

23　天皇の公的行為についての政府の責任

【要旨】　天皇の公的行為については、宮内庁、さらには総理府、最終的には内閣が責任を負っている。

昭五〇（一九七五）・一一・二〇（七六回　参・内閣）

【参照条文】　内閣府四八　宮内庁法

【議論の背景】　天皇、皇后両陛下のアメリカ訪問後の記者会見の内容について、内閣の補佐及び責任が論議された。

【答弁】

○野田哲議員　天皇の公的行為については政府として責任を持

っているのか。

○富田朝彦宮内庁次長　「実際の処理に当たっておりまする宮内庁としての実務的な考えを申し上げたいと思います。

……いわゆる公的行為、これにつきましては、宮内庁が総理府のいわば外局として存在をいたしております、法制的に。そういうような関係から第一義的には、宮内庁法にも定めておりますように宮内庁がそういう行為に対しての補佐と申しますか、責任を負うべきものでございます。しかしながら、いま申し上げたような法的な機構の関係がございますので、さらには総理府、さらには最終的には内閣というふうにも考えておる次第でございます。」

第四条（天皇の権能の限界、天皇の国事行為の委任）

24　国事行為の臨時代行と摂政の相違

【要旨】　国事行為の臨時代行に、予測し得ることであれば、国事行為以外の公的色彩のあることも委任できる。

昭四七（一九七二）・三・三〇（六八回　衆・内閣）

【参照条文】　典一六　国事代行二

【議論の背景】　天皇がヨーロッパに訪問されたことについての議論の中で臨時代行の権限が取り上げられた。

【答弁】

○鬼木勝利議員　国事行為の臨時代行は摂政としての意味はないが国事行為以外のこともできるのか。

○宇佐美毅宮内庁長官　「国事行為の委任というのは陛下が御委任なさることでございます。摂政を置きます場合は、陛下の御意思によらず皇室会議でやるという差があると思います。ですからこの場合は、陛下の御判断によらないということが起こって、そういう前提に立っての必要性が出るという場合が摂政であろうかと私は思うわけでございます。ですから、そういう場合の摂政というのは、大体天皇のあそばす国事行為のほか、天皇の行なわれまする公的なこと等につきましてもかわってなさるということでなければ、いろいろな国政と申しますか、運営上に支障が来るだろうと思うわけでございます。片一方〔国事行為の臨時代行〕は、ともかく法律にはっきりと、天皇の国事行為に関する権能ということでありますから、これは憲法で非常に限定的に羅列しておるわけでございます。それは以外にわたるということはまずないわけでございます。ただし予測し得るようなことがございますれば、それは、公的色彩のあるようなことを御委任なさるということは、必ずしもいけないというう規定はどこにもない。……ある予測できることで、やはり委任しておいでになるほうがいいということがあれば、可能ではあるというふうに思います。」

25　天皇の公的行為の根拠

【要旨】　天皇の行為には、国事行為、憲法第一条の象徴としての地位を反映しての公的行為、純然たる私的行為がある。

昭五〇（一九七五）・三・一四〔七五回　衆・内閣〕

【議論の背景】　天皇のアメリカ訪問を巡って天皇の公的行為について議論された。

【答弁】

○大出俊議員　天皇の公的行為については、憲法上何ら規定がない。

○角田礼次郎内閣法制局第一部長　「公的行為について……政府の見解を申し上げたいと思います。

憲法上、天皇が国家機関として行為をされるその場合としては、憲法の定めるいわゆる国事行為に限るということは、憲法の四条二項、六条及び第七条に明記されているところでありまして、このことについては明らかであろうと思います。ただいま申し上げたのは、天皇が国家機関として行為をされる場合のことについてのことでございますが、憲法というのは、言うまでもなく国の国家構造というものを決めている基本法でございますから、わが国におきましては立法、行政、司法の三権についてそれぞれ決めていると同時に、天皇という特別の地位を持っておられる方も広い意味の国家構造の一部として国事行為を行われる、これが国家機関としての天皇の地位であろうと思います。そういう意味で、その点については憲法の性質からいって明文の規定があるわけでございます。

ところが、これも言うまでもないことかと思いますが、天皇は国家機関としてそういう行為をされると同時に、自然人としていろいろ御行動になるわけであります。ところが自然人として御行動になる場合には、まず私人として、全く純粋の私人としての御行動があることは当然であろうと思います。

ところが一方において、天皇は憲法第一条によって日本国の象徴であり、日本国民統合の象徴であるという地位を持っておられます。そこで天皇が自然人として行動される場合においても、その象徴としてのお立場というものからにじみ出てくるところの御行動というものが、全くの私人として御行動になる場合と違いがある、こういう認識に私どもは立っているわけであります。

そこで、天皇の御行為としては憲法上の国事行為、それから象徴としての地位を反映しての公的な行為、それから全く純然たる私的な行為、この三種類が挙げられる、私どもこれを三分説というふうに申し上げているわけであります。」

○大出　憲法第一条の規定というのは、天皇の行為を規定してはいない。

○角田「自然人としての行為というものに憲法第一条の反映がある、そうして公的行為というものを憲法解釈上認められるべきだ、こういうふうに申し上げているわけであります。」

26　天皇の行為の国政に及ぼす影響

【要旨】およそ天皇の行動があらゆる行動を通じて国政に対して影響を及ぼすようなことがあってはならない。

昭五〇（一九七五）・一一・二〇（七六回　参・内閣）

【議論の背景】天皇が靖国神社に参拝することに伴い、天皇の私的行為の国政に及ぼす影響が問題となった。

【答弁】

○秦豊議員　天皇のあらゆる行為が国政に影響を与えてはならないという解釈と理解していいか。

○吉国一郎内閣法制局長官「およそ天皇は、憲法第四条第一項で言っておりますように国政に関する権能を有せられないわけでございますので、およそ天皇の行動があらゆる行動を通じて国政に対して影響を及ぼすようなことがあってはならないということは当然でございます。国事行事につきましては、すべて内閣の助言と承認によって、内閣が実質的に意思を決定するということによってその点は守られておりますが、いわゆる公的行為あるいは学者の準国事行為と申しますものにつきましては、そのような憲法上の規定はございませんけれども、当然、皇室に関する国家事務として補佐をいたします第一次的には宮内庁、第二次的には宮内庁を包摂をいたします総理府、内閣総理大臣の機関としての総理府、それから最終的には国政全般に対して責任を負っておりますところの内閣が天皇の公的行為についていささかも国政に影響を及ぼすようなことがあってはならないということについて十分に慎重な配慮をいたしておるということでございます。で、私的行為については、事実上国政に影響を及ぼすようなことが考えられないのではございますが、もちろん、私的な行為を通じてでも国政に影響を及ぼすようなことがあってはならないということは当然のことであろうと思います。」

27 大嘗祭の意義、性格

【要旨】 大嘗祭は、伝統的皇位継承儀式であり、宗教上の儀式としての性格を有する皇室行事であるが、公的な性格を持っている儀式である。

平二（一九九〇）・四・一九（一一八回 衆・内閣）

【参照条文】 皇経三〜五

【議論の背景】 昭和天皇の崩御に伴い、大嘗祭の意義、性格が問題とされた。

【答弁】

○宮尾盤宮内庁次長 「今回の大嘗祭の性格づけというものにつきましては、皇位継承儀式として非常に重要なものであるという面から、皇室行事でありますけれども公的な性格を持っておる儀式である、こういうふうに位置づけをしていただいております。そういう意味で国としてもこれに対しまして物的、人的側面からその執行を可能ならしめるような措置を講じていただくという立場から、宮廷費でこれを行うべきである、こういう御判断をいただいておるわけでございます。」

○上原康助議員 皇室の公的行事と言う根拠は一体何なのか。天皇の公的行為は、憲法上も内閣の助言と承認によってしかできない。

○大森政輔内閣法制局第一部長 「まず政府といたしましては従前から天皇の行為についてはいわゆる三分説をとっております。

第一分類、これは……国事行為……

第二分類は、いわゆる公的行為……

それ以外の第三分類といたしまして、……皇室の行事というような言葉であらわされるそれ以外のいろいろな行為をなさることがある。これにつきましては、内閣は助言と承認というような形でも関与いたしませんし、また、公的行為におけるような閣議決定あるいは閣議了解というような形でも関与しないのが通常である、そういう一群の行為があるということでございます。」

○上原 今度大嘗祭に関与している法的根拠は。

○大森 「このたび行われようとしております大嘗祭、これは準備委員会の検討結果で詳しく書かれておりますように、皇室の行事として行われるということでございます。それには公的性格があるという結論に達しているわけでございます。

……大嘗祭と申しますのは、収穫儀礼に根差したものであり、伝統的皇位継承儀礼という性質を持つのでございます。その中核と申しますのは、天皇が皇祖及び天神地祇に対し、安寧と五穀豊穣を感謝されるとともに、国家国民のために安寧と五穀豊穣などを祈念される儀式であるというふうに意義づけられております。したがって、この趣旨、形式等からいたしまして、宗教上の儀式としての性格を有することは否定することができない。また、その態様においても、国がその内容に立ち入ることになじまない性格の儀式であるから、大嘗祭を国事行為として行うことは困難である。このように書いているわけでございます。

したがいまして、国事行為として行わない、皇室の行事として行うというわけでございますが、先ほど申し上げましたいわゆる第三分類に当たる行為の中にも、純然たる私的な性格を持つ行為と公的性格ないし色彩を有する行為と、これは小分類でございますが、二つの性格を有するものがあるのだということでございまして、この大嘗祭につきましては、皇位が世襲であることに伴う一世一度の重要な伝統的皇位継承儀式である、したがいまして、皇位の世襲制をとる我が憲法のもとにおきましては、その儀式について国としても深い関心を持ち、人的、物的な側面からその挙行を可能にする手だてを講ずることは当然であるというふうに考えられるわけであります。このような意味において、公的な性格があるという結論に達した次第でございます。」

28　天皇の公的行為の限界及び責任の主体

【要旨】　天皇の公的行為は、国政に関する権能が含まれない、象徴たる性格に反しない、内閣が責任を負うものでなければならない。

平二（一九九〇）・五・一七〔一一八回　衆・予算〕

【議論の背景】　韓国大統領の訪日の際の天皇のお言葉を契機として、天皇の公的行為の限界及び責任が問題にされた。

【答弁】

○山花貞夫議員　公的行為概念の拡大というものは、天皇の政治利用に通ずる。天皇の公的行為の概念、憲法上の根拠、責任の主体ないし所在についてお伺いしたい。

○工藤敦夫内閣法制局長官　「天皇の行為には国事行為、公的行為及びこれらのいずれにも当たらない行為、こういう三つがあるということでございます。いわゆる天皇の公的行為というのは、憲法に定める国事行為以外の行為で、天皇が象徴としての地位に基づいて公的な立場で行われるものをいう、こういうことでございます。

……憲法上明文の根拠はないけれども、そういう意味で象徴たる地位にある天皇の行為、こういうことで当然認められるところである、……天皇の公的行為の場合にはそこで言う内閣の助言と承認は必要ではない。また、あくまで天皇の御意思をもととして行われるべきものではございますが、当然内閣としても、これが憲法の趣旨に沿って行われる、かように配慮することがその責任であると考えております。

……天皇の公的行為というのは、……いわゆる象徴というお立場からの公的性格を有する行為でございます。そういう意味では、国事行為におきますと同様に国政に関する権能が含まれてはならない、すなわち政治的な意味を持つとかあるいは政治的な影響を持つものが含まれてはならないということ、これが第一でございます。第二が、その行為が象徴たる性格に反するものであってはならない。第三に、その行為につきましては内閣が責任を負うものでなければならない。かようなことであろうと思います。

内閣が責任を負うという点につきましては、その行為に係る事務の処理が行政に属すると考えられますので、憲法六十五条によりまして行政権の主体とされる内閣がそれについて責任を負うべきことであろう、かようにこれまでお答えしておりますし、お答え申し上げたい、かように思います。」

○山花　その補佐と責任のよって来るかかわり方ということについて具体的に御説明いただきたい。

○工藤　「国会の開会式におけるお言葉、かようなものは例えば閣議にかかるというふうなこともございますし、あるいはその他のケースにつきましては、……具体的には内閣法、国家行政組織法あるいは個別の各省庁設置法、こういうものに基づきまして、それぞれ閣議了解、あるいはその他のいわゆる身の回りの宮内庁、外務省等々のそれぞれの組織の権能に基づきまして補佐申し上げるというのが、補佐し責任を負う形で準備申し上げるというのがこれまでの形であったと存じております。」

第七条（天皇の国事行為——解散）

29　衆議院の解散制度に関する勧告

〔要旨〕　内閣不信任決議案可決・信任決議案否決の場合以外にも、解散が行われ得るものと解することが妥当である。

昭二七（一九五二）・六・一七（一三回　衆・両院法規）

【参照条文】　憲六九

【議論の背景】　第四回国会で衆議院の解散が行われ、それ以来、これについて憲法問題として議論されてきたことから、両院法規委員会が勧告を行った。

【答弁】

「〔要旨〕

衆議院の解散については、その決定権の所在及び事由の範囲に関し、種々の論議が行われているが、憲法の解釈としては同法第六十九条の場合以外にも、民主政治の運営上、あらたに国民の総意を問う必要ありと客観的に判断され得る充分な理由がある場合には、解散が行われ得るものと解することが妥当である。しかし、解散は、いやしくも、内閣の専恣的判断によってなされることのないようにせねばならない。たとえば衆議院が、解散に関する決議を成立せしめた場合には、内閣はこれを尊重し、憲法第七条により解散の助言と承認を行うというごとき慣例を樹立することが望ましく、また将来適当の機会があれば解散制度に関するこれら基本的の事項につき明文を置き、民主的な解散の制度を確立するとともに憲法上の疑義を一掃すべきである。

両議院は、右に関し充分の考慮を払われたい。

〔理由〕

衆議院の解散については、昭和二十三年十一月、第二次吉田内閣成立直後、現実的政治問題として提起せられ、以来広く各方面において重大な憲法解釈問題として論議されて来た。

この問題の争点は、衆議院の解散は憲法第七条により天皇の国事行為として規定されており、内閣に実質的な解散決定権を付与した明文がないのであるから、憲法の明文上解散の行われ得べきことが予定されている場合、すなわち、第六十九条に定める内閣不信任決議案が衆議院において可決され又は内閣信任決議案が同院において否決された場合に限って、衆議院の解散は行われ得ると解すべきか、あるいは、憲法解釈上前述の場合以外の事由によっても同院の解散は行われ得ると解すべきかにある。

学界及び一般よ論は、大体において、イギリス的議院内閣制の下における権力分立の原理に立脚して、第六十九条に定める場合の外にも、民主政治の運営上あらたに国民の総意を問う必要があると客観的に判断され得る充分の理由ある場合には、内閣は憲法第七条により解散の助言と承認をなし得るという見解を採るもののようであるが、一部には、わが国の憲法運用につきイギリス的議院内閣制の理念を前提とすることに批判的見解をとり、憲法解釈上衆議院解散制度を最小限に止めることが適当であるとして、その解散は、憲法第六十九条の場合以外の事由では行われ得ないと解する向きもある。

本委員会は、慎重調査の結果、憲法第六十九条は衆議院解散の行われる原則的な通常の場合を示したものではあるが、これのみが唯一の場合ではなく、現実の国政の運営の面から見て、この場合以外にも、民主政治の要請により、あらたに国民の総

【参照条文】　憲六九

【議論の背景】　第一四回国会において吉田茂首相が抜打ち解散を行い、解散の根拠が問題となった。

【答弁】

○西村栄一議員　憲法第七条において解散せられるのか。

○佐藤達夫内閣法制局長官　「憲法の解散権につきましては、第六十九条に一箇条ございますほかは、第七条に国事行為としてあがっておるだけであります。両院法規委員会におきましては、解散権は広い、第六十九条の場合のみに限られない、すなわち第七条のみを根拠として行い得るという結論が出ております。政府におきましてもそれを尊重して、まさにその通りの解釈に立っておるわけでございます。従いまして、その解散権が今度行使される場合はどういう場合かということになると、それは不信任の決議があった場合もありましょうし、あるいは衆議院において解散要求の決議というものが行われた場合もございましょうし、その他いろいろな場合があるわけであります。要するに、国民の意思を問う必要があると認められる場合に行われるということに相なろうかと存ずるわけでございます。」

意を問う必要ありと、客観的に判断され得る充分の理由ある場合には、解散を行い得ると解することが、憲法の解釈上妥当であるとの見解に到達した。しかし、その解散を行い得る場合の判断を専ら内閣の自由な裁量に委ねることは、場合により、内閣の専恣的判断におちいるおそれなしとしないので、その判断が適正なるものであるような保障あることが望ましく、現行憲法の運用としては、たとえば衆議院が解散に関する決議を成立せしめた場合においては、内閣はこれを尊重し、憲法第七条により解散の助言と承認を行うというがごとき慣例を樹立することが望ましく、また、将来適当の機会があれば、その場合には、解散決定権の所在及び解散事由の範囲を明文をもって規定し、解散の制度を民主的ならしめるとともにいやしくも憲法上疑義の発生することなきを確保すべきである。

以上に関し、両議院は、充分の考慮を払うことが適当であると思料せられる。」

30　内閣不信任決議案可決・信任決議案否決の場合の衆議院の解散の根拠

【要旨】　解散は、内閣不信任決議案可決・信任決議案否決の場合に限られず、憲法第七条のみを根拠として行い得る。

昭二七（一九五二）・一二・一二〔一五回　衆・予算〕

31 内閣不信任決議案可決に応ずる解散の詔書に引用する根拠条文

〔要旨〕 解散の詔書には、第七条だけを引用することにし、六十九条その他の解散の原因になる事項は出す必要はない。

昭二八（一九五三）・五・二三（一六回 衆・昭和二八年度一般会計暫定予算外六件特別）

【議論の背景】 第一四回国会に抜打ち解散、第一五回国会に内閣不信任決議案可決に伴う解散が行われ、解散詔書に引用する根拠条文が問題となった。

【答弁】

○田中織之進議員 解散の詔書には、六十九条に基いて政府は判断をせられたことが明確になっておらない。

○佐藤達夫内閣法制局長官 「この間の解散につきましては、これは明らかに不信任決議によるところの解散でございますから、六十九条に当ることは問題がないのであります。しかるにもかかわらず、詔書には第七条という条文しか引かなかったというお尋ねですが、……結局解散の詔書というものは、外に出る場合の根拠条文は、どこを探してみましても第七条以外にはございません。この前の第一回の新憲法の際における解散の場合におきましては、第七条と第六十九条を引きましたが、第七条だけは必ず引いております。従って今回の場合も――前回もそうでありますが、引用する場合には第七条だけを引用することにして、あと六十九条その他の解散の原因になる事項は、詔書の上に出す必要はないという趣旨でございますので、詔書そのものは間違いがない。第七条だけを引けば十分であると考えております。」

32 衆議院の解散権の帰属

〔要旨〕 衆議院の解散は、天皇の国事行為として規定されており、実質的に決定するのは助言と承認を行う責務を有する内閣である。

昭六一（一九八六）・一・一四（一〇三回 参・本会議録）

【議論の背景】 衆議院議員定数について違憲状態とする最高裁判決が出され、定数是正と衆議院の解散の関係について議論が高まっていた。

【答弁】

○飯田忠雄議員提出衆議院の解散権の帰属に関する質問主意書

「一 主権者たる国民は、正当に選挙された国会における代表者を通じて行動するものであることは、憲法前文に明記されている。

このことは、主権者たる日本国民の意志決定、権限行為は、国会によりなされることを示すのではないか。

二　憲法第七条は、国家の重大事項を十項目掲げ、これについては、日本国民統合の象徴である天皇が行うものとしているが、その実体的決定については、日本国民の代表である国会を通じて行うのが、国民主権制の根本原則であり、このことは、憲法の前文に明らかであるが、政府はどう考えているか。

要するに、主権者たる日本国民に帰属する政治的重大事項は、主権者の代表である国会が決定し、主権者の象徴である天皇がこれを認証もしくは宣言、公布することとしたのが、憲法の根本法理であり、憲法に明記するところであると理解すべきではないか。

三　憲法第十五条は、公務員の選定、罷免は国民固有の権利であるとし、公務員の選定方法として選挙を規定している。

選挙によらない選定方法については、憲法又は法律に基づいて行うべきものとしている。

罷免についても、憲法の明文又は明記する法理に基づいて行うべきものである。

国会議員の罷免は、憲法の明文の規定により又は主権者たる国民の代表である国会の議決によるべきものではないか。

四　衆議院の解散は、衆議院の組織を消滅させ、衆議院の組織者である衆議院議員全員を罷免することに該当する。

衆議院議員は公務員であるから、その罷免が主権者たる国民の固有の権利であることは、憲法第十五条第一項の明記するところである。

従って、衆議院議員の罷免となる衆議院の解散は、主権者たる国民の代表者で組織する国会の議決を要することではないか。

五　憲法第七条の規定する『衆議院を解散すること』は、象徴天皇が主権者国民のために行う国事行為であるから、国会において衆議院解散の議決があった後に、内閣の助言に基づいて行うものであることは、憲法第十五条および憲法の前文に明記するところからの法的帰結であるというべきであるが、政府の見解はどうか。

六　憲法第六十九条を曲解して、内閣に総辞職か衆議院の解散かの選択権があるという説をなすものがあるが、この条項は条文の文言からみて、そのような選択権について規定したものではないことは、憲法学者の指摘するところである。

これについての政府の見解を問う。

七　憲法第七条にいう内閣の助言とは、国事行為についての助言であり、そのことから衆議院解散という重大な国政行為の決定を主権者の直接の代表である国会をさしおいて、内閣に付与したものと解することは法理論上も、憲法の前文からも、誤った飛躍論法であって違憲の疑いが濃いものである。

かかる説を信奉して衆議院解散決定権が内閣にあるとすることは、権限逸脱も甚だしいものと思われるがどうか。

八　衆議院解散は内閣総理大臣の専管事項であるという憲法無視の俗説が、マスコミその他政治家の口から強弁せられており、ある政治家の中には、慣習法として成立していると思い違いをしている向きもある。

憲法の根本原則に違反することは、憲法違反そのものであり、憲法第九十八条第一項により無効である。

この点政府はどう解しているか。」

○答弁書（昭和六〇年（一九八五）一二月二七日提出）

「一について

御指摘の憲法前文の規定においては、国会の権能が定められているとは考えていない。

二について

憲法第七条各号に掲げられている国事に関する行為について実質的に決定を行う権限を有するのは、天皇の行う国事に関する行為について助言と承認を行う職務を有する内閣であると解している。

三から五までについて

衆議院の解散は、憲法第七条において天皇の国事に関する行為として規定されており、この場合、実質的に衆議院の解散を決定する権限を有するのは、天皇の国事に関する行為について助言と承認を行う職務を有する内閣である。

六について

憲法第六十九条は、同条に規定する場合には、内閣は、『衆議院が解散されない限り』、総辞職をしなければならないことを規定するにとどまり、内閣が実質的に衆議院の解散を決定する権限を有することの法的根拠は、憲法第七条の規定である。

七及び八について

憲法第七条の規定により、内閣は実質的に衆議院の解散を決定する権限を有しており、このことが内閣の権限の逸脱あるいは憲法違反という問題になることはないと考える。」

33　衆議院の解散について

【要旨】　衆議院の解散は、憲法七条を根拠として、内閣が実質的に決定したところにしたがって行われる。

昭六一（一九八六）・三・二八（一〇四回　参・予算）

【参照条文】　憲一五・五五・七三　明憲七

【議論の背景】　昭和六一（一九八六）年度の予算審議の一般質疑の中で衆議院の解散が問題となった。

【答弁】

○飯田忠雄議員　従来行われてきた解散の方式は、大きく分けて四つの点で憲法違反だ。

まずその第一の点は、天皇は国政の権能を持っておいでにならない。天皇の出された解散詔書で国政の効果が生ずるというのはどう考えてもこれは納得がいかぬ。

それから第二番は、衆議院の解散につきましては内閣が自主的決定権を持っている、こういう御解釈はどこから一体導かれるのだろうか。

第三の点ですが、衆議院議員というのは公選の公務員であります。公務員を罷免する権利は憲法の第十五条によって主権者たる国民にあるということをはっきりと書いてある。公選公務員を罷免するということを内閣が行うことは、どうも理解しがたい。

第四番目には、内閣の所掌事務というものは憲法の六十五条と七十三条に明確に決められている。明文で書いていないことをやることは、一体憲法上許されるか。

こういう四つの点で、憲法違反ではないか。

○茂串俊内閣法制局長官　「衆議院の解散という問題につきましては憲法第七条に規定がございます。……

この第七条に列挙しております各号の事柄を見てみますといろいろなものがあるわけでございます。……衆議院の解散とかあるいは国会の召集といったようないわば高度の政治的な性格を有するもの、本来的には形式的、名目的なものではないといったような行為も並んでおるわけでございますが、このような行為につきましても、それについて助言と承認を行うことを職務とする内閣が実質的に決定したところに従って行われるということの結果としまして、天皇の御行為は形式的、名目的なものとなるというふうに我々は考えておるわけでございまして、その意味で天皇は国政に関する権能は行使していない。ということは、すなわち形式的、名目的な行為にとどまるといいながらも、その背後には今申し上げたようなことで衆議院の解散について実質的な決定権を有する内閣が存するわけでございまして、その助言と承認によって天皇の国事行為が行われるということでございますので、その意味で解散詔書の発布そのものに解散の効力を認めても別に問題はないのではないかというふうに考えておるわけでございます。

第二番目に、……天皇は、憲法第四条一項の規定によりまして、国政に関する権能を持っていないわけでございます。それからまた、このようないわゆる国事行為を行う場合には必ず内閣の助言と承認が必要であるということが規定されておるわけでございます。……憲法七条三号『衆議院を解散すること。』あるいはまた一つ前の二号の『国会を召集すること。』といったようなことをその文理どおりに解しまして、これをそういう意味では非常に国政にかかわりのある行為であるというふうに解しました上で、先ほど申し上げた天皇は国政に関する権能を有しない、また、こういったいわゆる国事行為をやる場合には必ず内閣の助言と承認が要るというようなことを総合的に勘案いたしましました上で整合性のとれた解釈をいたしますると、……これらについて助言と承認を行う立場にある内閣が実質的に決定する権限を持っておる、そして天皇がその決定したところに従って形式的な、名目的な行為をなさるというふうに解するのが最も合理的なのではないかというふうに考えておるわけでございます。

第三番目は、……確かに一般に申しまして憲法の十五条一項はあらゆる公務員の終局的任免権が国民にあるというわば国民主権の原理を表明したものでありますが、必ずしもすべての公務員を国民が直接に選定したりあるいは罷免すべきだという意味ではもとよりないわけでございまして、この選定、罷免につきましては、直接または間接に主権者たる国民の意思に依存するようにその手段が定められなければならないという趣旨であろうかと思うのでございます。

……衆議院の解散は確かにその効果といたしまして衆議院議員の全部について任期満了前に議員たる資格を失わせるということになりますので、その意味におきましてはこの十五条一項とも関連することは否定できないと思うのでございます。ただ、先ほど申しましたように、憲法七条の解釈によりまして衆議院の解散は内閣が実質的に決定したところに従って天皇が行為をなさる、それによって解散が行われるということが明定されておるわけでございますので、この憲法の規定に従って衆議院の解散権を行使する、あるいは衆議院の解散を行うということ自体がこの憲法の十五条一項に触れるということにはならないのではないかというふうに考える次第でございます。

それから最後は、……我々といたしましては、憲法第七条によりまして、これを根拠としまして、内閣は実質的に衆議院を解散する権限を有しているという解釈でございますから、特にこの七十三条とかそういった行政事務の範囲を定めている規定にそのようなことが明文として置かれていなくても、この七条の解釈そのものから衆議院の解散権は実質的に内閣に属するという解釈をいたしておるわけでございます。」

○飯田　衆議院の解散というものは、何も内閣がやらぬでもほかに幾らでもやるところがあるわけです。憲法の条項に従って解散をやるやり方というものがあるんですよ。

憲法の総理大臣の権限といたしまして、内閣を代表して議案を国会に提出する権限というのがあるわけです。総理大臣は内閣を代表して国会に衆議院解散議案を出せるわけだ。

そして、その総理大臣というのは、今日の憲法下においては国会における絶対多数党の党首なんです、必ず国会は通るんですよ。国会は通るんだから通して、国会の議決を経てそれに基づいて天皇に助言する。そして、解散詔書を書いてもらって、内容に国政事項にわたるようなことがないかどうかを検査して、ないとなったらそこで承認をして、それを衆議院議長に渡す。もちろん、衆議院議長に渡すかどうかという問題は内閣でお決めになったらいいことですよ。そういうやり方があるわけなんですね。

○茂串　「私どもといたしましては、第七条に衆議院解散権の法的根拠があるという前提で考えておるわけでございますから、……いわば御議論の出発点がもう違ってまいるわけでございまして、その意味で、今飯田委員がおっしゃったようなお考えについて、我々の方で結構でございますというような御意見は、……言いかねる立場でございます。

それからまた、国会の議決によって解散をしたらどうかという点につきましては、いろいろ難しい問題があるのではないかなというような感想を今伺いまして持ったわけでございます……。特に特別議決等の配慮がなされてしかるべきではないか。……そういうような感じを私は率直なところ持ったわけでございます。

それからまた、国会の議決ということになった場合に、一体参議院の立場がどうなるのだろうか。解散するのは衆議院でございます。」

○飯田　第七条を読んでみますと、そのところから実質的決定権は内閣にあるよということを決めてあるということはどうしても読めないわけです。

衆議院を解散するということは、これは最高裁の見解によりますと統治行為だ、統治行為ということは政治行為だということですね。統治行為の場合にはその権限はどこに属するかというと、主権者たる国民に属する、こうなっております。

そして、憲法の前文の中で国民の代表者が権力を行使するとありまするその国民の代表者は何であるかという問題につきまして、国会議員、これが国民の代表者だということは憲法の明文が示すところであるわけです。

そういたしますと、衆議院の解散といったような統治行為に属することは、当然これは国民の代表者である国会議員が構成しておるところの国会の権限だと言わざるを得ないわけであります。

○茂串　「この衆議院の解散権は統治行為であるという最高裁の判決がございましたことは事実でございますが、統治行為論というのはもともと司法権の限界を論ずるときに用いる訴訟法的な概念でございまして、ある行為がこの統治行為に該当するということ、そのことを理由としてその行為を行う権限が当然に国民あるいは国会に帰属するというふうに考えることはできないのではないかというふうに私は考えます。

それから二つ目の、憲法前文の関係でございますが、確かにただいま委員がるるお示しになりましたようなことが前文に書かれており、またそれが前文の理念であろうかと思うのでございます。ただ、……憲法第七条が衆議院解散権の法的根拠でないという前提に立たれた上で、そうしてそれじゃ一体どこへ行くのかとなれば、そういった憲法の前文に掲げられているような理念、そういった一般的な理念にのっとって解すべきだというお考えかと思うのでございますが、私どもといたしましては、……憲法第七条に衆議院の解散権の根拠があるという確信を持っておるわけでございます。」

○飯田　大日本帝国憲法下においては、衆議院解散権というものは行政権にも司法権にも立法権にも属さない天皇の大権だった。内閣が大体実質的に決定されて、天皇を輔弼されて天皇の解散命令として出されたものであります。ところが、今日のものはそうした解散命令じゃない。解散詔書に命令権はないはずです。儀式的な解散詔書で実質的な衆議院を解散するということをやるということになりますと、解散詔書にいわゆる国政の権能を付与しておるということになる。明治憲法における解散命令と今日の憲法第七条の解散とは本質的に違うものではないか。

○茂串　「明治憲法の第七条におきましては、統治権の総攬者としての天皇の大権として、衆議院解散命令権が認められておったわけでございますが、現行の憲法におきましては、象徴としての天皇に、その地位にふさわしい形式的、名目的な国事に関する行為として衆議院の解散を行うことを認めているのでありまして、その本質が違うということをまず申し上げたいと思います。

それから第二番目に、……天皇が行う衆議院の解散につきましては内閣の助言と承認が絶対的に必要でありまして、この助言と承認によって天皇は内閣が決定したところに従って国事行為としての解散詔書の発布というまさに形式的、名目的な行為をなされるわけでありますけれども、その背後にはこのように衆議院の解散について実質的な決定権を有する内閣が存するわけでありまして、……そのような行為に対しまして解散の効力を認めるとしても別に問題はないのではないかというふうに考えておる次第でございます。」

34　同日選挙と参議院の緊急集会

【要旨】　参議院が任期満了後選挙で参議院の議員の半数しかいない場合の解散でも、国会の定数の総議員の三分の一を超え、緊急集会を開くことは可能である。

昭六二（一九八七）・一二・一一（一一一回　参・予算）

【参照条文】　憲五四・五六

【議論の背景】　衆参同日選挙が噂され、竹下総理の幹事長時代の「衆参同日選は定着してはいけない、二院制の根幹に触れる」との発言が問題にされた。

【答弁】

○抜山映子議員　同日選挙は参議院の緊急集会を著しく困難にする。

○味村治内閣法制局長官　「同日選挙と参議院の緊急集会の関係は二つございまして、一つは、参議院議員の半数が任期満了前に選挙が行われるという場合がございます。この場合にはもう参議院の議員全員がいらっしゃるわけでございますから、これは法律的に緊急集会を開くことは当然可能なわけでございます。

それから、任期満了後に参議院の半数の改選、選挙が行われるということもあるわけでございます。この場合には、緊急集会を開こうといたしましても結局半数しかいらっしゃらない、現任の参議院議員の方は半分しかいらっしゃらないということでございます。しかしながら、国会の定数は、憲法の五十六条でございましたか、その条文によりまして、総議員の三分の一ということになっておりますので、したがいまして、参議院の議員の半数しかいらっしゃいません場合でも三分の一は超えるわけでございますので、緊急集会を開くことは可能でございます。」

35　同日選挙と衆議院の解散権

〔要旨〕　衆参同時選挙が定着するのは好ましくないが、衆議院の解散は内閣総理大臣の最高の政治判断であり、縛られるべき性格のものではない。

昭六三（一九八八）・一・二七（一一二回　衆・本会議）

【参照条文】　憲四二

【議論の背景】　自民党内で昭和六四（平成元）（一九八九）年の衆参同日選が避けられないとの動きがあり、総理のこれまでの「二院制の建前から疑問がある」旨の発言について問われた。

【答弁】

○土井たか子議員　憲法の精神を尊重し、ダブル選挙は避けるべきだ。

○竹下登内閣総理大臣　「一般論として申しますならば、三年ごとの同時選挙が普遍的なものとして定着してしまうことは、私は好ましくないと考えております。しかし、解散・総選挙というものは、あくまでそのときの政治状況等を勘案して内閣総理大臣が行う最高の政治判断でありますから、どなたがその地位にあられましても、その判断はあらかじめ縛られるべき性格のものではない、このように考えております。」

36　衆議院の解散について内閣が実質的決定権を有する根拠

『要旨』　憲法第七条第三号は、その柱書きにおいて、天皇は、内閣の助言と承認により、衆議院の解散を行うことを規定している。

昭六三（一九八八）・二・五（一一二回　衆・予算）

【参照条文】　憲四Ⅰ

【議論の背景】　昭和六四（平成元）（一九八九）年の衆議院解散、衆参同日選が避けられないとの動きがあり、衆議院の解散について問題となった。

【答弁】

○春日一幸議員　憲法四条一項においては、天皇は国政について権能を有しないと規定されているから、天皇に衆議院を解散するか否かの決定権はないものと見なければならない。したがって、この憲法七条第三号の規定は衆議院解散権の所在を決めたものとは思えない。

○竹下登内閣総理大臣　「第七条の規定が、衆議院の解散権について内閣が実質的決定権を有することの根拠規定であるというのが第一であります。

このように天皇が行う衆議院の解散は、内閣の助言と承認を必要とし、内閣が実質的に決定したところに従って形式的、名目的に行うものでございますから、国政に関する行為を行うこととなるものではなく、憲法第四条第一項の規定に触れるものではない、このように理解しております。」

○春日　四条一項では、第七条三号の規定は解散権の所在を規定したものではないと解されるが、どうか。

○竹下　「七条三号というものはいわゆる実質的な権能であるというふうに考えております。」

○春日　天皇が解散権について実質上の権能を持つ、こういうことでよいか。

○味村治内閣法制局長官　「憲法七条第三号は、その柱書きにおきまして、天皇は、内閣の助言と承認により、衆議院の解散を行う、こういうことを規定しているわけでございます。この規定は、憲法第三条で、天皇の行うすべての国事に関する行為については内閣の助言と承認を必要とするという規定と相まっているわけでございます。その場合、内閣の助言と承認を必要とするということは、内閣が実質的にこれを決定するということでございまして、天皇はその内閣の実質的に決定したところを形式的、名目的に行われるというふうに解釈をしているわけでございます。したがいまして、第四条の第一項には私どものような解釈は違反しないということです。」

○竹下　「七条は、天皇は、内閣の助言と承認によって、国民のため、左の国事行為を行う、その第三号が『衆議院を解散すること。』そういうことであると思います。」

37　衆議院議員の定数是正が行われていない場合の解散権の制約

〔要旨〕　衆議院議員の定数の是正が行われない場合においても、衆議院の解散権の行使が法律的に制約されることはない。

平元（一九八九）・一二・一一〔一一六回　衆・決算〕

【議論の背景】　平成二（一九九〇）年の衆議院の解散予測を巡る発言が活発になり、衆議院の解散と最高裁によって違憲の判決が出された定数是正の関係が問題となった。

【答弁】

○渡部行雄議員　確実に憲法違反であるということを知っていて、定数是正をやらないで解散すればこれは無効になる。

○工藤敦夫内閣法制局長官　「衆議院の解散権は、憲法上、国政の重大な局面におきまして民意を問う手段として内閣に与えられる、内閣の責任で決すべき問題、こういうことでございまして、いかなる場合に衆議院を解散するかは内閣がその政治的責任で決すべきもの、かように考えております。

なお、御指摘の衆議院議員の定数の是正が行われない場合におきましても、衆議院の解散権の行使が法律的に制約されるということはないものと考えております。」

38　認証は、官吏の任命の効力発生要件か

〔要旨〕　認証官の認証は、効力発生の要件ではなく、仮定の問題として認証がない場合でも任命の効力は有効である。

昭三八（一九六三）・六・一四〔四三回　衆・文教〕

【議論の背景】　国立大学総長の任免、給与特例法案として、大学総長の認証官制度が提案され、問題となった。

【答弁】

○山中吾郎議員　認証しない間は学長はその位置につけないわけですか。

○荒木万寿夫文部大臣　「概念論としては、認証ということがなくても任命ということはあり得ると思います。ただ、一つの様式行為としての認証が伴うことによって完了する。」

○小林行雄文部省大学学術局長　「憲法学説から申しますと、その点につきましては両説あるようでございまして、認証が効力発生の要件になるという考え方と、そうでなしに、効力は発生しておるんだが、その効力を一応完成するために権威づけるものなんだ、効力は認証がなくても発生しておるんだというふ

うにいわれておる学説があるようでございますが、従来政府としては、この認証は効力発生の要件とは考えずに、効力を一応完成させて権威を重からしめる。ですから認証がなくても効力そのものが生じておるというふうに、従来取り扱ってまいっております。

任免と認証が一致して行なわれるというのが普通でございまして、それが行き違いになるというようなことは、実際問題として起こらぬと思います。起こらぬと思いますが、万一仮定といたしましてそういうことが起こっても、その任免は有効であるというふうに言われております。」

第七条（天皇の国事行為――勲章・儀式・認証）

39　勲章授与の根拠

〖要旨〗　憲法の栄典というのは勲章、褒章等を指し、勲章は勲章従軍記章制定ノ件によっている。

昭五〇（一九七五）・六・五〔七五回　衆・決算〕

【議論の背景】　春の叙勲で辞退者が出たことから、褒章制度が問題とされた。

【答弁】

○原茂議員　この勲章授与の根拠法は何でしょうか。

○秋山進総理府賞勲局長　「憲法第七条の天皇の国事に関する行為の中の栄典に関すること、これが大もとでございます。」

○原　その「栄典を授与すること。」の中に勲章という規定があるのですね、そうですね。

○秋山　「この栄典の制度の解釈といたしまして、わが国においては、憲法の栄典というのは現在においては勲章、褒章等を指しているということで解釈されております。」

○原　その勲章の規定をみますと、勲章従軍記章制定ノ件、明治八年四月十日太政官布告第五十四号というのが基本になって、以下勲章は何々とこうある、間違いありませんか。

○秋山　「現在よっております法規はそれに間違いございません。御指摘のとおりでございます。」

40　天皇の行う国事行為の「儀式を行うこと」は、具体的に何か

〖要旨〗　何を行うかは内閣が判断するが、新年祝賀の儀、天皇陛下の御結婚の儀式、即位礼の儀式などがある。

平五（一九九三）・四・二七（一二六回　参・内閣）

【議論の背景】　皇太子殿下と雅子さまの御婚約が決まり、国事行為として結婚の儀、朝見の儀、宮中饗宴の儀が行われることとされ、「儀式を行うこと」が問題とされた。

【答弁】

○聴濤弘議員　「儀式を行ふこと。」ということで何を具体的に指そうとしていたのか。

○宮尾盤宮内庁次長　「憲法第七条第十号の『儀式を行ふこと。』ということにつきましては、その規定からは具体的なことが出ておりませんけれども、これはいかなる儀式が象徴たる天皇が主宰をして行うことが相当であるか、こういう考え方に基づきまして内閣が判断をする。つまり、天皇の国事行為については内閣の助言と承認に基づいて行われる、こういうことになりますので、内閣の助言と承認というそのことのもとにいかなるものも国事行為として行う、こういうことになるわけでございます。

御承知のように、毎年恒例のものとしては、例えば新年祝賀の儀というのが一月に行われておりますけれども、こういうものが閣議決定によりまして国事行為として毎年行うということにされております。

なお、それ以外の事柄につきましては、例えば昭和三十四年における現在の天皇陛下の御結婚の儀式あるいは最近におきましては即位礼の儀式、こういったようなものはその都度閣議で国事行為として行う。こういう御決定に基づいてとり行っているというわけでございます。」

第八条（皇室の財産授受）

41　皇室の財産は国に属し、財産の授受は国会の議決に基づかなければならない趣旨

〔要旨〕　憲法第八条の趣旨は、皇室に不当に財産が集中すること、望ましくない支配力を有するに至ることのないよう配慮した趣旨である。

平二（一九九〇）・四・二六（一一八回　参・内閣）

【参照条文】　憲八八　皇経二

【議論の背景】　内廷費の定額及び皇族費算出の基礎となる定額の引き上げに関する皇室経済法施行法改正の審議として、皇室経済に関する憲法の考え方が問題とされた。

【答弁】

○吉川春子議員　憲法八条あるいは八十八条において皇室経済

に関する憲法の考え方がうたわれている。

○工藤敦夫内閣法制局長官　「憲法の八条あるいは八十八条でございますが、まず八十八条におきましては、『すべて皇室財産は、国に属する。すべて皇室の費用は、予算に計上して国会の議決を経なければならない。』、かように規定してございます。また八条におきましては、『皇室に財産を譲り渡し、又は皇室が、財産を譲り受け、若しくは賜与することは、国会の議決に基かなければならない。』、かように規定がございます。

憲法八条の趣旨でございますが、ただいま八十八条を申し上げましたように、『すべて皇室財産は、国に属する。』、こういうことで、旧憲法時代と違いまして、皇室財産は国に属するんだ、こういうことを前提といたしまして、皇室の私的な財産につきまして譲り受けあるいは譲り渡しあるいは賜与、こういうふうなことを規定しているわけでございます。したがいまして、皇室が皇室外のものと財産の授受をするには国会の議決を要するということで、皇室と皇室外のものとの間の財産の授受を通じて皇室に不当に財産が集中するのではないか、あるいは望ましくない支配力を有するに至るのではないか、こういう疑念が万一にも生ずることがないように配慮した趣旨のものである、かように考えております。」

42　内親王の皇族費が親王の二分の一になっている理由

【要旨】　内親王と親王が違った額とされているのは皇位継承権を持った男子皇族との行動の範囲や量の違いに基づいたものであり、男女差別にはならない。

平二（一九九〇）・五・二四〔一一八回　参・内閣〕

【参照条文】　憲一四Ⅰ　皇経六Ⅲ

【議論の背景】　内廷費の定額及び皇族費算出の基礎となる定額の引き上げに関する皇室経済法施行法改正の審議として、内親王の皇族費が問題とされた。

【答弁】

○三石久江議員　内親王の皇族費が親王の二分の一となっているのは女性差別だ。

○宮尾盤宮内庁次長　「内親王様の場合には親王様の場合と違った額によるということになっておりますのは、皇位継承資格が男子に限られておる、こういうことからであろうと思われます。

現実問題といたしまして、内親王が独立の生計を営むというのは極めて例外的なケースでありまして、さらに、仮にそういうことがあった、そういう独立の生計を営む内親王様というものがおられた場合でありましても、やはり皇位継承権を持った男子皇族の方のいろいろな御行動の範囲や量というものとはおのずから実際問題として少ないであろうと。現実にもそういうことでございます。そこで、そういうような考え方から男子皇族の場合の二分の一ということになっておるわけでございます。

皇位継承資格というものはいわゆる一般的な基本的人権には含まれる問題ではないわけでございますから、これは憲法あるいは皇室典範におきましてその皇位継承資格というものを限定しておるわけでございますから、そのように差等を設けたとしてもこれが男女差別になるということにはならないのではないかというふうに考えておるわけでございます。」

第二章　戦争の放棄

第九条（戦争の放棄、戦力および交戦権の否認）

第一節　戦争放棄

43　憲法第九条に関する政府の解釈

【要旨】　憲法第九条の解釈に関する質問主意書・答弁書である。

昭五五（一九八〇）・一二・二六〔九三回　衆・本会議録〕

【議論の背景】　森清衆議院議員が与党議員の立場から、鈴木善幸内閣に対し、従来からの政府の憲法第九条の解釈を問いただしたものである。

【答弁】

○森清議員提出憲法第九条の解釈に関する質問主意書

「日本国憲法第九条に関し、政府の見解について質問する。

一　第一項で放棄した『戦争、武力による威嚇及び武力の行使』（以下単に『戦争』という。）は、

1　国際紛争を解決する手段としての戦争であり、そうでないいわゆる自衛戦争は放棄されていないと解するか。

2　従来、ほとんどすべての戦争は自衛の名の下に行われ、自衛のための戦争も国際紛争を解決するためであり、自衛戦争を含めてすべての戦争を放棄したものと解するか。

二　第二項前段の『陸海空軍その他の戦力（以下単に『戦力』という。）は、これを保持しない。』という意味は、

1　第二項の『前項の目的を達するため』とは、単に戦力を保持しないことの目的又は動機を述べたものであり、無条件に戦力を保持しない、従って自衛のための戦力を保持しないと解するか。

2　『前項の目的を達するため』とは、国際紛争解決のための戦争を放棄するという第一項の内容を指すものであり、そのために戦力を保持しないのであるから、（一の1の解釈によって）自衛のための戦争は放棄せず、そのための戦力の保持は許されると解するか。

三　第二項後段の『国の交戦権』については、国の戦争を行う

権利と解するか、あるいは国が交戦国として国際法上有している権利と解するかについては、後者であると明らかにしているが、この交戦権の否認は、

1　前段と独立して規定されているところから、文字どおり国の交戦権を否認していると解するか。

2　前段と後段とを書き分けているが、全体の趣旨から前段との関連において、自衛のための戦力の保持が認められるならば、交戦権も認められると解するか。

四　自衛隊の存在が憲法違反でない根拠は、

1　自衛のための戦力は保持を禁止されていないと解するからであるか。

2　主権国としての国家が持つ固有の自衛権に基づき、それを裏付ける自衛のための力は、憲法第九条の戦争の放棄の規定にかかわらずこれを持つことができるが、同条は、戦力の保持を許さないことから憲法にいう戦力は持ち得ないが、その戦力に至らない、自衛のための必要最小限の実力は持ち得るものであり、自衛隊の持つ力はこの程度を超えない実力であると解するからであるか。

3　自衛隊が自衛のための戦闘行為を行う場合に、国際法上軍隊に認められている地位、権能は認められ、外国に対してこれを主張することができるか。また、外国に対し、その軍隊が国際法上守らなければならない義務の履行を要求する権利があるか。

五　海外派兵（武力行使の目的をもって武装した部隊を他国の領土、領海、領空に派遣すること。）は、自衛のためのものであっても、自衛のための必要最小限度を超えるものであるから憲法違反となると解するか、あるいは、自衛のための必要不可欠のものであるならば、憲法違反とならないと解するか。

六　徴兵制について

1　徴兵制をとることによって充足される実力が、憲法で保持を禁止する戦力になるから憲法違反となると解するのか。

2　固有の自衛権に基づく必要最小限の自衛力が志願制によっては充足できない場合、あるいは志願制と併用することによってより国民に公平に自衛力に参加させる（例えば選抜徴兵制によって）必要があると判断された場合に、憲法第十五条を根拠として徴兵制をとることも憲法違反であるか。

右質問する。」

○答弁書（昭和五五年（一九八〇）一二月五日提出）

「一について

憲法第九条第一項は、独立国家に固有の自衛権までも否定する趣旨のものではなく、自衛のための必要最小限度の武力を行使することは認められているところであると解している。

政府としては、このような見解を従来から一貫して採ってきているところである。

二について

憲法第九条第二項の『前項の目的を達するため』という言葉は、同条第一項全体の趣旨、すなわち、同項では国際紛争を解決する手段としての戦争、武力による威嚇、武力の行使を放棄しているが、自衛権は否定されておらず、自衛のための必要最小限度の武力の行使は認められているということを受けていると解している。

したがって、同条第二項は『戦力』の保持を禁止しているが、このことは、自衛のための必要最小限度の実力を保持することまで禁止する趣旨のものではなく、これを超える実力を保持することを禁止する趣旨のものであると解している。

三について

憲法第九条第二項の『交戦権』とは、戦いを交える権利という意味ではなく、交戦国が国際法上有する種々の権利の総称を意味するもので、このような意味の交戦権が同項によって否認されていると解している。

他方、我が国は、自衛権の行使に当たっては、我が国を防衛するため必要最小限度の武力を行使することが当然に認められているのであって、その行使は、交戦権の行使とは別のものである。

四について

1及び2　二についてにおいて述べたとおり、我が国が自衛のための必要最小限度の実力を保持することは、憲法第九条の禁止するところではない。自衛隊は、我が国を防衛するための必要最小限度の実力組織であるから憲法に違反するものでないことはいうまでもない。

3　自衛隊が国際法上軍隊として取り扱われるかどうかは、個々の国際法の趣旨に照らして判断されるべきものであると考える。

五について

従来、『いわゆる海外派兵とは、一般的にいえば、武力行使の目的をもって武装した部隊を他国の領土、領海、領空に派遣することである』と定義づけて説明されているが、このような海外派兵は、一般に自衛のための必要最小限度を超えるものであって、憲法上許されないと考えている。

六について

1　一般に徴兵制度とは、国民をして兵役に服する義務を強制的に負わせる国民皆兵制度であって、軍隊を常設し、これに要する兵員を毎年徴集し、一定期間訓練して、新陳交代させ、戦時編制の要員として備えるものをいうと理解している。

このような徴兵制度は、我が憲法の秩序の下では、社会の構成員が社会生活を営むについて、公共の福祉に照らし当然に負担すべきものとして社会的に認められるようなものでないのに、兵役といわれる役務の提供を義務として課されるという点にその本質があり、憲法第十三条、第十八条などの規定の趣旨からみて、許容されるものではないと考えている。

2　御指摘のような徴兵制度についても1に述べたところが妥当するものと考える。

なお、憲法第十五条は、公務員の任免権は終局的には国民にあるという国民主権の原理を表明するとともに、公務員の性格などについて規定したものであって、これをもって憲法が徴兵制度を許容しているとは考えていない。

右答弁する。」

44　戦争放棄に関する我が国憲法の特徴

〖要旨〗　外国の憲法にも侵略戦争の放棄を規定するものがあるが、自衛のための戦争一般を禁止するものではない。

昭五七（一九八二）・七・八〔九六回　衆・内閣〕

【議論の背景】　国連平和維持軍への自衛隊の参加が話題になり始めた頃の国会質疑である。

【答弁】

○角田礼次郎内閣法制局長官　「外国の憲法との比較でございますが、……外国の憲法の中にも侵略戦争の放棄というような規定を持っているものがございます。しかし、……外国では、侵略戦争は放棄しているけれども自衛戦争は反対にできると考えていると思います。しかも、その自衛戦争というのが、……自由な害敵手段を行使することができるということを前提として、交戦権もあり、またわれわれができないと言っている海外派兵もできるだろうし、またわれわれが持ち得ないというような装備というものも持ち得るというふうに解されていると思います。およそそういうことは外国の憲法では制限されていないと思います。ところが、わが国の憲法におきましては、……自衛のためといえども必要最小限度の武力行使しかできませんし、またそれに見合う装備についても必要最小限度のものを超えることはできないという九条二項の規定があるわけでございますから、これは明らかに外国の憲法とは非常に違うと思います。」

45　「国際紛争」の定義

〖要旨〗　国際紛争は、一般には、国家間の対立状態をいうが、必ずしも紛争の当事者が国家である場合に限られない。

平一〇（一九九八）・五・一四（一四二回　衆・安全保障）

【議論の背景】 国際連合平和維持活動等に対する協力に関する法律の一部改正法案の審議の際の質疑応答である。

【答弁】

○秋山収内閣法制局第一部長　「憲法第九条の国際紛争についてのお尋ねでございますが、国際紛争と申しますのは、一般には、国家間で特定の問題について意見を異にし、互いに自己の意見を主張して譲らず対立している状態をいうというふうにされております。しかしながら、紛争の当事者が国家である場合に限らず、例えば国家以外のものが当事者である場合でありましても、それが地域住民を一定の範囲で支配している場合でありますとか、またはその支配を目指しているような場合にも、その紛争が国際紛争と言える場合もあるものと考えております。」

第二節　戦　力

一　戦力の意義

(1)　戦力の定義

46　憲法第九条第二項の「戦力」の定義

【要旨】 憲法第九条第二項に言う「戦力」とは、近代戦争を有効に遂行する力をいう。なお、**49**参照。

昭二六（一九五一）・一〇・一七（一二回　参・本会議）

【議論の背景】 サンフランシスコ講和会議後の国会論議の中で警察予備隊と憲法第九条の関係の質疑応答がなされたもので、当時の政府の「戦力」についての解釈である。

【答弁】

○大野幸一議員　憲法第九条第二項の陸海軍その他の戦力をどう考えるか。

○大橋武夫法務総裁　「憲法第九条に申しまする戦力というのは、陸海空軍、これに匹敵するような戦争遂行手段としての力を意味するのでございます。その判定は、結局それが国際社会の通念に照らしまして現代戦における有効な戦争遂行手段たる力を持つかどうかということによつて、きめられるべきでありまして、これを一概に論定することは困難であると存ずるのであります。」

47　自衛力と憲法第九条第二項の「戦力」

〔要旨〕　自衛力は、憲法第九条第二項により保持することが禁止されている「戦力」には該当しない。

昭二九（一九五四）・一二・二一（二一回　衆・予算）

【議論の背景】　新しく誕生した鳩山内閣に対する質疑応答である。

【答弁】

○河野密議員　憲法の第九条のどこに自衛のための軍隊ならばよろしいということがありますか。

○林修三内閣法制局長官　「第一項におきまして、国は自衛権、あるいは自衛のための武力行使ということを当然独立国家として固有のものとして認められておるわけでありますから、第二項はやはりその観点と関連いたしまして解釈すべきものだ、かように考えるわけでございます。……国家が自衛権を持っておる以上、国土が外部から侵害される場合に国の安全を守るためにその国土を保全する、そういうための実力を国家が持つということは当然のことでありまして、憲法がそういう意味の、今の自衛隊のごとき、国土保全を任務とし、しかもそのために必要な限度において持つところの自衛力というものを禁止しておるということは当然これは考えられない、すなわち第二項におきます陸海空軍その他の戦力は保持しないという意味の戦力にはこれは当らない、さように考えます。」

48　自衛のための必要最小限度の実力

〔要旨〕　自衛のための必要最小限度の実力は、憲法第九条第二項で禁止している「戦力」には当たらない。

昭三三（一九五八）・四・一八（二八回　参・内閣）

【議論の背景】　憲法九条に関する鳩山内閣との見解の相違の有無についての質疑応答である。

【答弁】

○伊藤顕道議員　岸総理は、昨年の五月七日の当参議院内閣委員会で、自衛のためならば必要にして最小限度の戦力を持ってもいい、こういう意味の答弁をなさっているが、総理の自衛力というのは実は戦力であると解釈してよろしいか。

○林修三内閣法制局長官　「これは結局、戦力という言葉の使い方の問題になると思うのです……が、戦力という言葉を、一定限度以上の実力を意味するものと考えるか、あるいはごく率直にいえば、いわゆるすべての実力、戦い得る力というものを戦力という言葉を使うか、こういうことも問題になると思うのでありまして、昭和二十七年の吉田内閣の当時のものは、一定限度以上の実力というものが戦力であるという解釈だと思うわけです。これは言葉の使い方になるわけでありまして、結局、警察というようなものは、それが戦い得る力に使い得る面においてはこれは戦力ともいえる、こういうことを申したわけであります。それで、鳩山内閣以来申し上げておりますことは、結局、憲法第九条で禁止しておるいわゆる戦力というものは、自衛のため必要最小限度のものであれば、ここには含まれない、さように言っておるわけでありまして、これは本質的にいえば、私は言い回しの違いであって、程度としてはそれほど大きな差はないものと、かように考えておるわけであります。」

49　憲法第九条第二項の「戦力」の定義

【要旨】　憲法第九条第二項にいう「戦力」とは、自衛のための必要最小限度を超える実力である。

昭四七（一九七二）・一一・一三〔七〇回　参・予算〕

【議論の背景】　前々回の同委員会において上田哲議員から、「戦力」に関する政府の統一見解を求められたことに対し、答えたものである。

【答弁】

○吉国一郎内閣法制局長官　「戦力について、政府の見解を申し上げます。

戦力とは、広く考えますと、文字どおり、戦う力ということでございます。そのようなことばの意味だけから申せば、一切の実力組織が戦力に当たるといってよいでございましょうが、憲法第九条第二項が保持を禁じている戦力は、右のようなことばの意味どおりの戦力のうちでも、自衛のための必要最小限度を超えるものでございます。それ以下の実力の保持は、同条項によって禁じられてはいないということでございまして、この見解は、年来政府のとっているところでございます。……吉田内閣当時における国会答弁では、戦力の定義といたしまして、近代戦争遂行能力あるいは近代戦争を遂行するに足りる装備編制を備えるものという趣旨のことばを使って説明をいたしておりますが、これは、近代戦争あるいは近代戦と申しますか、そういうようなものは、現代における戦争の攻守両面にわたりまして最新の兵器及びあらゆる手段方法を用いまして遂行される戦争、そういうものを指称するものであると解しました上で、近代戦争遂行能力とは右のような戦争を独自で遂行することができる総体としての実力をいうものと解したものと考えられます。近代戦争遂行能力という趣旨の答弁は、第十二回国会において初めて行なわれて以来第四次吉田内閣まで、言い回しやことばづかいは多少異なっておりますけれども、同じような趣旨で行なわれております。

ところで、政府は、昭和二十九年十二月以来は、憲法第九条第二項の戦力の定義といたしまして、自衛のため必要な最小限度を超えるものという先ほどの趣旨の答弁を申し上げて、近代戦争遂行能力という言い方をやめております。それは次のような理由によるものでございます。

第一には、およそ憲法の解釈の方法といたしまして、戦力についても、それがわが国が保持を禁じられている実力をさすものであるという意味合いを踏まえて定義するほうが、よりよいのではないでしょうか。このような観点からいたしますれば、近代戦争遂行能力という定義のしかたは、戦力ということばを単に言いかえたのにすぎないのではないかといわれるような面もございまして、必ずしも妥当とは言いがたいのではないか。むしろ、右に申したような憲法上の実質的な意味合いを定義の上で表現したほうがよいと考えたことでございます。

第二には、近代戦争遂行能力という表現が具体的な実力の程度をあらわすものでございまするならば、それも一つの言い方であろうと思いますけれども、結局は抽象的表現にとどまるものでございます。

第三には、右のようでございまするならば、憲法第九条第一項で自衛権は否定されておりません。その否定されていない自衛権の行使の裏づけといたしまして、自衛のため必要最小限度の実力を備えることは許されるものと解されまするので、その最小限度を超えるものが憲法第九条第二項の戦力であると解することが論理的ではないだろうか。

このような考え方で定義をしてまいったわけでございます。」

(2) 戦力禁止の目的

50 戦力保持の禁止の目的

【要旨】 自衛のためであっても我が国が「戦力」を保持することは、憲法上禁止されている。

昭二七（一九五二）・三・一〇〔一三回 参・予算〕

【議論の背景】 「憲法第九条は自衛のためには「戦力」を持つことは禁じていない」旨の表現を軌道修正したものである。

【答弁】

○吉田茂内閣総理大臣　「近く独立を迎えんとする時に当って、私は日本国の独立安全は日本国民自身の愛国心と熱意によって守らなければならんという点から、守らなければならんという気持を十分国民が持ってもらいたいという念願から、……私の答弁中、戦力という言葉を用いたために、自衛のためには再軍備をしても憲法上差支えなきかのごとき誤解を招いたようであります。この点についてかねて私が申しております通り、たとえ自衛のためでも戦力を持つことはいわゆる再軍備でありまして、この場合には憲法の改正を要するということを私はここに改めて断言いたします。」

51　憲法第九条第二項の「前項の目的を達するため」の意味

【要旨】　「前項の目的を達するため」とは、「国際紛争を解決する手段としては、」だけではなく、第一項全体の趣旨を受けたものである。

昭四八（一九七三）・九・一三〔七一回　参・内閣〕

【議論の背景】　マッカーサー草案以来の沿革に基づく質疑に対し、応答したものである。

【答弁】

○角田礼次郎内閣法制局第一部長　「九条の一項と二項を見まして、二項に『前項の目的を達するため、』ということばがあります。これがどういう受け方をするかということについていろいろな説がある……。その目で第一項を見ますと、第一項には、修飾句として『正義と秩序を基調とする国際平和を誠実に希求し、』ということばと、それから『国際紛争を解決する手段としては、』ということばと二つあるわけであります。

ところで、学説としては『国際紛争を解決する手段としては、』という、いま御質問の中にもありましたけれども、そのことばのみにアクセントを置く説があるわけでございます。こういう説をとりますと、自衛のためにはいわゆる戦力まで持てるというような説になっているようでありますが、しかし、政府はそういう説はとっていない。……しからば政府の説はどうでありますかというと、いま申し上げたように、『国際紛争を解決する手段としては、』ということばだけにアクセントを置く説ではありませんで、『正義と秩序を基調とする国際平和を誠実に希求し、』ということまで含めて、全体の九条一項の趣旨、そういうものにアクセントを置いているということになるわけであります。」

(3)　我が国の戦力

52　我が国による戦力保持の禁止

〖要旨〗　憲法第九条第二項は、我が国が「戦力」を保持することを禁止するのであって、外国が保持することは禁止していない。

昭二七（一九五二）・三・一〇〔一三回　参・予算〕

【議論の背景】　吉田総理の「戦力」についての意味の軌道修正を踏まえた質疑応答である。

【答弁】

○吉川末次郎議員　安保条約規定の米国の駐留軍は、憲法上の戦力であるかどうか。

○吉田茂内閣総理大臣　「私の言う戦力でないというのは、憲法にいわゆる陸軍、海軍、空軍その他の戦力、その戦力を日本が持たないという戦力であります。アメリカ軍隊が戦力であるかどうかはともかくとして、日本としてはこれを持たないということを規定しておるのであります。」

53　自衛隊の戦う力

〖要旨〗　自衛隊の有する実力は、自衛のための必要最小限度の実力であって「戦力」ではない。

昭五〇（一九七五）・三・五〔七五回　参・予算〕

【議論の背景】　三木内閣成立後初の予算審議における議論である。

【答弁】

○藤田進議員　自衛隊としてはそれなりに戦う力を持っている、ということは戦力を持っていると了解していいか。

○三木武夫内閣総理大臣　「われわれはこれを戦力と言わない、考えないのだということでございます。防衛力と言うわけです。」

○吉国一郎内閣法制局長官　「総理の答弁の趣旨は……憲法第九条で、『戦力』という言葉、特に『憲法第九条第二項が保持を禁じている戦力』という言葉は、いま申し上げたような、自衛のための必要最小限度を越える実力、あるいは昭和二十九年当時においては、近代戦争遂行能力、最新の兵器を用いて現代の戦争を完全に遂行する能力でございますと、したがって、自衛隊の持っておるような実力はこれは憲法の禁じておる戦力ではございません、戦力という言葉を使うことは妥当ではございません、ということを申しております。内閣委員会等においても、自衛隊が持っておる実力も憲法の禁じている限界以下において戦力と呼んでもいいではないかという御議論があったことは事実でございます。しかし、あくまで憲法では戦力の保持を禁じておるわけでございまして、自衛隊の持つ実力は憲法のその保持を禁じている戦力でないということで貫いておるつもりでございます。」

54　近代戦遂行能力と自衛隊

【要旨】　自衛隊は、攻撃的な機能を有していないという点で、いわゆる近代戦遂行能力というものを完全には有していない。

昭五三（一九七八）・四・一四〔八四回　参・決算〕

【議論の背景】　自衛隊が「戦力」に該当するかどうかについての質疑応答の一場面である。

【答弁】

○寺田熊雄議員　いまの政府の憲法解釈は、自衛の範囲を超えれば憲法第九条の二項に違反する、こういう解釈をとっていますが、以前は、そういう自衛の限界というふうなことでなくして、近代戦遂行能力ということを一つのメルクマールにしているわけですね。近代戦遂行能力はいま自衛隊は持っているのではないか。

○伊藤圭一防衛庁防衛局長　「近代戦能力というものをどういうふうに定義づけるかという問題がございます。したがいまして、この戦争というものは攻撃面、いわゆるオフェンシブな面と防御面というものが一緒になりましていわゆる近代戦というものは遂行されるというのが、これが軍事的な常識になっているわけでございます。どこの国の軍隊におきましても、防御面というのはもちろんあるわけでございますが、いわゆる攻撃は最大の防御だというような考え方から、それぞれの国は攻撃的な能力というものはかなり持っているわけでございます。ところが、自衛隊におきましては、御承知のように戦略守勢という構想を堅持いたしておりまして、機能的に見ましても他国を攻撃するといった能力はないわけでございまして、そういった面から見まして、防御面というものに限って装備をしているという点が、いわゆる近代戦遂行能力というものを完全に満たしていないというふうに考えているわけでございます。」

55　自衛隊と「軍隊」

【要旨】　自衛隊は、憲法上必要最小限度を超える実力を保持し得ない等の制約があり、通常の軍隊とは異なる。

昭六〇（一九八五）・一一・一五〔一〇三回 参・本会議録〕

【議論の背景】 陸・海・空三自衛隊の統合運用の現状に関連する質問である。

【答弁】

○秦豊議員提出自衛隊の統合運用等に関する質問主意書

○答弁書（昭和六〇年（一九八五）一一月五日提出）

「自衛隊は、憲法上必要最小限度を超える実力を保持し得ない等の制約を課せられており、通常の観念で考えられる軍隊とは異なるものと考える。

また、自衛隊が国際法上『軍隊』として取り扱われるか否かは、個々の国際法の趣旨に照らして判断されるべきものであると考える。」

56 憲法制定当時における軍事組織創設等の想定

〔要旨〕 憲法制定当時において、いわゆる戦力を保持すること及び戦力による国際貢献は想定していなかった。

平三（一九九一）・四・一八〔一二〇回 参・内閣〕

【議論の背景】 湾岸戦争後の海上自衛隊の掃海艇の派遣問題に関連した質疑応答である。

【答弁】

○吉岡吉典議員 憲法制定当時、軍事組織の創設や軍事組織による国際貢献を想定していたというふうに言えるかどうか。

○大森政輔内閣法制局第一部長 「憲法の九条第二項におきましては、陸海空軍その他の戦力を保持しないというふうに明文で規定しているわけでございまして、そのようないわゆる戦力というものを保持することは憲法制定の当初から予定していなかったものであるということは言えようかと思います。

ただ、そうであるからといいましても、自衛隊を保持することが予定されていなかったかどうかということにつきましてはまた別論でございまして、自衛隊につきましては、我が国を防衛するための必要最小限度の実力組織であり憲法九条に違反するものではないということは今までもしばしば申し上げているところでございます。

〔国際貢献の点についても〕憲法第九条第二項では『陸海空軍その他の戦力は、これを保持しない。』ということでございますから、そのような戦力による国際貢献というものは当時想定していなかったということはそのとおりであろうかと思います。」

(1)　兵器一般

57　自衛隊と「軍隊」

【要旨】　自衛隊は、憲法上必要最小限度を超える実力を保持し得ない等の制約があり、通常の軍隊とは異なるが、国際法上は軍隊として取り扱われる。

平八（一九九六）・四・四（一三六回　衆・安全保障）

【議論の背景】　自衛隊は崇高な任務を有しているという観点からの質疑である。

【答弁】

○西村真悟議員　自衛隊は軍隊なんですか。

○臼井日出男防衛庁長官　「自衛隊というのは、外国による侵略に対し我が国を防衛する任務を有しているというものでございますけれども、憲法上必要最小限度を超える実力を保持し得ないという制約を課せられているわけでございまして、いわゆる通常でいう軍隊とは異なるものと考えております。しかしながら、国際法上におきましては、自衛隊もジュネーブ四条約にいう軍隊に該当する、こう考えているわけでございまして、国際法上は軍隊として取り扱われるものと理解をいたしております。」

58　自衛のための必要最小限度の武器の保有

【要旨】　憲法上、攻撃的な武器は持つことができないが、自衛のための必要最小限度の武器は持つことができる。

昭三二（一九五七）・二・二〇（二六回　衆・内閣）

【議論の背景】　二月一四日の石橋政嗣議員と小滝防衛庁長官との論議を踏まえた質疑応答である。

【答弁】

○木原津与志議員　防御的な兵器を持つことは戦力にはならないのか。

○小滝彬防衛庁長官　「自衛のための国力に応じ国情に応じた最小限度の防衛手段は持ち得るものである、こういう解釈のもとに、私は攻撃的な武器を持つというようなこと、つまり外国に侵略の脅威を与えるようなものは持ってはならないが、最小限度の自衛力、各国家の固有の権利である自衛権を守るための必要最小限度の武器は持ち得るものであるという解釈をいたしておる。」

59　いわゆる防御用兵器の保持

【要旨】　自衛権の限界内の行動の用に供する意図であれば、どのような兵器の保持でも許されるというわけではない。

昭四四（一九六九）・四・一〇〔六一回　衆・本会議録〕

【答弁】

○松本善明議員提出安保条約と防衛問題等に関する質問主意書　「自衛のために使用する意思をもってさえおれば、もっぱら侵略の用に供する以外にない性能をもった兵器のほかは憲法上もつことを許されるということか。」

○答弁書（昭和四四年（一九六九）四月八日提出）

「性能上純粋に国土を守ることのみに用いられる兵器の保持が憲法上禁止されていないことは、明らかであるし、また、性能上相手国の国土の潰滅的破壊のためにのみ用いられる兵器の保持は、憲法上許されないものといわなければならない。

このような、それ自体の性能からみて憲法上の保持の可否が明らかな兵器以外の兵器は、自衛権の限界を超える行動の用に供することはむろんのこと、将来自衛権の限界を超える行動の用に供する意図のもとに保持することも憲法上許されないことは、いうまでもないが、他面、自衛権の限界内の行動の用にのみ供する意図でありさえすれば、無限に保持することが許されるというものでもない。けだし、本来わが国が保持し得る防衛力には、自衛のため必要最小限度という憲法上の制約があるので、当該兵器を含むわが国の防衛力の全体がこの制約の範囲内にとどまることを要するからである。」

60　憲法上保有を許されない兵器

【要旨】　他国に対し壊滅的な打撃を与えるような武器は、自衛の範囲を超えるものとして、保有することはできない。

昭五六（一九八一）・五・七〔九四回　衆・内閣〕

【議論の背景】　日米安全保障条約上の防衛分担の範囲に関連する議論である。

【答弁】

○味村治内閣法制局第一部長　「わが国が憲法上許されておりますす自衛力の範囲は、自衛のために必要な最小限度の範囲に限られるというふうに考えているところでございまして、御承知のように、大陸誘導弾等のように他国に対しまして壊滅的な打撃を与えるような武器は、これは自衛の範囲を超えるものとして保有することができないというように考えております。」

○楢崎弥之助議員　五十一年の国防白書では、他国に脅威を与えるような攻撃的な武器は憲法上持たないということになっている、わが国が持てない武器の概念として。どうして壊滅的打撃を与える兵器に拡大されたのですか。
○味村「基本といたしましては、わが国の自衛のため必要最小限度の自衛力を保持するということができるわけでございまして、それを超えるものは持てないというのが基本でございます。そして持てないものの例といたしまして、ただいま私が申し上げましたようなものを申し上げたわけでございまして、ほかにも考えられるかと思いますが、特に表現を変えたということはございませんで、一つの例として申し上げた次第でございます。」

(2)　核兵器

61　核兵器の保有と憲法

【要旨】　自衛の範囲を超えない限り、核兵器を保有しても憲法に違反するわけではない。

昭三二（一九五七）・五・七（二六回　参・内閣）

【議論の背景】　原水爆実験禁止のアピールと憲法九条との関係についての質疑応答である。

【答弁】
○田畑金光議員　核兵器の概念について、いわゆる自衛のため最小限度必要なものは現行憲法では認められるのだ、という場合の核兵器の概念というのはどういう内容のものであるのか。
○岸信介内閣総理大臣「まあはなはだ常識的でございますが、主として攻撃に用いられるもの、もしくは攻撃用と考えられるようなものは、これは持てないことは当然である。しかし防御というような意味において、その防御を全うするためにはこの程度のものは考えておかなければ、とても一般の攻撃兵器の発達その他によって日本への侵略を防ぐことはできないというような場合も私は起ってくると思います。そういう意味において憲法の解釈としてはそういう場合において、たとえ単に核兵器といわれたから、これはもう一切いけないのだというふうに解釈することは憲法の解釈としては適当でない。」

62　米国軍隊による核兵器の持込み

【要旨】　米国軍隊による我が国への核兵器の持込みは、憲法第九条とは関係がない。

昭三四（一九五九）・三・一七（三一回　参・予算）

【議論の背景】　日米安全保障条約の改定交渉中の国会論議である。

【答弁】

○矢嶋三義議員　米軍が、原水爆を日本国内に持ち込むことは、日本国憲法に抵触しますね。

○林修三内閣法制局長官　「憲法第九条は、日本の持つべき戦力、あるいはその自衛のために必要最小限度の実力と申しますか、これに関しての制約を規定しているものでありまして、それ以外のものに、何も触れておらない、外国の軍隊のことについては、触れておりません。」

63　非核三原則と安保条約

〔要旨〕　非核三原則を決議することは、安全保障条約の内容について拘束を加えることになりかねない。

昭四三（一九六八）・三・二（五八回　衆・予算）

【議論の背景】　日本社会党、公明党及び日本共産党が共同で提出した日本の核武装と核兵器禁止に関する決議案に関連した質疑である。

【答弁】

○松本善明議員　現実に安保条約下にあることはだれも否定できません。その状態で、なおかつ安保条約を認めなければ、非核三原則を決議するには反対だと総理が頑強に主張される真意はどこにあるのだろうか。

○佐藤栄作内閣総理大臣　「いま直ちに日本に核を持ち込ます、こういうことを考えてもおりません。また、安全保障条約があるから日本に直ちに核兵器を持ち込む、こういうものでもございません。しかし、ただいまのような約束をすることは、おそらく安全保障条約の中身について拘束を加えることになるのじゃないか、かように私は思いますので、そういうことをただいまからすることは行き過ぎじゃないか、かように思っております。」

64　非核三原則と安保条約

〔要旨〕　安保体制においてアメリカの核の抑止力は我が国の安全を確保する一つの方法であり、非核三原則の決議には問題がある。

昭四三（一九六八）・三・六（五八回　衆・外務）

【議論の背景】　野党共同提案の非核三原則決議案に関連する質疑応答である。

【答弁】

○穂積七郎議員　非核三原則をこの際決議することは、安保のアメリカの防衛力に非常な制限を加えることになる、すなわち、アメリカの抑止力を抑えるということは、安保第一主義のわれわれの立場から見れば抵触しておもしろくない、これは不利であるから、国益に反するので、この決議はやらないという、飛躍的な重大な発言をされておる。非核三原則のどの部分が安保体制に抵触し、障害になりますか。

○佐藤栄作内閣総理大臣　「これは、皆さん方が、安保体制で核の抑止力、これにたよるということは、非核原則と矛盾するとしばしば言われる。その点を私は気にしているのです。……だから、社会党の場合のように、安保条約がかえってじゃまだ、それこそ核兵器の攻撃を受ける心配があるんだというふうに割り切っておられるほうから見ると、これは非核三原則どおりでけっこうでしょう。しかし、私どもはやはり、アメリカの核の抑止力、これは必要なんだ、かように考えておりますから、アメリカ自身の考え方もひとつ考えなければならない、かように思うのであります。」

65　非核三原則決議と安保条約

【要旨】　非核三原則の国会決議は、安全保障条約に影響をもたらすおそれがある。

昭四三（一九六八）・三・一一（五八回　衆・予算）

【議論の背景】　野党共同提案の非核三原則決議案に関連する質疑応答である。

【答弁】

○楢崎弥之助議員　非核三原則を国会決議するようなことがあれば、安保条約を拘束するとおっしゃいました。安全保障条約のどこを拘束するのですか。

○佐藤栄作内閣総理大臣　「私は、核政策については、一つだけの、禁止三原則だけ、核兵器についてだけの決議にはどうも賛成しかねるということを申しましたが、……これはやはり法律的な問題じゃございませんが、政治的に何だか規制、安全保障条約に影響をもたらす、こういうような意味ではないかと私は実は心配しているのです。」

66　軍艦の無害航行等と非核三原則の関係

【要旨】　米軍軍艦の無害航行・米軍航空機の無害飛行による核の持込みについては、事前協議の対象となる。

昭四三（一九六八）・三・一七（五八回　衆・予算）

【議論の背景】　非核三原則に関連する質疑応答である。

【答弁】

○伏木和雄議員　日本の領海は無害通行であるならばポラリス潜水艦が入ってもいいんだ、日本の上空はB52の通過はよろしい、しかしそれが核を搭載しているかどうかということはわからない。これでは総理の言われた日本の領土、領空、領海には核を入れないと言っておりながら、領海にも領空にも核を持ち込まれる危険性が幾らでも出てきているじゃないですか。

○佐藤栄作内閣総理大臣　「領海内の場合、〔単なる通過は〕核の持ち込み、こういうものではないというのが私どもの考え方です。もしも核の持ち込みがある場合は、これは明らかに事前協議の対象になる、で、日本の意向をはっきりさす、こういうことであります。

次は、いまのB52、この場合、これはいまたいへんむずかしい問題になっておると思います。これは、先ほども条約局長が答えているように、万一核を搭載していたとすれば、そうして事前協議がなければ、これは重大なる条約違反だということ、私もそういうことになるのではないかと思います。」

67　ポラリス潜水艦の無害航行

【要旨】　無害航行とは、公海から公海へ通る場合に領海をかすめて通るだけであり、事前協議の対象にはしない。なお、この答弁の趣旨は、後に変更される（**78**参照）。

昭四三（一九六八）・三・一七〔五八回　衆・予算〕

【議論の背景】　非核三原則に関連する質疑応答である。

【答弁】

○伏木和雄議員　ポラリスがわが国の領海内に入域することを、無害航行ということで政府はお認めになるのか。

○三木武夫外務大臣　「無害航行という観念でありますが、これは日本の領域に入ってくるというのではないのですよ。それは公海から公海に通り抜ける場合に、領海をすっとかすめて通るような場合そういうのであって、日本の領海の中に入ってくることに対して無害航行権というのではない。公海から公海に通る場合に、領海をかすめて通るような場合における航行権でありますし、……そういう場合については事前協議の条項にかけないで認めたいと考えております。」

○伏木　ポラリスが無害航行という名のもとにわが国の領海に入れるのはどこですか。

○三木　「領海に入ってくるのはいけません。入るのでないのです。公海から公海に通過をするということであって、領海に入ってくるという観念であれば、これはやはり事前協議の対象になることは明らかです。ただ、その水路を、たとえば宗谷海峡とかあるいは五島列島とか、こういうふうな場合に公海から公海に通り抜けるために通過するということであって、日本の領海に入ってくるときには、当然に事前協議の対象にならざるを得ない。」

68　いわゆる非核三原則と憲法との関係

『要旨』　防衛のための戦術的核兵器の保持や外国軍隊の核兵器の持込みは、憲法には違反しないが、非核三原則という政策に反する。

昭四三（一九六八）・四・三〔五八回　参・予算〕

【議論の背景】　非核三原則に関連する質疑応答である。

【答弁】

○稲葉誠一議員　非核三原則というものと日本国憲法とはどういう関係に立つんですか。

○増田甲子七防衛庁長官　「まず外国に脅威を与えない、……そういう防衛だけの戦術的核兵器、いわゆる戦術的核兵器を持つことは憲法違反ではない。第九条第一項、第二項にかんがみてこれは持ち得る、憲法上は。ということになっております。しかしながら、原子力基本法によりまして、日本で開発することは原子力基本法に触れる。持ち込んだり、持つことは別に原子力基本法に触れないわけでございます。つまり原子力基本法というものは、核兵器並びに一般平和利用の核エネルギーを開発する際には、平和利用でなくてはいけない、こういうことになっておるわけであります。……そこで、戦術的核兵器はそういうことであるけれども、原子力基本法に触れるおそれもあるし、われわれは持たない。つまり非核三原則がそこでまたカバーをいたします。しかし、戦術的核兵器の持ち込み、外国の軍隊が日本において持つということは、これはまた憲法違反ではないけれども、非核三原則がまたそこに働くわけでございます。要するに、日本並びに日本の周辺におきましては、非核三原則が働く、政策として働く。憲法違反の関係は、戦略核兵器は外国の軍隊ならば日本に持ってよろしい、しかし持たない。戦術的核兵器は憲法上の関係は日本は持ってよろしい。しかしながら、原子力基本法という法律に触れるから持たない。それから一般的に非核三原則が働くからして全部持たない、これは政策として持たない、こういうことになるわけでございます。」

69　憲法上保有することが許される核兵器

『要旨』　憲法上保有することが許される核兵器か否かは、我が国民の生存と安全を保持するための限度内か否かによる。

昭四四（一九六九）・二・一四〔六一回　衆・予算〕

【議論の背景】　非核三原則及び沖縄返還交渉を背景にした質疑応答である。

【答弁】

○伊藤惣助丸議員　憲法第九条の解釈として、自衛のため、その限度を越えないものならば、核兵器の性能及び威力に全く関係なく保有できるということなのか。

○高辻正巳内閣法制局長官　「憲法との関係をあえて言えば、わが国民の生存と安全を保持するためにという目的を達成するための限度内にとどまるかとどまらないかというのが分かれ目である。そいつを越えるものは、通常兵器であっても持てない。それを越えないものは、核兵器であるからといって持てないことはない。憲法の段階で言えば、自衛力を保持することができると同じ理屈がそこに立つ。しかし、原子力基本法があるから、原子力基本法の規制するところによって、先ほど申し上げたとおりにそれは法律上の制約を受ける。憲法論は、したがって、単なる理論問題にすぎない、こういうことになるわけです。」

70　非核三原則にいう「持ち込ませず」の意味

〖要旨〗　非核三原則にいう「持ち込ませず」には、「貯蔵」、「配備」及び「一時通過」を含む概念である。

昭四六（一九七一）・五・一四〔六五回　衆・内閣〕

【議論の背景】　沖縄返還協定の調印を目前にした時期での質疑応答である。

【答弁】

○楢崎弥之助議員　佐藤内閣の三原則のうち、持ち込まずを、持ち込ませない、これは貯蔵、配備。それから一時通過、それも含めておるわけですか。

○木村俊夫内閣官房副長官　「そのとおりでございます。」

71　非核三原則の「保有せず」の意味

〖要旨〗　非核三原則にいう「保有せず」とは、他国が製造したものを輸入して自ら保有する場合を含む。

昭四六（一九七一）・五・一五〔六五回　衆・内閣〕

【議論の背景】　沖縄返還協定の調印を目前にした時期での質疑応答である。

【答弁】

○鈴切康雄議員　保有ということばにもちょっとまた問題があろうかと思うのですが、たとえば持ち込んで持つというのと、それからつくって持つというのは、どういうふうに判断されるか。

○吉国一郎内閣法制次長　「先ほど非核三原則としておあげになりました、わが国が核兵器を保有せずと申しますのは、みずから製造して保有する場合も入りますし、他国の製造したものを輸入してみずから保有することも、いずれをもさしていっておるわけでございます。」

72　いわゆる戦略核、戦術核及び戦場核の区別

〔要旨〕　ＩＣＢＭのようなものが戦略核といわれるのに対し、数百キロ程度の射程以下のものを戦術核という。

昭四六（一九七一）・五・一五〔六五回　衆・内閣〕

【議論の背景】　沖縄返還協定の調印を目前にした時期での質疑応答である。

【答弁】

○鈴切康雄議員　核兵器の区分についてはどのようにお考えになっているか、たとえて言うならば、戦略核あるいは戦術核、戦場核、このような専門的な区分があろうかと思いますが。

○久保卓也防衛庁防衛局長　「戦略核は、言うまでもなく、ＩＣＢＭでありますとか、ＩＲＢＭでありますとか、あるいはポラリスのミサイルでありますとか、そういったものは戦略核兵器であります。それから、Ｂ52に搭載し得る爆弾も、Ｂ52を含めて戦略核兵器ということが言えようと思います。

それから戦術兵器の場合には、従来でありますと、数百キロ程度の射程以下のものをいうと思います。……

それから戦場核というのは、最近あまりそういうことばを使わなくなりましたが、数年前まではヨーロッパ、ＮＡＴＯ諸国で戦場核ということばが使われました。……あまりはっきりしたことはわかりませんが、大体たとえば核地雷でありますとか、それから一、二キロトン前後の非常に小さな、たとえば大砲から打つようなもの、そういった核弾頭のものを総合して……、戦場核という分野を一応考えておったようでありますが、最近はどうもその区別をなくしたのか、あまり使われておりません。」

73　沖縄返還と非核三原則

〔要旨〕　沖縄返還時における非核三原則の徹底と沖縄米軍基地の縮小整理についての決議。

昭四六（一九七一）・一一・二四〔六七回　衆・本会議〕

【決議】

「非核兵器ならびに沖縄米軍基地縮小に関する決議

一　政府は、核兵器を持たず、作らず、持ち込まさずの非核三原則を遵守するとともに、沖縄返還時に適切なる手段をもって、核が沖縄に存在しないこと、ならびに返還後も核を持ち込ませないことを明らかにする措置をとるべきである。

一　政府は、沖縄米軍基地についてすみやかな将来の縮小整理の措置をとるべきである。

右議決する。」

74　攻撃的核兵器と防御的核兵器の区別

〔要旨〕　攻撃的兵器か防御的兵器かは、その性能・使用の目的・使用の態様とかを全て総合的に考えて判定される。

昭四八（一九七三）・三・二〇〔七一回　参・予算〕

【議論の背景】　田中内閣における憲法と非核三原則についての発言を踏まえた質疑応答である。

【答弁】

○田渕哲也議員　攻撃的な核と防御的な核との区別はどこですか。

○吉国一郎内閣法制局長官　「攻撃的か防御的かということは判定は確かにむずかしいと思いますけれども、理論上の問題といたしまして、自衛のための正当な目的の限度内の核兵器というものがありとするならば、この点につきましては、従来、岸内閣時代におきましても、たとえば当時の、私のもとのもとの前任者でございます林修三氏が答弁をいたしておりまして、将来科学技術の進歩によって、非常に小型な核兵器であるとか性能が非常に弱いような核兵器というものがもし開発されるとするならば、そのようなものは防御的な核兵器と呼ばれるのではないか、そういうものについては憲法上持つことは禁止されておらないということを申し述べております。

……使用の態様とかをすべて総合的に考えて、防御的であるか、あるいは攻撃的であるかということを判定すべきものでございます。」

○久保卓也防衛庁防衛局長　「要するに、対峙している相手国の国土あるいは軍隊といったようなものを攻撃し得るに足りるもの、これは攻撃的な兵器、したがって憲法の範囲を越えるもの。しかしながら相手方がわが国土及びその周辺を攻撃してきて、単にその分だけを阻止するということにとまるものであるならば、そういったものは防御的な兵器であろうというふうなことはいえようと思います。」

75　我が国が保持できない攻撃的兵器

『要旨』　ＩＣＢＭやＢ52のような長距離爆撃機などは、攻撃的兵器として保持することはできない。

昭五三（一九七八）・二・一三〔八四回　衆・予算〕

【議論の背景】　金丸防衛庁長官の「敵に脅威を与えなくて何の防衛か」という発言報道に関連する質疑応答である。

【答弁】

○大内啓伍議員　日本が持ってはならない兵器というのは一体どれとどれとどれになるのか。

○伊藤圭一防衛庁防衛局長　「この持てない兵器というのをすべて分類してお答えするというのはきわめてむずかしいものでございます。といいますのは、攻撃的兵器、防御的兵器というのが、それぞれについて画然と分かれるということはなかなかないわけでございます。しかしながら、その中でも特に純粋に国土を守るためのもの、たとえば以前でございますと高射砲、現在で申しますとナイキとかホーク、そういったものは純粋に国土を守る防御用兵器であろうと思いますし、またＩＣＢＭとかあるいはＩＲＢＭ、中距離弾道弾あるいはＢ52のような長距離爆撃機、こういうものは直接相手に攻撃を加え壊滅的な打撃を与える兵器でございますので、こういったものはいわゆる攻撃的兵器というふうに考えておるわけでございます。」

76　核兵器と憲法第九条第二項

『要旨』　核兵器であっても、自衛のための必要最小限度のものであれば、憲法はその保持を禁止していない。

昭五三（一九七八）・三・一一〔八四回　参・予算〕

【議論の背景】　三月八日の峯山昭範議員による文書による政府見解の要求に応じたものである。

【答弁】

○多田省吾議員　憲法解釈の問題と、それから政治判断の問題が混乱しましたので、文書の見解を求めました。先般出された文書を読み上げていただきたい。

○真田秀夫内閣法制局長官　「峯山委員の御要望によりまして、一昨日、書面をもってお示しいたしました『核兵器の保有に関する憲法第九条の解釈について』という文書を朗読いたします。

一　政府は、従来から、自衛のための必要最小限度を超えない実力を保持することは憲法第九条第二項によっても禁止されておらず、したがって、右の限度の範囲内にとどまるものである限り、核兵器であると通常兵器であるとを問わず、これを保有することは同項の禁ずるところではないとの解釈をとってきている。

二　憲法のみならずおよそ法令については、これを解釈する者によっていろいろの説が存することがあり得るものであるが、政府としては、憲法第九条第二項に関する解釈については、一に述べた解釈が法解釈論として正しいものであると信じており、これ以外の見解はとり得ないところである。

三　憲法上その保有を禁じられていないものを含め、一切の核兵器について、政府は、政策として非核三原則によりこれを保有しないこととしており、また、法律上及び条約上においても、原子力基本法及び核兵器不拡散条約の規定によりその保有が禁止されているところであるが、これらのことと核兵器の保有に関する憲法第九条の法的解釈とは全く別の問題である。

以上のとおりでございます。」

77　核兵器保有に関する憲法解釈と条約遵守義務

【要旨】　憲法第九八条の条約遵守義務は、核兵器保有に関する憲法第九条第二項の解釈を制約するものではない。

昭五三（一九七八）・三・一一〔八四回　参・予算〕

【議論の背景】　**76**に引き続く質疑応答である。

【答弁】

○真田秀夫内閣法制局長官　「憲法九十八条第二項の条約遵守義務をお触れになりましたので、まずその点について御説明いたしますが、九十八条第二項は、条約を守らなければならない。そして日本は核防条約に入っているわけですから、核防条約の第二条によりまして、いわゆる非核兵器国として一切の核兵器は持っていけない、こう書いてあるわけなんで、したがいまして、もし仮に日本が小型であれ大型であれ核兵器を持てば条約に違反したことになって、ひいては九十八条第二項に違反したことになる、こういう関係になるわけでございます。

そこで、その大事なことは、九条二項というのは、これは先ほど来申しておりますように、それ自体としてどこまで持てるとか持てないとかという規範的意味内容を直接に書いている条文、ところが九十八条第二項というのは、これは中身は実は条約を守れと言っているだけで、その九十八条第二項が直接に規範的意味内容を持っているわけではないわけなんで、これは約束は守らなきゃならぬということはあたりまえのことなんで、これはパクタ・スント・セルバンダと申しまして、ローマ法以来の法理なんです。」

○福田赳夫内閣総理大臣　「たとえばですよ、たとえば万一核不拡散条約、これを日本が脱退をするということになった場合には、条約上の遵守義務というものはありませんから、先ほど申し上げましたような間接的意味における憲法に由来する九十八条の問題というものは消えちゃうんです。第九条の問題だけが残るということなんです。憲法全体の思想といたしましては、私は、第九条だと思うのです。第九条によって、わが国は専守防衛的意味における核兵器はこれを持てる。ただ、別の法理によりまして、また別の政策によりまして、そういうふうになっておらぬというだけのことである。」

78　核積載艦船の我が国領海内通過

【要旨】　昭和四三年以降、政府は、核装備を有する外国軍艦の我が国領海の通過は無害通行とは認めないという見解である。なお、**67**参照。

昭五六（一九八一）・六・二（九四回　衆・本会議録）

【議論の背景】　核積載艦の単なる領海通過は事前協議の対象とならない旨のライシャワー発言に関するものである。

【答弁】

○楢崎弥之助議員提出核積載鑑船の我が国領海内通過に対するライシャワー発言に関する質問主意書

「一　過去の経緯

3　統一見解が出された昭和四十九年十二月二十五日までは、日本側の解釈は、少なくとも核搭載艦の『領海通過』に関しては事前協議の対象となる『核持込み』とは解釈していなかったことになり、『日本側の意に反して行動しない』という米側も『日本側の意』が以上のとおりであったのであるから、米側の解釈も当然、核搭載艦の単なる『領海通過』は事前協議の対象にならないと了解していたであろうし、領海通過に関する限りライシャワー発言のとおりということになるではないか。内閣の明確な見解を問いたい。」

○答弁書（昭和五六年（一九八一）五月二九日提出）

「一について

3　核装備を有する米軍艦の我が領海の通過については、政府は、いわゆる安保国会当時からそのような通過が一般国際法上の無害通航に該当する場合には事前協議の対象とならないとの見解を明らかにしていたところである。その後、昭和四十三年の国会において領海及び接続水域に関する条約について審議が行われた際、国会における論議、当時政府が政策として打ち出した非核三原則等を踏まえて、一般国際法上の無害通航制度について改めて検討した結果、政府は、核装備を有する外国軍艦の我が領海の通過は無害通航とは認めないとの考え方を昭和四十三年四月十七日衆議院外務委員会において政府統一見解として明らかにした。この統一見解以後は、核装備を有する米軍艦の我が領海の通過は無害通航に該当せず、核の持込みという観点から事前協議の対象となるというのが、政府の見解である。この点については、昭和四十九年十二月二十五日参議院内閣委員会における政府統一見解においても明らかにしているところである。」

79　核の抑止力と非核三原則

【要旨】　アメリカの核の抑止力の中にあることと、非核三原則は矛盾しない。

昭六〇（一九八五）・三・七（一〇二回　衆・予算一分科）

【議論の背景】　中曽根内閣の昭和六〇年（一九八五年）度予算審議における防衛論議である。

【答弁】

○新村勝雄議員　核の抑止力あるいは核の傘というのは、これは現実の核の影響力、抑止力、そのもとにあるわけですから、そうすると、非核の政策と明らかに矛盾すると思いますが。

○栗山尚一外務省北米局長　「従来から政府が御答弁申し上げておることでございますけれども、政府といたしましては、我が国の安全は自衛力とともに日米安保条約というものによってもたらされる抑止力というものによって確保するというのが、政府の基本的な安全保障政策であるというふうに承知しております。そのアメリカの核を含みます抑止力というものは、当然のことながら先ほど防衛庁長官が御答弁になりましたとおりのことでございますが、他方、それを我が国の中に核兵器を置かずにそういうアメリカの核抑止力というものを確保するということは別に矛盾するものではないということは、これまた従来から政府が御答弁申し上げておるとおりでございます。」

○新村　その認識のもとに事態が推移すると、それは戦時の場合には当然核の戦場になってもやむを得ない、こういうことになってまいりますけれども、そういうことになった場合の非核政策との矛盾、それからそういう認識からそういう事態が発展していくのだという過程、そこらはどうお考えですか。

○加藤紘一防衛庁長官　「有事の際におきましても、私たちは、非核三原則を守るというのが政府の従来の立場であったと思います。」

80　米軍部隊との共同行動と非核三原則

【要旨】　核攻撃力を有する米軍部隊と自衛隊の共同対処行動自体は、非核三原則に反するものではない。

昭六一（一九八六）・五・二一（一〇四回　衆・本会議録）

【議論の背景】　アメリカ西岸沖からハワイ沖にかけて行われる環太平洋合同演習（リムパック86）を目前にしての質疑応答である。

【答弁】

○矢山有作議員提出「日米防衛協力のための指針」に関する質問主意書

○答弁書（昭和六一年（一九八六）五月一六日提出）

「非核三原則は、我が国が主体的意思に基づき我が国においては核兵器の存在を許さないことを内容とする政策であるところ、日米安保条約の下において、同条約及び関連取極の規定に従つて行われる核攻撃力を有する米軍部隊と自衛隊の共同対処行動自体は、非核三原則に反するものではない。」

81　核兵器の保有と憲法

【要旨】　核兵器であっても自衛のための必要最小限度のものであれば、それを保有することは、憲法上禁止されない。

平五（一九九三）・一二・一四（一二八回　参・本会議録）

【議論の背景】　細川内閣に対し、核兵器廃絶のための積極的なイニシアチブを発揮するべきという観点から行われた質問である。

【答弁】

○立木洋議員提出核兵器廃絶に関する質問主意書

「四、従来、政府は、『自衛のための必要最小限度を超えない』範囲内にとどまるものである限り、核兵器を保有することは憲法の禁ずるところでない、としてきたが、その解釈はいまも変わらないのか。」

○答弁書（平成五年（一九九三）一二月三日提出）

「四について

我が国には固有の自衛権があり、自衛のための必要最小限度の実力を保持することは、憲法第九条第二項によっても禁止されているわけではない。したがって、核兵器であっても、仮にそのような限度にとどまるものがあるとすれば、それを保有することは、必ずしも憲法の禁止するところではない。他方、右の限度を超える核兵器の保有は、憲法上許されないものである。政府は、憲法の問題としては、従来からこのように解釈しており、この解釈は、現在でも変わっていない。

なお、憲法と核兵器の保有との関係は右に述べたとおりであるが、我が国は、いわゆる非核三原則により、憲法上は保有することを禁ぜられていないものを含めて政策上の方針として一切の核兵器を保有しないという原則を堅持し、また、原子力基本法（昭和三十年法律第百八十六号）及びＮＰＴにより一切の核兵器を保有し得ないこととしているところである。」

82　核兵器の使用と憲法第九条

【要旨】　核兵器の使用も、自衛のための必要最小限度の範囲内にとどまる限り、憲法上禁止されてはいない。

平一〇（一九九八）・六・一七〔一四二回　参・予算〕

【議論の背景】　核の保有に関する従来の政府の解釈は、核の使用についても妥当するかという質疑である。

【答弁】

○高野博師議員　核保有に関する政府の解釈は、使用についても妥当するということである、使用もできるということでよろしいでしょうか。

○大森政輔内閣法制局長官　「昭和五十三年三月十一日の当時の真田法制局長官の見解をベースといたしますならば、核兵器の使用も我が国を防衛するために必要最小限度のものにとどまるならばそれも可能であるということに論理的にはなろうかと考えます。」

(3)　その他の兵器

83　戦闘爆撃機の保有

【要旨】　長距離爆撃機は保有できないが、我が国に対する急迫不正な侵略に対処するための戦闘爆撃機は保有できる。

昭四二（一九六七）・三・二五〔五五回　衆・予算〕

【議論の背景】　第三次防衛力整備計画に関する議論である。

【答弁】

○石橋政嗣議員　いままでは中長距離のミサイル、爆撃機は、現在の憲法九条の規定がある以上違憲であるから持てないと明確に言っていました。ところがきょうになったら、距離でいこうと言い出した。いままでミサイルについては中長距離、こういう前提をつけておりましたが、爆撃機については、そんな足の長いものはいけない、足の短いものはよろしいなんていう分類はしておりません。急に変わってきているのです。変わってきているには変わってきている事情がある。あなた方は憲法解釈をどんどん拡張しているのですよ。増田長官、F86Fを爆撃機に改装して使っている。その点は間違いございませんか。

○増田甲子七防衛庁長官　「あくまでも外国へこちらから出向かっていく爆撃機は否定いたしております。わが国の本土が侵略されたときに、座して死を待つべしということは憲法に規定してないのでございます。したがって、戦闘爆撃機は、従来の答弁のいかんにかかわらず――私は従来の答弁は矛盾していないと思います。戦闘爆撃機はこれを持って国家、国民を守るのが当然であると思っております。」

84　ＩＣＢＭの配置

【要旨】　我が国自身がＩＣＢＭを持つことは、憲法に違反する。

昭四三（一九六八）・四・三（五八回　参・予算）

【議論の背景】　ＩＣＢＭのような戦略的核兵器を日本に配置することは安全保障上プラスにならないのではないかという質疑に対するものである。

【答弁】

○増田甲子七防衛庁長官　「ＩＣＢＭを〔駐留米軍が〕日本に配置するということは、……憲法上は差しつかえないということになっております。しかしながら、日本自身がＩＣＢＭを持つことは、これは憲法違反でございます。そこで、なまじなＩＣＢＭを憲法違反でない形においてかりに非核三原則を破りまして持ち込んだといたしましても、お説のとおり、……なまじにそういうものを持てばかえって非常に危険であると考えておる次第でございます。」

85　ＢＣ兵器の保有と憲法

【要旨】　ＢＣ兵器についても自衛権の行使のため必要かつ相当の範囲を超えるものは、憲法上保持することはできない。

昭四四（一九六九）・七・二二（六一回　衆・沖縄北方）

【議論の背景】　沖縄駐留米軍にＶＸガスが配備されているという報道があったことに基づく議論である。

【答弁】

○中谷鉄也議員　非核三原則と相通ずる、要するに憲法上の観点からＢＣ兵器という問題についての法制局の御見解をひとつ承りたい。これが一点。いま一点は、ＢＣ兵器について保有の態様、使用の方法等を考えてみましても、ＢＣ兵器を防御用兵器であるということは、おそらく私は考えにくいものがあると思う。そういうような中におけるところの憲法上の問題というのは、どのような問題として理解さるべきか。

〇**真田秀夫内閣法制局第一部長**　「いわゆるＢＣ兵器と憲法との関係いかんという問題に尽きることに相なろうかと思いますが、憲法上ということになれば、さしあたり問題になるのは第九条でございます。そこで、第九条の解釈ということになるわけでございますけれども、まず最初に、憲法で保持を禁止している戦力といいますのは、それはわが国が支配し、指揮権と管理権を持つ戦力のことであるという解釈が一つございます。これは最高裁判所の例の砂川事件についての上告審判決で明らかにされているところでございます。したがって、ＢＣ兵器につきましても憲法上問題となるのは、わが国が指揮権、管理権を持つ戦力としてのＢＣ兵器であるというふうにまず御理解いただきたいと思います。これが第一点でございます。

次に、わが国が保持することのできる戦力の範囲いかんという問題でございますけれども、ただいま御指摘のように、従来核兵器を中心としてずいぶん論議されたところでございます。その際のこれに関します政府の解釈といいたしましては、わが国には主権国として固有の自衛権がある、これは憲法も否定しておらないであろう。したがいまして、その自衛権を行使するための必要かつ相当の範囲内における戦力であるならば、これは憲法も許しておる、これも禁止しているとはいえないであろうという解釈をとっております。

核兵器についての論議でございますけれども、その考え方は、いわゆるＢＣ兵器についても全く同じであろうと存じます。……ＢＣ兵器についてもいわゆる自衛権の行使のための必要かつ相当の範囲を越えるというものがあれば、これは憲法上保持することができない、憲法九条が保持を禁止しておる部類に入るであろう、こういうことが言えるわけでございます。

なお、核兵器と大体同じことに相なると思いますけれども、ただＢＣのうちＣ兵器につきましては、先ほど来もしばしば話題にのぼっております一八九九年のヘーグの使用禁止宣言がございまして、それはわが国は現行憲法の施行になる前にすでに入っておりますので、もしそのヘーグの条約に触れる行為をするということになりますと、これは憲法九十八条を通じまして憲法の禁止しているところである、こういう言い方もできるのではなかろうかと思います。」

86　F－15及びP－3Cの保有の可否

【要旨】　F－15及びP－3Cは、他国に侵略的、攻撃的脅威を与えるものではなく、その保有は憲法上禁止されていない。

【議論の背景】　新しく採用されることが決まったF－15戦闘機及びP－3C対潜哨戒機についての議論である。

昭五三（一九七八）・二・一四（八四回　衆・予算）

【答弁】

○金丸信防衛庁長官　「先ほど配付しました資料（注）は、本委員会における小林進委員のお求めに応じて作成し、提出したものであります。これは、自衛隊が御指摘のあったF15及びP3Cを保有することとしても憲法が禁じている戦力にはならないとの判断について説明を述べているものであります。」

（注）「F－15及びP－3Cを保有することの可否について

昭和五十三年二月十四日

一　憲法第九条第二項が保持を禁じている『戦力』は、自衛のための必要最小限度を超えるものである。

右の憲法上の制約の下において保持を許される自衛力の具体的な限度については、その時々の国際情勢、軍事技術の水準その他の諸条件により変わり得る相対的な面を有することは否定し得ない。もっとも、性能上専ら他国の国土の潰滅的破壊のためにのみ用いられる兵器（例えばICBM、長距離戦略爆撃機等）については、いかなる場合においても、これを保持することが許されないのはいうまでもない。

これらの点は、政府のかねがね申し述べてきた見解であり、今日においても変わりはない。

二　自衛隊の要撃戦闘機や対潜哨戒機は我が国の自衛のための防空作戦や対潜作戦の諸機能の重要な要素として従来から保持してきたものであり、今回のF－15及びP－3Cの導入は、軍事技術の水準の変化にも配慮しつつ、これらの機能に係る現有兵器の減耗を補充するために行うものである。

三　F－15は、要撃性能に主眼がおかれた、専守防衛にふさわしい性格の戦闘機であり、その付随的に有する対地攻撃機能も限定的なものであること等から、他国に侵略的、攻撃的脅威を与えるようなものでないことは明らかであり、F－4の場合のような配慮を要するものではない。

また、P－3Cは、哨戒及び対潜作戦に使用するものであって、他国に侵略的、攻撃的脅威を与えるようなものでないことはいうまでもない。

四　したがって、F―15及びP―3Cを導入し、自衛隊がこれを保有しても、憲法が禁じている『戦力』にはならず、従来の政府の見解にもとるものではないと考える。」

87　F―15導入についての統一見解

【要旨】　F―15は、要撃性能に主眼が置かれ、その搭載装置からみても他国に侵略的、攻撃的脅威を与えるものではない。

昭五三（一九七八）・三・四　（八四回　衆・予算）

【議論の背景】　新採用のF―15戦闘機について、その機能面からの懸念に対し、答弁したものである。

【答弁】

○金丸信防衛庁長官　「先般二月十四日、大出委員の質問に対しまして、本日ただいまお配りいたしました資料は、そういう質問にこたえて作成いたしたものでありますが、詳細につきましては政府委員から答弁をさせます。」

○伊藤圭一防衛庁防衛局長　「ただいまお手元に差し上げました文書による資料を読ませていただきます。

F―15の対地攻撃機能及び空中給油装置について

昭和五十三年三月四日

一　航空自衛隊の要撃戦闘機は、我が国を攻撃するために侵入する他国の航空機を速やかに迎え撃つ要撃戦闘の機能を主たる機能とするものであり、このために必要とされる要撃性能としては、速力や上昇力はもちろん、旋回性能その他空対空戦闘のための性能が極めて重要なものとなって来ている。

今回導入しようとするF―15は、このような要撃性能に主眼がおかれた、専守防衛にふさわしい性格の戦闘機である。

二　航空自衛隊は、要撃戦闘の機能のほか、侵略部隊が我が国に上陸してくるような場合に、陸上自衛隊又は海上自衛隊を支援するため、侵略部隊を空から攻撃する対地攻撃の機能を持つことも必要であるが、航空自衛隊の有する支援戦闘機の数は、必ずしも十分でないので、これを補うため、要撃戦闘機は、付随的に対地攻撃機能を有することを必要とし、従来とも限定的ではあるが、この機能を維持して来たものである。

F―15も、ある程度の対地攻撃機能を付随的に併有しているが、空対地誘導弾や核爆撃のための装置あるいは地形の変化に対応しつつ低空から目標地点に侵入するための装置をとう載しておらず、この機能は、主として目視による目標識別及び照準を行うことができる状況下において、通常爆弾による支援戦闘を行うための限定されたものである。なお、Ｆ－15は、対地攻撃専用の計算装置等を有しておらず、対地攻撃の機能に必要な情報処理等は、要撃戦闘に用いられる計算装置等を使用してなされるものである。

三　かつて、Ｆ－４の採用に当たっては、いわゆる『爆撃装置』すなわち爆弾投下用計算装置、核管制装置及びブルパップ誘導制御装置を同機から取りはずしたが、その背景には、これを取りはずす前のＦ－４は、要撃性能において優れているばかりでなく、その『爆撃装置』を用いる対地攻撃の機能においても当時としてはかなり優れた性能を有しており、そのような対地攻撃機能を重視してＦ－４を採用した国が多かったという事情があったものである。このような背景もあって、同機の行動半径の長さを勘案すればいわゆる『爆撃装置』を施したままでは他国に侵略的、攻撃的脅威を与えるようなものとの誤解を生じかねないとの配慮の下に、同機には同装置を施さないこととしたところであり、この点は、昭和四十七年十一月七日の衆議院予算委員会において政府見解として述べたとおりである。

また、同日の同委員会において、増原防衛庁長官は、『周辺諸国の領海領空深く入っていけるものは、許容されざる足の長さ』と答弁したが、これは、当時論議の対象となったＦ－１（当時ＦＳＴ２改と称したもの）が対地攻撃のための性能に主眼がおかれた戦闘機であることを前提として申し述べたものである。

Ｆ－15は、Ｆ－１はもちろん、Ｆ－４に比しても行動半径が長いが、先に述べたように、要撃性能に主眼がおかれた戦闘機であって、そのとう載装置からみても、他国に侵略的、攻撃的脅威を与えるようなものではなく、また、Ｆ－４の場合のような配慮を要するものでもないと考えている。

四　Ｆ－４の空中給油装置については、昭和四十八年の国会における同装置の必要性に関する論議を踏まえて、これを地上給油用に改修した。当時の論議の中には、空中給油を行うことは専守防衛にもとるとの主張もあったが、政府としては、そのような見地からではなく、有事の際我が国の領空ないしその周辺において空中警戒待機の態勢をとることの有効性は認めつつも、Ｆ－４が我が国の主力戦闘機である期間においては、同装置を必要とするとは判断しなかったため、右の改修を行ったものである。

しかし、航空軍事技術の進歩は著しく、超低空侵入、高々度高速侵入等航空機による侵入能力は従前に比して更に高まるすう勢にある。このようなすう勢からみて、Ｆ－

15が我が国の主力戦闘機となるであろう時期（一九八〇年代中期以降の時期）においては、有事の際に空中警戒待機の態勢をとるため空中給油装置が必要となることが十分予想されるところである。

したがって、当面空中給油装置を使うことは考えていないが、将来の運用を配慮せずに現段階で同装置を取りはずしてしまうことは適当でないとの見地から、これを残置しておくこととしたものである。

五　政府としては、従来から憲法にのっとり、専守防衛の立場を堅持して来たが、今後もこの姿勢に変わりはなく、他国に侵略的、攻撃的脅威を与えるような兵器を保有することはない。

今回のF―15の導入は、前述のことから明らかなように、右の立場を何ら損なうものではない。

以上でございます。」

三　武器の製造・輸出

88　武器の製造と憲法第九条

【要旨】　個々の武器は「戦力」の構成要素だが「戦力」とはいえず、武器の製造は憲法第九条の問題とならない。

昭二八（一九五三）・二・一二（一五回　衆・通商産業）

【参照条文】　武器製造

【議論の背景】　武器等製造法案の審議の際の質疑である。

【答弁】

○小金義照議員　この武器等製造法案に関連して重要な問題をお尋ねいたしておきたい。武器そのものの製造を認めることは、憲法の戦力保持の禁止に関する規定に抵触するものではない、こういう解釈を私どもは一応立てておるのでありますが、これらについて明確なる政府の所信をお答え願いたい。

○佐藤達夫内閣法制局長官　「憲法第九条の戦力という字句でございますが、小金さんのおっしゃる通りに考えておるわけでございます。……文字から申しましても、陸海空軍その他の戦力とあります。これがかりに大砲、軍艦その他の戦力とありますならば、あるいは大砲、軍艦に匹敵すべきような戦力構成要素といわれるものを持つことはいけないという考え方もありましょうが、憲法には大砲、軍艦その他の戦力とは書いてないのであります。陸海空軍その他の戦力、陸海空軍というのは装備編成された組織体をいって、それを例示にあげておるのでございますから、その他の戦力ということも今お言葉にありましたように、装備編成を持つ組織体というふうに考えるのが当然の解釈であろうと存じます。従いまして個々の武器というようなものは、今お言葉にありました通り、戦力の構成要素になるかもしれませんが、これをもってただちに戦力と申すことはできないわけなんで、従って武器の製造を認めるということは、決して憲法九条の問題にはならないというふうに考えておるわけであります。」

89　武器の製造・輸出

〔要旨〕　武器の製造・輸出は、それ自体憲法第九条に違反するものではない。

昭四二（一九六七）・五・一〇（五五回　参・予算）

【答弁】

○矢山有作議員　外国の自衛を引き受けるための武器まで生産するようなそんな膨大な兵器の生産能力を持つということが憲法上から見て問題があるのじゃないか。

○高辻正巳内閣法制局長官　「昭和三十一年ごろだったと思いますが、その際もやはり製造、輸出それ自身が九条に違反することはないということを申し上げております。

その理由は、やはり憲法九条で保持が否認されておりますのは戦力でございますが、戦力というのは、これはほぼ確立した解釈でございますが、人的、物的の総合組織力である、したがって武器そのものが戦力にならぬであろうというのが前に申し上げた一つの理屈でございますが、そのほかに戦力を保持しないのは、わが国――日本国民といいますか国といいますか、そういう場合を想定してのことでございますので、それが日本で製造されたものが外国のあるいは政府の所有になるかもしれませんが、しかし、それは憲法九条が直接に規定するところではない……直ちに憲法違反であるというようなことはやはり言えないのではないかというふうに考えております。」

90　武器輸出三原則について

〔要旨〕　武器の製造については、憲法第九条の問題ではないが、憲法の精神にのっとり慎重であるべきだ。

昭四七（一九七二）・三・二三（六八回　衆・予算四分科）

【参照条文】　輸出管理令　武器製造

【答弁】

○楢崎弥之助議員　兵器禁輸三原則というのはいまも生きておりますか。

○田中角栄通商産業大臣　「武器輸出三原則は十分生きております。……武器輸出承認の基準というのがございます。その一つは、輸出貿易管理令によります通産大臣の承認を要するもの、それの判断に対しての原則的承認をしないものということ。三つございます。共産圏諸国向けの場合、二は国連決議により武器等の輸出を禁じられている国向け等の場合。三、国際紛争の当事国またはそのおそれのある国向けの場合。以上三点が一つの基準として存在いたします。」

○楢崎　これは憲法上武器をつくっていいんですかね。

○田中　「憲法できめられておりますものは、国際紛争を武力で解決しない、それから軍隊は持たない、こういうことでございます。しかし武器というもの……を輸出をするときには制限を受けるというようなことはございますが、それを製造してはならないということにはならないと思います。」

○楢崎　大臣がいま言われました三つの地域を一応制限と申しますか輸出を規制しておる。そうすると、その三つの地域以外だったら武器を輸出してもいいという解釈でございますか。

○田中　「武器を輸出してはならないという法律が明定はございませんが、これは憲法の精神にのっとりまして、国際紛争は武力をもって解決をしないという精神で、日本から輸出をされた武器が国際紛争で使われるということになれば、これは間接的なものにもなると思いますので、武器というものの輸出ということに対しては、非常に慎重でなければならないということは当然だと思います。」

91　武器輸出三原則と憲法

【要旨】　武器輸出三原則は、憲法第九条が直接規定するものではない。

昭五六（一九八一）・二・二〇〔九四回　衆・予算〕

【参照条文】　外国為替及び外国貿易管理法（現行＝外国為替及び外国貿易法）　輸出管理令

【答弁】

○稲葉誠一議員　いわゆる武器輸出禁止の三原則がありますが、これと憲法とのかかわり合いについて説明を。

○角田礼次郎内閣法制局長官　「いわゆる武器輸出三原則は、武器の輸出によって国際紛争などを助長することを回避して、外国貿易及び国民経済の健全な発達を図るという目的をもって、外国為替及び外国貿易管理法に基づく輸出貿易管理令の運用基準として定められたものであるというふうに理解しております。一方、憲法九条第二項は、わが国自体のいわゆる戦力の保持を禁止しているものでありますので、その意味では、武器輸出三原則は憲法第九条が直接規定するものではないというふうに考えております。……

しかしながら、わが国の憲法が平和主義を理念としているということにかんがみますと、当然のことながら、武器輸出三原則は憲法の平和主義の精神にのっとったものであるというふうに考えております。」

92　武器輸出問題等に関する決議

『要旨』　政府は、武器輸出について、厳正かつ慎重な態度をもって対処するべきである。

昭五六（一九八一）・三・二〇〔九四回　衆・本会議〕

※参議院の同様の決議（昭五六・三・三一）

【参照条文】　外国為替及び外国貿易管理法（現行＝外国為替及び外国貿易法）　輸出管理令

【決議】

「武器輸出問題等に関する決議

わが国は、日本国憲法の理念である平和国家としての立場をふまえ、武器輸出三原則並びに昭和五十一年政府統一方針に基づいて、武器輸出について慎重に対処してきたところである。

しかるに、近時右方針に反した事例を生じたことは遺憾である。

よって政府は、武器輸出について、厳正かつ慎重な態度をもって対処すると共に制度上の改善を含め実効ある措置を講ずべきである。

右決議する。」

93　輸出規制の対象となる「武器」の範囲について

『要旨』　輸出規制の対象の「武器」の範囲については、軍隊が使用するもので直接戦闘の用に供するものという観念である。

昭四二（一九六七）・五・一〇〔五五回　参・予算〕

【参照条文】　輸出管理令　武器製造

【答弁】

○矢山有作議員　武器の輸出、こういった場合の武器というのは、どういう概念か。

○高辻正己内閣法制局長官　「輸出貿易管理令等には、武器がこうであるということはございませんが、その別表には、銃砲、これに用いる銃砲弾とか、爆発物とか、そういうのがございます。ただし、それが武器であるかどうかというようなことは、別に定義されておりません。」

○高島節男通商産業省重工業局長　「武器の観念につきまして、先ほど法制局長官から御答弁ございました武器等製造法に基づいての武器の観念、これは国内における事業活動をどうしていくかという観点からの一つの定義でございます。それに対応いたしまして輸出貿易管理令の場合は、法制局長官の御説明のとおり、品目それ自身の武器を観念でくくった規制ではございません。これはいろんな意味での輸出の規制がございますからそうなっておりますが、一応それを広く網をかけまして、われわれが運用いたしておりますときの観念は、軍隊が使用いたしまして、直接戦闘の用に供するという観念で、仕向け地につきまして――これに紛争国等との問題がございますから、仕向け地について制約を加えて運用していくという体系に相なっております。」

第三節　交戦権

一　交戦権の意義

94　交戦権の意義

【要旨】　交戦権とは、交戦国が国際法上有する種々の権利の総称である。

昭五六（一九八一）・四・一六〔九四回　衆・本会議録〕

【議論の背景】　政治家の信条として改憲の思想を持つとする中川国務大臣の発言を踏まえ、鈴木内閣の憲法についての考え方を問う質疑に関連したものである。

【答弁】

○稲葉誠一議員提出鈴木内閣の憲法についての考え方に関する質問主意書

「三　『交戦権は、これを認めない。』について

1　この解釈は条文上第二項の前項の目的を達するためのを受けてのものか、又は第二項後段はそれ自体独立して理解されるものか。

2　国際法上の『交戦権』の定義内容

3　『交戦権は、これを認めない。』旨の規定の有無によって実際の戦争乃至紛争及びその後に当たっていかなる差異を生ずるのか。」

○答弁書（昭和五六年（一九八一）四月一四日提出）

「三について

憲法第九条第二項の『前項の目的を達するため』という言葉は、同項後段の規定にかかっていないと解している。

同項後段の『交戦権』とは、戦いを交える権利という意味ではなく、交戦国が国際法上有する種々の権利の総称であって、相手国兵力の殺傷及び破壊、相手国の領土の占領、そこにおける占領行政、中立国船舶の臨検、敵性船舶のだ捕等を

行うことを含むものであり、このような意味の交戦権が否認されていると解している。

他方、我が国は、自衛権の行使に当たっては、我が国を防衛するため必要最小限度の実力を行使することが当然に認められていると解しているが、実際上、その実力の行使の態様がいかなるものになるかについては、具体的な状況に応じて異なると考えられるから、一概に述べることは困難である。

なお、国際法上も、交戦権は、通常、右に述べたような意味に解されている。」

二　交戦権と国際法

95　自衛隊の実力行使と戦時国際法の関係

【要旨】　自衛隊の実力行使については、交戦権という用語は用いないものの、戦時国際法の適用はある。

昭五三（一九七八）・八・一六〈八四回（閉）衆・内閣〉

【議論の背景】　福田内閣における有事立法論議が高まる中での質疑応答である。

【答弁】

○受田新吉議員　安保条約第五条には、いずれかの締約国は、日本の施政権の範囲内に武力攻撃があったら共通の危険を排除するために行動すると言うておるのですから、同じ敵軍が上陸したところで、日本軍は自衛のための実力行使。米軍の方は一緒に戦いをしながら、これは戦時国際法上交戦権の発動だ。同じところで働きながら、一方は交戦権の対象として戦時国際法規の適用を受ける、捕虜その他の扱いも皆戦時国際法規の適用を受ける、日本はそれを受けないということであっては、それは日米共同行動に支障が起こるじゃないですか。

○真田秀夫内閣法制局長官　「日本の憲法で認められているわが国の実力行使は、自衛のために必要最小限度の実力行使なんで、したがいまして、海外まで押し寄せていくとか、外国の領土を占領するとかいうようなことはできない、そういう枠があるわけなんですね。その枠の中だけの実力行使はできる。したがいまして、いまの枠に抵触しない範囲の行為、たとえば外国が日本の領土に侵略して上陸してきた、それを排除するために物を破壊し敵の兵隊を殺すというようなことは当然できるわけなんですが、ただ、いま申しましたようないろいろな制約があるわけですから、そこで交戦権という言葉は使わない。しかし、自衛のために必要な最小限度の実力行使は自衛権の行使そのものですから、それは否定されておらないということになるわけなんです。

安保条約の五条を発動した場合のことをいまおっしゃってい

ましたけれども、おっしゃるとおりなんで、共同して対処するわけなんですが、わが国の自衛隊は、いま申しました憲法上の制約がありますから、アメリカ軍が何にもそういう制約のない形で対処する場合とは対処の仕方は若干違います。違いますが、しかし、いまの戦時国際法上では自衛隊の行う行為についでは国際法は無縁かと言えば、それはそうじゃないのであつて、国際法上の交戦国としての待遇は日本の自衛隊だって受けるし、また、義務は守らなければならぬと思います。それは名前はわれわれは自衛行動権と言っておりますけれども、国際法の上から見れば、それはやはり普通の交戦国がやることと大体似たようなことを国内ではやるわけです。ただ、先ほど申しましたように制約がありますから、非常に制限を受けておって、したがいまして、これを交戦権という名前で呼ぶことははなはだ誤解を招くということで、われわれは使わない、こういう関係でございます。」

○受田　戦時国際公法のたとえば陸戦の法規、海戦法規、慣例というようなああいう条約は皆適用されるのですか。

○真田　「憲法の制約内における実力行使はできるわけでございますから、その実力行使を行うに際して既述されている戦時国際法規は適用があります。たとえば、侵略軍の兵隊を捕虜にした場合にはその捕虜としての扱いをしなければならないというようなことは当然適用があるということでございます。」

三　交戦権と自衛権

96　交戦権の否認と自衛権の行使

【要旨】　自衛権の行使は、戦争ではなく、また、交戦権の活用によらない方法で行うこととなる。

昭二七（一九五二）・二・二七〔一三回　衆・外務〕

【議論の背景】　日米安全保障条約に基づく行政協定の概要が発表されたことを受けた質疑応答である。

【答弁】

○並木芳雄議員　憲法第九条に、自衛権はある、しかし自衛戦争はできないということが明らかになっております。そうすると自衛権の発動として自衛戦争はできないけれども戦力の行使にあらざる他の方法による自衛行為、つまり自衛武力の行使というようなものはできる、こういうふうに解するのではないか。

○佐藤達夫法制意見長官　「この九条から逆に自衛権があるかないかという点に相なりますと、今のお話にあったように自衛権のことは触れておりませんから、これは自主独立の国として一般に認められている自衛権というものがあります以上は、憲法九条の規定せざる限り、わが国においても自衛権は確かにある。これはもう問題のないところであると思います。ただ自衛権の行使というその手段の問題になって来ますと、九条の第二項によって戦力というものを否定しております。それから国の交戦権というのを否定しております。従って自衛権行使の有力なる手段というものは否定されておりますから、換言するならば、自衛戦争というようなものはできないような形になっておるということが言えると思います。

そこで自衛権があります場合に、その自衛権を行使する場合の戦力、それから交戦権というものは否定されておりますけれども、それ以外のそれでは方法が何かありはしないかということになれば、それは戦力にあらず、また交戦権の活用によらない方法というものは、これは差引勘定すれば当然あるわけであります。」

97　自衛権と交戦権の関係

【要旨】 交戦権は、自衛権の行使に伴う自衛行動というものとは別のものである。

昭四四（一九六九）・二・二一　〔六一回　参・予算〕

【議論の背景】 沖縄返還交渉が進められている中での質疑応答である。

【答弁】

○野上元議員 自衛の範囲を出なければ、とにかく交戦権もあるし、戦力を持つこともできるしという考え方ですね。

○高辻正巳内閣法制局長官 「違います。それは、先ほどの御指摘にありましたように、交戦権はこれを認めないというのは、戦争を放棄するという、その戦争に見合う戦争を、現実、具体的に遂行するための手段と考えておりますので、そのような交戦権というものは、自衛権の行使に伴う自衛行動というものとは別のものであるというふうに考えておるわけです。どういうふうに違うかといえば、先ほど御説明申し上げたように、交戦権というものは、人道主義的見地からする制約以外には制約がないものである、元来。しかし自衛のための行動というのは、自衛権に見合う限度において当然に限界がある。限界があるものとないものとは本質が違う。したがって、ただいま御質疑がありましたように、交戦権を認めるならというお話がございましたが、そういう意味において交戦権は認められておらないと考えていいと思います。」

○野上 自衛の範囲でも交戦権はないということになると、自衛のために戦力を持って何をやりますか。あなたの言う新しい交戦権というのは何ですか。

○高辻 「私は非常にそこを区別して申し上げたので、おわかりにくいかと思うのでありますが、自衛のための交戦権というものをもしお考えくださるなら、つまり限界のある交戦権というふうにお考えくださるなら、それを交戦権と申して一向にかまいません。私は、その本質が違うものは、中身の違うものは、自衛行動権というような名前で唱えるべきものであって、その憲法の禁止している交戦権とは違うというふうに思っておるものですから、そう申し上げたわけですが、自衛権からくる制約のある交戦権だというふうにお考えいただいても、それはけっこうでございます。……自衛権というものから当然に制約をされた交戦権が使えるんだというか、あるいは交戦権というのは戦争というものを現実具体的に遂行する手段としての権能であるという意味で、自衛権の行使に伴う自衛行動権とは違うというかは、実は手段の問題にすぎないと思うのです。実態は実はどっちからいっても同じことである。大事なことは、それだけができるということを申し上げたいわけです。」

98　交戦権否認と自衛権行使との関係

【要旨】自衛権の行使は、交戦権の行使とは別の観念であり、したがって、中立国船舶の臨検が一般的に可能だとはいえない。

昭五六（一九八一）・五・一九〔九四回　衆・本会議録〕

【議論の背景】 政治家の信条として改憲の思想を持つとする中川国務大臣の発言を踏まえ、鈴木内閣の憲法についての考え方を問う質疑に関連したものである。

【答弁】

○稲葉誠一議員提出鈴木内閣の憲法についての考え方に関する再質問主意書

○答弁書（昭和五六年（一九八一）五月一五日提出）

「1　憲法第九条第二項の『交戦権』とは、戦いを交える権利という意味ではなく、交戦国が国際法上有する種々の権利の総称であって、このような意味の交戦権が否認されていると解している。

他方、我が国は、自衛権の行使に当たっては、我が国を防衛するため必要最小限度の実力を行使することが当然に認められているのであって、その行使として相手国兵力の殺傷及び破壊等を行うことは、交戦権の行使として相手国兵力の殺傷及び破壊等を行うこととは別の観念のものである。実際上、自衛権の行使としての実力の行使の態様がいかなるものになるかについては、具体的な状況に応じて異なると考えられるから、一概に述べることは困難であるが、例えば、相手国の領土の占領、そこにおける占領行政などは、自衛のための必要最小限度を超えるものと考えている。

2　御指摘の昭和五十六年四月七日の衆議院内閣委員会におけ

る答弁においては、御指摘の中立国船舶の臨検が一般的に可能であるということを述べたものではなく、『ある国がわが国に対して現に武力攻撃を加えているわけでございますから、その国のために働いているその船舶に対して臨検等の必要な措置をとることは、自衛権の行使として認められる限度内のものであればそれはできるのではないか』ということを述べたものであり、先の内閣衆質九四第一八号の答弁書の三についてにおいて述べた趣旨と異なるものではない。」

第四節　自衛権

一　自衛権

(1)　自衛権の存在

99　武力によらざる自衛権の存在

〔要旨〕　武力によらざる自衛権は存在する。

昭二五（一九五〇）・一・二八〔七回　衆・本会議〕

【議論の背景】　かつての吉田茂首相の自衛戦争放棄論との関係が問われ、全面講和か単独講和かの論議のなかで、自衛権の存否と講和問題の関係が問題になった。同年昭和二五（一九五〇）年八月には警察予備隊が創設された。

【答弁】

○佐竹晴記議員　総理大臣が、自衛権の行使を放棄するものではない旨を宣言したのは、単独講和を想定しているからか。

○吉田茂内閣総理大臣　「私が施政の演説の中において自衛権を突然唱え出したのは、全面講和ができないという見通しからであろう――これは佐竹君の推測であります。私が自衛権の問題に論及しましたのは、戦争放棄によって、あたかも日本の安全保障が危険になったというようなふうに感ずる向きがあって、しきりに安全保障ということが出ますから、武力によらざる自衛権は国家として存在するものであるということを申しただけであります。」

100　武力によらざる自衛権の存在と状況との対応

〔要旨〕　独立を回復する以上、自衛権は存在するが、それは武力によらざる自衛権であり、その内容は状況と対応する。

昭二五（一九五〇）・一・二八〔七回　衆・本会議〕

【議論の背景】 講和をめぐる論議のなかで、自衛権の存在と内容が問題になった。同年昭和二五（一九五〇）年六月に朝鮮戦争が勃発し、八月には警察予備隊が創設された。

【答弁】

○世耕弘一議員　武力なき自衛権について、説明を願いたい。

○吉田茂内閣総理大臣　「いやしくも国が独立を回復する以上は、自衛権の存在することは明らかであって、その自衛権が、ただ武力によらざる自衛権を日本は持つということは、これは明瞭であります。……いかなる状況によって自衛権をどう発動するかということは、まったく外来の事情によることでありまして、その事情によって、状況によって、自然自衛権の内容も違うことと思います。」

101　自衛権と戦力に至らざる自衛力の存在

『要旨』 侵略戦争を放棄したが、自衛権と戦力に至らざる自衛力は存在する。

昭二八（一九五三）・七・二五　〔一六回　参・予算〕

【議論の背景】 アメリカからＭＳＡ（相互安全保障協定）援助を受ければ、防衛力整備の義務を負うのではないかとする議論があった。憲法制定当時の政府の議論と、自衛権から自衛力を認めるに至った政府の議論の関係が問題になった。

【答弁】

○亀田得治議員　憲法制定時と現在では、政府の考え方に開きがあるのではないか。

○木村篤太郎国務大臣　「九条第一項……の意味から申しますると、再び侵略戦争の愚を繰返すようなことをさせないということが根本であります。この規定の裏から見て、自衛権を否定したものでもなし、又自衛権の裏付である自衛力を否定したものでないと考えております。併しながら自衛権の行使の下に往々にして侵略戦争のような愚を繰返す危険があるからして、第二項においてさようなことに行使される大きな力、即ち戦力を持たせないということでここで抑えて言っているのでありま す。……国家である以上は、自衛権を持ち自衛力を持つのは、これは当然であろうと思っております。……。ただ……、戦力は持ってはならんということであります。戦力に至らざる自衛力というものは、これは一国である以上はあってもよいのである」。

102　自衛のための武力行使と実力部隊の合憲性

『要旨』 自衛のための武力行使と必要相当範囲の実力部隊は、

憲法に違反しない。

【参照条文】　昭二九（一九五四）・一二・二二〔二一回　衆・予算〕　憲九六　自衛三Ⅰ

【議論の背景】　首相になった鳩山一郎氏は、自衛隊を違憲とし、改憲を主張していた。そこで、鳩山内閣発足に当たって、かつての見解と内閣としての見解の関係が問われ、自衛権、憲法改正などについて見解が示された。

【答弁】

○福田篤泰議員　憲法九条の解釈に関する政府統一見解を聞きたい。

○大村清一防衛庁長官　「第一に、憲法は自衛権を否定していない。自衛権は国が独立国である以上、その国が当然に保有する権利である。憲法はこれを否定していない。従って現行憲法のもとで、わが国が自衛権を持っていることはきわめて明白である。

二、憲法は、戦争を放棄したが、自衛のための抗争は放棄していない。一、戦争と武力の威嚇、武力の行使が放棄されるのは、『国際紛争を解決する手段としては』ということである。

二、他国から武力攻撃があった場合に、武力攻撃そのものを阻止することは、自己防衛そのものであって、国際紛争を解決することとは本質が違う。従って自国に対して武力攻撃が加えられた場合に、国土を防衛する手段として武力を行使することは、憲法に違反しない。

自衛隊は現行憲法上違反ではないか。憲法第九条は、独立国としてわが国が自衛権を持つことを認めている。従って自衛隊のような自衛のための任務を有し、かつその目的のため必要相当な範囲の実力部隊を設けることは、何ら憲法に違反するものではない。

自衛隊は軍隊か。自衛隊は外国からの侵略に対処するという任務を有するが、こういうものを軍隊というならば、自衛隊も軍隊ということができる。しかしかような実力部隊を持つことは憲法に違反するものではない。

自衛隊が違憲でないならば、何ゆえ憲法改正を考えるか。憲法第九条については、世上いろいろ誤解もあるので、そういう空気をはっきりさせる意味で、機会を見て憲法改正を考えたいと思っている。」

103　集団的自衛権・海外派兵の禁止、交戦権の意味

【要旨】　集団的自衛権の行使と海外派兵は憲法上認められない。交戦権は、交戦国が国際法上有する権利の総称である。

【参照条文】　昭五五（一九八〇）・一〇・三〇〔九三回　衆・本会議録〕　国連憲章五一　自衛三Ⅰ

【議論の背景】 北朝鮮脅威論の下で、防衛計画の大綱や基盤的防衛力構想の見直しが問題になっていた。そこで、憲法九条の解釈が改めて問題になった。

【答弁】

○稲葉誠一議員提出自衛隊の海外派兵・日米安保条約等の問題に関する質問主意書

○答弁書（昭和五五年（一九八〇）一〇月二八日提出）

「三について

１　国連憲章第五十一条は、国家が個別的又は集団的自衛の権利を有することを認めている。しかし、我が国が集団的自衛権を行使することは憲法の認めているところではないというのが従来からの政府の考え方である。

２　我が国の自衛権の行使は、我が国を防衛するため必要最小限度の範囲にとどまるべきものであると解している。

したがって、例えば集団的自衛権の行使は、その範囲を超えるものであって憲法上許されないと考えている。また、いわゆる海外派兵については、次の３及び４において述べるとおりである。

３及び４　従来、『いわゆる海外派兵とは、一般的にいえば、武力行使の目的をもって武装した部隊を他国の領土、領海、領空に派遣することである』と定義づけて説明されているが、このような海外派兵は、一般に自衛のための必要最小限度を超えるものであって、憲法上許されないと考えている。したがって、このような海外派兵について将来の想定はない。

これに対し、いわゆる海外派遣については、従来これを定義づけたことはないが、武力行使の目的をもたないで部隊を他国へ派遣することは、憲法上許されないわけではないと考えている。しかしながら、法律上、自衛隊の任務、権限として規定されていないものについては、その部隊を他国へ派遣することはできないと考えている。このような自衛隊の他国への派遣については、将来どうするかという具体的な構想はもっていない。

５　憲法第九条第二項は、『国の交戦権は、これを認めない。』と規定しているが、ここにいう交戦権とは、戦いを交える権利という意味ではなく、交戦国が国際上有する種々の権利の総称であって、相手国兵力の殺傷及び破壊、相手国の領土の占領、そこにおける占領行政、中立国船舶の臨検、敵性船舶のだ捕等を行うことを含むものであると解している。

他方、我が国は、自衛権の行使に当っては、我が国を防衛するため必要最小限度の実力を行使することが当然認められているのであって、その行使は、交戦権の行使とは別のものである。

6　我が国は、自衛権の行使に当っては我が国を防衛するため必要最小限度の実力を行使することを旨としているのであるから、交戦権が認められていないことによって不利益が生じるというようなものではない。」

104　自衛権をめぐる吉田茂総理の答弁の変化

【要旨】　吉田茂総理の答弁は、国家防衛権に否定的なものから、自衛権を留保するものに変化した。

昭五六（一九八一）・三・九〔九四回　参・予算〕

【議論の背景】　鈴木善幸内閣が憲法を改正しないという方針をもったことに対して、憲法の解釈は変化しうるとする立場に基づいて、この方針を批判する議員から、吉田茂総理の憲法九条解釈が変化したかどうかが問題にされた。

【答弁】

○玉置和郎議員　憲法九条に関する解釈が吉田内閣のなかで変化したか。

○角田礼次郎内閣法制局長官　「制憲議会におきまして第九条の論議が行われましたときに、昭和二十一年の六月二十八日の衆議院の本会議におきまして吉田総理が、『近年ノ戦争ハ多クハ国家防衛権ノ名ニ於テ行ハレタルコトハ顕著ナル事実デアリマス、故ニ正当防衛権ヲ認ムルコトガ偶〻戦争ヲ誘発スル所以デアルト思フノデアリマス、』、こういう答弁をされました。また、二十一年の六月二十六日に衆議院の本会議で、防衛のための戦争をも否認するような答弁をされたわけであります。

もっとも、この答弁につきましては、吉田総理は、二十一年の七月四日に、衆議院の帝国憲法改正案の委員会におきまして、さきに『私ノ言ハント欲シマシタ所ハ、自衛権ニ依ル交戦権ノ放棄ト云フコトヲ強調スルト云フヨリモ、自衛権ニ依ル戦争、又侵略ニ依ル交戦権、比ノ二ツニ分ケル区別其ノコトガ有害無益ナリト私ハ言ッタ積リデ居リマス、』というような答弁をされましたし、また、第七国会における施政方針演説において総理は、『戦争放棄の趣意に徹することは、決して自衛権を放棄するということを意味するものでない』とか、あるいは十二回国会の衆議院の平和安保条約委員会において、自衛権に関し、制憲議会当時の説を変えたのかとの芦田委員の質問に対して、吉田総理は、『私の当時言ったと記憶しているのでは、しば〱、自衛権の名前でもって戦争が行われたということは申したと思いますが、自衛権を否認したというような非常識なことはないと思います。』という答弁はされてはおります。」

されてはおられますが、率直に申し上げて、二十一年当時の答弁とその後の答弁との間に客観的に言って変化があるということは事実として認めざるを得ないと思います。」

(2) 自衛権の意義

105 国家の自衛権と個人の正当防衛権の関係

『要旨』 自衛権は国家の正当防衛権であり、防衛のために必要最小限度の実力を行使するものである。

昭三一（一九五六）・三・六〔二四回　参・内閣〕

【参照条文】 自衛三Ⅰ　民七二〇Ⅰ　刑三六

【議論の背景】 前年昭和三〇（一九五五）年一一月に保守合同により自民党が結成され、政綱のなかで「現行憲法の自主的改正」が言われていた。国防会議の設置や防衛六カ年計画が論じられる状況の下で、自衛権の意味が問われた。

【答弁】

○木下源吾議員　自衛に関する定義を聞きたい。

○船田中国務大臣　「自衛権ということは、結局国の正当防衛権、個人についても、……不当な侵害を受けたという場合におきましては正当防衛ができるわけでありますが、自衛権はその正当防衛権である。……従って急迫不正の侵害に対しましてわが国を防衛するために、ほかに手段がないという場合におきまして、これを防衛するために必要最小限度の実力を行使する、これが私は自衛権であると考えます。」

106 憲法上の自衛権と国際法上の自衛権の関係

『要旨』 憲法上の自衛権の観念は、国際法上の自衛権の観念と必ずしも合致させなければならないものではない。

昭三一（一九五六）・三・九〔二四回　参・予算〕

【参照条文】 国連憲章五一　自衛三Ⅰ　民七二〇Ⅰ　刑三六

【議論の背景】 鳩山一郎首相はかって自衛隊を違憲とし、改憲を主張していた。首相になった後も、自衛隊に違憲の疑いがあると述べたので、自衛権に関する政府見解が問題になっていた。

【答弁】

○中山福蔵議員　憲法上の自衛権と国際法上の自衛権は違うか。

○林修三内閣法制局長官　「ただいま私どもが憲法の解釈として言っておりますことは、これは大体個人の正当防衛権と同じような観念に基くものが今の憲法で認められておる、かように考えておるわけでございます。」

「憲法の解釈は、憲法という国内法の解釈でございまして、必ずしもこれを国際法上の自衛権の観念、あるいは自衛権の普通の考え方と合せなければならぬというものではないと思うわけでございます。」

107　自衛権行使の三要件

【要旨】　自衛権行使の要件は、我が国に対する急迫不正の侵害、他の防衛手段の欠如、必要な限度の防衛である。

昭四四（一九六九）・三・一〇〔六一回　参・予算〕

【参照条文】　自衛三Ⅰ

【議論の背景】　自衛権の要件を充足しても海外派兵は許されないのか、充足しない海外における行動が海外派兵なのかが問題になり、そのなかで自衛権の三要件が示された。

【答弁】

○高辻正巳内閣法制局長官　「自衛権の行使については厳密な要件がある。……要するに、わが国に急迫不正の侵害がある。そして他に全くこれを防衛する手段がないという場合には、防衛する。ただし、それは必要な限度にとどめなければならない。これがいわゆる三要件であると思います。」

108　自衛のための武力行使と国際法上の戦争の関係

【要旨】　自衛のための武力行使は、伝統的な国際法上の戦争や自衛戦争とは別のものである。

昭四八（一九七三）・九・一八〔七一回　参・内閣〕

【参照条文】　国連憲章五一　自衛三Ⅰ

【議論の背景】　札幌地判昭和四八年（一九七三）九月七日が長沼事件で、自衛隊違憲の判決を下し、憲法九条論議が注目されていた。そこで、日本の安全保障に関する基本的な問題が論じられた。

【答弁】

○前川旦議員　自衛権の発動は戦争か。

○角田礼次郎内閣法制局第一部長　「最近の国際法の考え方から申しますと、自衛のための武力行使は、従来のような伝統的な国際法上の戦争とは別であるという考え方ではないかと思います。むろんわが憲法のもとにおいては伝統的ないわゆる戦争というようなものはできない、つまり自衛のための最小限度の武力行使、敵の侵略があった場合にそれを排除する意味の最小限度の武力行使しかできないわけですから、通常の意味の戦争というようなことはできないと思います。」

○前川　そうすると、自衛のための武力行使は、自衛戦争とどう違うか。

○角田　「私どもは自衛戦争はできないと思っておりますし、……外にあらわれた形では、……たとえば一般に自衛戦争の場合にはおそらく国際法上の交戦権というようなものもできるでしょうし、それから、場合によっては相手国に対して相手国の領域に進んで兵力を派遣するという、いわゆる海外派兵もできるのだろうと思います。しかし、われわれはそういうことはできないと言っているわけですから、そういうような意味で、海外派兵というような一つの例をとってみても明らかに外にあらわれた形において違った現象があると思います。」

109　自衛権行使の発動と発動後の要件

【要旨】　自衛権の要件は、発動の要件と発動後の要件の両方を含む。

昭五六（一九八一）・六・三〔九四回　衆・法務〕

【参照条文】　自衛三Ⅰ

【議論の背景】　集団的自衛権と個別的自衛権の関係、集団的自衛権の保持と行使の関係が問われるなかで、自衛権の発動と発動後の要件の関係が問題にされた。

【答弁】

○稲葉誠一議員　自衛権行使の要件は、開始後の要件でもあるか。

○角田礼次郎内閣法制局長官　「自衛権行使の要件として、前々からいわゆる三要件というものを申し上げているわけです。これは、開始の要件というか発動の要件と、発動した後の実際の行使の要件と両方を含んで三要件、たとえば第三の必要最小限度の範囲にとどまらなければいけないというのは、発動した後の行使の態様についても適用される要件だと思います。」

(3)　自衛権の発動

110　自衛隊の行動と米軍の行動の関係

【要旨】　米軍は極東の平和と安全のために行動するが、自衛隊は日本に対する直接・間接の侵略の場合にのみ行動する。

昭三四（一九五九）・三・一七〔三一回　参・予算〕

【参照条文】　安保約六Ⅰ　自衛三Ⅰ

【議論の背景】　昭和三五（一九六〇）年の安保条約の改定をめぐる論議のなかで、米軍と自衛隊の行動要件の関係が問題になった。極東の平和と安全のために行動する場合は、日本の自衛権の要件も充たすとする立場から質問が出された。

【答弁】

○八木幸吉議員　極東の安全即自衛でよいのではないか。

○林修三内閣法制局長官　「いわゆる現在の安保条約では極東

における云々ということは、これはもちろん米軍の行動についてのことでございます。新しい安保条約でどういうことになるか、かりに入りましても、やはりこれは米軍のことだと私たちは思っております。日本の自衛隊は日本の憲法及び日本の自衛隊法に基いて行動するわけでございます。日本に対して直接あるいは間接の侵略があった場合に自衛隊は行動するわけでございまして、いわゆる米軍が極東の平和と安全というために出動する場合について直ちに日本の自衛隊がそれに協力するということは、おそらくこの条約では直接に出てくることでは私はなかろうと思っております。いま一つのお尋ねの極東の平和と安全即日本の自衛と言えるんじゃないかというお話でございますが、これは場合を分けて考えてみなければ私にはわかりません。仮定の場合としてあるいはそういう場合もあるかもしれませんが、そう言えない場合もありましょう。しかしいずれにいたしましても、日本の自衛隊は日本が直接にあるいは間接に侵略された場合にしか動き得ないわけでございます。それ以外に米軍がよそに出て行くことを応援するということは、いわゆる米軍の一環として米軍に協力して、これを応援するということは、日本の憲法あるいは自衛隊法からできないことだ、かように考えております。」

111 在日米軍基地に対する攻撃と自衛権の発動

『要旨』 在日米軍基地に対する攻撃は、日本の領土、領空を侵犯するので、自衛隊は自衛のため発動する。

昭三四（一九五九）・八・一 〔三二回（閉） 参・内閣〕

【参照条文】 安保約五I 自衛三I

【議論の背景】 昭和三五（一九六〇）年の安保条約の改定をめぐる論議のなかで、在日米軍基地に対する攻撃の場合の日米共同防衛の性格が問題になった。日本の領土ではなく、米軍基地のみを攻撃する意図をもった攻撃の場合が問われた。

【答弁】

○永岡光治議員 在日米軍基地に対する攻撃の場合の共同防衛は、自衛か。

○赤城宗徳防衛庁長官 「アメリカの基地は日本が条約上供与することになろうと思いまするし、現実の問題といたしましても、アメリカの基地と日本の基地とが同じような場所にあることもあると思います。しかし、それがないといたしましても、アメリカの基地に対して攻撃が加えられたと、こういう場合には日本の領土、領空を侵犯する、こういう形になりますので、自衛隊としては、これは自衛のために発動する、こういうことに相なろうと思います。」

112　自衛権と先制攻撃・自衛の関係

【要旨】 先制攻撃・自衛は、武力攻撃が発生しておらず、自衛権の要件を充たさない。

昭四三（一九六八）・三・二七〔五八回　参・予算〕

【参照条文】 国連憲章五一　自衛三I

【議論の背景】 安保条約五条の共同防衛と六条の基地提供をめぐる解釈を背景に、アメリカは先制攻撃・自衛をやっているのではないかという立場から、日本も同じことをするのかどうかが問題にされた。

【答弁】

○森中守義議員 日本の自衛権発動の態様は、アメリカと同じか。

○高辻正巳内閣法制局長官 「武力攻撃が発生するに先立って先制攻撃、いわゆる先制防御といいますか、とにかくこちらから、防衛の実を全うするために、攻撃がある前にこちらから手を出すということができるかできないかという問題でございますが、……わが国の自衛権というものについては、要するに、外国から急迫不正な侵害があった場合に、わが国民の安全と生存を保持するというのが目的でございますので、侵害がないのにこちらから手を出す、極端な場合には、国際紛争を武力で解決するということになりましょうが、そういうことは憲法が許さない。……ところで、アメリカのほうは、そうは言ってもそうはいかぬじゃないかということでございますが、アメリカのほうも、……国連憲章の根拠に基づいて発動をするわけでございますから、『武力攻撃が発生した場合には』ということになります。現実の事態はそうではないではないかという仰せでございますが、これは私が答弁する限りではないと思いますが、この『武力攻撃が発生した場合』ということについてあるいは認識の相違があるのかもしれません。しかし、いずれにしましても、国連憲章そのものは武力攻撃が発生した場合にのみ集団的自衛権あるいは個別的自衛権の発動を認めておるということを、私の答弁する限りでは、そこまで申し上げる以外はございません。」

113　自衛権の発動と自衛隊法七六条の防衛出動の関係

【要旨】 「武力攻撃のおそれ」の段階で防衛出動できるが、自衛権を発動するのはその要件に該当した場合である。

昭四四（一九六九）・七・一〇〔六一回　参・内閣〕

【参照条文】 自衛七六I・八八

【議論の背景】　自衛隊法七六条の防衛出動に関する法的見解が論じられるなかで、防衛出動と自衛権の発動の関係、自衛権の発動と自衛隊法の関係が問題にされた。

【答弁】

○山崎昇議員　自衛隊法七六条の防衛出動と自衛権の発動は、どのような関係にあるのか。

○真田秀夫内閣法制局第一部長　「自衛隊法の七十六条には、『〔外部からの武力攻撃のおそれのある場合を含む。〕』とございまして、そういう〔外部からの武力攻撃の〕おそれのある事態のもとにおいて防衛出動することはございますが、しかし、おそれのある事態のもとにおいて行なわれた防衛出動が直ちに自衛権の現実の行使になるというものではございませんで、いわば自衛権を行使するためには、常々申しておりますような厳重な要件があります。その要件に該当して初めておそれのあるという事態のもとで防衛出動し、自衛隊がそういう厳重な要件を備えるという事態に至って、その段階において現実に自衛権を行使する、こういうかっこうになります。」

114　自衛権の発動と武力攻撃の発生

『要旨』　自衛権の発動は、武力攻撃が開始した場合に行われる。

昭四五（一九七〇）・三・一八〔六三回　衆・予算〕

【参照条文】　国連憲章五一　自衛七六Ⅰ・八八

【議論の背景】　自衛隊法七六条の「武力攻撃のおそれのある場合」の意義に関する楢崎弥之助議員の質問に対して、自衛権は武力攻撃発生の場合に発動される旨の政府統一見解が示された。その見解の趣旨をめぐって論議が行われた。

【答弁】

○楢崎弥之助議員　自衛権の発動は、武力攻撃が開始された場合か。

○高辻正巳内閣法制局長官　「武力攻撃が発生した場合というのは、……国際法なり何なりに出ておることでございますから、それを言いかえているだけのことでございます。要するに、……武力攻撃が発生した場合、つまり始まった場合、これをいうので、現実の侵害が発生した後でなければならぬということもないし、武力攻撃のおそれがある場合であるというわけでもない。」

115　自衛権と専守防衛の範囲

『要旨』　個別的自衛権のうち必要最小限度のものと専守防衛は、ほぼ等しい。

昭四六（一九七一）・四・二八〔六五回　衆・内閣〕

【参照条文】　国連憲章五一　自衛三Ｉ

【議論の背景】　専守防衛という考え方が、国連憲章五一条と砂川事件最高裁判決で示された国際法上の自衛権と同じものかどうかが、問題にされた。

【答弁】

○加藤陽三議員　自衛権と専守防衛は、範囲が一致しているか。

○久保卓也防衛庁防衛局長　「国連憲章の五十一条によりますと、個別的自衛権と集団的自衛権があります。日米安保体制の場合に、日本の立場では個別的自衛権であり、アメリカの場合は集団的自衛権であるというふうに説明をされております。したがって、日本については片務条約であるといわれますけれども、アメリカに対して支援するという形はとり得ないということに、憲法上のたてまえからなっておりますので、〔国連〕憲章でいう自衛権のうち集団的自衛権がないことは明白であります。そこで、それでは個別的自衛権の中で専守防衛との関連はどうであるかという問題が出てこようかと思います。……私どもの印象といたしましては、専守防衛という用語が必ずしも国際的ではないかもしれません。あるいは国際法上のことばとしては観念されないかもしれません。しかしながら実体的に申しますと、自衛権の中でも、憲法の解釈が最小限度の範囲内においてというふうになっておりますように、一般でいう自衛権よりもさらに狭く、わが国土の周辺のみを守るという観念を非常に強く打ち出した思想ではなかろうか。それで〔個別的〕自衛権の中でも必要最小限度というのと専守防衛というのとほぼイコールに考えてもよろしいのではないかという感じがいたします。」

116　自衛権の発動と先制攻撃

〖要旨〗　先制攻撃は、侵害未発生段階では自衛権発動の要件を充たさないが、個々の戦闘の段階では充たす場合がある。

昭四八（一九七三）・六・二一〔七一回　衆・内閣〕

【参照条文】　自衛七六Ｉ・八八

【議論の背景】　先制攻撃は違憲だとする立場から、先制攻撃と自衛権発動の要件の関係が問題にされた。

【答弁】

○岡田春夫議員　先制攻撃は違憲ではないか。

○吉国一郎内閣法制局長官　「その先制攻撃という意味でございますが、……まだ日本に対して急迫不正な侵害がないという状態を想定をいたしまして、そこで急迫不正な侵害が起こってきた。この場合に、自衛権の発動の要件にかなう限りは自衛権を発動するわけでございますが、その段階において、いま岡田委員御指摘のような先制攻撃というものは、これはあり得ない。……

ただ、事態が進行いたしまして、個々のこまかい戦闘の段階でそういうこと〔先制攻撃〕は自衛権の発動の三要件に当たり得る場合が、事例によってはあるのではないかというような考えを持っております。」

117　専守防衛の概念

〘要旨〙　専守防衛は、武力攻撃の後に初めて防衛力を行使するなど、憲法の精神による受動的な防衛戦略姿勢である。

昭五六（一九八一）・三・一九〔九四回　参・予算〕

【参照条文】　自衛三Ⅰ

【議論の背景】　同年昭和五六（一九八一）年二月に竹田五郎統幕議長が専守防衛の方針を批判し、首相が遺憾の意を表明した後、専守防衛の概念が問題にされた。

【答弁】

○堀江正夫議員　専守防衛とは何か。

○大村襄治防衛庁長官　「専守防衛とは相手から武力攻撃を受けたときに初めて防衛力を行使し、その防衛力行使の態様も自衛のための必要最小限度にとどめ、また保持する防衛力も自衛のための必要最小限度のものに限るなど、憲法の精神にのっとった受動的な防衛戦略の姿勢をいうものと考えております。これがわが国の防衛の基本的な方針となっているものでございます。

また、政府といたしましては、この専守防衛を基本として防衛力の整備を行うとともに、米国との安全保障体制と相まってこれがわが国の防衛の基本的な方針となっているものでございます。また、政府といたしましては、この専守防衛を基本として防衛力の整備を行うとともに、米国との安全保障体制と相まってわが国の平和と安全を確保し、安保条約と相まって専守防衛をやっていくという基本的な考えを持っていることを、つけ加えさせていただきます。」

118　自衛権の発動と商船隊に対する計画的攻撃

〘要旨〙　商船隊に対する計画的、組織的な意図を持って行われた攻撃があれば、自衛権を発動することがある。

昭五二（一九七七）・一一・一五〔八二回　参・内閣〕

【参照条文】　国連憲章三九　侵略の定義に関する決議三(d)　自衛三Ⅰ

【議論の背景】　外国からの食料、石油、資源の確保と海上輸送力・安全の確保が不可欠だとする立場から、商船隊に対する攻撃が侵略の定義に関する決議三条(d)項の侵略行為と自衛権発動の要件に当たるかどうかが、問題にされた。

【答弁】

○和泉照雄議員　商船隊に対する攻撃は、侵略に当たるか。

○竹岡勝美防衛庁長官官房長　「この〔昭和〕四十九年の十二月の十七日ですか、国連総会で『侵略の定義』というものを……総会で採決、決議したわけなんです……。この侵略の定義そのものは国連憲章の三十九条ですか、すなわち安全保障理事会がいわゆる侵略行為の存在というものを決定する。……。その中に、……第三条の(d)項でございますね、国家の軍隊による他国家の陸、海または空軍もしくは商船隊または航空機隊……に対する攻撃も、一応ガイダンスには侵略という定義をしておるわけです。わが国の場合に、たとえば南方で商船隊がある国家の軍隊から撃沈されたとかいった場合に、われわれはこれは侵略と見て、自衛隊法七十六条で言う外からの武力攻撃があったという解釈でやるかという問題でございますけれども、われわれの外からの武力攻撃、いわゆる直接侵略という解釈は、いわゆる計画的、組織的な意図を持って行われた侵略と、偶発的なものはちょっと入りにくいんではないだろうかということの解釈をしておりますので、恐らくその一船団がたまたまやられたということだけで直ちに――総理大臣の判断あるいは国会の承認を受けて防衛出動が下令になるのですが、その場合に、私の方では自衛権発動のための直接の武力攻撃という解釈をするかどうかは、先ほど言いました組織的、計画的というような意図その他も十分考えて判断されなければならない場合があるんであろう。……直ちに、一概にすぐこれは侵略とは言えない場合もあろうと思います。」

○和泉　計画的な攻撃の場合は、どうか。

○三原朝雄防衛庁長官　「防衛出動とみなされるかどうか、計画的、組織的な行動であるかどうかということの判断が一番問題になるわけでございます。そういう判断が立てば国会の承認を得て防衛出動というようなことがあり得ると思います。しかし、それが判断が困難である、どうもそういうような状態にはないというような場合にとりましては、自衛権の発動と申しますか、警備行動というようなものを総理の承認を得て防衛庁長官が出動を命ずるわけでございますが、そういう二段の構えでやらねばならぬかなといまのお尋ねに対しましては考えるわけでございます。」

119　憲法九条の解釈等

【要旨】　自衛権の発動、武力の行使、自衛権の範囲、集団的自衛権、交戦権に関する政府統一見解が示された。

【参照条文】　自衛七六・八二・八四・八八・九五　警職七

昭六〇（一九八五）・九・二七（一〇二回　衆・本会議録）

【議論の背景】　同年昭和六〇（一九八五）年五月に中曽根康弘首相がアメリカによるＳＤＩ（戦略防衛構想）研究参加要請に理解を示し、七月に防衛費ＧＮＰ比一％枠撤廃の意向を表明した。

【答弁】

○森清議員提出憲法第九条の解釈に関する質問主意書

「一　自衛権発動の三要件について

政府は、憲法第九条のもとにおいて許容される自衛権の発動については、『従来からいわゆる自衛権発動の三要件（わが国に対する急迫不正の侵害があること、この場合に他に適当な手段のないこと及び必要最少限度の実力行使にとどめるべきこと）に該当する場合に限られると解している。』といっているが、この三要件について次の問題をどのように考えるか。

(一)　自衛隊法第七十六条の防衛出動を命ずる場合のみの要件であるか、それとも、防衛出動発令後のすべての武力の行使にもこの三要件が必要であるか。

(二)　後者であるとすれば、どの段階の武力の行使についてこの三要件を判断すべきものであるか。

個々の戦闘員についても適用があるか。そうでなければ、どの程度の指揮官レベルで判断すべきことであるか。

(三)　自衛権の発動について政府は、さらに『外国の武力攻撃によって国民の生命、自由及び幸福追求の権利が根底からくつがえされるという急迫、不正の事態』に対処する場合についてのみ許されると解釈しているが、

(ア)　この国民とは、全体の国民であるか、一部の国民の場合も発動されるか。

(イ)　一部の国民の場合でも発動されるのであれば、在外邦人を救出するための海外派兵が憲法上許されないと解釈しているのは何故か。

(ウ)　多数の国民という意味であれば、どの程度の国民についてこのような事態になれば、自衛権が発動できるのか。

(エ)　防衛出動を命ずるには、『国民の……権利が、根底からくつがえされるという急迫不正の事態』にならなければならないと政府は解釈しているが、敵国の開戦の仕方にもよるが、通常は、このような判定はできないのではないか。わが国が昭和十六年十二月、真珠湾を攻撃した場合と同じ態様の攻撃を受けた場合に、防衛出動を発令することができるか。

例えば、海上自衛隊の基地に碇泊中の自衛艦数隻が爆撃された場合に、直ちに、『国民の……権利が根底からくつがえされるという急迫不正の事態』であると認定で

きるか。

その他、軍事施設の一部が敵機又はミサイルによって攻撃された場合はどうか。

二　自衛隊の武力の行使について

㈠　自衛隊法第八十八条において、防衛出動を命ぜられた自衛隊は、『必要な武力』を行使することができるが、この武力の行使は、当然に武器の使用が中心である。

ところが、自衛隊のこの武力の行使、武器の使用には、政府の解釈によれば、憲法上自衛権発動の三要件に該当する場合でなければならないと思われるが、そうであれば、この三要件は、個人の場合の正当防衛と同じく、『急迫不正』の侵害がなければならない。

警職法においては、正当防衛の場合はもとより、緊急避難に該当する場合及び同法第七条各号に該当する場合に他人に危害を加える武器の使用が認められている。従って、防衛出動の場合の武器の使用は、警職法の場合に比し、より限定されていると考えてよいか。

㈡　自衛隊法第八十二条、第八十四条、第九十五条の規定は、同法第七十六条の規定による防衛出動を命ぜられた自衛隊にも適用があるか。

三　自衛権の及ぶ範囲について

政府は、自衛権に基づき、自衛隊の行動できる範囲は、我が国の領土、領海、領空並びに、公海及び公空に限り、我が国に対し武力を行使している国といえどもその国の領土、領海、領空では行動できないと解釈しているが、そのとおりであるか。

そうであれば、隣接したその国とは、事実上空戦などはできない場合があるが、それでよいか。

四　集団的自衛権の行使について

政府は、集団的自衛権はあるが、その行使は、『憲法の容認する自衛の措置の限界をこえるものであって許されない』と解釈しているが、現在の国際法の下においては、自衛権に基づくものでなければ、いかなる国も一切武力を用いることが禁止され、個別的自衛権及び集団的自衛権の行使のみが認められている。

そこで、我が国が集団的自衛権の行使が憲法上認められないのは、憲法第九条第一項によって戦争を放棄したからであるか。第二項で『陸海空軍その他の戦力』の保持を禁止したからであるか。或は、『交戦権』が認められないからか、何れであるかその根拠を明らかにされたい。

五　自衛隊と交戦権

㈠　政府は、自衛隊に、交戦権がないこと、自衛隊法によって任務が制限されていることから、諸外国の軍隊とは異なり、国際法上軍隊あるいは軍艦に適用される法規も、すべて適用になるのではなく、適用される場合もあると解釈している。そうであるならば、自衛隊員特に各級指揮官は、この戦時国際公法のうち適用にならないものを明確に知っておかなければならない。そこで、戦時国際公法で我が国に適用にならない条項を具体的に明示されたい。

(二)　自衛隊員が敵兵を殺傷し、捕虜となった場合、交戦権があれば国際法上の捕虜として待遇が与えられるが、交戦権のないものについては、この国際法の保障がなく、敵国の国内法規に従って処断されると思うが如何。

政府は、我が国の自衛権に基づく行為であるから、交戦権がなくとも、一定の場合敵兵を殺傷することができると解釈しているが、この解釈では、我が国の国内法上正当化されるだけであって外国には通用しない。外国に通用するのは、国際法のみである。この敵兵を殺傷することが違法でないという国際法上の交戦権を我が国が自ら否認しているのであるから、我が国から国際法上の捕虜の取り扱いを要求する権利はないこととなると思うが如何。」

○答弁書（昭和六〇年（一九八七）九月二七日提出）

「一について

(一)　憲法第九条の下において認められる自衛権の発動としての武力の行使については、政府は、従来から、

①　我が国に対する急迫不正の侵害があること

②　これを排除するために他の適当な手段がないこと

③　必要最小限度の実力行使にとどまるべきこと

という三要件に該当する場合に限られると解しており、これらの三要件に該当するか否かの判断は、政府が行うことになると考えている。

なお、自衛隊法（昭和二十九年法律第百六十五号）第七十六条の規定に基づく防衛出動は、内閣総理大臣が、外部からの武力攻撃（外部からの武力攻撃のおそれのある場合を含む。）に際して、我が国を防衛するため必要があると認める場合に命ずるものであり、その要件は、自衛権発動の三要件と同じものではない。

(二)　自衛権発動の要件は、(一)において述べたとおりであり、政府はそれ以外の要件を考えているわけではない。

なお、現実の事態において我が国に対する急迫不正の侵害が発生したか否かは、その時の国際情勢、相手国の明示された意図、攻撃の手段、態様等々により判断されるものであり、限られた与件のみ仮設して論ずべきではないと考える。

二について

(一)　我が国防衛のためになされる自衛隊の武力の行使と、警察官が個人の生命、身体及び財産の保護、犯罪の予防、公安の維持等の職権職務を遂行するために必要な手段を定め

ることを目的とする警察官職務執行法（昭和二十三年法律第百三十六号）第七条に規定する警察官の武器の使用とは、趣旨を異にするものであり、それらの要件を比較することは適当ではない。

いずれにせよ、防衛出動を命ぜられた自衛隊は、自衛隊法第八十八条の規定に基づき、我が国を防衛するため必要な武力を行使することができ、その任務遂行に支障は生じないものと考えられる。

(二)　自衛隊法第八十二条、第八十四条又は第九十五条の規定に基づく行動等は、同法第七十六条に規定する防衛出動とは要件、対象、目的等を異にし、同条の規定に基づき出動を命ぜられた自衛隊が同法第八十二条、第八十四条又は第九十五条の規定に基づき行動等をすることもあり得る。

三について

我が国が自衛権の行使として我が国を防衛するため必要最小限度の実力を行使することのできる地理的範囲は、必ずしも我が国の領土、領海、領空に限られるものではなく、公海及び公空にも及び得るが、武力行使の目的をもって自衛隊を他国の領土、領海、領空に派遣することは、一般に自衛のための必要最小限度を超えるものであって、憲法上許されないと考えている。

仮に、他国の領域における武力行動で、自衛権発動の三要件に該当するものがあるとすれば、憲法上の理論としては、そのような行動をとることが許されないわけではないと考える。この趣旨は、昭和三十一年二月二十九日の衆議院内閣委員会で示された政府の統一見解によって既に明らかにされているところである（昭和四十四年四月八日内閣衆質六一第二号答弁書参照）。

四について

国際法上、国家は、集団的自衛権、すなわち、自国と密接な関係にある外国に対する武力攻撃を、自国が直接攻撃されていないにもかかわらず、実力をもって阻止する権利を有しているものとされている。

我が国が、国際法上、このような集団的自衛権を有していることは、主権国家である以上、当然であるが、憲法第九条の下において許容されている自衛権の行使は、我が国を防衛するため必要最小限度の範囲にとどまるべきものであると解しており、集団的自衛権を行使することは、その範囲を超えるものであって、憲法上許されないと考えている。

五について

(一)　憲法第九条第二項の『交戦権』とは、戦いを交える権利という意味ではなく、交戦国が国際法上有する種々の権利の総称であって、このような意味の交戦権が否認されていると解している。

他方、我が国は、国際法上自衛権を有しており、我が国を防衛するため必要最小限度の実力を行使することが当然に認められているのであって、その行使として相手国兵力の殺傷及び破壊等を行うことは、交戦権の行使として相手国兵力の殺傷及び破壊等を行うこととは別の観念のものである。実際上、我が国の自衛権の行使としての実力の行使の態様がいかなるものになるかについては、具体的な状況に応じて異なると考えられるから、一概に述べることは困難であるが、例えば、相手国の領土の占領、そこにおける占領行政などは、自衛のための必要最小限度を超えるものと考えられるので、認められない。

㈡　捕虜を含む戦争犠牲者の保護等人道にかかわる国際法規は、今日の国際法下において、武力紛争の性格いかんにかかわらず、当然適用されるものと解されている。」

120　自衛権と外国・公海上の日本人の生命等の保護

【要旨】　自衛権発動の三要件を充足しなければ、外国・公海上の日本人の生命等の保護のために、武力行使はできない。

平三（一九九一）・三・一三（一二〇回　衆・安全保障特別）

【参照条文】　自衛三Ⅰ

【議論の背景】　前年平成二（一九九〇）年八月にイラク軍がクウェートに侵攻し、平成三年一月から二月にかけて湾岸戦争が行われた。この過程のなかで、外国・公海上の日本人の生命等の保護が問題になった。

【答弁】

○冬柴鉄三議員　外国・公海上の日本人の生命等の保護のために、自衛権を発動できるか。

○小松一郎外務省条約局法規課長　「これは従来から繰り返し外務省の方から御答弁申し上げているところでございますが、まず外国人の保護という観点の御質問につきましては、自国領域内におります外国人を保護するということは所在地国の国際法上の義務でございます。しかし、その所在地国が外国人に対する侵害を排除する意思または能力を持たず、かつ当該外国人の身体、生命に対する重大かつ急迫な侵害があり、ほかに救済の手段がない場合には、当該外国人を保護、救出するためにその本国が必要最小限度の武力を行使することも、国際法上の議論に限って申し上げれば自衛権の行使として認められる場合がございます。しかしその際にも、自国民に対する侵害が所在地国の領土、主権の侵害をも正当化し得るほどの真に重大な場合に限られ、また自国民の保護、救出の目的に沿った必要最小限度の武力行使でなければならない、これが従来申し上げているところでございます。

次に、公海上での自国船への攻撃に対する保護、こういう点でございますが、これも国際法の問題に限ってお答え申し上げますが、公海上における自国の公私の船舶、航空機が攻撃を受けた場合、国際法上の問題としまして、原則として自国は個別的自衛権の行使としてその攻撃を排除し得る立場にある、こういうことでございます。」

○大森政輔内閣法制局第一部長　「ただいま外務省の方から一般的な国際法上の観点からの答弁があったわけでございますが、私どもの方は、憲法九条の観点から見た場合に、自衛隊がお尋ねのような事柄を行うことができるのかできないのかということについてお答えいたしたいと思います。

先ほど防衛庁の方から答弁がございましたように、憲法上武力の行使が許されるのはいわゆる自衛権発動の三要件というものが必要であるということでございまして、重複で恐縮でございますが、我が国に対する急迫不正の侵害があること、これが第一要件、そしてこの場合にこれを排除するため他に適当な手段がないというのが第二要件、そして第三要件として、必要な最小限度の実力行使にとどまるべきであるというふうに述べてきているわけでございます。したがいまして、これら三つの要件を充足しない限りは自衛権を発動、すなわち武力を行使することは憲法上認められないということでございます。

そこで、お尋ねの場合、すなわち外国において日本人の生命、身体、財産または日本政府の機関が危殆に瀕しているという場合に、ただいま申し上げました三つの要件を果たして満たすのであろうか、特に第一要件である我が国に対する急迫不正の侵害があることという要件を満たすのであろうかということを考えてみますと、これも断定的なお答えをすることができない場合ではあろうと思いますが、一般的には直ちにこれら〔自衛権発動〕の要件に該当するとは考えられないのではなかろうか、したがって該当しない限りは自衛隊を外国に派遣するということは憲法上認められないという結論になるということでございます。

もう一つは、公海上においてということになりますと、日本の船舶あるいは外国の船舶に乗っている日本の国民が危害を加えられる事態に瀕している場合はどうか、こういうことになるわけでございますが、その場合におきましても、この三要件のうちの第一要件を満たしているかどうかということとの関係におきましては、やはり〔公海上においても〕ただいま申し上げたのと同じ問題ではなかろうかというふうに一般的には考えております。」

121　国際法上の侵略の定義

【要旨】　国際法上、領土等の侵犯、軍隊・民間の航空機等に対する組織的攻撃は、侵略として自衛権発動の対象になる。

平五（一九九三）・六・一〇〔一二六回　参・内閣〕

【参照条文】　国連憲章三九　侵略の定義に関する決議　自衛七六

【議論の背景】　邦人救出のための自衛隊機派遣を目的とした自衛隊法改正案の審議のなかで、派遣された自衛隊機が攻撃を受けた場合の法的問題が論じられた。

【答弁】

○丹波実外務省条約局長　「一九七四年の国連総会で採択されたいわゆる侵略の定義という文書、ドキュメントができ上がったわけですが、これにいたしましても、これは侵略の定義というものを国際法上決めたというよりは、むしろ国連憲章第三十九条に規定する侵略行為とは何かということを安保理事会が決定する上での一つのガイドラインとして作成されたものであるということは、先生御承知のとおりであると思うんです。

それはそれといたしまして、……自衛権の発動の対象となる事態とはどういう事態かというふうに問題を引き直してお答えさせていただきますと、まず御承知のとおり、典型的なケースとしては一国の領土、領空、領海というものが他国の実力によって侵犯されるというのが典型的なケースであろうかと思います。

しかしながら、……一国の領土、領海、領空というものが侵犯されるときだけではございませんので、この場合、例えば日本と仮定いたしました場合に、日本の自衛隊の陸海空といったものの艦船、航空機というものが組織的、計画的に攻撃されるということも自衛権の発動の対象にはなりますし、それに加えて何も自衛隊の航空機、船舶のみならず一般の日本の民間のそういう航空機、船舶というものが組織的、計画的に攻撃される場合も、場所のいかんを問わずそれは観念的には国際法上自衛権の発動の対象にはなる。

しかしながら、自衛隊として自衛隊法上どう行動するかと申しますのは、これは七十六条、『必要があると認める場合には』という言葉にございますとおり、そこは、どういう場合にその防衛出動をするかしないかというのは〔自衛権の発動とは〕別途の判断がある。」

(4)　自衛権行使の地理的範囲

a　地理的範囲一般

122　自衛権の行使と敵基地の攻撃

【要旨】　急迫不正の侵害に対し、他に手段がなければ、敵基地を攻撃することは、自衛の範囲に含まれる。

昭三一（一九五六）・二・二九〔二四回　衆・内閣〕

【参照条文】　自衛三Ⅰ

【議論の背景】　第二二回特別国会（昭和三〇〔一九五五〕年三〜七月）における鳩山一郎首相の答弁と、当時の船田中防衛庁長官の答弁のあいだの食い違いが問題になり、食い違いはないとする政府見解が示された。

【答弁】

○船田中防衛庁長官　「石橋委員の御質問に対しまして、十分総理大臣と話し合いをいたしまして、政府を代表して総理大臣から答弁申し上げることでございますが、……その答弁の要旨をここに私から申し上げます。

わが国に対して急迫不正の侵害が行われ、その侵害の手段としてわが国土に対し、誘導弾等による攻撃が行われた場合、座して自滅を待つべしというのが憲法の趣旨とするところだというふうには、どうしても考えられないと思うのです。そういう場合には、そのような攻撃を防ぐのに万やむを得ない必要最小限度の措置をとること、たとえば誘導弾等による攻撃を防御するのに、他に手段がないと認められる限り、誘導弾等の基地をたたくことは、法理的には自衛の範囲に含まれ、可能であるというべきものと思います。昨年私が答弁したのは、普通の場合、つまり他に防御の手段があるにもかかわらず、侵略国の領域内の基地をたたくことが防御上便宜であるというだけの場合を予想し、そういう場合に安易にその基地を攻撃するのは、自衛の範囲には入らないだろうという趣旨で申したのであります。この点防衛庁長官と答弁に食い違いはないものと思います。

以上が政府を代表して、総理大臣からの本問題についての答弁でございます。」

123　自衛権の行使と日本の領域

【要旨】　自衛権の行使は必要な限度内で公海、公空に及ぶが、他国に攻撃を加えることはできない。

昭三九（一九六四）・三・九〔四六回　参・予算〕

【参照条文】 自衛三I

【議論の背景】 質問者は、自衛権の行使が公海、公空に及ぶことによって、大陸間弾道弾の発進地をたたくなど、自衛行動の範囲が全世界に広がることを懸念している。

【答弁】

○米田勲議員 自衛権行使の地理的範囲を説明してもらいたい。

○林修三内閣法制局長官 「いわゆる急迫不正なる侵害に対して、自衛のための措置をとるということでございますから、おのずからそこに限界があることは明らかでございます。それで、ただ、その範囲につきまして、いわゆる領空、領海、領土というものに限定されるかどうかということになりますと、これは必ずしも私は、そういう領土というのは大体領海三海里を普通日本ではとっておりますが、そういう三海里の範囲に限定されるものではないと思います。やはり武力攻撃を排除するのに必要な限界、それに密接に隣接する水域あるいは空域については、おのずから多少の……ズレはあると思います。しかしたとえば他国に先制的な攻撃を加えるとか、単に他国の根拠地をたたいたほうが便利であるというようなことでやることはできないと、かように考えております。」

124 自衛権の行使と公海、公空の範囲

『要旨』 自衛権の行使は、日本の領域だけではなく、必要な限度内の公海、公空に及ぶ。

昭四四（一九六九）・一二・二（六二回 参・本会議録）

【参照条文】 自衛三I

【議論の背景】 質問者によれば、有田防衛庁長官が、公海、公空における外国からの攻撃に対する自衛隊による排撃を、同年一一月に「朝雲」紙で主張したとして、昭和四四（一九六九）年一〇月に国会でそれにかかわる質問が出された。

【答弁】

○春日正一議員提出日米共同声明と安保・沖縄問題に関する質問主意書

「(1) いったい自衛隊が公海、公空まで出動できるとする根拠は何か。

(2) また、その際の公海、公空の範囲はどこに限度があるのか。」

○答弁書（昭和四四年（一九六九）一二月二九日提出）

「(1) 自衛隊法上、自衛隊は、侵略に対して、わが国を防衛することを任務としており、わが国に対し外部からの武力攻撃

がある場合には、わが国の防衛に必要な限度において、わが国の領土・領海・領空においてばかりでなく、周辺の公海・公空においてこれに対処することがあっても、このことは、自衛権の限度をこえるものではなく、憲法の禁止するところとは考えられない。

(2)　自衛隊が外部からの武力攻撃に対処するため行動することができる公海・公空の範囲は、外部からの武力攻撃の態様に応ずるものであり、一概にはいえないが、自衛権の行使に必要な限度内での公海・公空に及ぶことができるものと解している。」

125　日本人の生命等の保護のための自衛官の派遣

【要旨】　日本人の生命等の保護のため、当該他国の要請があり、平和的処理であれば、自衛官の派遣は可能である。

昭四五（一九七〇）・三・三〔六三回　参・予算〕

【参照条文】　自衛三Ⅰ

【議論の背景】　佐藤栄作首相が、朝鮮有事の場合の在日米軍の出動に対して、事前協議には前向きに臨みたいとの意向を表明した。それとのかかわりで、韓国政府から邦人保護の依頼があった場合の対応が問題になった。

【答弁】

○亀田得治議員　他国の領土内にいる日本人の生命等を保護するため、当該他国から要請がある場合、自衛官を派遣することができるか。

○高辻正巳内閣法制局長官　「これはつまり海外における国民の安全保護のために自衛権というものが発動できるかどうかというきわめて重大な問題だと思います。……通常は他国の領土を侵すことになりますからこれはできませんが、いま御質問の中ではその点はちゃんとはずして向こうの要請があった場合にできるかどうかということのようでございます。で、これは一般的に国際法上そういうことが認められているかどうかということも一つの問題でございますが、これはやはりそれができるという解釈には必ずしもなっていないようでありますし、いわんや日本の国には平和憲法もあることでありますし、自衛隊法もそれを認めていないことは当然のことであろうと思います。私は憲法上そういうことはやはり許されないものではないかというふうに考えます。」

○亀田　武力行使目的でなく、生命等保護の目的の場合には、派遣できるのではないか。

○高辻　「私は、保護の任務という場合に、単なる監視といいますか、そういうものであればともかくとして、武力の行使をいざという場合にはやるんだということになるのかならないのか、その辺が最初の御質問ではわからなかったわけでありますが、かりに監視をしてそこにとどまってもっぱら平和的な処理だけをはかるというのであれば、これは話は別だと思います。憲法九条は武力の行使についての禁止規定でありますので、政策上の問題は別として、そういう禁止にわたらなければ、これはむろん話は別だと思います。」

126　自衛権の場合の追跡権の地理的範囲

『要旨』　自衛権を発動する場合の追跡権は、公海・公空に及ぶが、外国の領域までは及ばない。

【参照条文】　自衛三I

昭五〇（一九七五）・一二・九　〔七六回　衆・内閣〕

【議論の背景】　自衛隊は安保条約五条と自衛隊法七六条により日本の防衛を、米軍は安保条約六条により極東の平和と安全を目的として行動することになっているが、その目的の違いにかかわって、追跡権の地理的範囲が問題になった。

【答弁】

○鈴切康雄議員　自衛権の行使は、領域と公海、公空に及ぶが、他国の領域には及ばないか。

○丸山昂防衛庁防衛局長　「そのとおりでございます。」

○鈴切　日米の追跡権の範囲はどうか。

○松永信雄外務省条約局長　「一般的には追跡権という概念は国際法上あるわけでございますけれども、領海、領域の中において違法行為があったという場合に、その取り締まりの観点から公海に追跡していって取り締まり管轄権を及ぼすことができるというのが、基本的な概念であると了解しております。

そこで、いまの御質問は、自衛権の発動される場合の追跡権の限界というものがどこにあるかということでございますけれども、これは一般論として自衛権という観点から物事を考えますと、御承知のごとく、侵略という行動があり、その侵略を排除するためにとられる行動が自衛権の発動としてあるわけでございます。その場合に、その行動の範囲というものは、その侵略を排除するために必要な限度ということがおのずから限界になってくるというふうに了解しているわけでございます。」

○鈴切　相手方の国まで追跡権が及ぶか。

○松永　「国際法上の自衛権という観点から申しますならば、仮に、発生しました侵略を排除するために、外国の領域にまで行動が及ばなければその侵略を排除できないという場合には、その外国の領域に行動が及ぶことは許容されるというのが自衛権の本質であろうと思います。しかしながら、わが国の場合について具体的にこれを考えてみますると、先ほど防衛局長が答弁されましたように、自衛隊が外国の領域に行って行動することはないという基本方針があるわけでございます。したがって、わが国についての一つの特殊な事態というものがそこにあると思います。したがって、一般国際法上の自衛権の限界という観点から見ますと、外国の領域に及ぶことはあり得るわけでございますけれども、わが国の自衛隊の場合にはその行動が外国の領域に及ぶことはないというふうに、私どもは了解しているわけでございます。」

○角田礼次郎内閣法制局第一部長　「わが国の憲法は特殊な憲法でございますから、その限りにおいて、通常海外派兵ができないとかいう言葉で申し上げているように、自衛隊が外国の領域まで出かけていくことはできないということになるわけです。

ただ、これも補足して申し上げますが、例の敵基地攻撃と自衛権の行使の範囲という有名な〔昭和〕三十一年二月の衆議院内閣委員会における政府の見解というものはございますけれども、それを抜きにして考えれば、自衛隊が敵の基地まで攻撃することはあり得ないということになるわけでございます。」

b　海外出動

127　自衛隊の海外出動を為さざることに関する決議

『要旨』　自衛隊の創設に際し、憲法と国民の平和精神に照らし、自衛隊の海外出動は行わないことを確認する。

昭二九（一九五四）・六・二〔一九回　参・本会議〕

【参照条文】　自衛三Ⅰ

【議論の背景】　自衛隊法と防衛庁設置法の可決に当たって、それらは再軍備への一歩であり、野党側から違憲論や海外派兵の懸念などが出されていた。

【答弁】

○鶴見祐輔議員　「私は、只今議題となった自衛隊の海外出動を為さざることに関する決議案について、その趣旨説明をいたさんとするものであります。

先ず決議案文を朗読いたします。

自衛隊の海外出動を為さざることに関する決議

本院は、自衛隊の創設に際し、現行憲法の条章と、わが国民の熾烈なる平和愛好精神に照らし、海外出動はこれを行わないことを、茲に更めて確認する。

右決議する。（拍手）

この趣旨は、すでに三月八日、日米相互防衛協定調印の際、岡崎外務大臣とアリソン米国大使との挨拶のうちに述べられていることでありますが、我々は国民の名において、本院により改めてこれを確認せんと欲するものであります。

只今本院を通過成立をいたしました防衛二法案は、委員長の報告によりましても、誠に重要なる内容を有するものであります。先般成立いたしましたMSA協定と相待って、戦後日本に新らしき方向転換を示唆するがごとき要素を含んでおるのであります。自衛隊法により生まれんとする三部隊、殊に陸上自衛隊は、その名称の如何に呼ばれましょうとも、その数量と装備、武器に至っては、満州事件前の我が国の陸軍に次第に近似するがごとき実力を備えんといたしております。又、その任務については、同法第三条におきまして、『直接侵略及び間接侵略に対しわが国を防衛す』となし、その方法としては、第八十八条におきまして、『必要な武力を行使する』と明記してあります。而もこの自衛隊の数量は、米国駐留軍の漸減に応じ漸増せんとするのでありますから、戦力という文字の解釈如何にかかわらず、常識的用語としての軍隊の内容に近づきつつあることは、否みがたいのであります。故に今日の程度においても、すでに憲法第九条の明文に違反するとの議論が生じております。いわんやこれが更に数量的に増加せられ、又その使用の範囲が拡大せられるといたしますならば、我が国が再び、戦前のごとき武装国家となる危険すら全然ないとは申せないのであります。故に自衛隊出発の初めに当り、その内容と使途を慎重に検討して、我々が過去において犯したるごとき過ちを繰返さないようにすることは国民に対し、我々の担う厳粛な義務であると思うのであります。

その第一は、自衛隊を飽くまでも厳重なる憲法の枠の中に置くことであります。即ち世界に特異なる憲法を有する日本の自衛権は、世界の他の国々と異なる自衛力しか持てないということであります。

その第二は、すべての法律と制度とは、その基礎をなす国民思想と国民感情によって支えられて初めて有効であります。そして今日の日本国民感情の特色は、熾烈なる平和愛好精神であります。従来好戦国民として世界から非難をこうむっておる日本国民は、今や世界においても稀なる平和愛好国民となっておるのであります。それは日本国民が、最近九年間に実に深刻な経験をいたしたからであります。その一つは敗戦であります。これがどのように日本国民の思想に影響を与えたかは申述べる必要はありません。この悲痛な幻滅が戦争に対する日本国民の考え方を激変させたのであります。併し、日本の国民思想に深刻な影響を与えたいま一つの事実は、戦争後における勝利者と敗北者との関係であります。敗戦後の日本国民は、深い反省をいたしました。そうして謙虚な気持で新らしい出発をしようと思っていた。併し我々の期待を裏切るような出来事が国の中においても、海の外においても起ったのであります。我々が戦前に抱いたと同じような考えが、再び世界に抬頭せんとすることを我々は眺めたのであります。そして我々は無条件にそういう道ずれにはなりたくないと思うようになったのであります。この二つの深刻な幻滅の結果として、日本民族の尊き体験として学びとりましたことは、戦争は何ものをも解決しないということであります。（「そうだ」と呼ぶ者あり、拍手）殊に原爆と水爆との時代において、戦争は時代錯誤であるということであります。（「そうだ、その通り」と呼ぶ者あり、拍手）この惨禍をこうむった唯一の国民として、日本はこれを世界に向って高唱する資格を持っておるのであります。然るに戦後九年にして、世界は再び大戦争の危険にさらされんとしておる。殊に東洋においてその危険が横わっておるのであります。そのときに日本に、自衛隊が誕生したのであります。故に我々はこの自衛隊の意義を明白に規正しておくことが特に必要であると思うのであります。思うに自衛隊は現在の世界情勢に対応するための一時的な応急手段であります。若し国際情勢が今日のごとく二大陣営に分れて緊迫していなかったならば、この程度の自衛隊をも必要としなかった筈であります。七年前我々は、平和を愛好する諸国民の公正と信義に信頼して、みずから進んで戦争を放棄したのであります。故に今日創設せられんとする自衛隊は、飽くまでも日本の国内秩序を守るためのものであって、日本の平和を守ることによって東洋の平和維持に貢献し、かくしてより高度なる人類的大社会的組織の完成を期待しつつ一つの過渡的役割を果さんとするものであります。それは決して国際戦争に使用されるべき性質のものではありません。この日本国民の平和に対する希求は外国の指導に原因するものでもなく、又一時の流行でもありません。あの戦後の深刻なる幻滅に刺激せられて、国民の中に起った一つの精神革命の結果であります。この九年間に我々は過去の国家至上主義の思想から解放されて、人間尊重の考え方に転向したのであります。殊にそれは若き世代と婦人との間に力強く成熟しつつある思想であります。この個人を尊ぶという考え方は、民主主義の基底であり、それは世界平和の思想に連なるものであり、この国民感情が憲法第九条の明文と相待って、自衛隊の行動を制約すると思うのであります。然るにこの自衛隊という文字の解釈について、政府の答弁は区区であって、必ずしも一致しておりません。この間、果して思想の統一があるか、疑いなきを得ないのであります。その最も顕著なるものは、海外出動可否の点であります。何ものが自衛戦争であり、何ものが侵略戦争であったかということは、結局水掛論であって、歴史上判明いたしません。故に我が国のごとき憲法を有する国におきましては、これを厳格に具体的に一定しておく必要が痛切であると思うのであります。自衛とは、我が国が不当に侵略された場合に行う正当防衛行為であって、それは我が国土を守るという具体的な場合に限るべきものであります。幸い我が国は島国でありますから、国土の意味は、誠に明瞭であります。故に我が国の場合には、自衛とは海外に出動しないということでなければなりません。如何なる場合においても、一度この限界を越えると、際限もなく遠い外国に出動することになることは、先般の太平洋戦争の経験で明白であります。それは窮屈であっても、不便であっても、憲法第九条の存する限り、この制限を破ってはならないのであります。外国においては、過去の日本の影像が深く滲み込んでいるために、今日の日本の戦闘力を過大評価して、これを恐るる向きもあり、又反対に、これを利用せんとする向きも絶無であるとは申せないと思うのであります。さような場合に、条約並びに憲法の明文が拡張解釈されることは、誠に危険なことであります。故にその危険を一掃する上からいっても、海外に出動せずということを、国民の総意として表明しておくことは、日本国民を守り、日本の民主主義を守るゆえんであると思うのであります。

何とぞ満場の御賛同によって、本決議案の可決せられんことを願う次第であります。（拍手）」

○木村篤太郎保安庁長官　「只今の本院の決議に対しまして、一言、政府の所言を申上げます。

申すまでもなく自衛隊は、我が国の平和と独立を守り、国の安全を保つため、直接並びに間接の侵略に対して我が国を防衛することを任務とするものでありまして、海外派遣というような目的は持っていないのであります。従いまして、只今の決議の趣旨は、十分これを尊重する所存であります。」

128　自衛権発動の要件と海外派兵

【要旨】　自衛権発動の三要件に該当すれば、海外における武力行動は許されないわけではない。

昭四四（一九六九）・四・一〇〔六一回　衆・本会議録〕

【参照条文】　自衛三Ⅰ

【議論の背景】　憲法の下で個別的自衛権のみが認められるとする政府の基本的な見解において、自衛権発動に三要件が課されてきた。そこで、海外派兵の禁止が自衛権発動の三要件から独立した制約かどうかが問題になった。

【答弁】

○松本善明議員提出安保条約と防衛問題等に関する質問主意書

「三1　三月十日の参議院予算委員会で高辻法制局長官は、海外派兵と憲法の関係について『（海外派兵を）自衛権の限界をこえた海外における武力行動という定義を下すことになれば、自衛権の限界を越えないものはよろしい』『要するにそれが自衛権発動の三要件に該当する場合であるかないかだけにかかる問題であろう』と答えている。

これは自衛権発動の三要件に該当する場合には海外における武力行動も合憲であるということか。」

○答弁書（昭和四四年（一九六九）四月八日提出）

「三1　政府は、従来、わが国には固有の自衛権があり、その限界内で自衛行動をとることは憲法上許されるとの見解のもとに、いわゆる『海外派兵』は、自衛権の限界をこえるが故に、憲法上許されないとの立場を堅持しており、御指摘の、三月一〇日の参議院予算委員会における高辻内閣法制局長官の答弁は、重ねてこのような見解を明らかにしたものである。

　かりに、海外における武力行動で、自衛権発動の三要件（わが国に対する急迫不正な侵害があること、この場合に他に適当な手段がないこと及び必要最少限度の実力行使にとどまるべきこと）に該当するものがあるとすれば、憲法上の理論としては、そのような行動をとることが許されないわけではないと考える。この趣旨は、昭和三一年二月二九日の衆議院内閣委員会で示された政府の統一見解によってすでに明らかにされているところである。」

129　海外派兵と情報収集目的等の自衛官の海外駐在

〔要旨〕　自衛官が情報収集等の目的で海外に駐在することは、海外派兵に当たらず、憲法上可能である。

昭四八（一九七三）・四・一二〔七一回　衆・内閣〕

【参照条文】　自衛三Ⅰ

【議論の背景】　大公使の指揮下にあって自衛官の身分が残っている場合と、自衛官として駐在している場合の両者について、海外派兵の禁止との関係が問題になった。

【答弁】

○受田新吉議員　自衛官の海外駐在は海外派兵に当たるか。

○久保卓也防衛庁防衛局長　「自衛官が海外に大公使館でなくて勤務している例がアメリカにありますけれども、これは通常の物資、兵器などの調達関係で行っておるわけで、憲法上の解釈としましては、武力行使のために外国に派遣されるのが海外派兵であるという解釈でありますから、そういったものは、当然いわゆる海外派兵のうちには入っておりません。」

○受田　情報収集等の目的の場合は、どうか。

○久保　「現在でも自衛官という身分を持っております。外務省と兼務でありますので、したがって当然憲法違反にはなりません。海外派兵という範疇には入りません。」

130　海外派兵の禁止と武力行使目的

〔要旨〕　武力行使目的で外国の領土に入る海外派兵は憲法上で

きないが、平和目的で海外におもむくことは許される。

昭四八（一九七三）・九・一九〔七一回　衆・決算〕

【参照条文】　自衛三Ⅰ

【議論の背景】　質問者は、韓国から国連軍を名乗るアメリカ軍が撤退した後、日本の自衛隊がその穴埋めをすることが、アメリカから要請される可能性があると指摘し、自衛権と海外派兵の関係を問題にした。

【答弁】

○稲葉誠一議員　海外派兵は憲法上禁止されているか。

○吉国一郎内閣法制局長官　「海外派兵ということばはもともと法律用語ではございませんので、いろいろ国会で御議論がございまして、大体の概念が国会における社会通念として固まったものであろうと思います。

便宜その議論を詰めまして定義をいたしますと、〔海外派兵とは〕何らかの武力行使を行なう目的をもって外国の領土、これは領域と申したほうが正確かもしれませんが、領土、領海に入ることというのが大かたのいままでの概念であろうと思います。どうしてこういうような海外派兵が憲法上禁じられているかという議論になるということでございますが、もちろん憲法に海外派兵をしてはならないというような明文があるわけではございません。

政府は、従来憲法第九条第一項の戦争放棄の規定にもかかわらず、わが国には固有の自衛権があって、その固有の自衛権の限界の中では自衛のための行動をとることは許されておるという解釈をいたしておりますが、いわゆる……海外派兵は、この自衛権の限界を越えるから憲法上はできないと解すべきであるということでございます。したがいまして、海外派兵の問題は自衛権の限界との関連において従来とも論じられておるところでございまして、海外派兵が憲法上どの条文によって禁じられているということになるかと申せば、第九条第一項の解釈と申しますか、第九条第一項の精神に従って憲法を考えれば、海外派兵のようなことは自衛の限度を越えて憲法上禁じられておるというのが政府の従来の考え方でございます。」

○稲葉　韓国にある国連軍に自衛隊は参加できるか。国連軍の撤退後に、自衛隊は韓国に行くことができるか。

○吉国　「第一の御設問でございますが、韓国にある国連軍、現在わが国は国連軍協定というもので、国連軍、韓国にある国連軍にある範囲において協力をいたすことになっておりますが、その問題ではなしに、韓国にある国連軍にわが国の自衛隊が部隊として参加するということ……はもちろん憲法上できないことでございます。

また第二に、国連軍が撤退したあとに自衛隊が何らかの目的で韓国におもむくことは憲法上どうかということでございます。この場合も、自衛隊が部隊としていわば武力行使をする目的で韓国に参ることは、……海外派兵は憲法上禁じられていると同じ理論によりましてとうていできないことでございます。ただ、自衛隊でございましても、……自衛隊が、武力行使などということは全然必要もないし、またそういうことをするようなことも予想されないような状態におきまして、平和目的に限られた目的の範囲内で行動する場合に限っては、海外におもむくことも場合によっては憲法上は許されることである……。したがいまして、韓国におもむくことが憲法上可能であるかどうかということは、その目的なり態様なりによって変わることでございまして、一がいに申せません。ただ、部隊として武力行使を目的として韓国におもむくことは、憲法上とうてい許されることではございません。」

131　海外派兵と軍用輸送機による邦人救出

〔要旨〕　海外邦人救出のために、当該国の承諾を得て、武力行使なしに、自衛隊を派遣することは、憲法上可能である。

昭五五（一九八〇）・一〇・二八〔九三回　衆・内閣〕

【参照条文】　自衛三Ⅰ

【議論の背景】　稲葉誠一議員の質問主意書に対する答弁書（本書103番）が同日に出され、そのなかで武力行使目的の有無によって海外派兵と海外派遣を区別する見解が示された。それとの関係で、軍用機による邦人救出の場合の評価が問題になった。

【答弁】

○味村治内閣法制局第一部長　「わが国の憲法は自衛のため必要な最小限度の武力の行使ということは認めるというふうに考えているわけでございます。しかしながら、海外におきまして邦人が何かの難に遭うというような場合は自衛権の発動の要件はございません。したがいまして、そういった場合に他国の領土に武力を行使する目的でもって部隊を派遣するということは憲法上できないというふうに承知しております。しかしながら、そういうように武力を行使する目的ではございませんで、単に、先ほどおっしゃいましたけれども、日航機が行くかわりといたしまして、たとえばある空港に集まっております邦人を救出いたします。それにはもちろんその国の承諾が国際法上は必要でございますが、そういう承諾を得ました上で単に運搬をする、そういう邦人を輸送して日本に帰すという目的でございますれば、何ら武力を使わないということでございますれば、憲法上は可能でございます。ただ、自衛隊法上はそういうことが自衛隊の任務として定められておりませんので、自衛隊法上現在は不可能であるということになっております。」

○鈴切康雄議員　自衛隊が武装している場合は、どうか。

○味村 「武力行使の目的をもって、武装いたしました部隊を他国の領土、領海、領空に派遣する、こういうことを一般的に海外派兵と政府の説明では定義づけているわけでございますが、そういうことはできないということでございます。武装するということは、やはり武力の行使をすることを目的とするのであろうと推定されますので、そのようなことはできないというふうに考えられます。」

132 徴兵制度あるいは海外派兵と憲法解釈

『要旨』 徴兵制度あるいは海外派兵について憲法解釈の積み重ねがあり、解釈の変更や憲法の改正は考えていない。

昭五八（一九八三）・三・三〔九八回 衆・内閣〕

【参照条文】 憲一八 自衛三I

【議論の背景】 質問者によれば、角田法制局長官が集団的自衛権の否認は厳格な憲法解釈であり、承認のためには憲法改正が必要だと述べたが、同じことが徴兵制度や海外派兵にも当てはまるかが問題になった。

【答弁】

○鈴切康雄議員 徴兵制度や海外派兵は、憲法を改正しなければできないか。

○味村治内閣法制局第一部長 「この問題につきましては、憲法の厳正な解釈を行いまして政府が従来から答弁を積み重ねてきたところでございまして、政府といたしましては、この解釈を変更するということは考えられないというように考えております。」

○鈴切 憲法を改正しなければできないか。

○味村 「これは市川議員に対する法制局長官の答弁の際にも、政府としては憲法改正ということは全く考えていないということを申し上げている次第でございます。ただそれを、あえての御質問でございましたので、あのように集団的自衛権について申し上げたわけでございますが、徴兵制等につきまして、ただいま御質問の問題につきましても同様なことになろうかと存じます。」

c 公海における行動

133 海外派兵と公海上の日本の船舶の護衛

【要旨】 公海上の日本船舶の護衛目的の自衛隊派遣は、武力行使目的の海外派兵に当たらず、憲法上許される。

昭五五（一九八〇）・一一・四〔九三回 衆・内閣〕

【参照条文】　自衛三Ⅰ

【議論の背景】　防衛力増強計画に基づく防衛庁設置法等改正案の審議のなかで、憲法九条の尊重を求め、自衛隊の海外派遣に関する見解の変更をしないことが、野党から求められた。

【答弁】

○岩垂寿喜男議員　海外の権益を自力で擁護する発想はないと、判断してよいか。

○鈴木善幸内閣総理大臣　「自衛隊を武力を行使する目的で他国の領土、領海、領空に派遣をするというようなことは憲法上許されないことでございます。いま御指摘の公海上におけるわが国の船舶の護衛、シーレーンというようなことをおっしゃいましたが、公海上におきましてわが国の船舶を保護するという目的であれば、私は憲法上許されることである、こう考えています。しかし、その範囲あるいは距離等々につきましては、おのずからわが国の海上自衛隊等の行動範囲、能力というものが限界がございます。そういう点は十分私ども配慮をしてまいる考えでございます。」

134　有事における海上交通の安全確保と外国船舶（統一見解）

〔要旨〕　有事において、日本向け物資輸送中の外国船舶が攻撃を受けた場合、その排除は個別的自衛権に含まれる。

昭五八（一九八三）・三・一五〔九八回　参・予算〕

【参照条文】　自衛三Ⅰ

【議論の背景】　有事のシー・レーン防衛は個別的自衛権の枠の拡大であり、周辺諸国に不安を与えているとの批判があった。そこで、過去に表明された専守防衛に基づく制約との関係が問題になった。

【答弁】

○谷川和穂防衛庁長官　「見解を取りまとめましたので、ここでこの見解について御報告を申し上げさせていただきたいと存じます。

有事における海上交通の安全確保と外国船舶について

1　わが国が、有事の際国民の生存を維持していくためには、わが国の生命線とも言える海上交通の安全が確保されることはきわめて重要なことである。

また、有事の際における継戦能力の保持という観点からも、海上交通の安全確保はきわめて重要なことである。

2　自衛隊が行う海上交通の安全確保は、わが国の防衛に必要な限度内、すなわち個別的自衛権の範囲内で行うものであり、集団的自衛権を行使することは憲法上許されていない。

3　国際法上、公海において船舶が攻撃を受けた場合、個別的自衛権の行使として、その攻撃を排除し得る立場にあるのは、原則として当該船舶の旗国である。したがって、わが国は、公海において外国船舶が攻撃を受けた場合に、当該船舶がわが国向けの物資を輸送していることのみを理由として、自衛権を行使することはできない。

4

(1)わが国に対する武力攻撃が発生して、わが国が自衛権を行使し、その一環として海上交通の安全確保に当たっている場合に、外国船舶がわが国向けの物資の輸送にどの程度従事することとなるか不明であり、どのような外国船舶がいかなる状況において攻撃を受けるかをあらかじめ想定することは困難である。

(2)しかし、理論上の問題として言えば、わが国に対する武力攻撃が発生し、わが国が自衛権を行使している場合において、わが国を攻撃している相手国が、わが国向けの物資を輸送する第三国船舶に対し、その輸送を阻止するために無差別に攻撃を加えるという可能性を否定することはできない。そのような事態が発生した場合において、たとえば、その物資が、わが国に対する武力攻撃を排除するため、あるいはわが国民の生存を確保するため必要不可欠な物資であるとすれば、自衛隊が、わが国を防衛するための行動の一環として、その攻撃を排除することは、わが国を防衛するため必要最小限度のものである以上、個別的自衛権の行使の範囲に含まれるものと考える。

5　いずれにせよ、事態の様相は千差万別であるので、わが国の自衛権行使の態様については、そのときどきの情勢に応じ、個別的に判断せざるを得ないものと考える。

以上でございます。」

135　機雷の除去と武力の行使

【要旨】　公海上に遺棄された機雷を除去することは武力の行使に当たらない。機雷除去の権限は公海にも及び得る。

昭六二（一九八七）・一〇・一六〔一〇九回　参・本会議録〕

【参照条文】　自衛三Ｉ・九九

【議論の背景】　中曽根康弘首相は、イラン・イラク戦争でイランがペルシャ湾に敷設した機雷を、タンカーの航行のために自衛隊によって掃海しようとしたが、後藤田官房長官の反対にあって、掃海は実現しなかった。

【答弁】

○黒柳明議員提出ペルシャ湾の安全航行確保問題に関する質問主意書

「三　本問題に関連して、中曽根総理は八月二十七日の衆議院内閣委員会で、『機雷掃海は武力行使ではないから、自衛隊を派遣しても海外派兵には当たらない』として、法的には可能との答弁をしているが、機雷掃海が武力行使に当たらないとする理由は何か。また、それは機雷の状態（例えば敷設された場合、浮遊している場合、所有権が明らかか否か）で異なるか。

四　自衛隊法第九十九条は機雷等の除去を海上自衛隊の任務としているが、これは平時におけるわが国周辺の海域を対象としたものではないのか。本条が適用される地理的範囲を示されたい。」

○答弁書（昭和六二年（一九八七）九月二九日提出）

「三について

(1)　御指摘の委員会における内閣総理大臣の答弁は、自衛隊法（昭和二十九年法律第百六十五号）第九十九条による機雷の除去に関する質問に対する答弁であるところ、浮遊しているか定置されているかを問わず、公海上に遺棄されたと認められる機雷について、それがわが国船舶の航行の安全にとって障害となっている場合に、その航行の安全を確保するために、これを除去する行為は武力の行使に当たるものではなく、自衛隊法上可能である旨を答弁したものである。

(2)　なお、一般に機雷の除去が武力の行使に当たるか否かは、それがいかなる具体的な状況の下で、またいかなる態様で行われるか等により判断されるものであり、一概に言うことは困難である。

四について

自衛隊法第九十九条に基づく海上自衛隊の機雷等の除去の権限は、公海にも及び得るが、具体的にどの範囲にまで及ぶかについては、その時々の状況等を勘案して判断されるべきであり、一概には言えない。」

136　武力の行使と機雷の除去

【要旨】　武力行使の一環として敷設された外国の機雷の除去は武力行使だが、遺棄された機雷の場合はそうではない。

平九（一九九七）・六・一六〔一四〇回　参・内閣〕

【参照条文】　自衛三Ⅰ・九九

【議論の背景】　前年平成八（一九九六）年の「日米安全保障宣言」でガイドラインの見直しに合意し、九七年六月見直しの中間とりまとめが発表された。そのなかで周辺事態における協力として、自衛隊が機雷の除去等の活動を行うとされていた。

【答弁】

○大森政輔内閣法制局長官　「機雷の除去が武力の行使に当た

るか否か、これはいかなる具体的な状況のもとで、またいかなる態様で行われるか等により判断されるべきものでございまして、一概に言うことは困難であるわけでございますが、一般的に申し上げますと、外国により武力行使の一環として敷設されている機雷を除去する行為、これは一般にその外国に対する戦闘行動として武力の行使に当たると解せられます。したがいまして、自衛権発動の要件を充足する場合に自衛行動の一環として行うこと、これは憲法が禁止するものではございません。しかしながら、それ以外の場合には憲法上認められないのではないかと考えている次第でございます。

　これに対しまして、遺棄された機雷など外国による武力攻撃の一環としての意味を有しない機雷を除去するということは単に海上の危険物を除去するにとどまり、その外国に対する戦闘行動には当たりませんので、憲法上禁止されるものではないと、これが機雷の掃海に関する私どもの基本的な考え方でございます。」

(5)　集団的自衛権

a　集団的自衛権一般

137　集団的自衛権とその行使の合憲性

【要旨】　日本は、国家固有の権利として集団的自衛権を有しているが、これを行使することは、憲法上許されていない。

昭三四（一九五九）・九・一〔三二回　衆・外務〕

【参照条文】　国連憲章五一　安保約前文

【議論の背景】　日米安全保障条約の改定に関する議論の中で、安保条約に基づく自衛隊の活動と集団的自衛権の関係、および集団的自衛権を行使することの合憲性が問題となった。

【答弁】

○松本七郎議員　改定される安保条約のもとでの日米の行動を憲法上どう説明するか。

○高橋通敏外務省条約局長　「国際連合憲章の上からは、日本もアメリカも当然集団的自衛権を持っておる。しかし今度の条約におきましては、第一にそれぞれの個別的な自衛権に基くところの行動を第一の主眼といたしております。しかしながらアメリカの日本における行動は、アメリカの自衛権のみならず、やはりアメリカの集団的な自衛権に基いて行動するということになろうかと思っております。ただ日本の場合は……、日本の自衛権は憲法上の制限に従って行われるということになります。従いましてこれは集団的自衛権をどういうふうに解釈するかという、解釈の問題でございますが、たとえば集団的自衛権は、相手国の権利が侵害された場合にこれに援助におもむく。おもに海外に援助におもむくというふうに解されております。これが一般的な集団的自衛権の実体的な解釈だと思いますが、そのような意味における日本国側における集団自衛権は、われわれはないものである、こういうふうに考えております。」

138　外国に対する武器援助の合憲性

〔要旨〕　外国に対し武器を援助することは、政策上の適否はともかく、憲法には違反しない。

昭四四（一九六九）・三・一〇〔六一回　参・予算〕

【参照条文】　外国為替及び外国貿易管理法四八ⅠⅡ

【議論の背景】　昭和四二（一九六七）年、佐藤首相は武器輸出三原則を衆議院決算委員会で表明した。その第三原則によれば、国際紛争当事国またはそのおそれのある国への武器輸出は認められないとされた。

【答弁】

○前川旦議員　相互防衛的観点から、武器を援助することは憲法に反するか。

○高辻正巳内閣法制局長官　「政策上の適否の問題としては大いに問題があるところであろうと思いますが、憲法の一点からだけ言えば、それが憲法違反になるとは思いません。」

139　集団的自衛権（国連憲章五一条）の発動要件

〔要旨〕　米国のベトナムにおける軍事行動は、ベトナム政府の要請に基づく集団的自衛権の行使である。

昭四四（一九六九）・四・一〇〔六一回　衆・本会議録〕

【参照条文】　国連憲章五一　ＳＥＡＴＯ条約四Ⅰ

【議論の背景】　昭和三五（一九六〇）〜五〇（一九七五）年、北ベトナム・南ベトナム解放民族戦線とアメリカ・南ベトナム政府との間でベトナム戦争が戦われ、米軍は日本の基地からも出撃した。米軍が参戦する根拠が問題となった。

【答弁】

○松本善明議員提出安保条約と防衛問題等に関する質問主意書

「国連憲章第五十一条にもとづく集団的自衛権の発動の要件をあきらかにしたいので以下について政府の見解を示されたい。

1　内乱の場合、憲章第五十一条にある『武力攻撃の発生』にあたるか。

2　『武力攻撃の発生』があった国からの要請があれば、その国との間に条約上の約束がなく、また地理的、歴史的に特別の関係がない場合でも集団的自衛権を発動することができるか。

3　『武力攻撃の発生』があった国との間に集団的自衛権を行使する条約上の約束があれば、その国からの要請がなくても発動することができるか。

4　『武力攻撃の発生』があった国からの要請がなく、またその国との間に集団的自衛権の行使についての条約上の約束がない場合で、なおかつ集団的自衛権を発動できる場合があるか。

5　アメリカのベトナムにおける軍事行動はSEATO条約にもとづく集団的自衛権の発動といえるか。」

○答弁書（昭和四四年（一九六九）四月八日提出）

「1　国連憲章第五十一条にいう武力攻撃とは、一国に対する他国の組織的・計画的な武力行使と解される。内乱発生の場合でも、かかる武力行使があれば、当然憲章上の武力攻撃の範疇に入る。

2　要請国と被要請国との間に外部からの武力攻撃に対し共通の危険として対処しようとする共通の関心があるからこそ要請が行なわれ、被要請国はこれに応ずるのであって、このような場合集団的自衛権を行使することができる。

3　当該条約の規定によることとなるが、『武力攻撃の発生』という明確な事態に備えて、集団的自衛権を行使するとの約束をとりつけておくというのが、かかる条約の趣旨であるので、別段の定めがない限り、具体的な武力攻撃発生時にあらためて一方の国が要請を行なわなくとも、他方の国は集団的自衛権を行使できる。

4　武力攻撃の発生した国の要請又は同意なしに、集団的自衛権を行使できる場合は考えられない。

5　米国のヴィエトナムにおける軍事行動は、ヴィエトナム政府の要請に基づく集団的自衛権の行使であり、その法的根拠は、国連憲章第五十一条に求められる。かかる集団的自衛権の行使はSEATO条約において約束されている。すなわち、SEATO条約第四条一項は、『各締約国は、いずれかの締約国又は締約国が全員一致の合意によって将来指定するいずれかの国若しくは領域に対する条約地域における武力攻撃による侵略が、自国の平和及び安全を危うくするものであることを認め、その場合において自国の憲法上の手続に従って共通の危険に対処するため行動することに同意する。』と定めているところ、ヴィエトナムは、同条約の議定書において、前記第四条の適用を受けるべきことが全締約国間に合意されており、SEATO理事会の共同声明でも、北ヴィエトナムのヴィエトナム共和国に対する武力行使が第四条にいう『武力攻撃による侵略』であり、米国等の援助は、SEATO条約に基づく義務の履行であると述べられている。」

140　米艦船を守ることの合憲性

『要旨』　日本が自衛のために行動した結果として外国の艦船が救われることはありうる。

昭五〇（一九七五）・六・一八〔七五回　衆・外務〕

【参照条文】　自衛三

【議論の背景】　ベトナム戦争終結時の議論である。集団的自衛権の行使は違憲とされているにもかかわらず、米国艦船に対する他国からの攻撃について日本の自衛権を発動することができるかどうかが問題となった。

【答弁】

○松本善明議員　アメリカの艦船を守ることは、集団的自衛権の行使に当たらないか。

○丸山昂防衛庁防衛局長　「わが国を守るためにわれわれは行動する。わが国の安全のために必要な限度内において行動するわけでございますから、結果としてアメリカの船がそのために救われる、その行動によって救われるということはあり得るだろうということでございます。」

141　特定海域の防衛を分担することの合憲性

『要旨』　特定海域の防衛を分担して、他国の船舶をも防衛することは、集団的自衛権の行使に該当し許されない。

昭五六（一九八一）・四・二七〔九四回　参・安全保障特別〕

【参照条文】　自衛三

【議論の背景】　昭和五三（一九七八）年、日米防衛協力のための指針（ガイドライン）が締結された。その後、米国は、日本の周辺海域の一定の範囲の防衛を日本が分担するように要請してきたとされ、集団的自衛権との関係が問題となった。

【答弁】

○柄谷道一議員　アメリカの要請で防衛海域ないしは防衛空域を分担することの合憲性について。

○味村治内閣法制局第一部長　「わが国が集団的自衛権を行使いたしますことは現在の憲法上許されていないと解しておりますことは、従来から政府がたびたび答弁申し上げているとおりでございまして、これを変更する意思はございません。御指摘のように、一つの海域の防衛を一つの国で受け持ちまして、たとえばわが国である海域の防衛を分担いたしまして、わが国の船舶のみならず特定の他の国の船舶も含めてすべて防衛するということになりますれば、これは集団自衛権の行使に該当いたしますので、わが国の憲法上許されないことと考えております。」

142 集団的自衛権の位置づけおよびその合憲性

〖要旨〗日本が国際法上、集団的自衛権を有していることは当然であるが、集団的自衛権を行使することは憲法上許されない。

昭五六（一九八一）・六・二（九四回 衆・本会議録）

【参照条文】 国連憲章五一 平和条約五C 安保約前文

【議論の背景】 「日米防衛協力のための指針」は、日本が武力攻撃を受ける恐れがある場合の共同対処について規定していた。これが、集団的自衛権の行使に当たるかが議論され、集団的自衛権の位置づけおよびその合憲性が問題となった。

【答弁】

○稲葉誠一議員提出「憲法、国際法と集団的自衛権」に関する質問主意書

○答弁書（昭和五六年（一九八一）五月二九日提出）

「一から五までについて

国際法上、国家は、集団的自衛権、すなわち、自国と密接な関係にある外国に対する武力攻撃を、自国が直接攻撃されていないにもかかわらず、実力をもって阻止する権利を有しているものとされている。

我が国が、国際法上、このような集団的自衛権を有していることは、主権国家である以上、当然であるが、憲法第九条の下において許容されている自衛権の行使は、我が国を防衛するため必要最小限度の範囲にとどまるべきものであると解しており、集団的自衛権を行使することは、その範囲を超えるものであって、憲法上許されないと考えている。

なお、我が国は、自衛権の行使に当たっては我が国を防衛するため必要最小限度の実力を行使することを旨としているのであるから、集団的自衛権の行使が憲法上許されないことによって不利益が生じるというようなものではない。

六について

我が国は、国際法上、国際連合憲章第五十一条に規定する集団的自衛権を有しており、このことについて、日本国との平和条約第五条(C)は、『連合国としては、日本国が主権国として国際連合憲章第五十一条に掲げる個別的又は集団的自衛の固有の権利を有すること……を承認する。』と、日本国とソヴィエト社会主義共和国連邦との共同宣言第三項第二段は、『……それぞれ他方の国が国際連合憲章第五十一条に掲げる個別的又は集団的自衛の固有の権利を有することを確認する。』と、日本国とアメリカ合衆国との間の相互協力及び安全保障条約前文は、『両国が国際連合憲章に定める個別的又は集団的自衛の固有の権利を有していることを確認し』と、それぞれ規定している。

なお、我が国が集団的自衛権を行使することが憲法上許されないことについては、一から五までについてにおいて述べたとおりである。」

143　集団的自衛権の国際法および国内法上の位置づけ

『要旨』 日本は国際法上、集団的自衛権を持っているが、国内法上は、あたかも持っていないのと同じ。

昭五六（一九八一）・六・三〔九四回　衆・法務〕

【参照条文】 国連憲章五一

【議論の背景】 日本は国際法上、集団的自衛権を有しているが、集団的自衛権を行使することは憲法上許されないという説明に対し、それは国内法上、集団的自衛権を持っていることを前提にしているのかが問題となった。

【答弁】

○稲葉誠一議員 日本は、国際法上のみならず国内法上も集団的自衛権を持っているか。

○角田礼次郎内閣法制局長官 「集団的自衛権の観念というものは、国連憲章五十一条によって確認されたものだと思います。……。

御承知のように、国連憲章のできる前からいろいろ地域的な取り決めがあって、共同防衛というような形ができていたわけです。それを何らかの形で国連憲章上認めようというところから集団的自衛権という観念がそこへ出てきたのだ。そういう意味では本来的な意味の自衛権ではございませんけれども、いわば主権国家として、すべての国は個別的自衛権と集団的自衛権とを持つということが確認されたわけで、わが国も国連に加盟をするというときに、平和条約によって独立を回復し、さらに国連加盟によってそういう点が世界のほかの国々と同じように主権国家としてそれを持った。こういうことになると思います。

……

ところが、それにもかかわらず、わが憲法というのは世界のどこにもない憲法でございまして、そして憲法九条の解釈として、……自衛権というものはあくまで必要最小限度と申しますか、わが国が外国からの武力攻撃によって国民の生命とか自由とかそういうものが危なくなった場合、そういう急迫不正の事態に対処してそういう国民の権利を守るための全くやむを得ない必要最小限度のものとしてしか認められていない、こういうのが私どもの解釈でございます。

そうなりますと、国際法上は集団的自衛権の権利は持っておりますけれども、それを実際に行使することは憲法の規定によって禁じられている。つまり、必要最小限度の枠を超えるものであるというふうに解釈しているわけです。」

○稲葉　国内法上も集団的自衛権を持っているか。

○角田　「いわゆる個別的自衛権、こういうものをわが国が国際法上も持っている、それから憲法の上でも持っているということは、御承認願えると思います。

　ところが、個別的自衛権についても、その行使の態様については、たとえば海外派兵はできないとか、それからその行使に当たっても必要最小限度というように、一般的に世界で認められているような、ほかの国が認めているような個別的自衛権の行使の態様よりもずっと狭い範囲に限られておるわけです。そういう意味では、個別的自衛権は持っているけれども、しかし、実際にそれを行使するに当たっては、非常に幅が狭いということを御了解願えると思います。

　ところが、集団的自衛権につきましては、全然行使できないわけでございますから、ゼロでございます。ですから、持っていると言っても、それは結局国際法上独立の主権国家であるという意味しかないわけでございます。」

○稲葉　持っておるということが前提になって、初めて行使できないという議論が出てくるんでしょう。

○角田　「私どもは、集団的自衛権を確かに持っている、そしてそれを行使できないのだという説明を理論的にはできると思います。しかし、私どもの立場から見ますと、集団的自衛権というものは全く行使できないわけでございますから、それを国内法上持っていると言っても全く観念的な議論なんです。そういう意味において誤解を招くおそれがありますので、私どもは集団的自衛権は行使できない、それはあたかも持っていないと同じでございます。個別的自衛権の場合と同じように持っているけれども、行使の態様を制限されるものとは本質的にやや違うということを実は強調したいわけでございます。」

144　シーレーン防衛の合憲性

『要旨』　海上交通保護のための日米共同対処は、日本に武力攻撃が行われた場合に個別的自衛権の行使として行うものである。

昭五六（一九八一）・一一・一七〔九五回　参・本会議録〕

【参照条文】　自衛三

【議論の背景】　昭和五三（一九七八）年、日米防衛協力のための指針（ガイドライン）が締結され、昭和五五（一九八〇）年には海上自衛隊が初めて環太平洋合同演習（リムパック）に参加するなど、日米の共同演習が強化されつつあった。

【答弁】

○秦豊議員提出集団的自衛権の解釈に関する質問主意書

「十　日米共同で行なうシーレーンの防衛は、個別的自衛権の単なる拡大とみるのか、あるいは集団的自衛権の行使と考えるのか。」

○答弁書（昭和五六年（一九八一）一一月一三日提出）

「十について

我が国に対する武力攻撃が行われた場合、我が国が日米安保条約に基づいて海上交通の保護のための海上作戦を米国と共同して実施することもあると考えているが、この場合においても、我が国の実力の行使は、我が国を防衛するための個別的自衛権の行使として行うものである。」

145　集団的自衛権と憲法解釈の枠

『要旨』　集団的自衛権の行使を憲法上認めたければ、憲法改正という手段をとらざるを得ない。

昭五八（一九八三）・二・二二（九八回　衆・予算）

【参照条文】　自衛三

【議論の背景】　昭和五七（一九八二）年一一月二七日発足した中曽根内閣は「戦後政治の総決算」を掲げた。そこには憲法改正も視野に入っていたが、当面、解釈改憲で集団的自衛権の行使に踏み込めるかが焦点となっていた。

【答弁】

○市川雄一議員　集団的自衛権は行使できるという解釈に変えるには、憲法の改正という手続を経なければその解釈は変えられませんね。

○角田礼次郎内閣法制局長官　「ある規定について解釈にいろいろ議論があるときに、それをいわゆる立法的な解決ということで、その法律を改正してある種の解釈をはっきりするということはあるわけでございます。そういう意味では、仮に、全く仮に、集団的自衛権の行使を憲法上認めたいという考え方があり、それを明確にしたいということであれば、憲法改正という手段を当然とらざるを得ないと思います。したがって、そういう手段をとらない限りできないということになると思います。」

146　日本に物資を輸送する外国船舶の護衛

『要旨』　日本に対する武力攻撃があった場合において、日本に物資を輸送する外国船舶の護衛の合憲性については、検討が必要。

昭五八（一九八三）・三・九　〔九八回　参・予算〕

【参照条文】　自衛三

【議論の背景】　中曽根首相は、一〇〇〇海里シーレーン防衛構想を表明した（昭和五八（一九八三）年一月）。このシーレーン防衛構想に対して、何のために何を守るのか、どの範囲までなら憲法の許容範囲か、などが問題となった。

【答弁】

○矢田部理議員　日本に物を運んでくる割合は、外国籍船が六割だというんでしょう。この六割を占める外国船を守るのか守らぬのか。……

○中曽根康弘内閣総理大臣　「第一義的に、それは船籍国の問題であると、そういうことであると思います。……われわれの方はどっちかというとお客さんのはずでありますから、そういう責任はないと思うのであります。

ただ、恐らく、この問題は少し勉強させていただきたいと思うんです。と申しますのは、どういうケースがあり得るかということをもっといろいろ詰めてみたらどうだろうかと。それで、原則的には、第一義的には、それは船籍国がやるという原則はもうはっきりしておるんですけれども、わが国に対する武力攻撃が現に起こっておって、そして物資が非常に欠乏してきているというような状態で、そしてたとえばこの間の大戦のときのように、油も欲しい、食糧も欲しい、飢餓状態にでもなるという、そういう場合もないとも言えない。それが目の前で、房総半島の沖でやられるとかなんとかという場合が起きた場合に、国民世論がどうなるだろうか、あるいは議会筋の意見がどうなるだろうかと、そういうことも、やはり民主政治ということを考えてみますと、検討を要する問題が出てくるかもしれぬ。そういうことも一つの想定としてはあり得る、理論的想定としては。そういうような、その事態におけるわが国の独立と安全を保持して、そして憲法を守って個別的自衛権の範囲内で物を処するという原則は厳然としてこれを守らなきゃなりませんが、……。そういうようなこともないとは言えないので、この問題はそういう詰め方が政府側において具体的にまた私は十分できてないように思うんです、正直に申し上げて。それで、しばらく勉強させていただきたいと思います。」

147　自衛権と米艦の護衛

【要旨】　日本への武力攻撃があれば、日本来援の米艦の護衛は、個別的自衛権にはいる。

昭五八（一九八三）・三・二四　〔九八回　参・内閣〕

【参照条文】　自衛三I

【議論の背景】　質問者によれば、日本有事の場合、来援したアメリカの艦隊が、オホーツク海の奥まで行動することも考えられるが、その援護が要請された場合の対応が問題になった。

【答弁】

○秦豊議員　日本有事の場合、日本来援の米艦の護衛が要請されたとき、その対応はどうか。

○夏目晴雄防衛庁防衛局長　「わが国に対して武力攻撃がすでに開始されておって日米が共同対処をしているという前提での御質問であれば、必要に応じてその米艦隊がわが国を防衛するために行動しており、わが国の米艦護衛の仕事が日米共同対処の一環として行われるものであれば、当然これは個別的自衛権の範囲として認められるというふうに理解しております。ただし、具体的にそういう場面があるかないかということは別でございまして、いま理論上の話として申し上げる、こういうことでございます。」

148　自国に攻撃があった場合の集団的自衛権の行使

〔要旨〕　日本が攻撃を受けた後は、自由に集団的自衛権の行使ができるのだという説は、憲法上、肯定できない。

昭五八（一九八三）・四・一　〔九八回　参・予算〕

【参照条文】　自衛三

【議論の背景】　前項の質疑を前提とした質問である。すなわち自国に対する攻撃があり、日米で対処している場合、米艦の護衛が個別的自衛権の範囲として認められるのであれば、集団的自衛権が認められることにならないかが問題となった。

【答弁】

○矢田部理議員　自国に対する攻撃があった場合には集団的自衛権の行使が可能となるのか。

○栗山尚一外務省条約局長　「自分が攻撃されている場合に、自分が行う実力行使というものがすべて個別自衛権で説明し切れない場合があるだろうという点が御質問のポイントであれば、それはそうだというふうに申し上げます。」

○矢田部　法制局長官に、同じ質問。

○角田礼次郎内閣法制局長官　「国際法上の議論としては条約局長が言われたとおりだと思います。ただ、矢田部委員の恐らく先ほど御紹介になった説というのは、端的に申し上げますが、自国が武力攻撃を受けた後は個別的自衛権の行使としてその攻撃を排除すると、途端に集団的自衛権の観念がどこかへすっ飛んでしまって何か自由にそのときには集団的自衛権の行使ができるのだというような説を肯定するかどうかと、こういうことだろうと思うのです。それは違うので、……憲法九条の制約というのは何かと言えば、わが国の自衛のために必要最小限度の武力行使しかできないというわけであります。したがって、個別的自衛権の場合でもその自衛の枠を超えるものは無論できないわけであります。いわんやその集団的自衛権、なぜできないかというのは、いま申し上げたような自衛の枠を超えるからできないわけですから、一たん武力攻撃を受けた後でも、そういう集団的自衛権が自由に行使できるというようなことはあり得ないと思います。」

○**矢田部**　いかなる態様においても、集団的自衛権の行使はできないか。

○**角田**　「恐らく、矢田部委員がおっしゃっているような意味は、わが国の防衛と全く関係なく、わが国が武力攻撃を受けた後の実力行使の一態様として、どこか外国の、仮に言えば非常に遠いところへ行って外国の船舶を守るとか、そういうようなものは要するに自衛の枠を超えるわけでありますから、それを集団的自衛権の行使としてとらえるというよりも、むしろ私は自衛の枠を超えるというふうに考えるべきだと。しかし、集団的自衛権の行使ができるかと言われれば、そういうことは武力攻撃を受けた後でもできない、こういうことになると思います。」

149　集団的自衛権等に関する憲法解釈の変更

【要旨】　政府がその政策のために従来の憲法解釈を基本的に変更するということは、様々な観点から見て問題がある。

平八（一九九六）・二・二七　〔一三六回　衆・予算〕

【参照条文】　自衛三

【議論の背景】　平成七（一九九五）年二月、米軍国防省国際安全保障局は、「東アジア・太平洋地域にたいするアメリカの安全保障戦略」を発表した。これを受け、クリントン大統領は、平成八（一九九六）年四月一七日、橋本首相と「日米安保共同宣言」を合意した。

【答弁】

○**石井一議員**　個別的自衛権、集団的自衛権に関する憲法解釈の変更はあり得るのか。

○**大森政輔内閣法制局長官**　「憲法解釈の変更はあり得るのかというお尋ねでございますが、憲法を初め法令の解釈と申しますのは、当該法令の規定の文言、趣旨に即しつつ、立案者の意図等も考慮いたしまして、また、議論の積み重ねのあるものについては、全体の整合性を保つことに留意いたしまして論理的に確定すべきものであるというふうに解しているところでございます。私どもも、今までいろいろな問題につきましては、このような態度で対処してきたつもりでございます。

そこで、政府の憲法解釈等についての見解でございますが、以上申し述べましたような考え方に基づきまして、それぞれ論理的な追求の結果として示されてきたものと考えております。したがいまして、一般論として申しますと、政府がこのような考え方を離れて自由にこれを変更するということができるような性質のものではないというふうに考えております。

したがいまして、政府がその政策のために従来の憲法解釈を基本的に変更するということは、政府の憲法解釈の権威を著しく失墜させますし、ひいては内閣自体に対する国民の信頼を著しく損なうおそれもある、憲法を頂点とする法秩序の維持という観点から見ましても問題があるというふうに考えているところでございます。」

150　「武力の行使との一体化」論の憲法上の根拠

【要旨】　他国が行う武力行使への関与の密接性などから、武力の行使をしたという法的評価を受ける行為は、憲法九条に違反する。

平九（一九九七）・一一・二七　〔一四二回　衆・安全保障〕

【参照条文】　自衛三

【議論の背景】　「日米安保共同宣言」（平成八〔一九九六〕）を受け、「日米防衛協力のための指針」（平成九〔一九九七〕）が改訂された。これは、周辺事態における米軍への後方支援をその一内容としており、「武力の行使との一体化」との関係が問題となった。

【答弁】

○大森政輔内閣法制局長官　「いわゆる一体化論と申しますのは、我が国に対する武力行使がない、武力攻撃がない場合におきまして、仮にみずからは直接武力の行使に当たる行動をしていないとしても、しないとしても、他のものが行う武力の行使への関与の密接性などから、我が国も武力の行使をしたという法的評価を受ける場合があり得る。そのような法的評価を受けるような形態の行為はやはり憲法九条において禁止せられるのである。

したがって、どこに書かれているかというのは、憲法九条の裏といたしまして、憲法解釈の当然の事理としてそこから読み取れるのであるということでございます。これはいわば憲法上の判断に関する当然の事理を申し述べたことでございま……す。

……一体化論は湾岸のときに考え出した、あるいは生じた、議論されたものであって、今回に妥当しないのじゃないかということでございますが、この一体化論が密度を非常に濃く議論されたのは確かに湾岸紛争に際してでございます。

しかしながら、この理論は、昭和三十四年三月十九日の参議院予算委員会における私どもの当時の林元法制局長官の答弁を初めといたしまして、その後絶えることなく議論されてきたものでございまして、湾岸戦争のときにそれが密度濃く議論され今日に至っているという歴史を有するものであるということをまず御理解いただきたいと思います。

　それから、この一体化論は……、憲法の根拠に何らないものであるというご意見でございますけれども、私は先ほどは直接の規定がないということを申し上げましたが、憲法九条が武力の行使を禁止しているということから、当然の帰結といたしまして、法的評価において武力の行使と評価される行為はやはり九条で禁止されている。したがいまして、根拠はあるかといえば憲法九条であるということであろうと思います。」

151　集団的自衛権の定義の「実力をもって」の意味

【要旨】　集団的自衛権の定義に言う「実力をもって」の意味は、武力をもってというのとほぼ同意義。

平一〇（一九九八）・三・一八〔一四二回　衆・予算〕

【参照条文】　自衛三

【議論の背景】　新しい「日米防衛協力のための指針」（新ガイドライン）が、平成九（一九九七）年に締結されたのに伴い、後方支援そのもの、あるいはそれがどこまで憲法で許容されるかが問題となった。

【答弁】

○岡田克也議員　集団的自衛権で言う実力をもって阻止する権利というときの実力というのは、武力行使や武力の威嚇よりももっと広い概念なのか。

○大森政輔内閣法制局長官　「この集団的自衛権の定義の中で触れられていますように、攻撃に対してこれを実力でもって阻止するという関連で実力という言葉が用いられているわけでございますから、武力攻撃を阻止するという観点から見ますと、武力をもってというのとほぼ同意義で使われている用語であろうというふうには理解しております。

ただ、問題は、武力による威嚇とか、あるいはそれ以外の支援行為はこれとは関係ないじゃないかというところまでおっしゃるかどうかの問題があるわけですけれども、それは、また次の問題にいたしたいと思います。」

152　集団的自衛権は実力の行使を中核とした概念

【要旨】　集団的自衛権の概念は、その成立の経過から見て、実力の行使を中核とした概念であることは疑いない。

平一一（一九九九）・四・一〔一四五回　衆・防衛指針特別〕

【参照条文】　国連憲章五一　周辺事態二ⅠⅡ　自衛一〇〇の一〇

【議論の背景】　新ガイドラインの締結を受け、国内的には、周辺事態法の制定に向けた審議が始まった（平成一一（一九九九）・五・二八成立）。そこでは、後方支援が集団的自衛権の行使に該当するか否かが問題となった。

【答弁】

〇安倍晋三議員　自衛隊が海外まで出かけていってその国を防衛することは禁止されているが、集団的自衛権というのはそういうものだけではないのではないか。

〇高村正彦外務大臣　「御指摘の岸総理大臣の答弁は、日本国憲法上、我が国が外国に出て他国を防衛することは憲法が禁止しているところであり、そのような意味で、日本は集団的自衛権は行使できない、他方、それ以外の意味での集団的自衛権の行使があり得るのか否かについては、学説が一致しているとは思わないとの趣旨を述べたものと理解をしております。

国際法上の集団的自衛権という概念が、常に実力の行使以外のものを一切含まないかどうかの点については、集団的自衛権が初めて国連憲章に明記されて以来、学説上議論があったことは事実であります。御指摘の答弁のうち、学説云々の部分は、こうした状況を説明したものと考えます。

ただ一方で、集団的自衛権の概念は、その成立の経緯から見て、実力の行使を中核とした概念であることは疑いないわけでありまして、また、我が国の憲法上禁止されている集団的自衛権の行使が我が国による実力の行使を意味することは、政府が一貫して説明してきたところでございます。

……現時点での我が国政府の考え方とすれば、学説はいろいろある……けれども、やはり実力をもって阻止するということが、個別的であれ集団的であれ、自衛権の中核的概念である、こういうふうに考えております。」

153　第三国に対する自衛権の行使、商船の臨検

『要旨』　A国を支援するB国の行為が、日本に対する急迫不正の侵害を構成する場合、自衛権の行使は可能。

平一一（一九九九）・四・二〇〔一四五回　衆・防衛指針特別〕

【参照条文】　自衛三

【議論の背景】　この議論も、周辺事態法制定をめぐる審議のなかでの議論である。ただ、ここでは周辺事態ではなくて、日本が急迫不正の侵害を受けた場合の、第三国に対する自衛権の行使が問題となった。

【答弁】

〇前原誠司議員　日本に対して武力行使を行っているAという国に対してBという国が後方支援をしている。その場合に、日本はB国に対して自衛権の行使ができるのか。

○高村正彦外務大臣「あえて一般論として申し上げれば、政府は従来から、憲法九条のもとにおいて許容される自衛権の発動については、いわゆる自衛権発動の三要件に該当する場合に限られる、こういうことを申し上げているわけであります。

このことを前提に、A国に対するB国の後方支援と我が国の自衛権行使について一般論としてお答えいたしますと、第三国であるB国がその国の行為として、我が国に対して武力攻撃を行っているA国を支援する活動を行っている場合について、B国のそのような行為が我が国に対する急迫不正の侵害を構成すると認められるときは、我が国は、これを排除するために他の適当な手段がなく、必要最小限度の実力の行使と判断される限りにおいて自衛権の行使が可能である、こういうことでございます。

臨検の場合もちょっと申し上げましょうか。（前原委員「はい、お願いします」と呼ぶ）

第三国であるB国を旗国とする商船が、我が国に対して武力攻撃をしているA国に物資を輸送している場合については、我が国は、武力攻撃をしているA国に対し、自衛権発動の三要件のもとで自衛権を行使することが想定されますが、その際、A国の海上交通、通商を制約することも、A国の武力攻撃を排除するため必要やむを得ない最小限度の措置であると判断される限りにおいて、自衛権の行使として可能であります。

この場合、我が国は、A国の海上交通、通商を制約することに当然伴う措置として、B国商船の臨検を行うなど、その活動に一定の制約を加えることが可能であると解されます。B国商船に対する臨検というのは直接自衛権の発動じゃありませんが、A国に対する、そういったことに対する反射効として、B国に対して一定の制約、臨検等を行うことが可能である、こういうことでございます。」

b　日米安保条約

154　米軍に対する補給業務の合憲性

【要旨】　極東の平和と安全のために出動する米軍と一体をなすような行動をして補給業務を行うことは憲法上許されない。

昭三四（一九五九）・三・一九〔三一回　参・予算〕

【参照条文】　安保約六

【議論の背景】　旧安保条約（昭和二七（一九五二）・四・二八発効）の改訂は昭和三五（一九六〇）年に行われた。旧安保条約一あるいは現安保条約六によれば、米軍は、極東における国際の平和及び安全のため日本の基地を使用できるとされる。

【答弁】

○八木幸吉議員　自衛隊が補給業務で、極東の安全、あるいは平和維持のために出動する、米軍に協力することは可能か。

○林修三法制局長官　「これは、実は仮定の問題でございまして、今安保条約の改定の交渉をやっております場合において、日本の態度は、いわゆる日本の負うべき義務は、日本の憲法の範囲内においてやるということでございますから、日本の憲法上負い得ないものをこの条約の中に盛り込むはずはないわけであります。ただいま仰せられました補給業務ということの内容は、……実ははっきりしないのでございますが、経済的に燃料を売るとか、貸すとか、あるいは病院を提供するとかということは軍事行動とは認められませんし、そういうものは朝鮮事変の際にも日本はやっておるわけであります。こういうことは日本の憲法上禁止されないということは当然だと思います。しかし極東の平和と安全のために出動する米軍と一体をなすような行動をして補給業務をすることは、これは憲法上違法ではないかと思います。」

155　事前協議の性格

【要旨】　安保約六による事前協議は、アメリカの軍事行動に関することであり、アメリカのイニシアチブによる。

昭四三（一九六八）・三・一二〔五八回　衆・予算二分科〕

【参照条文】　安保約四・六　岸・ハーター交換公文

【議論の背景】　安保条約締結と同時に交換された「岸・ハーター交換公文」によれば、①米軍の日本国への配置における重要な変更、②米軍の装備における重要な変更、③日本国から行われる戦闘作戦行動（五条に基づく場合を除く）のための基地使用の場合には、事前協議が行われるとされている。

【答弁】

○松本善明議員　事前協議は、アメリカのイニシアチブでのみ提起をされて、日本がそれを受けて承認するものだとすれば、これは日本が戦闘状態に入るかどうかということについて、アメリカのイニシアチブできまるということか。

○三木武夫外務大臣　「事前協議をするということで、そういう提供をするかしないかということは日本がイエス、ノーを言うわけですから、提供することにきまっておるようなことは、これはやはり事実に違います。事前協議にかけてこられるということだけでございます。……この事前協議の場合に、……日本が攻撃を受けるその場合に、それは参戦とかあるいは軍事介入とかいうのでなくして、攻撃を受けた場合には当然にこれに対して防衛措置を講じなきゃならぬですが、ただそういう場合に、もし日本が基地を提供した場合に、軍事介入とか参戦とかいうのでなくして、それは基地を提供したという事実で、軍事介入だとはわれわれは認めていないのでございます。直接日本が行ってやるわけではない。しかしきわめてそれは重要な事項でありますから、事前協議というものは厳格にやらなきゃならぬ。その事前協議をする場合に、第六条による事前協議というものはいろいろなアメリカの軍事行動に関することですから、その第六条による事前協議はアメリカのイニシアチブによるべきであることは申すまでもない。しかしそういうふうな危険があったような場合、日本が第四条によってやはり協議をしようではないか、こういう随時協議を日本が申し出る権利を第四条において持っておるんですから、第六条はやはり事前協議というアメリカの装備の変更であるとか配置とか作戦行動とか、アメリカの軍事行動に対して、アメリカが何かの意図を持っておるとき、意図を持ってきたときに日本と事前に相談しようという条項ですから、どうしてもアメリカ自身がそういう考えがなければ、これは事前協議にかからぬですから、アメリカが申し出てくるということが、第六条の事前協議ではそれが自然の姿だと思う。」

156　自衛権の発動と国会による統制

【要旨】　安保約五で双方がおのおの自衛権発動をした場合でも、自衛七六Ⅲによって、自衛隊の撤収は可能。

昭四三（一九六八）・四・一一〔五八回　参・予算二分科〕

【参照条文】　安保約五　自衛七六Ⅲ

【議論の背景】　安保条約五条は「各締約国は……自国の憲法上の規定及び手続きに従って……」と、自衛隊法七六条三項は「内閣総理大臣は……不承認の議決があったとき、……直ちに、自衛隊の撤収を命じなければならない」と規定する。

【答弁】

○森中守義議員　安保五条による日本の自衛権の発動に関して、七十六条3項が上位規範であると解釈してよろしいか。

○増田甲子七防衛庁長官　「そのとおりでございます。アメリカ及び日本はおのおの憲法上の規定並びに手続に従ってでございますから、アメリカだけが出るということも、それは法律上、観念上はあり得ると思いまするが、アメリカも出ないということもあり得るのです、つまりアメリカの憲法でアメリカのコングレスが承認しなければ事後において撤収しなくちゃなりませんから。日本は国会において承認しなければ撤収しなくてはならない、こういうことでございます。おのおの憲法並びに手続に従ってということで、日米安保条約第五条一項に明らかに定められており、その規定に従うことは当然でございます。」

○森中　安保五条で、双方おのおのが自衛権発動をした場合でも、自衛隊法七十六条の３項によってこれは否認されることがあり得るか。

○増田　「七十六条で第３項で不承認ということがあれば撤収するということになります。これはまあ原則として国会の承認が原則でございます、事前における。それから例外として事後における承認でございます。その事前の承認がなければもう事前に出ないことは明瞭でございます。それから事後において承認がなければいままでとった行動を取りやめて撤収するということになります。ただ日米安保条約第五条というものは、これは国家間の約束でございまして……調和ある関係で国会において良識を発揮してくださると私は考えておる次第でございます。」

157　米軍の戦闘作戦行動のための基地提供の合憲性

【要旨】　安保約六に基づき米軍の基地使用を応諾することは、最高裁判決に照らしても、憲法に反しない。

昭四四（一九六九）・四・一〇（六一回　衆・本会議録）

【参照条文】　憲九八Ⅱ・前文　旧安保約一　安保約六

【議論の背景】　昭和三五（一九六〇）～五〇（一九七五）年、北ベトナム・南ベトナム解放民族戦線とアメリカ・南ベトナム政府との間でベトナム戦争が戦われた。米軍は日本の基地からも出撃し、基地提供の合憲性が問題となった。

【答弁】

○松本善明議員提出安保条約と防衛問題等に関する質問主意書

「日本の自衛と関係のない米軍の集団的自衛権の行使としての日本国から行なわれる戦闘作戦行動のために、日本を基地として許すことが憲法上許される政府の行為であるとする根拠を、前述の政府答弁の経過を考慮にいれて明確に示されたい。」

○答弁書（昭和四四年（一九六九）四月八日提出）

「事前協議の主題とされるのは、米軍の戦闘作戦行動にかかる施設・区域の使用であって、これに応諾を与えることがあるとしても、それを、あくまでも施設・区域の使用についての応諾にほかならず、わが国自体が武力の行使をするのとは明らかに違うが、この点については、さらに、米軍に対する基地の提供と憲法との関係について判断を下した最高裁判決（昭和三四・一二・一六日）が参考とされよう。

この判決は、いわゆる旧安保条約（日本国とアメリカ合衆国との間の安全保障条約）に関して、同条約に基づく米軍の駐留の『目的は、専らわが国及びわが国を含めた極東の平和と安全を維持し、再び戦争の惨禍が起らないようにすることに存じ。』したがって、その駐留は、『憲法九条、九八条二項および前文の趣旨に適合こそすれ、』云々と述べて、米軍の駐留がいとしている。

憲法第九条、第九八条第二項及び前文に違反するとは断じ得ないとしている。

同条約は、いわゆる現安保条約（日本国とアメリカ合衆国との間の相互協力及び安全保障条約）のような事前協議条項を欠いており、わが国は、同条約によって、すなわち同条約の締結という政府の行為によって、駐留米軍による戦闘作戦行動のための基地としての施設及び区域の使用が、極東における国際の平和と安全の維持に寄与するためのものである限り、その態様のいかんにかかわりなく、これを包括的に承認していたのであるが、最高裁は、このような実体をもっていた同条約による米軍の駐留をむしろ『憲法九条、九八条二項および前文の趣旨に適合こそすれ……』と判断したのである。

右の理は、現安保条約についても、変わるところがあろうはずはなく、現条約に基づく米軍の基地（施設及び区域）の使用について、応諾を与えることが憲法第九条、第九八条第二項及び前文に違反することは、あり得ないことである。」

158　事前協議に関し内閣が国会の意見を徴するケース

【要旨】　米国政府との事前協議に関し、重大事案にまで発展する危険がある場合には、国会の意見を聞く。

昭四六（一九七一）・二・一（六五回　衆・予算）

【参照条文】　安保約六　岸・ハーター交換公文

【議論の背景】　ベトナム戦争が戦われていた時期の議論である。「岸・ハーター交換公文」によれば、③日本国から行われる戦闘作戦行動（五条に基づく場合を除く）のための基地使用については、事前協議が行われることになっている。

【答弁】

○楢崎弥之助議員　内閣が行う事前協議に関し、もしイエスと言われた際に、それを国会でチェックする形式は一体どういうものが考えられるか。

○佐藤栄作内閣総理大臣　「いま言われるとおり、行政権だ。イエスと申して、それが行政権だといっても、事柄によりますね。そのイエスが、どういうような事態になってイエスを言っているか。それは重大なる場合には国会に話するのは当然です。また、ものによってはこれは国会にお話ししないで行政だけで処理する。御承知おき願いたい。……先ほどの話で誤解があると困りますが、行政府が、行政府の専権だが国会に相談を持ちかけるときがあるだろう、国会の議決を必要とする場合があるだろう、それは一体どういう場合だ、こういう場合に、これはやっぱり戦争ということを考えると、そういうような重大事案にまで発展する危険がある、こういう場合には当然行政府といえども国会の意見を聞く、こういう意味で先ほどのような話をした、かように御理解いただきたいと思います。」

159 公海上における自衛隊の作戦行動範囲

【要旨】日本に対する外部の侵攻の態様に応じて、防衛範囲が公海、公空に及んだとしても数百海里をめどとする。

昭五〇（一九七五）・八・二六〔七五回（閉）衆・内閣〕

【参照条文】 自衛三

【議論の背景】 昭和五〇（一九七五）年はベトナム戦争が終結した年である。この時期、海上自衛隊の整備目標が、周辺海域数百海里のところを目途にして整備されているという実態があり、その目的と合憲性が問題となった。

【答弁】

○中路雅弘議員 自衛隊あるいは日米共同作戦の行動範囲が周辺数百海里に及び得るとの答弁は、従来の説明と異なるのではないか。

○丸山昂防衛庁防衛局長 「私は、違ってないと思うのですが、……前提は領海、領空がまず前提であって、そしてそれに対する外部の侵攻の態様に応じて、領海、領空に限らず公海、公空に及び得るのだということで御説明を申し上げておるわけでございます。

その場合に、作戦行動の、要するに公海、公空に及んだ場合の当方の範囲は一体どこまで行くのだ、こういうことでございますから、数百海里というめどをお話しした、こういうことでございます。」

○中路 周辺数百海里と言えば、日本海からフィリピンを含めた広大な地域で共同作戦を展開するということか。

○坂田道太防衛庁長官 「そこのところはあくまでも領海、領空にはとどまらないということで、やはり公海、公空に及ぶ……場合は相手の武力の態様によってなんだけれども、しかし、それについては大体いままで国会でずっと一貫して言っていることは数百海里、そんなに無限に行くものではない、こういうのがわが方がずっと一貫してとってきたことだというふうに思います。

それからまた、日米の共同作戦の問題については、いかにも一体的な関係みたいに言われますけれども、われわれは個別的自衛権に基づいてやるわけで、その点が加わることはよく先生も御承知のことだと思います。われわれは独自の指揮権に基づいて行動するということ、それだけ申し添えておきたいと思います。」

○中路 初めからそこで戦闘をやるという、そういう意味での行動範囲じゃないということでいいですね。

○丸山 「たとえば空の問題に限定して御説明をいたしますと、

領空侵犯機というのが、領空侵犯機と言ってはあれですが、日本に対する爆撃機が攻めてくるということで、これは明らかに客観情勢その他から全部日本に向けて飛んでくる、爆弾を落とすということがはっきりしておる場合に、それが領海、領空に入るまで手をこまぬいて待っているということはございません。当然、被害を受けないために必要な限度内において公海、公空に出てそれを迎え撃つということはあり得るわけでございます。それは当然、憲法の許されるところだろうと私は考えます。」

160　自衛隊は公海上で米国艦船を守れるか

『要旨』　安保約五に基づいて日米が共同対処している場合、結果として米国艦船を守ることがあり得る。

昭五〇（一九七五）・一〇・二九（七六回　衆・予算）

【参照条文】　自衛三　安保約五

【議論の背景】　これもベトナム戦争終結時の議論であり、海上自衛隊が整備目標として、周辺海域数百海里のところを目途にして整備をしているという実態があり、シーレーン防衛と個別的自衛権の関係が問題になった。

【答弁】

○楢崎弥之助議員　自衛隊は、シーレーン（公海上）で、日本の自衛のために必要とあれば、米国の艦船を守るのか。

○宮沢喜一外務大臣　「集団自衛はわが国のためにはあるわけでございますけれども、日本からアメリカのためにはないわけでございますので、わが国の自衛隊が米艦を守るためにシーレーンで戦時に行動をするということは、そういうことを目的としてはないと考えるのが相当ではないか。結果として、わが国の自衛艦もそういう場合には自衛に立ちますので、その結果として、米艦隊が何がしかの保護を受けるということは、これは当然あり得るだろうと思いますけれども、自衛隊自身がそれを主たる目的として行動するということは、自衛隊のいわゆる海外派遣等々の問題があるのではないかと存じますけれども、この二点は、しかし実は私が有権的にお答えをしていい問題では本来はないかと思います。」

○楢崎　結果としてあり得るという答弁と、当時の久保局長の答弁（昭和四十八年六月二十一日）との整合性について。

○丸山昂防衛庁防衛局長　「あのときに申し上げましたのは、五条に基づいて日米が共同対処をいたしております場合に、日本の自衛隊がアメリカの艦船を守るということがあるかという御質問だったと思います。それにつきましては、いまお答えいたしましたように、結果としてアメリカの艦船を守ることがあり得るという答弁を申し上げております。さきに引用されました久保局長の答弁でございますが、これは日本の自衛隊がアメリカの艦船を守る責任があるかという御質問でございました。それに対しましては、日本の自衛隊はそれは責任はございませんという御答弁を申し上げておるわけでございます。責任の有無、つまりそういう任務を与え得るか」

○楢崎　なぜ責任がないのか。

○丸山　「それは先生が幾つか挙げられました中で、憲法上の理由、そういうものによるものだという御答弁を申し上げておるわけでございまして、」

○宮沢　「先ほどと同じような意味で私から便宜申し上げるわけでございますが、私はこういうことであろうと思います。

……仮にわが国に直接の危険がありまして、そうして米軍と自衛隊とが共同作戦をせざるを得ないというようなときに、自衛隊の艦船が米軍の艦船を守るか守らないかというのがいまのお話しでございますが、実は一番危殆に陥っておりますのはわが国自身でございますから、そのときに、共同作戦をしておって共同の艦船を守らないということは、普通常識的に考えればいかにも奇妙なことになるわけであろうと思うのであります。しかし実際には、自衛隊の海外派兵というもの、あるいはそういう危険というものをわれわれは冒してはならないというふうに固く考えておりますから、結果としてそういうミスを犯すようなことがあってはならぬというのが、従来から政府が強く思っておることであろうと思うのでございます。それがゆえに米軍の艦船を守る責任はない、あるいはそれを主たる目的とするような行動をとることは差し控えるべきである。しかし結果として、一緒に共同して敵勢力に当たっておるわけでございますから、それがその共同の艦船に対して何がしかプラスになるという結果になったとしても、そのこと自身までを否定し得るかということになれば、それには常識的に問題があるのではないか、というのじゃなかろうか。」

161　日米共同訓練と集団的自衛権

〔要旨〕　日米共同訓練は、集団的自衛権を前提としているものではなく、個別的自衛権の行使を前提としている。

昭五四（一九七九）・九・七〔八八回　参・本会議〕

【参照条文】　自衛三

【議論の背景】　昭和五三（一九七八）年に「日米防衛協力のための指針」が締結された。この１Ｉは、「日米は必要に応じて共同作戦をたて、共同演習、共同訓練を適時実施する」と定めており、集団的自衛権との関係が問題となった。

【答弁】

○上田耕一郎議員　安保条約に基づく日米の陸海空統合演習は、集団的自衛権の行使を前提としたものではないのか。

○山下元利防衛庁長官　「御指摘の日米統合演習が何をお示しになっておるのか定かではございませんが、仮に沖縄におきまして行われました米軍の演習をお指しになっているのであれば、……統合演習といった性格のものではございません。

ところで、集団的自衛権につきましては、わが国は集団的自衛権の行使は憲法上許されておらないのは御指摘のとおりでございますが、わが国に対する武力攻撃を排除するための個別的自衛権の行使は当然許されております。現在実施いたしております日米共同訓練も、御指摘のような集団的自衛権の行使を前提としているものではございませんで、わが国による個別的自衛権の行使を前提として実施しているものでございます。」

162　集団的自衛権を認めるための安保条約の改正

〖要旨〗　安保条約を改正して、自衛隊が集団的自衛権を行使できるものとすることは、憲法九条に違反する。

昭五五（一九八〇）・一〇・九〔九三回　衆・予算〕

【参照条文】　安保約五・六

【議論の背景】　安保条約五条を、日本が安保にただ乗りしている、片務条約だと評する議論が行われていた。この立場から、安保条約を双務的なものに改正せよという議論が行われ、それと憲法との関係が問題となった。

【答弁】

○稲葉誠一議員　安保条約を双務条約にするということになると、これは憲法のどこに違反するか。

○角田礼次郎内閣法制局長官　「私どもの憲法九条の解釈としては、……いわゆる集団的自衛権はわが憲法においては認めていないと解釈しております。御指摘の双務的なものにするという意味が集団的自衛権の行使という意味でございましたら、そういうことは憲法九条に反するということになろうと思います。」

163　日本が武力攻撃を受けた場合の米艦船護衛の合憲性

〖要旨〗　日本が武力攻撃を受けた場合、日本来援のために駆けつけた米艦船の護衛は個別的自衛権の範囲内である。

昭五八（一九八三）・二・五〔九八回　衆・予算〕

【参照条文】　自衛三　安保約五

【議論の背景】　「戦後政治の総決算」を掲げて登場した中曽根首相は、シーレーン防衛構想を表明（昭和五八〔一九八三〕年一月）した。このシーレーン防衛構想が何を意味しているのか、個別的自衛権の範囲内か、が問題となった。

【答弁】

〇中曽根康弘内閣総理大臣　「日本が武力攻撃を受けた場合に、日本を救援、来援するアメリカの艦船等に対しまして、その日本に対する救援活動が阻害されるという場合に、日本側がこれを救い出す、こういうことは、領海においても公海においても、これは憲法に違反しない個別的自衛権の範囲内である。……

具体的には法制局長官から御答弁申し上げます。」

〇角田礼次郎内閣法制局長官　「まず、原則を申し上げますが、わが国に対する武力攻撃があった場合に、自衛艦が、わが国を防衛するため必要な限度内すなわち個別的自衛権の範囲内において、米艦船と共同対処行動をとることができるということは、従来から申し上げているとおりであります。

次に、その具体的な態様は、ただいま総理からもお答えがありましたが、個々の状況に応じて異なりますので、一概には申しがたいと思いますが、昨日の総理の答弁は、日本の救援のために日本の近くまで来た、これを『駆けつけた』と言われたと思いますが、アメリカの艦船がそういう場合に相手国から攻撃を受けた、それを総理は『阻害された』というふうに言われたと思います。そういう場合に、自衛隊がわが国を防衛するための共同対処行動の一環としてその攻撃を排除する、これを総理は『救出する』と言われたと思いますが、そういうことは、わが国に対する武力攻撃からわが国を防衛するため必要な限度内と認められるから、わが国の自衛の範囲内にあろうということを言われたのだと思います。そういう意味では、集団的自衛権の行使につながるというような例を想定されて言われたものではないというふうに私どもは承知しております。」

〇矢野絢也議員　たとえ日本有事といえども、公海で米軍の艦船を自衛隊が守ることは個別的自衛権の範囲を越えているのではないか。

〇角田　「先ほど委員が御指摘になったような、非常に遠いところで、もっぱら日本の防衛と関係のある行動を必ずしもとっていない、そういう米軍の艦船を日本の自衛艦が出かけていって護衛をする、そういうような事例は、もとより私どもも憲法のもとにおいて許されないと思っております。ただ、わが国の来援のために駆けつけたアメリカの軍艦が、わが国の周辺で作戦行動をしているわけです。日本を守るための行動をしているわけです。そのときに、敵がいるわけですから、その敵を日本の自衛艦が攻撃をすれば、そういう事態は、これは共同対処行動のきわめて典型的なものとして、それは日本の自衛権の発動のためになされた行動だということで許されるであろうということを申し上げているわけでございます。」

164　シーレーン単独有事における米国来援と米艦護衛

〔要旨〕　シーレーン単独有事において、米国の来援は義務ではないが、来援する米艦船の護衛は個別的自衛権の範囲内。

昭六一（一九八六）・二・二二　〔一〇四回　衆・予算〕

【参照条文】　自衛三　安保約四・五

【議論の背景】　安保条約五条は、日本の領域への攻撃を対象とする。では、日本の領域外でのシーレーンにおける日米共同対処は、いかなる法的根拠に基づくのか、およびその合憲性が問題となった。

【答弁】

○岡崎万寿秀議員　シーレーン単独有事、つまり日本の施政権下がまだ有事じゃない場合における米側の来援と来援中の米艦護衛の法的根拠について。

○加藤紘一防衛庁長官　「理論的に明確には、かつ有権的な解釈は条約局長にお願いしたいと思っておりますけれども、第四条によりますと、日米は我が国の安全のために協議をすることができるという規定になっていると思っております。第四条に基づき私たちが協議し、また来援を要請することは可能であり、また、私たちそういうような組織的、計画的、意図的に攻撃され、日本の状況が危なくなっているようなときには、米側の来援は期待できるものと考えております。」

○岡崎　第四条の随時協議によって共同対処ができるのか。

○小和田恒外務省条約局長　「事は我が国の個別的自衛権がどういうときに発動ができるか、こういう問題でございます。……個別的自衛権が行使できるケースと申しますのは、一般国際法上、我が国が武力攻撃の対象になった場合、こういうことでございまして、その場合に我が国に対する武力攻撃というのは、我が国の領域に対する攻撃だけではなくて、我が国の船舶、航空機等に対して先ほど来申し上げておりますような多発的、計画的な、組織的な攻撃が行われる場合というようなケースについても個別的自衛権の行使の対象になり得るということは、政府が従来から一貫して申し上げているところでございます。

それに対してアメリカが協力をするケースがどうなるかということになりますと、これは安保条約の問題。日本の施政下にある領域の問題としては、第五条のもとで、日本の施政下にある領域に対する攻撃があればアメリカは救援の義務がある、こういうことになりますが、それ以外の場合にアメリカが救援に来るということは、事実上の問題としてはいろいろあり得るであろう、こういうことになるわけでございます。」

○岡崎　第五条じゃないときに日米共同対処ができるか、その法的根拠は何か。

○小和田　「アメリカが協力するケースは、条約上の義務として存在しているのは日米安保条約第五条の場合でございます。しかし、それ以外の場合についてアメリカが協力をするかしないか、これはアメリカの問題でございまして、アメリカ側がそういうことができ、かつ必要である、あるいは適当であるというふうに判断した場合には我が国に対する協力を行うということがあり得る。

それで、先ほど来、防衛庁長官がお答えしておりますのは、そのようなケース、つまり、安保条約第五条のもとではない事態において、しかしながら我が国が個別的な自衛権を行使するというような事態が発生しておって、さらにアメリカがそれに対して協力のために駆けつけてきたというような事態において我が国がどういう行動をとることができるかということになりますと、これは米軍が、米艦船が我が国の防衛のために協力をしている事態において我が国が個別的自衛権の行使の範囲内においてその米艦船に対する攻撃を排除するということは、従来から政府が申し上げておりますように、我が国の個別的自衛権の範囲内において許されるケースがあり得る、こういうことを申し上げているわけでございます。」

165　米軍に対する支援として憲法上許される範囲

【要旨】　米軍に対する支援として、米軍による武力の行使と一体となるような行動は憲法上許されない。

平八（一九九六）・五・二一（一三六回　参・内閣）

【参照条文】　自衛三

【議論の背景】　「安保共同宣言」（平成八（一九九六）・四）以後、「日米防衛協力のための指針」の改訂に向け検討が始まった。この新しいガイドラインは米軍への後方支援を要請しており、それと、武力の行使との一体化論との関係が問題となった。

【答弁】

○聴濤弘議員　米軍に対する支援として、武力行使と一体になる支援は憲法上許されないのでは。

○大森政輔内閣法制局長官　「ただいま米軍というお尋ねでございますからそれに限定してお答えいたしますと、アメリカ合衆国軍隊に対する補給などみずからは武力行使を行わない行動についてそれが憲法九条との関係で許される行為であるかどうかということにつきましては、他国、合衆国軍隊による武力の行使と一体となるような行動としてその行動を行うかどうかということによって憲法上の問題は決せられるべきものであるという見解はただいま御指摘のとおりでございます。」

○聴濤　武力行使と一体にならない要件は何か。

○大森　「私どもが湾岸危機の際等に述べてきました見解を正確にお聞き取りいただきたいと思います。

すなわち、各国軍隊による武力の行使と一体となるような行動に該当するか否かは、一つ、戦闘行動が行われている、または行われようとしている地点と当該行動の場所との地理的関係、二つ、当該行動の具体的内容、三つ、各国軍隊の武力行使の任にあるものとの関係の密接性、四つ、協力しようとする相手方の活動の現況等の諸般の事情を総合的に勘案して個々具体的に判断さるべきである、このように述べてきているわけでございまして、ただ遠いところはいい、近いところはやばいというような、非常に粗な、粗い見解を述べたわけではございません。」

○聴濤　日本の周辺で共同しようという今回のガイドライン改定では、この四要件は成立しないのでは。

○大森　「ただいま諸般の事情として四点を申し上げましたが、それを個々具体ばらばらにして、それぞれについて判断をするという趣旨じゃございませんで、あくまで四つの事情を総合判断いたしまして、要するに要点は、米軍が武力の行使をしている、それに我が国の実力組織がある一定の協力をしている、このような四つの事情等の諸般の事情の総合判断として我が国の実力組織も武力の行使をしているという評価を受けるに至るという場合には我が国はそのようなことはできないんだということを申し上げているわけでございまして、ただこの四点それぞれを分解して、この点はどうだ、この点はどうだと言われるのはその本意じゃございません。」

166　新ガイドラインに基づく米軍の活動への支援

〔要旨〕　武器弾薬の輸送は、戦闘地域外で行うことを前提として、基本的には米軍の武力との一体化の問題は生じない。

平九（一九九七）・一〇・三〔一四一回　参・本会議〕

【参照条文】　自衛三

【議論の背景】　新しい「日米防衛協力のための指針（新ガイドライン）」V2(2)は、周辺事態における米軍の活動に対する日本の支援について定める。この米軍に対する支援と、集団的自衛権の行使、米軍の武力との一体化との関係が問題となった。

【答弁】

○及川一夫議員　新ガイドラインに基づく米軍の活動に対する支援は、国民の権利を侵害したり、米軍の武力行使と一体化するおそれはないのか。

○橋本龍太郎内閣総理大臣　「新しい日米防衛協力のガイドラインに関しまして、米軍や自衛隊による民間の港湾、空港の使用についてでありますが、自衛隊による民間空港や港湾の使用は関係法令に従いまして現在も行われておりまして、自衛隊によるこれらの施設の使用に議員の御指摘のような問題があるとは考えておりません。

また、米軍による民間空港、港湾の使用についての支援を含めまして新たな指針の協力項目に掲げられております行為につきましては、我が国が実施することを想定しております具体的な内容及び態様に関する限り憲法との関係で問題となるようなものは含まれておりません。また、この方針は、日米安保条約及びその関連取り決めに基づく権利義務を変更するものではございません。

次に、武器弾薬の輸送や憲法の遵守についてのお尋ねがございました。

輸送はそれ自体としては武力の行使に該当せず、また戦闘地域と一線を画する場所において行うという前提にかんがみましたとき、基本的には米軍の武力の行使との一体化の問題が生ずることは想定いたしておりません。

いずれにせよ、日本のすべての行為が日本の憲法上の制約のもとでその範囲内で行われることは新指針に明記されているとおりでありまして、集団的自衛権の行使のように我が国憲法上許されないとされる事項についても従来の政府の見解に何ら変更は加えておりません。」

167　自衛権及び周辺事態における対応の憲法上の根拠

【要旨】　安全保障のための措置をとり得る根拠は、憲法一三条および前文の趣旨にある。

平九（一九九七）・一一・二七　〔一四一回　衆・安全保障〕

【参照条文】　憲一三・前文　自衛三

【議論の背景】　「日米防衛協力のための指針」V2（2）は、周辺事態における米軍の活動に対する日本の支援について規定している。これは、従来、個別的自衛権で説明してきた活動を越える行為であり、その憲法上の根拠が問題となった。

【答弁】

○平田米男議員　周辺事態における後方地域支援の憲法上の根拠とされた国家の存立を全うするために必要な自衛の措置をとり得る国家固有の権能と、個別的自衛権との関係、および憲法上の根拠について。

○大森政輔内閣法制局長官　「『自衛の措置』の意味合いでございますが、その際の答弁の文脈からも御理解いただけますように、紛争の防止や解決の努力を含む国際政治の安定を確保するための外交努力の推進、内政の安定による安全保障基盤の確立、そして日米安全保障体制の堅持、みずからの適切な防衛力の整備等を含む自国の平和と安全を維持し、その存立を全うするために必要な措置という広い意味で使用したものでございまして、我が国に対する武力攻撃が発生した場合における、これを排除するための自衛権の行使としての武力の行使ということに限定して使ったものではないということを御理解いただきたいと思います。

そこで、先ほどからの議論の延長になろうかと思いますが、周辺事態における我が国の対応措置と我が国有事、いわゆる我が国に対する武力攻撃がなされた場合における我が国の対応との間で憲法上の根拠が同じなのか違うのかということに関してでございますが、我が国といたしまして、自国の平和と安全を維持し、その存立を全うするために憲法第九条に違反しない範囲内で必要な安全保障のための措置をとり得るということは、憲法十三条及び前文の趣旨からして、国家固有の権能の行使として当然のことであろうと考えております。したがいまして、そういう次元においては、憲法上の根拠は同じレベルの問題であるということが言えようかと思います。

しかしながら、……日本に対する武力攻撃がなされた場合における米軍に対する後方支援としての輸送ということにつきましては、我が国を防衛するための共同対処行動をとっている米軍に対して必要かつ相当な範囲で協力するということは、憲法の規定を踏まえた安保条約第五条の規定からしてこれは当然のことでございます。したがいまして、新指針におきましても、米国から日本への補給品の航空輸送及び海上輸送を含む輸送活動について緊密に協力する旨が新指針においても記述されているところでございます。

これに対しまして、周辺事態における米軍に対する後方地域支援としての輸送につきましては、冒頭に申し上げましたような憲法の規定、趣旨に基づきまして、国のとるべき政策の選択として、日米安保条約の目的達成のために活動する米軍に対して憲法九条が禁止する武力の行使に当たらない限度内で支援を行うという性質のものである、これが基本的な考え方でございます。」

168　基地使用の応諾と集団的自衛権

〔要旨〕　安保約六に基づいて米軍に基地使用の応諾を与えることは、実力の行使には当たらず、憲法に反しない。

平九（一九九七）・一二・三（一四一回　参・本会議）

【参照条文】　安保約六

【議論の背景】　安保条約六条は、日本の領域への武力攻撃がない場合でも、基地使用を米軍に認める。また新ガイドラインは、周辺事態での、基地・民間施設の使用を米軍に認める。このことと集団的自衛権との関係が問題となった。

【答弁】

○山崎力議員　我が国自体にいまだ攻撃のない状況下で、米軍の直接出撃を許す六条事態が、集団的自衛権の行使に当たらないとする理由について。

○橋本龍太郎内閣総理大臣　「安保条約と集団的自衛権などの関係についてのお尋ねがございました。

日米安全保障条約及びその関連取り決めに基づく日本国から行われる米軍の戦闘作戦行動のための基地としての施設・区域の使用について応諾を与えることは、実力の行使には当たらず、我が国憲法の禁ずる集団的自衛権の行使には当たりません。」

169　周辺事態対応措置と自衛権との関係

〔要旨〕　周辺事態での対応措置は、それ自体武力の行使に該当せず、米軍の武力行使と一体化の問題も生じない。

平一一（一九九九）・四・二三〔一四五回　衆・防衛指針特別〕

【参照条文】　自衛三　周辺事態三Ⅰ①

【議論の背景】　新ガイドライン締結を受け、周辺事態法の制定の議論が始まった。この周辺事態の概念は、日本への急迫不正の侵害を前提としていないことから、個別的自衛権との関係、そして集団的自衛権との関係が問題となった。

【答弁】

○佐藤茂樹議員　周辺事態への対応というのは、自衛権の発動ではないのではないのか。

○高村正彦外務大臣　「周辺事態とは、我が国の平和と安全に重要な影響を与える事態でありますが、我が国に対する武力攻撃に至らないものであり、我が国が個別的自衛権を行使するということはないわけであります。

また、周辺事態安全確保法案に基づき、我が国が実施する諸活動は、いずれもそれ自体武力の行使に該当せず、米軍の武力行使と一体化の問題が生ずることも想定されません。したがって、この法案のもとでの我が国の活動は、憲法上認められない集団的自衛権の行使に当たるものではありません。

本法案は、これまで我が国において十分法整備がなされていなかったためにできなかったことをできるようにするという意味では、新しいものではありますが、我が国自身の平和と安全を確保することを目的として、日米安保条約の目的の枠内において、その信頼性、抑止力をさらに向上させるために主体的に作成したものであり、政府が一九六〇年以来一貫して行ってきた日米安保体制の効果的な運用のための努力の延長線上にあるものであります。

また、周辺事態における具体的な対米協力は、あくまでも日米安保条約の目的の枠内において行われるものであります。法案第三条第一項第一号においても、周辺事態において、我が国からの協力の対象となる米軍は、日米安保条約の目的の達成に寄与する活動を行っている米軍であることが明記されているわけであります。……これはいわゆる国連の集団安全保障の方なのか、それとも日本の国を守るためのものなのかというふうにとらえれば、後者の方に入るということは言えるかもしれません。言えるかもしれませんが、いわゆる我々が自衛権として定義しているところのものではありません。」

○佐藤　日本は、従来の個別的自衛権という範疇にも入らない、集団的自衛権という範疇にも入らないけれども、憲法の枠内で、武力の行使に至らない範囲でできる余地、協力、そういうものがあるのだ、政府としてそういう認識がある。そこに対米協力ということで一歩踏み出すのだ、そういう認識であるというふうに理解してよろしいですか。

○高村　「基本的にそういうことでございます。」

170　自己の生命等を防護するための武器使用の合憲性

【要旨】　周辺事態一一及び自衛九五の規定する武器使用は、憲法で禁止された武力の行使には当たらない。

平一一（一九九九）・四・二三（一四五回　衆・防衛指針特別）

【参照条文】　周辺事態一一　自衛九五

【議論の背景】　周辺事態法制定をめぐる議論のなかで、周辺事態で、自衛官が自己等の生命等を守るための武器使用、および、自衛隊の武器等を守るための武器使用と、憲法で禁止された武力の行使との関係が問題となった。

【答弁】

○大森政輔内閣法制局長官　「ご指摘の点につきましては、周辺事態確保法案十一条の武器使用と憲法九条との関係についてまず申し上げますと、自衛官がその職務を行うに際し、自己または自己とともにその職務に従事する者の生命、身体の防護のためやむを得ない必要があると認める相当の理由がある場合には、その事態に応じ合理的に必要と判断される限度で武器を使用できる、このように非常に要件を絞っているわけでございます。

したがいまして、この武器の使用と申しますのは、自己または自己とともにその職務に従事する者の生命、身体を防護するためのものでございますから、当初に確認をいたしました統一見解に言う、いわば自己保存のための自然権的権利というべきものに当たり、そのため必要な最小限度の武器使用は、憲法九条で禁止された武力の行使、すなわち、人的、物的組織体による国際的武力紛争とは一環としての戦闘行為には当たらないということは明白でございます。

次に、自衛隊法九十五条に基づく武器の使用でございますが、我が国を防衛するための重要な物的手段である自衛隊の武器等の破壊や奪取から当該武器等を守るため、武器等の警護に当たる自衛官に、極めて限定的かつ受動的な条件のもとで認められる最小限度のものでございます。したがいまして、先ほど述べました武力の行使の概念には当たらないということは、これまた明白ではなかろうかというのが私どもの考え方でございます。」

二　自衛力

(1)　自衛力の保持

171　憲法と自衛隊の関係についての鳩山首相の見解

【要旨】　自衛のための最小限度の目的のためならば自衛隊をもつことは憲法違反ではないとの意見に与することとした。

昭三〇（一九五五）・七・二五〔二二回　参・内閣〕

【参照条文】　自衛三

【議論の背景】　憲法改正論者として知られる鳩山首相が、昭和二九（一九五四）年発足の自衛隊と憲法の関係をどのように考えるのかが問題とされた。

【答弁】

○木下源吾議員　首相は、憲法第九条と自衛隊の関係についてどう考えるか。

○鳩山一郎内閣総理大臣　「憲法第九条は、自衛のための最小限度の防衛力の保持は禁止しておりませんから、自衛のための最小限度の目的のためならば自衛隊を持っても差しつかえないと考えております。」

○木下　首相は、在野当時は自衛隊は憲法を改正しないと持てないと言っていたのではないか。

○鳩山　「憲法第九条が成立する当時の司令部の考え方というのは、自衛のためにも防衛力は持ってはいけないという趣旨でこの第九条ができたということはすべての人が知っている通りであります。けれども……自衛隊法ができる当時から、日本には主権がある、主権を持つならば、それを守るという自衛力を持つのは当然だという論が圧倒的に国民の意思になりまして、それで今日においては自衛のためならば軍隊を持ってもいいということで、どしどし自衛隊が増強されておる現状でありまするから、これを否定しない方が当然だと考えるように私は意見が違ったのであります。」

172 「前項の目的を達するため、」に関する解釈

〔要旨〕 九条二項の「前項の目的を達するため、」は、一項を受け自衛のために必要な限度という条件を設けたものである。

昭三〇（一九五五）・七・二八 〔二二回 参・内閣〕

【議論の背景】 昭和二九（一九五四）年発足の自衛隊を憲法解釈としてどう説明するかが問われる中で、とくに憲法第九条第二項の「前項の目的を達するため、」をどう解するかが問題とされた。

【答弁】

〇植竹晴彦議員 憲法第九条第二項の「前項の目的を達するため、」と句読点があるが、どう解釈するか。

〇林修三内閣法制局長官 「二項は『前項の目的を達するため、』と、『ため、』で切ってございますが、そこで結局これが何を受けるかということについてはいろいろ議論があるわけでありますが……。私どもの考えとしましては、一項全体の趣旨を受けて、九条一項が国際紛争を解決する手段としての戦力を放棄する、一方においてこれは裏の言葉として、自衛権は放棄してないという説もわれわれは認めておるわけであります。そういう点から考えれば、……『達するため、』ということでありましても、これが一切の陸海空軍その他というものを保持しないということではなくて、やはり……、『戦力』という言葉を一項と関連して非常に高い程度に考えれば、いわゆる戦力は保持しないということになります。『戦力』という言葉を非常に低く考えて、いわゆる戦い得る力、警察隊等を含めた、あるいは今の自衛隊等を含めた一切の戦い得る力を考えれば、それを一切いけないという趣旨はこれは出てこない。従ってある基準を置いたその下のものはよろしいと、こういうことになってくると思います。それに対してはやはり一項の規定を受けて、自衛のために必要な相当の限度、自衛のための目的じゃなくて、限度という意味において条件がある、こういうような解釈はなし得ると、かように考えます。」

173 「自衛のための必要最小限度の実力」の意味

〔要旨〕 「自衛のための必要最小限度の実力」は、観念的には常に同じであるが、内容は時代とともに変化する。

昭三六（一九六一）・四・二五 〔三八回 衆・内閣〕

【議論の背景】「自衛権」を認めた場合、その行使の限界、また、自衛隊を「自衛のための必要最小限度の実力」として説明する場合、「必要最小限度」の意味が問題とされた。

【答弁】

○石橋政嗣議員　「急迫不正の現実的な侵害が行なわれたという場合、そういう場合に、他に適当なこれに対処する手段がないという場合に、必要最小限度の処置を講ずる、これが自衛権、自衛力の限界だ」という答弁をしているが、「必要最小限度」の意味は何か。

○林修三内閣法制局長官　「自衛権の行使の限界ということについては、今石橋委員がおっしゃった通りであります。」

○石橋　「必要最小限度」というのは、時代の流れとともに動くものか。

○林　「必要最小限度というものは、観念的には私は動かないと思います。観念的には常に同じでございますが、必要最小限度の、たとえば実力をどの程度の、極端に申せば小銃しかない場合には小銃も入るでしょうし、大砲しかない場合には大砲をもって対抗できた、こういう意味においては、その内容は時代とともにある意味においては変革するもの、かように考えます。」

174　憲法と自衛力

〔要旨〕　現憲法は軍事規定をもたないが、国家固有の自衛権を否定しておらず、「自衛のための必要最小限度の実力」の保持を認めている。

昭四八（一九七三）・九・二三〔七一回　参・本会議〕

【参照条文】　明憲一一～一四

【議論の背景】　憲法が軍の編成や統帥に関する規定を持っていないことから、憲法は自衛軍を想定していないのではないかということが問題とされた。

【答弁】

○黒柳明議員　憲法の条文に軍の編成や統帥に関する規定が全くないことからして、憲法は自衛軍を想定していないのではないか。

○田中角栄内閣総理大臣　「憲法の条文に軍の編成や統帥に関する規定が全くないという御指摘でございます。政府といたしましては、憲法第九条は、わが国が主権国として持つ固有の自衛権まで否定したものではなく、したがって、この自衛権の行使を裏づける自衛のために必要最小限度の実力の保持を認めるものであると解しておるわけでございます。旧憲法にあったような、一連のいわゆる軍事規定が現憲法にないということと、自衛のための必要最小限度の実力の保持を憲法が認めていると解することとは、何ら矛盾するものではないと、こう考えております。」

175　自衛隊の合憲性に関する社会党の見解

〔要旨〕　専守防衛に徹し、自衛のための必要最小限度の実力組織である自衛隊は、憲法の認めるものである。

平六（一九九四）・七・二〇　（一三〇回　衆・本会議）

【議論の背景】　平成六（一九九四）年六月三〇日に村山社会党委員長を首相とする自民・社会・さきがけ三党連立内閣が成立したことから、自衛隊の合憲性についての社会党の見解が質された。

【答弁】

○羽田孜議員　自衛隊に対する社会党の見解いかん。

○村山富市内閣総理大臣　「自衛隊に関する憲法上の位置づけについての御質問でございます。よくお聞きをいただきたいと思います。（拍手）

私としては、専守防衛に徹し、自衛のための必要最小限度の実力組織である自衛隊は、憲法の認めるものであると認識するものであります。（拍手、発言する者あり）後が大事ですから、どうぞお聞きください。

同時に、日本国憲法の精神と理念の実現できる世界を目指し、国際情勢の変化を踏まえながら、国際協調体制の確立と軍縮の推進を図りつつ、国際社会において名誉ある地位を占めることができるように全力を傾けてまいる所存であります。（拍手）

本来、国家にとって最も基本的な問題である防衛問題について、主要政党間で大きな意見の相違があったことは好ましいことではありません。戦後、社会党は、平和憲法の精神を具体化するための粘り強い努力を続け、国民の間に、文民統制、専守防衛、徴兵制の不採用、自衛隊の海外派兵の禁止、集団自衛権の不行使、非核三原則の遵守、核・化学・生物兵器など大量破壊兵器の不保持、武器輸出の禁止などの原則を確立しながら、必要最小限の自衛力の存在を容認するという穏健でバランスのとれた国民意識を形成したものであろうと思います。（拍手）

国際的に冷戦構造が崩壊し、国内的にも大きな政治変革が起きている今日においてこそ、こうした歴史と現実認識のもと、世界第二位の経済力を持った平和憲法国家日本が、将来どのようにして国際平和の維持に貢献し、あわせて、どのようにして自国の安全を図るのかという点で、よりよい具体的な政策を提示し合う未来志向の発想が最も求められていると考えるものであります。社会党においても、こうした認識を踏まえて、新しい時代の変化に対応する合意が図られることを期待しておる次第でございます。」

(2) 自衛力と戦力

176 戦力と自衛力の関係

【要旨】 戦力と自衛力とは範疇が異なる。憲法を改正し戦力をもつまでは、いかなる力を持つかはまず政府が決める。

昭二八（一九五三）・三・五（一五回 参・予算）

【議論の背景】 自衛隊の発足を前にして、戦力と自衛力の関係、戦力か自衛力かの判断を誰が行うのか、自衛力を増強し戦力とならない前に憲法改正が必要ではないかが問題とされた。

【答弁】

○岡本愛祐議員 自衛力はどの程度に達すれば戦力になるのか、それを誰が判断するのか。

○木村篤太郎法務総裁 「先ず第一に、一体自衛力とは何ぞやという問題を解釈しなければならん。（笑声）そこで自衛力とは国の外たると内たるとを問わず、国内の平和を乱し、治安を攪乱する行為に対して、これを防圧して行こうというその総合の力である、……その総合した力でありますから、単に武力ばかりでなく、或いは工業力、精神力、いろいろな力が総合されたものでなければならない。戦力というのはこれに反してただ戦争を目的とする一つの武力である、いわゆる憲法第九条第二項の戦力、……近代戦を有効適切に遂行し得るいわゆる陸海空軍に相当すべき戦力、自衛力と戦力とはその範疇を全く異にいたしておるのであります。自衛力はどの程度までが戦力になるか、これは私は問題外である、……自衛力と戦力とはおのずからその意を異にする、こう解釈する。」

○岡本 範疇が違うというが、戦力か自衛力かは誰が判定するのか。

○木村 「戦力を保有するということは、つまり国家が保有するのであります。そのときの政府がこれを判断してやるべきだろうと私は考える。」

○岡本 軍備であるかないかは、国民の大多数の認定によるのではないか。

○木村 「結局のところ戦力たるや否やということはこれは社会通念によってきまるものである。要するに国民が、結局終局的に国民が判断されるのであります。併し戦力を保持する場合において何が戦力になるかどうかということは一時的に先ず政府がこれをきめてかからなければきめようがないのであります。」

○岡本 それなら国民の大多数が自衛戦力になったと認めたと

きには、もう政府はすでに憲法違反をしたことになるのではないか。

○木村　「戦力を持つかどうかということは時の政府がきめる、先ず第一次的に政府がきめるのだ。そうしてそれが果して社会通念に適当しておるかどうか、いわゆる国民一般の判断に適合するかどうか、これが問題になれば最終的には私はいわゆる憲法による最高裁判所によって判断されるべきものだと考えておるのであります。」

○岡本　国民の大多数が自衛戦力になったと認めてしまったら憲法違反になる、戦力にならないうちに政府は憲法改正手続をとる必要があるのではないか。

○吉田茂内閣総理大臣　「国家が戦力を持つことが必要であるか必要でないかということは先ず政府として考えて、然らばその場合に如何なる力を持つか、それが戦力に到達するならば、又社会通念が戦力ということになれば予算を要求する以前において憲法の改正なりその他の処置をするのみならず、これが与論が支持してこれは戦力を必要とする、戦力を国家として持つべきである、独立安全を保障するためには戦力に至るものを持たなければならん、そのためには憲法を改正しなくちゃならんという与論の方面が動いて初めてここに軍備ということになると思いますが、その以前において如何なる力を持つか、如何なる力を必要とするかは政府が考える、そういう考えではないかと私は解釈いたします。」

177　海外権益の保護と防衛力の限界

〔要旨〕　海外権益の保護に必要な防衛力というものは憲法の範囲を越える。

昭四七（一九七二）・九・一二〔六九回（閉）衆・内閣〕

【議論の背景】　四次防との関連で防衛力の限界が問題とされ、具体的には石油輸送などとの関連で海上防衛力の限界が問われた。

【答弁】

○久保卓也防衛庁防衛局長　「日本の憲法のたてまえからいえば、海外における権益を自力で擁護する発想はあり得ないのではないかと思っております。したがいまして、そういうために必要な防衛力というものは、やはり憲法の範囲を越えるものであり、したがって、海上防衛力の限度というものもある程度で押えられるべきものであると思いますので、相当遠くまで有効に海上能力というものを維持し得るだけの防衛力というものは、日本としては持ち得ないのではないかというふうに思います。」

178　自衛力の限界

〔要旨〕　国家固有の自衛権を裏付ける自衛力の限界は、「自衛のための必要最小限度」であり、そのために文民統制等がある。

昭五三（一九七八）・六・六〔八四回　衆・内閣〕

【議論の背景】　増強整備される自衛隊は憲法の禁止する「戦力」ではないかということとの関連で、自衛隊には自衛力ということから憲法上の限界があるのかどうかが問題とされた。

【答弁】

○上原康助議員　紛れもなく戦力に値する自衛隊の自衛力という面での憲法上の限界いかん。

○真田秀夫内閣法制局長官　「ただいま御質問の中で、現在の自衛隊は紛れもなく戦力であるというふうにおっしゃいましたけれども、私たちはそうは思っておらないのでございまして、……日本が独立国として持っておる固有の自衛権というのがあるわけでございますから、その固有の自衛権を実効あらしめるといいますか、それを裏づけるために必要な最小限度の防衛力、実力部隊、これは憲法第九条第二項によっては禁止されておらないというふうに実は考えておるわけでございまして、現在の自衛隊は、もちろんいま私が申し上げました憲法が許容している範囲内のものであるというふうに考えておるわけでございます。

そこで、恐らく御質問の真意は、自衛のために必要な最小限度というのではいかにも抽象的ではないか、自衛のために必要な最小限度という概念で、では一体どこまで持てるのか、一体歯どめはどうなるのかということだろうと思うのですね……。その歯どめは、……自衛のため必要最小限度というのが実は大枠でございまして、そのために文民統制とかあるいは国防会議とか、あるいは最高指揮官は内閣総理大臣であり、あるいはまたその統括者は防衛庁長官で、いずれも文民である。しかも、その組織の中身については、毎年予算なりあるいは法律をもって国会の御審議を経ているというところで、実は一つの手続上の歯どめもあるというふうに考えておるわけでございます。」

179　「自衛のための必要最小限度の実力」の判定基準

〔要旨〕　「必要最小限度」は定量的に定められないので、各種情勢を考慮に入れ政府が判断した上で国会で審議する。

昭六三（一九八八）・四・六〔一一二回　参・予算〕

【議論の背景】　ますます増強整備される自衛隊について、「自衛のための必要最小限度の実力」とは何か、それを誰がいかなる基準で判断するのかがくり返し問題とされた。

【答弁】

○久保亘議員　戦力に当たらない自衛のための必要最小限度の実力とは何か、この実力の判定の基準は何か。

○味村治内閣法制局長官　「必要最小限度というのは何かというのが先生の御質問でございますが、……これは周辺諸国のいろいろな軍事情勢、世界的な軍事情勢、国際情勢、いろんなことで定量的に定めることはできないわけでございます。

　したがいまして、その判定につきましては各種の情勢を考慮に入れた上で御判断になるわけでございますが、これは防衛庁さらには安全保障会議、閣議、それから予算あるいは法律、自衛隊法とかそういったような法律、そういったものを御審議いただきます国会、そういうところにおいて決定されるべきものと存じます。」

○久保　実力のレベルというのは時の政治権力の判断で自由になるということか。

○味村　「政府といたしましては、我が国を防衛する責任を負っているわけでございますから、防衛のために必要な実力というものは、これは最小限度備えるというような立場からいろいろ検討をしているわけでございます。そういう立場から、我が国で備えるべき実力はどの程度かということを決定いたしました上で、それを法律案なり予算なりに反映いたしまして国会で御審議をいただくということでございまして、決して政府が勝手に決められるというようなものではないと存じます。」

第五節　集団的安全保障

一　集団的安全保障一般

180　自衛隊の国連の活動への参加

【要旨】国連の活動について、「武力の行使」と関係ない場合には憲法九条と直接関連しないものもありうる。

昭三三（一九五八）・三・二八〔二八回　衆・内閣〕

【参照条文】国連憲章四二

【議論の背景】国連加盟との関連で、国連警察軍など国連の具体的な活動への自衛隊の参加が憲法の下でどこまで認められるかが問題とされた。

【答弁】

○石橋政嗣議員　自衛隊が国連のワクの中でどの程度動くことを現憲法は許しているのか。

○林修三内閣法制局長官　「憲法九条では自衛権は認める、日本に外部からの侵略あるいは間接侵略があった場合にこれを防ぐということを認めておるわけでありまして、それ以外について日本が主権国家として武力を行使する、戦争することは認めておりません。従いまして警察軍という名前をとるといたしましても、ただいま申しましたような憲法の趣旨に反するものはこれは理論的な問題でありますが、私どもとしては参加できないと思います。しかしたとえば、全く武力の行使と関係のない警察行動的のものがあり得た場合に、それは憲法九条と直接関連しない面があるのじゃないか、こういうことも理論的には考えられます。そういう点についてはなお研究を要すると思っております。」

181　国連の活動への協力と憲法上の限界

〔要旨〕　国連協力として、軍隊を出すことはできないが、経済的援助や国際的義務の負担金の分担は憲法に違反しない。

昭三三（一九五八）・三・二六〔二八回　衆・予算〕

【参照条文】　自衛三

【議論の背景】　スエズへの派遣軍など国連の具体的な活動との関連で、日本は憲法上どこまで国連協力ができるのかが問題とされた。

【答弁】

○中村高一議員　国連の決議に従って派遣軍に負担金を出すことは憲法上可能か。

○岸信介内閣総理大臣　「私は、日本がいかなる目的をもっても外国に軍隊を出すということは、憲法上また自衛隊法の建前から言って、これは認められないと思います。しかし、国連に加盟して、そして国連憲章を尊重して世界の平和に貢献するという立場から申しますと、そういう軍隊を出すことはできませんけれども、私は、経済的援助やあるいは国際的の義務の分担としてその費用の一部を分担するということは、決して憲法その他に違反するものではない、かように思っております。」

182　国連軍と自衛隊

〔要旨〕　自衛隊は、武力行使を目的としない国連の活動へは参加しうるが、軍事行動を目的とする国連軍への参加はできない。

昭四二（一九六七）・五・三〇〔五五回　参・内閣〕

【議論の背景】 在韓国連軍との関連で自衛隊の協力の可否が問題とされたが、この時点では武力行使を目的としない国連の活動への参加・協力はまだ具体的には問題とされていない。

【答弁】

○稲葉誠一議員 国連軍に対して自衛隊はどこまで協力できるのか。

○三木武夫外務大臣 「自衛隊が韓国に派兵して国連軍に協力するというふうなことも、憲法の条章から私は許されないと考えております。」

○藤崎萬里外務省条約局長 「朝鮮の場合の国連軍は、あれは軍事行動をとることを目的とするものでございまして、つまり、そういうようなものについては日本の自衛隊は参加できない。これは日本憲法からきている制約でございます。そうでない監視的な仕事を持っているものについては、あるいは自衛隊は憲法の制約はないけれども、自衛隊法からの制約がある、これが従来から政府のとっている見解でございます。」

○稲葉 日本の国内で国連軍を編成して自衛隊が国連軍へ入ることはあり得るのか。

○藤崎 「そういう場合でも自衛隊としては参加できないわけでございます。」

○稲葉 自衛隊が参加し得るような国連の行動というものはどういうものがあるか。

○藤崎 「先ほど申し上げましたように、武力行使を目的としないような国連の行動ならば憲法上は自衛隊が参加することは禁ぜられておらないということ以上には、ちょっとそれ以上には具体的には申し上げかねる次第でございます。」

183 国連軍による日本の基地使用

〔要旨〕 国連軍の日本の基地使用につき、事前協議の対象となる米軍以外については兵たん基地としてしか使用させない。

昭四三（一九六八）・四・一六 〔五八回 衆・外務〕

【参照条文】 安保約六 国連憲章四三

【議論の背景】 国連軍の地位に関する協定との関連で、第一、米軍が国連軍という名によって日本の基地を使用する場合、第二、米軍以外の国連軍が日本の基地を使用する場合があるが、とくに第二についての取り扱いいかんが問題とされた。

【答弁】

○伊藤惣助丸議員 国連軍の一員として米軍が日本の基地を使用する場合、あるいは、米軍以外の国連軍が日本の基地を使用する場合、事前協議の対象として拒否できるのか。

○佐藤正二外務省条約局長 「現在の安保条約ができましたと

きに、吉田・アチソン交換公文等に関する交換公文……これは岸・ハーター交換公文でございますが、これの中の三項に、『一九五〇年七月七日の安全保障理事会決議に従って設置された国際連合統一司令部の下にある合衆国軍隊による施設及び区域の使用並びに同軍隊の日本国における地位は、相互協力及び安全保障条約に従って行なわれる取極により規律される。』こうなっておりまして、米軍に関する限りは、国連軍協定では規律いたしませんで、安保条約によってこれを規律するということになっております。したがって〔第一に〕、米軍が国連軍の頭をかぶって出て行ったにいたしましても、やはり安保条約はかぶりまして、そして事前協議の対象になるような行動をやる場合には、事前協議の対象になるわけでございます。……〔第二に、〕米軍以外の国連軍が日本からいろいろ武力行動をやるときにどういうことになるかという問題があると思います。この点は、国連軍の地位に関する協定を結びましたときに、……そのときにはっきりと、第五条に関する合意議事録の中に『日本国政府が日本国において国際連合の軍隊の使用に供する施設は、朝鮮における国際連合の軍隊に対して十分な兵たん上の援助を与えるため必要な最小限度に限るものとする。』ということにいたしまして、兵たん基地としてしか施設は使わせないということで、はっきりそこで歯どめをつくったわけでございます。したがって、その両者とも——両者と申しますのは、二つの場合ともに国連軍がこちらから、いわゆる安保で言えば、事前協議の対象になるような武力行動をやるというようなことにはならないようにできております。」

184　在日米軍基地に対する攻撃と米韓条約等との関係

【要旨】　在日米軍救援に来た他国軍隊の日本への受け入れは日本が自主的に判断するので、戦争に「巻き込まれる」わけではない。

昭四四（一九六九）・二・一九〔六一回　衆・予算〕

【参照条文】　安保約五・六

【議論の背景】　日米安保条約に基づく在日米軍基地が武力攻撃を受け、米国との条約に基づき締約国が武力出動した場合、日本は当該戦争に「巻き込まれる」危険性があるのではないかということが問題とされた。

【答弁】

○楢兼次郎議員　日米安保条約による在日米軍基地の存在によって、もし米軍基地に何かあった場合には、米韓条約等との関係で日本が戦争に巻き込まれる危険性があると思うがどうか。

○愛知揆一外務大臣　「たとえば在日米軍が攻撃を受けるというような場合に、あるいは沖縄に、将来を考えた場合に攻撃を受けるというようなことがあった場合に、当該締約国、アメリカ以外の国の軍隊が助けに来るという義務も、同時にそういう条約〔「米韓、米比その他その種の条約」〕にはあるわけでございます。そういう場合に、たとえば豪州軍が日本を助けに来るというときに、これを日本の領土内に入れて助けてもらうかどうかということは、これは日本が自主的に日本の立場において助けを受けるかどうかということになるわけでございまして、いま御指摘のような戦争に巻き込まれる、巻き込まれるというような論議については、こういうこともあり得るのだということをひとつ御承知おき願いたいと思います。」

185　自衛隊の国連軍への参加

『要旨』　国連軍の目的・任務が武力行使を伴わない場合、自衛隊の参加は、憲法上可能だが現行自衛隊法上できない。

昭五五（一九八〇）・一〇・三〇〔九三回　衆・本会議録〕

【参照条文】　国連憲章四二

【議論の背景】　後のいわゆる湾岸戦争以後焦点の一つとなる国連の「平和維持活動」への協力が問題となり、自衛隊の国連軍への参加と憲法の関係についての政府答弁書が求められた。

【答弁】

○稲葉誠一議員提出自衛隊の海外派兵・日米安保条約等の問題に関する質問主意書

「二　国際紛争を解決するため国連がその『平和維持活動』として現実に編成したいわゆる『国連軍』に関し、

3　右で示された『国連軍』に参加すると仮定した場合、我が国憲法・国内法ではどのような制約・不備があると考えているのかを指摘し、過去及び今後におけるその制約・不備を是正する意向の有無と、対応策の具体案について示されたい。」

○答弁書（昭和五五年（一九八〇）一〇月二八日提出）

「二について

3　いわゆる『国連軍』は、個々の事例によりその目的・任務が異なるので、それへの参加の可否を一律に論ずることはできないが、当該『国連軍』の目的・任務が武力行使を伴うものであれば、自衛隊がこれに参加することは憲法上許されないと考えている。これに対し、当該『国連軍』の目的・任務が武力行使を伴わないものであれば、自衛隊がこれに参加することは憲法上許されないわけではないが、現行自衛隊法上は自衛隊にそのような任務を与えていないので、これに参加することは許されないと考えている。

我が国としては、国連の『平和維持活動』が国連の第一義的目的である国際の平和と安全の維持に重要な役割を果たしていると認識している。このような観点から、国連の『平和維持活動』に対し、従来から実施している財政面における協力に加え、現行法令下で可能な要員の派遣、資機材の供与による協力を検討して行きたいと考えている。」

186 国際海上監視部隊に対する費用分担と集団的自衛権

『要旨』 国際海上監視部隊構想に関し、費用分担は、国家による実力行使に該当せず、集団的自衛権行使にはあたらない。

昭五六（一九八一）・六・三 〔九四回 参・本会議録〕

【参照条文】 国連憲章五一

【議論の背景】 ホルムズ海峡の安全航行確保のため構想された米国を中心とする国際海上監視部隊への費用支出と憲法の関係についての政府答弁書が求められた。

【答弁】

○秦豊議員提出政府の安全保障政策、特に経費分担に関する質問主意書

「一 政府は、昨年十月、衆議院安全保障特別委員会の審議において、ホルムズ海峡の安全航行確保のため、アメリカを中心とした国際海上監視部隊の構想に対し、『同部隊が創設された場合の費用分担は合憲』との判断を示したがその見解に変化はないのか。」

○答弁書（昭和五六年（一九八一）五月二九日提出）

「一について

御質問のような構想は、具体化するような気配もなく、また、このような構想に関連して我が国に対し費用分担が要請されているわけでもない。

ただ、全く仮定の問題として、我が国が御質問のような構想に関連して費用を支出することと、我が国の憲法解釈上認められない集団的自衛権の行使との関係について一般論を述べれば、集団的自衛権を含めおよそ自衛権とは、国家による実力の行使に係る概念であるので、我が国が単に費用を支出するということは、右にいう実力の行使には当たらず、我が国憲法解釈上認められない集団的自衛権の行使には当たらない。

いずれにせよ、このような構想に関連した費用分担については、具体的な実体に即して判断すべき問題であり、このことについて何ら要請のない現段階において、検討することは適当でないと考える。」

187　自衛隊の正規の国連軍への参加

【要旨】　当該任務が日本の防衛とはいえない国連憲章上の国連軍に自衛隊を参加させることは憲法上問題が残る。

平二（一九九〇）・一〇・一九　〔一一九回　衆・予算〕

【参照条文】　国連憲章四二・四三

【議論の背景】　いわゆる湾岸戦争後に自衛隊の海外派遣が焦点の一つとなるが、正規の国連軍が編成された場合にそれに自衛隊が参加することの憲法上の可否が問題とされた。

【答弁】

○谷川和穂議員　将来の話として、国連軍ができた場合は自衛隊はこれに参加できるか。

○工藤敦夫内閣法制局長官　「まず、……自衛隊につきましては、我が国の自衛のために必要最小限度の実力組織である、したがって憲法九条に違反するものではない、かようなことが第一点でございます。

それから、……武力行使の目的を持ったいわゆる海外派兵でございますが、こういうものは一般に自衛のための必要最小限度を超えるから、そういう意味で憲法上許されない。あるいは……自国と密接な関係にある外国に対する武力攻撃、これに対しまして、自国が直接攻撃をされていないにもかかわらず実力をもって阻止する、こういうふうな集団的自衛権につきましても、我が国は国際法上主権国家であります以上そういうものを持っているとしても、その権利を行使することは憲法九条のもとでは許されていない、すなわち我が国を防衛するため必要最小限度の範囲を超えるんだ、こういう観点から憲法上許されない、……。あるいは今までの、正規のではございません、いわゆる平和維持活動のようなものを行っておりますものにつきましても、その目的、任務が武力行使を伴うようなものであればこれは参加することが許されない。こういうふうなことを従来質問主意書等でお答えしているところでございます。

こういった憲法の九条の解釈といいますか適用といいますか、そういうものの積み重ねがございまして、そういうのから推論してまいりますと、その任務が我が国を防衛するものとは言えない、そこまでは言い切れない国連憲章上の国連軍、こういうものに自衛隊を参加させることにつきましては憲法上問題が残るのではなかろうか。

ただ一方、他方におきまして国連憲章の方を考えますと、国連憲章の七章に基づく国連軍というのはいまだ設置されたことはないわけでございます。それから、その設置につきまして、たしか国連憲章の四十三条だったと思いますが、そこにおきまして特別協定を結ぶというふうなことも規定されてございます。

この特別協定がいかなる内容になるか、まだ判然としないということでございます。

それからさらに、国連憲章四十三条で挙げております兵力、援助、便宜の供与でございましょうか、そういった三つのものにつきましても、そういうのをどういうふうに組み合わせて行うか、それ全部を行う義務は必ずしもないとも解されております。さらにもっと申し上げれば、国際情勢が今急速に変化しつつあります。

こういうふうな諸点を考えてまいりますと、現段階でそれを明確に申し上げるわけにはなかなかまいらない、これが今研究中と申し上げた趣旨でございます。将来国連軍の編成が現実の問題となりますときに、そういう意味で以上申し上げたようなことを総合勘案いたしまして判断していくことになろう、かように考えております。」

188　憲法と国連憲章

『要旨』　憲法は国連憲章に優位し、国連憲章七章のうちの軍事的措置に関する部分については憲法の枠内で対処する。

平六（一九九四）・五・二五（一二九回　衆・予算）

【参照条文】　国連憲章七章

【議論の背景】　平成六（一九九四）年四月成立の羽田首相の下での連立内閣の、憲法と国連憲章の関係についての統一見解が求められた。

【答弁】

○熊谷弘内閣官房長官

「連立政権樹立のための確認事項に関する政府統一見解

一　新たな連立政権樹立のための確認事項については、政府として有権的解釈を行う立場にない。

政府としては、与党統一見解で示された考え方を踏まえつつ、憲法の枠内で適切に対処して参りたい。

二　憲法と条約との関係については、憲法の尊重擁護義務を負っている国務大臣で構成される内閣が憲法に違反する条約を締結することができるとすることは背理であること、また、条約締結手続が憲法改正手続よりも簡易であること等からして、一般には憲法が条約に優位すると解される。

なお、以上のことは国連憲章との関係でも同様である。

三　『集団安全保障』は、平和に対する脅威、平和の破壊又は侵略行為が発生したような場合に、国際社会が一致協力してこのような行為を行った者に対して適切な措置をとることにより、平和を回復しようとするものであり、国連憲章にはそのための具体的措置が規定されている。国連による平和と安全の維持のための枠組みの総体に関し、国連憲章と憲法との関係で問題となり得るのは、国連憲章第七章のうちの軍事的措置に関する部分であろうが、いずれにせよ、政府としては、前述の通り憲法の枠内で対処して参る所存である。」

189　憲法と国連決議に従った日本の行為

〔要旨〕　憲法九条は、国連決議に従って行われる場合であっても、日本の行為として武力行使等を放棄している。

平六（一九九四）・六・八　〔一二九回　衆・予算〕

【議論の背景】　一般論としては国連との関連で、国連決議に従った武力行使は憲法第九条のいう「国権の発動」にあたらないのかどうかが問題とされた。

【答弁】

○中川秀直議員　国連の決議に従って行為する場合は「国権の発動」に当たらないのか。

○大出峻郎内閣法制局長官　「憲法第九条は、我が国が戦争を放棄する、あるいは原則的に我が国を防衛するための必要最小限度の自衛権を行使するということ以外のいわゆる武力行使、武力による威嚇というものを我が国は放棄する、我が国の行為によってそうすることを放棄するということであります。

ただいまのお話につきまして、国連決議との関連について、いろんな場合があるいはあり得るのかどうかちょっとわかりませんけれども、原則的に申し上げますれば、要するに国連の決議に従って我が国がこれらの行為をするということであれば、我が国の行為でございますから、それはやはり九条によって放棄をしているというふうに理解すべきものと思います。」

190　憲法と集団的安全保障

〔要旨〕　国連憲章が定める措置のうち武力行使等にあたる行為やそれと一体化する後方支援は行うことはできない。

平六（一九九四）・六・一三　〔一二九回　参・予算〕

【参照条文】　国連憲章七章

【議論の背景】　憲法前文が定める平和主義、国際協調主義の理念との関連で国連協力のあり方いかんが問題とされたが、国連憲章の集団的安全保障、非軍事的強制措置と憲法の関係についての政府答弁が示された。

【答弁】

○大出峻郎内閣法制局長官　「集団的安全保障への参加と憲法との関係について、去る十日の委員会での答弁に補足をいたしたいと思います。

集団的安全保障とは、国際法上武力の行使を一般的に禁止する一方、紛争を平和的に解決すべきことを定め、これに反して平和に対する脅威、平和の破壊または侵略行為が発生したような場合に、国際社会が一致協力してこのような行為を行った者に対して適切な措置をとることにより平和を回復しようとする概念であり、国連憲章にはそのための具体的な措置が定められております。

ところで、憲法には集団的安全保障へ参加すべきである旨の規定は直接明示されていないところであります。ただ、憲法前文には、憲法の基本原則の一つである平和主義、国際協調主義の理念がうたわれており、このような平和主義、国際協調主義の理念は、国際紛争を平和的手段により解決することを基本とする国連憲章と相通ずるものがあると考えられます。

我が国は、憲法の平和主義、国際協調主義の理念を踏まえて国連に加盟し、国連憲章には集団的安全保障の枠組みが定められていることは御承知のとおりであります。

したがいまして、我が国としては最高法規である憲法に反しない範囲内で憲法第九十八条第二項に従い国連憲章上の責務を果たしていくことになりますが、もとより集団的安全保障に係る措置のうち憲法第九条によって禁じられている武力の行使または武力による威嚇に当たる行為については、我が国としてこれを行うことが許されないのは当然のことであります。」

○**種田誠議員**　国連憲章第四十一条の非軍事的強制措置は可能か。

○**羽田孜内閣総理大臣**　「後方支援の中でも、例えば医療の問題ですとか、かつて我が国が一応の戦いが終わった後の例えば湾岸における掃海の作業ですとか、そういったものはできますけれども、軍事と一体となってやるということは、要するに武力の問題と一体となってやるということは非常に難しい問題であろうというふうに思います。」

191　憲法と国連憲章の異同

〔要旨〕　武力行使の許容範囲につき憲法と国連憲章は異なる。国連憲章二条四項で言う武力の行使は、専ら実力の行使にかかわるものと解される。

平一一（一九九九）・五・二〇　〔一四五回　参・防衛指針特別〕

【参照条文】　国連憲章二Ⅳ・七章

【議論の背景】　日本政府は武力行使とは戦闘行為と解しているが、国連憲章上武力行使は戦闘行為だけでなく兵たん活動なども含むのではないかということが指摘され、日本政府のいう武力行使の範囲との異同が問題とされた。

【答弁】

○**大森政輔内閣法制局長官**　「日本国憲法と国連憲章等との間の差の問題でございますが、……〔憲法〕第九条の解釈といたしましては、我が国を防衛するために必要最小限度の実力組織を保持し、そしてその組織に基づく自衛行動を行うことはともかくとして、それ以外については一切武力の行使に当たる行為等は行わないという方針を採用しているわけでございます。

それに対しまして国連憲章におきましては、まず第七章におきまして集団的安全保障措置に関する規定があり、安保理の決議がありますと陸海空軍の行動もとることを認め、また五十一条におきましては、ある一定の制約のもとで個別的自衛権あるいは集団的自衛権の行使を認めているというように、武力の行使についてある許容の範囲、例外の範囲というのは日本国憲法との間で制度的な差があるということは、そういう意味におきましては御指摘のとおりではなかろうかと思うわけでございます。」

○**小池晃議員**　一九七四年十二月の侵略の定義に関する国連総会の審議の過程で提出された一九六九年の共同修正案を見ると、侵略を構成し得る武力行使には戦闘行為以外の項目が含まれている。ここで禁止をされている武力行使は、戦闘行為に限定されていないのではないか。

○**加藤良三外務省総合外交政策局長**　「〔一九七四年の侵略の定義に関する総会決議は、〕六条に明記されておりますとおり『憲章の範囲をいかなる意味においても拡大し、又は縮小するものと解してはならない。』のであり、当該決議中の武力の行使とは憲章第二条第四項の武力の行使……と同義であって、専ら実力の行使にかかわるものと解されます。

次に、六九年の日本を含む六ヵ国共同修正案……の案文は、侵略の認定は国際の平和と安全の維持に主要な責任を有する安保理が行うものであるという観点から、侵略とは安保理が用いる用語であるとした上で、侵略という言葉の定義及び侵略を構成する武力行使の目的及び手段を例示しているということでございますが、基本は七四年の決議について今私が申し述べたとおりでございます。」

二　PKO

192　自衛隊の国連監視団への協力

【要旨】　国連監視団が文民による場合には派遣の可能性はあるが、軍人から成る現状では自衛隊を派遣する考えはない。

昭四二（一九六七）・六・一四〈五五回　衆・外務〉

【議論の背景】　国連の活動で武力行使の危険性があるものとな

いものを区別した場合、後者に関連して言われる国連監視団も現段階で軍人から成っている以上はそれへの自衛隊の参加は不可能ではないかが問題とされた。

【答弁】

○戸叶里子議員　国連監視団への協力について。

○藤崎萬里外務省条約局長　「休戦監視のためではあるが、平服を着た者がやる場合には、これはもう初めから問題ないと思います。それが軍人によって行なわれる場合にはすぐ問題が生ずるわけでございますが、その点について初めからいわば類型的に、抽象的に、こういう場合はよろしいということがなかなか申し上げにくいので、……その場合場合によって判断するよりほかない、戦争に巻き込まれるような危険性なんというものもやはりその場合によって違うわけでございます。」

○戸叶　現在の段階で軍人から成る監視団に日本が参加できるような情勢はないのではないか。

○三木武夫外務大臣　「〔文民による監視団が〕将来できてくる場合があれば、これはむろん、日本がいま言ったような原則〔国内法に違反しない、武力を行使しない〕に抵触しなければ、派遣をして私はいいと思う。これは、そういう形で協力することは望ましいことですが、現状でみな軍人ということになってまいりますと、やはりいろいろ問題がありますから、そういうふうなことになれば、いろいろ手続というものが必要だと私は思います。現行法の中ではいろいろな疑義が生ずる。したがって、自衛隊をそういうところへ政策として派遣する考えはない、こう申したのでございます。」

○戸叶　海外にいる駐在防衛武官が監視団に加わるということがあり得るか。

○三木　「現在のところはないと考えております。」

193　平和協力隊の国連軍への「参加」と「協力」

〖要旨〗「参加」に至らない「協力」については、「国連軍」の武力行使と一体とならないようなものは憲法上許される。

平二（一九九〇）・一〇・二六〔一一九回　衆・国際平和協力特別〕

【参照条文】　国連憲章四二

【議論の背景】　平成二（一九九〇）年一〇月一六日提出（海部内閣）の国連平和協力法案の審議の過程（同年一一月一〇日廃案）で、設置が予定されていた平和協力隊の国連軍への「参加」と「協力」についての政府統一見解が求められた。

【答弁】

○冬柴鉄三議員　いわゆる国連軍への平和協力隊の参加と協力について、政府の統一見解を示されたい。

○中山太郎外務大臣　「一　いわゆる『国連軍』に対する関与のあり方としては、『参加』と『協力』とが考えられる。

二　昭和五五年一〇月二八日付政府答弁書〔185参照〕にいう『参加』とは、当該『国連軍』の司令官の指揮下に入り、その一員として行動することを意味し、平和協力隊が当該『国連軍』に参加することは、当該『国連軍』の目的・任務が武力行使を伴うものであれば、自衛隊が当該『国連軍』に参加する場合と同様、自衛のための必要最小限度の範囲を超えるものであって、憲法上許されないと考えている。

三　これに対し、『協力』とは、『国連軍』に対する右の『参加』を含む広い意味での関与形態を表すものであり、当該『国連軍』の組織の外にあって行う『参加』に至らない各種の支援をも含むと解される。

四　右の『参加』に至らない『協力』については、当該『国連軍』の目的・任務が武力行使を伴うものであっても、それがすべて許されないわけではなく、当該『国連軍』の武力行使と一体となるようなものは憲法上許されないが、当該『国連軍』の武力行使と一体とならないようなものは憲法上許されると解される。」

194　自衛隊のＰＫＯへの参加の合憲性

〔要旨〕　自衛隊のＰＫＯへの参加の合憲性については当該ＰＫＯの目的・任務によって個々に判断されなければならない。

平三（一九九一）・三・一一（一二〇回　衆・予算二分科）

【議論の背景】　国連平和協力法案提出（↓廃案）、自衛隊掃海艇派遣（平成三（一九九一）年四月二四日）からＰＫＯ等協力法案提出（九月一九日）の過程で、自衛隊のＰＫＯへの参加の合憲性が問題とされた。

【答弁】

○衛藤晟一議員　ＰＫＯで国連平和維持軍や停戦監視団に自衛隊を参加させることは憲法に抵触するか。

○丹波実外務省国際連合局長　「この問題につきましては、昭和五十五年に政府答弁書〔185参照〕が出ております。その中で『いわゆる「国連軍」』、ここで『いわゆる「国連軍」』と言っておりますのは、平和維持軍への参加を含みますところのいろいろな平和維持活動全体として総称しておると思うのですが、『いわゆる「国連軍」への参加の可否を一律に論ずることはできないが、当該「国連軍」の目的・任務が武力行使を伴うものであれば、自衛隊がこれに参加することは憲法上許されないと考えている。』というのが政府答弁書でございまして、まさにその目的・任務がいかなるものかということによって個々に判断されなければならないというのが政府答弁書の見解でございまして、この点は現在もそういう見解を政府は持っております。」

195　自衛隊のPKFへの参加の合憲性

『要旨』　PKO等協力法案では前提を設けて、PKFに参加してもその武力行使と一体化しないようになっているので憲法に反しない。

平三（一九九一）・九・二五　〔一二一回　衆・国際平和協力特別〕

【参照条文】　国連平和維持三・二四

【議論の背景】　PKO等協力法案の審議において、PKFにつき武力の行使を伴うものには参加できないとする従来の政府見解と同法案の関係が問題とされた。

【答弁】

○柿沢弘治議員　PKFには武力の行使を伴うものは参加できないという政府見解を法案では修正したのか。

○工藤敦夫内閣法制局長官　「我が国の自衛隊が今回の法案に基づきまして国連がその平和維持活動として編成した平和維持隊などの組織に参加する場合に、まず第一に武器の使用、これは我が国要員等の生命、身体の防衛のために必要な最小限のものに限られる、これが第一でございます。

それから第二に、紛争当事者間の停戦合意、これが国際平和維持活動の前提でございますが、……こういう前提が崩れました場合、短期間にこのような前提が回復しない、このような場合には我が国から参加した部隊の派遣を終了させる、こういった前提を設けて参加することといたしております。

したがいまして、仮に全体としての平和維持隊などの組織が武力行使に当たるようなことがあるといたしましても、我が国としてはみずからまず武力の行使はしない、それから、当該平和維持隊などの組織といわゆるそこが行います武力行使と一体化するようなことはない、こういうことでございまして、その点が確保されておりますので、我が国が武力行使をするというような評価を受けることはない。したがって、憲法に申します平和主義、憲法前文で書かれ、あるいは憲法九条で武力の行使を禁止している、そういう点につきまして憲法に反するようなことはない、かように考えております。

また、……〔過去の政府見解に反するのではないかとの、質問〕につきましても、その目的、任務に武力行使を伴うような平和維持軍、当時は平和維持軍と呼んでおりましたが、そういうものにつきましてのいわゆる参加の問題、これにつきましても、従来は、今申し上げましたような二つの前提、こういうものを設けることなく一般論として申し上げてまいりましたけれども、今のような前提を設けてこれで参加する場合には憲法に違反するようなものではない、したがって当然従来の見解をその意味でも変更するものではない、整合性はとれたもの、かように考えております。」

196　ＰＫＯ等協力法案の「武器の使用」と指揮系統

〔要旨〕　「武器の使用」については個々の隊員が持つ権限を上官の下で「束ねる」形で行われることはあり得る。

【参照条文】　国連平和維持二四　自衛八九・九五

平三（一九九一）・九・二五（一二一回　衆・国際平和協力特別）

【議論の背景】　審議中のＰＫＯ等協力法案中に「武器の使用」を認める規定がおかれていたことから、「武器の使用」を誰の判断で行うのかが問題とされた。

【答弁】

○上原康助議員　武器使用の指揮系統はどうなるのか。

○池田行彦防衛庁長官　「武器の使用を一体だれの判断でやるのか、こういう話でございましたけれども、この法律上与えられております武器の使用の権限はあくまで個々の隊員に対して与えられておるわけでございまして、個々の隊員の権限において、そしてまた個々の隊員の判断において行う。……。

ただ、実態、実際にそういった武器の使用を行う場合を想定しますと、あくまで個々の隊員の任務そうして権限、判断ではございますけれども、自衛隊員の上官のもとでいわば個々の隊員の持つ権限を束ねる形で武器を使用するということはあり得ると思います。しかし、その場合でもやはり個別の隊員に権限があり、その判断が基本になっているということには変わりません。そうしてまた、他国との、他国のＰＫＦ参加部隊との共同行為ということはこれは想定されていない、考えていないということでございます。」

○上原　指揮権と個々の判断で武器使用をする関係は。

○畠山蕃防衛庁防衛局長　「指揮という御質問でございます。これはあくまでも自衛官が個人としての判断がここで行われるわけでございますが、場合により、より慎重に武器の使用を行うという観点から、それを組織としてでなくて、組織的にいわば束ねるような形で……（上原委員「冗談じゃない。どう違うんだ、組織と組織的と。何でそういう、いつまでそんなごまかし答弁をやるんだ。委員長、だめだよ。取り消せ、それは」と呼ぶ）束ねる形で、いや、組織としてではございませんで、組織としてではございません。あくまでも個人としての武器使用でございますから、組織としての武器使用ではないということを申し上げているわけでございます。……

それで、その場合の指揮というお話でございましたが、司令官は指揮をすることは、したがってできませんで、撃ってもよいよという判断を示すことはできますが、それは法律的な意味における指揮ではございません。あくまでも個人としての判断でございます。それで、そのことが非常に奇異な感じを与えるかもしれませんが、実はこれが本法における初めてのケースではございませんで、自衛隊法九十五条あるいは治安出動の場合におきましても、これは『自衛官は、』という主語になっておりまして、自衛官の個々の判断で行うという形になっているところを、さらにそれを内訓におきましてこれをいわば部隊の、束ねる形での内訓が定められているわけでございまして、実際上の運用としてはさらに慎重な運用を期するという観点から束ねるということを申し上げている次第でございます。」

197　「武力の行使」とＰＫＯ等協力法案中の「武器の使用」の関係

〖要旨〗身体を防衛するために必要最小限の「武器の使用」は、憲法の禁じる「武力の行使」にはあたらない。

平三（一九九一）・一一・一八〔一二二回　衆・国際平和協力特別〕

【参照条文】　国連平和維持二四

【議論の背景】　審議中のＰＫＯ等協力法案中に「武器の使用」を認める規定がおかれていたことから、憲法第九条第一項の禁じる「武力の行使」との関係についての政府統一見解が確認された。

【答弁】

○石橋大吉議員　「武器の使用と武力の行使の関係について政府の統一見解を改めて確認をしておきます。

一　一般に、憲法第九条第一項の『武力の行使』とは、我が国の物的・人的組織体による国際的な武力紛争の一環としての戦闘行為をいい、法案第二四条の『武器の使用』とは、火器、火薬類、刀剣類その他直接人を殺傷し、又は武力闘争の手段として物を破壊することを目的とする機械、器具、装置をその物の本来の用法に従って用いることをいうと解される。

二　憲法第九条第一項の『武力の行使』は、『武器の使用』を含む実力の行使に係る概念であるが、『武器の使用』が、すべて同項の禁止する『武力の行使』に当たるとはいえない。例えば、自己又は自己と共に現場に所在する我が国要員の生命又は身体を防衛することは、いわば自己保存のための自然権的権利というべきものであるから、そのために必要な最小限の『武器の使用』は、憲法第九条第一項で禁止された『武力の行使』には当たらない。」

198　PKO等協力法案中の「指図」と国連の「コマンド」の関係

【要旨】　法案の「指図」とは国連の「コマンド」を意味し、日本から派遣される要員はその下に置かれる。

【参照条文】　国連平和維持八ⅠⅡ

平三(一九九一)・一一・二七（一二二回　衆・国際平和協力特別）

【議論の背景】　PKO等協力法案では、日本から派遣される要員は本部長が作成する実施要領に従い国際平和協力業務を行うとされていたが、法案中の「指図」と国連の「コマンド」の関係についての政府見解が確認された。

【答弁】

○小沢克介議員　「私の要求に従って提出されました政府見解について、これを議事録に残す趣旨で読ませていただきます。

国連のいわゆる『コマンド』と法案第八条第二項の『指図』の関係について

一、派遣国により提供される要員は、国連平和維持活動に派遣される間も、派遣国の公務員としてこれを行うが、この間国連の『コマンド』の下に置かれる。ここでいう国連の『コマンド』とは、国連事務局が、国連平和維持活動の慣行及び国連平和維持活動に要員を提供している諸国と国連との間の最近の取極を踏まえて一九九一年五月に作成・公表した『国際連合と国際連合平和維持活動に人員及び装備を提供する国際連合加盟国との間のモデル協定案』第七項及び第八項にも反映されているとおり、派遣された要員や部隊の配置等に関する権限であり、懲戒処分等の身分に関する権限は、引き続き派遣国が有する。

二、法案第八条第二項にいう国連の『指図』は、前記一、にいう国連の『コマンド』を意味している。

我が国の国内法の用例では、一般に『指揮』又は『指揮監督』は、職務上の上司がその下僚たる所属職員に対して職務上の命令をすること又は上級官庁が下級官庁に対してその所掌事務について指示又は命令することを意味しており、その違反行為に対し懲戒権等何らかの強制手段を伴うのが通例である。これに対し、前記一、にいう国連の『コマンド』は、派遣国により提供される要員がその公務員として行う職務に関して国連が行使するという性格の権限であって、かつ、懲戒権等の強制手段を伴わない作用であり、そのような『指揮』又は『指揮監督』とは性格を異にしていることから、混乱を避けるため、法案第八条第二項においては『指揮』又は『指揮監督』ではなく、『指図』という語を用いたものである。

三、我が国から派遣された要員は、本部長が作成する実施要領に従い国際平和協力業務を行うこととなるが、実施要領は、『平和維持隊への参加に当たっての基本方針』（いわゆる「五原則」）を盛り込んだ法案の枠内で国連の『指図』に適合するように作成されることになっている（法案第八条第二項）ので、我が国から派遣される要員は、そのような実施要領に従い、いわゆる『五原則』と合致した形で国連の『コマンド』の下に置かれることとなる。」

199　「武力の行使」とＰＫＯ等協力法案中の「武器の使用」の関係

『要旨』　任務達成を実力で阻止しようとする企てに対する武器使用がすべて「武力の行使」にあたるわけではない。

平三（一九九一）・一二・五（一二二回　参・国際平和協力特別）

【参照条文】　国連平和維持二四Ⅲ

【議論の背景】　ＰＫＯ等協力法案中の「武器の使用」と国連の関係文書が自衛のために認めているとされる武力行使との関係、憲法第九条第一項の禁じる「武力の行使」との関係が問題とされた。

【答弁】

○矢田部理議員　国連の関係文書によれば、日本の言う武器の使用を超えて自衛（みずからを守るだけではなくて任務遂行を実力で妨害されたような場合にこれを排除することも含む）のためなら武力の行使が容認されているということだが、そのことと憲法とのかかわりいかん。

○工藤敦夫内閣法制局長官　「今おっしゃられました任務の達成を実力をもって阻止するような企て、これに対して武器の使用をするというこれがすべて武力の行使に当たるとは私どもの方も思っておりません。いろんな形態があり得るだろうと思います。」

○矢田部　武器の使用を組織としてやったり部隊としてやったりすると憲法上問題があるという考え方か。

○工藤　「法案の二十四条におきましては、もう委員御承知のとおり、二十四条の三項だけあえて申し上げれば、『自衛官は』と、こういう形で書いてございます。そういう意味で、自衛官の武器使用という形で構成してあります。

それで、今のお尋ねでございますが、集団的に行えばもうそれだけで問題か、こうおっしゃられますが、それは形態いかんによるわけでございまして、常にそれが集団になったから、例えば生命、身体を防衛するためにやむを得ない必要がある、そういうふうなとき集団であったから直ちに問題である、かようなことにはならないかと存じます。」

「いわゆる憲法上の禁止されているものの理念の話と、それから法案二十四条で構成されておりますいわゆる構成要件と申しますか、そういう構成の話と、この二つをぜひ御理解いただきたいと思うんです。

私が申し上げましたのは、武力行使に当たるようなこと、これは違憲になる。したがいまして、そういうことは法案上およそ組み込めないわけでございます。そういうことを考えました上で、二十四条で個々に自衛官が行う、そういう意味でこの規定上個々の、個々のといいますか、自衛官がこういうことで使用することができるというふうに構成した。したがって、この二十四条の三項におきます話と、先ほどの憲法上の理念の話、この二つはぜひ御理解いただきたいと思います。」

200 「武力の行使」とPKO等協力法案中の「武器の使用」の関係

〔要旨〕 法案では、自然権的権利と考えられる範囲に「武器の使用」を限定している。

平三（一九九一）・一二・一八〔一二二回 参・国際平和協力特別〕

【参照条文】 国連平和維持二四

【議論の背景】 法制局長官のいう「私的集団」とは何か、それと、PKO等協力法案中の「武器の使用」と憲法第九条第一項の禁じる「武力の行使」との関係が問題とされた。

【答弁】

○下条進一郎委員長 武器使用と憲法の関係について説明して下さい。

○工藤敦夫内閣法制局長官 「まず、憲法の話でございますが、憲法九条は武力の行使あるいは武力による威嚇を禁止しております。武力の行使は、『我が国の物的・人的組織体による国際的な武力紛争の一環としての戦闘行為』をいう、ということでございます。その場合の紛争当事者に当たらないものとして私的な集団または個人という言葉を用いたわけでございます。

私的な集団という場合の例示としては、強盗団がその例であると考えられます。また、当該集団が地域なり住民を一定の範囲で支配している、あるいは支配を目指している、かような場合には私的集団とは言い得ない場合があろうと、かように考えます。

今のは憲法の話でございますが、他方、PKO法案におきましては、その二十四条におきまして、武器の使用の範囲を限定しておりますが、これは、身体、生命が危険にさらされた場合に、相手方が確定し得ないという事情、特殊な事情のあることを考慮いたしまして謙抑的に、自然権的権利と考えられる範囲に使用範囲を限定したものでございます。

したがいまして、PKO法案におきましては、私的な集団といったとらえ方を問題にする局面はないものと考えております。」

201　「武力の行使」とPKOにおける上官の命令による「武器の使用」の関係

【要旨】　上官の命令に基づく集団的な「武器の使用」も自己保存のためのものであれば憲法上問題はない。

平一〇（一九九八）・五・二〇〔一四二回　参・本会議〕

【参照条文】　国連平和維持二四Ⅳ

【議論の背景】　上官の命令による「武器の使用」を原則とするためのPKO等協力法改正の審議が行われる中で（平成一〇〔一九九八〕年六月一二日成立）、「武器の使用」と「武力の行使」についての従来の政府統一見解との整合性が問題とされた。

【答弁】

○立木洋議員　上官の命令による組織的な武器の使用は、憲法第九条が放棄した武力の行使そのものではないか。

○橋本龍太郎内閣総理大臣　「今回の法改正により、組織的な武器使用を認めたのではないかという御意見をいただきましたが、今般の改正法案は、いわば自己保存のための必要最小限の武器の使用という点を何ら変更せず、維持した上で、その一層の適正を確保するために、原則として、現場にある上官の命令によることとするものであります。その結果、武器の使用が統制がとれたものとなり、いわば集団的に行われるものとなる場合があるとしても、その本質は、あくまでいわば自己保存のための自然権的権利というべきものでありまして、任務遂行のための部隊としての武器使用となるものではございません。

武器使用を個人判断とした答弁の変更についての御質問については、法案審議当時、本法の武器の使用は、個々の隊員の判断にゆだねることが適切である旨の答弁をいたしましたが、その後の派遣の経験等を踏まえ、今回、武器の使用の一層の適正を確保するため、原則として、現場にある上官の命令による使用へと改めたいと考えておりますが、これはいわゆる五原則を何ら変更するものではありません。

次に、今般の法改正は憲法違反の武力行使を認めるものという御指摘でありますが、今般の改正法案は、これまでと同様、何ら憲法に違反するものではございません。すなわち、政府はこれまでも、自己または自己とともに現場に所在する我が国要員の生命または身体を防衛することは、いわば自己保存のための自然権的権利というべきものであるから、そのために必要な最小限の武器の使用は、憲法第九条第一項で禁止された武力の行使には当たらないとしており、また、これまでも命令に基づく武器の使用に対し、例えば生命、身体の防護のためやむを得ない必要があったとき、集団的に行ったから憲法上問題があるということにはならないという御答弁を申し上げております。

今般の法改正により、武器の使用と武力の行使についてのこれまでの統一見解を変えるものだという御指摘もありましたが、ただいまお答えをしたとおり、本改正は、武器の使用と武力の行使の関係についてのこれまでの憲法解釈及び統一見解を何ら変更するものではございません。」

三　多国籍軍

202　多国籍軍への参加・協力

【要旨】 武力行使と一体化しない自衛隊による多国籍軍への「協力」は、憲法上禁止されていないが、現行法上できない。

平四（一九九二）・一二・八（一二五回　参・内閣）

【議論の背景】 ＰＫＯ等協力法の成立をうけて、いわゆる湾岸戦争時の多国籍軍への「参加」・「協力」の憲法上および法律上の可否があらためて問題とされた。

【答弁】

○翫正敏議員　官房長官が自衛隊が湾岸戦争型の多国籍軍に参加・協力をできる、後方支援ならばできるとした法的根拠について。

○加藤紘一内閣官房長官　「湾岸危機の際のいわゆる多国籍軍への我が国の関与については、当時も申しましたが、多国籍軍の武力行使と一体とならないような協力であれば憲法上は許されるものと私たちは解釈しております。これは憲法上の話であります。そして、武力行使と一体とならないという一つの条件があるわけでございます。しかし、具体的に湾岸危機の際のようないわゆる多国籍軍への協力を念頭に入れた法律は今あるかといいますと、それは今はないということではないかと思います。」

○大森政輔内閣法制局第一部長　「湾岸危機におけるいわゆる多国籍軍、これはこの〔昭和五十五年十月二十八日付〕答弁書〔185参照〕が指摘している『目的・任務が武力行使を伴うもの』などという域にとどまらずに、武力行使自体を任務・目的とするものであるというふうに評価できようかと思います。したがいまして、このようなものに自衛隊が参加することは憲法上許されない、現在もそのように解している次第でございます。

ところが、ただいまのお尋ねは後方支援の問題でございますので、それとの関係について申し上げますと、平成二年十月二十六日の衆議院特別委員会における中山外務大臣の答弁〔193参照〕……は、当時審議中でございました、その後残念ながら廃案になりましたいわゆる国連平和協力法案に関連いたしまして、平和協力隊の国連軍への『「参加」に至らない「協力」について』の見解でございますが、そのことは自衛隊とただいまお尋ねの多国籍軍との関係についても同様であると考えております。したがいまして、武力行使と一体とならないものは憲法上禁止されているわけではないと、このように考えております。

次に、じゃ法律上の根拠があると考えているのかどうかということでございますが、先ほど官房長官の答弁がございましたように、自衛隊が湾岸危機における多国籍軍のようなものへ協力することにつきましては、自衛隊法あるいは国際平和協力法等、現行法上はそのような任務を自衛隊に付与した規定はないから、これを行うことは法律上根拠がないからできないというふうに私ども考えている次第でございます。」

第六節　有事法制その他

一　有事法制

203　「戒厳令」について

【要旨】　現行憲法においては、明治憲法時代の戒厳令のとおりのものはできないと考える。

昭四〇（一九六五）・二・一〇〔四八回　衆・予算〕

【議論の背景】　佐藤内閣の安全保障についての姿勢に懸念する立場からの質疑である。

【答弁】

○**岡田春夫議員**　二・二六事件のときのような戒厳令については、現行憲法上合憲的な法的措置がとられるか。

○**高辻正巳内閣法制局長官**　「明治憲法時代の戒厳令というのは、戒厳令がしかれますと、いろいろ国法上の関連に影響を持った法律関係が生じてまいります。そのうちには、もとよりわが現行憲法のもとでは許されない事項が入っていると私は思います。したがって、はっきり申し上げれば、わが現行憲法の上ではそのとおりのものはできないというふうに考えます。」

○**佐藤栄作内閣総理大臣**　「権威のある法制局長官が答えたそのとおりだと思います。」

204　有事の場合の治安・警備に当たる組織

【要旨】　志願により有事の場合の治安・警備に当たる組織を法律でつくることは、憲法に抵触しない。

昭四〇（一九六五）・二・二三（四八回　衆・予算二分科）

【議論の背景】　いわゆる「三矢研究」という図上研究が明らかになったときの質疑に応答したものである。

【答弁】

○海原治防衛庁防衛局長　「郷土防衛隊ということでございましても、別にこれは強制的に人を集める場合のことばかりではございません。たとえば必要な立法さえ完備されますれば、志願によりまして有事の場合の治安とか警備とかに当たるものをつくることは、これは決して憲法に抵触しないと思います。

……したがいまして、先ほど御例示になりましたすべてのことが、そのことを考えることが全部憲法違反である、こういうふうには私どもは考えない次第でございます。」

205　有事法制と憲法

『要旨』　非常の場合に、自衛隊が司法作用又は行政作用を統括することは、現行の憲法に違反する。

昭五三（一九七八）・一〇・一七（八五回　参・内閣）

【議論の背景】　防衛庁が発表した有事法制研究に関する統一見解についての質疑に応答したものである。

【答弁】

○真田秀夫内閣法制局長官　「戒厳令と言われるものの本質は、非常の場合とか有事の場合といいますか、そういう場合に軍が、あるいは自衛隊が、前の戒厳令で申しますと戒厳司令官が、司法作用あるいは行政作用を統括するという非常体制に移すというのがまず基本の考えだろうと思います。そういう軍が司法作用あるいは行政作用を統括するというようなことは、もちろん現行の憲法の各条章に違反します。

それから、人の住居の話、移転の話等お出しになりましたが、これはたとえば避難を命ずるというような場合のことを考えますと、全然憲法上許されないというふうに言い切れるかどうかは、それはその避難命令を出すときの構成要件といいますかあるいはその手続といいますか、それからまたそれを必要とする事態の重大さの程度とか、そういうものを総合考覈しまして、そして場合によっては許される場合があり得るんではないかというふうな気がいたします。

ですから、てんからもう非常事態立法といいますか有事立法の検討の対象に初めからならないというふうには私は考えていないわけでございます。」

206　有事法制と基本的人権の制約

【要旨】　有事の場合に、必要があるときは、合理的な範囲内において国民の権利を制限することも許される。

昭五九（一九八四）・五・一八（一〇一回　参・本会議録）

【議論の背景】　有事法制を当然だとする昭和五三年（一九七八年）当時の中曽根発言を踏まえた質問である。

【答弁】

○秦豊議員提出有事法制に関する質問主意書

○答弁書（昭和五九年（一九八四）五月一一日提出）

「一及び二について

我が国が外部から武力攻撃を受けた場合に国家と国民の安全を守ることは、公共の福祉を確保することにほかならないから、そのため必要があるときは、合理的な範囲内において法律で国民の権利を制限することも許されるものと考えている。

もっとも、そのような場合においても、可能な限り国民の権利を尊重すべきことは言うまでもない。

このような考え方については、政府が従来から一貫して明らかにしているところである。

三から五までについて

現在防衛庁が行っている有事法制の研究は、自衛隊法（昭和二十九年法律第百六十五号）第七十六条の規定により防衛出動を命ぜられるという事態において自衛隊がその任務を有効かつ円滑に遂行する上での法制上の諸問題を対象とし、これらの法制上の問題点の整理を目的とするものである。有事法制の整備については、研究の状況、国会における御審議、国民世論の動向等を踏まえて慎重に検討してまいりたい。

なお、研究の対象が広範なこともあり、全体としての結果がまとまるまでには時間を要するものと考える。」

207　現行憲法下における非常時立法の可否

【要旨】　現行憲法下においても、公共の福祉を確保する必要上の合理的な範囲内において非常時立法を制定することはできる。

昭五〇（一九七五）・五・一四（七五回　衆・法務）

【議論の背景】　自主憲法制定国民会議が緊急治安立法制定を運動方針に掲げたことに関連する質疑に答えたものである。

【答弁】

○吉国一郎内閣法制局長官　「現行憲法のもとにおいて非常時

立法ができるかというお尋ねでございますが、非常時立法というものにつきまして、もともとこれは法令上の用語ではございませんから明確な定義があるわけではございませんけれども、まあわが国に大規模な災害が起こった、あるいは外国から侵略を受けた、あるいは大規模な擾乱が起こった、経済上の重要な混乱が起こったというような、非常な事態に対応いたしますための法制として考えますと、それはあくまでも憲法に規定しております公共の福祉を確保する必要上の合理的な範囲内におきまして、国民の権利を制限したり、特定の義務を課したり、また場合によりましては個々の臨機の措置を、具体的な条件のもとに法律から授権をいたしまして、あるいは政令によりあるいは省令によって行政府の処断にゆだねるというようなことは現行憲法のもとにおいても考えられることでございまして、現に一昨年の十一月に国会で非常に多大の御労苦を願いまして御審議いただきました国民生活安定緊急措置法というものがございます。これはその当時の緊急経済事態に対応いたしまして諸般の措置を定めたものでございますが、その中には、割り当てまたは配給につきまして全面的に政令以下に権限をゆだねていただいておるような法令もございます。これも、一定の限られた範囲ではございますけれども非常時立法の一例でございましょうし、また古くは、災害対策基本法の中で、非常災害が起こりました場合に、財政上、金融上の相当思い切った措置を講じ得るようになっておりますが、これもそのたびごとに政令をもって具体的な内容を規定いたすことになっております。

　このように、現憲法のもとにおきましても特定の条件のもとにおいてはこのような立法ができることは、すでに現在先例を見ていることから言っても明らかでございまして、いわゆる非常時立法と申すものにつきまして、一定の範囲内においてこれを制定することができることは申すまでもないと思います。もちろん旧憲法において認められておりましたような戒厳の制度でございますとか、あるいは非常大権の制度というようなものがとれないことは当然のことでございます。」

二　徴兵制等

208　徴兵制と憲法第九条

【要旨】　いわゆる徴兵制を違憲とする論拠として憲法第九条を引用することは考えていない。

　昭五六（一九八一）・三・二〇〔九四回　衆・本会議録〕

【議論の背景】　竹田前統合幕僚会議議長の「憲法一八条を徴兵制違憲の理由とするのは筋違い」という発言を契機とした質問である。

○上原康助議員提出徴兵制に関する質問主意書

「二　徴兵制違憲の根拠は、憲法第九条が前提にあって第十八条が中心となっていると解するのが至当ではないのか。また、仮に憲法第九条が自衛のための必要最小限度の実力組織を認めているとの政府解釈に立つとしても、憲法第九条は、徴兵制違憲の十分の根拠規定になりうるのではないのか。

右質問する。」

○答弁書（昭和五六年（一九八一）三月一三日提出）

「二について

政府は、憲法第九条は自衛のための必要最小限度の実力組織を保持することを禁止していないが、その要員を充足するための手段については規定していないと解しており、いわゆる徴兵制度を違憲とする論拠の一つとして同条を引用することは考えていない。」

三　その他

209　個人の自由意思による外国軍隊への参加

〔要旨〕　個人がその自由な意思に基づき外国軍隊に応募するこ

とは、何ら憲法上の問題が生ずる余地はない。

昭二六（一九五一）・一〇・二九〔一二回　参・平和条約及び日米安全保障条約特別〕

【議論の背景】 日米安全保障条約の締結についての承認に際しての質疑応答である。

【答弁】

○岡本愛祐議員　この国連軍に日本人が個人的に志願兵又は義勇兵として入ることは差支えあるのかないのか。

○大橋武夫法務総裁　「憲法におきましては我が国民が義勇兵といたしまして外国軍隊に応募することについて、それが国民の個人の自由意思に基きまして行われまする場合には、これは何ら憲法上の問題も生ずる余地はない。こう考えておりまする。」

210　防衛庁におけるシビリアン・コントロール

〔要旨〕　防衛庁の内局は、防衛庁長官を補助するのであって、内局が直接自衛隊組織をコントロールするものではない。

昭四三（一九六八）・四・五〔五八回　参・予算〕

【答弁】

○山本茂一郎議員　防衛庁の内局というものが、それが自衛隊の各隊をコントロールしておるというような形に誤解をされておるおそれがある。

○増田甲子七防衛庁長官　「シビリアンコントロールと言えば、まずもって自衛隊の作用というものは行政官庁　―　行政であると私は考えております。新しい憲法で行政になった。そこで、行政の最高のピラミッドの長官は内閣総理大臣でございます。その命を受けまして隊務を統括しておるのが防衛庁長官でございます。……この防衛庁長官が、……いわゆる行政作用中の軍令的のものにつきましては、各幕僚長、あるいは場合によっては統幕議長等を指揮監督するわけでございます。それを指揮監督をして、そしてこうやれ、ああやれということを部隊の末々に至るまで防衛庁長官たる文官が指揮監督をする。これがシビリアンコントロールの実態でございます。その防衛庁長官が指揮監督をする場合に、内局がございまして、こういうふうな指揮監督をしたらいいでしょうということを補助をいたします。その補助をするために内局が存在しております。……それから内局のシビリアンが、直接、幕僚長や副幕僚長や、あるいは部長、あるいは師団長、自衛艦隊の司令官等を指揮するわけでは全然ないということを、昨年一ヵ年かかりまして国会のコンセンサスを得たつもりでございます。」

211　防衛出動の承認後の国会の撤収決議

【要旨】　国会が自衛隊の撤収を決議しても、直ちに内閣総理大臣が撤収を命じなければならないということではない。

昭四六（一九七一）・五・一四〔六五回　衆・内閣〕

【参照条文】　自衛七六

【議論の背景】　一九七〇年代の半ばには憲法について国民の意見を求める必要がある旨の中曽根防衛庁長官の発言を踏まえた質疑応答である。

【答弁】

○楢崎弥之助議員　国会で承認され、それで防衛出動が行なわれた。ある一定の状態の変化が出てきたとき、これはやめさせなくちゃいけないと国会が判断し、国会の決議によって防衛出動をやめさせることができるか。

○久保卓也防衛庁防衛局長　「是非は別といたしまして、現在の法文からいけば、議決によって直ちに内閣総理大臣が命じなければならないということにはなっておりません。ただし議決されたことを内閣総理大臣が出動の必要がなくなったときと認めれば、それは自衛隊の撤収を命ずることになると思います。」

○中曽根康弘防衛庁長官　「国会は国権の最高機関でありまし

て、内閣を監督しているところでもありますから、国会がそういう御決議をなされば、総理大臣はまず特別の事情のない限りは国会の意思に従うと思います。しかしもし特別の事情がある場合には国会に対して相談をかけるということになるのじゃないかと思います。それはすなわち政治の運用の問題になると思います。」

212　国連常任理事国入りと憲法との関係

【要旨】　我が国が安保理の常任理事国となったとしても、憲法の枠内で安保理常任理事国としての責任を果たす考えである。

平六（一九九四）・五・一三〔一二九回　衆・本会議〕

【議論の背景】　小沢一郎氏らの「普通の国」論に危惧する立場からの質疑である。

【答弁】

○武村正義議員　仮に常任理事国入りをしたとして、その義務と負担に日本は今後たえることができるのか。とりわけ、現在の日本国憲法の制約の中で、果たすことのできる義務と負担はどのようなものなのか、果たすことができないことは一体何なのか。さらに、日本だけが一部の義務を果たさないことが国際的に許されるのかどうか。

○羽田孜内閣総理大臣　「常任理事国入りの際に、現行の憲法の中で日本のできること及びできないことは具体的に何かというお話であったわけであります。また、日本だけが一部の義務を果たさないことが国際的に許されるのかという御指摘があったわけでありますけれども、現行の国連憲章のもとで我が国が安保理の常任理事国となったといたしましても、国連の現状を見たときに、追加的に我が国の憲法上問題となる具体的な法的な義務を我が国が負うことは、これは通常予想されないことだろうというふうに思います。

ただし、安保理の改組後の常任理事国の権限及び義務につきましてはさまざまな態様があり得るので、現時点において、一定の権利義務を前提として憲法の関係を論ずるのは適当ではないというふうに考えております。いずれにいたしましても、我が国は、憲法の枠内で安保理常任理事国としての責任を果たす考えであることを改めて申し上げたいと思います。」

213　不審船事件における爆弾による警告

【要旨】　不審船事件における爆弾による警告は、警察権の範囲のもので、憲法の禁ずる武力による威嚇には当たらない。

平一一（一九九九）・四・一四〔一四五回　参・外交・防衛〕

【参照条文】　自衛九三　警職七

【議論の背景】　日本漁船を装った北朝鮮の船と思われる不審船に対し行った行動についての議論である。

【答弁】

○田英夫議員　この間の不審船に対する停船のための威嚇射撃、爆弾投下というのは、これはあくまでも武力行使ではないと当然考えておられると思いますが、その根拠はどうですか。

○野呂田芳成防衛庁長官　「今度の不審船に対しまして、海上警備行動に当たる海上自衛隊の部隊が実施しました爆弾による警告につきましては、自衛隊法の九十三条によって準用される警察官職務執行法第七条に従いまして、当該船舶を停船させるため、事態に応じ合理的に必要と判断される限度において武器を使用したものでありまして、これはあくまでも警察権の範囲でのことであります。

今、委員から御指摘がありました憲法の禁ずる武力による威嚇というのは、私どもとしては、一般には、現実には武力の行使をしないけれども、自国の主張や要求を入れなければ武力を行使するとの意思なり態度なりを示すことによって相手国を威嚇することである、こういうふうにされているところでありまず。この事案に対しての武器の使用は、法令に従っていいわば警察権の行使として実施したものでありまして、このような意味における武力による威嚇に当たるものではない、したがって憲法に違反するものではない、こういうふうに考えておるところであります。」

214　国連憲章と憲法の関係

〔要旨〕　国連憲章は基本的に平和主義を掲げる日本国憲法の精神と軌を一にしているものと考える。

平一一（一九九九）・五・一一〔一四五回　参・防衛指針特別〕

【参照条文】　国連憲章前文・一Ⅰ・第六章

【議論の背景】　コソボ問題におけるＮＡＴＯ軍のユーゴスラビア空爆に関連した質疑に応答したものである。

【答弁】

○小渕恵三内閣総理大臣　「国連憲章が平和主義を理念としている御指摘につきましては、国連憲章第一条第一項において、その基本的目的として平和と安全の維持を掲げており、また前文中にも、今御指摘のように、『互に平和に生活し、国際の平和及び安全を維持するためにわれらの力を合わせ、』と規定していること、さらに紛争の平和的解決に第六章という一つの章を設けていることを踏まえてのものと考えております。

このような意味におきまして、国連憲章は基本的に平和主義を掲げる日本国憲法の精神と軌を一にしているものと考えております。我が国はこのような平和主義の理念を掲げる日本国憲法のもと、国際社会の安定と繁栄のため積極的に貢献していくべきであると考えております。」

第三章　国民の権利及び義務

第一〇条（国民の要件）

215　国籍を持つ権利

『要旨』　国籍を付与するというのは、各国の主権の問題であるので、国籍を持つ権利はない。

昭五九（一九八四）・五・一〇〔一〇一回　参・法務〕

【参照条文】　人権宣言一五　人権B規約二四III

【議論の背景】　日本国籍取得の父母両系血統主義採用などを内容とする国籍法改正案の審議において、国籍を持つ権利の有無などについて議論がなされた。

【答弁】

○寺田熊雄議員　国籍を持つ権利が国民にあるか。

○枇杷田泰助法務省民事局長　「ほしいままに自分の持っている国籍を奪われないという意味では一つのはっきりした権利といえようかと思います。しかし、これからどこかの国の国籍を持つ、取得するという関係で申しますと、そこは権利という概念はそもそも国籍についてはないのではないかという気がいたします。国際法で認められておりますところは、御承知のとおり、どのような人について国籍を付与するかということは各国の主権の問題だというふうにされておるわけでございます。国籍を有する権利ということになりますと、そういう権利という意味になるわけでございますが、そういう意味から申しますと、ある人間がどこかの国の国籍を取得させろという、そういう権利という意味になるおっしゃいましたように、国籍を付与するというのは各国の主権の問題であるということになりますと、そういう意味での権利というものは、これは国籍の性質からいってないのではないかという気がいたします。

……ある特定の人間が、どこかで生まれた子供がどこかの国の国籍を取得するという、そういう権利というふうな観念ではどこの国でもとらえられていないのではないかというふうに考えております。」

第一一条（基本的人権の享有）

216　外国人の人権享有主体性

【要旨】　外国人にも基本的人権の規定の適用があるが、外国人の地位の特殊性から、合理的であれば、相当広い制限を課することができる。

昭四四（一九六九）・六・二四〔六一回　衆・法務〕

【議論の背景】　出入国管理法案の審議において、外国人の憲法上及び国際法上の地位について議論がなされた。

【答弁】

○田中康民内閣法制局第二部長　「今日、国際慣習法上、外国人をどう取り扱うかということにつきましては、これは主権の存する国がもっぱらその入国または在留というものの許否を決することができるということになっておりまして、その入国を許すにあたりましても、そこに内国人と違うような特殊性にかんがみまして、外国人に、必要とあれば、一定の制限を、しかも最小限度のものであることはもちろんでございますけれども、必要な制限を付することは、当然許されることであるというふうに考えられておりまして、これはすでに先進国におきましては、すべての国がそういう趣旨でもって外国人の入国及び在留管理をやっておる、こういうことになっております。

　ところで、わが国の現行憲法が、当然こういう国際慣習法というものを前提に置きまして、その国際慣習法上の前提に立って、外国人の地位につきましても、一般の国内人とは違った制限を付することを全然できないというふうに考えておるものではない。すなわち、合理的な理由があり、しかも必要最小限度の範囲内におきまする制限を、内国人と違って、外国人に課することは、わが国の憲法がもともと認めておるところである、かように外国人の地位については考えられると思うのです。」

○大村襄治議員　日本国憲法の保障する基本的人権に関する保障規定は、一体外国人に対して適用があるのか。

○田中　「今日、基本的人権の規定は外国人に適用があるかどうかということにつきましては、いろいろ争いもございますが、一般的に申しまして、憲法の規定が、何人もこういう権利を持つんだというような趣旨で書いております規定は、これは外国人にも適用があるというふうにいわれております。そのことにつきましてはもう通説でございまして、われわれも疑っておりませんのでございますが、ただ、その場合におきまして、外国人と内国人とは、先ほど申しましたように、その地位につきまして、特殊性の違いがあるというふうに考えられますので、そういう特殊性にかんがみまして、わが国の利益を守るために、あるいは公安を守るために必要であるというようなことがあります場合におきましては、そこにその合理的理由に相応する最小限度の制限も、当然その基本的人権について加えられることもあり得る、こういうことと私は考えておるわけでございます。」

○大村　日本人以上に、必要があれば、また、合理的理由があれば、制約が加えられることもあり得るのか。

○田中　「その合理的な理由が、あるいは結果的には公共の福祉による制限の原因となります合理的理由というものと一致することはもちろんございますが、……やはり外国人というものに対しましては、国際慣習法上――先ほど申しましたように、外国人に対する諸外国の取り扱いもそうでございまするし、国際慣習法上、主権の存する国家がその外国人についてはその入国及び在留の許否を決することができるという特別のものでございますので、憲法上も当然、憲法が初めからそういう外国人の地位を予定してでき上がっておりますということから申しますと、わが国のみがそういう国際慣習法とかけ離れまして、主権の作用である、外国人について合理的な制限を付してはいけないという制限を憲法上課しておるというふうには考えられませんので、その合理的な範囲は、いまの公共の福祉上の要請である合理的な範囲よりはより広く、特に外国人の地位というものの特殊性から見て、合理的であれば、そこに相当広い範囲の制限を課することができるというふうに相なると思います。」

217　胎児の基本的人権

『要旨』　胎児を権利の主体とみることはできないが、胎児の間においても、その存在を保護することは憲法の精神に通じる。

昭四五（一九七〇）・四・二〔六三回　参・予算〕

【参照条文】　児福一

【議論の背景】　昭和四五（一九七〇）年度予算案の審議において、優生保護法の運用について審議がなされ、胎児の生命の尊重について議論がされた。

【答弁】

○鹿島俊雄議員　憲法第十三条は胎児にも及ぶのか。

○真田秀夫内閣法制局第一部長　「憲法は第十三条で、ただいまお述べになりましたような規定を置いておりますし、いわゆる基本的人権の保障を数々定めているわけでございますが、やはりこの基本的人権の保障という制度は、権利宣言の由来とか、あるいは具体的に憲法が保障している個々の権利の内容に即しましても、やはりこれは現在生きている、つまり法律上の人格者である自然人を対象としているものだといわなければならないものだと考えます。胎児はまだ生まれるまでは、法律的に申しますと母体の一部でございまして、それ自身まだ人格者ではございませんから、何といってもじかに憲法が胎児のことを権利の対象として保障していると、権利の主体として保障していると見るわけにはまいらないと思います。ただ、胎児というのは近い将来、基本的人権の享有者である人になることが明らかでございますから、胎児の間におきましても、国のもろもろの制度の上において、その胎児としての存在を保護し、尊重するということは、憲法の精神に通ずるといいますか、おおらかな意味で憲法の規定に沿うものだということは言えると思います。たとえば児童福祉法の第一条を見ますと、すべて国民は、児童がすこやかに生まれることにつとめなければならない、ということを書いておりますのも、そういう精神から発しているものだろうと存ずるわけでございます。」

218　天皇・皇族の人権享有主体性

【要旨】　天皇・皇族は人権が保障される「国民」に含まれるが、それらの地位からおのずから制限がある。

【議論の背景】　昭五〇（一九七五）・一一・二〇〔七六回　参・内閣〕

許可、認可等の整理に関する法律案の審議において、翌日の天皇の靖国神社への参拝を控えて、天皇・皇族の行動に対する憲法上の制約について議論がなされた。

【答弁】

○矢田部理議員　天皇・皇族について特別な憲法上の制約があるのか。

○吉国一郎内閣法制局長官　「日本国憲法で基本的人権を保障しておりますのは、国民ということになっておりますが、この国民という中には、基本的人権の規定の性質からいたしまして天皇あるいは皇后その他の皇族も含まれておるということは多数の学説であろうと思いますが、ただ、天皇はもちろん象徴としての地位を持っておられますし、皇后は天皇の配偶であるという地位、またその他の皇族も象徴たる天皇に連なる家族であるという地位を持っておられます関係からいって、基本的人権の享有についておのずからそこに制限があることは、いま矢田部委員の言われるとおりであろうと思います。たとえば、表現の自由あるいは言論の自由についても、そこに当然、天皇に限って申し上げるならば、天皇が日本国の象徴であり日本国民統合の象徴である地位を持っておられるということ、また憲法第四条の国事に関する行為のみを行って国政に関する権能を有しないという規定の趣旨からいって、天皇の表現なり言論というものについては、当然制約があることはおっしゃるとおりでございます。また、重大な政治的な論争のポイントになっているような事項について、それが是であるか非であるかということを明らかにするような行為をされるべきではないという点もそのとおりであろうと思います。」

219　自由権的基本権の私人間効力

『要旨』　自由権的基本権は、私人間の法律関係には適用がないが、侵害の態様と程度が社会的に許容しがたい場合には、調整規定によって調整される。

昭五一（一九七六）・一〇・一二　〔七八回　参・運輸〕

【参照条文】　民一・九〇・七〇九

【議論の背景】　運輸事情等に関する調査に関する審議において、憲法の条項が造船会社の労使関係に及ぶかについて質問がなされた。

【答弁】

○内藤功議員　人権保障規定は私人間にも及ぶか。

○真田秀夫内閣法制局長官　「憲法の保障しております基本的人権、そのうちの特に自由権的基本権と申しますか、その保障条項は一体どういう適用関係になるのかという問題でございますが、いろいろ学説はございます。ございますが、われわれといたしましては、この憲法の自由権的基本権の保障の規定は、一体これは何に対して保障しているのかという基本の考え方といたしましては、これは国家権力あるいは公権力といいますか、国家権力から国民の自由を守るというのがやはり憲法の大もとの考え方だろうと思いますので、したがいまして、私人間の法律関係にはこの憲法の規定は適用がないというふうに考えております。

私人間におきまして個人の自由だとか平等が侵害された、あるいはそのおそれがあるという場合にはどうなるかと言いますと、その点につきましては、それが侵害の態様とか程度が社会的に許容し得る限度を超えて行われるというような場合にはこれを調整するという必要がございますが、それは立法政策の問題として民法の第一条、権利の乱用禁止、九十条の公序良俗規定、あるいは七百九条ですか不法行為、あるいはその他のいろいろな調整規定によって調整されるということでございます。この考え方は、御承知だと思いますけれども、昭和四十八年の十二月十二日に、例の三菱樹脂の事件についての最高裁判所の大法廷の判決もございます。」

第一二条（自由・権利の保持の責任とその濫用の禁止）

220　公共の福祉の概念

『要旨』　公共の福祉は、すべての基本的人権が平等に尊重されるための調整観念である。

昭三三（一九五八）・一〇・三一（三〇回　衆・地方行政・法務・社労連合）

【参照条文】　警一　警職一

【議論の背景】　警察法および警職法の改正案が審議される際に、警察法第一条が定める「公共の福祉」の意味内容があらためて問題とされた。

【答弁】

○猪俣浩三議員　憲法第十二条の「公共の福祉」の概念につきまして御意見を承わりたい。

○岸信介内閣総理大臣　「基本的人権が尊重されなければならぬ。これは民主主義の基礎でもあり、現行憲法の最も大事なことであることは言うを待ちません。しかし基本的人権というものを個々に考えますと、要するにわれわれが社会生活をし、多数の者が社会を形成していくときにおいては、いわゆる基本的人権というものは、社会を構成しておるすべての人が平等に保護されていかなければならぬことは言うを待たないのでありま す。そういう意味において、個々の基本的人権なりあるいは自由というものが、やはり全体の社会を構成しておるすべての人々の基本的人権やあるいは自由というものを侵してはならないという意味において、私はこの十二条の公共の福祉という観念が出てきておるのであると思います。対立しておるとかあるいはどうとかいう意味じゃなしに、今申しましたように多数の人々が生活しておるこの社会全体を構成しておるすべての人が平等に基本的人権が尊重されるということにかんがみて、やはりそこに調整といいますか、調和が行われなければならぬことは当然であります。その観念を、私は公共の福祉という言葉で表わしておる、かように解釈いたしております。」

○猪俣　調和点をどこに求めるのか。

○岸　「私は、先ほどもお答え申し上げましたように、社会を構成している構成員の基本的人権が、できるだけ平等に保護されておるということに主眼を置くべきであろうと思います。すなわち、いろいろな社会層を見て、あるいは一部の人の特別な地位であるとか、あるいは特別な行動というようなものによって、他の者が非常に基本的人権を脅かされるというような事態がある場合に、これを一方の基本的人権の主張なり、これを無制限にすることでなしに、ある程度調整して、そうして全体の社会を構成している人々が、できるだけ平等に基本的人権が擁護されるというふうに持っていくことがこの調整の目標であると思うのであります。」

第一三条（個人の尊重、幸福追求権、公共の福祉）

221　公共の福祉による制限の範囲

〔要旨〕公共の福祉による調整は基本的人権すべてに及び、憲法二二条・二九条に「公共の福祉」の字句があるのは、制限される場合が多いからである。

昭三三（一九五八）・一〇・三一〔三〇回　衆・地方行政・法務・社労連合〕

【参照条文】　警一　警職一

【議論の背景】　警察法および警職法の改正案が審議される際に、警察法第一条が定める「公共の福祉」の意味内容が、220での議論を前提に、問題とされた。

【答弁】

○大貫大八議員　公共の福祉という制限を受けるのは、二十二条と二十九条だけではないか。

○岸信介内閣総理大臣　「その点については、先ほど来お答えを申し上げておるように、最高裁の判決は、すべてのものに公共の福祉というのがかかっておるという解釈をとっておりまして、学者のうちにも、今お話のような説をとる者も少数はあるように承知しておりますが、多数の説は、やはり基本的人権というものに、あれに書いてあるといないとを問わず、公共の福祉というものがかかるのだというように解釈することは、今言っておるように、最高裁の判決を初め、私はそういう解釈をとるべきものであると思います。

ただそれではなぜ二十二条と二十九条にそういう字句を入れ、その他に入れなかったかという点に関しましては、あるいはこの規定の内容から見て、公共の福祉と関係が比較的深くて公共の福祉によって制限するようなことが比較的多い場合には特に入れておるのではないかと思います。しかし、基本的人権全部について、今の公共の福祉という制限を受けるということは、今申したように最高裁の判決もそうなっております。学者の通説もそこにあると思います。私どもそういう解釈をとっております。」

222　公共の福祉の内容

『要旨』　公共の福祉は、制限される個々の基本的人権によっておのずから変わる。

昭五〇（一九七五）・五・一四〔七五回　衆・法務〕

【議論の背景】　法務行政に関する件についての調査が議題となる中で、直前の稲葉法務大臣改憲発言に関連した質問が多く出され、公共の福祉についても議論がなされた。

【答弁】

○横山利秋議員　公共の福祉とは本来どのようなものか。

○吉国一郎内閣法制局長官　「憲法において基本的人権が厳粛に尊重さるべきものであるということを規定されておることは申すまでもございません。ただ、基本的人権といえども、日本国民を構成する各人相互間においてこれが衝突する場合があり得ることはまたおわかりのことでございましょう。その調整の原理としていわば公共の福祉というものが存在するわけでございまして、一般的に基本的人権について公共の福祉というものがどういうものであるかと言えば、日本国民の総体の利益というようなものを勘案して抽象的に申すよりほかございませんで、基本的人権の個々の権利によって、これを制限し得る公共の福祉の概念はおのずから変わってまいらなければならないということでございます。」

223　猟銃の所持は人権か

『要旨』　猟銃の所持は本来的に自由であるが、危険性ゆえに制約が強く働く。ただし、幸福追求の自由と言えるので、絶対に禁止することはできない。

昭五四（一九七九）・二・二〇〔八七回　参・法務〕

【参照条文】　銃刀所持三

【議論の背景】　検察及び裁判の運営等に関する調査が議題とされる中で、大阪の三菱銀行強盗殺人事件を背景として、銃砲の所持の許可等に関する問題が取り上げられた。

【答弁】

○寺田熊雄議員　猟銃の所持をするというような基本的人権は考えられるか。

○真田秀夫内閣法制局長官　「猟銃なり銃砲をやっぱり所持するということは本来的には自由であるはずだと思います。これは、職業上あるいは業務上持つという必要もある場合もございましょうし、あるいは趣味として、あるいはスポーツとして、レクリエーションとして銃砲を使うという自由は本来的にはあるのだろうと思うのです。ただ、物が物でございますから、公共の安全とか、あるいは他人の生命あるいは財産に対する危害を加えるという危険性が非常に大きいものでございますから、そういう方面からする制約というのはかなり強く働いてもいいものだろうと思います。ただ、基本的には、本来やはり――基本的人権とまで言えるかどうか、私も言葉の選択に困るわけでございますけれども、自由であることは確かだと思います。憲法で言えば幸福追求の自由ということになりましょうか。公共の福祉からする制約を超えて、もう絶対持ってはいかぬとか、あるいは非常に厳しくしてしまうというようなことは、やはり、憲法の性格から言っておかしいのじゃないかというような感じがいたします。」

224　酒税免許と幸福追求権

〔要旨〕　酒税法による免許制度という制限は、酒税の確保という公益上の目的のための自由にたいする制限として、憲法上問題がない。

昭五六（一九八一）・一〇・二三〔九五回　参・決算〕

【参照条文】　酒税七・五四Ⅰ

【議論の背景】　昭和五三（一九七八）年度決算の審査において、酒税免許に関する議論がおこなわれた。

【答弁】

○丸谷金保議員　本物のビールを自分たちでつくろうというのは憲法十三条の幸福を追求する権利ではないか。

○味村治内閣法制局長官　「お酒を楽しむ自由と申しますか、そういうものが憲法上の人権に当たるかどうかということについては、いろいろ学説上議論があるところでございますけれど、やはりお酒を楽しむという自由というのを制限するからには、公共の福祉のために必要だということがなければならぬというのが一般的な考え方であろうかと存じます。現在、酒税法によりまして、酒につきましては免許制度をとっております関係上、御指摘のようなことができないということになっているわけでございますが、これはやはり酒税の確保とかいったような公益上の、公共上の目的、そういったもののために、そういった自由を制限しているということでございまして、憲法上問題はないものと考えております。」

225　胎児の生命尊重と憲法一三条

〔要旨〕　胎児の生命尊重は、憲法一三条の趣旨にそうゆえんである。

昭五七（一九八二）・三・一五（九六回　参・予算）

【参照条文】　刑二一四

【議論の背景】　昭和五七（一九八二）年度予算案審議において、堕胎問題が取り上げられ、胎児の生命尊重と憲法について質問がなされた。

【答弁】

○村上正邦議員　個人の尊厳を規定した憲法十三条前段に言う「国民」の中には、当然胎児も含まれ、その生命は尊重されなければならないのではないか。

○角田礼次郎内閣法制局長官　「胎児の生命を尊重することは、お説のとおりまさに憲法第十三条の趣旨に沿うゆえんであろうと思います。」

226　医療を拒否する権利

〔要旨〕　現時点において認められていない。

昭六二（一九八七）・九・一八（一〇九回　参・本会議録）

【議論の背景】　末期医療や脳死への関心が高まる中で、尊厳死・安楽死を認めるべきではないかという観点からの質問書が提出された。

【答弁】

○木本平八郎議員提出死に対する患者の人権と医師の治療義務に関する質問主意書

「二　憲法上の基本的人権として、患者は医療を拒否する権利があると解釈してよいか。（例えば、『エホバの証人』など信仰上の立場から輸血を拒否するなど）」

○答弁書（昭和六二年（一九八七）九月一一日提出）

「二について

政府としては、現時点において御指摘のような憲法解釈が一般的に認められているとは考えていない。」

227　プライバシーの権利

〔要旨〕　プライバシーの権利は、私生活をみだりに公開されない権利から、自己情報コントロール権への展開してきている。

昭六三（一九八八）・一〇・一三（一一三回　衆・内閣）

【議論の背景】　行政機関の保有する電子計算機処理に係る個人情報の保護に関する法律案の審議において、プライバシーの権利について質問がなされた。

【答弁】

○谷津義男議員　プライバシーの権利についてはどのように認識しているのか。

○高鳥修総務庁長官　「いわゆるプライバシーという問題につきましては、私は法律学者ではございませんので、正確な定義を申し述べる立場にはないわけであります。ただ、私どもが承知をいたしておりますところでは、従来、プライバシーの権利というのは、ひとりにしておいてもらう権利というふうに説明をされておりまして、私生活をみだりに公開されないという法的保障ないし権利ということが、かつて昭和三十九年九月二十八日、『宴のあと』事件における東京地裁判決などでも出ているところであります。

　さらにまた、情報化社会の進展に伴う今日的なプライバシーの権利の概念としては、学説などにおいて、従来の伝統的な、ひとりにしておいてもらう権利とするものから、自己の情報の流れをコントロールする権利というものを含むものへと展開してきているということ、そういう学説があるということについては私どもも承知しているところであります。」

第一四条第一項（法の下の平等）

228　「法の下に平等」の意義

〔要旨〕　法の下の平等は立法上の指針であり、また法の進展により従前とは異なることになっても憲法一四条に反しない。

昭四六（一九七一）・二・一九（六五回　衆・大蔵）

【議論の背景】　買収目的消滅農地の売払制度に関する最大判昭和四六年（一九七一）一月二〇日を受けて、国有農地の払下げ問題について質疑が行われ、それに関連して、憲法一四条の「法の下に平等」の意義が議論となった。

【答弁】

○堀昌雄議員　「法の下に平等」の「法」は一体どの法を憲法は期待をしたのか。

○高辻正巳内閣法制局長官　「この『法の下に平等』であるという憲法十四条の規定の解釈といたしましても、いまおっしゃったような点に関係があると思いますが、それは解釈上の問題であるのか、立法上の指針としての問題があるのかというような問題がございます。われわれはやはり立法当局としましては、現にそういう考え方は現存しておりますが、立法上の指針であるべきだという考えで私どもは立法の衝に当っておるつもりでございます。しかし、おっしゃいますように、だからといって旧来の制度、これは社会の進運と同時に変わっていくことは当然でありますし、社会の進運、経済の状況の変動に応じて、その場その場にふさわしい公共の秩序の要請からいって、法の進展も同時にあるわけで、したがって、きわめて形式的に見れば、従前とは違ったものがあるからといって法の平等に違反するということには必ずしもならない。ということは、これは税制の改正なんかで常にわれわれが見るところでございまして、さらに御質疑があるかもしれませんが、大体の考え方としてはそれでいいのではないかと考えます。」

229　憲法一四条一項が列挙する不合理な差別事由

【要旨】　憲法一四条一項は、国民個人の人間的条件に根ざす事由による差別を禁止しているものである。

昭四六（一九七一）・一二・一七〔六七回　参・沖縄北方特別〕

【議論の背景】　公用地暫定使用法案について佐藤総理が人種、信条、性別、社会的身分又は門地により差別扱いするものではなく、憲法違反の批判は当たらない旨の答弁をしたため、それらの事由が限定列挙かどうか問題となった。

【答弁】

○占部秀夫議員　憲法一四条に列挙してある文句は、例示的に列挙したものであって、限定的に列挙したものではないと思うがどうか。

○高辻正巳内閣法制局長官　「おっしゃいますように、はたしてこれが差別の事由として尽きているのかどうか、この点については確かに法文はそのとおりに申し上げたことは間違いがないとして、理論的にはいろいろ議論があるようでございます。しかし、いずれにいたしましても、国民個人の人間的条件に根ざす事由によりということであることは間違いない。だから、ときどき問題になりますのは、実際問題としては例の多選禁止の問題だとか、ああいうような、やっぱりその人の選挙とか、あるいは年齢―定年制とか、そういう人間のやはり年齢とか、そういうものに着目したものであることは間違いない。憲法には、しかも限定的にともかくもそう規定してありますが、法律論として、なおいろいろな議論がないかといえば、いま言ったような国民の個人的条件と、いずれにしてもそれに尽きるものであって、そういう点からいっても、この法案がそういう見地からする制約ではないということだけは間違いない。総理が言われたことは法文のとおりにおっしゃったことで、これがまた間違いだとは言えないと私も思っております。補足的に申し上げれば、いま申し上げたとおりであります。」

230　都道府県知事の多選禁止の合憲性

〔要旨〕　知事の多選が制度的に当然に弊害を伴うものであれば、それを制限しても違憲とはならない。

【参照条文】　憲一五・二二・九三
　昭二九（一九五四）・五・二四　〔一九回　参・地方行政〕

【議論の背景】　緑風会から参議院に提出された公職選挙法の改正法案の中に知事の三選を禁止する規定が含まれていたことから、知事の三選を禁止することの合憲性が議論となった。

【答弁】
○秋山長造議員　府県知事の三選を禁止することは憲法に違反しないか。
○奥野健一参議院法制局長　「憲法違反という問題は、恐らく憲法第十四条の法の下に平等でなければならんとか、或いは同じく憲法第四十四条但書、或いは又憲法二十二条の職業選択の自由の問題、これらの各条との関係で憲法違反の問題があるのではないかというお尋ねと考えます。
　結論的に申しますと、知事の三選と申しますか、これが制度的に当然弊害が伴うものであるということであれば、これについての制限をするということは、今言いましたような憲法各条も、やはり或る場合においては制限を受けても止むを得ない、言い換えれば、公共の福祉と、それら合理的に制限をしていいと思われる場合においては、こういう十四条或いは四十四条或いは二十二条という条文で、或る程度の制限を受けてもいいかと思いますので、そういうような合理的な根拠があれば憲法違反という問題にはなるまいと思います。ただ制度的にそれが弊害があるかどうかということは、実際問題でありまして、当然にそうであるかどうかということは、直ちに断定はむずかしいのではないかというふうに考えます。」
○加瀬完議員　関連して、二選は制度的弊害はないけれども、三選になれば制度的弊害があるということが考えられるか。
○奥野　「二選はいいが三選はいけないというようなことは、非常にむずかしいかと思います。結局、余りに長くその職に何回もおることによって、当然に或る弊害等が避けることができないというような、制度的にそういうものがありとまあ一般に認識せられるような場合であれば、これはやはり合理的な制限として憲法上許されていいのではないかというふうに思います。」

231　条例による規制の差異と法の下の平等

【要旨】　地方自治体がその権限の範囲内で条例を制定する結果、国民の間で規制の有無の違いを生じても憲法に反しない。

昭三五（一九六〇）・三・一七〔三四回　参・議運〕

【参照条文】　憲九四

【議論の背景】　地方自治体の公安条例の問題が取り上げられ、自治体による公安条例の制定の有無によりその規制を受ける国民とそうでない国民とが生じることが憲法一四条に反しないかどうかが議論となった。

【答弁】

○椿繁夫議員　条例の規制のある所とない所があるというのは憲法一四条に反しないか。

○岸信介内閣総理大臣　「地方自治体が地方自治法に基づいて持っておる権限内において、その地方の情勢なり社会状態なり、いろいろな事柄、それに応じて必要と認められるところの条例を設けるということは、自治法で私は当然権限があると思います。そういう範囲内においてやる事柄は、別に私は、先ほども申し上げましたように、憲法上のいわゆる法の前に平等であるというこの考え方とは矛盾するものではない。かように考えております。」

232　給与所得に係る源泉徴収の合憲性

【要旨】　税の徴収をすべて形式的に一つの方法で行うというのは憲法の要求とは考えられず、源泉徴収は憲法違反ではない。

昭三六（一九六一）・三・二三〔三八回　参・予算〕

【参照条文】　所税一八三〜一八九

【議論の背景】　給与所得に係る源泉徴収の制度が憲法違反であるとする訴訟が提起される動きがあることを受けて、源泉徴収が憲法に違反しないかどうかが議論となった。

【答弁】

○大矢正議員　源泉徴収は憲法に違反しないか。

○原純夫国税庁長官　「源泉徴収は憲法違反ではないと思っております。

憲法の各条章のうち、給与所得者その他だけが、なぜ源泉徴収を受けるかという意味での平等権の侵害だというお話、あるいは財産権の保障に対する侵害だというようなお話、いろいろございますが、まあ端的に申しますると、税というものは、国民の担税力その他を考えまして、公平に集めるということで、所得税法におきましても、いろんな所得について、それぞれその所得が得られる状態等に応じまして、その控除についても、所得の種類によって控除が違ったり、また税率の適用も違ったり、それから納期についても違ったりしております。これらを、形式的に平等にやるというのが憲法の要求だとは、とうてい考えない、また直接税と間接税というものの課税ないし徴収の形態を考えましても、いろいろなやり方をすると、そういうものが、すべて形式的に一本でなければならぬということは、もうとうてい考えられない、いわば税というものは、それぞれの所得なりあるいは消費なり、そういう課税対象の性格に応じて最も公平な、よろしい工合に仕組むというのが、まあこれは、各国の税制、当然の建前であり、日本も、そういう考え方で立てておるということでありまして、どうも、源泉徴収違憲であるという議論の筋は、ただいま私の申します非常に形式的な画一主義というようなことが中心になっていられるのではないかと、それはどうも、今申しましたような趣旨でおかしいのではなかろうかというふうに思います。」

233　民間会社における女性の早期定年制と憲法

【要旨】　憲法は国と国民との関係を規律するもので、女性の早期定年契約が直ちに憲法一四条違反となるものではない。

昭四一（一九六六）・三・一一〔五一回　衆・法務〕

【参照条文】　民九〇

【議論の背景】　女性の二五歳定年制を採用している民間会社の問題が取り上げられ、そのような民間会社における女性の早期定年制が憲法一四条一項に違反し、無効となるかどうかが議論となった。

【答弁】

○細迫兼光議員　その女子二十五歳定年ということは、憲法の第十四条、性別によって、経済的、社会的関係において差別されないと明記してある条項に違反する疑いが濃厚である。

○関道雄内閣法制局第一部長　「憲法十四条一項の……条文は、直接的には国の法律、制度におきまして、この十四条に書いてあるような差別を設けることはできないということが、本来の規定の内容であろうと思います。しかしながら、もちろん国が国民との関係において、そういう一つの規範のもとに法律、制度を立てていくということの基盤といたしまして、一般の国民社会においても、このような社会的な一つの感覚といいますか、そういうものを前提としておるということもまた事実でございます。したがって、一般私人の間においてのいろいろな契約関係においても、このような精神にのっとってすべてが行なわれるべきであるということは、一応私も承認いたしますが、私的な自治の領域の中において行なわれるいろいろな行為が、直ちに十四条一項の違反という、非常に厳格な意味におきまして、そういうことになりますかどうかということについては、私はむしろ消極的に考えておるわけでございます。」

234　国籍の父母両系主義・父系血統主義と憲法

『要旨』　父系血統主義は憲法に明白に違反するものではなく、父母両系主義は立法政策の幅の中で採用するものである。

昭五九（一九八四）・四・二〇〔一〇一回　衆・法務〕

【参照条文】　国籍二

【議論の背景】　国籍の取得について父系血統主義から父母両系主義に改正する国籍法改正法案が提出され、父系血統主義と憲法との関係、父母両系主義に改める理由などが議論となった。

【答弁】

○土井たか子議員　現行国籍法がとっている父系優先血統主義というのは現在でも憲法違反の疑いはないという見解を法務省としては持ち続けているかどうか。

○枇杷田泰助法務省民事局長　「結論といたしますと、現時点におきましても現行の国籍法の父系血統主義が憲法に明白に違反するという見解には立っておりません。

ただ、現行法の制定の年からいろいろな情勢が変化をしてまいりまして、父系血統主義の一つの合理性であるところの国籍唯一の原則を守るという、そういう考え方が、他国におきまして父母両系血統主義に変わってきたということから維持しがたくなってきたという面もございます。それから、両性の平等という物の考え方が年とともに大分変わってきたというようなことから、現在の国籍法が憲法に違反するのではないかという疑いが出てくるというような指摘もかなり出るようになってまいりました。

そういうふうなことを考慮いたしまして、憲法の精神に、少し何といいましょうか改正した方がむしろ合致するという面があるだろうというような考え方は持っておりますけれども、明白に現行法の父系血統主義が憲法に違反するという考え方は持っておらないわけでございます。

……合憲の範囲内で立法政策の選択の幅というものが当然あるわけでございます。その中で、現行法ももちろんその幅の中に入っておるということでございますが、今度の改正につきましては、その婦人差別撤廃条約の考え方、そういうふうなことが一つの国際的に高まってきている機運であり、また、日本の国としてもそういう方向に行こうという姿勢が打ち出されておる。それからまた、国際結婚が非常に広く行われるようになったというふうな客観的な事情の変更等々を考え合わせますと、今度のような改正案といいますか、父母両系血統主義に改めるということの方が立法政策としては妥当である。したがって、その与えられた立法政策の幅の中で今度の改正をしよう、そういう考え方に立つものでございます。」

235　非嫡出子の嫡出子と異なる取扱い

〔要旨〕　嫡出でない子の異なる取扱いを定めた民法の規定は合理的な差異を定めたものであり児童の権利条約に反しない。

平五（一九九三）・五・二八　（一二六回　参・本会議）

【参照条文】　児童約二　民九〇〇④

【議論の背景】　児童の権利に関する条約の締結の承認を求められ、同条約二条が定める差別の撤廃に関連して、民法の嫡出子と嫡出でない子の取扱いを異にする規定の改正の必要性の有無が議論となった。

【答弁】

○後藤田正晴法務大臣　「嫡出でない子の差別を撤廃すべきである、こういう御質問でございます。この条約の第二条は児童に対する不合理な差別を禁止する趣旨の規定でございますが、嫡出子とそうでない子との取り扱いの差異を定める民法の規定は、婚姻関係にある両親から出生した子であるか否かに伴って必然的に生ずる差異や法律婚の尊重という見地からの合理的な差異を定めたものでございまして、この条約に反するものではない、かように考えております。」

236　嫡出でない子の国籍取得の取扱いと平等原則

〔要旨〕　嫡出子と嫡出でない子との間等で国籍の取得に差異があることは合理的な理由に基づくもので、憲法に反しない。

平一〇（一九九八）・五・一九　（一四二回　衆・本会議録）

【参照条文】　児童約二1・七1　国籍二①

【議論の背景】　子どもの国籍取得に関し、無国籍児童に関する最判平成七年（一九九五）一月二七日、嫡出でない子に関する最判平成九年（一九九七）一〇月一七日などを受け、嫡出でない子の国籍取得に関する取扱いの差異が問題とされた。

【答弁】

○保坂展人議員提出子どもの国籍取得に関する質問主意書

「三（4） 嫡出子か非嫡出子か、胎児認知か生後認知かによって、国籍取得に区別があること自体が不合理であり、『法の下の平等』に反するのではないか。

四（6） すでにイギリス人父と外国人母から生まれた非嫡出子がイギリス国籍を取得しないことについては、児童の権利委員会の審査で条約違反が指摘されているが、同様に日本の国籍法も、条約違反になるのではないか。」

○答弁書（平成一〇年（一九九八）五月一五日提出）

「三の（4）について

国籍法第二条第一号による国籍の取得は、出生時に日本国民である父又は母との間に法律上の親子関係が存在することが要件とされ、出生後に認知により日本国民との間に親子関係が生じても、日本国籍取得の効果は生じないこととされている。

嫡出でない子についてお答えすると、婚姻していない日本国民である父と外国人である母との間の子は、準拠法たる日本民法（明治二十九年法律第八十九号）上原則として右父との間の法律上の親子関係が存在しないので、出生により日本国籍を取得することはない。これは、親子関係により我が国との結合関係が生じるのは、子が日本国民の家族に包含されることによって日本社会の構成員となることによるのであるから、日本国民の嫡出子については、当該日本国民が父であるか母であるかを問わず、日本国籍を付与することが適当であるのに対し、嫡出でない子については、法律上の婚姻関係にはない男女間から生まれた子であって、あらゆる場合に、嫡出子と同様の親子の実質的結合関係が生じるとは言い難いことから、嫡出子とは別個の考慮が必要となるからである。すなわち、民法上嫡出でない子は母の氏を称し（民法第七百九十条第二項）、母の親権に服する（同法第八百十九条第四項）ものとされていることからも明らかなとおり、嫡出でない子の父子関係は、通常、母子関係に比して、実質上の結合関係すなわち生活の同一性が極めて希薄である。

このような点等が考慮されて、原則として、日本国民である父の嫡出でない子は出生により日本国籍を取得しないこととされているものと解される。

次に認知の点についてお答えすると、日本国民である父の嫡出でない子でも父が出生前に認知したものは日本国籍を取得するところ、これは、出生前に父から認知があった場合には、父子関係の実際は通常の嫡出でない子の父子関係と異なると考えられること等によるものである。これに対し、生後認知によっては日本国籍取得の効果が生じないのは、嫡出でない父子関係に基づく子の生来国籍の取得につき、認知の遡及効を認めて、子の出生時にさかのぼって国籍の変動を生ぜしめることは、嫡出でない子の国籍を父の認知があるまで不安定なものにし、子本人にとっても好ましくないと考えられるからである。このように、国籍法が、この生来国籍の取得につき、子の出生の時点における親子関係の存在を要求しているのは、国籍の安定性の要請等によるものと解される。

以上のとおり、嫡出子と嫡出でない子との間又は胎児認知と生後認知との間において、国籍取得について差異があることは、合理的な理由に基づくものであり、法の下の平等に反するものとは考えていない。

なお、国籍法には、準正による国籍取得や簡易帰化等の補完的な制度が設けられていることも併せ考慮されるべきである。

四の（6）について

御指摘の児童の権利に関する委員会で問題となったイギリスの制度の詳細については、承知していない。

児童の権利に関する条約（平成六年条約第二号。以下『条約』という。）第二条1は、締約国は、児童又はその父母等の出生又は他の地位にかかわらず、いかなる差別もなしにこの条約に定める権利を尊重し、及び確保する旨規定しているが、政府としては、これは不合理な差別を禁ずる趣旨であって、合理的な差異を設けることまで禁ずるものではないと解している。

我が国の国籍法における嫡出子と嫡出でない子との間の国籍取得の差異は、三の（4）についてでお答えしたとおり合理的な理由に基づくものであり、条約第二条1で禁じられている差別には当たらないと考えている。

また、条約第七条1は、児童は出生の時から国籍を取得する権利を有する旨規定しているが、これは、締約国が児童は国籍を取得する権利を有することを認めるという原則を規定したものであり、締約国に対し、自国内で出生する場合も含め、自国内にいるすべての児童に対し、自国の国籍を付与する義務を課したものではないと解され、合理的な理由により国籍が付与されない場合があっても、それをもって直ちに同条の規定に反するとは言えないと考えている。」

237　先住民族・少数民族の権利とその有利な処遇

〔要旨〕　事柄の性質に既応した合理的な理由に基づくものであれば、国民の一部について異なる取扱いをすることも憲法上許容される。

平元（一九八九）・一・三一　（一一三回　参・本会議録追録）

【議論の背景】　アイヌの人々の集団的居住地域である北海道日高の沙流川流域で二風谷ダム・平取ダムの建設工事が進められ

ていることに関連して、先住民族・少数民族の権利等について問題が提起された。

【答弁】

○猪熊重二議員提出アイヌ民族の処遇に関する質問主意書

「1　政府は、先住民族・少数民族が、国民の多数を占める多数民族による多数決原理によっても排除し得ないところの、固有・独自の文化・宗教・言語・習俗を保有する憲法上の権利を保有していることを承認するか。

2　政府は、先住民族・少数民族の右に記すような諸権利を実質的に保障するために、多数民族に比し、合理的理由がある限り、『有利』に処遇することが憲法上許容されると考えるか。」

○答弁書（平成元年（一九八九）一月一三日提出）

「第一点について

文化・宗教・言語・習俗の保有については、日本国憲法の下において、すべての国民に平等に認められているところである。

また、事柄の性質に即応した合理的な理由に基づくものであれば、国民の一部について、異なる取扱いをすることも、日本国憲法上許されるものと解している。」

238　人種差別撤廃条約の「世系」と憲法の「門地」

【要旨】人種・民族の観点から見た系統を表すものとして世系を用いたもので、他方、門地は一般的に家柄などをいう。

平八（一九九六）・三・二六（一三六回　衆・本会議録）

【参照条文】人種差別撤廃約一

【議論の背景】部落差別への対応として部落解放基本法の制定を求める動きがあり、それに関連して、人種差別撤廃条約一条で「世系」という訳語が用いられていることについて議論となった。

【答弁】

○小森龍邦議員提出人権問題に関する質問主意書

「一　……第一条の部分にかかわって、……政府は、『人種、皮膚の色、門地又は民族的もしくは種族的出身に基づくあらゆる区別、除外、制約又は優先をいう』のところを『門地』という日本語にかえて、中国語の『世系』という言葉を使っている。

日本国憲法の第十四条には、『人種、信条、性別、社会的身分又は門地により、政治的、経済的又は社会的関係において、差別されない』とされ、わが国の憲法的感覚における平等実現の文言にある『門地』なる言葉をなぜ中国語の使用によったのか。

三　政府の訳語が『世系』となったことについては既に承知しているが、日本語の『門地』を排して、わざわざ中国語の『世系』を使われたことについて、『人種差別撤廃条約』についての日本における関係学者はすべて『門地』なる訳語を使い解説書（文）を公刊されている。

日本政府は『世系』という中国語が『門地』なる日本語の意味にかかわって、相違するところがあれば明らかにしていただきたい。なお、ほとんど同義語であるということになれば、なぜ日本語を使わずに中国語を使われたのかも、明らかにされることを求める。」

○答弁書（平成八年（一九九六）三月五日提出）

「一について

この条約第一条1の『世系』という訳語は、日本語であり、我が国の国語辞典にも掲載されているところである。

三について

この条約第一条1の『descent』については、人種、民族の観点からみた系統を表すものと解しており、その訳語として、一についての答弁において述べたとおり、日本語としての『世系』を当てたものである。なお、日本国憲法第十四条第一項において使われている『門地』とは、一般的には家柄などをいうものと解される。」

239　国会議員の定数配分と人口比例

【要旨】　定数配分等を選挙人数又は人口数に比例させるのが原則だが、他の要素を考慮することも憲法上容認される。

昭五三（一九七八）・一〇・一八（八五回　参・選挙特別）

【議論の背景】　衆議院議員の定数配分に関し、同一の選挙区を対象としたものなのに、東京高判昭和五三年（一九七八）九月一一日と東京高判昭和五三年（一九七八）九月一三日判決が合憲・違憲の異なる判断を示したことから、人口比例との関係などが問題とされた。

【答弁】

○金丸三郎議員　国会議員の選挙区別の定数の配分は選挙区の人口に比例しなければ違憲となるのか、人口以外の要素を考慮することも立法政策の問題として憲法上認められると考えているのか。

○大橋茂二郎自治省行政局選挙部長　「国会議員の選挙区別定数の配分でございますが、何分にも定数の配分というのは高度に政治的な判断を伴うものであるということは御承知のとおりでございます。しかしその場合におきましても選挙区の区分と定数の配分につきましては、各選挙区の選挙人数または人口数、その比率が基本的な原則であるということはもちろんであると思います。

ただ五十一年四月の最高裁でも申しておりますように、単なる人口以外の、このほかにも行政区画であるとか、従来の選挙の実績であるとか、選挙区としてのまとまりぐあいがどうなっているか、面積、人口密度、さらには住民構成、交通、地理的状況、さらには社会の変動やその一つのあらわれとしての人口の都市集中度というような各般の要素がありますので、これらを総合判断して定数を配分するということが立法政策上の問題としても憲法上容認されておるのではないかと考えております。」

○金丸　この憲法十四条の法のもとにおける平等というのは、たとえば普通選挙を保障するとか、一人一票とか、複数選挙とか累積投票とか、それから男女無差別、こういうようないわば質的な平等を言うのであって、議員の選挙区別の定数と人口の比例といったような量的な問題もやはり含めて考えるべきだというふうな考えなのかどうか。

○大橋　「御指摘のとおり憲法第十四条における『法の下の平等』におきましては、根本的には普通選挙であるとか、あるいは一人一票であるとか、男女無差別の原則というものに意を示すものであることは御指摘のとおりであります。

ただ、さらにその量的な問題までも含むかどうかということについてはかなり議論の存するところであろうかと思いますが、先ほど来たびたび引用さしていただいております五十一年の最高裁の判決におきましては、憲法の要するに平等におきましてはまたその選挙における各選挙人の投票の持つ価値の平等、そういうものもこの憲法十四条の平等の中には含まれておるという解釈をしております。そのような投票の価値の平等というものに立って、先般の判決も行われているように承知しておりますので、その趣旨を尊重したいと思っております。」

○金丸　衆議院の選挙区のあり方、参議院の地方区のあり方、これは府県の議会の議員の選挙区と違う。違うけれども、選挙区という根本、選挙権という問題、選挙権の平等価値という問題については同じである。同じだが、適用についていろいろ違い得る理由をどう考えたらいいのか。

○大橋　「御指摘の中に都道府県の議会の議員の選挙区別定数に関しましてただし書きがあるということでございます。特別の事情があればということでございますが、この中でもやはり人口を基準とするということは原則として出ていると思います。したがいまして、都道府県あるいは衆議院、参議院、それぞれ団体としての性格を異にいたしますが、やはり基本となるのは憲法の十四条以下で示している各種の原則ということであろうと思います。そういうような憲法に示している各種の原則を踏まえながら、それぞれ衆議院、参議院あるいは都道府県の議会というものの性格を考えまして、いわゆる選挙区の人口のほかにも、選挙区の実態あるいは社会的な変動その他の要素を総合的に判断するということは現行の憲法でも認められておるところではないかと考えておる次第でございます。」

240　憲法上許容される一票の格差

【要旨】　衆議院議員の中選挙区制の定数是正において格差を三倍以内とするのは緊急暫定・必要最小限の措置として許容される。

【参照条文】　公選別表一

昭六〇（一九八五）・六・二四　〔一〇二回　衆・本会議〕

【議論の背景】　最大判昭和五八年（一九八三）一一月七日で衆議院議員の定数配分規定が違憲状態にあると判断されたため、最大格差を三倍以内に是正する公職選挙法改正法案が提出され、三倍以内とする根拠等が問題となった。

【答弁】

○佐藤観樹議員　何をもって一対三の根拠としているのか伺いたい。

○藤尾正行議員　「昭和五十八年十一月の最高裁の判決では、衆議院議員の定数配分に関し、国会における裁量権をしんしゃくいたしましても、一対三・九四という格差については合理性を有するものとは考えられないとするとともに、最大格差を一対二・九二といたしました昭和五十年の定数是正については、投票価値の不平等状態は一応解消されたものと評価をいたしております。この判決を踏まえまして、今回の定数是正案では格差を三倍以内とすることで提案をさせていただきましたが、緊急暫定の措置、すなわち必要最小限の措置といたしましては許容されるものではないか、かように考えておる次第でありま す。」

241　衆議院議員の定数是正に関する合理的期間とその起点

【要旨】　定数是正に関する合理的期間はケース・バイ・ケースで判断されるべきである。

【参照条文】　公選別表一

昭六〇（一九八五）・一一・三　〔一〇三回　衆・選挙特別〕

【議論の背景】　衆議院議員の定数配分を違憲状態とした最大判昭和五八年（一九八三）一一月七日およびそれを違憲とした最大判昭和六〇年（一九八五）七月一七日を受け、その定数是正が問題となり、最高裁判決で示されている是正のための合理的期間の意味と基準が議論となった。

【答弁】

○西山敬次郎議員　この違憲状態に対してこれを是正するに必要ないわゆる合理的な期間というのはいかほどのものとお考えか。

○茂串俊内閣法制局長官　「合理的期間とはどのような意味を持ち、また、どのような長さを言うものであるかという点でございますが、これは最高裁の判決に即してお答え申し上げた方がよろしいと思いますので、若干関係部分を読み上げさせていただきますが、御指摘の最高裁の五十八年十一月七日の大法廷判決におきましては、『制定又は改正の当時合憲であった議員定数配分規定の下における選挙区間の議員一人当たりの選挙人数又は人口の較差が、その後の人口の異動によって拡大し、憲法の選挙権の平等の要求に反する程度に至った場合には、そのことによって直ちに当該議員定数配分規定の憲法違反までもたらすものと解すべきではなく、人口の異動の状態をも考慮して合理的期間内における是正が憲法上要求されているにもかかわらずそれが行われないときに、初めて右規定が憲法に違反するものと断定すべきである。』ということを判示しておりまして、また他方、同判決におきましては、『衆議院議員の選挙における選挙区割と議員定数の配分の決定には、複雑微妙な政策的及び技術的考慮要素が含まれており、これらをどのように考慮して具体的決定に反映させるかについて客観的基準が存するものでもないので、結局は、国会が具体的に定めたところがその裁量権の合理的行使として是認されるかどうかによって決するほかはない』とも判示しておるわけでございます。

　このような判示を前提として考えますと、合理的期間というのは、『複雑微妙な政策的及び技術的考慮要素』を十分に考慮した上で国会が定数配分規定を改正するのに必要な期間、こういうものと解されるわけでございますが、その期間を数字的に何年間というふうに一定の長さを具体的に申し上げるということは、これは困難であり、ケース・バイ・ケースでそのバックグラウンドをなす事情に即して判断をすべきであるというふうに考えられます。」

○小笠原臣也自治省行政局選挙部長　「定数訴訟におきまして、是正のための合理的期間という考え方は昭和五十一年の最高裁判決において初めて示されたものでございまして、その後の昭和五十八年判決及び本年の判決においても引き継がれておる考え方でございます。

　是正のための合理的期間がどの程度であるかということにつきましては、判決の内容からは明確ではございません。が、昭和五十八年の判決では、昭和五十年の定数是正によって違憲状態は一応解消されたものとして、その法律改正の公布の日から五年後、施行の日から三年半後に行われた昭和五十五年の総選挙については、本件選挙の選挙時を基準としてある程度以前において投票価値の不平等状態は憲法の選挙権の平等の要求に反する程度に至っていたけれども、そのときから本件選挙までの間では是正のための合理的期間はいまだ経過していないとしたわけでございます。

しかし、本年の最高裁判決では、それから三年半後に行われました昭和五十八年の総選挙については是正のための合理的期間は経過したものというふうに判断をしておるところでございまして、先ほどお答えもありましたとおり、やはりケース・バイ・ケースで判断をしなければならない問題で、一義的に一定の期間が経過すれば合理的な期間が経過したとかしないとかいう判断はできないのではないかというふうに考えております。」

○西山　違憲状態になってからの是正に要する期間を合理的な是正期間といっておるのじゃなかろうかと思いましたが、これらの判決を見ておりますとすべて法改正以後の年限をいっており、そう解釈することでよいのか。

○茂串　「三つの判決がございまして、いずれの判決によってご説明したらよろしいかと思いますが、基本的にはいずれも同じ考え方であろうかと思います。今私持っております昭和五十八年十一月七日の大法廷判決におきまして申し上げますと、先ほどから御議論のございます合理的期間の問題につきましては、合理的期間についての判示の部分でございますが、『本件において、選挙区間における議員一人当たりの選挙人数の較差が憲法の選挙権の平等の要求に反する程度に達した時から本件選挙までの間に、その是正のための改正がされなかったことにより、憲法上要求される合理的期間内における是正がされなかったものと断定することは困難である』というような判示をしておるわけでございます。

この点から見ますと、その合理的期間のスタート、起点は、それは『選挙区間における議員一人当たりの選挙人数の較差が憲法の選挙権の平等の要求に反する程度に達した時』からスタートするというふうにこの判決は述べておるものと私は理解しております。」

242　衆議院小選挙区選挙の区割り法案の合憲性

【要旨】　小選挙区の区割りにより選挙区の一部に格差が二倍を超えるものがあっても憲法上許されないものではない。

平六（一九九四）・一〇・二六〔一三一回　衆・政治改革特別〕

【参照条文】　公選別表一

【議論の背景】　衆議院議員選挙の小選挙区に関するいわゆる区割り法案が提出され、同法案で選挙区間の最大格差が二・一三七倍、二倍を超える選挙区が二八となったことについて、その合憲性が問題となった。

【答弁】

○笹川堯議員　法案が憲法違反ではないということについて尋ねておきたい。

○大出峻郎内閣法制局長官　「衆議院議員の定数訴訟に係るこれまでの一連の最高裁判決によりますと、法のもとの平等を保障した憲法第十四条第一項の規定は、選挙権の内容の平等、すなわち投票価値の平等をも要求するものであり、これを重視すべきものであるということでありますが、国会が具体的選挙制度を決定する上で、これが、つまり投票価値の平等ということが唯一絶対の基準となるものではなくて、原則として国会が正当に考慮することのできる他の政策的目的ないし理由との関連において調和的に実現されるべきものとされているところであります。

今回提出いたしております法案は、これは選挙区画定審議会の勧告を受けて作成したものであり、同審議会は、各選挙人の投票価値の平等が憲法上の要求であるということにかんがみまして、選挙区の画定案の策定に当たりまして、各選挙区の人口の均衡を図るということを重視するとともに、各選挙区間の人口の格差が一対二以上とならないようにすることを基本とするという審議会の設置法の第三条第一項に規定する基準に従って画定案を作成し、勧告を行ったものというふうに承知をいたしておるわけであります。

これをもとにいたしまして、政府として法案を提出いたしたわけでありますが、審議会が、投票価値の平等についての憲法上の要求も踏まえ、人口基準以外の行政区画だとか地勢だとか交通等の事情を総合的に考慮して勧告した画定案に従いまして法案化したものであり、その結果、今回の区割りによる選挙区の一部において選挙区間格差が二倍を超えるものがあるといたしましても、それは憲法上許されないものではないというふうに考えているところであります。」

○笹川　二倍を超してでも、それはある程度国会の定めることでいい、それはわかるが、二十八という選挙区が多いか少ないか、数は問題にならないか。

○大出　「この選挙区を画定するに当たりましてはいろいろな要素があるわけでありますけれども、何よりも人口比例ということを一番重視をするという基本に立ちまして、そしてその上で行政区画だとか地勢とか、そういうものを合理的に考慮いたして決められた。その結果、今お話しの二十八というような数字になったわけでありますけれども、しかし、それは合理的な選挙区割りの設定の仕方の結果として生じたものである、そういう意味合いにおきまして問題はないというふうに考えておるところであります。」

243　在外投票を比例代表選挙に限ることの合憲性

『要旨』　在外投票制度の対象を当分の間比例代表選挙に限ることは、合理的な理由に基づく制限として憲法上許容される。

平九（一九九七）・一一・二七　〔一四一回　衆・選挙特別〕

【参照条文】　公選附則Ⅷ

【議論の背景】　在外邦人にも選挙権行使の機会を保障するため在外投票制度を創設する公職選挙法改正法案が提出され、同法案が当分の間その対象を衆参の比例代表選挙だけに限ったことの合憲性が議論となった。

【答弁】

○遠藤和良議員　在外邦人の選挙法をつくるに当たっては、やはり国外にいる日本国籍を持つ方にも、あるいは国内にいる方にも同じ権利を付与する、こういうことが法律の骨格でなければいけない。ところが、本則では確かにそうなっているが、附則で当分の間は比例選挙に限るとしている。これは憲法に保障された平等の権利あるいは法の下の平等原則に反するのではないのか。

○上杉光弘自治大臣　「政府案では比例選挙のみが対象になっておるので法のもとの平等に反するのではないか、それは法的にたえ得るのか、こういうことだと思います。

憲法第十四条は法のもとにおける平等を保障して、さらに第四十四条で、選挙人の資格は法律で定めるとした上で、「但し、人種、信条、性別、社会的身分、門地、教育、財産又は収入によって差別してはならない。」と規定をいたしておるわけでございます。憲法第四十四条ただし書きの規定は、およそすべての差別を禁止したものではなく、合理的な理由に基づく差別については許されるものと解されておりまして、現に公職選挙法においても、例えば禁治産者、選挙違反を犯した者等についてはそもそも選挙権を認められておらず、また、一定期間市町村に住所を有することを選挙人名簿の登録要件としておることは御承知のとおりでございます。

今回、在外選挙制度を創設することとしたものでございますが、国外における選挙権の行使につきましては、国内から遠く離れ、また我が国の主権の及ばない地域における投票でもございますことから、公正、公平、適切な選挙を実現するためには、おのずから国内とは異なった方法によらざるを得ないわけでございまして、国外であるがゆえの特殊性が存するところでございます。このような状況のもとで実施される在外選挙におきましては、対象選挙を、当分の間の暫定措置といたしまして、比例代表選挙に限ることとしたところでございます。

憲法上も合理的な理由に基づく制限であれば許容されるものであり、このことをもって憲法に違反するものではない、たえられるというふうに判断をいたしたところでございます。」

第一四条第三項（栄典）

244　文化功労者年金等と特権禁止

『要旨』　文化功労者年金および栄典法案が定める一時金は憲法一四条の特権には当たらない。

昭二八（一九五三）・二・二〇〔一五回　衆・内閣〕

【参照条文】　文化年金

【議論の背景】　栄典法案が提出され、文化勲章受章者に対する文化功労年金、同法案に定める勲章・褒章等に対する一時金の支給が憲法一四条三項の特権に当たるかどうかが議論となった。

【答弁】

〇笹森順造議員　文化勲章に国家の費用を持ってある一定額の金を賞与として与えるということは違憲なりという議論が起って、それを授けるためにいろいろ考えたが、今度この法律の中にやはり金を伴うようなものがある。これは憲法第十四条の違反ではないか。

〇村田八千穂総理府大臣官房賞勲部長　「文化勲章に年金をつけているという問題につきましては、文化勲章受章者は必ず年金をいただく、文化勲章に伴う権利だと、こういうような建前になっておりませんので、文化勲章は国家の栄典として選考される、別に政府の方から、政府限りにおきまして、文化功労者に年金を授与する、こういう制度が別にございまして、たまたま文化勲章をいただいた方で文化功労年金を一緒にいただいている方ができているというだけで、結果的にはそういうことになっておりますが、建前は文化勲章をいただいた者には文化功労年金を授与するということになっていませんので、憲法十四条に違反しているとは考えていないのであります。

それからこの栄典法の方で一時金を授与することができるという規定もございますが、一時金はそのときの情勢によりまして、たとえば孝子節婦のような方の表彰につきましては、この案で行きますと、緑綬褒章ということになるのでございますが、緑綬褒章のほかに一時金をつけた方が実際に適合しているという場合もあるのではないか、こういう場合の一時金につきましては、憲法にいう特権でない、こういうように解釈されております。」

245　旧金鵄勲章年金受給者への一時金と特権禁止

〖要旨〗　旧金鵄勲章年金受給者に対する一時金支給は金鵄勲章を栄典として復活するものではなく、特権には当たらない。

昭三九（一九六四）・二・二一（四六回　参・本会議）

【議論の背景】　戦後廃止された金鵄勲章年金受給者に一時金を支給するための旧金鵄勲章年金受給者に対する特別措置法案が提出され、その一時金の支給が憲法一四条三項の特権に当たるかどうかが議論となった。

【答弁】

○伊藤顕道議員　金鵄勲章は明治二十三年勅令第十一号により創設されたものであるが、昭和二十一年勅令第百七十六号によって事実上廃止されている。また、金鵄勲章年金令は明治二十七年勅令第百七十三号によって制定されたものであるが、昭和十六年勅令第七百二十五号により廃止されている。ただし、昭和十五年四月二十九日以前の叙賜者については旧令によって年金は下賜されていたが、昭和二十年十二月末日を限りとして勲章年金は一切廃止されている。

旧金鵄勲章年金受給者に一時金を支給することは、栄典に特権が伴うことになるので、憲法第十四条違反となると確信するが、どうか。

○草葉隆円議員　「第一点は、憲法第十四条関係、いわゆる憲法違反と思われるそのうちで、栄典の授与は、いかなる特権も伴わないということと、法のもと平等であるという、こういうもろもろの問題にこの提案は違反しておるのではないかという御趣旨であったと存じます。しかし、私は、今回の一時金の支給の処置は、かつて受けておりました経済的処遇を失い、かつ老齢となって、その生活能力が低下いたしました旧金鵄勲章年金受給者、ただ単に金鵄勲章という名前が、いまのお話のように耳ざわりになるということでございまするが、それによって受けておりました受給者に、一律に七万円ずつ支給しようとするものでありまして、決して金鵄勲章の栄典制を復活しようとするのではございません。この点は、憲法とは全然違反をしないという私の最も強い根拠であると存じます。また、いわゆる戦功を新たに評価しようとするものでもございません。従来受けておりました経済的なものに対する損失の補償でありますので、栄典授与に伴う特権と考えることは、妥当ではないと存ずるのであります。

次に、法のもとに平等であるべきものではないか。しかし、合理的な理由のある差別までも、この憲法第十四条は規定しておらないことは御承知のとおりであります。戦争による犠牲者は、もとよりこれを広く救済すべきことは当然でございまするが、国家財政上のかね合い、あるいは従来からやむを得ずこれに順序をつけて補償、援護が今日まで順次行なわれてまいりましたことは、御承知のとおりでありまして、まずもって、国家が制度上約束をいたしましたものから順次補償を行なうというのが、これが順序であろうと存ずる次第でございます。」

○池田勇人内閣総理大臣　「今回の措置は、金鵄勲章年金令が廃止された後も、昭和二十年までもらっておった方々に対してであり、しかも六十歳以上で特別の事情のある方であるのでございます。したがいまして、憲法第十四条にいっておりまする栄典を与えるものではないのでございます。金鵄勲章制度を栄典として復活して一時金を与えるのではございません。だから、栄典を与えるものでないことはもちろん、一時金を支給するということは、憲法第十四条の特権を与えるといううちに入らない。」

第一五条（公務員選定罷免権、公務員の本質、普通選挙の保障、秘密選挙の保障）

246　国民の公務員の選定罷免権

【要旨】　憲法一五条一項の趣旨は、公務員の選定罷免の権利の根源が国民から発するということである。

昭二二（一九四七）・九・二五〔一回　衆・決算〕

【議論の背景】　提出された国家公務員法案には国民の公務員の罷免権といったものが規定されていなかったため、公務員の選定罷免を国民の固有の権利として規定する憲法一五条一項の趣旨が問題となった。

【答弁】

○片島港議員　憲法第十五条によって、公務員を罷免することは国民固有の権利であるということが言われておるが、この法案には国民が罷免をする、たとえば弾劾権といったようなことは全然うたわれておらないがそういう手続については別途法案を考慮しているのか。

○佐藤達夫法制局長官　「罷免の問題はまさに憲法に公務員選任、罷任は国民固有の権利であるということがはっきりうたってございます。この趣旨は申すまでもございません。……具体的に国民が選任をするとか、あるいは国民が罷免をするというような現実的な面を押えての条文ではございませんので、その選任、罷免の権利の根源が国民から発するのであるという趣旨でございます。従いまして、現実の問題として、罷免権を国民に与えなければならぬということを、憲法が要請しておるわけではないのであります。ただし憲法におきましては、……国民に対する請願権の一つとして、公務員の罷免について請願をすることができるというようなことも書いてある。このような働きによりまして、国民の実際上の弾劾というものが、この人事権をもっている側の方へ響いてくることは当然でありまして、それをまた全体の奉仕者としての公務員を預かっている方の側といたしましては、それらのことをよく頭に入れて、適当な人事権の運用をしなければならぬであろうと存ずるのであります。ただいまお示しになりました具体的の罷免権といいますが、弾劾権と言いますか、そういうものを法制上に取入れるということは、これは技術上的立場から見て非常に困難であります。のみならず大きな眼から申しまして、政府の人事権の運営ということは、国民代表としての国会が常に上から監視しておられるのだ、国民の意向というものは国会がこれを反映して監視してくだすっているのだ、その方でまた弾劾の措置をとる途はあるということから見ましても、個々の弾劾の手続というものを認めるのはいかがであろうかというわけで、実は踏切りのつかぬ立場でおるわけであります。」

247　国家公務員の政治活動の制限の合憲性の根拠

【要旨】　公務員の政治活動の制限は、政治的中立性が導き出される憲法一五条二項と一二条の公共の福祉が根拠となる。

昭二四（一九四九）・一一・一〇（六回　衆・法務）

【参照条文】　国公一〇二　人規一四―七（政治的行為）

【議論の背景】　国家公務員の政治活動を制限する国家公務員法一〇二条及び制限される政治的行為を定める人事院規則を違憲とする議論があり、憲法一五条をその合憲性の根拠とすることが問題となった。

【答弁】

○猪俣浩三議員　憲法十五条を国家公務員法、あるいは人事院規則の根拠にされることに対しては、この民主憲法の根本精神から考えてはなはだ歪曲せられたる解釈ではないかと思うが、どうか。

○殖田俊吉法務総裁　「国家公務員法及び人事院規則が憲法に違反するのじゃないかというようなお話は、この法律制定の当時から出ました御議論でございまして、その当時十分に論議を尽しまして、憲法に違反するものではないとの御決定になったものと承知しておるのであります。

さらに……、私は国家公務員法、従って人事院規則というものの根拠といたしましては、単に憲法十五条のみではなく、やはり十二条の規定もあわせてごらんを願わなければならぬのじゃないかと思うのであります。憲法十五条も特に問題になりま す点は第二項でありまして、その趣旨は、公務員は国民全体の信託のもとに、全社会の福祉のために奉仕すべきものであり、一政党、一階級、一業界というような一部の利益のために奉仕すべきものであってはならないということを明言したものと考えるのであります。従って今回の人事院規則に関連して申しますれば、一般公務員の政治的中立性というものがそこから導き出されるのでありまして、無制限な政治活動が、全体の奉仕者としての地位と相いれないということを、この条文は明らかにしておるものと考えるのであります。それからこれに関連いたしまして、憲法十二条の規定する公共の福祉のためにする基本的人権の制約ということと、十五条の規定とは相表裏しておると考えるのであります。本来全国民の負担において、社会全体の公共の利益のために奉仕すべきことを信託され、要請されております公務員が、その本分を逸脱して一部の利益のために奉仕し、ことに政治運動に狂奔してその公正中立性を失うがごときことは、その職分から申しまして、公共の福祉に著しい害悪を及ぼすものであることは言うまでもないことであり……ます。しかしながら公務員もまた国民である以上、基本的人権が尊重せられるべきことは当然でございますけれども、先ほど申し上げました点からいたしまして、ある程度の制約は、その地位に照してやむを得ないものと言わなければならないものでありま す。憲法みずから公務員の公正中立性を要請しております以上は、かかる制約もまた憲法みずから期待しておるところであると考えます。従って今回の措置は憲法の期待するところにかえって適合するものではないかと考えておるのでございます。」

248　選挙権年齢の引下げについて

【要旨】　憲法は選挙権年齢の決定を法律に委ねており、それは民法の成年年齢と必然的に一致すべきものではない。

昭四五（一九七〇）・九・四〔六三回（閉）参・選挙特別〕

【参照条文】　公選九Ⅰ　民三

【議論の背景】　選挙権年齢の一八歳への引下げが議論される際に、民法の成年年齢との関係が問題となり、憲法学者の間でも意見が分かれていることから、政府の見解が質されることとなった。

【答弁】

○多田省吾議員　十八歳に選挙権を引き下げるときに憲法と民法の問題はどうなるのか。

○荒井勇内閣法制局第三部長　「選挙権を付与する年齢を引き下げるために、まず第一に憲法の規定の改正をする必要があるかという点につきましては、憲法は『成年者による普通選挙を保障する』と書いてあるだけでございまして、その年齢を具体的に定めていないということは、これを法律の定めるところにゆだねているのであるというふうに考えられるわけでございます。憲法の制定、施行の当時、民法には『満二十年ヲ以テ成年トス』という定めもございましたし、憲法の制定、施行の当時の関係者の考え方は、これを多分に念頭に置いておったものというふうに考えられますけれども、しかし、ともかく成年の年齢の決定は法律にゆだねられているという意味ではその年齢引き下げをすることは別に憲法改正を要せず、法律の改正をもって足りるというふうに解されるわけでございます。

その次に、しからば民法との関連はどうか、憲法調査会の第二委員会での議事等も引用してお尋ねがございました。その中で鵜飼教授が言われていることでございますけれども、憲法十五条第三項では成年者による普通選挙をいわば最低保障として保障しているのであって、その成年に達しない者による選挙権というものを認めるのもそれは可能なんだということを、その趣旨のことを言われておられますが、これは少数説であると思いますし、まあ私どもはその説をとるべきではないのではないかというふうに考えております。それは憲法十五条第三項は、まさに成年者による普通選挙そのものを保障したのであって、未成年者にも選挙権を与えるということを考えて規定したものではないのではないかというふうに考えるわけでございます。

で、民法上の成年とは何かといえば、それは民法の趣旨からいいまして、現在の経済社会において私法上の行為能力を認めるのにふさわしい一般的な心身の成熟が達せられたと見られる年齢を言うのだ、それから他方、選挙権の行使にかかわるところの成年とは何かといえば、それはその趣旨からいいますと、公選による公務員を選ぶための選挙に参加するのにふさわしい、その一般的な心身の成熟が達せられたというふうに認められる年齢を言うのだと、だから理論的に両者が必ず必然的に一致しなければならないということはないであろうということは言えると思いますが、それは実際的な見地から見ますと、その自己のために私法上の行為をするのについて十分なその判断力を備えているというふうには見られない、そういう年齢の者に、公的な選挙についてその十分な判断力が成熟しているのだというふうに認められるかどうかというと、そこには多分に問題があるのではないかというふうに考えられるわけです。諸外国の例を見ましても、両者は一致しているのがまあ普通である。で、イギリスにおきまする最近の選挙年齢の引き下げも私法上の成年年齢の引き下げと関連し、そちらのほうがむしろ主体となった形で行なわれているというような経緯もございます。したがって、その純粋な理論的な可能性として民法第三条の成年年齢の改正なしに公職選挙法第九条の選挙年齢の改正をするということは、そういう純理論的な立場で考えた場合に、考えられないことはないと思われますけれども、両者の事実上の密接な関係から見ますと、一方を全く無視して他方だけがまあ独走するということは困難ではないかというふうに考えられると思っております。」

249　拘束名簿式比例代表選挙の合憲性

〔要旨〕　拘束名簿式比例代表選挙を導入することは、憲法一四条、一五条、四三条、四四条等に反するものではない。

昭五六（一九八一）・一〇・一四〔九五回　参・本会議〕

【参照条文】　憲四三・一四・四四　公選旧八六の三・九五の三

【議論の背景】　参議院議員の選挙制度として全国区選挙に代わり拘束名簿式の比例代表選挙を導入するための公職選挙法改正法案が提出され、国民が議員を選べないなどの点で憲法一五条、四三条等に違反しないかが問題となった。

【答弁】

○大川清幸議員　自民党案の拘束名簿式比例代表制は、政党が拘束名簿をつくり、かつ当選順位まで決定するもので、国民、有権者が選挙を通じて順位も変更できず、当選者も自由に選択できないことになり、憲法十五条に違反することが明らかである。また、憲法四十三条に違反するものである。これも政党が候補者を選び、国民が候補者個人、すなわち議員を選べないという本法案の欠陥である。

○金丸三郎参議院議員　「憲法十四条、十五条、四十三条、四十四条等に関しします点についてお答えを申し上げます。

憲法十四条は法のもとにおける平等を規定し、十五条は個人の立候補に関するものでございます。しかし、……わが国の憲法の国民の基本的人権でございますとか基本的自由でございますとかいうようなものは決して無制限ではなく、憲法第十三条に規定いたしております公共の福祉の制限に制約されるものであるとするところでございます。私どもは、今回の参議院の選挙制度の改正は、全国区の実情からいたしまして、提案理由で御説明を申し上げましたとおり、最も合理的な参議院の選挙制度の改革案と考えております。したがいまして、その制約のもとにあるべきことは当然であると考えます。

なお、四十四条の規定は議員の資格に関する規定は議員でございます。これは基本的人権とかそのようなものではございませんで、憲法四十七条に議員の選挙、投票等に関する事項は法律で規定すると明確に定められておるのでございまして、この公職選挙法案は四十七条に基づいて制定をいたそうとするものでございますから、憲法の四十四条に違反するということはないと私どもは確信をいたしております。

なお、四十三条につきましては、……政党が提出する候補者名簿を見て政党に投票いたすものでございますから、直接投票であり、それによって当選をして出てこられる国会議員は憲法第四十三条に言う国民代表であると、かように確信をいたしております。」

250　定住外国人の地方参政権

【要旨】　定住外国人の地方参政権の問題は、国民主権、地方自治のあり方等の基本的な事項とも関連する問題である。

平一二(二〇〇〇)・五・二三〔一四七回　衆・政治倫理・選挙特別〕

【参照条文】　憲九三

【議論の背景】　定住外国人への地方参政権付与の問題について議論が続く中で、永住外国人に地方選挙権を付与する法案が一部の政党から提出され、その審議において政府の考え方が質された。

【答弁】

○田中慶秋議員　都道府県の中で、もう既に三十四の都道府県が促進方を決議されているわけでありますから、今の地方分権の精神からしても、この問題について積極的にこの国会としても一日も早い結論を出してやるべきではないか。

○保利耕輔自治大臣　「本件は、国民主権、地方自治体のあり方、国と地方公共団体との関係等、基本的な事項とも関連する問題であるが、全国の地方公共団体の議会においても数多く促進の議決も行われており、さまざまな角度から幅広く検討されなければならない問題であるという旨を申し上げているわけでありますが、そのことについては、私どもも現在考え方に変わりはございません。

在日韓国人の皆様方に対する地方参政権付与について配慮するように要請を受けて、韓国側の関心の高さというのを非常によく承知をいたしているところでございます。それから、地方の議会からも大変多くの意見書等が提出されているということもよく承知をいたしております。そういう中で、この問題については、地方政治の問題ではありますが、政治にかかわる問題として、やはり立法府において各党各会派の中でお話し合いをいただいて一定の結論を得るというのが方向性ではないだろうか。
　したがいまして、自治省から現在の段階で、こうするべき、ああするべきと申し上げることについては、私どもは差し控えさせていただきたいと思いますが、日韓の関係等も考えて、できるだけ早く立法府において一定の結論が出ますように御期待を申し上げているところであります。」

第一六条（請願権）

251　国民の請願権

〔要旨〕　憲法一六条の「何人」には公務員、在留外国人も含まれ、請願の対象は一切の国務又は公務に関する事項に及ぶ。

昭五九（一九八四）・五・一〇（一〇一回　衆・本会議録）

【参照条文】　請願　国会七九～八二　自治一二四・一二五

【議論の背景】　国会や政府における請願の審査・取扱いが形式化しているなどの問題を生じているため、国民の請願権について、憲法一六条、請願法の解釈や運用を質す質問主意書が提出された。

【答弁】

○柴田睦夫議員提出国民の請願権問題に関する質問主意書

「我が国の現行の請願権保障法制とその実際の運用には、多くの黙視し得ない重大な問題がある。国会における請願審査についてみても、委員会、本会議とも会期末に一括して処理するなど、まったく形式化している。政府の各行政機関等における請願審査と処理にいたっては、実質審査をほとんど行わないばかりか、請願書の受理を拒否する行政機関さえあるなど、まさに『無法状態』ともいうべき驚くべき現状である。
　そこで以下、国民の請願権問題に関し、次の事項について質問する。
一　請願の相手方たる『官公署』について……
二　請願人について……
三　請願事項の範囲について……
四　請願書の書式について……
六　請願書提出の方法について……
七　請願を受理する義務について……
八　請願の誠実な処理について……」

○答弁書（昭和五九年（一九八四）五月八日提出）

「一について

請願法（昭和二十二年法律第十三号）の『官公署』には、国及び地方公共団体の機関のほか、公権力の行使の事務をつかさどる公法人を含むものと考える。

二について

憲法第十六条の『何人』には、国家公務員、地方公務員及び本邦に在留する外国人も含まれるものと考える。

三について

憲法第十六条の規定による請願の対象は、一切の国務又は公務に関する事項に及ぶものと考える。

四について

氏名及び住所を記載した文書であって、官公署を提出先とし、かつ、請願としての内容を備えたものは、請願書である旨を明示していないものであっても、請願書として扱うべきものと考える。

六について

請願書の提出は代理人によるもの又は郵送によるものであっても差し支えないものと考える。

七及び八について

請願法に適合する請願書の提出があった場合には、同法第五条の定めるとおりこれを受理し、誠実に処理しなければならないものと考える。」

第一七条（国および公共団体の賠償責任）

252　予防接種事故の国家賠償

【要旨】国の検定を経たワクチンの接種によって生じた事故について、国は損害賠償責任を負わない。

昭四五（一九七〇）・七・七〈六三回（閉）参・決算〉

【参照条文】国賠一　薬四三I

【議論の背景】法律が接種を強制する予防注射によって生じた死亡事故をめぐり、接種されたワクチンが国の検定を経たものであることから、国に損害賠償責任があるかどうかが問題となった。

【答弁】

○和田静夫議員　国の検定を経たワクチンの接種による事故について、国の過失責任はないのか。

○加藤威二厚生省薬務局長　「国のほうの検定の問題でございますが、……一応いまの段階では最上の検定方法を国としてはいたしておるわけでございますので、国の検定方法を通ったそういう種痘で副反応が起きたということで、直ちにまた国の責任ということにはならないのじゃないか、というふうに考えているわけでございます。」

○和田　予防接種事故については無過失責任主義をとるべきではないか。

○村中俊明厚生省公衆衛生局長　「現在この種の事故に対して適用されております法律は、……国家賠償法及び民法でございまして、この範囲に関する限りにおきましては過失責任主義ということが主体になっているかと思います。ただ問題は、そのような過失責任、さらに因果関係が追及され終わるまで現在の裁判処理の過程は相当長くかかる。しかも挙証責任が原告にあるというふうな点を考えますと、この種の医学的にも解明の行き届かない無過失あるいは特異体質的なからだとも関係の出てくる事故に対しては非常に挙証が困難である。しかもこれの検討には何年という経過をたどるという例も従来ある。そこで、一応このような事故はある程度の因果関係があった場合には肩がわって何らかの簡易な方法で救済をする、将来国家賠償あるいは民法というふうな問題が出てきた場合には、最終的にはそれによって肩がわっていくというのが最近の、私も承知しておりります伝染病予防調査会の中の専門家の意見でございまして、……率直に申し上げまして、私どもこの点にはぜひ形を整える方法によって制度をつくる必要があるというふうに判断をいたしております。」

第一八条（奴隷的拘束および苦役からの自由）

253　奴隷的拘束・意に反する苦役禁止条項の意味

【要旨】　憲法一八条は、国家行為の禁止のみならず、奴隷的拘束等の発生回避及び救済に関する国の配慮義務をも意味する。

昭五五（一九八〇）・三・四〔九一回　衆・予算一分科〕

【参照条文】　労基五・六九Ⅰ　人保一　国賠一　民九〇・七〇九

【議論の背景】　徴兵制の合憲性に関する論議の的となった憲法一八条について、その一般的な意味が問題となった。

【答弁】

○角田礼次郎内閣法制局長官　「一般論としてお答えをいたしますが、御指摘のように十八条の規定は、まず国家の行為によって人を奴隷的拘束の状態に置いたり、犯罪による処罰の場合を除いて、その意に反する苦役に服せしめることを禁止しているわけであります。同時に、奴隷的拘束やその意に反する苦役が発生しないように配慮し、もしそれが発生した場合には、その救済について配慮する義務を国家に課している規定であるというふうに一般的に解されております。現実にもこの規定を受けて、たとえば労働基準法の第五条は労働者の意思に反する強制労働を禁止しておりますし、また人身保護法は、違法に身体の自由を拘束されている者の救済手続を定めているところでございます。

なおつけ加えて申し上げますと、国家の行為によって人を奴隷的状態に置いたり、あるいは犯罪による処罰の場合を除いて、その意に反する苦役の状態に置く場合には、同じ憲法の十七条の規定にいわゆる国家賠償法の根拠規定がございますが、その国家賠償法の定めるところにより損害賠償を求めることは可能であり、また私人間の法律行為によって同様の状態に置かれた場合には、民法九十条の公序良俗に反する不法行為であることなどを理由として、民法等の規定により損害賠償を求めることは可能であるというふうに考えます。」

254　徴兵制の合憲性

【要旨】 徴兵制をとることは憲法一八条等に違反する。

昭五五（一九八〇）・一二・二六〔九三回　衆・本会議録〕

【参照条文】 憲九II・一三・一五I　自衛三五

【議論の背景】 内閣が徴兵制を憲法違反とする閣議決定を行ったことをめぐり、徴兵制をとることが憲法に違反するか、またそれがどの憲法規定に違反するか、が問題となった。

【答弁】

○森清議員提出憲法第九条の解釈に関する質問主意書

「『徴兵制をとることによって充足される実力が、憲法で保持を禁止する戦力になるから』、徴兵制は憲法違反となるのか。」

○答弁書（昭和五五年（一九八〇）一二月五日提出）

「1　一般に徴兵制度とは、国民をして兵役に服する義務を強制的に負わせる国民皆兵制度であって、軍隊を常設し、これに要する兵員を毎年徴集し、一定期間訓練して、新陳交代させ、戦時編制の要員として備えるものをいうと理解している。

このような徴兵制度は、我が憲法の秩序の下では、社会の構成員が社会生活を営むについて、公共の福祉に照らし当然に負担すべきものとして社会的に認められるようなものでないのに、兵役といわれる役務の提供を義務として課されるという点にその本質があり、憲法第十三条、第十八条などの規定の趣旨からみて、許容されるものではないと考えている。」

255　国民徴用制度の合憲性

【要旨】　国民徴用制度をとることは、憲法一八条等に照らして問題がある。

昭五六（一九八一）・三・一四〔九四回　参・予算〕

【参照条文】　憲九・一三・四一・七三

【議論の背景】　徴兵制の合憲性に関する論議の一環として、旧国家総動員法が定めた国民徴用制度をとることが、憲法上許されるかどうかが問題となった。

【答弁】

○粕谷照美議員　戦前の国家総動員法に規定されるような国民徴用制度は憲法上許されるか。

○角田礼次郎内閣法制局長官　「国家総動員法に定める国民徴用制度はどういうものであったかと申しますと、第一には、きわめて広範な事項を勅令に委任するものでございました。それから第二には、当時の戦争遂行のため、人的資源を統制運用することを目的とするものでありました。第三には、徴用の要件が、『国家総動員上必要アルトキ』と定められているだけでございまして、きわめて抽象的かつ漠然としたものでありました。第四には、徴用の目的である業務の範囲、徴用の対象者の範囲及び徴用の期間が事実上無限定に近いものでありました。等々の性格を持つものであると理解されますので、現憲法下においてはこのような国民徴用制度をとることはできないと考えております。」

○寺田熊雄議員　国民徴用制度はどの憲法条文に抵触するか。

○角田　「国家総動員法が定めていた国民徴用の制度が、ただいま申し上げましたような性格のものでありますと、現在の憲法に照らし合わしてみて問題がある、関係がある規定としては憲法四十一条、七十三条、九条、十三条、十八条などが考えられると思います。」

256　「その意に反する苦役」と徴兵制

【要旨】　徴兵された者の職務は、憲法一八条にいう「意に反する苦役」である。

昭五六（一九八一）・三・二〇〔九四回　衆・本会議録〕

【参照条文】　災救二四ⅠⅡ　消防二九Ⅴ　自衛一〇三Ⅱ

【議論の背景】　徴兵制が憲法一八条に違反するという政府見解をめぐり、徴兵された者の職務が、同条にいう「奴隷的拘束」または「意に反する苦役」に該当するかどうかが問題となった。

【答弁】

○森清議員提出憲法第十八条に関する質問主意書

「憲法十八条に関し、政府の見解について質問する。

憲法十八条にいう『奴隷的拘束』、『その意に反する苦役』のそれぞれの意味は何か。

徴兵された者の職務がこの『奴隷的拘束』又は『その意に反する苦役』の両者に該当するものであるか、何れか一方にのみ該当するものであるか。

災害救助法等に基づく従事命令の規定は憲法十八条に違反するか。」

○答弁書（昭和五六年（一九八一）三月十日提出）

「憲法第十八条に規定する『奴隷的拘束』とは、自由な人格者であることと両立しない程度に身体の自由が拘束されている状態をいうものと解している。

憲法第十八条に規定する『その意に反する苦役』とは、その意に反する役務のうちその性質が苛酷なものとか苦痛を伴うもののみに限られず、広く本人の意思に反して強制される役務をいうものと解している。したがって、たとえ通常の役務であっても、本人の意思に反して強制される以上、『その意に反する苦役』に当たることになる。

政府は、徴兵制度によって一定の役務に強制的に従事させることが憲法第十八条に規定する『奴隷的拘束』に当たるとは、毛頭考えていない。まして、現在の自衛隊員がその職務に従事することがこれに当たらないことはいうまでもない。

政府が徴兵制度を違憲とする論拠の一つとして憲法第十八条を引用しているのは、徴兵制度によって一定の役務に従事することが本人の意思に反して強制されるものであることに着目して、〔前述の〕ような意味で『その意に反する苦役』に当たると考えているからである。なお、現在の自衛隊員は、志願制により本人の自由意思に基づいて採用されるものであり、その職務に従事することが『その意に反する苦役』に当たらないことはいうまでもない。

御指摘の災害救助法等に基づく従事命令の規定は、一定の役務に従事することを強制するものではあるが、その役務の提供は公共の福祉に照らし当然に負担すべきものとして社会的に認められる範囲内のものと考えられるから、憲法に違反するものではないと考えている。」

257　民間業者に対する罰則つきの労務強制

【要旨】　周辺事態に際し民間業者に罰則つきの労務強制を課すことは、憲法一八条等との関係で慎重な検討を要する。

平九（一九九七）・一〇・一三（一四一回　衆・予算）

【参照条文】　憲一三　自衛一〇三ⅠⅡⅢ　周辺事態九Ⅱ

【議論の背景】　いわゆる新ガイドラインが日米間で合意された

のを受けて、その実施のため、周辺事態に際して、民間業者に対して、罰則つきで労務強制を課すことが、憲法一八条に違反するかが問題となった。

【答弁】

○木島日出夫議員　周辺事態のときに、罰則つきの労務強制を民間業者に課すのは憲法十八条に違反するか。

○大森政輔内閣法制局長官　「お尋ねの問題につきましては、現時点で検討しておらないということでございますので、仮定の問題にお答えをいたすのはどうかとは思いますが、あえて今私どもの頭の中で考えている一端を申し上げます。

あくまでこれは一般論でございますが、御指摘の問題は、公共の福祉の観点から私人の権利を制限し、または義務を課することがどの範囲で許されるかという問題に帰するものでございまして、そのような法制により達成される公共の福祉の具体的内容とか、あるいは制限される権利、自由の内容、性質、制限の程度等を総合考慮いたしまして、それが果たして合理性があると言えるのかどうかということを、……憲法十八条あるいは憲法十三条等いろいろな規定との関係で、極めて慎重に検討すべき問題であるというふうに考えている次第でございます。」

第一九条（思想および良心の自由）

258　公務員服務宣誓の合憲性

【要旨】　公務員の服務宣誓は、その内容からして、良心の自由を拘束することはない。

昭二五（一九五〇）・一二・五（九回　衆・地方行政）

【参照条文】　地公三一　国公九七

【議論の背景】　地方公務員法の制定に向けた審議において、就職難のため、公務員になるため自分の良心を曲げて服務宣誓を行う者がいると考えられるので、服務宣誓が憲法一九条に違反しないかが問題となった。

【答弁】

○門司亮議員　服務宣誓はどういうことか。これと憲法十九条との関連をどう考えるか。

○鈴木俊一総理府事務官（地方自治庁次長）　「一般の市民が公務員としての生涯を選ぶかどうかということは、その公務員のまったく自由なる自己の意思決定に基くわけでございます。ひとたび公務員になるということを決定いたしました場合においては、ここにありまするような形の服務の宣誓を行う。これは公務員としての性格が全住民の奉仕者であるということから、派生いたして参りまするこ とでありまして、当該地方の公共の利益のために服務する、こういうことを宣誓いたしますることは、むしろ公務員としての服務を公正ならしめる上において、適切であろうと思います。」

○門司　自分の良心を曲げて就職した者の宣誓は、正しい宣誓ではないことを明快にしておきたい。

○鈴木　「ここで宣誓と申しまするのは、これは大体国の場合の一つの例でございまするが、たとえば『自分は主権が国民に存することを認める日本国憲法に服従し、かつこれを擁護することを固く誓います』ということと、『かつ国民全体の奉仕者として公務を民主的かつ能率的に運営すべき責務を自覚し、国民の意思によって制定せられた法律を尊重し、誠実かつ公正に職務を執行することを固く誓います。』こういう趣旨の服務の宣誓を、それぞれの地方団体において行うことになるわけでございまして、御心配のような良心の自由を拘束するというようなことは、全然ないつもりであります。」

259　NHKの受信契約強制の合憲性

『要旨』　NHKの受信契約強制は、憲法一九条に違反しない。

昭五三（一九七八）・三・一〔八四回　衆・逓信〕

【参照条文】　放送三二I

【議論の背景】　NHKの受信料の不払い団体が、受信契約の強制が憲法一九条に違反すると主張して、その支払いを拒否することをめぐり、その主張に問題があるのではないかが議論された。

【答弁】

○小宮武喜議員　NHK受信契約の強制が憲法十九条に違反するとの主張があるが。

○味村治内閣法制局第二部長　「当時の資料は明確なものはございませんが、現在の解釈といたしまして、そのような憲法違反というようなことはないというふうに考えております。思想、良心の自由と申しますのは内心的な自由でございますから、どういう思想を持っているかという内心の思想によりまして、その特定の人、その思想の持ち主を処罰するとか、そういうことをするのは憲法違反でございますけれども、この問題はそうではございませんで、公共の福祉のために放送いたしております

NHKの維持のために受信料を取るという手段としてこういう契約強制ということがあるわけでございまして、これは決して憲法十九条に違反するようなものではございません。」

260　思想良心の自由と政党助成

『要旨』　政党助成は、憲法一九条に違反しない。

平五（一九九三）・一〇・一三　〔一二八回　衆・本会議〕

【参照条文】　政党助成三

【議論の背景】　政党助成法制定の審議において、政党への公費助成と国民の思想良心の自由との関係が問題となった。

【答弁】

○東中光雄議員　政党助成は思想良心の自由を侵犯しないか。

○細川護熙内閣総理大臣　「政党助成と憲法十九条の問題についてのお尋ねがございましたが、政党への公費助成は、民主主義のコストともいうべき政党の政治活動に要する経費を国民の理解のもとに国民全体で負担をしていただく制度でありますし、この助成制度によって個々の国民がおのおの自己の政治信条に基づいて政党を支持する自由は何ら制限されるものではございませんし、憲法上の問題は生じないというふうに理解をしているところでございます。」

261　思想良心の自由と国旗・国歌の指導

『要旨』　学習指導要領に基づく学校における国旗・国歌の指導は、良心の自由を侵害しない。

平一一（一九九九）・六・二九　〔一四五回　衆・本会議〕

【参照条文】　国旗国歌一・二

【議論の背景】　国旗及び国歌に関する法律の制定をめぐり、学校における国旗・国歌の指導と教職員・子供の思想良心の自由との関係が問題となった。

【答弁】

○志位和夫議員　日の丸掲揚等の義務づけは、教職員・子供の良心の自由を侵害しないか。

○小渕恵三内閣総理大臣　「良心の自由についてお尋ねがありましたが、憲法で保障された良心の自由は、一般に、内心について国家はそれを制限したり禁止したりすることは許されないという意味であると理解をいたしております。学校におきまして、学習指導要領に基づき、国旗・国歌について児童生徒を指導すべき責務を負っており、学校におけるこのような国旗・国歌の指導は、国民として必要な基礎的、基本的な内容を身につけることを目的として行われておるものでありまして、子供たちの良心の自由を制約しようというものではないと考えております。」

第二〇条（信教の自由）

262　宗教団体の行う政治活動と政教分離

〔要旨〕　宗教団体の政権獲得は政教分離の原則にもとる事態ではなく、政権獲得をめざす宗教団体の活動は許される。

昭四五（一九七〇）・四・二四（六三回　衆・本会議録）

【参照条文】　憲二〇Ｉ

【議論の背景】　創価学会と公明党との関係をめぐり、宗教団体の行う政治活動と憲法の定める政教分離の原則との関係が問題となった。

【答弁】

○春日一幸議員提出宗教団体の政治的中立性の確保等に関する再質問主意書

「宗教団体が『その教義に基づく政治支配を企て、政権獲得をめざす政治的活動をすること』は、政教分離の原則に反しないか。」

○答弁書（昭和四五年（一九七〇）四月二四日提出）

「政府としては、憲法の定める政教分離の原則は、憲法第二十条第一項前段に規定する信教の自由の保障を実質的なものにするため、国その他の公の機関が、国権行使の場面において、宗教に介入し、または関与することを排除する趣旨であって、それをこえて、宗教団体または宗教団体が事実上支配する団体が、政治的活動をすることをも排除している趣旨であるとは考えていない……。また、主意書は、『宗教団体が……政権獲得をめざす政治的活動をすること……、は宗教団体が現在の議会政治機構を利用して政権を獲得することに道を開き、その結果として、宗教団体にその教義に基づく政治上の権力の行使を認めることになるものであるから、これは憲法の政教分離の根本精神に反し、断じて許されるべきことではない』と述べているが、宗教団体が政権を獲得するというのは、宗教団体が、公職の候補者を推薦し、または支持した結果、これらの者が公職に就任して国政を担当するにいたることを指すものと解されるところ、仮りに、このような状態が生じたとしても、当該宗教団体と国政を担当することとなった者とは、法律的には、別個の存在であるばかりでなく、また、前述のように、当該国政を担当することとなった者が、国権行使の面において、当該宗教団体の教義に基づく宗教的活動を行なう等宗教に介入し、または関与することは、憲法が厳に禁止しているところであるから、前述の状態が生じたからといって、直ちに憲法が定める政教分離の原則にもとる事態が現出するものではなく、したがって、前述の状態が生ずることそれ自体が、憲法に抵触するものとは解されない。とすれば、前述の意味における政権獲得をめざす政治的活動が憲法上許されないとされるべきはずがなく、その政治的活動の自由は、憲法第二十一条第一項が『集会、結社及び言論……その他一切の表現の自由』を保障している趣旨にかんがみ、尊重されるべきものと解する。」

263　公共施設と宗教の関係

【要旨】　宗教団体が公共施設において宗教儀式を行うことは許されるが、国または公の機関が宗教的色彩を有する施設を所有し、維持管理することは許されない。

昭四五（一九七〇）・六・一九　〔六三回　衆・本会議録〕

【参照条文】　憲八九

【議論の背景】　靖国神社国家護持を図る、いわゆる第二次靖国法案が国会に提出される中で、それに賛成する議員が、国及び地方公共団体の施設と宗教の関係に関する憲法問題について、内閣の見解を問い質した。

【答弁】

○藤波孝生議員提出国及び地方公共団体の施設と宗教との関連に関する質問主意書

「一　公共の施設内において宗教儀式を行なうことは、必ずしも憲法二十条に違反するものではない、

二　国又は公の団体が宗教的色彩を有する施設を所有し、維持管理することは、憲法二十条及び八十九条に必ずしも違反するものではない、

三　国又は公の機関が社会習慣上一般に認められている宗教儀式を行なうことは、必ずしも憲法二十条に違反するものではないの三点は、政府解釈と相違ないか。」

○答弁書（昭和四五年（一九七〇）六月一九日提出）

「憲法第二十条第一項後段は、いかなる宗教団体も、国から特権を受けてはならない旨を定めているが、同条項にいう特権とは、宗教団体であることを理由として与えられる特殊な利益をいうものと解されるから、宗教団体が国または地方公共団体の施設を使用するについて、当該団体が一般の国民または団体と同一条件でその使用が認められている限り、同条項に違反するものとは考えられない。

また、このようにして当該施設を使用することを認められた宗教団体が、当該施設において宗教儀式を行なうことは、

同条項に違反するものでないことはいうまでもない。

二について　……主意書にいう『宗教的色彩を有する施設』の意味が明確でないので、一概に論ずることはできないが、憲法第二十条第三項は、国およびその機関の行なう宗教活動を禁止しているから、同項にいう宗教的活動にあたるような施設の所有および維持管理が許されないことはいうまでもない。

なお、国または公の団体が宗教的色彩を有する施設を所有し、かつ、維持管理することは、憲法第二十条の問題となりえても、第八十九条の問題とはならないものと考える。

三について　……宗教にその起源を有する行為であっても、今日、その行為が広く一般国民の間において宗教的意義のあるものとして受け取られず、単に社会生活における習俗となっているようなものについては、国またはその機関がそれを行なっても、憲法第二十条の趣旨に違反するものではないと考える。」

264　内閣総理大臣の伊勢神宮参拝

【要旨】　随行の秘書官が公費で公務出張する中で、内閣総理大臣が私的に伊勢神宮に参拝することは許される。

昭四六（一九七一）・三・二五　〔六五回　参・予算四分科〕

【参照条文】　内二〇ⅠⅢ　行組一九Ⅲ　国公Ⅲ⑧

【議論の背景】　毎年正月に内閣総理大臣が私的に伊勢神宮に参拝する際、秘書官の随行が公費での公務出張になっていることなどをめぐり、内閣総理大臣の伊勢神宮参拝と政教分離の原則との関係が問われた。

【答弁】

○小柳勇議員　随行の秘書官は公務出張であるので、内閣総理大臣の伊勢神宮参拝は、私的旅行ではないのではないか。

○保利茂内閣官房長官　「総理大臣が正月四日に伊勢参りをされると、私も昨年は一緒にお供を、たまたま総理も行かれるというので、私も久しくお参りしていないし、自分の気持ちを洗い直したいというような気持からたまたま行かれるということだから一緒に参りました。これが一体宗教活動になるものでございましょうか。……私もそうでございますけれども、昨年参りましたときに秘書官が一緒に行ってくれております。おそらくこれは公務出張となっておると思います。私には内閣官房長官としての任務がございます。したがって、どこにおりましても、その任務上、任務を遂行していく上に連絡の必要も起こる、こっちから用が起こるのではなく、外のほうから起こるものですから、そういうことで総理大臣を助ける、あるいは各国務大臣を補佐するという立場におられる方々は、その連絡のために随行されることは許されることであろうかと思いますが、それはあたかも――総理があるいは軽井沢に静養される、あるいは鎌倉に静養されるときに必ず秘書官についていってもらわなければ私ども困るわけであります。」

265 内閣総理大臣等の靖国神社参拝

『要旨』 内閣総理大臣等が、靖国神社に参拝する際、公用車を使用し、地位を示す肩書きを記帳しても許される。

昭五三（一九七八）・一〇・一七〔八五回 参・内閣〕

【議論の背景】 昭和五三（一九七八）年八月一五日に内閣総理大臣等が公用車を使用し、公職の肩書きを記帳したことをめぐり、この参拝が私的参拝であるかどうかが問題となった。

【答弁】

○安倍晋太郎内閣官房長官 「内閣総理大臣その他の国務大臣の地位にある者であっても、私人として憲法上信教の自由が保障されていることは言うまでもないから、これらの者が、私人の立場で神社、仏閣等に参拝することはもとより自由であって、このような立場で靖国神社に参拝することは、これまでもしばしば行われているところである。閣僚の地位にある者は、その地位の重さから、およそ公人と私人との立場の使い分けは困難であるとの主張があるが、神社、仏閣等への参拝は、宗教心のあらわれとして、すぐれて私的な性格を有するものであり、特に、政府の行事として参拝を実施することが決定されるとか、玉ぐし料等の経費を公費で支出するなどの事情がない限り、それは私人の立場での行動と見るべきものと考えられる。

先般の内閣総理大臣等の靖国神社参拝に関しては、公用車を利用したこと等をもって私人の立場を超えたものとする主張もあるが、閣僚の場合、警備上の都合、緊急時の連絡の必要等から、私人としての行動の際にも、必要に応じて公用車を使用しており、公用車を利用したからといって、私人の立場を離れたものとは言えない。

また、記帳に当たり、その地位を示す肩書きを付すことも、その地位にある個人をあらわす場合に、慣例としてしばしば用いられており、肩書きを付したからといって、私人の立場を離れたものと考えることはできない。

さらに、気持を同じくする閣僚が同行したからといって、私人の立場が損なわれるものではない。

なお、先般の参拝に当たっては、私人の立場で参拝するものであることをあらかじめ国民の前に明らかにし、公の立場での参拝であるとの誤解を受けることのないよう配慮したところであり、また、当然のことながら玉ぐし料は私費で支払われている。

以上が内閣総理大臣等の靖国神社参拝についての政府として

の統一見解でございます。」

266 憲法上の政教分離原則と神道指令

〔要旨〕 神道指令はすでに失効し、政教分離に関する憲法規定の解釈に当たっては、これに依拠する必要はない。

昭五五（一九八〇）・一〇・三〇〔九三回 衆・本会議録〕

【参照条文】 憲八九

【議論の背景】 天皇・内閣総理大臣による靖国神社公式参拝をめぐる議論の中で、この問題に関連する憲法上の政教分離原則に関する規定と神道指令との関係が問題となった。

【答弁】

○稲葉誠一議員提出「靖国神社問題」に関する質問主意書

○答弁書（昭和五五年（一九八〇）一〇月二八日提出）

「大日本帝国憲法においては、安寧秩序を妨げず臣民たるの義務に背かない限りにおいて信教の自由を保障していたが、現行憲法は、信教の自由を実質的なものとするため、第二十条第一項前段及び第二項において信教の自由を保障した上、国その他の公の機関が宗教に介入し、又は関与することを排除する見地からいわゆる政教分離の原則に基づく規定として同条第一項後段及び第三項並びに第八十九条の規定を設けたものである。

昭和二十年十二月十五日の連合国軍最高司令部によるいわゆる神道指令は、信教の自由の保障と政教分離の原則の徹底を図るため、国家等による神道の保証、支援の禁止等を指令したものであって、今日においては失効している。

いわゆる神道指令においては、国家が公式に指定した宗教に対する信仰の強制から日本国民を解放する等のため指令する旨が述べられている。また、憲法第二十条及び第八十九条の規定の解釈に当たっては、同指令に依拠することを要しない。

いわゆる神道指令と新日本建設に関する詔書との関連はつまびらかでない。」

267 靖国神社国家護持を行うために必要な措置

〔要旨〕 国が靖国神社運営に参与し、またはそれに国費支出するためには、靖国神社が宗教性をなくすことが必要である。

昭五五（一九八〇）・一〇・三〇〔九三回 衆・本会議録〕

【参照条文】 憲八九

【議論の背景】 靖国神社への公式参拝をめぐる議論の中で、とくに、公式参拝および靖国神社の国家護持の定義、ならびにそれを行うために必要な措置等が問題となった。

【答弁】

○稲葉誠一議員提出「靖国神社問題」に関する質問主意書

○答弁書（昭和五五年（一九八〇）一〇月二八日提出）

「靖国神社への公式参拝とは公務員が公的な資格で参拝することを指し、国家護持とは、国が靖国神社の運営について、参与し、又は国費を支出することを意味することが多いと考えている。また、憲法上、これらの行為が問題となるのは、第二十条及び第八十九条との関係である。

靖国神社は、東京都知事所轄の宗教法人となっており、憲法上の宗教団体である。

靖国神社の国家護持とは国が靖国神社の運営について、参与し、又は国費を支出することを意味するとすれば、国がそれらの行為を行うためには、靖国神社が宗教性をなくすることが必要であると考える。

なお、国が宗教団体に介入することができないことは当然である。」

268　内閣総理大臣の靖国神社公式参拝

『要旨』　戦没者追悼を目的として神社の本殿等で一礼する方式で行う公式参拝は、憲法二〇条三項に違反しない。

昭六〇（一九八五）・八・二〇（一〇二回（閉）衆・内閣）

【議論の背景】　昭和六〇（一九八五）年八月一五日に、それまで公式参拝の違憲性を否定しない政府見解を変更して、内閣総理大臣が、靖国神社への公式参拝を行ったことをめぐり、これが憲法二〇条三項に違反しないかどうかが問題となった。

【答弁】

○藤波孝生内閣官房長官　「靖国神社参拝問題に関しましては、……昭和五十五年十一月十七日の政府統一見解がございましたが、閣僚の靖国神社参拝問題に関する懇談会の報告書を参考といたしまして政府で慎重に検討をいたしました結果、今回のような公式参拝は憲法が禁止する宗教的活動に該当しないものと判断したわけでございまして、その限りにおいてこの統一見解を変更したものでございます。

昭和五十五年十一月十七日の政府統一見解の変更に関する政府の見解を申し上げたいと存じます。

政府は、従来、内閣総理大臣その他の国務大臣が国務大臣としての資格で靖国神社に参拝することについては、憲法第二十条第三項の規定との関係で違憲ではないかとの疑いをなお否定できないため、差し控えることとしていた。

今般『閣僚の靖国神社参拝問題に関する懇談会』から報告書が提出されたので、政府としては、これを参考として鋭意検討した結果、内閣総理大臣その他の国務大臣が国務大臣としての資格で、戦没者に対する追悼を目的として、靖国神社の本殿又は社頭において一礼する方式で参拝することは、同項の規定に違反する疑いはないとの判断に至ったので、このような参拝は、差し控える必要がないという結論を得て、昭和五十五年十一月十七日の政府統一見解をその限りにおいて変更した。

以上が、昭和五十五年十一月十七日の政府統一見解の変更に関する政府の見解でございます。

なお、さらに具体的に少し付言をいたしますと、当日、政府主催の追悼式典が終了いたしました後、内閣総理大臣は靖国神社に赴きまして、そして拝殿から本殿に進み、一切のいわゆる神社形式による参拝の形式をとらず、本殿に参進して一礼をして帰ってくるという形をとらせていただきました。

なお、戦没者を追悼し平和を祈念するという誠をささげますために、靖国神社にお願いをいたしまして、供花をお供えすることにし、そしてその手配、配置をお願いして、その代金を公費で支出するという形をとらせていただきました。」

269　国務大臣の神社への公式参拝と私的参拝

【要旨】　公式参拝は私的参拝とは異なるものであり、また私的参拝が繰り返されても、それが公式参拝とならない。

昭六三（一九八八）・二・一七（一一二回　参・本会議録）

【議論の背景】　内閣総理大臣が行った神社参拝について、公私を「区別するのは私の考えにはない」と述べたことをめぐり、国務大臣による神社参拝に関する公私の区別の基準等が問題となった。

【答弁】

○野田哲議員提出竹下総理の一連の神社参拝に関する質問主意書

「私的参拝と公式参拝はどう違うのか、

内閣総理大臣が正月に伊勢神宮に参拝するという慣例を続ければ公式参拝となるのか。」

○答弁書（昭和六三年（一九八八）一月二九日提出）

「公式参拝とは公務員が公的な資格で参拝することを指し、私人の立場で参拝することは私的参拝であると考えている。国務大臣の神社等への参拝に係る公私の区別の基準については、昭和五十三年十月十七日の政府統一見解の考え方のとおりである。

私人の立場での参拝は、それが繰り返されたとしても、公式参拝となるものではない。なお、伊勢神宮への参拝は、昭和三十年に鳩山内閣総理大臣が行って以来、昭和三十六年から昭和三十九年まで、昭和四十一年及び昭和四十九年を除き、毎年、当時の内閣総理大臣が行っているところであるが、これらはいずれも私人の立場で行われたものである。」

270　大嘗祭への宮廷費支出の合憲性

〔要旨〕 大嘗祭の費用を宮廷費から支出することは、憲法二〇条等には違反しない。

平二（一九九〇）・四・一七（一一八回　衆・内閣）

【参照条文】　憲二・八九　典二四　皇経五

【議論の背景】　大嘗祭の費用を宮廷費から支出することを政府が決定したことをめぐり、その支出が、津地鎮祭事件最高裁判決（最大判昭和五二年（一九七七）七月一三日）の提示した目的・効果論に照らし、憲法二〇条等に違反しないかどうかが問題となった。

【答弁】

○山口那津男議員　大嘗祭費用を宮廷費で支出するのは、憲法二十条三項及び八九条の趣旨と調和するか。

○工藤敦夫内閣法制局長官　「大嘗祭は、皇位の継承があったときは必ず挙行される、一世に一度の儀式として古来から行われてきた、極めて皇位継承に結びついたあるいは皇位の世襲制と結びついた、即位に伴う儀式の一環である、こういうことだと思います。そういう意味で、いわば皇位とともに伝わるべき由緒ある儀式、こういうふうに性格づけられるだろうと思います。〔皇位の〕世襲制をとる日本国憲法のもとにおきまして、その儀式の挙行について国として関心を持つ、人的あるいは物的な側面からその挙行を可能にするような手だてを講ずる、こういうことは当然であろうと考えられます。そういう意味で、大嘗祭は公的性格があるというふうなことを従来から申し上げてきているわけでございます。

ただ、大嘗祭が宗教上の儀式としての性格を有すると見られることは今申し上げたように否定できないわけでございますけれども、例えば津の地鎮祭判決などに照らしましても、大嘗祭は皇室の行事として行われるものでございまして、国の機関の行事ではない。それから、その挙行のために必要な費用は、今申し上げたような大嘗祭の公的性格に着目いたしまして、宮廷費あるいは一部は宮内庁費から支出されるものでございます。そういう意味で、その支出の目的が宗教的意義を持たない。いわゆる津地鎮祭〔判決〕で言われます目的・効果論に照らしまして、支出の目的が宗教的意義を持たない、また特定宗教への助長、介入等の効果、その効果を有する行為を行うことになるとも言えない。そういうことで、国がこういうような面でかかわり合いを持ちましても、大嘗祭のための費用を公金から支出するということは憲法二十条三項の宗教的活動を国がするということにはならないし、また、そういうような公金の支出というものは、津の地鎮祭判決等に照らしましても憲法八十九条が禁止いたします宗教上の組織、団体に対するものというふうには言えないと思います。憲法八十九条の面からも問題はない、かように思っております。」

271　米軍に対する教会用建物提供の合憲性

『要旨』　米軍に対する施設提供の一環として、教会用の建物を建設、提供することは、憲法二〇条等に違反しない。

平二（一九九〇）・六・一　〔一一八回　参・内閣〕

【参照条文】　憲八九　安保協定二四II

【議論の背景】　昭和六二（一九八七）年から六三（一九八八）年度の予算に基づき、沖縄の米軍基地内にキリスト教の教会を建設したことをめぐり、このような建物の建設・提供が、憲法二〇条等に違反しないかどうかが問題となった。

【答弁】

○山口哲夫議員　米軍に対して教会用の建物を建設し、提供することは憲法二十条・八十九条に違反するか。

○松本宗和防衛施設庁長官　「本件建物につきましては米軍の駐留を円滑にするということを目的といたしまして、米軍に対する施設提供の一環としまして米軍人、米軍属及びその家族の日常生活に必要不可欠とされる施設であるとの観点から建設いたしまして提供したものでありまして、宗教に対する援助等を目的とするものではないと理解しております。

また、本件建物の建設のための国費の支出……は米軍への提供〔であって〕、宗教上の組織または団体に対する財政援助的な支出とは言えないというぐあいに理解しております。」

○山口　アメリカの宗教団体に対する支出とは見なされないか。

○松本　「これは駐留米軍に対する施設の提供であるというぐあいに我々は位置づけております。」

○山口　憲法八十九条の解釈のしかたによれば、本件支出はそれに違反することにならないか。

○大森政輔内閣法制局第一部長　「八十九条前段にいいます『宗教上の組織若しくは団体』の意義いかんという問題でございますが、これにつきましては、ただいま御指摘のとおり文字どおり組織または団体に限ると解する説と、ただいま御指摘になりましたような事業または活動に着目いたしまして、宗教上の信仰、礼拝ないし普及を目的とする事業ないし活動を広く意味するという両説がございます。

したがいまして、ただいま紹介いたしました文字どおりの組織または団体に限るんだという狭い立場に立ちますと在日駐留米軍というものはこれに当たらないことは明らかでございますが、確かに広い意味におきましてはなお検討する点が残っておろうかと思います。この点に関しまして、最高裁判所の判例上、憲法の法意はどちらであるかということがはっきりしておりませんので、私どもとしては念のため広い意味における組織もしくは団体との関係においても問題がないというふうに解しているわけでございます。

……教会用の建物と申しますのは安保条約の効率的運用のため、米軍の駐留を円滑ならしめることを目的としている、そして米軍に対する施設提供の一環として米軍人、米軍属及びその家族の日常生活に必要不可欠とされる施設という点に着目してこれを建設、提供するものであって、決して特定の宗教を援助、助長するということをねらいとしてするものではないという、そこがポイントでございます。

御承知のとおり、昭和五十二年の津地鎮祭判決において示されました最高裁判所の政教分離に関する基準というものにおきましては、その目的において宗教的意義を有しない、そしてその効果において特定の宗教に対する援助、助長の効果を有しないというものは憲法二十条三項にいう宗教的活動にも該当しないし、また八十九条にいう禁止される公金の支出にもあたらないということになるわけでございまして、本件建物の建設、提供と申しますのはそのような宗教的意義は有しない、また宗教的な効果は有しないというふうに私どもは判断している次第でございます。」

272　宗教系私学に対する助成の合憲性

【要旨】　宗教系の私立学校に対する助成は、その目的・効果に照らして、憲法上の政教分離原則に反しない。

平元（一九八九）・一一・一　〔一一六回　参・決算〕

【参照条文】　憲八九　私学五九　私学助成一

【議論の背景】　私立学校振興助成法に基づく私学助成に関し、宗教系の私立学校もその対象となっていることが、憲法上の政教分離の原則に反するかどうかが問題になった。

【答弁】

○大森政輔内閣法制局第一部長　「宗教系の私立学校に対する助成というものについてどう考えるのかということでございますが、御指摘のとおり助成の対象には宗教系の私立学校も含まれております。しかし、この助成と申しますのは、これは私立学校振興助成法第一条に規定してございますとおり、学校教育における私立学校の果たす役割に着目いたしまして、私立学校の教育条件の維持及び向上、私立学校に在学する児童生徒、学生等にかかる修学上の経済的負担の軽減、そして私立学校の経営の健全性の確保等を目的として行われているものでございます。したがいまして、〔昭和五二年七月十三日の津地鎮祭判決で）最高裁判所が示しました原則に照らして考えますと、その目的において宗教的意義を有しないということになろうかと思いますし、またその効果も特定の宗教に対する援助、助長、促進等になるようなそういう効果はないというふうに判断されますので、現行の助成と申しますのは、仮に宗教系の私立学校でございましても何ら憲法上問題はないというふうに考えている次第でございます。」

273　宗教法人法改正と信教の自由

【要旨】　宗教法人法改正が宗教団体の宗教行為等に介入・干渉しなければ、その改正は信教の自由を侵害しない。

【参照条文】　宗法五Ⅱ・二五ⅢⅣⅤ・七八の二
平七（一九九五）・一〇・二六〔一三四回　衆・予算〕

【議論の背景】　所轄庁の区域変更、備えつけ書類の閲覧請求権、一定の備えつけ書類の所轄庁への定期的提出、宗教法人に対する所轄庁の質問権を定める宗教法人法改正法案の審議をめぐり、その法案と信教の自由との関係が問題になった。

【答弁】

○坂上富男議員　宗教法人法改正は憲法二十条に違反しないか。

○大出峻郎内閣法制局長官　「今回の宗教法人法改正の第一点、所轄庁の区域の変更ということについては、広域的な活動を行う宗教法人が増加しているため、宗教法人の活動の把握について困難な状況が生じてきていることから、設立時及び設立後において所轄庁として、宗教法人が宗教団体としての要件を備えているかどうか等について把握し、法の定める権限を適正に行使することができるようにする趣旨のものであり、所轄庁の区分も境内建物の所在という外形的、客観的な基準によって定めるものであります。

第二点の、備えつけ書類の閲覧請求権を認めることにつきましては、自主性を尊重し、所轄庁の関与をできるだけ少なくしている宗教法人につきまして、正当な利益を有している信者その他の利害関係人の利益の保護を図り、宗教法人の適正な管理運営の確保に資する趣旨のものであります。これについては、その閲覧書類は、宗教法人の財務会計等の管理運営に関する事項を客観的に記載したものであり、閲覧請求権が認められる信者その他の利害関係人も必要な限度の範囲にとどまっております。

第三点の、一定の備えつけ書類を定期的に所轄庁に提出させることについては、所轄庁が、宗教法人の設立後において宗教団体としての要件を備えているかどうか等について把握をし、法の定める権限を適正に行使することができるようにする趣旨のもので、その提出書類は宗教法人の財務会計等の管理運営に関する事項を客観的に記載したものであるわけであります。

第四点の、宗教法人に報告を求め質問する権限を所轄庁に認めることについては、宗教法人が法第七十九条第一項の収益事業の停止命令、第八十条第一項の認証の取り消し、または第八十一条第一項の解散命令の請求に規定するそれぞれの事由に該当する疑いがある場合において、所轄庁の権限を適正に行使するための基礎となる客観的な資料を把握しようとする、そういう趣旨のものであり、報告を求め質問する事項は、これらの規定に定める事由の存否を外形的、客観的に確認するために必要なものに限定をされているわけであります。

このように、今回の宗教法人法の改正は、いずれも所轄庁が宗教団体の宗教上の行為や宗教上の事項に介入したり干渉するものではなく、信教の自由を侵害するものではないというふうに考えているところであります。」

274　破防法に基づく解散指定と信教の自由

【要旨】　解散指定の結果、団体のためにする活動が禁止される範囲において、信教の自由が制約されるのはやむを得ない。

平八（一九九六）・一一・二七〔一三八回（閉）参・決算〕

【参照条文】　破防七・八

【議論の背景】　オウム真理教に対し破防法に基づく解散指定に向けた手続きが進められるなか、解散指定後、信徒の礼拝まで警察の監視下に置かれるようになることと信教の自由との関係が問題となった。

【答弁】

○栗原君子議員　解散指定後、信徒の礼拝まで警察の監視の下に置かれることになることをどう考えるか。

○杉原弘泰公安調査庁長官　「委員御指摘の信教の自由につきましては、憲法上保障されていることは私どもも十分承知をいたしております。

ただ一方におきまして、破壊活動防止法に従いまして、特定の団体について……解散指定の要件に該当するような諸事情があると判断され、そして解散指定がなされた場合に、その団体のためにする活動が禁止される、こういうことになりますので、その範囲において公共の福祉の観点から部分的にその自由が制約されることもやむを得ないというふうに考えております。」

275　宗教法人に対する税法上の特典の合憲性

【要旨】　宗教法人に対する税法上の特典は、他の公益法人と同様の取り扱いであるので、憲法に反する特権付与ではない。

昭二六（一九五一）・三・二三〔一〇回　衆・文部〕

【参照条文】　民三三・三四　宗法一　法税二⑥・七・六六III　地税三四八II③⑨

【議論の背景】　宗教法人法案の審議をめぐり、宗教法人となった宗教団体が法律に基づき特典を受けることが、憲法二〇条一項後段に違反しないかが問題となった。

【答弁】

○笹森順造議員　宗教法人が法律上特典を受けることは憲法二十条に違反しないか。

○篠原義雄文部省大臣官房宗務課長　「宗教団体と申しましても、認証によりまして、特殊な、法の上における保護恩典が規定されております。これは宗教団体なるがゆえにとともに、その宗教団体が公益法人としての一つの法人である。従って各公益法人が受けると同様な程度に、いわゆる特権的取扱いでなくて、公益法人として平等な取扱いを受ける、こういう意味合いのことであります。従って公平、平等である、特権的な取扱いでないという限りにおきまして、憲法に抵触するものではない、こういうように理解しておる次第であります。」

「憲法二十条の、国からいかなる特権も受けてはならない、こう規定しております、それとの関連におきまして考察いたします場合において、ここでは、宗教団体は宗教法人となり得る道が開かれておる。従っていかなる宗教団体も、平等に宗教法人となる道があるわけであります。しかし御承知のように、民法三十三条並びに三十四条の規定から申しまして、法人格を附与するのは、一定の法律が必要だ、そうして三十四条にありますように、学術、宗教、技芸……の公益法人については主務官庁の許可がいる。そうして生じましたところの民法法人であるところの財団法人あるいは社団法人等におきまして、租税その他の関係は、その公益性に免じまして恩典を与えている。ところで、この宗教法人も民法三十四条の特別法として生れて来ているわけです。ここが民法にございます。従って、かりに税法等の恩典を附与しない、こういう場合がありますならば、同じ公益法人である宗教法人が、他の公益法人との関係におきまして取扱いを別にされまして、いわゆる不平等になる、こういう反対の現象も見受けられるのであります。従って、他の法令と同様な、その特殊性を生かした公益法人については、免税その他の恩典を与えても、これはいわゆる特権的な取扱いだ、こういうふうには法理上解すべきではない、こういうふうに考える次第であります。」

第二一条第一項（集会・結社・表現の自由）

276　公安条例に基づく集団示威運動の許可と表現の自由

【要旨】　公共の安寧に直接危害を及ぼすことが明らかな場合以外は、集団示威運動は許可しなければならない。

昭四二（一九六七）・一〇・一八（五六回（閉）参・地方行政）

【議論の背景】　仲間の一人が警察に「虐殺」されたと主張する組織が、その者の追悼を目的とするデモ行進を申請した。デモ行進をきっかけとした混乱・暴力事件が相次ぐ中で、許可の基準が問題とされた。

【答弁】

○中村喜四郎議員　山崎君の虐殺を主張するこの全学連の追悼のデモの申請に対して、なぜ許可したのか。未然に混乱を防ぐという観点から相当の考慮が払われてしかるべきだと思う。

○後藤田正晴警察庁次長　「私どもとしては、官憲による虐殺に抗議をするという、事実を偽ったところのデモ、こういうものに対しては、私どもの気持ちとしては、はなはだもって不都合であるというふうに考えておるものでございます。しかしながら、こういったデモの申請が出ましたときに、それを認めないというわけにはまいりません。それは、現在の公安条例は、公共の安寧に直接危害を及ぼすということが明らかな場合以外は許可をせねばならない。こういう、いわば現在の公安条例というものは、実質は届け出制でございます。実質的に見るならば、いわゆる許可という名前ではございますけれども、いわゆる警察許可という性質のものではない。やはり認めるということがたてまえで、よほどの場合でなければ、認めないというわけにはまいりません。で、コースがこういった国権の最高機関である国会周辺というような場合であれば別でございますけれども、今回の場合は路線もさようではありません。そういうようなことで、われわれとしては認めざるを得なかった。ただ、デモの性質から見まして、一部路線の変更ということによる許可処分ということで処置をいたしたのでございます。」

○中村　こういった世論の中で、もう少し許可に対する考え方をきびしくとる必要があろうと思うのですが。

○後藤田　「公安条例の運用につきましては、裁判等の実情を見ましても、有罪判決もあれば無罪判決もあるというような、非常にむずかしいのが実情でございます。また、何と申しましても、公安条例の規制の対象というものは、表現の自由の問題と関連をしておるわけでございますので、私どもとしては、あくまでも公安条例の運用ということは慎重の上にも慎重を期してまいりたい。したがって、そう従来の方針をいま直ちに改めるというような考え方は現在の時点では持っていないのでございます。」

277　戸別訪問の禁止と表現の自由

〔要旨〕　戸別訪問の禁止は、選挙の公正を期するための一制約であり、憲法に反しない。

【参照条文】　公選一三八

昭和四三（一九六八）・四・一七（五八回　衆・選挙特別）

【議論の背景】　前年一月の総選挙での戸別訪問につき、妙寺（和歌山県）簡易裁判所で無罪判決が下され（昭和四三・三・一二判時五一二・七六）、戸別訪問の禁止と表現の自由の関係が改めて問題とされた。

【答弁】

○山下栄二議員　簡易裁判所での戸別訪問事案無罪判決について、どう考えるか。

○赤沢正道自治大臣　「選挙権というものは、国民に与えられた重要な権利の一つとして憲法が保障しておるわけでございます。それにいろいろな制約を加えるということについて、確かに議論はあります。しかし、先般の裁判所の扱い、私は新聞を見ただけで、詳細にこの判決の内容は読んでおりませんけれども、しかし、まだ最高裁の再審の段階も踏んだわけでもありません。しかし私は、選挙の公正を期するために一つの制約をつくったということ、そのものが憲法に触れるとは考えません。しかし、これは私が申し上げるよりは、最終段階の裁判所の判決を待ちたい、かように考える次第であります。」

278　報道の自由と証言の拒否

〔要旨〕　報道の自由と刑事裁判における真実の発見という公益の調整は、立法政策の問題である。

【参照条文】　刑訴一六一・一四九　民訴二八一Ⅰ③

昭四六（一九七一）・七・一三（六六回　衆・法務）

【議論の背景】　いわゆる金嬉老事件に関連して、ＴＢＳの記者が刑事裁判での証言を拒否した。この事案に関連して、報道の自由と証言拒否の関係が改めて問題とされた。

【答弁】

○岡沢完治議員　法制局として報道の自由とその証言拒否あるいは出廷拒否等の問題についてどういう見解をお持ちか。

○真田秀夫内閣法制局第一部長　「一般論としてお答え申し上げます。

報道の自由は、言うまでもなく民主主義社会においては最も大事なものの一つでございまして、これを憲法に照らせば、憲法二十一条の表現の自由に含まれることであろうかと存じます。

取材源の秘匿の自由につきましては、これは刑事訴訟法上の強制処分との間でいろいろ問題が起きているわけでございます。最高裁判所の昭和二十七年の判決は、報道の自由の一環である取材源の秘匿の自由も絶対的なものではないんだ、刑事裁判における真実の発見という公益のためにはかぶとを脱がなければいけないんだという趣旨の判決だったと思いますけれども、そういう先例があったわけでございます。その後いろいろテレビのニュースフィルムの押収等をめぐりまして幾つかの事件が起きまして、おととしでございますか最高裁判所の決定が出まして、そしてこれは、先ほど刑事局がお述べになりましたけれども、いろいろ刑事事件の真実発見のために必要とする必要性の有無、それからそれを強制処分の対象にすることによって受けるであろう報道機関の不利益の程度とか態様とか、その他諸般の事情をよく比較考量してきめなさいという基準が示されたわけでございます。

これは現行法制、ただいま岡沢委員の仰せになりましたように、弁護士とかお医者さんの場合のような証言拒否権あるいは押収拒否権、差し押え拒否権が正面から認められているというわけではございません。そういう規定がないという現行法の解釈として最高裁判所はああいう基準を示したのだろうと思います。あの基準はしたがって当面日本における刑事司法のあり方と報道の自由との指針になるのだろうと思います。これは実は憲法問題としましては、そういうふうに公共の福祉との間ではいろいろ調整が要るんだということになるわけでございますので、その調整をどの程度に認めるかということは一にかかって立法政策の問題であろうと思います。合理的な理由があれば制限してよろしい、そこをどういう要件で、どういう範囲で制限するかということになるわけでございまして、先ほど刑事局長がお述べになられたところによりますと、当面立法措置として新たに調整のしかたを変えていくという必要を感じておらぬということでございますので、それはそれとしてそういう立法政策であろうかと思います。私のほうでは、憲法上の解釈としてはいま申し上げたとおりでございまして、あとは立法政策の問題としてそれぞれ立案当局において立法政策をお立てになれば、それを他の法律なり憲法のワク内で審査していくという立場をとるだけのことでございます。」

279　報道及び取材の自由と公務員の守秘義務

〔要旨〕　秘匿されるべき事柄についての取材に応じないこと及び国家公務員法一一一条の取材行為への適用は取材行為への不当な制限ではない。

昭四七（一九七二）・五・九　〔六八回　衆・本会議録〕

【参照条文】　国公一一一

【議論の背景】　いわゆる「外務省秘密電文漏洩事件」により、この年四月に毎日新聞記者が国家公務員法違反で逮捕された。こうしたことを背景に取材・報道の自由と公務員の守秘義務が問題とされた。

【答弁】

○沖本泰幸議員提出報道機関の報道及び取材の自由に関する質問主意書

「憲法第二十一条は表現の自由を保障している。そして最高裁判所は報道機関の報道及び取材の自由がこの表現の自由に含まれることを、つとに判示している。

しかしながら、今回国家公務員法第百十一条との関係で、この報道機関の報道及び取材の自由について若干の疑義を生ずるようになった。

そこで、問題の焦点を特に取材の自由にしぼった上で、次の事項につき政府の見解を問う。

一　報道機関が取材を行なう場合、国家公務員法第百十一条との関係で問題となるのは『取材の対象』及び『取材の方法』である。

最初に、取材の対象に関して質問する。憲法第二十一条は表現の自由を保障しているが、これは民主主義政治の下において、国政に関する国民の知る権利に奉仕するための報道機関の報道及び取材の自由を保障するものである。

ところが、具体的に、報道機関が国政に関する報道のための取材をしようとする場合において、政府が『表現の自由も公共福祉による制限がある』との理由によって、その取材対象について制限を加えるとするならば、国民は、国政の正確な動きを知ることができず、国政についての国民の知る権利は封殺され、民主政治の根幹がゆさぶられることになる。

これはゆゆしき一大事である。

しかも、この取材対象の制限が『秘密』という名目で随意に各官庁担当官が指定できることに起因するのが現状である事実にかんがみれば、その弊害はさらに深刻である。

ゆえに、政府は、報道機関が取材する場合に、その取材対象について絶対に制限を加えるべきではないと考える。取材対象につき制限を加えることこそ、逆に国政に関する国民の知る権利を封殺するものであって、公共の福祉に反するものである。

もちろん、取材対象には長期的観点からみて、短期的には公表しないほうが国益に合する場合のものもあろう。しかし、これは報道機関の自主的な判断に委ねるべきではないか。

二　次に、取材の方法について質問する。国家公務員法第百十一条は『そそのかし』を処罰対象にしているが、もしも、これを機械的に適用すれば、報道機関の取材方法（取材行為）はすべて新たに決意を生ぜしめるに足りる慫慂行為として、『そそのかし』となり、処罰対象となろう。

これは、取材対象の制限とともに、国政に関する国民の知る権利を全く封殺するものであって、まさに民主政治の危機、崩壊に通ずるものである。

ゆえに、国家公務員法第百十一条の規定は、憲法の根本原理である民主政治の維持のためにも、報道機関の取材行為について適用すべきではないと考えるが、この点政府はどのように考えているのか。

右質問する。」

○答弁書（昭和四七年（一九七二）四月二八日提出）

「一　報道機関の報道が『国民の「知る権利」に奉仕するもの』であり、『報道のための取材の自由も憲法第二一条の精神に照らし、十分尊重に値いするものといわなければならない』ことは、最高裁の明言するところであり、政府としても、報道機関が国政に関して取材しようとすることそのことを制限するようなことは、全く考えていない。ただ、質問が『その取材対象について絶対に制限を加えるべきではない』とし、報道機関が取材の対象としたことがらについては、国家機関はすべてこれに応ずべきであり、その公表の可否はもっぱら『報道機関の自主的な判断に委ねるべき』であるとしている点については、首肯しがたい。けだし、国家機関がその任務を遂行していくうえにおいて、あることがらを『秘密』として秘匿することが国益に合致する場合があることは否定できないところであって、さればこそ、議院における証人の宣誓及び証言等に関する法律（第五条）等が職務上の秘密についての公務員の証言拒絶の制度を認めているものと解されるからである。

したがって、報道機関が取材の対象としたことがらについて、それが『秘密』として秘匿されるべきものに当たる場合に政府がその取材に応じなかったとしても、そのことが報道機関の取材の自由を不当に制限したり、又は国民の『知る権利』を封殺するものであるというのは当たらない。

二　国家公務員法第百十一条に規定する『そそのかし』とは、同条に定める一定の『違法行為を実行させる目的をもって、他人に対し、その行為を実行する決意を新たに生じさせるに足りる慫慂行為』をいうものと解され、また、国家公務員法第百十一条は、その規定の文言に徴しても、その対象を国家公務員のみに限定することはしていないのであるから、報道機関の取材行為であつても、その手段方法のいかんによつては、国家公務員法第百十一条の適用をみることとなることは当然であろう。このことは、報道機関の取材のための『手段方法は、法秩序のもとに他の法益を侵さないように行なわなければならないことは当然である』とされていることからも明らかである。

もとより、報道のための取材の自由は、十分尊重されるべきものであり、右の限度を越えない限り、報道機関の取材行為に対して国家公務員法第一一一条が適用されることはありえないと考えられる。」

280　裁判官の政治活動の自由とその制限

【要旨】　裁判所法五二条一号から「積極的に」という文言を削除しても、直ちに憲法違反になるとは言えない。

昭四七（一九七二）・三・八　〔六八回　衆・法務〕

【参照条文】　裁五二①

【議論の背景】　裁判所法が、裁判官につき「積極的に政治運動をすること」を禁じているところ、さらに広範な規制の可能性と裁判官の政治活動の自由の関係が問題とされた。

【答弁】

○高橋英吉議員　裁判所法では、裁判官は積極的な政治活動ができないということですが、これは、……政治色が濃厚な団体に所属しておる者は、公正さを欠くような国民の疑惑を招くおそれがあるということになるので、積極的な政治運動をしなくとも、政治運動なんかをする人は裁判官として適当ではない。だから、私のほうの自由民主党に所属するような者が裁判官になったら、断固として私は反対する。そういうふうなことですが、「積極的」という文字をとって、政治運動をしてはならないという、積極的なという文字をとるということは、憲法違反とかなんとかになりませんんか。

○真田秀夫内閣法制局第一部長　「裁判官も国家公務員でございまして、全体の奉仕者であり、一部の奉仕者ではない。また、裁判ということの性質から、厳正中正に仕事をしてもらわなければならない。また、国民もそれを期待しておるわけでございまして、そういうことから、一党一派に偏するようなことをしてもらっちゃ困るという思想が一方にあるのだろうと思います。それが政治活動の制限をするという要請であり、立法趣旨であろうと思います。

ところが、一方また裁判官も国民として共通の権利を享有されるべきであり、必要以上にそういうことの制限をしてはならないという要請がまた片方にあるわけでありまして、現行の裁判所法五二条は、その両方の要請を立法政策上調和をとって、積極的に政治活動してはならない、こういう法律上の義務を課した。これは立法政策上、ただいま申しました二つの要請の調和点として考えたのだろうと思います。

ところで、憲法との関係はどうかということでございますが、私ここで思いますのに、なるほど現行法は積極的に政治活動してはならないと定められておりますけれども、この規定が、裁判官に対して法律をもって禁止することが、憲法上許される最大限であるかということになりますと、そうは思わない。立法政策上これよりもう少し禁止の幅を広げるということも、必ずしも憲法違反になるとは思っておりません。ただ、ただいま御提案のように、ただ単純に『積極的』というのをとるだけでございますと、裁判官は政治運動してはならないということになりまして、政治運動とか政治活動あるいは政治的行為というような概念が、もともと非常に幅が広くて、すそ野が広い概念でございますので、ただやたらにとっただけでは、およそ政治的なことはやっていかぬということになるおそれがありますので、そういう場合には、あるいは憲法上非常に疑念が生ずるということにもなろうかと思います。

どの程度までそれじゃ法律で禁止ができるかということでありますと、これはどうも私がここで一義的にここまでだというようなことを申し上げられるような性質のものでないことも、御理解願えるだろうと思います。ただ、ただいま申しましたように、『積極的に』ということをとることが直ちに憲法違反になるかといえば、そうは思わないということをお答えしたいと思います。」

281　いわゆるポルノ映画を摘発するか否かの判断基準

【要旨】　いわゆるポルノ映画を摘発するかどうかは、わいせつ性に関する従来の最高裁判所判例等を基準に判断する。

昭四七（一九七二）・三・二二〔六八回　衆・予算一分科〕

【参照条文】　刑一七五

【議論の背景】　この年一月、上映中のいわゆる日活ロマンポルノ三本につき刑法一七五条違反の疑いで捜査が開始された。これに関連して、ポルノ映画摘発と表現の自由の関係が問題とされた。

【答弁】

○横路孝弘議員　いわゆるポルノ映画を摘発するか否かの判断基準は何か。

○本庄務警察庁刑事局保安部長　「基準と申しますと、おそらくこれはわいせつ性の判断の基準ということになろうかと思いますが、……このわいせつ性の判断の基準につきましては、いわゆるメジャー的な、計数的な基準というものはございませんし、また、そういうものをつくることはまず不可能に近いと思います。したがいまして、従来の最高裁判所における判例、そういったものを中心にしながら判断をいたしておるわけであります。……本映画につきましては、男女間の性交、性戯等を直接かつ露骨に描写、表現している場面が多い。特殊の部分を直接写さなかったということを除けば、きわめて公衆の画面で公開し得るようなものではなかった、そういった性格のものでございます。」

○**横路**　摘発によって保護しようとする法益は何か。

○**本庄**　「憲法で保障されております表現の自由というものは、公共の福祉のためには制限を受けるものである、これは先生ももう御案内のとおりでございまして、何と申しますか、性的秩序を守り、最小限度の性道徳を維持する、こういった公共の福祉―これは最高裁判所の判決の表現をかりて私が申すわけでございますが、そういったものが保護法益であろうかと、かように判断いたしております。」

○**横路**　あるべき秩序というのはどのような秩序か。

○**本庄**　「警察が直接道徳に介入するという意味ではございません。先ほど申しました最高裁判所の判決で述べられておりますような保護法益というものが、やはり刑法百七十五条という一つの法律になっておる、その法律に従って警察はその職務を執行した、こういうふうに御理解願いたいと思います。」

○**横路**　秩序なり道徳というものは、社会の変遷によって変わってくるのではないか。

○**本庄**　「時代とともに考え方が変わるということにつきましては、私もさように存じております。したがいまして、この種の問題の取り扱いにつきましては、基本的には慎重を期する必要があると思いますが、しかしながら、たとえば性行為非公開の原則ということがいわれておるようでございますが、同じ一つの行為でありましても、公衆の面前で避けるべきものというものは、やはり社会通念上、健全な国民の社会常識上、あると思います。そういうものと、そうでないものとの限界、これはやはりおのずからあろうかと思いますが、そういった点が、あえて基準といえば基準。ものごとの性質が性質でございますだけに、それ以上具体的に御説明申し上げることはちょっと控えさせていただきたいと思いますが、抽象的な表現になるかもしれませんが、あえて補足をすれば、そういった点ではなかろうかと考えております。」

282　条例に基づく屋外広告物規制と表現の自由

〔要旨〕　条例による現行の規制は内容中立的な規制であり、表示の手段・方法に対する規制としても表現の自由に抵触しない範囲のものである。

昭四八（一九七三）・五・八〔七一回　参・建設〕

【参照条文】　屋外広告物法一・二

【議論の背景】　広告物法に基づいて各都道府県は条例を制定し、美観風致の維持・危険の防止等を理由に屋外広告物を規制している。それら条例の多くが電柱等への張り紙等を広く禁止しており、こうした規制と表現の自由の関係が問題となった。

【答弁】

○春日正一議員　条例における制限の限界及び憲法との関係をどう考えているのか。

○吉田泰夫建設省都市局長　「憲法の保障します表現の自由はきわめて重大な自由でありますので、これを美観風致の維持あるいは危険防止という観点から規制する場合にも当然限界があると考えます。私どもは、その限界のまず基本は、現在の屋外広告物法にもありますとおり、少なくともその広告物の表示の内容に関知しないこと、何といいましても表示の内容というものが表現の自由の最も中核をなすものでありますから、その内容に関知しないということが適当ではないかと、こう考えております。

その他、今度は表示の手段とか方法ということになりますが、これにつきましては、現在の法律及びこれに基づく条例等によりまして、各県ですべて制定、実施されているところでございまして、いろいろ規定のしかたに若干の差はありますが、いずれも表現の自由というものと憲法上抵触しない範囲内において合理的に定められていると考えております。

標準条例案で電柱を禁止物件の例示にあげておりますのは、電柱が普通、道路の両側にありまして、非常に目立ちやすい、そういうことは張り紙とかポスターなどの表示にはきわめて便利であり、有効である反面、その管理に徹底を期しがたいと、それから一つ一つの電柱ではなくて、電柱はずらっと立っておりますから、全体として見た場合に非常に多数の張り紙等が無秩序に表示されるということが予想されるわけでございまして、それ自体が町の美観風致を害するということもありますし、それから、そういうものが変色したり、破損したりした場合に、一そうその美観を害するという事態にも至るということが容易に想像されるわけでありまして、そういう意味で、美観風致の維持という観点から電柱を禁止物件とするということは適当であろうと考えております。

標準条例を出す前から、各県で屋外広告物法に基づく条例をそれぞれ制定しておりまして、県によりましては、電柱を禁止物件にしたり、一部、知事の指定するものを禁止物件にしたり、そういう扱いをしているところが多かったのであります。この条例は、この法律に基づきまして各県の議会を経て制定されるわけでございますが、その場合、その県内における学識経験者等の意見も審議会等をつくりまして聞いたりして、提案し成立させているわけでありまして、そのほか、こういったことにつきましては、幾つかの判例もございますので、私どもも憲法違反という問題はないと考えておる次第でございます。」

283　政党機関紙誌の規制と表現の自由

【要旨】　選挙の自由・公正の維持を目的として、選挙期間中における政党等の文書活動を一定範囲で規制することは表現の自由に反しない。

昭五〇（一九七五）・三・一二（七五回　参・予算）

【議論の背景】　自民党の公職選挙法改正案大綱に、政党機関紙誌の選挙期間中の頒布を規制する内容が盛り込まれていることにつき、そうした規制と表現の自由の関係が問題とされた。

【答弁】

○内藤功議員　選挙期間中における政党の機関紙等の配布規制は、表現の自由との関係でどのような問題点を有するか。

○吉国一郎内閣法制局長官　「本件については、公職選挙法の一部を改正する法律案として、自治省から原案を法制局に持ちこんで参りましたその暁に具体的に検討いたします。

その場合、もちろん憲法との関係についても、しさいな検討をいたすわけでございますが、ただいままでの御質疑応答を通じて明らかにされましたような論点をもとにして、一応、一般論として申し上げれば、御指摘のように、政党であるとか政治団体の文書活動というものが議会制民主主義の根幹をなすものであって、尊重されなければならないということは当然のことであろうと思います。しかしながら、公職の選挙におきまして、政党、政治団体の文書活動を全く自由に認める場合において、選挙活動に過度の競争を招いて、その結果として、かえって選挙の自由が害され、あるいはその公正を保持することがむずかしくなるという結果を来すようなおそれがあると認められるような場合に、このような弊害を防止するため、選挙期間中に限って政党、政治団体の文書活動を一定の範囲において規制するということは、それがただいま申し上げましたような弊害を除くという目的に照らして必要かつ合理的なものである限りは、憲法二十一条との関係から申しましても、また十三条等との関係から申しましても、問題とするようなものではないというふうに一般的には考えております。」

284　いわゆるポルノ雑誌の規制と表現の自由

【要旨】　青少年の非行防止等、合理的な理由があれば、ポルノ雑誌の規制は可能である。

昭五二（一九七七）・三・二八　〔八〇回　参・予算〕

【議論の背景】　青少年に有害と目される雑誌を販売する自動販売機が普及するなか、自販機による有害図書の販売規制を盛り込んだ条例が各地で制定された。かかる条例と表現の自由の関係が問題とされた。

【答弁】

○中山太郎議員　ポルノ雑誌の販売規制は表現の自由に反しないのか。

○真田秀夫内閣法制局長官　「いわゆるポルノ雑誌というものを私自身としては見たことございませんのでよくはっきりわからないんですが、結局あれなんでしょうね。わいせつ物、つまり刑法百七十五条のわいせつ物には当たらないが、それに近いような内容のものというものだろうと思うんですが、それを自動販売機で販売することを規制するということになると、まあ憲法上関係する条文としては二十一条の表現の自由、あるいは二十二条の営業の自由の侵害になるかならぬかということだろうと思うんですが、しかし、表現の自由といい、あるいは営業の自由といい、これはもう最高裁判所の判例が常に言っているごとく、絶対無制限なものじゃなくて、公共の福祉のためにはある程度の制限はあっても構わないんだと、こう言っているわけなんです。

それで、いまお聞きしまして、これ、憲法上問題がないかという御質問に対しましてのお答えとしては、まずポルノ雑誌というものの定義がわからないんですね。一体だれがどういう内容のものをもってポルノの範疇に入れるか、また、そのポルノ雑誌だと決めつける、だれがどういう手続でやるかというような、そういう手続面もよく考えないと軽々には言えないと思うんですが、ただ規制することそれ自身が、それによって得られる公共の福祉、つまり青少年が非行に走る、非行化することを防ぐというような面は確かにあるんだろうと思うんです。ですから、そういう面も考えまして、合理的な範囲で説明できるというようなことであれば、必ずしも憲法違反ではないというふうに思います。」

285　無所属立候補を制限する選挙制度と結社の自由

【要旨】　拘束名簿式比例代表制において無所属の者の立候補を制限することは、結社の自由に反しない。

昭五六（一九八一）・一〇・一四〔九五回　参・本会議〕

【議論の背景】　従来の参議院議員選挙における全国区制度に代えて、拘束名簿式比例代表制の導入が提案された。この法案に対して、同制度と結社の自由との関係が問題となった。

【答弁】

○近藤忠孝議員　候補者名簿を提出できる政党等の要件を定め、それ以外の政党、無所属候補の立候補を制限することは結社の自由の侵害ではないか。

○金丸三郎議員　「憲法二十一条の結社の自由の問題でございますが、これも先ほどお答えを申し上げましたとおり、国民に対し結社することを強制するものではございませんから、結社しない自由の制約にはなりません。なお、仮にこの制度の政党要件が結社しない自由に対する制約となるといたしましても、すでに申し上げましたように、この制度は憲法に適合する合理的なものであると考えておりますので、その制約もまた憲法の許容するところと私どもは考えておる次第でございます。」

286　法廷における写真取材の制限と表現の自由

【要旨】　法廷秩序の維持・訴訟関係人等の権利保護のための、法定内での写真取材に対する規制においては、取材の自由への十分な配慮を要する。

昭和六三（一九八八）・五・二六〔一一二回（閉）参・決算〕

【議論の背景】　前年秋以降、法廷での写真取材に関する新基準に基づき、規制が従来に比べて緩和された。こうした状況をふまえ、表現の自由との関係からもいっそうの緩和が求められた。

【答弁】

○一井淳治議員　法廷内での取材活動は、表現の自由の観点から尊重されるべきではないか。

○吉丸真最高裁判所事務総局刑事局長　「法廷写真取材の取り扱いにつきましては、御指摘のとおり裁判の公開の原則を踏まえ、また報道を通じ裁判のあり方について広く国民に御理解をいただき、裁判所を国民に近いものにするという見地からの考慮が大切でございます。他方、法廷の秩序の維持、被告人その他の訴訟関係人等の権利の保護といった面の配慮もゆるがせにすることができないところでございますので、問題はその間の調和をどのように図るかということにございます。」

287　人種差別撤廃条約と表現の自由

【要旨】　人種差別に該当する表現・行動に対する制限・処罰規定と表現の自由の調整については、関係省庁の間で、なお意見交換中である。

平五（一九九三）・四・一二〔一二六回　衆・決算〕

【参照条文】　人種差別撤廃約一・四

【議論の背景】　当該条約は人種差別に該当する表現に対する制限規定を含んでおり、「人種」という文言の定義が、表現の自由に対する制限の広狭に関わることになるため、発効が大幅に遅れていた（平成八〔一九九六〕年発効）。

【答弁】

○小森龍邦議員　一九六九年発効の当該条約につき、一定文言の定義について、未だ検討中というのは、国際的に不誠実ではないか。

○丹波実外務省条約局長　「この問題につきましては、昨年の三月末だったと思いますが、当時私がまだ国連局長のときに予算の分科会でも先生の御質問にお答え申し上げておりますけれども、そこでも申し上げましたけれども、この人種差別を撤廃すべきであるという考え方自体について反対される方は、政府も含めまして、ないと思います。ただこの条約につきましては、そのときにも申し上げましたけれどもこの条約の根幹をなすところの第四条でございますが、人種差別に該当するような表現あるいは行動といったものを制限し、それを処罰せよという規定になっておるわけですが、この規定と日本の憲法の二十一条で規定されておるところの表現の自由との調整という問題がございまして、この問題をめぐって法務省その他の関係省庁との間で依然として意見交換が行われておる、そういうことで今日まで至っておるということでございます。」

288　放送における政治的公平等の要件と表現の自由

【要旨】　放送の政治的公平等についての放送法の規定は、倫理規定にとどまるものではない。

平五（一九九三）・一二・一五〔一二八回　参・予算〕

【参照条文】　放送一・三の二

【議論の背景】　この年九月、テレビ朝日報道局長であった椿氏が、同局の報道が特定政治勢力を助成する方向で行われるよう指示してきた旨を公言し、その不見識が問題化していた。

【答弁】

○吉村剛太郎議員　放送法が規定している放送における公共の

福祉の尊重、不偏不党、政治的公正、真実の報道等について、これらを倫理規定であるという見解があるが、郵政大臣はどう考えるか。

○神崎武法郵政大臣　「政治的公平等の要件を定めておりますけれども、私どもはこれらについては単なる倫理規定であるとは考えておりません。

委員御指摘のように、電波はそもそも有限、希少という特性を持っておりますし、直接家庭に入って大勢の方々に大変な影響がある、そういう特性を持っておりますところから、このようなことが報道の自由、放送番組編集の自由が放送事業者に認められるものと表裏一体の関係で社会的責任というものが求められているものでございまして、それを背景にそういう要件が定められている、このように考えております。」

289　放送法と表現の自由

『要旨』　放送法による番組内容への規制は、放送の特殊性に着目した合理的かつ必要最小限のものであり、表現の自由に反しない。

平五（一九九三）・一〇・二七　〔一二八回　衆・逓信〕

【参照条文】　放送三の二Ⅰ

【議論の背景】　この年九月、テレビ朝日報道局長であった椿氏が、同局の報道が特定政治勢力を助成する方向で行われるよう指示してきた旨を公言し、その不見識が問題化していた。

【答弁】

○石田祝念議員　表現の自由と放送法の関係をどのように考えているか。

○津野修内閣法制局第一部長　「憲法二十一条に、先ほど先生の方からお読みいただきましたように、『集会、結社及び言論、出版その他一切の表現の自由は、これを保障する。』という規定がございます。その二十一条の中に当然報道の自由というのも入るわけでございますけれども、それは表現の自由の一部として憲法二十一条で保障されておりますが、放送につきましては、有限、希少な電波という資源を独占的に使用するものであること等から、電波を公益上有害なことに利用したり、自己の利益のために利用したりすることのないよう、放送の内容についても放送法により一定の規律が定められているものでございます。

放送法の三条の二の一項で、放送事業者は、放送番組の編集に当たっては、公安及び善良な風俗を害さないこと、政治的に公平であること、報道は事実を曲げないですること、意見が対立している問題についてはできるだけ多くの角度から論点を明らかにすることというような四つの原則によること等を定めているところでございますが、これらは、放送の特殊性に着目いたしました合理的かつ必要最小限度の制限でありまして、憲法の表現の自由に違反するというようなものではないと考えているわけでございます。」

290　報道の自由と知る権利

【要旨】　知る権利と報道の自由の関係は、一方が常に他方に優越するといった性質のものではない。

平五（一九九三）・一〇・二七（一二八回　衆・逓信）

【議論の背景】　この年九月のテレビ朝日報道局長による偏向報道発言などが問題となるなか、報道機関の報道の自由と国民個々の知る権利の関係が問題とされた。

【答弁】

○坂井隆憲議員　知る権利と報道の自由はいずれが上位に立つか。

○津野修内閣法制局第一部長　「いわゆる知る権利についてのお尋ねでございますけれども、この知る権利につきましては、憲法におきまして直接明文の規定を設けているわけではございませんけれども、憲法の二十一条の保障する表現の自由、あるいは憲法のよって立つ基盤である民主主義社会のあり方と結びついたものであるということで、十分尊重されるべきものであるというふうに考えているところでございます。

一方、報道の自由につきましては、これは先ほど先生の方からも引用されましたが、昭和四十四年の十一月二十六日の最高裁の判例におきまして、『報道機関の報道は、民主主義社会において、国民が国政に関与するにつき、重要な判断の資料を提供し、国民の知る権利に奉仕するものである。したがって、思想の表明の自由と並んで、事実の報道の自由は、表現の自由を規定した憲法第二十一条の保障のもとにあることは言うまでもない。』というような、先ほど先生が判例として御引用されましたけれども、これで言っておりますように、表現の自由の一部として憲法で保障されているというものでございます。

ところで、知る権利と報道の自由のいずれが上位に立つかとか下位に立つかというような御質問でございますけれども、この報道の自由と知る権利というのは、どちらが上位であるとかどちらが下位であるとか、そういったいわば定性的なことで、性格で判断するようなものではないというふうに考えております。」

291　政党助成法と結社の自由

〔要旨〕　一定の基準を満たす政党への公的助成は、その対象外となる政治団体の設立・活動を制限するものではなく、結社の自由に反しない。

平六（一九九四）・一・一〇〔一二八回　参・政治改革特別〕

【議論の背景】　一定要件を満たす政党への助成金交付を内容とする政党助成法案の審議において、同助成制度と結社の自由の関係が問題とされた。

【答弁】

○角田義一議員　日本国憲法の原理原則から見て、政党助成法の合憲性はどう考えられるか。

○大出峻郎内閣法制局長官　「日本国憲法におきましては政党について特段の規定は置かれておらないわけでありますが、憲法の第二十一条の定める結社の自由の一環としてその活動が保障されているというふうに理解をいたしておるわけであります。しかし、他方、憲法は、その前文にもありますように、議会制民主主義をとっておりまして、政党は議会制民主主義を支える不可欠の要素であることは最高裁の判決においても示されているところでございます。

今般の政党に対する公的助成は、政党助成法案の第一条に示されておりますように、議会制民主政治における政党の機能の重要性にかんがみて行われるものであり、政党の政治活動の健全な発達の促進及びその公明と公正の確保を図り、もって民主政治の健全な発展に寄与することを目的とする、こういうものであると理解をしております。今回の政党助成というのは、以上のような趣旨、目的を持って行われるものでありまして、憲法上も問題はないというふうに考えております。

なお、先ほど触れました憲法第二十一条の結社の自由の一環として保障されている政党の政治活動の自由との関係について申し上げますと、一定の外形的、客観的な基準を満たす政党に対して助成を行うこととしておりまして、そのこと自体は対象とならない政治団体の設立だとか活動を何ら制限するものではないということから、結社の自由を侵害するという問題はない。また、会計報告のチェック等を通ずる公権力の政党活動に対する介入の懸念の問題につきましては、今回の法案においては政治活動の自由というものを最大限尊重する、こういう観点から国は政党交付金の交付に当たりまして条件をつけたりあるいはその使途について制限してはならないこととするなどの配慮を行っているところであるというふうに考えております。」

292　知る権利の性格・内容といわゆる情報公開法

〖要旨〗　知る権利が、憲法上保障されているか否か及びその性格・内容等については種々の見解があり、現時点ではこの文言を用いない。

平一一（一九九九）・三・五（一四五回　参・本会議）

【議論の背景】　いわゆる情報公開法の制定にあたって、情報公開制度が憲法上の知る権利を具体化したものであることを、法律に明記すべきだとの主張と、この点については制定後も継続して検討すべきだとの主張が対立していた。

【答弁】

○江田五月議員　情報公開制度は知る権利を具体化したものである旨をいわゆる情報公開法に明記すべきではないか。

○太田誠一総務長官　「行政情報の開示請求権という意味での知る権利が憲法上保障されているか否か、権利の性格、内容等についてはなおさまざまな見解があるというのが現状でありま す。本法律案においては、国民主権の理念にのっとり、行政文書の開示を求めることができる権利といたしておりまして、その内容におきましてほぼ同様のことを明らかにしておるというふうに考えております。このため、情報公開法案においては、知る権利という文言は用いておりません。

なお、知る権利の問題につきましては、衆議院内閣委員会の附帯決議において、そのほかの論点とともに、施行に当たって引き続き検討を行うこととされているところであります。」

293　いわゆるオウム新法による団体規制と結社の自由

〖要旨〗　当該規制は、目的、処分を行う機関、手続きから見て、公共の福祉により認められた必要かつ合理的なものであり、結社の自由に反しない

平一一（一九九九）・一一・一七（一四六回　衆・法務）

【参照条文】　無差別殺人団規（いわゆるオウム新法）

【議論の背景】　無差別大量殺人行為を行い、現在も危険な要素を持つ団体に対する観察処分、再発防止処分等を規定する同法について、結社の自由との関係が問題とされた。

【答弁】

○与謝野馨議員　この法案による団体規制が、憲法上の結社の自由、信教の自由を侵害する懸念はないか。

○但木敬一法務省法務大臣官房長　「本法案は、過去に無差別大量殺人行為を行った団体について、その活動状況を明らかにし、または当該団体による無差別大量殺人行為の再発を防止するこ

とによって公共の安全を確保することを目的として、観察処分あるいは個別の再発防止処分を科するものであります。その処分は、準司法機関である公安審査委員会が個々の具体的な事案に応じ、その必要性に応じて合理性の認められる限度で選択するもので、その手続も、団体側から意見を聞いた上で証拠書類等に基づいてなされる、中立性、公正性の確保されたものであります。
　したがいまして、法案による規制は、結社の自由等に対する公共の福祉により認められた必要かつ合理的な制約であると言うことができますし、また、御指摘のような権利を侵害する懸念もないものと考えております。」

第二一条第二項（通信の秘密）

294　刑務所における文書閲読制限等について

【要旨】　拘禁施設の運営管理上支障がある場合に、刑事被告人等の発する文書に抹消等の処分をすることは当然であり、問題は具体的運営の妥当性である。

昭四五（一九七〇）・五・六〔六三回　衆・内閣〕

【参照条文】　監三一条　監則八六

【議論の背景】　監獄法、同施行規則及び通達を根拠に、刑事被告人が発する文書に対し抹消等の処分が行われているところ、こうした処分と表現の自由との関係が問題となった。

【答弁】

○横路孝弘議員　刑事被告人が発する信書等の文書についての抹消・削除処分は、憲法の趣旨、監獄法の規定からみて、行きすぎた措置ではないか。

○勝尾鐐三法務省矯正局長　「根拠放棄は、監獄法三十一条、施行規則八十六条、それを受けまして通達が出ております。その通達の中に、紀律を害するおそれのあるもの、罪証隠滅に資するおそれのあるもの、身柄の確保を阻害するおそれのあるものという一般基準が示されまして、さらにこの各項についての詳細な基準が示されておりますが、犯罪に関する手段、方法等を詳細に記載したものは抹消するという取り扱いに相なっております。
　信書につきましては、その信書の内容に、第三者の判定において犯罪を構成するようなおそれのあるもの、あるいは逃亡あるいは証拠隠滅を含んでいると思われる内容のもの、さらに虚構の事実を申し伝えているもの等につきましては、これを削除して出すということにいたしております。

施設の運営管理上に支障がございますと、拘禁が根底からくずれるおそれがある場合もございます。したがいまして、施設の運営管理上支障があるという場合につきまして、これを抹消等の処分をするということは、私は当然のことであろうかと思います。ただ、問題は、その具体的な運営について妥当を期するということで、その点についてはは十分な配慮をしていきたい、このように考えております。」

295　関税定率法二一条一項三号該当物品の個人的使用目的での輸入と検閲

【要旨】　輸入品について、個人的使用目的の物と頒布販売目的の物を区別して取り扱うことは、実際上も現行法上もできない。

昭五五（一九八〇）・三・二七（九一回　参・大蔵）

【参照条文】　定率二一Ⅰ③

【議論の背景】　この年、札幌地方裁判所は、関税定率法に基づく輸入禁止品に対する手続きについて、違憲・違法とする判断を下した。こうしたなか、当該手続きと表現の自由との関係が問題となった。

【答弁】

○多田省吾議員　個人的使用目的で輸入する出版物等に対する関税定率法の適用については、あくまでも慎重に取り扱うべきではないか。

○米山武政大蔵省関税局長　「この税関の輸入物品に対する検査、これが検閲に当たるということでありますと、憲法違反ということで大問題でございまして、私どもこの問題につきましては非常に慎重にしておりますし、現在関税定率法におきましても他の輸入禁制品とは違いまして、思想表現物に対しましては特別の取り扱いになっておるわけでございます。

なお、委員のいまの御質問の中で、大量に販売目的で輸入される物は影響が大きいが、個人的使用の物というのは社会的影響はそれとは違うので、そうした面は取り扱いを変えたらどうであろうかというふうな趣旨のお言葉がございました。これは、札幌地裁の判決にも同様な内容の判示がされておるわけでございます。そういう考えようも一部あろうと思いますが、最近の海外旅行者というのは激増しておりまして、年間五百四十万人にも達しております。それからまた、通信販売というようなことで外国からの郵便物で送られてくる物も、年間に五千六百万個というふうな非常に膨大な数量になっておりまして、個人的使用であるかどうかということで、これを一切制限なしにした場合には、やはり大量なわいせつ物品が流布されるということになりまして、問題ではなかろうかと思っております。

しかも、現行法では、この目的ということは一切書いてございません。そのもの自体の属性に基づいて、使用目的を問わず、そういうものに該当する物は輸入を禁止すると、こういうことになっております。そうした面から、やはり個人の携帯品であるならいいじゃないかという点につきましては問題があろうかと、こういうふうに考えております。」

296　税関検査と検閲の禁止

〖要旨〗　関税定率法による輸入禁制品についての通知・決定処分は、憲法が禁じる「検閲」にあたらない。

昭五五（一九八〇）・三・二七〔九一回　参・大蔵〕

【参照条文】　定率二一Ⅰ③ⅢⅤ

【議論の背景】　この年、札幌地方裁判所は、関税定率法に基づく輸入禁止品に対する手続きについて、違憲・違法とする判断を下した。こうしたなか、当該手続きと検閲との関係が問題となった。

【答弁】

○多田省吾議員　税関検査と憲法の検閲禁止規定との関係についてどう考えているか。

○前田正道内閣法制局第三部長　「憲法二十一条二項に言いますところの検閲と申しますのは、思想、感情あるいは主張を表現いたしました表現物を外部に公にいたします前に国家機関がその内容を審査いたしまして、妥当を欠くと思われるものがございましたときに、それを公にすることを禁止する行為を言うものと解されております。

このような検閲の概念を前提にいたしまして、現在の関税定率法の規定につきまして結論として申し上げますと、私どもは関税定率法二十一条三項あるいは五項に行われておりますところの通知なり決定処分というものが、ただいま申し上げました意味での憲法に言う検閲には当たらないものというふうに考えております。

その理由として申し上げますれば、先ほど関税局長の方から御説明がございましたけれども、関税法の第六十七条は、貨物を輸入しようとする者は、ちょっと飛ばしますが、必要な事項を申告し、貨物につき必要な検査を経なければならないという趣旨の規定を置いておりますけれども、これは貨物の輸入にとりまして税関手続の適正な処理を図るという関税法の趣旨にのっとりまして、貨物の検査が輸入手続にとりまして不可欠であるということに基づくものであると考えております。

したがいまして、表現物でございましてもこの検査に服することにはなるわけでございますけれども、その検査はあくまでその貨物の種類でありますとか、あるいは数量、価格、こういったものにつきまして貨物一般に対して行われますところの検査として行われる検査である。したがいまして、その表現物につきまして示されました思想なり感情、こういったものの内容にまで立ち入って審査するものではない。そういたしまして、こういったような貨物一般について行われます検査の過程におきまして、たまたま関税定率法の二十一条一項三号の物品に該当するものがありました場合に、その旨の通知がなされるというのが、定率法の二十一条三項の規定に基づく通知であるというふうに考えております。こういったような税関検査の性質と通知の性質にかんがみまして、現在行われています税関検査なり通知が、冒頭に申し上げました意味での検閲には当たらないものというふうに理解をしております。」

297　表現の自由と教科書検定

『要旨』　教科書検定は、憲法が保障する権利を何ら制約するものではない。

昭六〇（一九八五）・八・七（一〇二回　参・本会議録）

【議論の背景】　昭和五七（一九八二）年十一月の教科書検定基準へのいわゆる「近隣諸国条項」の追加など、歴史教科書に対する検定問題が議論を呼ぶなか、教科書検定と表現の自由の関係が問題とされた。

【答弁】

○喜屋武真栄議員提出文部省による教科書検定に関する質問主意書

「八　『史実』ではあっても教材として与えるべきか否かの判断を、画一的に国の一行政官庁が行うことは、日本国憲法の保障する国民の権利である『学問の自由』や『言論、出版その他一切の表現の自由』を侵害することにはならないのか。」

○答弁書（昭和六〇年（一九八五）七月九日提出）

「八について

教科書検定は、学校教育制度の整備の一環として、学校教育法等に基づき、教科書として使用される資格を付与するために行われているものであり、憲法の保障する権利を何ら制約するものではない。」

第二二条第一項（居住・移転・職業選択の自由）

298　外国人の入国、出国等の自由

『要旨』　外国人の入国の許否については国に自由裁量が認めら

れるが、出国の自由については憲法が保障している。

昭四四（一九六九）・七・二〔六一回　衆・法務〕

【参照条文】　入管

【議論の背景】　出入国管理法案の審議に際し、在日朝鮮人の訪朝祝賀団の再入国の許可の問題が取り上げられ、憲法が外国人に入国、出国等の自由を保障しているかどうかについて議論された。

【答弁】

○猪俣浩三議員　外国人は、日本国憲法の適用を受けるのか受けないのか、どういう御見解を持っているか。

○高辻正巳内閣法制局長官　「一応外国人とわが日本国憲法との関係については、一通りお話し申し上げたいと思います。……この世界でともかくも国々が主権国家として相並立している現状のもとでは、一国の構成員でない外国人は、その政治社会である国の政治的利害との関係において言う限りは、その国の構成員である国民と同視するわけにはいかない、これはやむを得ないところであろうと思います。国際社会というものがもう少し発達をしていきますれば話は変わっていくかもしれませんが、現在の世界社会というものをながめてまいりましたときに、それはやむを得ない。そのことは国際慣習法上も認められておりまして、外国人の入国の許否はその国の自由裁量によって決定することができるものとされ、特に国権がみずからに制約を課する場合のほかには、国は外国人の入国を許可する義務を負わないこととされております。また他面憲法は、外国人の入国について別段の規定を置いておりません。こういうことから考えますと、論理の筋道としては、憲法がその許否についての国際慣習法をそのまま受容していることを示すものと見られるものだと思われます。

かように、憲法は外国人の入国の許否について国に自由裁量を認めているものと解されますが、これは御承知のとおり、最高裁の判例にもこういうことが出ておりますが、一たび入国を許可した外国人について、憲法が、先ほどお話がありましたように、そのことばどおりに煮て食おうと焼いて食おうとかって次第かというと、これにはやはり確かに私どもは問題があると思っております。外国人は、国の政治的利害と関係を持つ事柄に関する限りは、その政治的利害に照らして合理的に相当と認められる範囲において法律によってその行動に特別の制約が課されましても、憲法に違反するということにはならない。その意味で、憲法上日本国民と同様に基本的人権が保障されているというわけにはまいりませんが、このような範囲での特別の制約が課されない限度では、たとえ外国人でありましても、わが領域に存在する人間なら、日本国民と同様に憲法上基本的人権の享有を妨げられないものと見るのが相当であろうというのが、私どもの考え方でございます。」

○猪俣　二十二条は外国人にも適用になるかならないのか。問題は、日本と条約のない国としからざる国とを区別して、そうしてある種の外国人には渡航の自由を与え、ある種の外国人には与えないというようなことが、憲法二十二条の解釈として成り立つのかどうか。

○高辻　「二十二条に違反するか、違反しないか、端的に言えということでございますが、たとえば外国人の入国、在留を制限したりあるいは特別の事由のある場合の出国を制限すること、特に入国を許可することにつきましては、最初申し上げたとおりでございまして、これは憲法が外国人に対して保障しているとは申せない。それから居住移転も自由ではございますが、何らかの事由、この新法の中に出ておりますが、そういう場合に、これを制限しても二十二条に違反するものとは考えておりません。

それから何か一国が認めている国とそうでない国の国民との相違があるかどうか。これは入国の憲法上の関係はいずれを問わず同じでございますが、やはり政治社会における構成員とそうでないものとの間の相違というものは、やはりいま申されたような場面に相当はね返ってくる可能性があるではないか。そういうことが合理的な理由になるかならないかということはございまするが、私は、やはり現在の国際社会においては、なり得るものではなかろうかというふうに考えております。」

○猪俣　条約のある国でも、ない国でも、共産圏でも、共産圏でない国でも、平等に渡航の自由というものは二十二条で保障されているのかどうか。

○高辻　「北朝鮮と関連して、共産圏であろうと非共産圏であろうというお話でございましたが、とにかく外国に出ていく者、これを制限する合理的な理由というものは、あまり一般的にはないと思います。したがって、憲法もまた、出国の自由というものは、どこの国の国民であろうと、それは保障している、そのまま保障していると解していいんではないかと私は思いますが、同時にそれが入国をするということになりますと、これはさっき申し上げたことの繰り返しになりますから、結論だけ申し上げますが、入国も保障している憲法上の規定はない。憲法は、入国を外人に対して保障はしておらないということになります。」

299　タクシー運転者の登録制と職業選択の自由

【要旨】　タクシー業務適正化臨時措置法による運転者の登録制は憲法二二条が保障する職業選択の自由に反しない。

昭四五（一九七〇）・四・八〔六三回　衆・運輸〕

【参照条文】　タクシー業務三

【議論の背景】　都市部でのタクシー輸送で乗車拒否等の違法行為が頻発したため、悪質運転者の排除を目的としたタクシー業務適正化臨時措置法案が提出され、同法案が導入しようとするタクシー運転者の登録制の合憲性が議論となった。

【答弁】

○古谷亨議員　こういうような登録制と憲法にいういわゆる職業選択の自由との関係について、どういうような見解を持っておられるか。

○黒住忠行運輸省自動車局長　「本法は登録制をとっておるわけでございますが、憲法二十二条にいいますところの職業選択の自由に反するのではないかということでございますが、それは三つの点において反しないというふうに考えております。第一点は、公共機関としての使命を達するための最小限度の公共の福祉上の制限であるということであります。第二点は、指定地域内のタクシーの運転者として就業するということを禁止するのでございまして、指定区域外のタクシー、あるいは指定地域内のハイヤーの運転、あるいはその他の自動車運送事業、あるいは自家用の運転者として就業することを妨げるものではございません。それから第三点といたしまして、登録によって転職を制限するのではないかということをいわれるわけでありますが、その点は、法律上そういうことをいたしませんし、また運用におきましても、そのような問題がないようにしていきたいというふうに考えております。」

300　酒・たばこ販売業に関する距離制限の合憲性

〔要旨〕　酒の販売業は酒税の保全、たばこ販売業は財政収入の確保の観点から、距離制限が維持される必要がある。

昭五〇（一九七五）・六・一七〔七五回　衆・決算〕

【参照条文】　酒税一〇⑪　たばこ事二三③

【議論の背景】　最大判昭和五〇年（一九七五）四月三〇日において薬事法の薬局の距離制限規定を違憲とする判断が示されたことから、酒とたばこの販売業に関する距離制限が憲法に違反しないかどうかが問題となった。

【答弁】

○原茂議員　最高裁の四月三十日の判決に照らしてみて、近い将来、距離制限等を撤廃すべきだと考えるが、どうか。

○高木寿夫国税庁間税部酒税課長　「お酒の場合におきまして販売業について免許制度がなぜとられておるのだろうか、とらなければならないのだろうかということを私どもなりに考えてみました場合におきまして、まず一つには、お酒につきまして相当高い率の酒税が含まれておる……ということが、どうしても基本にはあると思っております。

それからいま一つには、酒税というものが結局、実質的に国庫に入ってきますその仕組みを考えました場合におきまして、……お酒の代金というものが最終的に円滑に製造者に返ってくる、回収されてくるということによって初めて酒税というものが確実に確保される、そういう仕組みであるわけでございます。……販売業者というものは、ちょうどその中におきまして酒税の保全、これは法律上の言葉にもなっておるわけでございますけれども、酒税の保全という要請の中できわめて重要な役割を果たしておる、こういうことが言えると私ども思っておりおます。いまのことを裏側から申し上げてみますと、仮に免許制度がなくなる、廃止されるという場合にどういうことになるであろうかというようなことになろうかと思いますが、過当競争というようなことに相なりまして、そうしますと経営の不安ということを生ずる、それは酒税の滞納ということになってくる、それはつまり酒税の保全には反する、歳入確保には重大な支障が生ずる、こういう論理的なつながりになるだろうと私どもは考えておるわけでございます。

そういったことでございますので、つまり、ほかの物資とは格段に違う点があるのではなかろうか、歳入の確保という、ただいま申し上げましたような点でございますが、そういった立場から、私どもといたしましては、過般最高裁の薬事法関係の判決は拝見いたしておるわけでございますけれども、ただいま申し上げましたようなことから、販売免許の関係のただいまの制度というものは維持してまいる必要があるだろう、このように考えておる次第でございます。」

〇佐藤健司専売公社専務理事　「たばこの専売におきます距離制限の問題でございますが、その前にたばこ専売制度そのものにつきまして、職業選択の自由との関係で前に訴訟がございまして、これは三十九年の最高裁判決で、その専売制度そのものの合憲ということは認められておるわけでございますが、また、この指定制度につきましては、これはたばこ専売法の二十九条でございますが、これにつきましても訴訟がございまして、昭和三十二年の東京高裁の判決によりまして合憲であるという判決が下されておるわけでございますが、ただ、その中におきます、……距離基準の問題がございますが、……やはり私どもの専売公社法の中に、健全にしかも能率的に運営しなければいかぬという規定がございます。私どもとしては、専売収入、いわゆる財政収入を確保するということが目的でございますので、できるだけこの経費を節減をしていかなければならない。そういたしますと、やはり販売店のいろいろな管理をする経費でございますとか、お店まで運んでいくという経費が相当高いものにつくわけでございますので、それをできるだけ節減をするというやり方が望ましいわけでございます。ただ、一方、やはり消費者の購入の便というものはどうしても考えなければならない。そういう二つの要請というものをかみ合わせましてやっていくといたしますと、やはりこの距離というものがある程度合理的なものとして基準として決められておらないといけないのじゃないかというふうに私ども考えておるわけでございまして、先般の薬事法のような、一つの乱売、不良医薬品の販売でございますか、そういう事態を防止するためのもの、そういう考え方のものと違った点は、やはり財政収入を確保していかなければならない、しかもそれをできるだけ効率的に確保していくという要請と消費者利便というものとを兼ね合わせていくというところにあろうかと思うわけでございます。

それで、現在、小売人の数というのは約二十四万人おるわけでございますが、全体としては一兆二千億ばかりの販売があるわけでございますが、大体平均いたしますと四十数万円である、しかも月三十万円以下という売り上げのものが全体の半分ちょっとを占めておるという状態の現在配置状況でございます。そういう点御了承願いたいと思います。」

301　国家公務員法による公務員の天下り規制

【要旨】　国公法一〇三条三項の運用は、職業選択の自由と民間企業との癒着の排除という公共の福祉の調和の問題となる。

昭五二（一九七七）・四・一三〔八〇回　参・予算一分科〕

【参照条文】　国公一〇三Ⅱ・Ⅲ

【議論の背景】　ロッキード事件等を背景として、官民の癒着、高級公務員の天下りの問題に対する批判が高まり、人事院の国家公務員法一〇三条三項の承認の基準をもっと厳格にすべきかどうかが議論となった。

【答弁】

○峯山昭範議員　国公法百三条の問題について基本的にどういうふうにお考えか。

○藤井貞夫人事院総裁　「公務員といえども、これはやはり職業選択の自由というものはあるわけでございます。それとともに、民間の企業との癒着その他ということは、これは断固として排除しなきゃならぬという公共の福祉の問題、この兼ね合いの問題に相なるわけでございます。……人事院といたしましては、法の精神というものを踏まえまして、その調和というものを頭に描きつつ、できるだけひとつ厳正な態度でもって運用するという気持で今日までまいっておる次第でございます。……私といたしましてはやはりこの二つの理念、二つの精神の兼ね合いというものを十分考慮しながら、今後ともこの運用については厳正な態度でもってやってまいりたい。」

○峯山　人事院が承認をしている百三条三項は、やはりこの第二項の精神というのが基本になくちゃいけないのではないか。本来から言うたら一名もなくていいんじゃないか。そのくらい厳しく見るべきじゃないか。

○藤井　「二項というものがやはり法の精神の骨子であろうと思います。要するに、官と企業との間に癒着が生じたり、あるいはそれの地位を不正に利用して綱紀を乱していくというようなことは、これはやはり絶対に避けなければならぬという趣旨からこの規定ができ上がったものだということで、その点については私も同感でございます。ただ、その法意がございますために、いままでいろいろ御議論をいただきましたこともありまして、各省庁にもこの法律の精神というものはかなりというか、十分に徹底をしてきておるのではないかという感じがいたします。そういうことから、具体的にこの問題が出てきます際にも、そう安易に事柄を解釈をして、退職をするんだから何とかしてやらなきゃならぬというようなことでやる姿勢というものは、非常に少なくなってきているのではないか。その点、非常に厳格に事を理解いたしまして運用に当たっておるという事実があると思います。……そこで、第三項の関係で、二つの理念のかみ合わせということで、そこで調整を図りつつ運用をやってまいっておるというのが人事院の態度でございます。その結果、いまのような結果が出ておるということでございまして、法の精神としては、いま先生お述べになりました法意というものがその中心的な問題点であるということには異議はございません。」

302　弁護士会への強制加入と職業選択の自由

【要旨】　弁護士会への強制加入は、弁護士法の自治原則を前提とするならば、公共の福祉の観点から憲法上是認される。

昭五三（一九七八）・五・三一〔八四回　衆・法務〕

【参照条文】　憲一九　弁護八・九

【議論の背景】　弁護士法において弁護士会が特殊な位置づけを与えられていることが問題とされ、その一つとして弁護士となるためには弁護士会への入会を前提としている弁護士法の規定の合憲性が議論となった。

【答弁】

○飯田忠雄議員　弁護士会への強制加入を職業の要件としたことは憲法が保障する職業選択の自由、及び思想及び良心の自由を侵害するおそれがあると思うが、どうか。

○大井民雄衆議院法制局長　「結論を申し上げますと、公共の福祉の観点からして、現行のような弁護士法が完全な自治原則をとるということを前提にいたしますならば憲法上是認されざるを得ないものであろうかと考えます。と申しますのは、……現行法は弁護士の監督につきまして何ら国家機関からの監督を受けておりません。そのまま仮に放任するとしたならば、弁護士の職務の適正化という公共の福祉はとうてい維持できないわけでございます。そこで弁護士会さらには日本弁護士連合会という公法人を設立しまして、これが直接に会員である弁護士の監督統制に当たって、弁護士業務の適正化という公共の福祉の要請にこたえていくという構造をとっておるわけでございまして、したがってその限りにおいては、公共の福祉の要請からしまして、弁護士全員が、弁護士となるためにはその会に強制的に入会しなければその自主統制が完遂されないということになるわけでございまして、以上のような次第で、憲法上の公共の福祉からいたしまする職業選択の自由の制約もやむを得ないものであるというふうに理解しておる次第でございます。」

303　国際的な平和と安全の維持のための輸出規制

【要旨】　国際的な平和と安全の維持を妨げるものとなる貨物の輸出を許可の対象とすることは憲法二二条に違反しない。

昭六二（一九八七）・八・二八〔一〇九回　参・本会議〕

【参照条文】　憲三一　外為法四八

【議論の背景】　東芝機械の不正輸出事件の発覚等を受け、共産圏への輸出に関するココム規制の強化を図るための外国為替及び外国貿易法改正法案が提出され、国際的な平和と安全の維持の観点からの輸出規制の合憲性が議論となった。

【答弁】

○市川正一議員　通産大臣が、経済外の、しかもその概念が全く不明確な国際的な平和と安全の維持なるものを理由に、輸出を規制し統制することは、国民の貿易の自由を侵犯する憲法違反で、断じて許されないものと考えるが、どうか。

○中曽根康弘内閣総理大臣　「憲法第二十二条の職業選択の自由は、営業の一環として行われる輸出等の自由をも包摂する概念ではあります。しかし、国際的な平和及び安全の維持を妨げると認められる輸出等として許可の対象となる取引は、我が国の対外取引の正常な発展及び我が国経済の健全な発展を阻害するおそれのあるものであり、かかる取引について規制することは、憲法第二十二条に違反するものではないと考えております。

罪刑法定主義との関係でございますが、国際的な平和及び安全の維持を妨げると認められるものとして、許可を要する技術取引または貨物の輸出については、政令で具体的に明示することとしておりまして、その範囲は明確であります。したがって、罪刑法定主義に反するものではございません。」

第二二条第二項（外国移住・国籍離脱の自由）

304　国籍離脱の権利と無国籍となる自由

【要旨】　憲法が保障する国籍離脱の自由は無国籍となる自由まで認めるものではない。

昭五九（一九八四）・五・一〇〔一〇一回　参・法務〕

【参照条文】　国籍一一

【議論の背景】　国籍法の改正の審議に際し、世界人権宣言や各国の法制等も踏まえた検討が必要とされ、その中で無国籍となる自由の問題が取り上げられ、それに関する憲法の考え方、各国の法制等が議論となった。

【答弁】

○寺田熊雄議員　憲法第二十二条第二項の規定を同じ第二十二条の第一項と比較すると、第一項は居住、移転、職業選択の自由を保障する場合に「公共の福祉に反しない限り」という条件をつけているが、第二項にはこのような条件ないし制約は設けられていない。ところが国籍法は外国の国籍を有する国民についてのみ国籍離脱の権利を認めている。これはどういうふうに理解するのか。

○枇杷田泰助法務省民事局長　「国籍法では他国の国籍を持っている、いわば二重国籍になっている日本国民についてのみ離脱できる旨の規定をしておるわけでございますが、憲法にはそのことが明記されてないにいたしましても、私どもの考えといたしますと、無国籍になるという、そういう状態をも容認するといいますか、日本の国として容認するというふうな考え方に立つものではないのであって、ここで言っている離脱というのは、要するに他の国への変更といいますか、そういうふうな形のものを考えておるのではないかという解釈をいたしております。これは現在の国籍法の、そういう他国籍を持っているという者に限定をしておりますことが憲法違反であるかどうかということの議論では、どなたもそういうふうなことは憲法違反だというふうにおっしゃる方はないのでありまして、むしろ無国籍というものがあってはならないという、先ほども御指摘ありました人権宣言その他の国際的な一般の考え方がございます。そういう面から申しますと、無国籍になるために日本の国籍を離脱するということは、そこまで憲法が認めているわけではないというふうに考えておるわけでございます。」

第二三条（学問の自由）

305 大学の自治と警察の学内出動

【要旨】 学内において生命、身体、財産に重大な侵害がある場合、緊急の出動がありうるが、事前の連絡が必要である。

昭四三（一九六八）・三・五（五八回 衆・地方行政）

【議論の背景】 この時期、全国の大学で紛争が激化し、警察の導入が大きな問題になるなか、警視庁が通達した基準によれば、大学からの要請なしでも学内に出動できるとして問題になった。

【答弁】

○宮地茂文部省大学学術局長 「大学におきます学問研究の自由を保障する、こういったようなことを確保するための一つの考え方といたしまして、大学には相当大幅の自治権が慣例上よい慣行として今日まで行なわれております。そういうことから学園の秩序維持といったようなことにつきましても、大学の管理運営の機能はある程度自治権の範囲内で従来から認められてきておったところでございます。そういうようなことで、特に東京都の警視庁の慣例におきまして、従来警察官を大学に入れる場合においては、大学が要請をする、要請があった場合に入ってくる。……一方的に大学に入ってくるということは遠慮してもらう、こういう申し合わせもできまして、これはいい慣行として守られてきておりました。」

○依田圭吾議員 新しい学内出動基準「一、学内で現に犯罪が行なわれ、またはまさに行なわれようとしていることが外部から現認できる場合」、「二、学長、学生部長など大学側の責任者から一一〇番または警察幹部へ電話などで通報があり、不法事犯が客観的に認められた場合」、「三、負傷者などが学内から学外に運び出される」について説明願いたい。

○川島広守警察庁警備局長 「第一項の現認の問題でございますけれども、これはいろいろ外部から警察官自身でも現認できる場合もございます。そういう場合のことをあげておるわけでございます。これは従来と何ら方針は変わっておらないのでございまして、従来から学内といえども治外法権の場ではないということははっきりいたしておりますし、治安維持はあくまでも警察の責任でございますから、そういう意味合いで、学内におきましていわゆる生命、身体、財産に重大な侵害があるというような場合には警察が学内に入るということは、これは従来から変わってない基本方針でございます。ただ、……きわめて希有な場合、非常に緊急な場合、そういう場合に入るにいたしましても、事前に連絡の方法は幾つもあるわけでございますから、全然大学の関係者に何の連絡もなくて抜き打ちに入っていくというようなことは考えてもおりません。」

306　大学の自治と学生の自治

〔要旨〕　学生の自治は、学生の自治活動の教育的意義を大学が認めているのであり、学生が自治権を有するのではない。

昭四三（一九六八）・三・一四〔五八回　衆・予算一分科〕

【議論の背景】　大学紛争の時期、大学自治の伝統的理解に対し、新しい理解が対置され、その担い手、とくに学生や職員の地位と権利が問題になった。

【答弁】

○玉置一徳議員　大学の自治と学生の自治についてどう考えるか。

○灘尾弘吉文部大臣「学生の自治と申しますのは、私は、大学の自治というワクの中で考えられる問題であろうと思うのでありまして、本来の学生の自治権というふうなものがあるものとは思いません。大学が最高の学府として教育をいたします上において、教育上意義ありとして、つまり有意義なものとして、学生の自治活動というものを認めておると思うのでありまして、その範囲において認められておるわけでございますので、学生の自治と大学の自治とを混同してはならない、かように考えております。」

○玉置　大学の秩序維持と警察権の介入という問題についてはどうか。

○灘尾「大学に自治が認められております関係上、大学の管理につきましても、最大限の自治を認めていかなければならないものと思うのでありますが、ただ、近来起こっております学生の行動というものになりますと、むしろ、大学の自治がこれによって脅かされ、あるいは破壊せられておる、こう申しましてもあえて言い過ぎではないような気持ちもいたしておるわけでございます。……そういうふうな場合に、警察との関連というものが生じてこようかと思います。……大学がみずからの自治を守ってまいりますために、大学の管理を全うするために、もし実力をもってこれに対して妨害するものがあれば、実力をもってこれを排除するということも、何もちゅうちょすることはないと思うのであります。そういう際には、もちろんそのときの状況によっていろいろ判断はしなければなりますまいけれども、警察官の導入を必要とするような事態であれば、これを導入することにちゅうちょすべきではない、そして、その力を借りて、協力を得て、大学の自治を守っていくという行動をとってよろしいのじゃないかと思うのであります。

また、一面、警察側のほうのことを考えますときに、警察が、大学の中に犯罪行為がある、あるいは犯罪者がおる、こういうものを捜査する必要があるというふうな場合におきましては、大学といたしましては、警察のこの正当な職務の執行に対してはやはり協力してよろしいのじゃないか。」

307　学問の自由と大学の自治

【要旨】　学問の自由保障のための大原則として、大学の自治が認められている。

昭四三（一九六八）・四・八〔五八回　参・予算〕

【議論の背景】　大学紛争が激化するなか、憲法の学問の自由保障との関係で、大学自治の意義と限界が社会的にも問題とされた。

【答弁】

○田村賢作議員　学問の自由と大学の自治の意味と限界についてお尋ねいたします。

○灘尾弘吉文部大臣　「学問の自由ということは憲法の規定をいたしておるところであります。その学問の自由というものを保障するという意味において大学の自治ということが認められておる、そのように思っておるわけでございます。ほんとうに学問の進歩発展をはかりますためには、あくまでも自由が保障せられなければならぬと思います。そういう意味から申しまして、大学の学問研究の自由というものにつきまして、大学の自治というたてまえのもとにこれを保障していこう、こういうことでございます。……そうしますというと、やはり大学の自治というものにつきましては、これは大学としてはその生命ともいうべき大原則であり、これをあくまでも守り育てていかなければ、日本の学問研究の進歩ということを期待することはむずかしいと思います。……それだけに私は、大学の当事者がみずから常に大学の自治を要求し、大学の自治を主張しておられるだけに、これを守っていくために責任のある態度をもって対処してもらいたいと思うのであります。……私は、限界いかんということを考えます前に、まずもって、ひとつ大学それ自身が立ち直って国民の期待に沿うような責任ある態度と責任ある行動によりましてその役割りを果たすために努力をしてもらいたい。」

308　学長任命と文部大臣の拒否権

〖要旨〗　学長の任命については、大学自治の面はあるが、国民主権の面から、一定の場合に文部大臣に拒否権がある。

昭四四（一九六九）・三・三一　〔六一回　参・予算〕

【参照条文】　教公特四Ⅰ・二五Ⅰ①（現在は教公特四Ⅱ）

【議論の背景】　学長等の教員人事における大学の自治と任命権者との関係というそれまでも争われてきた問題が、九州大学の井上正治学長代行の任命を文部省が拒否したことをめぐって大きな問題となった。

【答弁】

○高辻正巳内閣法制局長官　「大学の学長等の任命につきましては、大学の自治という面が確かにあることはありますけれども、われわれとしては、同時に国民主権の原理、これとのやはり調整的見地からものを考えないと、これはうそであろうということが基本の考え方でございます。そういう調整的見地において、理論上は、一定の場合、任命権者たる文部大臣に拒否権があるということを私も先般申し上げましたが、その一定の場合の考え方、これはどうしても抽象的な言い分にならざるを得ないのでありますが、申し出のあった者を任命することが大学の目的に照らして明らかに不適当であるというような言い方、これがどの程度こまかく言えるかどうかは別といたしまして、そういう場合には、やはり文部大臣に拒否権があると言わざるを得ない。……国立大学の場合に、国会の信任にその存立の基礎を有する内閣の指揮監督のもとに立つ文部大臣が、学長等の任命につきまして、およそいかなる場合においても、発言権を有しないと解しますことは、憲法十五条一項に明らかにされておりますところの、公務員の終局的任命権が国民にあるという国民主権の原理を否定することになってしまいはしないか。……要するに大事なことは、大学の自治もむろん大事である。しかし、同時に公務員の終局的任命権は国民にあるんだということ、これも忘れてはならない問題である。その調整をどこではかるか、これは確かにむずかしゅうございますけれども、やはりいかなる場合にも、大学の申し出のありました者は、そのとおりにきめなきゃいかぬということはむろんない。場合によっては、文部大臣がそれを拒否することができる。」

○秋山長造議員　疑わしい場合にどうするか。

○高辻　「やはり任命権者が国民に対する責任において判断すべき問題でありまして、……処分の衝に当たる人が、その責任において考慮すべき問題であろう。」

309　学問の自由と教育の自由

〔要旨〕　小、中、高等学校の教師には、憲法上の権利としての教育の自由はない。

昭四六（一九七一）・一・二六　〈六五回　衆・本会議〉

【議論の背景】　教科書検定をめぐるいわゆる家永訴訟における論点として、小中高等学校の教師の教育の自由が問題となるなか、前年、東京地方裁判所は不合格処分の取り消しを言い渡した。

【答弁】

○佐藤栄作内閣総理大臣　「教育の自由と学問の自由とは別個のものであって、小、中、高等学校の教師に、憲法上の権利としての教育の自由があるとは考えません。すなわち、小、中、高等学校においては、心身が未発達で判断力も十分でない児童生徒を対象としており、かつ、教育の機会均等の理念から、全国的に一定の教育の水準を維持し、適切な教育内容を確保することが要請されているのでありますから、そのために教育は、全国的基準に従って運営されなければならないと考えます。この限りにおいて、教師は一定の制約を受けるのでありますが、これは国会で定められた法による制約であって、いわば国民の総意によるものであると言うことはできます。」

310　大学の自治の内容と限界

〔要旨〕　大学は、教育研究活動面の自治、自治の根幹として教員人事の面における自治、施設管理面の自治が認められる。

昭四六（一九七一）・五・一三　〈六五回　参・内閣〉

【議論の背景】　大学紛争、筑波新構想大学等をめぐって、大学の自治の意義、内容、限界等が社会的にも大きな問題となった。本件は、ある大学の学科改廃問題をめぐる議論である。

【答弁】

○足鹿覚議員　大学自治の内容とその限界について伺いたい。

○村山松雄文部省大学学術局長　「大学につきましては、その目的とするところの教育研究活動については、自主的に研究対象であるテーマを設定するとか、それに基づいて教育研究活動を行なうとかいうことにつきまして、いわゆる自治が認められておるわけであります。……制度的に大学の自治が一番成文化しておりますのは国立大学の人事に関してでございまして、ここでは、たとえば学長あるいはその他の教官の任用ということを一般国家公務員法の原則だけによらずして、それぞれのまあ大学のしかるべき管理機関がみずから選考し、大学の申し出に基づいて文部大臣はこれを任用するというような制度になっております。これがまあ制度的に大学の自治の根幹をなすものと考えられます。……大学のキャンパス、施設の管理などにつきましても、これが社会公共の利害と衝突しない限りにおいてはある程度の自主、自治ということが認められているわけであります。……大学の学部、学科の設置でありますとか、あるいは予算の執行でありますとか、そういうような問題になりますと、これはこの教育関係の法規だけではなしに、この会計法でありますとか、財政法でありますとか、そういう国家の一般法規の規制もございます。また予算、財政というようなワクもございます。そこで、まあ大学の自治というものは、そういうもののやはりワク内の自治ということに相なるわけでありますが、これは文部省としての慣行的な行政的態度でございますけれども、このような事柄につきましても、原則的には大学側の検討の結果を文部省で承りまして、それを大学間のバランスでありますとか、社会諸般の情勢からする緩急順序でありますとか、国家の財政の都合でありますとか、そういうことを勘案いたしまして、大学と合意の上で措置をするというようなやり方をやってまいっております。」

第二四条（家族生活における個人の尊厳と両性の平等）

311 女性の再婚禁止期間の規定と男女平等

【要旨】 女性の再婚禁止期間に関する民法の規定は、両性の本質的平等に反せず、憲法に違反しない。

昭二二（一九四七）・八・一一（一回 衆・司法）

【参照条文】 民七三三Ⅰ

【議論の背景】 戦後、新憲法制定に伴い、家制度が廃止され、個人の尊厳と両性の本質的平等に立脚した民法典の親族、相続両編の大改正が課題となった。

【答弁】

○安田幹太議員 再婚禁止の規定は男女平等の原則に反する憲法違反でないか。

○奥野健一司法省民事局長 「あるいはこの思想の中には、女が夫の死後墓石のまだ乾かぬうちに再婚するというのはいかがかという倫理的な観念も含まれておるかもしれませんが、主としてはそういう意味でなく、むしろ今度再婚によって生れる子供が前の夫の子であるか、あとの夫の子であるかという血統的な観点において、いろいろ混乱を生ずるということを避ける趣旨であろうかと考えます。この点は七百七十二条、七百七十三条等において、これに違反した場合にいろいろなめんどうな問題が起ることを予定した規定のあるのと考え合わせまして、いわゆる何人の子であるか不明の場合、いわゆる血統の点について混乱を生ずることを避けるための規定であろうかと思うのであります。しからばこれを残すことは、女のみについて六箇月間の再婚の制約をすることは、男女の平等の原則に反する憲法違反の規定ではないかという御議論でありますが、その点はいろいろ意見にわたる点と考えますが、やはり子供を生むという点については、おのずから男女が本質的な意味において違いがあるのでありますから、そういう特殊な立場においてのみ取扱いを異にしておるような場合におきましては、本質的平等に反することにはならないではないか。ちょうどこれは婚姻年齢が、男の方が女よりも多くしておるということも、男女の婚姻ということの生理的その他いろいろな条件からいたしまして、その差等は必ずしも本質的な平等を脱するものではないという考えと同様、子供を生むという女の特殊な観点から、その点は男の場合と取扱いが異なっても、それは男女の間における本質的な平等を害するものではないじゃないか。そういう意味で、やはりこの規定を残しておいても憲法違反ということにならないではないかという結論……であります。」

第二五条（生存権、国の使命）

312　環境権の内容

【要旨】　政治の理念としてはともかく、法的には環境権は未確立である。

昭四九（一九七四）・四・八（七二回　参・予算一分科）

【議論の背景】　ストックホルム人間環境宣言などを背景に、公害からの救済や環境を守ることをめざす運動や訴訟を通じて、環境権確立が課題とされた。

【答弁】

○佐々木静子議員　環境権をどう考えるか。

○三木武夫環境庁長官　「良好な環境のもとに生活するという権利は、ばく然としてはあると思います。しかし、これを内容を、それならばどの範囲が環境権の中でカバーする範囲内だと、法体系としての位置づけというものはどういうものになるかといいますと、まだ熟していないわけですね。だから大気の汚染とか水質の汚濁であるとか騒音であるとか、いまお話しになった日当たりの問題であるとか、そういうふうな問題は、まあ具体的な問題としては処理されるわけです。しかし、環境権という一つの法体系としてやるためには、もう少しやはりいろいろと検討をしなければばく然とし過ぎておる感がありますので、われわれとしても、政治の理念としては環境権はある、しかし、まだこれを法体系とするには不明確な点があるので検討を要することが基本的な考え方でございます。」

○佐々木　環境庁はどのように御検討を進めているのか。

○城戸謙次環境庁企画調整局長　「環境権、いま大臣から御答弁申し上げましたように、現在まだ非常にはっきりしないものがたくさんあるわけでございます。先生がいま御指摘になりました『環境権』という著作の中におきましても、はしがきの中に、やはり十分市民の期待にこたえるほど理論的成熟を遂げていないということもあわせて述べられているわけでございまして、私どもとしましては、公法上の問題含めましていろいろ検討いたしておりますが、非常にむずかしい問題があると思います。特に私法上の問題につきましては、今後十分判例、学説等を検討すべきものと思っておるわけでございます。」

313　生活保護基準と住民税の課税最低限との関係

【要旨】　憲法の最低生活費保障義務から、課税最低限の決定は、最低生活費に食い込んではならない。

昭五五（一九八〇）・三・二一〔九一回　衆・地方行政〕

【参照条文】　生活保護三

【議論の背景】　昭和五四（一九七九）年、大平首相は財政再建のため増税の必要を強調したが、サラ金苦で一家心中などが相次ぐという世相のなか、総選挙結果に明確に示された増税反対の有権者の意思を背景に、税制のありかたが問題とされた。

【答弁】

○三谷秀治議員　憲法二十五条の最低生活費を国が保障するという国の義務と、それ以下の所得者に対して国が地方税を課するということの理論上の整合性について。

○石原信雄自治省税務局長　「具体的に憲法が保障する最低生活費をどのように定めるかということは、生活保護法初め社会保障制度の方の体系の話でありますが、税制といたしましては、やはり国がいやしくも社会保障制度としてサポートする程度の金額に所得税にしても住民税にしても課税をするということは、制度としていかがなものか、こういう考え方を持っております。そこで今回は、住民税は前年所得課税でございますから、五十四年度の生活保護基準の状態なども勘案しながら、五十五年度の住民税の課税最低限の引き上げを決定したわけであります。

いずれにいたしましても税制としても、国が別途社会保障の体系でサポートする程度の水準に対して課税をするということは望ましくない、このように考えております。」

○佐藤良正厚生省社会局保護課長　「生活保護の基準は、世帯の人数とか地域別、その他たとえば障害を持っているあるいは老齢加算とかいう事情によってそれぞれ区々でございますので、一律には決めかねる問題でございます。いわばケース・バイ・ケースの額になるわけでございますが、いずれにしても先ほど税務局長のお答えにありましたように、最低生活費に食い込まないことが適切ではないか、こう考えております。」

314　生存権と個人補償

〔要旨〕　二五条は、国の責務の宣明であり、直接個々の国民に対し生活保障に関する具体的権利を認めたものではない。

平八（一九九六）・二・六　〔一三六回　衆・予算〕

【議論の背景】　前年、阪神大震災がおこり、住居など生活基盤を失った被災者は、生活基盤再建の支援として個人補償を求めたが、それが憲法の要請かどうかが問題となった。

【答弁】

○志位和夫議員　震災の被災者に対する個人補償は憲法上の要請ではないか。

○大森政輔内閣法制局長官　「お尋ねは憲法二十五条の法意いかんということに尽きようと思います。

その件につきましては、政府としましては、従前から、憲法第二十五条の規定は、すべての国民が健康で文化的な最低限度の生活を営むことができるように国政を運営すべきことを国の責務として宣明したものであり、直接個々の国民に対して生活保障に関する具体的権利を認めたものではないというふうに解してきております。

具体的権利といたしましては、憲法の規定の趣旨を実現するための法的措置によって初めて与えられたものというべきであります。しかしまして、右の法的措置が、憲法の定める健康で文化的な最低限度の生活を維持するに足るものでなければならないことは、もとより言うまでもございません。」

第二六条（教育を受ける権利、教育の義務）

315　自衛官の大学受験拒否

『要旨』　自衛官の大学受験拒否は、学生の学ぶ自由を保障した憲法の精神に反する。

昭四四（一九六九）・三・一五（六一回　参・予算）

【参照条文】　教基三I

【議論の背景】　昭和四二（一九六七）年、京都大学で教官有志が自衛官の大学院入学に反対声明をだしたほか、六九年には、都立大学で、自衛官の受験拒否が決定され、それが憲法に違反しないかが問題となった。

【答弁】

○中村喜四郎議員　自衛官の大学入学拒否、学会の研究発表の拒否事件について説明いただきたい。

○有田喜一防衛庁長官　「教育の機会均等は、憲法及び教育基本法によって御承知のとおり、すべての国民にひとしく認められた権利であります。また、自衛官なるがゆえに差別されるということは、どうしても認めることはできない。自衛官が勤務時間外に大学教育を受けることを拒否されることになったならば―ここでのこれは夜間部でありますから、自衛官の職務執行には差しつかえないわけであります。そういうような事態にあるのに、これが拒否されるということになりますと、自衛官なるがゆえに人間としての向学心を抑圧されるという、きわめて不当な事態となりますので、防衛庁といたしましては、文部省にその善処方を要望いたし、またそれと同時に、自衛官の人権を擁護するために適当な措置をとりたいというので、先刻人権擁護局のほうにその調査をお願いしたと、こういう実情でございます。」

○中村　文部大臣の考えはどうか。

○坂田道太文部大臣　「私どもも、学問の自由、そしてまた研究の自由、そして研究した成果を発表する自由、あるいはまた教授が教え、学生が学ぶ自由というものが憲法で保障されておるわけであって、自衛官なるがゆえにこれを拒否するということは、憲法の精神に照らしましてまことに重大な問題であるというふうに私は考えるわけでございます。……ところが、都立大学におきまして、評議会において、大学の現状から、出願中の自衛官の受験を認めないという決定をした。これは私は憲法の精神に反するというふうに思います。私のほうで同大学に対しまして照会をし、調査をいたしましたところ、一応評議会でそういう決定をしたが、自衛官個々についてお願いをしたところ、了承を得たので、それによって入学試験を受けられないような状態になったのだという、言うならば、あいまいなと申しますか、直接われわれの調査に対しまして、そのこと自体に触れないような言い方をしておりますけれども、私といたしましては、評議会でそういうことを決定したこと自体が問題であろうというふうに思います。」

316　義務教育における教育権の所在

【要旨】教育の機会均等と水準の維持向上の任務より、国は教育内容にも関与し、したがって教育権は国にある。

昭四六（一九七一）・二・九（六五回　衆・決算）

【議論の背景】前年、教科書検定をめぐって、教育権が国民にあるか国にあるかが争われた、いわゆる家永訴訟で東京地裁の杉本判決が出されている。

【答弁】

○鳥居一雄議員　義務教育における教育権の所在についてどう考えるか。

○諸沢正道文部省初等中等教育局審議官　「この点につきましては、昨年の七月に東京地裁から出されましたいわゆる教科書裁判の杉本判決の中に論議されておるところでありまして、この判決によりますと、およそ子供を教育する権利と責務は親にあるのだ、そして教師はこの親の信託を受けて教育に携わるのだ、そのことは、直接国が教育の内容に立ち入ることを基本的に認めるものではないのだ、こういうことが判決の要旨でございます。これをとらえまして、教育権は親にあって国にはないのだ、こういうような理論もあるわけでございますが、私どもが考えまするに、この解釈のよって来たるところの憲法二十六条……の条項は、まさに、国が次代を背負う国民の教育に対して責任を負うべきことを規定したものであると考えまするので、したがいまして、国は、学校教育において単に施設整備の仕事を持つのみならず、進んで教育内容についても、その基準を定め、教育の内容がどうあるべきかということについても目安をつける責任があるのだ、こういうふうに考えておるわけでございます。

したがいまして、そのようなものを教育権と考えまするならば、われわれは、国に教育権があり、むしろ積極的に教育の内容についても、これが教育の機会均等と水準の維持向上をはかる上に必要な任務を果たすべく、教育内容についても当然関与するものである、かように考えておるわけでございます。」

317　義務教育無償規定と教科書無償給与制

〖要旨〗　教科書無償給与制度は、義務教育無償規定の精神を広く、授業料不徴収をこえて実現するものである。

昭五五（一九八〇）・一〇・二三〔九三回　参・文教〕

【参照条文】　義務教育諸学校の教科用図書の無償措置に関する法律

【議論の背景】　歳出節減のため、教科書無償給与制の廃止を要求する動きが、大蔵省の審議会に見られたことから、教科書の無償給与制度が憲法の義務教育無償規定の意味に含まれるかどうかが問題となった。

【答弁】

○柏原ヤス議員　憲法の義務教育無償規定と教育基本法の授業料不徴収規定との関係をどう考えるか。

○三角哲生文部省初等中等教育局長　「憲法二十六条に定めておりますのは、『義務教育は、これを無償とする。』となっておりますが、そして御指摘の教育基本法の方では、その義務教育について、『国又は地方公共団体の設置する学校における義務教育については、授業料は、これを徴収しない。』ということになっておりまして、これらの法令の規定に関する限りは、この『無償』というのは授業料について言うておるということでございまして、そしてまた、これは三権の別の機関でございますが、最高裁判所の判例でも授業料を徴収しないという意味に憲法の『無償』の意義を解するというような判例があるわけでございます。しかしながら、私どもがこの国会の議決を経まして法律をつくっていただきまして、現在義務教育教科書無償給与制度を実施してきておるわけでございますが、これはただいま申し上げましたような憲法あるいは教育基本法に掲げております義務教育無償の精神を、これをより広く実現しようという、そういう考え方に立ってやってまいってきたと、こういうことでございます。」

○柏原　大臣も同じ意見か。

○田中龍夫文部大臣　「憲法の精神を局限的に解釈するか演繹的に解釈するかという問題で、私どもはあくまでも憲法の精神というものを広く解釈して今日までまいっております。」

318　海外子女の教育を受ける権利

〖要旨〗　海外子女に対する教育的配慮は政策としては必要だが、憲法二六条が直接適用されるわけではない。

昭五九（一九八四）・三・一〔一〇一回　衆・内閣〕

【議論の背景】　国際化の進展にともない、海外の日本人子女の教育保障が課題となるなかで、教育を受ける権利の憲法規定が海外においても適用されるかが問題となった。

【答弁】

○鈴切康雄議員　憲法第二十六条の規定は、海外子女に対してどのような適用がなされると考えるか。

○大出峻郎内閣法制局第三部長　「二十六条の規定はやはり外国の土地においては適用がないというふうに考えるべきではないかと思います。

　ただ、前にも真田元法制局長官が答弁したことがございますけれども、憲法第二十六条の教育を受ける権利あるいは教育を受けさせる義務、そういうことについての規定の精神は大いに生かされるべきであるというふうな答弁をいたしておりますが、法律的にはそういう関係にあるというふうに理解をいたしております。」

○鈴切　教育の権利と義務は決して政策的なものではないのではないか。

○大出　「我が国が子供たちに対して教育を行うということにつきましては、大きく言いますと我が国の統治権の作用の一つだというふうに考えられるわけであります。そういう観点に立って考えますと、例えば我が国が直接外国において学校をつくるというようなことになりますと、その国の主権との関係でいろいろな問題が生ずる余地があるというようなことであろうかと思います。そういう意味合いにおきまして、やはり二十六条の規定の適用関係というのは属地的なものとして理解されるべきではないかということであろうかと思います。ただ、先ほど申し上げましたように、二十六条のもたらすところの憲法の精神というものは、大いに生かされてしかるべきであるというふうに理解をいたしております。」

○鈴切　差別があってもいいということか。

○大出　「憲法第二十六条の規定が外国の地において直接適用があるかどうかという法律論的な観点から申し上げますと、先ほども申し上げましたようにそれぞれの国の統治権との関係もございますので、二十六条の規定が直接適用されるというふうには言えないのではないかということでございます。

　ただ、先ほど来申し上げておりますように、憲法第二十六条で規定しております教育を受ける権利というものは大いに尊重をしていくべきであるわけでありますから、そういう意味合いにおきまして、それに教育を受けさせるような措置を国の政策としてとっていくということは、これは憲法の精神に沿うものであるというふうに理解をいたしておるわけであります。」

第二七条（勤労の権利・義務、勤労条件の基準、児童酷使の禁止）

319　勤労の権利と定年制

〔要旨〕　定年制は一つの組織における雇用関係を断つにとどまり、他の労働機会を否定しないから、二七条に違反しない。

昭四四（一九六九）・五・六（六一回　衆・地方行政）

【参照条文】　地公二八の二Ⅰ

【議論の背景】　地方公務員法を改正して定年制を導入することが、勤労の権利を保障した憲法二七条に反しないかどうかが問題となった。

【答弁】

○塩川正十郎議員　定年制は勤労の自由の制限ではないか。

○砂田重民自治政務次官　「憲法二十七条との関係のお尋ねでございますが、憲法におきます勤労の権利は、各種の勤労獲得の機会を具体的にすべての国民に保障するという意味ではございませんで、勤労に関する国民の基本的人権、これが侵されないという意味を持つものでございます。定年制は、一つの組織におきまして、一定の年齢に達した場合には、その組織での雇用関係を断つことを定めるにとどまるものであります。決して他の労働の機会を否定するものではありません。憲法第二十七条にそういう意味合いから触れるものとは考えておりません。民間におきます多くの企業において、すでに定年制が設けられておりますが、公務員についても、検察庁法、教育公務員特例法、自衛隊法、会計検査院法等におきましても、現に憲法に何らの規定がないにもかかわりませず、法律のみに基づきまして定年が定められているのでございます。このような観点からも、今回地方公務員につきまして定年制を設け得る道を開くことは、決して憲法二十七条に触れるとは私どもは考えておりません。」

320　勤労の権利の性格

〔要旨〕　勤労の権利は、自由権というよりも、経済権的性格のものであり、社会権と考えられる。

昭四四（一九六九）・五・一五（六一回　衆・地方行政）

【議論の背景】　一九六〇年代後半以降、雇用保障関係立法の本

格的展開時期を迎え、その法的な根拠となるべき、憲法二七条が保障する勤労の権利の意味・内容に改めて関心が向けられた。

【答弁】

○門司亮議員　勤労の権利はいかなる権利に所属するか。

○高辻正巳内閣法制局長官　「この権利の性格として金森国務大臣が答弁された大体の傾向でございますが、それは、どちらかといえば、自由権的権利の性格を持つかのような御答弁がございました。当時私は法制局自体におったわけではございませんので、詳しいことを申し上げるわけにまいりませんが、法制局部内でも実は当時から、この権利の性格は一体何であるかという議論があったようでございまして、いわゆる社会権であるとか、あるいは自由権であるとか、いろいろ議論があったようでございますが、表にあらわれたところでは、金森国務大臣はこれを自由権として言っておられたようでございます。しかし、ちょっと先ほど触れましたが、委員長の報告では、いままでの金森さんの答弁にかかわらず、その性格を社会権的意味にとって説明をされているというところが一つございますし、それから現在私どもは一体どう考えているかということになりますと、これは金森答弁がございましたけれども、やはり社会権というふうに考えております。」

「私どもの一応の見解はどうかといえば、ただいまあらためて申し上げておりますように、これを自由権というような性格のものであるというよりも経済権的性格のものである。言いかえれば『国民は勤労の権利を有するというのは、国家は勤労を欲する者には職を与えるべく、それができないときは失業保険その他適当な失業対策を講ずる義務があるとするものであって、国家は国民一般に対して概括的にそのような責務を負担し、これを国政上の任務としたのである』、いまこれは判決の中のものを読んでおるわけですが、説明のしぶりはいろいろありましょうとも、法律的にはそのようなものであろうということをはっきり申し上げて、それが統一的な考え方である。」

昭四九（一九七四）・三・一六（七二回　参・予算）

第二八条（勤労者の団結権）

321　公務員の労働基本権の制約

【要旨】　公務員の労働基本権も、公共の利益の見地からする制約を免れない。

【参照条文】　国公九八II・一〇八の二V　地公三七I・五二V

【議論の背景】 公務・公共部門の労働基本権の問題は重要な憲法問題となっており、昭和四一（一九六六）年の全逓中郵事件最高裁判決は、公務員の労働基本権を原則的に保障すべきだとしたが、昭和四八（一九七三）年の全農林警職法事件では、禁止を合憲とした。

【答弁】

○山崎昇議員　公務員も二十八条の勤労者なんだから当然権利を与えるべきではないか。

○吉国一郎内閣法制局長官　「二十二条第一項と二十九条二項、この二つについては『公共の福祉』という文字があるからこれは制限できると。それ以外のものは制限できないという学説が一部にあることはございます。

しかしながら、先ほど御指摘になった憲法第十二条のほかに、憲法第十三条という規定がございます。十三条では基本的人権は公共の福祉に反しない限り、国政の上で最大の尊重をすることを必要とするという趣旨でございます。それで、その十二条と十三条の規定によって、基本的人権が憲法で保障されておりますけれども、公共の福祉の見地から最小限度の制約に服するということは、もうほとんど大かたの学者の認めるところでございます。また、最高裁判決も、十三条から公共の福祉によって基本的人権が一定の制約を受けることがあるということは、最高裁の大法廷の判決も認めておることを申し上げておきます。

……先ほどちょっと申し上げました昭和四十八年四月二十五日最高裁の大法廷の判決を部分的に引用しながら申し上げますが、『憲法二十八条の労働基本権の保障は公務員に対しても及ぶものと解すべきである。』、これはもちろんそうでございます。『ただ、この労働基本権は、……勤労者の経済的地位の向上のための手段として認められたものであって、それ自体が目的とされる絶対的なものではないから、おのずから勤労者を含めた国民全体の共同利益の見地からする制約を免れないものであり、このことは、憲法十三条の規定の趣旨に徴しても疑いのないところである。』、こう申しております。その点を先ほど私が引用いたしまして、公務員の労働基本権についても、公共の利益の見地からする制約を免れないと申したのでございます。」

322　公務員の争議行為禁止と人事院勧告

【要旨】　政府は、人事院勧告の尊重義務を負うが、最大限努力すれば、完全実施しなくても違憲とはならない。

昭五七（一九八二）・一二・一六〔九七回　衆・予算〕

【参照条文】　国公九八II・三II　地公三七I・八I②

【議論の背景】　人事院勧告の制度発足以来初めて、昭和五七（一九八二）年、給与引き上げ勧告の完全凍結が決定され、公務員の争議行為禁止の代償措置として人事院が設けられたこととのかかわりで、完全凍結が許されるかが、憲法に照らして問題とされた。

【答弁】

○大出俊議員　政府の旧来の見解が正しいのならば、人事院勧告は完全実施されなければならないのではないか。

○中曽根康弘内閣総理大臣「国家公務員法の解釈におきましては、政府は尊重義務を持っておりますし、また労働権に関する代償措置で人事院制度というものが設けられておると考えております。しかし、政府は精いっぱいの努力をいたしまして、それでも諸般の情勢から見て困難であり不可能であるという場合には、部分的に実施したり、あるいは政府の裁量によりまして最善と思われる処置を行うことは認められている、そのように考えておる次第でございます。」

○大出　最高裁判決によっても、全く受け入れないのは憲法違反ではないか。

○角田礼次郎内閣法制局長官　「全体として多数意見は、人勧制度の運用についてどの程度までやれば憲法違反になるかならないかということについては直接触れておりません。そこで、私どもは最高裁判決の趣旨をそんたくいたしまして、かつ憲法の趣旨というものを考えた上で最大限の努力をしなければならない。そういう最大限の努力をした場合には憲法違反のそしりを免れるだろう、こういうことを言っておるわけであります。その努力というのは、単に人事院勧告をどの程度実施をしたかという、いわば量的な問題とも無論関係はありますが、しかし、仮に一部の不実施であっても、非常に努力をしないですぐ不実施をするというのは、やはり憲法の趣旨に反する。しかし、完全不実施であっても、そこに至るまでの間の非常な努力が積み重ねられておれば、それは憲法違反ではないだろう。必ずしも結果というか、そういうものではなくて、努力のいかんと相対的な関係もあるという意味において、私は、それぞれの事態において最大限の努力をしなければいけない、そういうことを申し上げているわけであります。」

323　国鉄改革法案の合憲性

【要旨】　新会社の職員の選別方式は、団結権否認の不当労働行為に当たらず、違憲の疑いはない。

昭六一（一九八六）・九・二五（一〇七回　衆・本会議）

【議論の背景】　巨額の財政赤字からの国鉄再建をかかげた、国鉄改革法案がこの年成立し、分割・民営化が行われたが、新会社への採用において組合所属による差別が歴然としていたことから、団結権の否定ではないかが問われた。

【答弁】

○戸田菊雄議員　政府の国鉄改革法案は、憲法にある団結権否認の不当労働行為であり、違憲の疑いありと思うがどうか。

○中曽根康弘内閣総理大臣　「職員の選別方式の問題でございますが、国鉄が置かれている危機的状況を解消して鉄道事業を再生させるためには、新会社がみずからの経営方針を定めまして、そして人員も採用する、そういう自主性を認めることがどうしても必要であります。そのために新会社がその職員を新たに採用する方式をとることといたしたものでありまして、憲法に違反するものではございません。」

○橋本龍太郎運輸大臣　「新事業体の発足に当たりまして、その新事業体をどのような職員で構成するか、また、その労働条件をどうするか等につきましては、当初から新事業体の経営方針を反映することができるようにしておくことが必要不可欠であると私どもは考えております。そこで、設立委員等による採用形式をとることとしたものでありまして、指名解雇ではないと考えております。また残る職員につきまして、清算事業団において雇用機会の確保、再就職のための訓練、援助等の各種の対策を講じ、三年以内に計画的に全員の再就職を図るように努力をしているところでございまして、このような手続につきまして不当労働行為あるいは違憲の疑いは全くないものと考えております。」

324　スト規制法の合憲性

〔要旨〕　基本的人権は公共の福祉による制約を受けるから、スト規制法による争議行為の方法の規制も違憲ではない。

昭三一（一九五六）・一一・一七〔二五回　衆・本会議〕

【参照条文】　スト規制二・三

【議論の背景】　電産の停電ストや炭労の長期ストに対する対抗措置として、昭和二八（一九五三）年に時限立法として立法化された、スト規制法を恒久法とする法案が、昭和三一（一九五六）年に国会提出され、団体行動権制約の合憲性が問題となった。

【答弁】

○水谷長三郎議員　スト規制法延長の案件は憲法違反ではないか。

○倉石忠雄労働大臣　「電気産業と石炭鉱業の二つの労働組合が争議行為をおやりになる場合に、スイッチを切ったり、ウォーク・アウトといって歩いていってしまうことは非常に危険であるし、スイッチを切ってしまうということは、相手方の経営者に対する労働組合の威嚇だけではなくして、逆にたくさんの消費者の人たちが迷惑を受けることであるから、これは公共の福祉に反することであるから、さような争議行為はしないようにという、また、御承知のように、石炭鉱業も全部の争議行為を禁止しようというのではもちろんないことは御存じの通りであります。つまり、一部の、ポンプ・アップをするそのガスがたまっているやつをガスを排出する、水がたまっているやつを水を排出するということのポンプの位置にいる保安要員というものが、その事務を怠って、どこかに行ってしまえば、水がたまって何百人という炭坑労務者が死ぬかもしれない、ガス爆発をして大事な国家の財産が滅失するかもしれない、こういうことはやるべきでないという。従って、憲法の二十八条に許されておる団結権、団体交渉権及び団体行動権といえども、憲法十二条、十三条が優先いたしておる。いかなる国民の自由権といえども、基本的人権といえども、これは公共の福祉のためには制限を受けるのは、各国の立法例は皆さん御承知のように、当然のことであります。従って、私どもは、憲法違反という御議論には同調いたしかねるのでありまして、さような国民大衆の迷惑をあえて顧みないで、労働者だけに野放図なる自由権を認めなければならないという憲法解釈であるならば、遺憾ながら、われわれは同調いたすことはできないのであります。」

325　憲法の争議権保障と政治スト

【要旨】　政治的主張を貫徹する手段として争議行為を行うことは、憲法の保障の範囲外である。

昭四九（一九七四）・三・二六〔七二回　衆・社労〕

【議論の背景】　この時期、インフレから国民を守る国民春闘をかかげて、大幅賃上げのほかスト権奪還、年金のスライド制など制度・政策面での要求が打ち出され、政府や国会に向けた要求をかかげたストライキの正当性が問われた。

【答弁】

○山本政弘議員　なぜ政治的ストなのか。

○道正邦彦労働省労政局長　「二十八条で認めておりますスト権というのは、使用者対被使用者との関係に立つものの間において、経済上の弱者である勤労者のための団結権ないし団体行動権を保障したものにほかならないというのが、一貫した最高裁の判例でございます。したがいまして、たとえば弱者に対するインフレ手当の要求を使用者にいたしましても、これはそれを受けた使用者はいかんともしがたいわけでございまして、憲法二十八条の保障する範囲のワク外だというふうにいわざるを得ないように思うわけでございます。」

○山本　インフレ手当をよこせということは経済的要求ではないか。

○道正　「労働組合が、一般の国民に認められているような形におきまして政治的な活動をすることを、いい悪いと言っているわけじゃないわけでございます。したがって、組合の方々がそういう弱者の方々の生活の問題について関心を持たれることを、それについて政治的に発言されることを一がいにすべていかぬというふうに言っているわけじゃないわけでございます。ただ、それを貫徹する手段として、憲法二十八条に保障された争議行為を行なうということは、これはやはり憲法の保障する範囲外のことではないかということを、るる申し上げているわけでございます。」

326　三公社五現業職員の争議行為禁止の合憲性

〔要旨〕　三公社五現業においては、業務の公共性および職員の地位の特殊性から、争議行為の禁止は合憲である。

昭三九（一九六四）・四・一〇〔四六回　衆・本会議〕

【参照条文】　公労一七（現在は国企独行労一七）

【議論の背景】　公共企業体等労働関係法（公労法）による三公社五現業職員の争議行為禁止は、公務員のそれとならんで、戦後の労働運動史上の重要争点であり、重要な憲法問題を形成した。

【答弁】

○多賀谷真稔議員　公企体の労働者のストライキ禁止には根拠がないのではないか。労働者の諸権利を保障するという高度の憲法を持つわが国において、四十年前の労働争議調停法より後退している公労法十七条の存在は、断じて容認できない。

○大橋武夫労働大臣　「現行公労法は、公共企業体などの持っております高度の公共性にかんがみまして、すなわち、ＩＬＯの第五十四次報告に申しておりますところの、その業務の中断が公共の困難を惹起するがゆえに真に必要不可欠な企業であるという、この点からストライキを禁止いたしておるものでございまして、これは憲法に違反していないことはしばしば申されておるとおりであります。しかして、わが国におきましては、公労法の適用を受ける三公社五現業以外にも数多くの公社、公庫、公団、事業団などの公有企業が存在いたし、これらの公有企業も公共の福祉と密接な関係を持つものではありますが、民間企業と同様にストライキは禁止していないのであります。すなわち、わが国においては、公共性を有する公有企業のうちで、特に高度の公共性を有する三公社五現業についてのみ公労法においてストライキを禁止いたしておるものでございまして、その業務の中断が公共の困難を惹起するがゆえに真に必要不可欠の企業と、そうでない企業を法律上区別して取り扱っている《ママ》ものではないのでありますから、五十四次報告に述べられております結社の自由委員会の見解は、わが国においては直ちに当てはまらないものと考えておると御承知をいただきたいのであります。……

　現行法におきましては、公衆事業に従事する労働者は一般に争議権を有しておりますが、ただ三公社五現業の職員については、これらの職員が、憲法十五条にいう国民全体の奉仕者である国家公務員ないし国家公務員ではないが、なお法令により公務に従事するものとみなされるものであります。いずれも高度の公共性を有する事業に従事するものでございますから、これらの職員の地位の特殊性及び従事する業務の公共性からして争議行為が禁止されておるのでございまして、その合憲性は、つとに最高裁の判例によっても明らかなのでございます。これらの法制が、戦前の労働争議調停法に劣るというようなことは、私は考えられないと思うのでございます。」

第二九条（財産権）

327　政治資金の規正と財産権

【要旨】　政治資金の規正は特定の者の多額な寄付によって政治勢力が影響を受けることを防止する趣旨のものである。

　昭四二（一九六七）・七・一九　〔五五回　衆・選挙特別〕

【参照条文】　政資二一の三・二二

【議論の背景】　政治資金の規正の強化として政治資金の量的な制限の導入等を内容とする政治資金規正法及び公職選挙法改正法案が提出され、政治資金の寄付の制限が財産権の不当な制限とならないかが議論となった。

【答弁】

○**藤尾正行議員**　寄付された金により損傷される国民大多数の利益が一方の少数の利益と比べて大きいという証明がなされずに、寄付された金が正しく使われることが公共の福祉に貢献するのだというのは、根本的に違ってくるのではないか。

〇**藤枝泉介自治大臣**　「財産権の処分というものは、本来憲法に保障されたように自由に処分さるべきものであろうと思います。ただ、憲法第二十九条の第二項によりまして、その財産権というものを公共の福祉に合うように使わなければならないということでございます。それで、……特定の者があまりに多額な金を寄付することによって政治勢力に悪影響をもたらす、そして国民一般の福祉よりもその特定の者の何らかの利益に奉仕されるような政治が行なわれてはならぬ、こういうことでそこの限界を示したのが今回の制限であるというふうに考えておりまして、もちろんそれは、そのすべての政治献金がそうなるとは言っておるわけではございませんで、……おそれがある、その特定の者があまりに多額な寄付をしたことによって政治勢力が影響を受け、国民大衆の利益よりもその特定の者の利益になるような政治が行なわれるおそれのあることはやはり避けなければならないのではないか、そういう趣旨におきましてこの制限を考えておる。」

328　特許出願の早期公開制度と財産権

『**要旨**』　特許出願の早期公開制度は審査の遅延等による弊害を除去するためのもので、公共の福祉に適合するものである。

昭四四（一九六九）・七・一七〔六一回　参・商工〕

【**参照条文**】　特許六四

【**議論の背景**】　特許等の出願の激増により審査の遅延等の問題を生じているため出願の早期公開制度などの導入を図る特許法等改正法案が提出され、早期公開制度が財産権を不当に侵害するものかどうかが議論となった。

【**答弁**】

〇**竹田現照議員**　憲法違反でない理由について、政府の統一見解なるものをここではっきり読み上げて、会議録に残していただきたい。

〇**荒玉義人特許庁長官**　「早期公開制度が憲法違反でないとわれわれ考えておりますが、その理由は次のとおりでございます。

特許制度は発明を保護するとともに他方発明を公開することによりましてそれを社会一般の知識とし、それを土台としてより以上の研究開発を可能にしようとするものでございます。したがって出願された発明が公開されるということは当然予想されているということができます。現行法の出願公告はこのような考え方を基礎としており、今度採用しようとしております早期公開制度も同様でございまして、早期公開が出願人の意思に反して強制的に行なわれるものであるから憲法違反であるという意見はあたらないと存じます。

発明者は特許権が確立する前でありましても自分の発明につきまして財産的利益を持っております。早期公開制度をとることによりまして、この財産的利益に影響を与えることになるからそれについては公共の福祉という観点から必要性があるかどうか、また出願人に対して適正な保護が与えられているかどうかということが憲法第二十九条との関連において考慮されなければならないと思います。

特許制度の現状は審査の遅延のため出願された発明の公開がおくれ、重複研究、重複投資、重複出願が行なわれる等国民経済的に見て大きな損失となっているとともに発明者にとりましても特許権の設定がおくれる等の不利益を招来しております。早期公開制度は審査請求制度と相まってこのような弊害を除去するためのものであり、まさに公共の福祉に適合するものでございます。

公開された発明の出願人に対する保護といたしましては、その発明の実施者に対する補償金請求権を認めることにしておりますが、これはわが国の特許制度が審査主義を採用しており、審査の段階に応じて保護を与えていること、第三者の利益とのバランスを考えなければならないこと等を勘案して定めたものであり、適正妥当なものでございます。

したがいまして早期公開制度は憲法違反になるおそれはないと考えております。」

329　憲法二九条三項の「公共のため」の意味

【要旨】　合理的に公共のために用いることが説明できる限り土地、物件等の収用を認める規定を設けることができる。

昭四八（一九七三）・二・一〔七一回　衆・予算〕

【参照条文】　新住宅市街地開発法　新都基盤

【議論の背景】　土地の投機的な取引が社会問題化し、内閣総理大臣が施政方針演説の中で「憲法が認める範囲内で、最大限に公益優先の原則を確立し」と述べたことから、憲法二九条三項の「公共のため」の解釈が問題とされた。

【答弁】

○宮沢喜一議員　憲法第二十九条にいっております「公共のため」ということは、たとえばその土地収用法の対象になる非常に具体的な一つ一つの計画、一つ一つの具体的な用途が定められている場合に限られなければならないのか。あるいは多少包括的な、収用法にきめてあるほど具体的な場合でなくとも、公共の用途というふうに考え、それは現行憲法の許容し得る限界だと、こう考えてよろしいのか。

○吉国一郎内閣法制局長官　「憲法第二十九条第三項……の規定が、道路でございますとか、公園でございますとか、その他の個別、具体的な施設の整備のために、土地であるとか、その他物件等を収用することができるということを定めていることは、これはもう申すまでもないことでございますが、そのほかの場合でも、たとえば新住宅市街地開発法という法律がございますが、その場合のように、新しい市街地を整備するというように、各般の施設を含みました総合的な町づくりというようなものをいたしますために土地、物件等を収用するという場合には、その事業の内容につきまして具体的などういう計画があるか。たとえば、どういう公共施設をどこにつくる、宅地をどこにつくる、あるいは従来の土地をどういうふうに交換分合するというような具体的な計画が合理的に定められておるというような一定の要件を備えております限りは、土地、物件等の収用を認めているというふうに解することはできると思います。

そのほかにも、昨年通常国会で成立をいたしました新都市基盤整備法も同じような手法を用いていると思います。すべては公共のために用いるということが、合理的に公共のために用いるのだということが説明できる限りは、そういう法律を制定することができるものだろうと思います。最後は具体的な内容の問題に相なると思います。」

330　終戦時に接収された在外財産と補償

【要旨】　終戦時に接収された在外財産の問題は憲法二九条三項の場合には該当しない。

昭五〇（一九七五）・二・二六〔七五回　衆・予算二分科〕

【参照条文】　平和条約一四

【議論の背景】　日中国交正常化が実現したのを契機として、終戦時に接収された在外財産について補償を求める声が一部に上がり、その補償の要否や平和条約による請求権の放棄との関係などが議論となった。

【答弁】

○小沢貞孝議員　外国から引き揚げてきた人にとっては、平和条約が結ばれて、法律的にその資産が向こうへ没収されてそのままになったのは、日本としては、その国民に対しては、簡単に言えば公共の用に供してしまったみたいなかっこうじゃないか。そうすると、公共の用に供してしまったものは憲法上当然国で補償する、こういう論理が成り立っていくのではないか。

○島村史郎総理府大臣官房管理室長　「すでに条約を締結している国につきまして、いろいろ平和条約等によって規定されているので、それは公共の用に供されたのではないかという御意見も実はございますが、この点につきましては、いま申しましたように、第三次の在外財産問題審議会におきまして種々の議論が実はなされました。憲法の第二十九条の三項によるものには該当しないということが一点でございますし、それからサンフランシスコ平和条約による規定についても、それは必ずしも賠償の義務はないというのがこの在外財産問題審議会の一応の結論でございます。」

○小沢　サンフランシスコ平和条約十四条によって放棄したといっても、国家はその人の財産を補償する、これは国としての当然の責任になってくる。こういう点が法律的には残っておるのではないか。

○松永信雄外務省条約局長　「平和条約第十四条の関係につきましては、先ほど総理府の方から御説明がありましたように、この結果、国はその在外資産を失った国民に対して補償の義務を負うものではないという立場に政府としては立っているわけでございまして、このことは最高裁の判決の中にも明確にされているところと了解しております。

ただ、その場合に、国あるいは政府が国民の財産そのものを奪い取ってしまったという考え方ではございませんで、そもそもそういう立場に政府はないわけでございますから、平和条約十四条で放棄いたしました請求権というものは、国際的な関係においてこれをとらえれば、国と国との間でこの請求権の問題を提起しない、いわば国際法上言いますところの外交保護権というものを放棄するということであると私どもは解釈しているわけでございます。したがいまして、ある国において接収その他によってなくなった財産に対して救済の措置を求めるということは、その国の国内法の問題になってくるということであろうかと考えます。」

○島村　「サンフランシスコ条約の関係につきましては、いま外務省の方の御答弁のとおりでございますが、審議会で一つの問題点になりましたのは憲法二十九条との関係でございますけれども、憲法第二十九条の関係につきましても、これは具体的に、そういう公権力を行使して財産を没収したものについて限定されるべきものであるというふうに考えておるわけでございます。したがって在外財産の問題については、憲法二十九条第三項の規定には該当しないという考え方に立っておるわけでございます。」

331　市街化調整区域における開発規制と財産権

【要旨】　市街化調整区域における開発規制は「公共のために用いる」といった本来の土地の効用を奪うものではない。

昭四三（一九六八）・四・三（五八回　衆・建設）

【参照条文】 都計旧七

【議論の背景】 市街地の無秩序な拡散による都市環境の悪化等の弊害を生じていることに対処するため新しい都市計画法案が提出され、市街化区域と市街化調整区域の区分と市街化調整区域での開発行為の規制の合憲性が議論となった。

【答弁】

○内海清議員 市街化調整区域では一定期間開発が許されない、したがって、地価が低下するかあるいは横ばいか、そういうふうになるだろうと考えるが、これに対する補償あるいは買い上げ請求権、こういうものは認められていない。しかるに、市街化区域の地主というものは開発利益を一手に受けるという形に相なり、これではかえって他の財産権とのアンバランスをつくり出すようなものだ。調整区域にあっては不当な財産権の侵害になるのではなかろうか。

○竹内藤男建設省都市局長 「憲法との関係におきましては、社会的な受忍義務と申しますか、財産権に内在する社会的な受忍義務に当たるかどうかということによって、社会的制約が妥当であるかどうかということが判断されるわけでございますが、私ども、市街化調整区域につきましては、これは永久に保全する区域と違いまして、現在のような激しいスプロール化が行なわれている間に段階的に計画的な市街化をはかっていくというためには、望ましい地域に公共投資を集めて、そして市街化調整区域のほうでは、将来の公共投資の見通しが立つまでは一定期間開発行為を押えておく、こういう制度でございますので、市街化調整区域の土地の本来の効用を奪ってしまうものではない、つまり、二十九条三項でいうような、公共のために用いるという本来の土地の効用を奪って別の目的に使うというようなな形ではないのであります。さらに、この法律におきましては、市街化調整区域指定の際に、土地を持っておりまして、うちを建てよう、あるいは何らかの営業をしようという人に対しましては、経過措置として開発を認めております。したがいまして、私どもといたしましては、市街化調整区域というものの指定は、補償なくしてこの程度の抑制は行ない得るものだ、こういうふうに考えておるわけであります。しかしながら、……市街化調整区域のほうの地価がある程度鎮静する、しかも市街化区域におきまして地価が高騰するということになりましては、やはりこの間の不均衡ということが生じてまいりますので、都市計画法自体におきましても、たとえば市街化区域の中の公共投資を優先的にするとか、あるいは宅地供給を促進するために幾つかの手段を用意しておりますけれども、……都市計画法だけでその問題が片づかないのじゃないかというような感じもいたしておりますので、この点につきましては、税制その他の補完措置と申しますか、そういうものが要るのじゃないか、こういうふうに考えておるわけでございます。」

332　急傾斜地崩壊危険区域内の行為制限と補償

〔要旨〕　急傾斜地崩壊危険区域内における行為制限は社会的に所有者が受忍すべき範囲内の制限である。

昭四四（一九六九）・四・二五〔六一回　衆・建設〕

【参照条文】　急傾斜地災害

【議論の背景】　急傾斜地の崩壊による災害の防止に関する法律案が提出され、急傾斜地崩壊危険区域内における土地所有者等の行為制限に対して補償を要するかどうかが議論となった。

【答弁】

○**金丸徳重議員**　急傾斜地というものは、平地における土地と違って、上下左右に非常にデリケートな関連性を持っておる。そういうような特殊な地帯において、一般の土地所有者と同じような制限なりあるいは受忍義務を課してよろしいかどうか、もしそれが状況上やむを得ないとするならば、何らかの方法においてこれを補償するとか、何か講じられなければならないようにも思う。

○**田中康民内閣法制局第二部長**　「一般的に私権を制限いたします場合に、補償しないで私権の制限ができるかということが疑問になるかと思いますが、私たちが従来考えておりますのは、その私権に内在する当然の制約として、法律がこういうことをしてはいけないということを書く場合には、補償は要らない。すなわち、……社会的に見て当然その程度の義務をこうむることは受忍すべき限度内であると考えられる場合には、その制限をいたしましても、補償をしなくてもよろしい、こういうように憲法の解釈上なっておりまして、これは最高裁の判例でも認められております。

ところで、この急傾斜地の崩壊による災害の防止に関する法律の急傾斜地につきまして、いまお述べになりましたような制限を課することが、それが社会的に見て通常受忍すべき範囲内であるかどうかということに相なるかと思いますが、私の見解――これは法制局の見解でございますが、この法律によります制限をすることによって受ける利益は、まさに急傾斜地の崩壊による災害から国民の生命を保護するためにいま言ったような制限を課する、これは一条の目的にも書いてございますが、そういう大きな目的でしておるということと、それから、それによってこうむります所有者の制限は、……そう非常にひどい制限を課しておるわけではなくて、相当の範囲内における制限を課しておるということとあわせ考えまして、私たちといたしましては、まさに社会的に所有者が受忍すべき範囲内の制限である、このように考えたわけであります。」

333　都市計画法・建築基準法による規制と財産権

【要旨】　都市計画法及び建築基準法による諸般の制限は憲法二九条二項の規定に基づいて定められたものである。

昭五五（一九八〇）・三・二八〔九一回　衆・建設〕

【参照条文】　都計　建基

【議論の背景】　都市における良好な市街地環境の形成・保全を図るため地区計画制度等の導入を図る都市計画法及び建築基準法改正法案が提出され、地区計画による規制と憲法二九条との関係などが議論となった。

【答弁】

○渡部行雄議員　本法案の内容を見ると、地区計画には、建築物の敷地、位置、構造、用途、形態、意匠又は建築設備に関する事項、さらに、工作物の設置、樹木の植栽、その他土地の利用に関する事項等が定められ、これに合わないものは規制を受けるということになる。そうなると当然民法第二百六条及び第二百七条のいわゆる使用、収益処分の自由あるいは土地の上下に対する権利、こういうものの一部が制限を受けることになってくるから、憲法第二十九条三のいわゆる「正当な補償」の対象となるものと思うが、本法では、この補償については何ら考えられていない。このことは法理論上おかしいのではないか。

○升本達夫建設省都市局長　「憲法二十九条一項を引用されまして、財産権の不可侵を強調されておられるわけでございますけれども、またこれに引き続きまして、憲法の条項の中で二十九条二項におきまして、『財産権の内容は、公共の福祉に適合するやうに、法律でこれを定める。』という規定が存置されておりますことは御承知のとおりでございます。私どもの理解といたしましては、この規定に基づきまして、都市計画法及び建築基準法の体系によりまして諸般の制限、土地の合理的利用を図るという目的からする諸般の制限、規制、さらに、一定の基準を満たす建築物の建築を確保するという目的による建築基準法の制限が現行法として定められているというふうに理解をいたしておるわけでございまして、今回御提案申し上げておりますこの地区計画制度も、この都市計画並びに建築基準法の規制の一連の体系のもとに組み込まれた制度として御提案を申し上げているつもりでございます。

今日、これからの社会状況に対応いたしまして、都市問題を解決いたしますために、都市計画、建築基準法法制の手当てがどこまで進むべきかということは大きな問題かと思いますけれども、私どもは、現状御提案の地区計画制度は、いわば規制の面を持つと同時に、地区内の権利者の行為を誘導するという性格もあわせ持つものでございまして、むしろ、地区権利者の皆さん方の合意によっていい町づくりを推進していこうという趣旨で考えさせていただいたつもりでございますので、そのための必要最小限の自制的な規制が伴うという考え方で立法を構成させていただいたつもりでございますので、大枠におきまして、先ほど申し上げました都市計画法、建築基準法の体系に属し、かつ憲法二十九条二項の許容される範囲というふうに理解をいたしておる次第でございます。」

334　土地の所有と利用を分離する法制度の合憲性

【要旨】　土地の所有と利用を分離し所有権は国に帰属させるということは憲法二九条一項・三項との関係で困難である。

昭六二（一九八七）・八・二八〈一〇九回　衆・決算〉

【議論の背景】　地価の高騰が社会問題化する中で、地価の高騰を抑えるためには土地の所有権と利用権を分けて考えるべきとの問題提起がなされ、それが憲法との関係で可能かどうかが議論となった。

【答弁】

○渡部行雄議員　利用権と所有権というものを分離した一つの法体系を確立すべきだと思うが、そういうことが今の憲法下でできるか。

○関守内閣法制局第一部長　「所有と利用の分離というお話が、具体的にどういう形のものになるのか、その辺がちょっとわかりませんので、的確なお答えがしにくいわけでございますけれども、その所有権は国に帰属させるんだ、それから利用権は国民が持つんだというお考えだといたしますと、……現に土地の所有権というものは各人が持っておるわけでございます。したがいまして、それを国に帰属させる、国が所有権を取り上げるということになりますと、御承知のようにもともと憲法二十九条三項で『私有財産は、正当な補償の下に、これを公共のために用ひることができる。』というふうに書いておりまして、その前提といたしましては『財産権は、これを侵してはならない。』という二十九条の一項の規定がございます。

　したがいまして、どういう方法でそれを国に帰属させるかという問題もございますし、この規定では公共のために用いるという一つの具体的な目的あるいはそれに従った計画と申しますか、そういうものがありまして、その必要性あるいは合理性があるかどうかということを判断した上でこれを国のために用いる、公共のために用いるということになるかと思います。

　ただ、一般的かつ包括的に、そういうことがなくて土地の所有権は国に召し上げるんだというようなことでございますと、これは憲法二十九条一項あるいは三項の規定からしてできないのではないかというふうに考えられます。」

335　国土利用計画法による規制区域内の規制の合憲性

〔要旨〕 国土利用計画法による規制区域内の土地取引の許可制は憲法二九条二項が許容するもので、一四条にも反しない。

昭六二（一九八七）・一二・九（一一一回　参・土地問題特別）

【参照条文】 憲一四　国土利用一二～二二

【議論の背景】 国土利用計画法による規制区域の指定の準備作業を行う段階で改めて憲法との関係が議論となり、国土利用計画法による規制区域内の土地取引の規制の合憲性が問題とされた。

【答弁】

○和田教美議員　憲法十四条及び二十九条との関係について、規制区域の指定というのは完全にクリアしているのかどうか。

○味村治内閣法制局長官　「国土利用計画法に基づきます規制区域内の土地取引の許可制の合憲について考えますと……、まずその目的は、国土利用計画法第十一条に書いてございますように、土地の投機的取引と地価の高騰が国民生活に及ぼす影響を排除すること等にございまして、規制を加える合理的な理由があるというふうに考えられます。また指定対象区域の要件及びその指定の手続を定めまして、規制を要する状況にある地域を指定することにしておりまして、さらに価格面及び土地利用目的面、その両方の面から目的達成に必要な限度で許可基準を決めるというようなふうにしておりまして、規制の内容も規制の必要性に応じました合理的なものであろうかと、こういうふうに考えます。したがいまして、同法の土地取引に対する規制は憲法二十九条二項の許容する範囲内であろう、このように考えます。

次に、憲法十四条との関係でございますが、憲法十四条一項は、国民に対しまして法のもとの平等を保障した規定でございますが、この規定は、事柄の性質に即応いたしました合理的な根拠に基づきまして差異のある取り扱いをすることまでを禁止しているわけではないというふうに解されます。国土利用計画法の規制区域は、先ほど申し上げましたように、土地の投機的取引及び地価の高騰が国民生活に及ぼす影響を排除する、そういったような目的のために土地取引の規制等を行う必要のある区域としてその要件が定められているわけでございます。

したがいまして、国土利用計画法の十二条の規制区域の指定要件に合致した区域とそれ以外の区域との間では、土地所有権等の制約の面で差異が生ずるといたしましても、それは規制区域の中にあります土地が、ただいま申し上げました法律の目的を達成いたしますために取引の規制を要する状況にあるという性質上の差異に基づくものでございまして、それは合理的な差異である。したがって、そのような合理性な性質の違いに基づきまして差異のある取り扱いをするということも憲法十四条一項に違反するところではない、このように考えております。」

336　土地収用における損失補償と正当な補償

〔要旨〕　憲法二九条三項の「正当な補償」とは完全な補償、土地であれば代替地の取得に必要な価格と解釈されている。

【参照条文】　収用七一・八二

昭六三（一九八八）・二・二四（一一二回　衆・予算）

【議論の背景】　国有地の売却や土地収用の場合の補償の価格と地価公示法による公示価格との関係が問題となり、その中で憲法二九条三項の「正当な補償」の解釈について答弁がなされた。

【答弁】

○味村治内閣法制局長官　「収用価格につきましては、憲法の二十九条三項に、私有財産は正当な補償のもとに公共の用に供することができるという規定がございまして、正当な補償と申しますのは、最高裁判所の判例によりますと、完全な補償と申しますか、土地でございますればその土地と同じ程度の代替地を取得するのに必要な価格である、価値である、こういうふうに解釈されておることを、先ほどからの御議論がございましたので、申し添えておきます。」

337　土地と公共の福祉

〔要旨〕　公共の福祉と私権としての土地の取得・利用・処分が競合した場合には公共の福祉が優先されるべきである。

【参照条文】　土地基二

平元（一九八九）・一一・二九（一一六回　参・土地特別）

【議論の背景】　土地対策を総合的に推進するためのものとして土地基本法案が提出され、その中で土地についての基本理念として公共の福祉の優先が規定されたことから、それと財産権の保障との関係が議論となった。

【答弁】

○山本正和議員　財産権の問題と公共の福祉という問題の関連について、どう考えるのか。

○藤原良一国土庁土地局長　「土地は一般の財産と異なりまして、限られた貴重な資源でございますし、また経済活動にとりましても、国民生活にとりましても不可欠な基盤でございます。それと、土地の利用というのは、隣接地だけじゃなしに周辺地域の利害と非常に大きなかかわりを持っておるわけでございまして、非常に公共性の強い財だと申せると思います。

したがって、基本法の第二条におきましても、そういう土地の特性にかんがみ、『土地については、公共の福祉を優先させるものとする。』と、衆議院の修正もありまして、そういう条項になったわけでございますが、公共の福祉と私権としての土地の取得、利用、処分、そういったものが競合したり衝突するような場合には、やはり公共の福祉を優先させるという立場を貫きながら、所有者の方にも利用の側面を重視していただく、こういうことが非常に大切じゃないか。我々施策をいろいろ考えていく際にもそういう基本理念のスタンスに立って、これからいろいろな展開を図っていかなければならないのではないか、そういうふうに考えております。」

338　災害対策基本法による警戒区域の設定と補償

『要旨』　警戒区域の設定に伴って発生する不利益は受忍すべき範囲内のものであり、補償すべき特別の犠牲ではない。

平四（一九九二）・六・一七〔一二三回　参・災害対策特別雲仙・普賢岳小委〕

【参照条文】　災害基六三

【議論の背景】　雲仙・普賢岳の噴火によって、災害対策基本法六三条による警戒区域の設定がなされ、多くの住民が区域内から強制退去させられることとなったことから、それに対する補償の要否が議論となった。

【答弁】

○山田俊昭議員　今回、警戒区域と避難勧告区域の指定をされ、現在千九百四十六世帯七千六百人が住んでいる土地や家屋を奪われて避難の余儀なきに至っている。そして、今回の普賢岳は、過去恐らく日本の歴史上にも例がないような非常に長期間にわたる指定である。この異例とも言える現状に対して何らかの形で個人補償をする、法改正もしくは特別立法の意思は全くないのか。

○鹿島尚武国土庁防災局長　「災害対策基本法六十三条一項に基づきまして、警戒区域の設定によります立入制限につきましては、当該区域の住民その他の方の生命または身体の安全を確保するために住民等の意思にかかわりなく行われる、いわゆる警察規制に当たるわけでございますが、この規制は、災害が発生し、またはまさに発生しようとしている場合において、人の生命、身体に対する危険を防止するため、特に必要があると認める場合に危険な状態の続く間に限って加えられる必要最小限なものでありますし、究極的には住民等自身の利益になる権利の制限でございます。

したがいまして、これに伴って発生する不利益は受認すべき範囲のものであって、憲法第二十九条第三項の損失補償をすべき特別の犠牲ではないというふうに考えております。でありますから、警戒区域の設定によりまして生じる損失は、いわゆる仰せられますような補償の対象にはなじまないというふうに私ども考えておるところでございます。」

339 財産的な損害を受けた災害被災者に対する補償

〔要旨〕 私有財産制度の下では災害により個人が受けた損害を国民の税金で補償することには疑問がある。

平七（一九九五）・二・一（一三二回 参・予算）

【議論の背景】 阪神淡路大震災においては多くの家屋が倒壊したことから、そのような被害を受けた被災者に対し国が一定の金銭の支給をする支援を行うべきかどうかが議論となった。

【答弁】

○伊藤英成議員 被災者には金を貸す、それを低利にするとかあるいは無利子にするとかということだけじゃなくて、一部本当にこういうときはすぐ出しましょうとかいうことも検討すべきではないか。

○井出正一厚生大臣 「個人の皆さんへの補償でございますが、……私有財産制度のもとでは、個人の財産を自由かつ排他的に処分し得るかわりに、個人の財産は個人の責任のもとに維持することが原則でございまして、災害対策におきましても、国としては各種公共施設の災害復旧に努めることが第一でございまして、個人の皆さんの受けられた損害を、国民の税金でそれを補償するところまで踏み込んでいいかどうかは大変私は疑問に思うところであります。」

340 駐留軍用地特措法の暫定使用制度の合憲性

〔要旨〕 駐留軍用地特措法の改正による暫定使用制度は憲法二九条三項との関係でも問題はない。

平九（一九九七）・四・七（一四〇回 衆・安全保障土地特別）

【参照条文】 土地使用特措（駐留軍用地特措法）

【議論の背景】 駐留軍用地特措法の規定により使用されている土地等を引き続き使用できるようにするための同法の改正法案が提出され、暫定使用制度の是非と合憲性が議論となった。

【答弁】

○大森政輔内閣法制局長官 「憲法二十九条との関係でございますが、……二十九条三項は、……財産権は公共のために正当な補償のもとで用いることができるというふうに規定しているわけでございます。

そこで、今回の暫定使用制度は、これを憲法二十九条第三項との関係で検証してみますと、要するに要件は二つございます。正当な補償のもとで公共のために用いることができる、したがって、正当な補償を確保されるか、公共のためであるかという二つの要件の検証が必要なわけでございます。

まず、公共のために用いるという要件を満たしていることは、これは要するに、日米安保条約に基づく米軍の駐留は我が国の生存と安全に寄与するためである、したがって我が国の国益を確保するという高度の公共性を有している、こういうことで十分であろうと思いますし、また具体的な土地との関係につきましては、内閣総理大臣が引き続き駐留軍の用に供する必要があり、かつ、それが適正かつ合理的であると個々具体的に認定した土地等を対象として暫定使用制度が立っているということから、この公共のためという要件を満たしていることは明々白々でございます。

次に、正当な補償のもとにという要件につきましては、やはり今回の暫定制度のもとにおきまして、損失の補償のための担保をあらかじめ提供しなければならないこととし、土地所有者等はその請求により損失補償の内払いとしてその担保を取得することができ、しかも、暫定使用による実際の損失については、最終的には、適正な補償について判断することをその任務とする収用委員会が採決することにしているわけでございまして、以上、二つの検討からいたしまして、二十九条三項、これにつきましては何ら問題がない。」

341　日本鉄道共済移換金に係るＪＲ負担と財産権

【要旨】　日本鉄道共済移換金に係るＪＲの負担は公共の福祉の実現のため合理的な範囲内のもので、特別の犠牲でもない。

平一一（一九九九）・三・二（一四四回　衆・本会議録追録）

【参照条文】　債務等処理法

【議論の背景】　国鉄清算事業団の債務の抜本処理において国鉄改革時にＪＲの社員となった者に係る改革前組合期間を計算基礎として算定した一定額をＪＲが負担させられることが、財産権の侵害とならないかどうかが議論となった。

【答弁】

○坂上富男議員提出旧国鉄債務のＪＲ各社強制負担問題に関する質問主意書

「四　政府は、『負担を……ＪＲに求めることは……公共の福祉の実現のために合理的な範囲内のものであり、憲法第二十九条第一項の財産権の侵害に当たらないものと考える』と憲法第二十九条第二項を根拠にJRの追加負担を正当化しているが、一般国民の負担を減少させるため特定の民間企業に事業団の債務（すなわち実質的に国の債務）を負担させるという事は、憲法第二十九条第二項により認め得る財産権の制約とは言えないし、しかもこれに対する補償を行わないと言うのは明らかに憲法第二十九条第三項に反するものなのである。……本件は、憲法第二十九条各項いずれにも、違反する憲法違反と思料されるが如何。」

○答弁書（平成一一年（一九九九）一月一九日提出）

「四及び五について

3　……この事業団の負担分のうち国鉄改革時にJRの社員となった者に係る改革前組合員期間を計算の基礎として算定される額の二分の一については債務等処理法の規定によりJRが負担することとされたが、当該措置は、関係者の負担の公平を確保し、将来にわたる一般国民の負担の軽減を図ること及びJRの社員に係る年金給付の原資を確保し、社会保障制度の重要な一環である公的年金制度の適正かつ円滑な運営を期することという公共の福祉の実現を目的とするものであり、次のような理由からこのような公共の福祉の実現のために合理的な範囲内のものであり、憲法第二十九条第一項及び第二項の規定との関係で問題が生じることはないものと考える。

㈠　日本鉄道共済組合の移換金に係る事業団の負担分のうち国鉄改革時にJRの社員となった者に係る改革前組合員期間を計算の基礎として算定される額については、これらの者の退職後に、改革後組合員期間のみならず改革前組合員期間も計算の基礎とする年金給付の原資となるものであることから、当該額の負担は年給付というこれらの者の福利厚生のために必要なものであるということができ、ひいてはこれらの者の雇用主であるJRにとっても経営上有益なものであること。

㈡　仮に当該額をJRが一切負担しないこととすると、当該額について最終的には一般国民に対して負担を求めることとならざるを得ないが、㈠で述べたとおりJRの社員ひいてはこれらの社員の雇用主であるJRにとって有益なものと考えられる当該額の負担については、一般国民にすべて負担を求めるよりも、関係事業主として利害関係を有するJRも負担することがより適切であると考えられること。

㈢　厚生年金保険への統合前においては、JRが関係事業主として事業主負担をしていた日本鉄道共済組合の給付財源の不足について他の被用者年金制度から支援が行われており、厚生年金保険への統合後も、統合前の期間に係る給付財源の不足について他の被用者年金制度からの支援が継続されることが予定されているが、債務等処理法において定められたＪＲの負担の額は、これらの支援により関係事業主としてＪＲが受ける利益と比較して少額の範囲にとどまるものであり、この点において過重な負担とはいえないこと。

憲法第二十九条第三項は、『私有財産は、正当な補償の下に、これを公共のために用ひることができる』と規定しているが、同項は、社会的に受認すべきものとされる制限の範囲を超えて特別の犠牲を課する場合には正当な補償を要することとしたものと考えられ、㈠から㈢までに述べた理由により合理的な範囲内でＪＲに負担を課することは、ＪＲが受認すべき制限の範囲を超える特別の犠牲を課するものとはいえず、同項の規定による補償を行う必要はないと考える。」

第三〇条（納税の義務）

342　憲法三〇条の規定の意味

【要旨】　憲法三〇条は、国民の納税義務とともに、租税法律主義を規定したものである。

平一一（一九九九）・三・五　〔一四五回　参・予算〕

【議論の背景】　税務調査や課税のあり方に関連して納税者の権利の問題が取り上げられ、それとの関係で憲法三〇条の規定の意味するところが問題となった。

【答弁】

○大森政輔内閣法制局長官　「お尋ねの憲法三十条、これは『国民は、法律の定めるところにより、納税の義務を負ふ。』と……規定しているわけでございますが、これは納税の義務とともに、租税の賦課徴収は国会の議決する法律によらなければならないという租税法律主義を規定したものであるというふうに理解されているところであります。

なお、憲法八十四条で財政に関する国会の権限という面から租税法律主義が同じく規定されているわけでございますが、本条は国民の納税義務という面から規定したものであると、一応こういうコメントはできようかと思います。」

○大渕絹子議員　表面的に読めばそういうことになるが、その国民が負う納税の義務と引きかえに、憲法は、基本的な人権とかあるいは最低生活を保障するというような権利を羅列しており、税金を払う義務と、それを使うことによってみずからの暮らしが保障されるという権利、そういう納税者の権利と一体のものというふうに私は読みたいのだけれども、どうか。

○大森　「憲法の基本的人権の章におきましてはいわゆる社会権として、例えば二十五条で生存権あるいは健康で文化的な最低限度の生活を営む権利、その他いろいろな権利を規定していることはおっしゃるとおりでございます。したがって、その納税の義務の履行によって納付されました租税、税金が究極的には国民の福祉のために用いられなければならないということは、確かにおっしゃるとおりでございますし、また納税者としてその使途に正当な関心を持つべきは、これは当然でございます。

ただ、あくまでやはりこの三十条に関する限りにおきましては、国民のいわゆる三大義務の一つである納税の義務を国民の義務の面から規定した規定である、そういうことであろうかと思います。」

第三一条（法定手続の保障）

343　条例で罰則を定めることと罪刑法定主義

【要旨】　罪刑法定主義でいう法律には条例も含まれ、条例で罰則を設けることを法律がある限度で委任するのは違憲ではない。

昭三九（一九六四）・二・一七〈四六回　衆・予算四分科〉

【参照条文】　自治一四III

【議論の背景】　府県で制定されている公衆に著しく迷惑をかける暴力的不良行為等防止条例の内容の合憲性が問題とされ、条例で罰則を設けることと罪刑法定主義との関係が議論となった。

【答弁】

○阪上安太郎議員　憲法三十一条の罪刑法定主義を逸脱して、しかもそれが自治体の条例によってばらばらに行なわれるという問題について、見解はどうか。

○山内一夫内閣法制局第一部長　「罪刑法定主義というものは三十一条から当然出てくる考え方であろうと思います。そのときの罪刑法定主義といわれる法というのは、国会を通過したところの法律である、これも学説は一致しているところだと思います。そこで……御質問の要点というものは、条例はいわゆる国会を通過した法律ではないのではないか、その条例が罰則をつくるということは三十一条違反の問題ではないか、それとあわせて十四条との関係を見れば、いまのぐれん隊防止に関する条例の不統一というものは非常に問題があるのではないかということだろうと思います。しかしこの罪刑法定主義といわれますところのその法律に条例が含まれるというのは、大体の学説が一致して認めておるところじゃないかと思います。原則は法律でありますけれども、条例も含まれるのではないか。ただその条例というのは、何といっても国会で成立した法律ではありませんから、それに無制限に罰則を委任するという考え方は問題があろうけれども、ある限定された科刑を委任するということは違憲ではないというのは、これは大体学説の認めるところでありますし、最高裁判所もその見解をとっていると私は思うのであります。その根拠は、いまいった基本的な地方自治という問題もありますし、ことに条例というものは住民の代表機関でありますところの地方議会を通じて制定される、地方議会というものは大体国会と同じような国民の代表者である、そういう制定機関の実態に着目しまして、条例で罰則を設けることを法律がある限度において委任するということは憲法違反ではないというのは、学説、判例で大体支持している考え方ではないか、かように思っておるわけであります。」

344　憲法三一条と財産権

【要旨】　財産を没収するということが憲法三一条の適用外ということにはならない。

昭四六（一九七一）・一一・二九〔六七回　衆・沖縄北方特別〕

【議論の背景】　沖縄における公用地等暫定使用法案が提出され、憲法一四条、二九条、三一条との関係でその合憲性が議論となり、その関係で憲法三一条の規定の意味が問題となった。

【答弁】

○二見伸明議員　憲法三十一条の「自由」という中に、財産権というものは含まれていると解すべきか、それともそれは含まれていないと解すべきか。

○高辻正巳内閣法制局長官　「『生命若しくは自由を奪はれ、又はその他の刑罰を科せられない。』この自由に入っているかどうか、あるいは『その他の刑罰』というものにも、財産権というのがありますから、そこに入っているのかどうかというようなこまかい問題になれば、いろいろ議論があると思いますが、いずれにしても財産を没収するというのが、この三十一条の適用外であるということには相ならぬということは確かだと思います。

ただし、三十一条は刑事手続における一つの保障であるというのが、明文上は一応そうなっております。ただし、これは行政手続にも適用説というのか、準用説というのか、これまた学者の間ではたいへん議論の存するところでありますが、無視してもいいという問題ではないというとはいえると思います。」

345　憲法三一条による適正手続の保障の射程

【要旨】　憲法三一条の趣旨は刑罰を科する分野だけでなく、権力的行為により人の自由を奪うなどの場合にも及ぶ。

昭五二（一九七七）・五・一八〔八〇回　衆・法務〕

【議論の背景】　国政調査と適正手続の保障の問題に関し、国政調査に関する手続法の制定の必要が提起され、それに関連して憲法三一条の趣旨とその射程が問題となった。

【答弁】

○飯田忠雄議員　憲法三十一条の法定手続の保障の内容はどういうものかということについて、ここで政府の見解を承っておきたい。

○茂串俊内閣法制局第一部長　「憲法第三十一条の規定の趣旨は、その文言から見ますと、確かに、刑罰を科するには法律で定める適正な手続によるべきであるということを定めたものであることは明らかでございますが、さらにこの規定の底を流れる憲法の法意というものを探究してみますると、確かに、単に刑罰を科するという分野だけではなくて、もう少し広い、たとえば行政上の強制その他国の権力的行為によって人の自由を奪う、あるいはその他の不利益を課するというような場合につても、これはもとより事柄の性格上、刑罰を科する場合とはおのずから合理的な差異があるにいたしましても、この規定の趣旨が押し及ぼされるものであるというふうに解するのが現在の通説でございますし、また当局としてもこのような見解を持っておるわけでございまして、単純な文言からだけ判断するのはどうかというふうにわれわれも考えております。」

346　工作物の除去等の行政処分と適正手続

【要旨】　行政処分でも憲法三一条のデュープロセスの原理を無視できないが、刑事手続とはその性格・重みが異なる。

昭五三（一九七八）・五・一二〔八四回　参・運輸〕

【参照条文】　新空港安全三Ⅷ

【議論の背景】　新東京国際空港の安全確保に関する緊急措置法案が提出され、規制区域内の禁止命令を受けた工作物を一定の場合に除去できるとした同法案三条八項の規定の合憲性が議論となった。

【答弁】

○寺田熊雄議員　昭和三十七年十一月二十八日、大法廷の判決は、「第三者の所有物を没収する場合において、その没収に関して当該所有者に対し、何ら告知、弁解、防禦の機会を与えることなく、その所有権を奪うことは、著しく不合理であって、憲法の容認しないところであるといわなければならない。」、と言い切っている。第三者、家屋の所有者の意見も聞かず、弁解も聞かず、防御の機会を全く与えることなしにそれを取り壊してしまうことが憲法三十一条に違反しないということが言い切れるか。

○真田秀夫内閣法制局長官　「御引用の最高裁判所の判例……が第三者所有の物の没収、つまり、第三者没収を行うについて以前の判例を変更いたしまして、ただいま御指摘のように、告知、弁解、防御の機会を与えないで第三者の所有物を別の被告人の刑事手続において没収することは憲法三十一条の許容するところではないという判例になったわけなんです。……

ところで……この憲法三十一条は、本来的にはやはり刑事事件についての国民の権利の保障に関する規定でございまして、三十一条ばかりでなく、三十五条あたりもそういうことでございますが、……これも実は最高裁判所はこの規定も本来的には刑事司法に関する規定であるけれども、しかし行政処分であるからと言って全然この三十五条の底に流れている精神を無視していいものではないと、やはりできるだけ尊重しなさいということを言っているわけなんです。つまり最高裁判所の判例でも、刑事事件と行政事件とではやはり重みが違うといいますか、憲法からながめている保障の中身がやはり差異があっていいんだということを、これは正面からははっきりは言っておりませんけれども、よく読めばそういう趣旨は出ているわけなんです。……したがって、私は最高裁判所の判例の趣旨を類推しまして、三十一条についても同じように行政処分があるからといってデュー・プロセスの原理を無視していいものだとは考えておりません。……ただ、行政処分の場合と司法処分の場合とでは、いま申しましたように、おのずからその性格が違う。つまり刑事事件の場合にはその当該被告人なり、あるいは第三者の没収の場合にはその第三者の何らかのやはり責任を追及するという制度なんですね。ところが行政処分の場合には行政目的のために、つまり言いかえれば公共の福祉を維持するためにやむを得ずある程度の不利益をその所有者なり関係人に課すると、それは社会の安全を保つためいわば保安的な内容のものであって、刑事事件そのものではないと、ただ精神において三十五条の底に流れる趣旨をよくくみ取りなさいと、こういう程度なんです。

そこで、どこまでその事前の手続を尽くせばいいかということになりますと、それは行政処分というのは非常に中身も多種多様でございますし、それから与える不利益の内容も千差万別であるし、またそれによって守ろうとする公益の重みも、これもいろいろ程度があるわけでございますから、そういう諸般の事情を勘案して、それでまた当該行政処分を発動するに必要な要件、事実の明白性なり、あるいは行政処分を行わなければならない緊急度なり、そういうものを緊急勘案して、その事前手続の丁重さの程度を考えればよろしいという立法裁量の働く面であるというふうに考えるわけで……ございます。」

347　監獄法上の懲罰と罪刑法定主義

【要旨】　監獄法上の懲罰は行政上の懲戒罰であり、懲罰については罪刑法定主義の適用はない。

昭五九（一九八四）・六・二七（一〇一回　参・本会議録）

【参照条文】　監五九・六〇

【議論の背景】　東京拘置所における処遇の実情から獄中懲罰と獄中医療の問題が取り上げられ、監獄法上の懲罰に対する罪刑法定主義の適用の有無が問題とされた。

【答弁】

○美濃部亮吉議員提出東京拘置所における獄中懲罰及び獄中医療に関する質問主意書

「一　獄中懲罰について

(一)　監獄内での懲罰は新たな法益剝奪であるから、罪刑法定主義の考え方の適用があり、その要件は厳格に規定されなければならないと考えられるが、この点についてどう考えているか。

仮に、罪刑法定主義の適用がないと考える場合は、その理由は何か。その場合でも、罪刑法定主義の精神はできるだけ尊重すべきと考えるがどうか。」

○答弁書（昭和五九年（一九八四）六月一九日提出）

「一について

(一)　監獄法上の懲罰は、いわゆる行政上の懲戒罰であり、刑罰とはその性質に異にするものである。したがって、懲罰については、罪刑法定主義の適用はないと考えている。

しかし、懲罰は、被収容者に一定の不利益を科する処分であるから、罪刑法定主義の精神はできる限り尊重すべきものと考える。」

348　損失補てんと罰則の構成要件の明確性

【要旨】　損失補てんに関する罰則の構成要件は、それ自体としては明確である。

平三（一九九一）・九・三〇（一二一回　参・本会議）

【参照条文】　証取四二の二

【議論の背景】　証券会社による大口法人等に対する損失補てんが問題となり、証券会社による損失保証・損失補てん等を禁止する証券取引法改正案が提出され、損失補てんの定義に絡み罰則の構成要件の明確性などが議論となった。

【答弁】

○北村哲男議員　損失補てんの定義では罰則の対象となる行為の内容が極めて抽象的であり、合法行為と違法行為の限界が不明確であり、刑罰法規としては、より具体的かつ客観的事実を構成要件とすべきである。

また、聞くところによれば、具体的な基準は日本証券業協会と証券取引所が定める自主ルールにゆだねられるとのことである。なぜ政令や省令ではなく業界団体の自主ルールにゆだねるのか、また、このような形の刑罰法規は罪刑法定主義の原則にもとると考えるが、この点について答弁を求めたい。

○橋本龍太郎大蔵大臣　「本改正案におきましては、種々多様な行為類型をすべて網羅するということは現実的にも困難でありますし、法律に規定されました行為類型の一部でも異なっていれば犯罪にならなくなってしまう、法律の抜け穴を利用した行為を容易に出現しやすくする、そうした観点から、損失保証、損失補てんの禁止規定を包括的に定めました。このような観点から、証券会社につきましては、損失を補てんするため財産上の利益の提供の申し込み、約束ないしは提供を行うことをもって損失保証、補てんと定義しており、このような構成要件はそれ自体としては明確でありますし、同様のものが他の立法例にも見受けられるところであります。

このたび自主規制団体に対しさらに整備するよう求めております自主ルールは、証券取引の円滑公正な運営という観点から証券業務として正当なものと考えられる典型的な行為を明示しようとするものでありまして、補てんの定義とは直接的にはかかわらないものと考えております。私どもは、この自主ルールというのは証券会社の行為が正当な業務行為と認められる態様で行われたか否かについての判断のガイドラインと考えておりますが、大蔵省としても、そのルールをそのまま受け入れるというのではなく、その内容が適切であるかどうかにつきましては、法務省とも御協議をさせていただきながら判断させていただくことになります。」

349　駐留軍用地の暫定使用制度と適正手続保障

【要旨】　駐留軍用地特措法による暫定使用制度は、憲法の適正手続の要請に何ら反するものではない。

平九（一九九七）・四・一〇　（一四〇回　衆・安全保障土地特別）

【参照条文】　憲三一　土地使用特措一五

【議論の背景】　駐留軍用地として引き続き使用できるようにするための駐留軍用地特措法改正法案が提出され、その中で導入しようとする暫定使用制度が憲法三一条に反しないかどうかが問題となった。

【答弁】

○木島日出夫議員　法制局長官は、平成七年七月一日の最高裁の大法廷判決を引用した。むしろ引用しなかった部分、可部恒雄裁判官の補足意見、これが立法府にとって、また法案を提出する行政府にとって大変重要なことを指摘している。

その部分を読んでみたい。「私人の所有権に対する重大な制限が行政処分によって課せられた事案を想定すれば、かかる場合に憲法三一条の保障が及ぶと解すべきことは、むしろ当然の事理に属し、かかる処分が一切の事前手続を経ずして課せられることは、原則として憲法の許容せざるところというべく、これが同条違反の評価を免れ得るのは、限られた例外の場合であるとしなければならない。」

この最高裁、可部補足意見、どう受けとめるのか。

○大森政輔内閣法制局長官　「御提案申し上げている暫定使用制度を導入する一部改正法案と憲法三十一条との関係につきましては、三十一条と申しますか、適正手続保障との関係につきましては、……今回の改正法案による暫定使用制度は、駐留軍の用に供する土地等の使用、収用につき公益と私益の調整に関する詳細な手続を定めた駐留軍特措法に基づく一連の手続の中で、ここが非常に大切なところでございまして、現に駐留軍の用に供されている土地等で引き続き駐留軍の用に供する必要があり、かつ、それが適正かつ合理的であると個別具体的に内閣総理大臣が認定したものを対象といたしまして、従前の使用期間内に使用裁決の申請等を行った場合で、その期間内に収用委員会の裁決その他必要な権利を取得するための手続が完了しないときに、事前の担保提供、土地所有者等の請求による担保取得、収用委員会による裁決等によって損失の適正な補償が確保される措置を講じた上で、安保条約の義務の履行に支障を生ずることを回避するための必要最小限度の措置として裁決による使用権原を取得するまで引き続き使用することができることとしたものであります。

このように、この結論が大切でございまして、憲法の要請に適合する適正手続そのものである駐留軍特措法に基づく一連の手続の過程におきまして、これら厳格な要件を法律で明定し、これに対して極めて限定された暫定使用権の付与という効果を認めるものでございます。したがいまして、憲法の求める適正手続の要請に何ら反するものではないというのが私どもの達した結論でございます。」

第三二条（裁判を受ける権利）

350　不服申立て前置と裁判を受ける権利

『要旨』　不服申立ての前置は、行政不服の手続を経て最終的に司法の救済を受けることができるならば憲法に反しない。

昭四四（一九六九）・六・一七（六一回　衆・大蔵）

【参照条文】　税通一一五

【議論の背景】　国税に関する不服について国税不服審判所を設けて審理・裁決させるための国税通則法改正法案が提出され、その中で審判が前置とされていることについて、憲法三二条との関係が議論となった。

【答弁】

○田中昭二議員　前置主義というようなことになっているが、これは憲法三十二条でいうところの裁判所において裁判を受ける権利と合わない、不服申立てをそういう審判所等においてやるということが納税者の出訴権を制約する、こういう意見もあるが、どうか。

○吉国二郎大蔵省主税局長　「憲法の規定は、御承知のように従来の明治憲法と違いまして、わが国においては紛争の処理はすべて司法機関の専決権限であるということを論じたものだと思います。そういう意味では、従来行政裁判所が最終審として行政事件については最終決定を下しておったものを、行政権による最終決定というものを認めない、最後の法律上の紛争はすべて司法権のもとにおいて行なわなければならないということを宣明した規定だと思います。そういう意味では、行政段階におきまして行政不服処理というものを前置させましても、その前置によって司法権の救済が受けられなくなれば、それは憲法の精神に反すると思います、しかし、その行政不服の手段を経て最終的に司法の処理を受けられるということであれば、憲法に違反するものではないし、憲法の精神に反するものでもないと思います。行政不服審査法も、行政の質によりまして行政段階の不服審査を前置することを認めておるわけでございまして、わが国の制度としては最終的な司法優位の原則をうたったものである、かように考えるわけでございます。ことに、御承知のとおり行政不服審査法ができましてからも、大量的な行政処分につきましてはほとんどが訴願前置の姿をとっております。私どもで調べたところでは、……訴願前置主義にいたしておりますのは、やはりいきなり司法救済を受けるということは一般の人民にはとうてい望み得ないことでございます。そういう意味では一応簡易な行政救済というものをまず得さしめたほうが、より全体の不服審査の公正迅速な処理がはかられるという判断によるものであろうかと思います。

税務に関する不服は、圧倒的に件数が多い点では、他の行政行為と特に質的にも違っておると思います。ほかにこれほど大きな件数のある行政分野はないわけでございます。そういう意味では前置主義ということは、それ自体は憲法の精神に反するものではない、かように考えておるわけでございます。」

○田中　税務行政のそういう問題について迅速に処理をする、それだけか。

○吉国　「わが国の新憲法のたてまえでは、最終的な司法の判断を受け得る体制であるということが根本原則であると思います。その場合に、行政段階でも当然見直しあるいは行政の監督的機能とあわせて権利救済を目的とする判断ができ得ることは行政として当然でございます。行政というものも本来合法的、合目的なる処分をすることが目的でございますから、処分が間違っている場合に、それを合法的に直すということは行政の機能として当然のことでございます。その行政の機能を発揮することは何ら憲法に違反しているわけではございませんが、いま御指摘がございましたように、それを強制的に前置するためにそれが憲法の精神に違反するのではないかという御指摘でございましたので、それはその前置された結果として司法処分が受けられなくなるということであれば憲法の精神に反すると思いますけれども、そうでない限りは憲法の精神に反しない。そうなれば、行政の不服処理能力というものをどの程度不服審査に取り入れるかという問題は、その対象である不服の内容あるいはそれの量的な問題を参酌して、いわば行政組織的に考えるべきものではないか。

そう考えますと、税務争訟のうち九割をこえるものが事実認定でございまして、そういう意味ではむしろ行政段階の再審査のほうがより適合し、迅速に処理ができ得るという判断がございます。件数から申しましても年間数万件もある異議を直ちに司法処理に持ち込むことは適当でないのではないか。そういう意味で訴願前置主義をとるという形になったかと思います。」

第三三条（逮捕の要件）

351　緊急逮捕等と令状主義

『要旨』　憲法は絶対に事前の令状を要求するものではなく、社会通念上令状によったと認められるものならば許容される。

昭二三（一九四八）・六・五〔二回　衆・司法〕

【参照条文】　刑訴二一〇・二二〇・七三Ⅲ

【議論の背景】　刑事訴訟法案が提出され、その審議において緊急逮捕などの令状なしで執行を認めているものについて憲法三三条に反しないかどうかが問題となった。

【答弁】

○猪俣浩三議員　この草案を見ると、二百十条の緊急事件、これにやはり令状なしで逮捕することが規定されている。それから二百二十条にやはり緊急事件に対して逮捕令状が出ておる場合には、捜査及び検証が令状なしにやれるという規定がある。なお七十三条の三項に勾引状又は勾留状を所持しない場合においても、急速を要するときは令状なしで執行できるという規定があるが、このようなことが憲法の第三十三条及び三十五条とどういうふうに調和するのか。

○野木新一法務庁事務官　「ただいま御質問の点につきましては、刑事訴訟法応急措置法立案当時も、問題になりましたところでありまして、当時各方面の意見なども聴きまして、いろいろ研究した結果、一応違憲にあらずというので、こういう結論に達したわけであります。今そのことを申し述べてみますと、まず二百十条の緊急逮捕の問題であります。これからまず申し上げますと、憲法三十三条……の解釈論になるわけでありますけれども、私どもとしては、三十三条は現行犯の場合を除いては、令状によらなければ逮捕されないというので、令状があらかじめ事前に出てあることが、多くの場合原則的であることはもちろんでありますけれども、必ずしも絶対に事前に出ておるわけではないということで、そこをはっきり言っておるわけではない。要するに令状によって逮捕するということになりますから、普通の社会の見解上、令状によったと認められる程度のものはよいのではないか。憲法はそこまで厳格なことを要求しておるわけではない。そういう解釈のもとにおきまして、この二百十条は三年以上の懲役もしくは禁錮、そういうような割合に重い罪であって、しかもそれを犯したことを疑われる十分な理由があって、しかも急速を要して裁判官が逮捕状をもってくることができない。そういうような条件のもとで身体を拘束した場合には、ただちに裁判官に逮捕状を請求する。結局逮捕状と逮捕という行為は、一面逮捕の行為がある意味でまだ継続しておるという場合に、令状がおっつけ出るというようにも観念されますので、この程度のことは弊害も認めないし、憲法も許しておる。そういう解釈のもとに、これを立案しております。

次の二百二十条の方でございますが、これも第三十三条の場合を除いてはと書いてありまして、その二の三十三条の場合というのは、現行犯として逮捕される場合、それから令状によって逮捕される場合、こういうことになりまして、二百十条の緊急逮捕もやはり令状による逮捕だという解釈のもとに立ちますれば、その限度においても三十三条の場合を除いたというところにはいってきますので、二百二十条も違憲ではない。そういう見解であります。

七十三条の方は勾引状または勾留状を所持しない場合においても、現実にすでに勾引状が出ておって、しかもたまたま持っていないという場合でありまして、逮捕状のところも、この規定は同様になっております。もしこれがないとすれば、逮捕状はリュックサック一ぱい出さなければならぬということになりまして、実際上にも副わないし、しかもある意味で緊急逮捕という観念が、不当に拡がる関係にもなりますので、要するにこの場合は、すでに逮捕状が出ておる。勾引状がすでに出ておるという場合でありますから、これは三十三条に反するということは言えない。こういう見解であります。」

第三四条（抑留・拘禁の要件、不法拘禁に対する保障）

352　勾留理由開示手続と憲法三四条

【要旨】　勾留理由開示手続が憲法三四条に基づくものでも、意見の陳述をさせることは憲法上の要求とはなっていない。

昭二八（一九五三）・七・二二（一六回　衆・法務）

【参照条文】　刑訴八二～八四

【議論の背景】　刑事訴訟法改正法案が提出され、その審議において勾留理由開示手続について改正を行い運用の合理化を図ることが憲法三四条に反しないかどうかが問題となった。

【答弁】

○井伊誠一議員　この条文の改正をされる必要について伺いたい。

○岸盛一最高裁判所事務総局刑事局長　「勾留理由開示手続の修正についてただいまお尋ねでございますが、このたびの改正の趣旨は、これまでの勾留理由開示手続の実情から見まして、今まで行われました実情は濫用されておるといってよろしい状態であります。法廷闘争の最も熾烈点がこの勾留理由開示手続にある。なおかつしかもこの意見の陳述の段階において、それが非常に激烈をきわめておる。……そこでもともと勾留理由開示手続というものは、憲法三十四条に基くものであるかどうかという非常に憲法上むずかしい議論がございます。ある一つの考え方は、憲法三十四条に基く憲法上の制度であるという考え方、それからもう一つの考え方は、それは必ずしもそうじゃない、憲法三十四条は例のヘビアス・コーパスの思想を受けついだ思想である、今日となっては、人身保護法ができておる以上は、この勾留理由開示手続は、人身保護法の方へ消されてしかるべきであるという考え方、その両方とも有力な議論として世間に行われておるわけであります。しかしながら今回の改正は、そういう根本的な憲法上の問題には触れませんで、これまでの実情に照らして、勾留理由開示手続の制度の運用の合理化をはかり、その濫用を防止する、そういう趣旨から考えられたものでありまして、全国の裁判官のこれまでの経験に基く非常に切実な要求によってさような立案を法務省に依頼したわけなのであります。これまでの運用の実情の問題点となるのは、この意見の陳述という点である。かりにこの制度が憲法三十四条の制度であるとしても、意見の陳述ということは憲法上の要求にはなっていない、そこで現行刑事訴訟法では、これを法律上の権利として規定しておる、そういうわけで、この法律上の権利としての意見の陳述ということを削除しても憲法違反の問題は起るわけがない、そういうことから出たわけであります。この点につきましては弁護会の一部、あるいは学界の有力な見解として、むしろ今度の改正案のような書面による意見の陳述というのはおかしい、むしろ意見の陳述そのものを削除すべきではないかという意見もあるわけなのでありますが、しかしこれまで法律の条文の上において権利として認めて来たものを急に削除するということは、あまりに大きな変化である。そういうわけで折衷的な措置としまして、書面による意見の陳述ということになったわけであります。ところでこの書面による意見の陳述にいたしましても、それは法律上の権利として意見の陳述を認めるというのではないというだけのことでありまして、実際の具体的なケースにおいて裁判官が意見の陳述をさせることを必要とし、もしくは適当とする場合には、これはむろんそれをさせて一向さしつかえないのみならず、必要な場合には、むしろそれをさすべきである。そういう考えでおるわけでありまず。そこでその点は法律の条文には出ておりませんから、規則の制定の際に、裁判官は、必要と認める、あるいは適当と認めるときには、この意見の陳述をさせることができるという規則の制定をただいま考慮しておるわけでありまして、この規則案はごく簡単なそれだけの規定でございますので、すぐに、この刑事訴訟法施行と同時に、ほかの、この改正に伴う規則の制定と同時に、その制定を考えておるわけであります。」

○井伊　憲法違反にはならないということはこれは確定的なものか。多少これに対しては異論があるのではないかと思うが、どうか。

○岸「その問題につきましては、法制審議会の際に議論になりまして、そうしてこういう改正は、つまり意見の陳述を削除するという考え方は、憲法違反であるという議論をされたのは団藤教授であります。なお早稲田の江家教授それと同調する意見を発表されたわけであります。ところが法制審議会のメンバーの他の方々のむしろ圧倒的に多数の説が違憲にあらずという考え方であります。……。一体どうしてそういう違憲論が出るかと申しますと、この勾留理由開示手続というものを弁論というふうに誤解しているのではないかと思うのであります。この勾留理由開示は決して弁論ではないのであります。つまり身柄の勾留というものが、昔往々にしてありましたように、やみからやみに取扱われるということの決してないことを保障するものので、勾留された者があったときに、被勾留者はもちろんのこと、被勾留者の親族あるいは一定の利害関係者が、どういうわけであの者が勾留されたのかというその理由を、公開の法廷ではっきり開示してもらう、これが勾留理由開示の手続の本来の趣旨だと思います。従って、勾留理由開示の手続というものは、決して勾留の当否を争う弁論ではないわけであります。勾留の当否を争う手段としては、刑事訴訟法上は八十七条と九十一条による勾留の取消しの請求、それから四百二十条、四百二十一条による勾留に対する抗告の申立て、そういう手段がおのずから別にあるわけであります。なお最近そのほかに人身保護法によっての救済もあるわけであります。そういうわけで、勾留理由開示の手続というものは、そういうふうに解釈するのがほんとうであろうと思いますので、決して違憲のおそれはないものと考えます。」

第三五条（住居の不可侵）

353　一般行政目的のための立入りと憲法三五条

【要旨】　行政目的の立入りには憲法三五条は直接には関係しな

いが、目的を達し得る最小限度のものに限定すべきである。

昭二三（一九四八）・六・二三〔二回　参・治安・地方制度・司法連合〕

【参照条文】　警職六

【議論の背景】　警察官職務執行法案が提出され、その審議において、同法案六条の立入りの規定について憲法三五条との関係などが問題となった。

【答弁】

○吉川末次郎委員長　前の連合委員会におきまして、第六条に規定しておりまするところと憲法との関係につきまして、鬼丸委員より法務庁の法制長官に対する質問があったので、この際答弁を願いたい。

○佐藤達夫法務庁法制長官　「この立入の問題は、第一回国会以来いろいろな取締法規に条文が出ております関係上、各種の委員会におきまして御心配を頂いて来た問題であります。今回お尋ねの憲法との関係も、恐らく憲法三十五条との関係においての御疑問が重点をなすのではないかというふうに推測いたされますので、その方から申上げて見たいと思います。新憲法が制定されまする当時から、歴代の政府におきまして、この三十五条に対して考えておりまするところは、憲法第三章の中で、第三十三条から後の部分は、文字にも窺われますように、刑事訴追の手続の関係のことを規定したものというふうに考えて参っておるのでありまして、憲法制定の際における当時の帝国議会における委員会の答弁においても、三十五条についてお尋ねがありまして、国務大臣から、これは刑事訴追の関係であるというお答えもしておる経緯があるのであります。……例えば三十五条に逮捕の条項がございますが……逮捕についても丁度立入と同じような問題が想像されます。例えば精神病者の監護法によって監置されておる精神病者が、逃げ出した場合に、それを連れ戻すというような問題は多々あるのでありますが、さような場合には、この三十三条は適用になり得ないわけであります。何となれば、『犯罪を明示する令状』というような言葉を使っておりますから、事柄自身は、当てはまらないというようなことも、一つの御説明の手がかりになると思うのであります。要するに三十五条そのものは、一般行政目的のための立入というものには直接には関係がないという考えで、今日まで参っております。併しながらこの一定の場所に立入るということは、国民の自由或いは権利に対して大きな影響を及ぼすことでありますことは当然であり、又この憲法第三章自身が国民の自由、権利というものを保障しておりまするということも、申すまでもないことであります。従いまして三十五条の適用がないからといって、一般の行政目的の立入等を自由にやり得るというような、考えを持っておるわけでは毛頭ございません。で、各般の行政上の目的のためにどうしても必要な立入を要するという場合は、先程申しましたように、いろいろな法律案に条文の形で出ておるのでありますが、三十五条の精神、少くとも憲法第三章の精神を酌みまして、例えばその立入の場合において、緊急の場合に限るとか、或いは又平時におきましても、立入の場所は営業所というようなものに限定いたしますとか、或いは又、立入の際には必ずその身分を示す証票を持たして身分を明らかにして立入をするとかというような、その目的を達し得る最小限度のいろいろな条件をつけまして、条文を設けて参っておるわけであります。而して、これらの多数の取締法規は、第一回国会以来国会の手によって成立さして頂いておるわけであります。今回の第六条におきましても、さような考え方でおるわけであります。即ち第六条の第一項におきましては、いろいろ諄いくらい条件を付けておるわけであります。前二条に規定する危険な事態が発生しておらなければいかん、それから生命、身体、財産に対して危害が切迫しておらなければならん、或いはその危害の予防、被害者の救助のためという目的の限定もしておるわけであります。それから止むを得ないと認めるとき、合理的に必要と判断される限度においてというようなことで、少し諄過ぎるくらいに限定しておるわけであります。又第二項におきましても、先程も触れました趣旨から、多数の客の来集する場所、対象の場所を限定しております。その時期も公開時間中というように限定いたしております。又目的としても危害予防のためというような形にしておりまして、今申しました趣旨から、憲法第三章の精神に副うことにあらゆる角度から努力をして、かような形になっておるわけであります。一応お答えを申上げると以上のようなことに相成るのであります。」

354　国税犯則事件における差押えと令状

【要旨】　国税犯則取締法二条の行為は憲法三五条の適用を受けるが、現場で差押目録等を必ず作成することにはなっていない。

昭四二（一九六七）・一二・一五〔五七回　衆・法務〕

【参照条文】　税犯二

【議論の背景】　ある脱税事件に関して国税庁職員が国税犯則取締法による強制調査を行った際に混乱を生じ、その差押え等の手続の妥当性が問題とされ、憲法三五条との関係等が議論となった。

【答弁】

○松本善明議員　国税犯則取締法の二条による行為というのは、憲法の三十五条の条項のもとにあると考えられるか。

○泉美之松国税庁長官　「さようでございます。したがいまして、第二条に基づく令状におきましては、捜索をすべき場所並びにその対象となる物件が限定されておるわけであります。」

○松本　その場所と物というのはどういうものか。

○泉　「通常の場合におきましては、金融機関を調査いたしますときには、金融機関の営業場にある被疑者に関連する帳簿、書類、こういうことになるのが通常でございます。したがって、おそらくそういった令状であったろうと思います。」

○松本　そうすると、その被疑者に関係をしないものを、選別することができないで持っていくということは、言うならば強奪といってもいい根拠のない持ち帰りではないか。

○泉　「できるだけ被疑者に関連のある物件だけを領置していくべきでありますけれども、現場が非常に混乱いたしておりましたために、それだけの整理をつけるいとまがなかったということであります。したがいまして、こういったことは決して望ましいことではなく、できるだけその現場において差し押え物件の目録と領置の目録を作成するのが、望ましいわけであります。通常の場合そういたしておるのであります。ところが、本件の場合は非常に激しい実力抵抗がございましたために、やむを得ずそうした措置をとらざるを得なかったのであります。」

○松本　国税庁の職員は関係のない物を持っていっておる。憲法違反をやっている。権限のないことをやれば、公務員のほうが職権乱用になる。

○泉　「現場が非常に混乱いたしておりましたので、査察官といたしましては、これが被疑者の脱税事件に関係ある書類というふうに思って、それを国税局に持ち帰ったものと思います。ところが、よくよく調べてみると、その関連性は非常に薄いということがわかりましたので、そういったものについては差し押え目録に記載せずに返還するという措置をとっておるわけであります。確かにそういった差し押え目録を作成しないで物件を引き上げたという点については、問題があろうかと思います。ただ、国税犯則取締法におきましては、差し押え目録あるいは領置目録は、その場で作成しなければならぬというふうになっておりません。こういう非常な際でありますので、やむを得ずそうした措置をとったものと思います。」

第三六条（拷問・残虐刑の禁止）

355　死刑の廃止

【要旨】　死刑を廃止しないということは、法秩序を維持しわが国の刑政を維持していく上での必要条件である。

昭四二（一九六七）・五・二四〔五五回　参・予算一分科〕

【参照条文】 刑九・一一

【議論の背景】 法制審議会において刑法の改正が検討される中で死刑の廃止も議論となっていたことなどから、死刑廃止の問題が取り上げられた。

【答弁】

○山本伊三郎議員 死刑廃止については、意見はどうか。

○田中伊三次法務大臣 「法制審議会に委嘱をいたしまして、……一応の審議をしておる最中でございます。結論が出ておりません。そこで私が、……死刑廃止についてこうだということはいかがかと存じますので、以下申し上げますことは、法制審議会を拘束する心で言うのではないのだと、しかし、いやしくも法務大臣としての立場で、死刑廃止をいかに考えるかというおことばに対しては、発言をせぬわけにはいかぬと、決して法制審議会を拘束するものでないという意味で、そういう前提でちょっと一口申し上げますと、私はこの死刑は全面的に廃止すべきものでないと思う。

その理由は、被害者の霊並びに被害者の遺族の立場を深く考えることが、国家刑政の重大な目的の一つであるというように考えるのでございます。しかし現行の死刑は、御承知のとおり、人の命をとった場合ばかりではございません。それ以外にも死刑に処する、いわゆる外交上の内憂外患に関する罪につきましても死刑に処しておりますが、総じて申しますと、残酷な手段で人の命を奪ったという場合に限って死刑になっておると言うても、言い過ぎではないと思います。大体そういうことに限られておる、実際は。

そこで私は、残酷なやり方で人の命を奪った者に対しては、これは死刑を廃止すべきものでない、断固たる態度で霊に報いるべきものだ、また遺族の期待に報いるべきものだ。これが法秩序を維持しわが国の刑政を維持していく上から絶対の必要条件である、こう考えております。しかしながら、命をとる以外の犯罪、たとえば交通に関する犯罪等につきましても、人の命をとらなかった場合があろうと存じます。それから、政府転覆その他に関しまする犯罪でありましても、いわゆる政治犯というようなものについての死刑の規定は廃止すべきものである、自然人の命をむごい手段で奪った場合の残虐な犯罪に関しては、死刑は存置すべきものである、こういうふうに考えております。」

356　死刑の廃止と終身刑の創設

【要旨】死刑を廃止し終身刑を設けるというのは、終身刑は死よりも残酷との意見もあり、その処遇の問題もある。

平四（一九九二）・二・一九（一二三回　衆・予算）

【議論の背景】　死刑廃止をめぐる議論が活発化する中で、死刑の廃止について問題提起がなされ、死刑の廃止とそれに代わる終身刑の創設について議論となった。

【答弁】

○二見伸明議員　死刑を廃止するための前段階として、死刑を法定刑から削ってしまわなくても現実に死刑が執行できないような制度というものを考えてもいいのではないか。あるいは、むしろ仮釈放なき終身刑、これを検討してもいいのではないか。

○田原隆法務大臣　「ただいまのお話を要約すると、死刑制度を廃止し、終身刑を考えてはどうかというようなことになると思うのですが、これはかつてそういう問題を法制審議会の特別部会で審議されたことがあるのですが、そこで問題になったのは、一生出てこれない終身刑というのは死よりも残酷ではないかという意見が出たことも確かでありますし、それを預かる刑務所ですか、そういうところの人たちがその人をどういうふうに処遇するかという処遇上の問題を大きく取り上げ、なかなか審議が進まなかった経緯がありまして、私もそのとおりではないかと思っておりますので、……結論はなかなか出にくいわけでございますが、ただ、現在は現行法に定められており、漫然と見送るわけにはいかないものではないかと思いますので、私は再審の機会はないかとか間違いはないかとかいうことを自分の目で一字一句確かめながら、時間をかけ最後の決断を下さなきゃいかぬのが今の制度ではないかというふうに考えておる次第であります。」

第三七条第一項（公平な裁判所の迅速な公開裁判を受ける権利）

357　略式命令の合憲性

『要旨』　略式命令を受ける者は常に正式裁判を請求し得ることなどから、略式命令は憲法違反ではない。

昭二二（一九四七）・一〇・一（一回　衆・本会議録）

【参照条文】　刑訴四六一～四七〇

【議論の背景】　略式命令について、旧最高裁判所臨時刑事委員会が憲法三七条、三八条、八二条等に抵触するとの決議をしたのをはじめ、裁判所の判断が分かれていることから、政府の見解と混乱に対する処理方針が問題とされた。

【答弁】

○林百郎議員提出略式命令の違憲性に関する質問

「刑事訴訟法第五百二十三条の略式命令は今日なお全国多数の簡易裁判所において行われているが、これは憲法違反であると考える。然るに、これに対する政府の見解が不明確であるため、各地の裁判所において事務的不統一が起っている。

これに関する明確な見解と不統一に因る事務的混乱に対する処理方針について政府に質問する。」

〇答弁書（昭和二二年（一九四七）九月二六日提出）

「御質問の趣旨は、刑事訴訟法第五百二十三条は、憲法第三十七条、第三十八条、第八十二条に違反するにもかかわらず、政府の見解が不明確であるため、各地の裁判所においてその取扱が区々となっているのでこれに関する政府の見解と対策を明らかにせよというに在るものと思う。

結論を申せば、政府は、当初から、略式命令は憲法違反でないと解して居り、この見解は、新憲法施行前から機会ある毎に明かにして居るので、全国の検察官は勿論、裁判官も充分承知している筈である。

略式命令は、なる程書面審理の上発せられるものであるが、これを受ける者は、常に正式裁判を請求し得るのであって、正式裁判の請求があれば、裁判所は、第一審からすべて通常の手続に従って審判をなし略式命令に拘束されないのであるから、審級の点において、裁判の公開の点において、弁護権の点において、将又証拠の点において、略式命令が発せられた場合と然らざる場合との間には、何等差異はないのである。従って仮に略式命令が発せられたとしても、国民が憲法によって保障されたこれらの権利を奪われることはなく、唯国民が自由な意思に基いてこれらの権利を放棄するならば書面審理による裁判が確定するというに過ぎない。憲法は、行政機関が前審として裁判を行うことすら認めて居り、政府は、右に述べた国民の権利が憲法上絶対に放棄できない権利であるとは考えていない。

捜査官憲の取調を受けた者で、略式命令による裁判を希望する者が極めて多いことにも特に考慮を払う必要がある。

なお、統計的にいえば、略式命令によって確定する事件は、全刑事々件の七割に達するのであって、現在の限られた我が国の財力を以て、全刑事々件をすべて通常の手続で裁判することは、殆んど不可能に近いことに思いを致すならば、軽微な争なき事件については比較的簡易な手続による裁判を行い、真に争のある事件及び体刑を以て臨むが如き比較的重要な事件については、慎重な裁判を行うことこそ、実質的に国民の権利を尊重し、これを保障する最も妥当な途であると信ずるのである。

或る裁判所が政府とその見解を同じくして略式命令を発し他の裁判所がこれに反する見解に立っているのは事実であるが、これは政府の見解が不明確なためではなく、それぞれの裁判所の憲法の解釈に差異があるからであって、裁判の性質上やむを得ないところである。これは、具体的事件について、最高裁判所の判決が下るまでは、続くであろう。政府には、これに対し何等採るべき方策が与えられていないのである。」

358　憲法三七条一項の規定の性格

【要旨】　憲法三七条一項の規定が強行規定かどうかは明確ではないが、実効性を持つ規定であることは明らかである。

昭五六（一九八一）・三・二〇〔九四回　参・決算〕

【議論の背景】　裁判の遅延が問題となり、なかなか解消できない状況にあることから、憲法三七条の規定の意義と性格の問題が改めて取り上げられた。

【答弁】

○柄谷道一議員　憲法三十七条の解釈として、この規定は訓示規定で裁判の目標を掲げたものである。こういう解釈が行われていたが、最高裁は、被告人の権利を保障した強行規定であると、こう判断したと承知しているが、そのとおりか。

○小野幹雄最高裁判所事務総局刑事局長　「最高裁の大法廷の昭和四十七年十二月二十日、これは高田事件の判決でございますが、この判決は、憲法三十七条一項は、『単に迅速な裁判を一般的に保障するために必要な立法上および司法行政上の措置をとるべきことを要請するにとどまらず、さらに個々の刑事事件について、現実に右の保障に明らかに反し、審理の著しい遅延の結果、迅速な裁判をうける被告人の権利が害せられたと認められる異常な事態が生じた場合には、これに対処すべき具体的規定がなくても、もはや当該被告人に対する手続の続行を許さず、その審理を打ち切るという非常救済手段がとられるべきことをも認めている趣旨の規定である』、こう判示しまして、免訴の言い渡しをしたわけでございます。この判決が憲法三十七条一項を強行規定と判断したものかどうかにつきましては、この当時最高裁判所調査官があらわしました判例解説によりますと、憲法の規定の中には、それを実効あらしめるために立法が必要とされるいわゆるプログラム規定と、それを実効あらしめるために立法がなされることが望ましいが、立法がなかったとしてもそれ自身で実効性を持つといういわゆる自力実効性のある規定というものがある。このプログラム規定か、自力実効性がある規定かという区別と、いわゆる憲法のある規定が強行法規か任意法規かという区別とは全く別なものだと。したがいまして、プログラム規定と強行規定という面の違ったものを対置させるということはできないんだと。そういうことで、本判決は強行規定という用語を使ってないと考えられる、こういうふうに解説しております。そういうことでございますので、私どもといたしましては、これは正確な意味での強行法規であるかどうかということについては、明確なお答えをしかねるのでございますが、この規定が、それ自身が実効性を持つという規定であるということはもう明確に判示されているというふうに考えております。」

第三七条第二項（証人審問権・喚問権）

359　反対尋問を経ない供述調書の証拠能力

【要旨】　憲法三七条二項は必要やむを得ない事情があれば反対尋問を経ていない供述調書でも証拠とすることを許容する。

昭六〇（一九八五）・二・七〔一〇二回　衆・予算〕

【参照条文】　刑訴三二一

【議論の背景】　刑事訴訟法の解釈・運用の問題が取り上げられ、その中で供述者が国外にいる場合の反対尋問の問題との関連で、反対尋問を経ていない第三者の供述証書の証拠としての採用と憲法三七条二項との関係が議論となった。

【答弁】

○稲葉誠一議員　憲法の三十七条二項で反対尋問が与えられている。そうすると、この反対尋問の権利というものを与えない、経ていないという場合はあらゆる場合が憲法違反になる、こういうことになるのか。

○筧栄一法務省刑事局長　「憲法三十七条には反対尋問権についての規定がございます。しかし、この憲法の規定は絶対にその例外を許さないというものではなくて、必要かつやむを得ない事情がある場合には、反対尋問を経ていない第三者の供述調書でありましてもこれを証拠とすることを許しているというふうに解しております。そして、刑事訴訟法三百二十一条一項あるいは二項、同じでございますが、三百二十一条以下の規定は、今申し上げました必要やむを得ない場合における供述調書の証拠採用について定めたものでございます。したがいまして、この刑事訴訟法の規定は憲法三十七条には違反するものではないということは、累次の最高裁判所判例によって確立されているところというふうに解釈いたしております。」

第三七条第三項（弁護人依頼権）

360　弁護人の依頼権

〖要旨〗　弁護人の依頼権については被告人の方からの放棄や乱用の場合に内在的に依頼権がなくなるということもあり得る。

昭四七（一九七二）・六・六〔六八回　衆・法務〕

【議論の背景】　刑事訴訟費用等法改正法案の審議に際し、具体的な事件にも触れながら国選弁護のあり方の問題が取り上げられ、国選弁護人の選任・義務・弁護活動・解任等の問題について議論がなされた。

【答弁】

○中谷鉄也議員　弁護人が法廷にいないことと、憲法第三十七条第三項の国選弁護人の保障との関係について質問したい。

○牧圭次最高裁判所事務総局刑事局長　「憲法の三十七条三項の規定によりますと、『刑事被告人は、いかなる場合にも、資格を有する弁護人を依頼することができる。被告人が自らこれを依頼することができないときは、国でこれを附する。』ということになっておりますので、依頼することの権利というものは、ある程度被告人の利益のために認められている弁護人依頼権ということになろうかと存じますので、それは被告人のほうからの放棄というようなことはあり得るであろう。それからまた権利である以上、内在的には、乱用の場合というようなときには、この依頼権がなくなるような場合も、極限的な場合にはあり得るだろうというふうには考えますが、それが具体的にどのような場合にそういう解釈がとれるかどうか、私のほうからは少し事件と具体的に関係を持ちそうになりますので、ひとつ差し控えさしていただきたいというふうに考えておるわけでございます。」

○鍛治良作議員　だれが弁護人として来てもいやだと言われても弁護人にくっついておれと言われたのでは、弁護人ははなはだ迷惑千万な話で、そのときの調和をどうやってしようとしておるか。

○牧　「非常に極端な場合を考えますと、いわゆる国選弁護人請求権の乱用あるいは請求権の放棄というような考え方で、法廷では、被告人は正規な意味での国選弁護人の請求をしているのではないんだということで、弁護人をつけないで進行させるということも考えられると思います。」

ただ、では必要弁護の場合もその点ができるかということになりますと、非常に疑問かと思います。したがいまして、極端な場合にはそういうことが考えられると思いますけれども、裁判所としてはできるだけそういうようなことの起こらないようにはいたして、被告人のほうの説得の努力も続けますし、あるいは弁護人にいろいろの御努力を願うことをお願いするということにならざるを得ないだろうと思います。」

○鍛治　実際の例としてそういうことはあったはずだが、どういうふうに片づけられたのか。

○牧　「弁護人が説得して聞かない場合に、一応客観的に見て、その弁護人が弁護活動をなすのが無理だと思われるような場合には、その弁護人の選任を取り消す、解任するという形になった場合もございますし、それからその弁護人に御努力願って手続進行を進めた場合もございます。あるいは任意弁護事件の場合には、選任がされている以上、弁護人が出てこられなくても、やむを得ない事情がある場合には進められるということで、弁護人不出頭のまま審理を進められた場合もございます。各裁判所によって対応のしかたがいろいろございますが、大体そういう三通りの事例が実際としては起こっておるようでございます。」

361　弁護人なしの裁判を認める制度の合憲性

【要旨】　被告人はいつでも弁護人依頼権を行使できるから、刑事事件の公判開廷暫定的特例法案は憲法違反ではない。

昭五三（一九七八）・四・一八（八四回　衆・本会議）

【議論の背景】　過激派関係の事件で弁護人が法廷闘争戦術として不出頭・退廷・辞任等をする事態が生じたため、刑事事件の公判の開廷についての暫定的特例を定める法律案が提出され、同法案の合憲性が議論となった。

【答弁】

○稲葉誠一議員　この法案は、必要的弁護事件について弁護人なしの裁判を広く許容するものであって、明らかに憲法第三十七条第三項の本旨に反するものと言わなければならない。裁判所によって一方的に認定される危険性を多分に持っている本法案は、右憲法第三十七条第三項との関連において、その近代憲法の精神に背くものではないか。

○福田赳夫内閣総理大臣　「わが国の憲法は、その第三十七条第三項におきまして、刑事被告人が弁護士を依頼する意思を有する場合におきましては、いつでもこれを依頼することができる旨を規定しておるのであります。

ところで、本法案は、このような被告人の権利をいささかも害するものではありません。被告人は、いつでも法の定めるところによりまして弁護人依頼権を行使することができるものとしておるのでありまして、憲法違反の問題は毫もないということをはっきり申し上げます。」

○瀬戸山三男法務大臣　「これは弁護人を排除するのじゃありませんので、どうぞひとつ刑事訴訟法のルールに従って、裁判所というアンパイアに従って、土俵の上で堂々とやってくださいという法律でございます。全然憲法に反するわけじゃありません。

　憲法に触れましたから申し上げておきますが、憲法は多くのいわゆる基本的人権を規定しております。これは尊重しなければならない、当然のことであります。そういう意味でいま弁護人の選任権も権利として認められておりますが、しかし、これは、法秩序を破壊し、裁判を否定するようなために与えられておるのじゃないということをどうかよくお考えを願いたいのであります。そういうことは憲法十三条に、国民に与えられておる基本的人権は社会福祉のために利用しなければならない、乱用してはならないとちゃんと書いてあります。」

第三八条（自己に不利益な供述、自白の証拠能力）

362　黙秘権の性格

【要旨】　黙秘権の実体は被告人・被疑者につきその意に反して供述する必要がないとの保障がある地位・状態を意味する。

昭五九（一九八四）・七・一七〔一〇一回　衆・本会議録〕

【議論の背景】　刑事訴訟法の諸問題について質す質問主意書が提出され、その中で黙秘権の意義・性格が問題とされた。

【答弁】

○稲葉誠一議員提出刑事訴訟法上の諸問題に関する質問主意書

「五　黙秘権は憲法・刑事訴訟法上認められた『権利』か。黙秘することと否認することとの異同について見解を問う。」

○答弁書（昭和五九年（一九八四）七月一三日提出）

「五について

被告人及び被疑者がその意思に反して供述をする必要がないことは憲法及び刑事訴訟法において保障されており、そのことが通常『黙秘権』と呼ばれているが、その実体は、被告人又は被疑者につき、右のような保障がなされているという地位ないしは状態を意味するものと解される。

被告人又は被疑者が、公訴事実又は被疑事実につき、直接又は間接にこれを否定する供述を行うことを『否認』といい、全面的又は部分的に供述を行わないことを『黙秘』というのであって、両者が異なることは、明らかである。」

363　黙秘権の範囲と被疑者への告知

〔要旨〕　供述拒否権は氏名等の黙秘をも含む完全な黙秘を認めているわけではなく、またその告知については不利益供述を強要されない旨を被疑者に告げれば足りる。

昭二七（一九五二）・六・一七　（一三回　衆・法務）

【参照条文】　刑訴一九八II

【議論の背景】　供述拒否権の告知に関する規定を改正すること等を内容とする刑事訴訟法改正法案が提出され、供述拒否権の趣旨・範囲とその告知のあり方が議論となった。

【答弁】

○安部俊吾議員　いわゆる黙秘権なるものに関しまして現行法の第百九十八条を改正することよる違いは何か。たとえばその名前を言っては非常に不利益になるような場合があったら自分の名前を言わなくてもいいか、あるいは姓名というものは当然言わなければならない義務があるのか。

○岡原昌男法務府検務局長　「ただいまお尋ねの黙秘権の問題につきましては、やはり相当むずかしい問題がございまして、憲法の三十八条の規定を受けまして、これをどの程度刑事訴訟法で義務づけするかということは、刑事訴訟法の立案当時からの実は問題でございました。そこで考え方といたしましては、被告人、被疑者には憲法で認められた、何人といえども自己に不利益の供述を強要されないというこの限度をいかように実際の場面で認めて行くべきかということで、相当議論も闘わされたように聞いております。その結果、現在の訴訟法は、ただいま御指摘のように、百十八条におきまして、あらかじめ供述を拒むことができる旨を告げなければならないということにはっきりなったわけでございます。この関係から、調べの際には、被疑者があらかじめ供述を拒むことができる、つまり供述を拒否する権利があるということを告げられまするので、何でもかんでも言わなくともいい、一切合財黙っておればいいというふうにとるのもまた無理からぬ事情にあるわけでございます。また一方におきまして、尋ねる方の側にいたしますると、せっかく本人を呼んで来、あるいは身柄を拘束したる本人を部屋に入れまして、さてこれから尋ねるんだが、言わなければ言わぬでもよろしい、お前は言わないでもいい権利があるということを言いまして、ときにといって尋ねるわけであります。そこで一種の心理的な矛盾を感ずるという場面もございまして、実はこれは実務家の方からたいへん不便な規定である、なるほど憲法の保障する不利益な供述を強要されないということは、これは動かし得ないことであるといたしましても、これを権利として被疑者に認めるということはいかがなものであろうかということで、非常に問題になりました。この点につきましては、この前も若干御紹介申し上げたのでございまするが、各地にその実際の運用の状況並びにこれについて不便が生じた実情等を問い合せいたしました。その結果、たとえば神戸の地検からの報告によりますると、供述拒否権を誤解しまして、自己に有利な事項まで供述を拒否する、それがために結局起訴せられまして、あとで調べてみましたところが、この事件は区役所における不退去事件の被疑者であったのでありますが、区長からお前は残っていてもいいということを言われた事実があるにかかわらずそれまで黙っておった。結局それで、その部屋に残っておった、どうしても出ないという不退去の事実で起訴されたというふうな事案が報告されております。またその他にも、同様の事件につきまして、名前あるいは住所の供述等も全然しない、従ってその調べが進展しないのみならず、結局人違いその他の問題を起しかけて、これはまあ幸いに解決したのでありまするが、そういうふうな余分な手数もかかりまして、たいへん実務上不便であるということからいたしまして、この点を何とか考えようというので、各地方裁判所あるいは検察庁の意見並びに在野法曹の方々の意見を徴しました結果、いろいろ考え方はあるけれども、少くとも憲法の要求するところは、自己に不利益な供述を強要されないというところであって、名前も住所も全然言わなくてもいいという権利があるということではあるまい。その点からこれを今回の改正におきましては、憲法に明示されましたことを本人に告げる――告げるということについてもこれまた議論がありまして、すでに憲法の趣旨が徹底しているから、いまさら告げなくてもいいじゃないかという議論もございましたけれども、まだ憲法施行日なお浅いと申してもいいと思いますが、十分その趣旨が徹底してないと間違いが起きる。また一般に被疑者はそういうことになれていないから、ついその場でおずおずしてしまって、憲法の条文を忘れる、あるいは知らないということから、せっかく本人が憲法で保障されたこういうふうな一つの利益というものを放棄するということもあり得ようかというので、憲法にあるような程度に告げよう、こういう規定に改正いたしました。

……この百九十八条の条文の書き方につきましては、ただいまのような御議論も法制審議会において出まして、いろいろ検討いたした次第でございます。そこで問題は、いわゆる黙秘権と俗に申しております憲法三十八条に基くものは、一体どういう本質のものであろうかということに帰するわけでございます。この点につきましては、実は学者の間でもいろいろ議論があったようでございまして、そのいずれに従いましても、なかなか割切れない、反対論の根拠があるようでございます。そこであるいはなまぬるい表現の方法かとも存じますが、一応憲法通りのことを告げる。憲法におきましては、『何人も、自己に不利益な供述は強要されない。』その『強要されない』というのは権利と見るべきか、あるいはそういうふうに書いてある反面的な一種の利益と申しますか、そういうふうに見るべきかということで、結局刑事訴訟法の表わす文字の使い方もまた違って来るのではないかと思いますけれども、その点は、先ほども申し上げました通り、いろいろ議論のあるところでございますので、少しなまぬるいですけれども、一応憲法に掲げられた通りのことを本人に告げるというような考え方になったわけでございます。……私どもといたしましても、それらの点は法制審議会の皆さんと十分検討いたしまして、自己に不利益な供述を強要されない、つまり、たとえば今御指摘のように住所であるとか姓名であるとか、あるいは国籍であるとか、職業であるとか、そういったものは通常の場合、言ったところで自己に不利益になるということはないわけです。(「あるある」と呼ぶ者あり)通常の場合はないわけでありますから、そういうようなものについては本人は述べなければいかぬことになるのではないかと思います。たださような場合に、これを述べなかったら、それじゃ何かになるのかといいますると、これまた特に罰則で強制されているわけでもございませんし、道義的な国民の協力を仰ぐ、こういうような趣旨でございます。」

364　国税犯則取締法の質問権に係る黙秘権

【要旨】　国税犯則取締法の質問検査権の場合に黙秘権はあるが、規定がない以上、その告知義務はない。

昭四三(一九六八)・四・一一〔五八回　参・予算二分科〕

【参照条文】　税犯一

【議論の背景】　国税犯則取締法による質問検査のあり方の問題が取り上げられ、国税犯則取締法に黙秘権があることを明記する、黙秘権の告知をするなどといった問題提起がなされ、それらの点が議論となった。

【答弁】

○須藤五郎議員　混乱を起こさないために、国犯法にも黙秘権があるということをはっきりと書き入れておいたらどうか。また、書き入れなくても、調査官が行ったときに、そのことを告知すべきと思うがどうか。

○泉美之松国税庁長官　「国税犯則取締法に基づく税務の執行の場合におきましては、第一条第一項の質問検査権の場合におきましては検査拒否犯というのがございますけれども、第二条以降の場合におきましてはこの罰則の規定がございません。いわゆる黙秘権なるものがあるということは認められておるところであります。ただ、そういう黙秘権があるということを本人に告知すべきかどうかということは、規定がない関係上、私どものほうは従来は告知の義務はないということでやってまいっておるわけでございます。……なお念を入れて黙秘権があるということを告知したらどうか、こういう御意見でございますが、私どものほうとしましては、従来は、告知の義務がないから、そういうことを言う必要はないということで扱ってまいっておりまするけれども、お話のような筋もございますので、そういった点につきましては今後さらに検討いたしてまいりたい、かように考えます。」

365　税法上の質問検査と黙秘権

【要旨】　税法上の質問検査権は正しい法律の執行をするという行政目的のための調査であり、憲法三八条一項の適用はない。

昭四四（一九六九）・五・九〔六一回　衆・大蔵〕

【参照条文】　所税二三四

【議論の背景】　税法上の質問・検査の運用のあり方の問題が取り上げられ、税務行政において憲法三八条一項の規定の適用があるのかどうかが議論となった。

【答弁】

○阿部助哉議員　警察は黙秘権のことをちゃんと親切に話してくれるが、憲法の規定で認める権利は、税務行政の場合、適用がないのか。

○荒井勇内閣法制局第三部長　「憲法三十八条の第一項で、……『何人も、自己に不利益な供述を強要されない。』と規定しておりますのは、司法上の人権保障に関する規定である。そうしてその趣旨は、自己の刑事責任を問われるおそれがある事項について供述を強要されないという趣旨で、刑事責任に関する不利益な供述ということに関する規定だというふうに学説も判例も見ているわけでございます。それは憲法の前後の規定から申しましても、三十三条から四十条に至るものは、逮捕の要件でありますとか、抑留、拘禁に関する規定でありますとか、あるいは住居の不可侵、拷問、残虐刑の禁止、あるいは刑事被告人の権利、あるいは遡及処罰の禁止、あるいは刑事補償というような一連の司法上の人権保障に関する規定だという憲法の規定の配置等の点から見ましても、そういうふうに解されているわけでございます。それで、それはその行政目的を達成するためであって、必ずしもその本人の刑事責任を追及するというための手続でないという、行政の段階で本人に質問をするということについて、この憲法三十八条第一項が、それに対する答弁の拒否というようなものを禁止するというわけではないし、刑事訴訟法の、御指摘になりました百九十八条の規定というものも、刑事手続の場合におけるこの憲法三十八条一項の規定をさらに拡張して立法されたものだといわれておりますけれども、これは行政手続には当然その適用はないものであるというふうに解しております。

　それから、税務行政の場合に、そういう質問権の行使についてどのような規定でそういうようなことが担保されているかという点を申し上げますと、たとえば所得税法の二百三十四条の第二項におきまして『前項の規定による質問又は検査の権限は、犯罪捜査のために認められたものと解してはならない。』ということをいっているわけでございます。それはすなわち、その本人の刑事責任に関する答弁を求めるとかいうような問題ではなくて、課税なら課税という問題について、正しい法律の執行ができるようにという意味で質問をするという趣旨で、その答弁をもって刑事責任を問うという趣旨のものと解してはならない、犯罪捜査のために認められたものと解してはならないというふうにいっているわけでございます。国税の場合に、脱税犯でありますとかあるいは手続犯であるとかいうようなものがございますけれども、そういうものは、国税関係の法律の体系のもとにおきましては、国税犯則取締法というもので国税犯則という定義をし、国税犯則取締法第一条の規定によって質問をする、それに基づいて脱税の訴追等を行なうという体系になっております。その場合には、憲法でいいますような自己に不利益な供述を強要するための罰則というようなものはない。先ほども申し上げました所得税法二百三十四条の質問検査権というようなものにつきましては、所得税法の二百四十二条で罰則があるということでございますけれども、国税犯則取締法の規定による質問というものについては、そういう間接強要というようなものはないという体系になっております。」

○**阿部**　結論は、刑法上の問題は黙秘権があるけれども、税法上の問題は黙秘権がないということのようだが、そうすると税金の問題は殺人犯よりも国民の権利は縮小されている、こういうことになるのではないか。

○**荒井**　「いま申し上げましたのは、いわゆる税法上の質問、検査という場合を申し上げましたので、国税犯則取締法の規定による質問、検査というものが行なわれた場合は、自己の刑事責任にかかわる問題の追及がされておるわけでございますから、それについて供述を拒むという理由はあるわけでございます。だから、それは刑事責任を問われるようなそういう不利益な供述を強要することはできないということで、いわゆる税法上の質問、検査というのは、各税法に書いておりますように、犯罪捜査のために行なわれる職権行使ではないのだ、それは正しい法律を執行する、納税義務の実現を期するという行政目的のための調査である、それによって直ちに刑事責任を問うということは、いわゆる各税法上の質問権ではできないわけでございます。それに対して、国犯法上の質問、検査ということになった場合に、供述を拒否するという理由は、もちろん憲法上の根拠に基づいて可能であるわけでございます。」

第三九条（遡及処罰の禁止、一事不再理）

366　保護処分取消後の刑事訴追と二重処罰の禁止

【要旨】　憲法三九条は刑事処分に関する規定であり、少年法の保護処分を取り消し刑事訴追をしても同条の二重処罰には当たらない。

昭二五（一九五〇）・三・一四〔七回　参・法務〕

【参照条文】　少二七の二

【議論の背景】　刑事処分を免れるため年を偽って家庭裁判所に送致される事例がみられるため、送致や保護処分の決定の是正手続を設ける少年法改正法案が提出され、保護処分取消後の刑事訴追が憲法三九条に反しないかが議論となった。

【答弁】

○松井道夫議員　少年法第二十七条の二の規定によれば、例えば年齢の関係で、全然審判権がない少年と誤認して、保護処分をやったところが、その後少年でないということが分った場合に、家庭裁判所が保護処分を取消し、事件を管轄地方裁判所に対応する検察庁の検察官に送致するということになる。この場合に、仮に起訴されて裁判を受けるということになると、少年院に収容せられたということが余分なことになってくる。これについては、何らかの手当をすることも考えられると思うが、どうか。

○関之法務府刑政長官総務室主幹　「お尋ねの点は、実はこの法案を作成するに当りまして、一番法律上の問題の点に関連しておるわけであります。それは憲法第三十九条にいわゆる二重処罰の禁止の規定がございまして、少年法第四十六条には、『罪を犯した少年に対して第二十四条第一項の保護処分がなされたときは、審判を経た事件について、刑事訴追をし、又は家庭裁判所の審判に付することはできない』というふうに、保護処分の効果を一応既判力的なものを持せまして、それだけであとの訴追はしないというようなふうの規定があるわけでありまず。この規定との関係上、一応いたした保護処分を取消しまして刑事訴追をすることが、憲法のこの規定、尚少年法四十六条の規定を如何に理解すべきかということが、この法案の一番の実は法律問題であったわけであります。お尋ねの点は、それとも関連いたしますからして、それらにつきましての、私共で研究いたし、かような立法に至りました経過を御説明申上げたいと思うのであります。

検事の起訴は、申すまでもなく刑事処分であります。それで憲法第三十九条に規定してあるのは、アメリカのいろいろな判例なども調べた結果、私共としましては、要するにそれは刑事処分にのみに関する規定である、かようなふうな解決に到達したのであります。そうしまして、この少年法に規定されたる保護処分は、保護処分であって刑事処分ではない、成る程そこに若干の自由の拘束があって、手続その他においては処分に自由の拘束の働きがそこにあるにはあるけれども、やはりそれは保護処分であって、刑事処分ではない、従って先の保護処分を一応取消して刑事訴追をしたとしても、憲法三十九条の規定には該当しない、特にアメリカの方の判例などを調べてみますと、被告人において非常に作為をいたしまして故意に嘘を言って裁判所の審判を誤らしたような場合には、二重処罰の禁止にはかからないというような判例が多うございまして、それらの規定から見ましても、手続的に見ましても、二十七条に規定するような場合には、本人が年齢を強いて嘘を言いまして、そうして受けるような事例が多いのであります。これは参考資料の中に、今日までありました例事の一部を提出して置きましたのでありますが、例えば二十五歳の少年が十八歳と偽る、それはいろいろの、例えば親に分るとか、或いは少年院の方が処分が軽いからとか、いろいろな理由によりまして裁判所に嘘を言いまして、そうして少年院に送られて処分の終る頃一月二月繋続しておるうちに、ちょっと口を滑らして初めて本人の年齢がわかったというような次第になっておるわけであります。憲法第三十九条につきましては、さような見解からこれは保護処分を取消して刑事訴追をいたしましても、三十九条に違反しない、こういうような結論に到達したのであります。併し御意見のごとく保護処分を相当の自由の拘束をなすから、その精神においてはそこに若干全然違反しないというようなことを言い切れないものがあることは私共も十分に考えたわけでありまして、その点が実はいろいろに議論が積んだ点であるわけであります。つきまして、仮に保護処分を取消して、刑事訴追をするということになりましても、それは問題は刑事訴訟の方に移るのでありますが、御承知のごとく、刑事訴訟法におきましては、検事の起訴は便宜主義になっておるわけであります。従いましてこの点は改正法に規定しなくても、その点便宜主義の規定上、当然に検察官の方において十分に考慮いたしまして起訴、不起訴を決定し、或いは求刑その他の問題においてそれらの点を十分に考慮して起訴するであろう、或いは事件を処置するであろう、かように考えまして、本法案の中にはその過去の保護処分のことを考慮しろとかいうような規定は実は設けなかったのであります。その点と、いま一点、若しこの中にさような点を規定いたしますならば、保護処分と刑事処分とが同じようなものに考えられるような疑いがあるわけでありまして、その点を考慮いたしまして、実際の刑事訴訟の便宜主義の規定上、当然にそのことは考慮するであろうというふうに考えまして、かような規定といたしたのであります。」

367　公訴時効を事後的に延長することの合憲性

【要旨】　過去に行われた犯罪行為につき事後に時効を延長することは憲法違反の可能性もある。

平八（一九九六）・二・八〔一三六回　衆・予算〕

【議論の背景】　住宅金融専門会社の不良債権の処理の問題が社会問題化し、その関係者の刑事責任の追及に関して公訴時効を事後的に延長することの是非が議論となった。

【答弁】

○海江田万里議員　金融犯罪の公訴時効の問題で、もちろん不利益遡及しないということは非常に重要な原則だけれども、これから起きるであろう不正とか不法行為とか犯罪等の再発防止措置として、特別立法をもってこれを延長すべきではないか。

○長尾立子法務大臣　「住専の関係者の刑事責任を追及するために、先生の御提案は、公訴時効の問題を延長という形で検討してはどうかということであるかと思います。

確かに、御指摘のように公訴時効の問題を生じたといたしましても、過去に行われました犯罪行為につきまして事後に時効を延長するということにつきましては、憲法違反の可能性もあるかと思っておりまして、慎重に御検討いただきたいものというふうに考えております。」

第四〇条（刑事補償）

368　被疑者補償規程による補償

〔要旨〕　被疑者補償規程は憲法四〇条の精神をくみ国の政策として不起訴となった一定の被疑者に補償を行うものである。

昭四二（一九六七）・八・一八（五六回　衆・法務）

【参照条文】　被疑者

【議論の背景】　刑事補償のあり方としてその補償の不十分さが問題とされ、それに関連して、法律ではない被疑者補償規程による補償の妥当性やその内容などが問題となった。

【答弁】

○横山利秋議員　被疑者補償規程というものがあるが、この被疑者補償規程というものは何法によって制定をされているのか。

○川井英良法務省刑事局長　「法律ではございませんので、大臣訓令に基づいてつくられた規程でございます。」

○横山　法律によらずして、その財政を支出するということは、原則としていかぬことではないか。

○川井　「被疑者補償規程は御承知のとおり法律ではございませんで、大臣訓令という形をとっておりますが、基本的には憲法四十条の精神をくんで、国の政策としてとられたものでございます。したがいまして、憲法四十条の精神をくんだ国の政策としての国費の支出というふうなことは、これは許されるのではないかと、私は考えております。……被疑者補償規程に基づきまして、勾留されたあるいは抑留された期間について補償をしようというふうに考えておりますのは、一番最後に申し上げました全然罪とならないもの、たとえば全く人違いであったというふうなもの、それからとにかく証拠が全くない、容疑はあるけれども、公訴を維持するための証拠が十分でない、こういうようなものが憲法四十条にいいますところの無罪判決を受けるということに相当するものである、こういうふうな考え方のもとに、すべて不起訴になるものだけに補償するという考え方ではございません。

そのようにごく限られたものについて補償していこう、公平の観念から、これが政策として適当であろうというふうな考え方から、この規程をつくったのでございます。またそういうふうな考え方で運用してまいっております。」

○横山　一方的な判断によって、恩恵的に支給されることがいかぬと思うが、どうか。

○川井　「政策として妥当なことでありますならば、でき得る限り権利としてこれを認めて、万全の補償をしてやるということは、お説のとおり、全く望ましい法制のあり方だと私も思います。

ところで、御承知のとおり、この被疑者ないしは無罪の被告人に対する刑事補償の制度というものは、これは長い沿革もございまして、いろいろな観点から認められてきているということ、それから憲法の保障としております範囲というふうなものにつきましても、あるいはその他これに関連する国家賠償の規定の考え方、さらには原則としてこの被疑者補償ないしは刑事補償は、無過失賠償責任、いわゆる無過失責任を主体とするものだと私は考えるわけでございますけれども、わが民法のとっております無過失主義の原則からいいましても、この無過失主義は、現在の法制のたてまえとしてはあくまでも例外のたてまえである。こういうふうに理解されておりますので、国家賠償、それから刑事補償、それから民法の大原則というふうなことにからむ、きわめて法制の本質的な問題を含んでおりますので、そのようないろいろな観点から考えまして、被疑者補償というふうな規程は、今日の段階におきましては、この大臣訓令に基づく被疑者補償規程という程度のところが適当なあり方ではないか、こういうふうな考えに基づきまして、このような規程をつくって運用してまいっておる、こういう事情でございます。」

○中谷鉄也議員　この被疑者補償規程は、補償の要件の読み方としては証拠不十分を含むのかどうか。

○川井　「結論として、証拠不十分は含みません。御承知のとおり検事の裁定には嫌疑不十分、嫌疑なし、罪とならず、こういうふうな例がございまして、それぞれ一定の長い慣行によりましてどういうふうなものをどういう裁定をするかということはきまっておるわけでございます。その中でこの規程に乗っかりますのは嫌疑なし、罪とならずの裁定をした者が一応この被疑者補償規程に乗っかる、こういう取り扱いをいたしております。」

369　心神喪失による無罪と刑事補償

【要旨】　憲法四〇条及び刑事補償法の「無罪」はすべての無罪を含むという趣旨である。

昭四三（一九六八）・一二・一九〔六〇回　衆・法務〕

【参照条文】　刑補

【議論の背景】　殺人を犯しながら心神喪失により無罪となった者が刑事補償を受けるといったことが起こり、問題となったため、心神喪失による無罪が憲法四〇条及び刑事補償法の「無罪」に含まれるかが議論となった。

【答弁】

○山田太郎議員　憲法四十条の無罪と、刑事補償法の無罪と、これはおのずから、字は同じであっても違いがあるのではないか。

○川井英良法務省刑事局長　「たいへん法律家の間でも、御指摘の点をめぐって議論のあるところでございます。

憲法四十条にいうこの無罪というのは、刑事補償という趣旨から考えてみて、憲法四十条にいう無罪の中に、本件のような心神喪失による無罪というようなものを初めから含んでいないんだ、補償という趣旨を憲法の四十条できめたのは、そういうようなものまでも補償するということを憲法四十条が要求しているんではない、こういう説もあるわけでございます。その説に従えば、四十条を受けてできました刑事補償法の無罪というのは当然にもう、そういうような無罪は含まないということでもって読むんだというような有力な説があるわけでございます。ところが、御承知のとおり、憲法四十条の趣旨、しかも明確に憲法という規定の中に刑事補償の根拠法規が確然と掲げられたということと、それから、旧刑事補償法のときには明確に、心神喪失による無罪は補償しないんだということの明文の規定があったわけであります。ところが新しい憲法を受けて変えた新しい刑事補償法には、あえてその規定を削ったといういきさつから考えますと、彼此考覈いたしまして、総合して考えてみまして、この憲法の四十条の中にも、新しい刑事補償法の中にいうところの無罪も、これは一切の無罪を含むんだ、その無罪の中に甲乙ないんだ、こう解釈するのが適当だ、こういう見解もあるわけでございます。

そこで、このいまの無罪の読み方について、積極、消極の二つの説が前から対立しているのでございますけれども、現に刑事補償法を立案いたしました当時の法務省の考え方、それからまた、国会におけるその趣旨の説明というようなものは、あとのほうの説、四十条の無罪の中にはあらゆる一切の無罪をいうのであって、いまの三条一号のいわゆる権利の乱用にわたるようなものは別といたしまして、それ以外の無罪は、責任性があっての無罪であっても、違法性がない無罪でありましても、すべての無罪を含むんだ、こういう趣旨で立案したものであって、これが憲法四十条の趣旨を尊重するゆえんだというふうに説明してきておるわけでございます。

いまの運用といたしましても、そういう運用に相なっているわけでございますが、その陰には、先ほど申し上げましたように、心神喪失で無罪になったというふうな場合においては、それをしも、何といいますか、世間にこれだけのショックを与えるというような事柄でございますから、それほどのことをあえてやるというような人はおそらくないだろうということで、続々と心神喪失の無罪が刑事補償を請求するというようなことはあるまいというふうな大きな期待がひそんでいたことは間違いないと思います。……いま直ちに憲法解釈の問題として、十年ほど前に四十条の解釈について政府としてあらゆる一切のものを含むと解釈したほうが憲法の精神に沿う、こういう決断のもとに刑事補償法をつくり、またそういう立場で運用してまいりましたので、今日ほぼ十年という年月を経過しました段階で、直ちにこれが四十条に、そう解釈しなくても精神に違反しないんだというふうに踏み切るためには、やはりそれに踏み切るだけの覚悟と、それから十二分の研究を必要とすると思います。もちろん、いままでもいろいろな研究はいたしておりますけれども、なお踏み切るか踏み切らないかということをきめるための十分な検討ということをこれから始めたい、こういう段階でございます。」

第四章　国　会

第四一条（国会の地位・立法権）

370　行政機構と法律の関係

【要旨】　行政機構については、内閣の自律権に基づき政令で規定し得るが、主任大臣の権限の分配や国民の権利義務に影響のあるような事項の場合は、法律で規定することを要する。

昭二二（一九四七）・八・一三〔一回　参・決算・労働連合〕

【参照条文】　憲七三⑥　行組三・四

【議論の背景】　労働省設置法の審議の中で、行政機構に関する事項が政令事項であるのか、あるいは、法律事項であるのかが議論された。

【答弁】

○井手成三内閣法制局次長　「行政機構と法律の関係でありますが、少し根本的なことを申させて頂きますと、行政権は内閣に属するとはっきり憲法に書いてあります。……この点は立法権、行政権、司法権と考えておりますが、司法権が裁判所の系統にありまして、憲法七十七条を読んで見ますと、『最高裁判所は、訴訟に関する手続、弁護士、裁判所の内部規律及び司法事務処理に関する事項について、規則を定める権限を有する。』とありまして、裁判権を与えられているところの裁判所の系統においてみずからこれを決め得る権限を持っていると解釈いたしております。同様に行政権、行政をいかにやって行くかという組織、或いはその内部機構のようなものは、これは一般論として、行政権が自律できる、即ち政令でできると考えております。併し今度の憲法におきましては、従前の官吏制度などを大権事項として勅令でやらなければならないというのと変りまして、法律で規定してもよろしいと考えておる次第であります。然らば……、先刻申しました主任大臣の権限の割振り、或いは税務署長が税を取るとか、警察署長が個人の身柄に行政権を加えて行くというような、人民の権利義務に影響のあるような事項においてはこれは他の角度から見るべき立法事項であることを要求されている。従って私共の考えとしては、行政機構は本来は一般論的には政令で規定し得ると思いますが、この主任大臣の権限の分配であるとか、或いは又国民の権利義務を直接拘束するというような事項に至りますれば、その面から又立法事項であって、法律を要すると考えております。それ以外につきましては、非常に大きな政治的な組織ができるとか、今非常に大きな問題になっている事項であるとか、又特殊な要求によりまして、これは議会に掛けた方がいいのだという制定を国会がし、又提案せんとする政府みずからが制定すれば、これは国会に掛けてもよろしいと考えております。」

371　内閣の法案提出権

『要旨』　国会は、国の唯一の立法機関であるが、議院内閣制をとる憲法の建前からは、内閣も法案の提出権を有する。

昭二九（一九五四）・三・二〇〔一九回　参・補助金等の臨時特例等に関する法律案特別〕

【参照条文】　憲七二　内五　行組一一　明憲三八

【議論の背景】　政府が国会で成立した法律を改廃する内容を盛り込んだ法案を提出することについて、国会を国の唯一の立法機関としている憲法に抵触するのではないかが議論された。

【答弁】

○千田正議員　政府が議員立法を改正する法案を提出することは、国会を唯一の立法機関としている憲法に反するのではないか。

○佐藤達夫内閣法制局長官　「御尤もな御疑念と思いますが、憲法上の建前からいたしますと、申すまでもなく国会が唯一の立法機関となっております。従いまして法律の制定そのものは国会以外になさる機関はないわけであるのであります。ところがその国会で御審議になります案文……ということになりますと、唯一の立法機関でありますから、常識上立法機関に属せられる各議員がたがお出しになることは筋からいって当然であります。そのほかに内閣に提案権があるかないかということが、第一回国会から曽つて問題になったことがあったのであります。私どもの憲法解釈といたしましては、議院内閣制をとっている今日の憲法の建前からいって、或いは又憲法七十二条で総理大臣が内閣を代表して議案を提出するという権能も憲法に謳われているというような建前から、内閣も又提案権を持つということで、今日までたくさん御提案を申上げて来ているわけであります。……そういう建前から申しますと、今まで出ております、或いは成立いたしました法律の中には、政府提案の法律もございましょうし、又今のお話にありましたような議員提案によってできた法律もございますけれども、これはただその法律ができるまでのいきさつの違いでございまして、いずれも最終的には国会が御制定になったという建前に考えなければならないわけであります。従いまして只今のお話に出て参ります今度の特例案の中には、議員立法にかかるものもありますし、或いは政府の提案のものもあったでありましょうが、……それを今度は政府の見るところによってどうしても直して頂きたいという場合は、……やはりその直して頂きたいという趣旨の法律案を御提案申上げて国会の御審議をお願いする、これは私は又憲法の建前からいって当然のことであろうと思う。但し最終的にそれをお取上げになるかならんかは、これは立法機関としての国会の御裁定に待つということが筋合になることと思っております。」

372 「勲章従軍記章制定ノ件」の合憲性

〔要旨〕 栄典の根拠となっている勅令、太政官布告等の旧法制は、内閣の助言と承認の一般的基準であるから、戦争を前提とする従軍記章がそのまま残されていたとしても全く無意味なことを規定しているにすぎず、憲法に反するというような性格のものではない。

昭四六（一九七一）・二・八〔六五回　衆・予算〕

【参照条文】 憲七⑦・一四ⅡⅢ・七三⑥　明憲一五

【議論の背景】 栄典に関する議論の中で、戦争を前提とする従軍記章を規定する太政官布告をそのままにしておくことは、現憲法に反するのではないかが議論された。

【答弁】

○田中武夫議員　戦争を前提としている従軍記章を現在においてもそのまま残していることは、憲法に反するのではないか。

○高辻正巳内閣法制局長官　「昭和三十年の一月に褒章条例を改正したことがございます。これは紫綬褒章と黄綬褒章というものを追加したことがございますが、その際にも全く同じ御質問が、……一般的に指摘された問題でございます。その基本は、……現在あります栄典の基礎にある勅令あるいは太政官布告等の旧法制は、いまは政令の効力を持っておるものとわれわれは考えておりますので、政令でその際も改正したわけでございますが、そのもとは内閣の助言と承認の一般的基準であるという考え方をとっております。むろんそういうものでも、法律で制定してもとより妨げないとは思いますし、また、かつて政府はそういう努力をいたしましたが、実らないで今日そのままになっております。

ところで、いま申し上げましたように、実態は助言と承認の基準でございますから、そういう実際に生じないようなものについては、全く無意味であるものとして考えればよろしいわけでございますので、将来従軍記章なんかを佩するようなことはとても日本の憲法では考えられませんから、そういうものについてはなきにひとしい。これは妙なことを申し上げて恐縮でございますが、たとえば監獄法にはいまでも軍刑務所なんかの規定が整理されないで残っておりますが、だからといって、これは憲法違反というのはどうかという気がいたします。いわんや褒賞等につきましては、栄典の基準としての政令として見ているものでございますので、それを従軍記章があるからといって法律違反で無効であるというような性格のものとは違うのではないかというのがわれわれの考えでございます。」

○田中　これは意味をなさないというならば、なぜ従軍記章に関する件は除くとか、削除をしないのか。

○高辻「民法あるいは刑法の規定は、要するにわれわれが法規というたぐいのものでございますが、ただいま御指摘の勅令、太政官布告等、現在政令と呼びかえられているようなたぐいのもの、これは法規というようなものではなしに、内閣の助言と承認の基準としていま作用をしているのだということを繰り返し申し上げましたが、そこが違いますので、刑法と民法と同じようには必ずしもまいる必要がないのではないかということでありまして、……それだけ申し上げます。」

373　国民投票法の合憲性

『要旨』　国民投票の結果を法的拘束力のない助言的・参考的なものとする法制度であれば、間接民主制をとる憲法に反しない。

昭五三（一九七八）・二・三〔八四回　衆・予算〕

【参照条文】　憲七九Ⅱ・九五・九六Ⅰ

【議論の背景】　予算の総括質疑の中で、国民投票法の合憲性が問われた。

【答弁】

○矢野絢也議員　国民投票制度は、代議制や議会制民主主義のもとにおける国民意思の国政への反映についての補完的な機能を果たし得るものであり、また、主権者たる国民に直接国政参加への道を一層開くことになって、民主政治に新たな活力を与えることになるものと考えられるが、これはやはり国民の意思を直接に問うものであり、直接民主主義の立場に立つものであって、間接民主主義を採用する憲法に反することになるのか。

○真田秀夫内閣法制局長官　「お答え申し上げます。

現行の憲法がいわゆる間接民主制をとっておることは、これはもうおっしゃるとおりでございまして、憲法の前文なりあるいは四十一条ないし四十三条あたりの条文から見ましても、これは明らかに間接民主制を国の統治の機構の基本原理として採用しているわけでございます。憲法自身が、それに対する例外と申しますか、直接民主制を書いている事項もございます。たとえば憲法改正に対する国民投票とか、あるいは最高裁判所裁判官の国民審査の制度とか、あるいはいわゆる地方特別法の制定に関する住民投票、こういうように限定的に憲法は直接民主制を容認しておる、こういうふうに私たちも理解いたしております。

したがいまして、たとえ法律をもっていわゆる住民投票制を設けるといたしましても、いま申しましたような憲法の趣旨から見まして、その住民投票の結果が法的な効力を持って国政に参加するという形に仕組むことは、これは憲法上恐らく否定的な結論になるのだろうと思いますが、……法的な効力は与えない、どこまでも国会が唯一の立法機関であるという憲法四十一条の原則に触れないという形に制度を仕組むということであれば、まずその点は憲法に違反しない。しかも、どういう事項についてこれを国民投票に付するかということについても、国会自身が決めるということであれば、それはやはり国会が国権の最高機関であるという原則にも触れないであろう。したがいまして、個別的な事案につきまして国民全体の意思を、総意を国会がいろいろな御審議の参考にされるために国民投票に付するという制度を立てることが、直ちに憲法違反だとは私は思っておりません。

ただ、そういう制度を立てるについては、たとえば国民投票制度の管理、執行をどこにさせるかとか、あるいは国民投票にかける議題、つまり国民に問いかけるその問いかけ方をどういうふうにして作成するかとか、あるいはまた、国民の総意を正確に投票の結果に反映させることを担保するためにはどういう制度が必要かとか、いろいろ技術的な問題はあろうかと思いますが、立法論はともかくとしまして、憲法論的に申せば、おっしゃいましたような歯止めがあれば、これは憲法違反になるとは考えておりません。」

374　国権の最高機関の意味

【要旨】　国会が国権の最高機関であるというのは、法律上の意味ではなく、いわば政治的宣言である。

昭五三（一九七八）・三・一一〔八四回　参・予算〕

【参照条文】　憲六五・七六

【議論の背景】　予算の一般質疑の中で、憲法解釈の問題の一つとして、国会が国権の最高機関であるとされていることの意味が問われた。

【答弁】

○源田実議員　国会が国権の最高機関であるというのは、どういう意味か。

○杉山恵一郎参議院法制局長　「この憲法で申しておりまする最高機関ということの法律上の意味でございますけれども、いろいろ議論のあるところではございますけれども、これは法律上の意味を持っていない、ただ国会が主催者たる国民と直結しておるということで、国の中のたくさんの機関との間で一番重要な意味を持つ機関であるということのいわば政治的宣言であるというふうに言われておりまして、権限間の問題は、それぞれ憲法でたとえば司法、司法権は独立である、行政そのものは行政権に属するというふうに配分されておるというふうに考えております。」

○源田　三権の中で国会の権限が一番強いというわけではないのか。

○杉山　「やはり憲法は三権分立主義をとっておりますので、それぞれ独立の権限を持っておる。その限りでは一番権限が強いというわけにはいかない。たとえば、最高裁判所は国会でつくった法律の審査をして、これを憲法違反であるというふうな判決をすることがあるわけでございます。それと同時に、今度は内閣の方では最高裁判所の裁判官を任命するというふうなものもある。それから内閣は国会に対して責任を負うというふうな、それぞれ違った立場でのチェック・アンド・バランスがあるというふうに考えておりますので、国会は何でもできるんだというふうなそういう意味での最高権力を持っているわけではないというふうに思います。」

375　国会の行政監督権

〔要旨〕　行政権は内閣に属するが、議院内閣制をとる憲法の下では、国会は、行政全般にわたって行政監督権を有する。

平八（一九九六）・一二・六〔一三九回　衆・予算〕

【参照条文】　憲六六Ⅲ・六九　総務省四⑰⑱・六

【議論の背景】　相次ぐ官僚の不祥事を受けて、行政改革の議論の一環として、行政監督については、行政による自己監察のみならず、国会として新たな仕組みを構築することが必要ではないかが議論された。

【答弁】

○菅直人議員　国会は行政全般について行政監督権ともいうべき権能を持っていると考えるのが適当だと思うが、この点について総理はどう考えるか。

○橋本龍太郎内閣総理大臣　「私は、確かに憲法第四十一条において、国会は国権の最高機関である、そう規定されております。国会が、主権者である国民によって直接選挙をされたその議員から成っております国民の代表機関、こうした位置づけでありますから、国家機関の中で、何といいましても一番主権者に近い、しかも最も高い地位にあるにふさわしい、そういう趣旨を当然のことながらこれはあらわしていると思います。

　同時に、憲法が国家の基本法制としてのいわゆる三権分立という制度を採用しておりまして、これは行政権及び司法権との関係において、国会の御意思が常に他に優越するということでは私はないのではなかろうか……

　国会と内閣ということになりますと、六十五条で『行政権は、内閣に属する。』と定めておりますけれども、同時に、憲法は議院内閣制を採用しておりますし、国会が立法や予算の議決権、国務大臣の出席あるいは答弁要求権等によって行政権を統制されることを認めております。また、『内閣は、行政権の行使について、国会に対して連帯して責任を負ふ。』と定められております。ですから、私は、内閣の行政権行使の全般にわたりまして政治的責任を、あるいはその政治責任を追及する上での行政監督権というものは、国会は当然のことながらお持ちになっていると思います。……

　ただ同時に、私は、本当に行政自身が全く自己監察の機能を持たなくてよいのかということになりますと……例えば郵政監察あるいは国税の監察、警察の監察等、不祥事の防止のための内部監察組織というものも機能している。私はやはり、不十分な点はより強固なものにしていく努力をしながら、行政そのものも自己を監察する能力は持っているべきだ、そう思っているということであります。」

第四二条（両院制）

376　参議院の存在理由

【要旨】　民主的な二院制を採用する憲法の下では、参議院は、衆議院に対して補充的・抑制的な機能を有するものである。

昭五一（一九七六）・五・四（七七回　参・予算）

【参照条文】　憲五九II・六〇・六一・六七II　国会一〇章　明憲三三

【議論の背景】　いわゆるロッキード問題をきっかけに長期間国会が空転したため、衆議院より送付された予算をはじめ法案について参議院での十分な審議時間を確保し得ないという状況の下で、参議院の存在理由が問われた。

【答弁】

○**吉国一郎内閣法制局長官**　「参議院の存在理由について内閣法制局で申し上げるのはいかがと存じますが、一通り憲法学上の問題としてお答えを申し上げます。

わが国のように衆議院と参議院と国会が二院制をもって成立しておりますのは、憲法学上あるいは国法学上は、貴族院型、それから連邦型、それから民主的な二院制、職能型の二院制というような分類をされておりますが、日本国憲法第四十二条では、『国会は、衆議院及び参議院の両議院でこれを構成する。』と定めておりまして、第四十三条第一項は、『両議院は、全国民を代表する選挙された議員でこれを組織する。』と規定をいたしておりますので、これはいわゆる民主制的な二院制を採用したものであるということに相なると思います。

このような民主制的な二院制は、その機能の上から分かちまして、第二院に対して補充的な抑制的な機能を与えることによって、国会ないし議会に民意をより正しく反映させて、議事の公正と慎重並びにその合理性を期待することに目的があるということになると思いますが、第一院が活動ができなくなった場合に、できる限りまた緊急に国務を処理する実際的な必要にこたえるための制度であるとも論ぜられております。わが国の参議院も、このような機能を果たすための第二院として設けられたものと考えられます。

参議院に期待されますものは、数の政治に対する理の政治、あるいは政治の幅に対して政治の深さとでも申しますか、そういうようなところにあると言われておりまして、参議院の特色は、国民の中の慎重、熟練、耐久の要素を代表させる点にあるなどと憲法制定議会において論ぜられましたのも、このようなことを言ったものであると考えております。」

第四三条（両議院の組織・代表）

377　国会の責任

【要旨】　国会は、国民に対して政治的責任を負っており、国民は、選挙を通じて国会の責任を問うものである。

昭五一（一九七六）・五・四〔七七回　参・予算〕

【参照条文】　憲前文　明憲三四・三五

【議論の背景】　いわゆるロッキード問題による長期間にわたる

国会の空転という状況を受けて、それに対する国会の責任が問題となった。

【答弁】

○宮崎正雄議員　国会は誰に対してどのような責任を負っているのか。

○吉国一郎内閣法制局長官　「ただいまのような問題こそ国会御自身がお考えいただくべき問題と存じますが、たってのお尋ねでございますので、参考として申し上げれば、先ほど御指摘がありましたように、日本国憲法には内閣の国会に対する責任を第六十六条で定めておりますし、また不信任決議について第六十九条で規定をいたしております。この規定のように国会が全体としてだれに対して責任を負うか、またその責任を追及する方法はいかなるものであるかということを憲法は規定いたしておりません。しかし、日本国憲法の前文には『日本国民は、正当に選挙された国会における代表者を通じて行動し』ということ、また『主権が国民に存することを宣言し』ということ、さらに、そもそも国政は国民の厳粛な信託によるものであるということを前文において規定いたしておりまして、また第四十三条では『両議院は、全国民を代表する選挙された議員でこれを組織する。』ものと定めておりますから、主権者たる国民の信託によって全国民のために国政を担当されます各議員が国会における行動を通じて、主権者たる国民に対して政治的な責任を負っておられると考えるべきであろうと思います。もっとも国民にとりましては、国会全体に対しましても、あるいは個々の議員に対しましても、いま申しましたような政治的な責任を追及する直接的な法律的な手段を持っておりませんけれども、国民は選挙を通じて国会の責任について国民の意思を表明するということに相なると思います。」

378　拘束名簿式比例代表制の合憲性

〔要旨〕　拘束名簿式比例代表制は、究極のところ当選人を国民が決定しているものであり、憲法に反するものではない。

昭五六（一九八一）・一〇・一四〔九五回　参・本会議〕

【参照条文】　憲一五Ⅰ・四四・四七　公選四ⅠⅡ・一二ⅠⅡ・八六の二Ⅰ・九四・九五の二・九五の三

【議論の背景】　参議院の選挙制度改革に関する公職選挙法改正の審議の中で、拘束名簿式比例代表制の合憲性が問題となった。

【答弁】

○福間知之議員　比例代表制と憲法四十三条との関係はどうなっているのか。

○金丸三郎参議院議員　「比例代表選挙の当選人は、政党の得た得票数に従いまして、名簿の順位によって決定されるものでございます。これは究極のところ当選人を国民が決定しておるものであります。したがいまして、憲法四十三条に言う『選挙された議員』であるということにつきましては、私どもは何ら疑いがないものと思っております。

また、政党への投票は、実態といたしましては候補者の集団に対するものであります。政党名はその徴表として使われるものでございますので、これが公選制に違反するものとは考えておりません。」

第四四条（議員・選挙人の資格）

379　政党の憲法上の位置付け

【要旨】憲法には直接政党に関する規定はないが、議院内閣制をとる以上当然に政党の存在を前提にしている。

昭五七（一九八二）・四・一四〔九六回　参・選挙特別〕

【参照条文】憲二一Ⅰ

【議論の背景】比例代表制の導入に関する参議院の選挙制度改革の議論の中で、政党本意の選挙制度の合憲性及び政党の憲法上の位置付けが問題となった。

【答弁】

○円山雅也議員　憲法は政党については全く規定がなく、政党について憲法上特別の地位を認めていないのであるから、政党を前提とする選挙制度は憲法に反するのではないか。

○金丸三郎参議院議員「御指摘のように憲法には直接政党に関する規定はございません。しかし、わが国の憲法は御承知のように議院内閣制度をとっております。これは当然に政党の存在を前提とするものだと私どもは考えております。また、昭和四十五年に最高裁判所が大法廷におきまして政党について判決をしたものがございます。この中に明瞭に、憲法は政党の存在を当然に予定しておるものというべきであり、議会制の民主主義を支える不可欠の要素であるということを指摘いたしております。私は、これはわが国におきましてはほぼ憲法と政党に関します解釈の問題として通説と申してよろしいのではなかろうかと思います。したがいまして、政党を前提といたします選挙法が作成されたといたしましても、これが憲法に抵触するようなことは万ないと、かように存じます。」

第五〇条（議員の不逮捕特権）

380　不逮捕特権と逮捕許諾要求との関係

【要旨】国会議員の不逮捕特権からすれば、犯罪の嫌疑が確実であるというだけでは逮捕の許諾を与えるべきではなく、検察庁の要求と国会の審議権確保上の要求の比較考量が必要である。

昭二三（一九四八）・一二・三（四回　衆・議運）

【参照条文】国会三三・三四・一一四　衆規二一〇　参規二一九　明憲五三

【議論の背景】いわゆる昭和電工疑獄事件の渦中に、芦田均内閣総理大臣等に対する逮捕許諾要求が出されたことを受けて、国会議員の不逮捕特権の例外と逮捕許諾の判断基準が問題となった。

【答弁】

〇山口喜久一郎委員長「議員芦田均君、北浦圭太郎君及び川橋豊次郎君の逮捕について許諾を求める件を議題といたします。

前回の委員会の決定に基きまして、本日は法制局長から本件に関する意見を聴取することにいたします。」

〇入江俊郎衆議院法制局長「それではお求めによりまして、本件について法制局で研究いたしました法律上の諸点について報告申し上げたいと思います。……

お話を大体三つに分けまして、第一番目には、憲法第五十条のいわゆる国会議員の不逮捕特権というものについての法律上の考え方について申し上げ第二番目には、本件の許諾を要するかいなかにつきまして、本委員会としてはどういう点を審議すべきであるかという点についての法律上の見解を申し上げたいと思います。第三番目には、具体的本事案につきましての法律上の見解を申し上げて、御参考に供したいと考えております。

憲法第五十条のいわゆる国会議員の不逮捕特権につきましては、国会の職務の独立性を保障して、それが他の権力のために妨げられることのないようにするという意味であることは、本条の条項が、近代立憲主義、憲法に広く認められるに至った由来とか、あるいは本条の解説としてわが国に広く行われている学説等を見ましても、さようになっていると思うのであります。ただ本条は、国会議員の職務を保護するために、議員をして絶対に刑事上の不可侵権を有せしめるという趣旨ではなく、行政権または司法権の側よりの要求と、立法権の側よりの要求とを比較考量いたしまして、そのいずれの要求をより重しとするかによって決せらるべき事柄ではないかと考えるのであります。

そこで、この法文の適用に当りまして、第一に犯罪の嫌疑が確実であるというだけでは、当然に逮捕の許諾を与えるべきものではないのであって、さらに、その容疑者につきまして強制収容をしなければならないというような、逮捕をすることの必要性が存在しなければならぬと思います。この逮捕を許諾する場合に、単に犯罪の嫌疑が確実だというだけではなく、さらに強制収容をしなければならないというだけの必要性がなければならないというふうに考えるべきだろうと思うのであります。

このことは、憲法第五十条の規定、それから現行刑事訴訟手続におきまして、身柄を拘束し、公訴を提起いたしますその間において、最初まず検察官から、犯罪を疑うに足る相当の理由があるときは、裁判官の逮捕状を得て、これを逮捕することができますけれども、逮捕されたならば、七十二時間以内に検察官が裁判官に勾留状の請求をしなければならないというふうになっております。その勾留状の発付については、刑事訴訟法第八十七条及びその準用によりまして、被疑者が定まった住居がないとき、あるいは証拠湮滅のおそれがあるとき、または逃亡し、またはそのおそれがあるとき、というふうな、いずれかの要件が原則としてなければならないというようになっているようであります。

そこで、この憲法の逮捕と申しますのは、刑事訴訟手続によりますと、逮捕のほかに勾留というような観念を用いておりますけれども、憲法第五十条の逮捕というのは、逮捕状の発付と、それから引続いて勾留状の発付というような、双方を含めて身体の自由を拘束することを意味します。従って、逮捕許諾をする場合におきましては、単に犯罪の確証があるというだけでなくして、今申しました住居不定であるとか、証拠湮滅のおそれがある場合とか、あるいは逃亡のおそれがある場合とか、そういうことがあるかないかを判断して、そうして許諾をするということになって行くべき筋合のものであろうと思うのでありま す。

しかし、もう一つ附け加えて申し上げておきたいと思いますことは、犯罪の嫌疑が濃厚であるというような心証とともに、また証拠湮滅あるいは逃亡のおそれがあるような心証を得ました上で、さらに国会といたしましては、そういう検察庁の要求と、国会の審議権の確保の要求と、その二つを比較考量いたしまして、しかる後に許諾かいなかを決すべきものではないかと考えているのであります。

これらにつきましては、いろいろ学説はありますが、それを紹介することは省略しますけれども、結論として申しますと、大体さように考えるのであります。

ただ、これにつきましては、いささか学者の間に異論がありまして、国会の立場を考えるということは憲法第五十条の趣旨ではないので、犯罪嫌疑が濃厚で、しかも証拠湮滅または逃亡のおそれあることが確認されますれば、そのときはただちに許諾を与うべしというような説をなす者があって、たとえば美濃部博士のごときはそうでありますが、しかし、それに対して、学者及び実際家の方面の御意見では、必ずしもそうではなくして、その上にさらに検察庁側の要求と、国会側の要求との双方を比較研究した上で、冷静に、かつ賢明に判断すべきものであるという説がございます。私ども法制局といたしましては、そのあとの説の方が妥当ではないかと思いますけれども、これらの点につきましては適当に御判断を願いたいと考えております。

次に、本件許諾を決するに当って、本院としてどういう点を審議すべきかということについての法律上の見解を申し上げたいと思います。

前提として申し上げたいことは、本院といたしましては、許諾要求書に現われました事柄についてのみ判断すべきであることは、いうまでもないと思います。もちろん、右要求書に現われました事柄につきましても、実態を明らかにするために、ある程度調査研究することは必要でありましょうけれども、調査の道行きで述べられた事柄であって、要求書には直接出ておらぬ事柄は、判断の対象とすべきものではなかろう。これは当然のことでありますが、順序として申し上げたのであります。そこで、その範囲内で本院が審査をするといたしまして、その場合問題となるのは次の三つになると思っております。

第一に、要求書に現われました事柄について、それがはたして犯罪としての法律上の要件を備えておるかどうかという点について審査をする必要があるのではなかろうかと思うのであります。すなわち、要求書記載事項が、法律上の段取りとして、とうてい犯罪を構成するだけのものでないというふうに考えられますならば、それは要求書としての意味をなさないのでありますから、これについての一応の判断をすべきであろうと思います。しかし、これは法律上の要件の有無ということでありまして、はたしてこれがほんとうに犯罪となるかどうかは、この事実関係がどうなっているかということにかかっておりますので、結局これは裁判所の判定すべき事柄であろうと思いますから、ここではまず、その法律上の要件の有無というような点を中心に、考うべきである、かように考えております。

そこで、その法律上の要件があるというふうに考えられました場合において、第二に、本院は、検察庁側の要求と国会側の審議権確保上の要求と比較考量して判断をすべきであろうと思うのであります。この点先ほど申し上げましたように、学説としてはそこまで行かないのだという説もありますけれども、一応私どもは、多数の説によりまして、比較考量してさしつかえないのではなかろうかと思うのであります。この場合、検察庁側の要求といたしましては、どういう点を見たらいいのかという点は、たとえば第一に、その犯罪の罪質の軽重、またその行為が明白な破廉恥性、不道徳性をもっているというようなことで、これを逮捕せずに放置しておくことが社会通念上許されないと考えられるかどうか。第三には、当事者が証拠湮滅のおそれがあり、または逃亡のおそれがありまして、どうしても検察当局が捜査上身柄を拘束することが必要であるかないか、その切実さの程度を一方の標準として、検察庁側の要求と考えることができようと思います。それからそれに対応しまして、衆議院側といいますか、国会側の要請といたしましては、議院における審議権を確保するということでありまして、言いかえれば、国会は主権者たる全国民の代表であって、従って衆議院の審議及びその意思決定というものが、常に適正に国民の総意を具体化するものでなければならぬ。これを確保することが国会側の要求だと思います。たとえば議員の逮捕ということによりまして、衆議院の構成に大きな影響を受けます。そのために衆議院の審議が支障を生ずるということ、これは私の一つの考えでありますけれども、たとえば、そのときの政党の分野は与党と野党とで非常にすれすれであって、一、二の人が逮捕されることによって衆議院の本来的意思がまるでかわってしまうというような場合、そのときは、相なるべくは議員の逮捕をしばらく延してでも衆議院の構成に変動をさせないようにして、衆議院本来の意見をまず成立させるという必要があろうかと思います。また、その当事者の国会の役員としての地位の重要さということも、その場合参考になるかもしれないと思います。

要するに、そういったわけで、一方検察庁側の要請と、一方国会側の要請とを賢明に比較考量いたしまして、その上に逮捕を許諾するがいいか、あるいは拒否することがいいかということを、社会公共の福祉に適合するかどうかという標準に合せながら決定して行くべきであろうというふうに考えております。ただ、この第二の比較考量に入って後の問題は、法律問題ではないのでありまして、この点は、議員各自におきまして、あらゆる面を総合的に判断しておきめを願うべき、裁量の範囲の問題かと思っております。」

381　期限付逮捕許諾の可否

〔要旨〕　逮捕許諾請求に際しては、議院は、何らの条件を付することができない。

昭二九（一九五四）・四・一四〔一九回　参・議運〕

【参照条文】　国会三四の三

【議論の背景】　議員の逮捕許諾に当たり、衆議院は、審議権確保のために議員の出席を要するとして逮捕許諾に際し期限を付したが、東京地検及び東京地裁はこれを無視し期限を超えて勾留したため、期限付逮捕許諾の可否が問題となった。

【答弁】

○松岡平市議員　議員の逮捕の許諾請求に対しては、議院というものは何らの条件を付することができないのか。付した場合には、これは条件がないものとして扱うということは、政府あるいは検察庁において確定された事柄であるのか。

○犬養健法務大臣　「逮捕許諾について、有田議員の場合には期限を附しましたが、率直に申上げまして、法務省及び検察庁はこれの解釈について頗る疑問を持っております。併しすべては裁判の決定のそれに従うということは、しばしば申上げた通りでありまして、裁判所の決定を静かに待っており、裁判所は期限附を認めない決定をいたした次第でございます。法務省も検察庁も、その裁判所の判断に従って、これを遵守いたしている次第でございます。」

○松岡　この裁判所の決定に対して何ら異議が申し立てられなかったことからすると、期限付逮捕許諾の取扱いについての確定した判決と考えてよいのか。

○犬養　「まさに、さようの通りでございます。」

第五一条（議員の発言・表決の無責任）

382　議院証言法に基づく議員の証言と免責特権との関係

【要旨】　免責特権の対象となるのは、議員が職務を行うに際し行った演説等であり、議院証言法上の証人として行った証言はこれに当たらない。

昭五一（一九七六）・九・八〔七七回（閉）衆・ロッキード特別〕

【参照条文】　国会一一六・一一九　議院証言一　明憲五二

【議論の背景】　いわゆるロッキード問題に関する議論の中で、議院証言法に基づいて行われた議員の証言が免責特権の対象となるかどうかが議論された。

【答弁】

○田中武夫議員　国会議員の免責特権は、議院証言法による証言にも及ぶのか。

○川口頼好衆議院法制局長　「憲法五十一条の条文をそのまま読み上げますと、『両議院の議員は、議院で行つた演説、討論又は表決について、院外で責任を問はれない。』これがいわゆる言論の自由を国会議員に最大限に保障するための免責特権、具体的には刑事責任も、それから民事上の不法行為の損害賠償の責任も負わない、こういう特権でございます。近代憲法のほとんどの条章にある条文でございます。

ところで、御質問の要点は、議院証言法上、国会議員が証人として喚問されまして、その場合に行った証言に、仮に偽証の疑いというふうなことが問題になった場合に、それを委員会が告発し、検察庁が刑事事件として偽証罪として起訴したとする場合に、裁判所でこの憲法五十一条の免責特権を根拠に刑事責任が追及できないということになるのかどうか、これが具体的な問題でございます。これは非常に重要な問題でありますので、お問い合わせがありました議員さん方に、口頭ではなく、文書で私が書き上げて差し上げましたので、そのとおり読み上げます。

憲法第五十一条は、議院の職務遂行上、両議院の議員が議員としての職務を行うに際し行った演説等について、院外において責任を問われないという特典を規定したものと解する。従って、両議院の議員が議院証言法上の証人として行った証言は、これに当たらないと解する。

こういうものでございます。

私どもとしては論理上そうなると考えておりますが、強いて理屈を申しますならば、議員さんが本来の職務の遂行上なさった発言と、それから証人台に立たれて証言なさった立場においてなされたのは、言ってみますれば場が違うというふうに考えておる次第でございます。」

○茂串俊内閣法制局第一部長「内閣法制局といたしましても、ただいま衆議院法制局長が答弁されましたところと同一の見解でございます。」

第五二条（常会）

383 国会の常会の召集を毎年一回としている趣旨

【要旨】 憲法が常会の召集について毎年一回としているのは、国会が予算、法律案等の審議等のために定期的に毎年相当の期間活動することのできる状態に置かれるようにするためである。

昭六〇（一九八五）・二・二二〔一〇二回 衆・予算〕

【参照条文】 国会二・一〇

【議論の背景】　常会の召集期を毎年一二月から一月とする国会法改正の審議の中で、改正の初年については、常会の召集がなくなってしまうことから、憲法が国会の常会の召集を毎年一回としている趣旨に反するのではないかが議論された。

【答弁】

○前田正道内閣法制局第一部長　「憲法五十二条が『国会の常会は、毎年一回これを召集する。』と定めているのを受けまして、現行の国会法第二条は『常会は、毎年十二月中に召集するのを常例とする。』と定めているところでございます。

……国会法を改正いたしまして常会の召集時期を現行の毎年十二月中から毎年一月中といたしました場合、改正の最初の年に限って申し上げますと常会の召集がないということになりますので、先ほど申し上げました憲法五十二条の規定との関係から申しまして疑義があるとする見解がないわけではございません。しかしながら、憲法五十二条があのような規定を置いたにつきましては、国会が予算、法律案の審議、議決その他の権能を行使されますために定期的に毎年相当の期間活動することのできる状態に置かれていることが望ましいわけでございますので、建前といたしまして常会を毎年一回召集することというのを定めたものと考えております。

しかも、憲法五十二条は、常会の召集につきまして特定の時期までは明示しているわけではございません。そのような点からいたしまして、仮に国会法を改正されました結果、その最初の年につきまして常会の召集がないこととなりましても、そのことは国会法の改正に伴います経過的な措置ということで、憲法の趣旨に反するものではないというふうに考えております。」

第五四条（衆議院の解散・特別会、参議院の緊急集会）

384　緊急集会における憲法改正の可否

〔要旨〕　参議院の緊急集会においては、法律及び予算は審議できるが、憲法改正については予想していない。

昭二八（一九五三）・三・一九（一五回後緊急　参・予算）

【参照条文】　国会一〇一・一〇二・一〇二の四　参規二五一　明憲八・七〇

【議論の背景】　参議院の緊急集会での暫定予算の審議の中で、憲法改正についても審議できるかが議論された。

【答弁】

○木村禧八郎議員　参議院の緊急集会で予算を審議することはできるのか。

○佐藤達夫内閣法制局長官　「御指摘の通りに、この五十四条第三項には、予算のことも書いてなければ、法律のことも書いてない。何も書いてないのです。ただ『措置は』と書いてあって、その措置とは何ぞやという問題に私はなると思います。これは少くとも和製の条文でございますが、立案のときの考え方といたしましては、旧憲法では、憲法八条で法律に代るべき勅令というものがあります。それから七十条で緊急財政処分と、法律、財政と条文がこう分れておったわけなのでありますが、まあほぼそれに対応するものとして、その二つを含めたものとしてこの条文を私どもは置いたわけなのであります。従いまして、憲法の御審議の帝国議会におきましても、金森国務大臣が質疑に応じて、参議院緊急集会において法律が審議できるか、できます、予算はどうか、できます、憲法改正はどうか、これは予想しておりません、これは将来の解釈問題でございましょうということをお答えしておる。又学者の本を見ましても、予算がこの緊急集会で審議できるということは、これは定説と申上げてよろしいと思います。」

385　衆参同日選挙の合憲性

【要旨】　衆参同日選挙が行われても、参議院議員の半数は残っており、緊急集会を召集することができるのであるから、憲法の精神に反することにはならない。

昭六〇（一九八五）・一二・三〔一〇三回　衆・選挙特別〕

【参照条文】　憲四六・四七　公選三二

【議論の背景】　定数是正に関する公職選挙法改正の審議の中で、衆参同日選挙の合憲性が問題となった。

【答弁】

○斉藤節議員　衆参同日選挙がこれまで行われずにきた理由をどのように考えるのか。

○茂串俊内閣法制局長官　「法律的な見地から申し上げますと、いわゆる衆参同時選挙にかかわりのある憲法の規定といたしましては第五十四条があるわけでございまして、衆議院が解散されたときの措置についていろいろ定めておるわけでございます。この憲法五十四条と今御指摘の衆参同時選挙とを対比してみますと、この規定と衆参同時選挙とは一般的には矛盾するところはないと考えておるわけでございます。

ただ、巷間よく問題になりますのが、いわゆる衆参同時選挙を行いますと参議院の緊急集会があるいは行えなくなるのではないかといったようなところで問題視される場合もあるのでございますけれども、この点について一般的な法律論を申し上げますと、一応問題になるのが、いわゆる同時選挙が参議院議員の任期満了後に行われる場合でございます。その場合におきましても、参議院議員の半数が議員としての身分を失っている、半数がいわば残っておるわけでございます。残りの半数が存在しているわけでございますから、議事及び議決には総議員の三分の一以上の出席があれば足りるとされているわけでございますので、参議院の緊急集会を行うことは可能でございます。したがいまして、このような面におきましても、いわゆる衆参同時選挙を行うことが憲法五十四条の精神に反することにはならないと考えておるわけでございます。」

○斉藤　二院制をとる我が国においては、性格の異なる両院において各別の選挙を行うべきであって、同時に行うべきではないと考えるが、どうか。

○茂串　「衆議院の解散は、立法府と行政府の意思が対立するなど国政上の重大な局面におきまして、国民に最も近いとされる衆議院の構成について特に民意を反映させる必要がある場合に、主権者たる国民に訴えてその判定を求めることをねらいとして行われるものでございますが、憲法は衆議院が解散された場合における総選挙の施行につきまして、その五十四条第一項で、『解散の日から四十日以内に、衆議院議員の総選挙を行ひ、』と定めているだけでありまして、総選挙が行われるべき期日まで特に定めることはしておらないわけでございます。

……衆議院の解散によって行われるべき総選挙の施行の期日が参議院議員の通常選挙の期日と必ず別でなければならないということにはならないわけでございまして、いわゆる衆参同日選挙が憲法の精神に反するとかいう憲法上の問題としては特に問題はないのではないか、かように考える次第でございます。」

第五八条（役員の選任、議院規則、懲罰）

386　議員辞職勧告決議の効力

【要旨】　議員辞職勧告決議は、法的な拘束力は持たないが、当該議員に対し事実上強い圧力を加えるものであるから、その取り扱いについては、慎重な配慮が要請される。

昭五八（一九八三）・一一・二一〔一〇〇回　参・行革特別〕

【参照条文】　憲五五但　国会一二二④　衆規二四五　参規二四六

【議論の背景】　いわゆるロッキード事件に関して，東京地裁より田中角栄被告に有罪判決が言い渡されたことを受けて，野党より田中元総理の議員辞職勧告決議案が提出されるという状況の下で，右決議が議員の身分保障を規定する憲法に反するかどうかが議論された。

【答弁】

○矢田部理議員　辞職勧告決議は憲法に反するのか。

○茂串俊内閣法制局長官　「憲法は，国会議員の地位をその意に反して失わせるにつきましては，厳格な要件と手続を定めておるわけでありますが，これは国会議員が全国民の代表者として国民の選挙により選任され，国権の最高機関としての国会を構成するものであるという地位の特殊性と職責の重要性にかんがみまして，国会議員の身分保障を特に手厚くしておるのであると考えられます。

ところで，いわゆる議員辞職勧告につきましては，法的な拘束力は持たないといいますものの，その議員の進退につきまして事実上強い圧力を加えるものでございます。それは憲法に定めているような厳格な要件と手続を経ないで，選挙民と国会議員との関係を断ち切るということになりかねないものでございますので，いま申し上げましたような憲法の基礎にある考え方からいたしますれば，その取り扱いにつきましては慎重な配慮が要請されると考えております。」

○矢田部　憲法には，辞職勧告決議案を提出してはいけないという規定はないが，憲法に反するのか。

○中曽根康弘内閣総理大臣　「私は辞職勧告決議案が憲法違反だなどと言ったことは一回もありません。それはただいま申し上げましたように，国会議員にはそれだけ憲法や国会法で身分が保障され，言論の自由，少数者の保護が保障されておる。先ほど申し上げました理由からも，そういう状況から見て，辞職勧告決議案というような類のものを出すことは，これは議会主義になじまない，したがってそれは慎重を要する，そういうことを言っておるのでありまして，ストレートに憲法違反だというようなことを言ったことはございません。」

387　第一審で有罪判決を受けた国会議員に対する懲罰

〔要旨〕　懲罰の問題は，議院内部の秩序維持の問題であるから，第一審で有罪判決を受けたことが院内の秩序をみだしたかどうかが問題となる。

昭五九（一九八四）・三・一　〔一〇一回　衆・地方行政〕

【参照条文】　国会一一六・一一九・一二〇・一二四　衆規二二〇　参規二一六

【議論の背景】　いわゆるロッキード事件における田中元総理第一審有罪判決を受けて、解散総選挙が行われ、政治倫理の確立が急務とされていた状況の下で、同氏に対し、国会においてさらに懲罰しうるかどうか、懲罰と司法審査との関係が問題となった。

【答弁】

○岡本富夫議員　一審で有罪判決を受けたことをもって憲法五十八条の懲罰をなしうるのか。

○前田正道内閣法制局第一部長　「憲法五十八条の規定は、……議院内部の秩序の維持に関する規定でございます。

……憲法五十八条の二項の規定に基づきまして、一審で有罪判決を受けた議員を懲罰することができるかどうかという問題につきましては、この五十八条の二項が懲罰の対象としておりますのは『院内の秩序をみだした議員』とされておりますので、一審で有罪判決を受けましたことが『院内の秩序をみだした』ことに該当すると解されるかどうかという点が問題になると存じます。

ただ、この問題につきましては、何分にも議院内部の秩序のあり方に関する問題でございますので、行政府に属する者が意見を申し上げることは差し控えさせていただきたいと存じます。」

「……ただいま御指摘の問題は、憲法第四十四条に関する問題であろうかと存じます。

そうしました場合に、憲法四十四条は議員の資格は法律で定めるというわけでございますから、その議員の被選挙権を奪うといたしますれば、それは法律で定められていなければならないということになるわけでございます。そうしました場合に、立候補の自由と申しますのは憲法十五条第一項が保障しております重要な基本的人権の一つでございますから、もしもその議員の被選挙権を制約するというのでございますれば、それ相当の合理的な理由がなければならないということが問題になるわけでございます。

そうしました場合に、これまた御承知のように、現行の公職選挙法第十一条は被選挙権を有しない者についての定めをしておりますけれども、そのうち、刑に処せられましたことを理由とする者につきましては、すべて裁判が確定しているということを前提にしているわけでございます。

そのこととの対比から申しますならば、仮に一審で有罪判決を受けたということを理由といたしまして被選挙権を奪うといたしますならば、そうすることにつきましての合理的な理由があるかどうか、先ほど申されましたように、三審制をとっておりますれ現行法制のもとにおきましてそれだけの合理的な理由があるか、さらには、仮に上級審におきまして無罪の判決を受けました場合にどのような救済の道があるかという難しい問題が出てくるのではないかと存じます。」

388　国会議員の個人的行為による懲罰の可否

〔要旨〕国会議員に対する懲罰は、院内の秩序をみだした場合に行いうるものであるから、それとは無関係な個人的行為はその対象とはならない。

平九（一九九七）・三・一三〔一四〇回　参・予算〕

【参照条文】国会一五章　衆規一八章　参規一八章

【議論の背景】いわゆるオレンジ共済事件を受けて、友部達夫参議院議員に対する議員辞職勧告決議案が提出される過程で、国会議員の身分保障について議論がなされた。

【答弁】

○依田智治議員　国会議員をやめさせることができる場合というのは、どのような場合か。

○田島信威参議院法制局長「国会議員をやめさせることができる場合といたしましては、憲法上二つの場合があります。その第一は、憲法第五十五条の資格争訟でございますが、これは法律で定める議員の資格に関する争訟により議席を失わせる場合であります。二つ目は、憲法第五十八条第二項により、『院内の秩序をみだした議員』に対する懲罰として除名する場合であります。」

○依田　参議院規則二百四十五条に「議院を騒がし又は議院の体面を汚し、その情状が特に重い者」ということで除名理由があるが、これとの関係はどのように考えるのか。

○田島「登院停止または除名の懲罰を科することができる場合を定めた参議院規則第二百四十五条は、あくまでも憲法第五十八条第二項の規定を受けたものでありまして、『院内の秩序をみだした』と言える場合についての規定であります。

この議員に対する懲罰権は、議院の自律権として各議院がその運営を円滑に行うため憲法上認められているものであります。したがいまして、院内の秩序とは無関係な個人的行為は懲罰の対象にならないと解されております。」

第五九条（法律案の議決、衆議院の優越）

389　両院協議会が不調に終わった場合の処理手続

〔要旨〕両院協議会が不調に終わった場合は、衆議院においてさらに三分の二以上の多数で衆議院の議決を再可決することができる。

昭二六（一九五一）・五・一〇〔一〇回　衆・議運〕

【参照条文】　国会八四・九四　両院協議会規程

【議論の背景】　当時懸案とされていた食糧管理法が両院協議会にかけられていたことから、両院協議会にかけて成案を得られなかった後の処理手続が確認された。

【答弁】

○梨木作次郎議員　両院協議会にかかって、もし成案が得られなかった場合に、再び憲法第五十九条による三分の二の議決ができるのか。

○大池真衆議院事務総長　「両院協議会にあらかじめかけて、協議会がまとまらなかったあとで、三分の二の議決ができれば、文体からさしつかえないと思います。」

○梨木　両院協議会にかけて不調に終った場合に、三分の二の議決をしたという前例はあるのか。

○大池　「まだそういう事例はございません。五十九条を読んでくだされればわかります。第二項で、衆議院と参議院との議決の異なった場合に、衆議院の方で三分の二の多数議決ができれば法律になる。そうしてその三項において『前項の規定は、法律の定めるところにより、衆議院が、両議院の協議会を開くことを求めることを妨げない。』というのですから、この規定があったからといって、両院協議会を開いてもさしつかえないといっておるわけです。ですから、両院協議会を開いて、まとまれば三分の二の議決は必要なくなる。もしまとまらない場合には、さらに元にもどって、三分の二で議決になれば法律になるということになります。」

390　一時不再議の原則

【要旨】　一時不再議の原則は、明文上の規定はないが、国会運営上の慣例となっている。

昭三一（一九五六）・三・二六〔二四回　参・議運〕

【参照条文】　憲五二　衆規二一　参規二三　明憲三九

【議論の背景】　公職選挙法改正案が成立した後、同一会期内にさらに同法の改正案が提出されたことから、一時不再議の原則に反しないかが議論された。

【答弁】

○藤田進議員　一事不再議の原則とは、どのようなものか。

○奥野健一参議院法制局長　「旧憲法時代におきましては、旧憲法三十九条に、両院の一つの院で否決された法律案は同一の会期中再び提出ができないという規定がありまして、これが一事不再議の根本的な法文上の根拠とされております。これに基きまして両院議院の規則におきまして、やはりそういう案件を議事日程に設けてはならないといったような規定がありましたが、新憲法におきましては、もちろん旧憲法三十九条のような規定もなく、またそれに対応した議院規則もなくなっておりますので、一事不再議、という原則は明文上はありません。しかしながら、国会の意思決定といたしまして、事の性質上、同一会期中に同一事項について国会の意思決定が二、三になるということはおかしいので、また何回でもやれるということであるならば、際限なく同一議事が議せらるるということになって、国会の運営ということも円滑に行かないということで、明文上はありませんが、事の性質上、同じ事項について別段の理由もなく再び、あるいは三たび議決するということは、一事不再議として、これは国会の運営上の慣例として認めないというふうに取り扱われておるものと考えます。ただ同一事柄に関係がありましても、新たなる事情の変更とか、新たなる改正の必要を認めて、すでに一たび議決された事柄でも、しかも同一会期におきましても、これを改めたいとき、あるいはこれをやめたい、この法律案を廃止したいという必要に迫られて、いわば新しい前提のもとにこれを改正、あるいは廃止というような議決は、いわゆる一事不再議に該当しない、こういうふうにみていいのではないかというふうに考えております。」

○藤田　事情変更の具体例は。

○奥野　「たとえば新憲法になりまして、国会の会期というものが百五十日等に非常に延びた関係もあるような関係から、ことに財政上の事情が変更して、税金あるいは俸給等について、これを上げなければならぬとかいうような事情があるような場合は、もちろん事情変更としてみていいと思います。またそのほかにおきましても、その新しい政策に基いて、新しい法制を必要として、前の旧法制を改正、廃止する必要があるというような場合も、……それに該当する。」

第六二条（国政調査権）

391　裁判官の適格性に対する国政調査権行使の可否

【要旨】　特定の裁判官の適格性を問題にすることは、国政調査権の逸脱であり、訴追問題として考えるべきである。

【参照条文】　憲六四・七八　国会一六章　裁四八

昭四二（一九六七）・一一・一（五六回（閉）衆・法務）

【議論の背景】　ある裁判官が裁判所広報という地方の刷物に執筆した内容に政治色の強い部分があったことから、裁判官としての適格性について、国政調査権との関係で議論された。

【答弁】

○中谷鉄也議員　裁判官の適格性の問題を国政調査権の対象とすることはできないのか。

○岸盛一最高裁判所事務総長　「特定の裁判官をその適格性を問題にして国政調査の対象にすることは国政調査権の逸脱で、裁判官の適格性を問題にするなら訴追の問題として考えるほかはない、そういう趣旨でございます。」

「誤解のないように申し上げておきたいと思いますが、決して私は訴追をしたらいいじゃないかという趣旨で申しているわけじゃありません。これまでのこの飯守問題についての論議の結末は、結局飯守判事が裁判官として適格性を持っているかどうか、そこに落ちているのです。そういう問題は、この国政調査の範囲でやるべき問題じゃない。適格性を論ずるならば、これはおのずから国法の定めた別の手続がある。その別の手続ということは、先ほど別の場所ということばで申しましたけれども、そういう趣旨で申しておるのでありまして、裁判所側がこれを訴追しなければならぬというふうにかりに考えます場合には、これは訴追の義務があるのです。裁判所としてはそういうことは全然考えておりませんけれども、この問題について飯守判事の裁判官としての適格を御論議なさるならば、この場所では不適当である、こういう趣旨で申したわけです。」

○中谷　国政調査の範囲、限界ということについてどのように考えるのか。

○岸　「われわれはこれは訴追ものだから国政調査としてのほうを封じよう、そういうことではない。それは裁判官の言論について一切国政調査の対象にはならないとは申しません。それはケース・バイ・ケースによってであると思いますけれども、少なくともこの飯守問題に関する限りは、論議の末は常に裁判官としての適格問題にまでいくわけなんです。そういう議論ならば、ここでこういう国政調査の席でやるべきことじゃない、そういう趣旨で申しております。」

392　国政調査権の性質

【要旨】　国政調査権については、国会が本来持っている権能との関係で、補完的に認められたものであるとする考え方と独立の権能であるとする考え方がある。

昭四九（一九七四）・三・六〔七二回　衆・法務〕

【参照条文】　憲四一

【議論の背景】　国政調査権と議院証言法上の証言拒絶との関係についての議論の中で、国政調査権の性質について言及された。

【答弁】

〇稲葉誠一議員　国政調査権の性質は、どのようなものか。

〇真田秀夫内閣法制次長　「憲法の国政調査権は、一体、国会が本来持っていらっしゃる立法だとか、予算の審議とか、内閣に対する、行政に対するコントロールとかというような、本来的な権能をお使いになる手段として補完的に認められたものであるのか、あるいは独立の権能であるものかというような、国政調査権の性格についての意見があるわけなんです。その前者だとすれば、三権分立、三権そのものの一つでございますけれども、後者だとすると、いわゆる立法、司法、行政とはまた別の独立した権能じゃないかというような意見に従いますと、そういう点をとらえて四権だというようなお考えがあるいは立つのかもしれないというふうに感ずるわけでございます。政府がその四権の説をとっているとかなんとかいうことじゃなくて、そういう考え方もあるということを御紹介になったのじゃなかろうかというふうに推測するわけでございます。」

393　「国家の重大な利益に悪影響を及ぼす」場合（議院証言法五Ⅲ）

【要旨】　税務行政が執行できないという影響をきたすような場合には、重要な行政が遂行されないことによって国家の利益に悪影響を及ぼす場合がありうる。

昭四九（一九七四）・一一・一三〔七三回（閉）参・大蔵〕

【参照条文】　議院証言五Ⅲ　国公一〇〇　刑訴一四四

【議論の背景】　議院証言法上の公務員の守秘義務と国政調査権との関係についての議論の中で、同法五Ⅲの「国家の重大な利益に悪影響を及ぼす」場合の意味が問われた。

【答弁】

〇鈴木一弘議員　議証法上の「国家の重大な利益」とは、何を指すのか。

〇吉国一郎内閣法制局長官　「この議院における証人の宣誓及び証言等に関する法律の第五条第三項のここで使っておりますが『国家の重大な利益に悪影響を及ぼす旨の内閣の声明』という、『国家の重大な利益に悪影響を及ぼす』ということについて、

……

実例といたしましては、先ほども申し上げましたように、検察事務というものが遂行せられないような——検察事務の全体ではございませんけれども、その当時問題になっておりましたような事例について、秘密を開披するときには、検察事務の遂行に重大な影響を及ぼすということで、この内閣声明が行なわれたと思います。それと同様な意味において、たとえば、税務行政でございましても、その開披のしかた、態様等によりますが、場合によっては今後、税務行政が執行できないような影響を来たすような場合も論理的にはあり得ると思います。国家と

いうものは、一つは、課税権に基づいて収入を得て、これによって国民の幸福を増進するためのいろんな行政をやってまいらなければならないわけでございまして、国家の財源を得ることが非常にむずかしくなるというようなことは、やはり国家の利益に悪影響を及ぼす場合ではないかと存じますので、……重要な行政が遂行されないことによって国家の利益に悪影響を及ぼす場合はあり得るのではないか。そういうような場合にも、内閣声明は行なわれると解しておると申し上げたわけでございます。この内閣声明が行なわれますと、証人は証言または書類の提出をする必要がないということで、最終的な決定になるわけでございますが、その決定に対して、国会とされましては、憲法上の手段を通じて、政治上の判断をなすって、それに基づいて行動をされるということは可能でございまして、判定権者はだれか、比喩的に言えば、この法律の上では、内閣が声明をして終わりになりますから、内閣ということに形式上はなるかと思いますけれども、その内閣の判定を批判するのは、結局は国会、さらには国民の立場であるということに相なると思います。」

394　秘密会と公務員の守秘義務との関係

【要旨】　秘密会になっても直ちに守秘義務が解除されるわけではないが、おのずから、説明や資料提出の範囲は、公開の場合より広げられる。

昭四九（一九七四）・一一・一五〔七三回（閉）参・決算〕

【参照条文】　憲五七Ⅰ但Ⅱ　国会一〇四

【議論の背景】　田中角栄総理に関する税務資料の提出が求められたが、税務当局が拒否したため、秘密会での提出を求めるという状況の下で、公務員の守秘義務と国政調査権との関係が問題となった。

【答弁】

○田淵哲也議員　秘密会では、公務員の守秘義務が解除されてしかるべきではないか。

○磯辺律男国税庁次長　「秘密会になった場合も、直ちに守秘義務が解除されるという考え方につきましては、私ども必ずしもそうとっておりませんが、しかし、やはり秘密会ならおのずからその御説明なりあるいは資料を提出する範囲というものは、一般の公開の場合よりは広げられるだろうということは言えると思います。」

○田淵　個人の秘密といっても総理のような公人の場合と、一般人の場合には差があるべきだと思う。刑法においても、二百三十条の二第三項に名誉毀損罪について、公務員と公務員の候補者は、もし真実が証明されれば、名誉毀損罪は存立しないという規定がある。こういう発想からすると、公人中の公人とも言うべき総理の場合には、この個人の秘密を守るという点についてどのように考えるべきか。

○真田秀夫内閣法制次長　「具体的な事案の処理ぶりを私のほうからどうすべきだというふうなことをお答えする立場じゃございませんが、まず考え方の筋道といいますかワク組みといいますか、それを御説明いたしたいと思います。

ただいま刑法の二百三十条の二の第三項になっておると思いますが、御指摘がございましたが、これは御指摘のとおりの条文でございます。ただ二百三十条の二について申しますと、あの条文はなるほど公務員というふうに裸で書いてありますけれども、そこで名誉毀損といいますか摘示した事実が当該公務員の全くの私事であるという場合には、その二百三十条の二の三項の適用はないというのが通説であり、最高裁判所の判例でもございます。……

それから、公人の場合には考え方として、御要求にかかる資料を提出するケースが多くていいんじゃないかというような御発言でございますが、一般論としてはそういうこともいえるだろうと思います。しかしやはりこれは具体的な事案事案に応じまして、秘密事項を秘匿することによって得られる公益と、それから当該資料をお出しすることによって得られる公益と比較考量する。その比較考量する場合の一つのモメントにはなるんじゃなかろうかというふうに考えます。」

395　国政調査権と守秘義務との関係についての政府の統一見解

【要旨】　政府が職務上の秘密を開披するかどうかは、守秘義務によって守られるべき公益と国政調査権の行使によって得られるべき公益とを個々の事案ごとに比較衡量することによって決定されるべきである。

昭四九（一九七四）・一二・二三〔七四回　参・予算〕

【参照条文】　国会一〇四

【議論の背景】　一連のいわゆる田中金脈問題をめぐる議論の中で、国政調査権と守秘義務との関係についての政府の統一見解が示された。

【答弁】

○三木武夫内閣総理大臣　「国政調査権と守秘義務との関係について、政府の見解を申し上げます。

一　いわゆる国政調査権は、憲法第六二条に由来するものであり、国政の全般にわたってその適正な行使が保障されなければならないことはいうまでもないところである。

一方、憲法第六五条によって内閣に属することとされている行政権に属する公務の民主的かつ能率的な運営を確保するために、国家公務員には守秘義務が課されている。

二　そこで、国政調査権と国家公務員の守秘義務との間において調整を必要とする場合が生ずる。国政調査権に基づいて政府に対して要請があった場合、その要請にこたえて職務上の秘密を開披するかどうかは、守秘義務によってまもられるべき公益と国政調査権の行使によって得られるべき公益とを個々の事案ごとに比較衡量することにより決定されるべきものと考える。

三　個々の事案について右の判断をする場合において、国会と政府との見解が異なる場合が時に生ずることは避け得ないところであろうが、政府としては、国会の国政調査活動が十分その目的を達成できるよう、政府の立場から許される最大限の協力をすべきものと考える。

ということでございます。」

396　国政調査権と司法権との関係

【要旨】　司法権も国政調査権の対象とはなるが、司法権の本質である本来の裁判作用については、司法権独立の原則から国政調査権は及ばない。

昭五一（一九七六）・四・二七〔七七回　参・予算〕

【参照条文】　憲七六

【議論の背景】　戦前の治安維持法下の裁判について、国政調査権を行使することができるかどうか、現行憲法下での国政調査権と司法権との関係がそのまま戦前の裁判についても当てはまるかが議論された。

【答弁】

○上田耕一郎議員　国政調査権と司法権の独立の関係についてどう考えるか。

○吉国一郎内閣法制局長官　「国政調査と司法権の問題については、いろいろむずかしい議論がございます。裁判につきましても、裁判官の資格あるいは裁判所の構成、裁判の手続、その他法律によって規定せられる事項がきわめて多うございますし、また、裁判所の予算も国会の御審議を受けるわけでございますから、その限度におきましては、司法権も国政調査の対象になるということが言い得ると思います。しかしながら、司法権の本質でございます本来の裁判作用につきましては、憲法第七十六条によって保障をされております司法権の独立の原則によって国会の権能の外にあると考えられますので、国政調査権は司法権、裁判の作用そのものには及ばない、したがって、司法権の独立にいささかでも反するような国政調査は行ってはならないというのが、これは憲法学者のほとんど一致した通説と申してよろしいであろうと思います。

したがいまして、……いやしくも国権の最高機関である国会がそういう批判をするということは、司法権の独立を侵害する効果を生ずると思いまするので、現に進行中の、係属中の事件を調査するということはこれは許されないと思います。従来の実例で申しましても、衆議院においても参議院においても、現に係属中の事件について調査を企図せられたことは全くないと存じております。

次に、裁判に現に係属中の事件でなしに、もうすでに確定した事件につきまして調査を行うことについても、その調査の方法いかんによっては、やはり司法権の独立を侵害するというのが大方の学説の一致した結論でございます。

この点につきましては、いわゆる浦和充子事件というものが実例としてございまして、……その後二十数年経過いたしましてそのような事例は全くございませんので、いわば先例と申しますか、実例としては、係属中の事件でなくても、確定した事件についてもやはりそのような調査を行うことは適当ではないということが、もう慣行上確立したと申してもいいかと思います。」

〇上田　裁判作用の内容そのものというのは、どういうことか。

〇吉国「裁判所で行われます裁判のそれ自体について申しているわけでございまして、確定した事件につきましても、事件の関係者を証人として喚問をいたして、裁判所におけると同じような取り調べを行うことがたとえば考えられまするが、それがその者に対する人権の侵害というばかりでなく、裁判所における裁判をさらに再審するような結果を生じまするので、これは司法権の独立を侵すおそれが多分にあるということでございます。」

〇上田　例えば、戦前の治安維持法下の裁判の判決について、国会でその是非を論議するということはいかがか。

〇吉国「戦前の裁判でございましても、国家機関の作用といたしましては、日本国家は、明治時代に成立をいたしました近代国家として今日まで国家として同一性を持って存続しているわけでございますので、国家作用としては、旧憲法のもとにおける三権の作用というものも、新憲法のもとにおける三権の作用と同様に同一性を持って存続しているものと考えるべきものでございますので、戦前の裁判についても、ただいま申し上げましたような議論はほぼ妥当するものではないかと思いまするし、特に戦前におきましては、先ほど来申し上げましたような国会の地位というものが、当時の帝国議会におきましてはいわば天皇の立法権に協賛するという形をとっておりまして、現在のような広い国政調査の権能はもちろんございませんでしたので、当時においてはもちろんそういうことは考えられませんでした。ただいまの憲法下におきましても、戦前の裁判作用について、これに対して国政調査が行われる場合におきましても、先ほど来申し上げましたような考え方のもとにおいて行動さるべきものと私は考えます。」

397　国政調査権と刑訴法・議院証言法との関係

『要旨』　国政調査権に基づく資料提出要求は、刑訴法四七条の「公益上の必要」に当たる。不起訴処分に関する捜査関係書類は、議院証言法五条一項の「職務上の秘密」に関するものに当たる。

昭五一（一九七六）・五・一九（七七回　参・本会議録）

【参照条文】　刑訴四七　議院証言五Ⅰ

【議論の背景】　一連のいわゆる田中金脈問題をめぐる議論の中で、国政調査権と刑訴法上の捜査書類の非公開性との関係及び議院証言法上の職務上の秘密に関する書類の提出との関係に関する質問主意書が提出された。

【答弁】

○小野明議員提出ロッキード事件調査のための国政調査権と守秘義務ならびに刑事訴訟法四十七条但し書きの「公益上の必要」等に関する質問主意書

「本院は、本年四月二十一日のいわゆる両院議長裁定第四項に示されているとおり、ロッキード問題に関し、本件にかかわる政治的・道義的責任の有無について全力を挙げて調査を進めているところである。

三木内閣総理大臣は、去る昭和四十九年十二月二十三日、本院予算委員会において、国政調査権と守秘義務との関連において、政府の統一見解として、『政府としては、国会の国政調査活動が十分その目的を達成できるよう、政府の立場から許される最大限の協力をすべきものと考える。』と述べ、また両院議長裁定は、その第四項において『国会の国政調査権の行使に当たっては、政府は、事態の推移を見て刑事訴訟法の立法趣旨をも踏まえて最善の協力を行うものとする。』と述べている。

右にかんがみ、政府は本院の事案解明については、最善の協力をすべきものと考える。

そこで、次の五項目について質問する。……

三　……不起訴と決定された者の関係書類を本院が国政調査権に基づいて要求する場合は、『公益上の必要』が存する場合に該当するものと解するか否か。

四　政府は、議院における証人の宣誓及び証言等に関する法律（以下『議院証言法』という。）第五条第一項にいう『職務上の秘密』とは何であると解するのか。

また、本院が国政調査権に基づいて前記三の関係書類の提出を要求する場合、政府は、当該書類は同項にいう『職務上の秘密に関する書類』であると解するか否か。

五　更に政府は、議院証言法第五条第三項にいう『国家の重大な利益』とは何であると解するのか。

仮に政府は、前記三の関係書類が『職務上の秘密に関する書類』であるとした場合に、当該書類を本件国政調査の目的に応じ提出することは『国家の重大な利益』に悪影響を及ぼすと解するか否か。」

○答弁書（昭和五一年（一九七六）五月一四日提出）

「三について

刑事訴訟法第四十七条本文が訴訟関係書類の公判開廷前における非公開の原則を定めているのは、訴訟関係人の人権を保護し、また、捜査及び裁判に対し不当な影響が及ぶことを防止しようという公益上の必要によるものである。

同条ただし書が、公益上の必要その他の事由があって相当と認められる場合に訴訟関係書類の公開を認めているのは、非公開とすることによって保護される公益に優先する他の公益上の必要があると認められる場合に例外的取扱いを許したものと解される。したがって、議院の国政調査権に基づく資料提出の要求があった場合は、公益上の必要がある場合に当たるが、これに応じて不起訴記録等の訴訟関係書類を公開できるのは、刑事訴訟法第四十七条本文によって保護されるべき公益より国政調査権の行使によって得られるべき公益が優先する場合に限られるものと考える。

四について

議院における証人の宣誓及び証言等に関する法律（以下『議院証言法』という。）第五条第一項にいう『職務上の秘密』とは、一般に知られていない事実であって、行政自体の要請から、秘匿することにつき公の利益があると客観的に認められるものをいうと解される。

不起訴処分に付された者に対する捜査関係書類は、職務上の秘密に関するものに当たると考える。

五について

議院証言法第五条第三項によれば、議院等は『国家の重大な利益に悪影響を及ぼす旨の内閣の声明を要求することができる。』とされているが、『国家の重大な利益に悪影響を及ぼす』場合の例をあげれば、外交上あるいは防衛上の重要な秘密を公にする場合とか、国の重要な行政の運営に重大な支障をきたすような秘密を公にする場合等がこれに該当すると考える。

過去の例としては、昭和二十九年にいわゆる造船疑獄事件の国政調査に関連して、検察の目的を達成することが困難となるほか、司法権の公正な運用を期することができなくなるおそれがある場合に、国家の重大な利益に悪影響を及ぼすとして内閣声明が出された例があることは、御承知のとおりである。

なお、公務員の職務上の秘密に関する書類の提出が国家の重大な利益に悪影響を及ぼすかどうかは、内閣声明が求められた場合に、内閣がその時点で、提出が求められた個々の具体的な書類の内容との関連において、諸般のあらゆる事情を総合して判断することであって、現時点で判断することはできない。」

398　国政調査権と司法行政・検察との関係

【要旨】司法行政は、裁判の行使そのものと密接に関係しているため、裁判所が独立して行うのが建前である。検察についても、司法権と非常に密接な関係があるので、検察権の行使の独立がかなり強く認められている。

【参照条文】　憲七七　裁一二

昭五一（一九七六）・八・四〔七七回（閉）参・ロッキード特別〕

【議論の背景】　いわゆるロッキード問題に関する議論の中で、国政調査権と司法行政・検察との関係が議論された。

【答弁】

○秦野章議員　国政調査権と司法行政・検察の運用との関係はどのようなものか。

○真田秀夫内閣法制局長官　「国政調査権とただいまお尋ねの司法行政あるいは検察との関係はどうかという点でございますが、司法行政はこれは裁判所が本来持っている司法権、固有の司法権そのものではないわけでございますね。で、司法権そのものについては、つまり裁判作用そのものについては、これは国政調査権の範囲でないというのが大体の考え方だろうと思います。で、司法行政は裁判の行使そのものではもちろんございませんが、しかし、これは密接に非常に関係しておりまして、これは裁判所が独立して行うというのがたてまえでございます。このことは憲法で、裁判所の内部規律及び司法事務処理に関する事項はルール事項であると憲法自身が書いておることからもうかがえると思うんですが、そういうことで裁判所が独立して行うものであると、司法行政事務は。この点で、普通の行政が内閣に属して、行政が内閣に属して国会のコントロールのもとにあるというのとはその性格が違っているわけでございまして、つまり内閣が行う普通の行政につきましては国会がこれをコントロールする、監督するということになっておりますが、裁判所が行う司法行政につきましては、国会はこれを監督するような立場で調査するというわけにはいかないんだろうと思います。しかし、裁判所の司法事務につきましても、法律の対象になることもありますし、もちろん予算の関連もございますので、法律案を御審査になるとか、予算の審査をなさるとか、決算でも同じだろうと思いますけれども、そういう国会の御権能の行使に資するという観点から司法行政事務について調査されるということは、もちろんあり得ることだろうと思います。

それから、検察になりますと、また司法行政事務と少し異なりまして、これは行政権の作用でございますので、一般論として申しますれば、これは当然国政調査の対象になるべき性格のものであるというふうに考えております。ただ、検察権は、御承知のとおり、司法権と非常に密接な関係にございますので、検察権の行使の独立性がかなり強く認められております。したがいまして、検察権の独立を害し、ひいては司法権の行使についていろいろ干渉がましいことになるというようなことになっちゃ困りますので、その点は御調査に際しまして慎重に御配慮願いたいと思います。」

399　刑事被告人に対する証人喚問

〔要旨〕　理論的には、刑事被告人であっても証人喚問は可能であるが、その当不当は、証人喚問の目的、刑事事件との関連等に関し具体的に決定されるべき事柄である。

昭五一（一九七六）・一〇・一二〔七八回　参・ロッキード特別〕

【参照条文】　議院証言一

【議論の背景】　いわゆるロッキード問題に関する調査審議の中で、田中前総理が刑事被告人であったことから、刑事被告人に対する国会の証人喚問の当否が議論された。

【答弁】

○矢田部理議員　刑事被告人を国会で証人喚問することについて、法務大臣の答弁を求める。

○稲葉修法務大臣　「証人喚問を刑事被告人について全面的に拒否したなどという発言ではございません。理論的には証人として喚問することも十分可能だと私は思っておりますね。ただ……刑事被告人に対する国会の証人喚問の当、不当は、証人喚問の目的、刑事事件との関連等に関し具体的に決定さるべき事柄であると思います、やり方によります、内容によります、証人喚問の目的いかんによりますと、こういうことを申し上げたわけですね。したがって、理論的には証人として喚問されることは可能である。そんなことはこっちがかれこれ言うべき問題ではない。国会がお決めになる問題だ。ただ、ある証人の喚問において、証言を求める事項が、当該証人が起訴されている公訴事実、あるいはこれに関連する事実に及ぶ場合には、証言の内容を裁判官が知ることによって裁判官に予断ないし偏見を与える、あるいは検察官の公訴の維持に悪影響を及ぼし、裁判の公正や検察権の適当な行使を害するおそれが強い場合が往々考えられるのでお考え願いたい、よく御考慮を願いたいものだという意味で申し上げたわけです。さらに国政調査の目的が起訴されている公訴事実の存否を目的とするような場合は、これは個々の裁判についての事実の認定、刑の量定等の当否を批判することにもなり、司法権の独立を侵すおそれがあるとして、私はこういうことは許されないものと思いますと、こういうことを申し上げたにすぎません。」

400　刑事責任と政治的・道義的責任との関係

〔要旨〕　捜査当局は刑事責任を追及するのに対し、国会は政治的・道義的責任を追及するものであって、両者は性格が異なる。

【参照条文】　刑訴四七

昭五一（一九七六）・一〇・一三（七八回　衆・ロッキード特別）

【議論の背景】　いわゆるロッキード問題に関して、いわゆる灰色高官の氏名の公表について、秘密会でならよいとする捜査当局の判断とそれを受けた後の国会での取り扱いについて議論された。

【答弁】

○楢崎弥之助議員　秘密会でなら捜査内容を公表しうる場合がありうるのか。

○稲葉修法務大臣　「それはそのとおりでございますが、その意味はちょっと申し上げておきたいと思います。

それは、国会が国政調査権に基づき、検察当局が追及した結果刑事責任なし、こうした者のうち、いやそれでも政治的道義的責任は残ると国会が御判断になる、その場合に政府はこれに最善の協力をするという形でございますから、それは公表ではないのですね。公表判断者が公表なさるかどうかをお決めになるわけですね。その判断をし、国会が公表なさるか、公表しないのか、そういうことに参考になるためにお手伝いをわき役としていたします、その努力は惜しみません、こういう意味に理解さるべきものというふうに私どもは考えております。」

○楢崎　秘密会でならいいというのは、どういうことか。

○稲葉　「私どもの立場はあくまでも刑事責任追及の立場、それ以外に道義的責任だとか政治的責任だとかを追及する役所ではありません。……しかし、国会には憲法六十二条に基づく国政調査権、それに国会法百四条等もあって、そういう権限がおありですから、そういう立場から、かねがね政治的道義的責任を追及したい、こういう強い御意思……に対して、議長裁定にもあるとおり、刑事訴訟法の立法の趣旨をも踏まえ、捜査終了を待たないでも、事態の推移を見てとありますから、事態の推移を見て、刑事訴訟法の立法の趣旨をも踏まえて最善の協力をするという義務を負うておりますから、その義務は果たしたい。その義務を果たすには、公開の委員会でいきなりこちらが氏名等を発表することは政治的道義的責任者を発表するようなものであって、こっちの権限をはなはだしく逸脱することになるからそれは慎みたい、秘密会ならばできます、こういう意味でございます。」

○楢崎　秘密会の理事会で公表された氏名を委員会において公表することはできるのか。

○稲葉　「政治的道義的責任の追及者は国会でありますね。国会が御判断になってどういうことをなさるかは、こちらの知ったことではございません。」

○楢崎　秘密会で氏名が公表された後の取り扱いについては当委員会の判断で左右できるということを委員長に確認したい。

○田中伊三次委員長　「秘密会で政府が発表をいたしましたものにつきましては、政府が秘密会で出したものを国会が公表するということは一体どんな論拠でやるんだという議論もあろうかと思いますから、一口でお答えをいたしますと、いま法務大臣が仰せのとおりに、捜査当局は個人の刑事責任を追及しておる。したがって、刑事訴訟法の精神にのっとって、この発表問題は個人の人権と公共の福祉との兼ね合いを非常に細かく心配をしていらっしゃるようであります。できるだけ個人の人権を傷つけないようにという細かい御配慮から、秘密会なら名前を言うてよいというお言葉が出ておるものと思います。

ところが、その秘密会の報告を受けた国会は、そうはいかぬ。国会は全国民の代表であります。国権の最高機関である。この国会は、個人の道義的責任、政治的責任を糾弾するためにこの委員会ができておる。こういう立場から申せば、個人の人権よりは公共の福祉の方にこたえて発表するという意味を言うのでありますが、その公共の福祉の方にウエートを置かねばならぬ。したがって、個人の人権は御遠慮を願うことが必要である、国会の立場は。捜査の立場は、いま言うように、個人の人権に同情を持つであろうけれども、国会の立場は公共の福祉に重点を置く、個人の迷惑はやむを得ない、こういう見解に立つべきものと委員長は存じます。」

○安原美穂法務省刑事局長　「秘密会におきまして私どもはできる限りその国政調査に協力するという立場から資料の提供には応じたいと思いまするけれども、その場合に、あくまでも秘密会でございますので、法務、検察当局が提出した資料をそのまま公にするというようなことではなくて、……やはりわが国には刑事訴訟法というものがございまして、刑事訴訟法の四十七条は、人権の保護と捜査、裁判への不当な影響の防止ということがその精神でございますので、国会御当局におかれましても、四十七条の精神はひとつ御尊重いただくのが法治国家のたてまえであろうと思いますので、御公表に当たられましては、その公表の仕方につきまして、捜査、裁判、人権の保護ということに不当な影響の及ばないような御配慮のもとに公表なさることをお願いしたいと思う次第でございます。」

401　国政調査権の限界（議院証言法上の公務員の守秘義務との関係）

【要旨】　国政調査権には、国会がその権能を行使する範囲内でという内在的制約があり、また、議院証言法五条のような行使上の制限がある。

昭五三（一九七八）・三・一一〔八四回　参・予算〕

【参照条文】　国会一〇四　議院証言五

【議論の背景】　予算審議における憲法問題の議論の中で、自衛隊の防衛出動のための国会の承認を求める際に、議院証言法五条により秘密事項とされる範囲と国政調査権の限界との関係が問題となった。

【答弁】

○源田実議員　国政調査権に対する限界は。

○真田秀夫内閣法制局長官　「証言法の第五条で、一定の場合に一定の手続を経て証言を拒むことができる、あるいは資料の提出をしないことができるという規定はもちろんございますけれども、そのほかに、あの規定を待たずして、つまり国政調査権に内在する制約というものはやはりあるのだろうと思うのです。その典型的なものとしては、他の国家機関、しかも独立機関、まあ裁判所が典型的なものだろうと思いますけれども、司法権の内容にわたるようなことは、これは国政調査権をもってしても調べることはできない。あるいはまた個人の非常にプライバシーにわたる事項、そういうような事項につきましても、これも調査権の性格そのものに内在する制約だろうと思います。」

○源田　参議院の法制局長、いかがか。

○杉山恵一郎参議院法制局長　「ただいま法制局長官がお答えになったとおりでございまして、国政調査権と申しますのは、国会がその権能を行使するために持っている権能でございますので、したがって国会の権限外の事柄についての調査ということはできない。ただし、それが立法のみならず行政にも絡みますので非常に広い範囲ではございますけれども、たとえば私人に関する問題であるとか、あるいは司法作用、裁判そのものというようなことについては調査できないというふうに考えます。

それで、議院の証言法に関する五条のお話がございましたが、これは国政調査権の範囲の問題というよりも、国政調査権を行使する場合に、たとえば資料要求するときに、無制限に応じなければならぬかどうかということで、行使上の制限として、たとえばそれが国益に重大な影響があるというふうな場合には拒否できるというふうな、権限の内部での制限としてそういうものがあるというふうに考えておるわけでございます。」

402　国政調査権と検察との関係

【要旨】　検察権の行使は、行政作用の一部ではあるが、司法権と非常に密接な関連を持っているため、国政調査権の発動は十分慎重でなければならない。

昭五三（一九七八）・三・二三〔八四回　衆・決算〕

【参照条文】　憲六五　刑訴四七

【議論の背景】　防衛施設庁の北富士演習場使用協定の期限切れを前に、右演習場行政をめぐってなされた告発のうち不起訴処分となった事件について、国政調査権の行使によって資料要求することができるかどうか、国政調査権と検察との関係が問題となった。

【答弁】

○原茂議員　不起訴処分については、国政調査の対象とすることができるか。

○真田秀夫内閣法制局長官　「検察権の行使は、もちろんこれは行政権の作用の一部でございますから、一般論として申しますと、当然に国政調査権の対象となる性格のものでございます。ただし、先生もお触れになりましたように、検察権は司法権と非常に密接な関連を持っておりまして、この検察権が適法に行使されなければ、ひいては司法権の適正な行使も望み得ないということにも相なりますので、検察行政についての国政調査権に関しましては、一般の行政事務と比べて検察権のただいま申しましたような特殊性から、国政調査権を発動されるについては十分慎重にやっていただきたいというふうに考えるわけでございます。

そういうまた考え方が実定法上、先生もお触れになりました刑事訴訟法の四十七条にあらわれておるわけでございまして、刑事事件に関する記録は、公判期日前は公にしてはならない。ただし書きがついておりまして、条文をはっきり覚えておりませんが、公の必要があって相当と認めるときにはこの限りでない、こういうことになっておりまして、これは御承知のとおりロッキード事件のときもさんざん問題になりまして、結局われわれの考え方としては、捜査記録を公にすることによって、個人の名誉なりあるいは裁判の内容なりあるいは今後における検察権の円滑なる運用に支障が生じないかどうかということも十分に考えて、それから国政調査権に応じて捜査記録を公にすることによって果たされる国益と比較考量してどちらかに決めるのだというふうに考えておるわけで、またそういうお答えを繰り返し国会でも答弁しているわけでございます。」

○佐藤道夫法務省刑事局刑事課長　「記録の公開の問題でござ

いますけれども、一般原則といたしますのはただいま法制局長官から申し述べたとおりでございまして、われわれといたしましても、法令の許す範囲におきまして国会の国政調査にはできるだけ御協力申し上げるという原則を確立して、またそういう方針で臨んできておるところでございますが、事件記録そのものを公開するということにつきましては、刑事訴訟法の四十七条に規定がございまして、……やはり関係者の名誉とか人権とか等を十分に検討の上で行わねばならないということで、従来の例からいきましても、不起訴記録そのものを公開したということはございません。」

403　国政調査権と捜査内容の公表

【要旨】　検察が具体的事件の捜査内容を秘匿しなければならないのは、他人の名誉の保護だけでなく、職務遂行そのものに支障を来すことのないようにするためである。

平五（一九九三）・三・一一〔一二六回　参・予算〕

【参照条文】　検察四・六

【議論の背景】　金丸信元副総理の巨額脱税事件をめぐる議論の中で、捜査中である具体的事件に関する捜査内容を公表することができるかが議論された。

【答弁】

○浜邦久法務省刑事局長　「検察官の職責につきましては、これは十分御理解をいただいておりますとおり、犯罪の捜査をし、刑事について公訴を行い、裁判所に法の正当な適用を請求するということを重要な職責としているわけでございます。

犯罪を捜査するために必要とするあらゆる取り調べをすることが許されているわけでございまして、場合によりましては令状を得て被疑者を逮捕して、また他人の住居について捜索をし、証拠物の差し押さえをするなどの強制処分を行うことができる、これはもう当然のことでございます。このような強い権限に基づきまして犯罪の捜査を行うわけでございますから、人の秘密にわたる事項に触れるのはもちろんのこと、取り調べの内容につきましても秘匿を要すべきものがあるとともに、また他面、捜査の遂行上、その捜査の方針、技術、方法など秘密とすべき事項もあるわけでございます。

つまり、検察が具体的事件の捜査の内容を秘匿しなければならないということは、他人の名誉を保護しようというだけにとどまらず、捜査の内容自体を秘匿しなければその職務の遂行そのものに支障を来すわけでございますし、現在及び将来における検察の運営に重大なる障害をもたらすというおそれがあるわけでございまして、そこのところを十分御理解いただきたいと思うわけでございます。

今、委員がお尋ねになっておられます具体的事件につきましては、捜査を現在進めているところでございますし、もちろん捜査処理が終わりました段階におきまして、例えば国会から正式の御要請がありました時点において、もちろん国会の国政調査権の行使に御協力すべきことはかねがね申し上げておりますとおり当然のことでございますから、法令の許す範囲内においてできるだけの御協力をしなければならないわけでございますから、具体的事件の捜査処理が終わった時点におきまして国会の御要請がありますればその段階でどういう御協力ができるかを検討させていただきたいと思うわけでございます。」

404　国会の補助的機関による政府への勧告・あっせんの可否

【要旨】　国会議員以外の者により構成される国会の補助的機関が、自己の名において、政府に対する勧告・あっせんを行うことには問題が伴う。

平八（一九九六）・一二・一〇〔一三九回　参・予算〕

【参照条文】　憲四一・六五・六六Ⅲ

【議論の背景】　民主党提案の行政監視院法案についての議論の中で、国政調査権と政府に対する勧告・あっせんの関係及び国会の附属機関による国政調査権と政府に対する勧告・あっせんの可否が問題となった。

【答弁】

○大森政輔内閣法制局長官　「民主党から既に議員提案されております行政監視院法との関係で、勧告とかあっせんというものをどういうふうに考えたらいいのかということでございます。

まず、勧告というものは一体どういうものかと申しますと、一般に、ある事柄を相手に告げ、それに沿う相手方の措置を勧め、または促す行為を言うとされております。したがいまして、勧告をいたしますと、それが尊重されることを当然の前提とするわけではございますけれども、法律上相手方を拘束する意味まで、性質上、持つものではないということになろうかと思います。一般的にはそのようになろうかと思います。

両議院、これは衆議院、参議院という意味でございますが、両議院はおのおの行政監督等の権能行使に役立たせるために、先ほど御説明いたしましたように、憲法第六十二条により国政調査権を行使されるわけであり、そしてその結果として行政府の措置を勧め、または促す必要があると判断される場合には、文字どおりの意味において、議院において政府に対する勧告決議を行うことができることは、これは当然のことでございます。

しかしながら、先ほど申しましたように、憲法は三権分立の原則をとっておりまして、また国政調査はあくまでも行政監督等の権能行使に役立たせるために実施されるものでございますので、この国政調査権の限界として、先ほど申し上げたように、個々の行政を直接的に抑制する、あるいは自主的にみずからその行政を執行する結果となるような行為を行うということはなし得るものではないということになるわけでございます。

……

次に、あっせんとの関係でございますが、お尋ねのあっせんと申しますのは、要するに国会が行政苦情の申し出人と相手機関との間に立ってその苦情が円滑に解決されるよう取り計らうということを意味するものだろうと思います。

このようなあっせんを議院の有する国政調査権の範囲内で、議院の権能として仕組めるかどうかということがまさにお尋ねの要点でございますが、これは国会の機能に係る問題でございまして、断定的な意見を申し述べることは差し控えたいとは思いますけれども、行政相談の処理として行われるあっせんというのは、行政に対する監督とかあるいは国政調査権の行使の一環というよりは、むしろ国民に対する行政サービスの一環とも言うべきもので、本来行政府において行われるべき性質の行為ではなかろうかと思うわけでございます。

以上は、国会御自身による勧告あるいはあっせんについての意見でございまして、民主党から今提案されております行政監視院自身による勧告あるいはあっせんの問題というのはまた次の別の問題がございます。要するに、拝見したところ、行政監視院というのは国会議員以外の者によって構成される国会の補助的な機関という位置づけを受けているようでございます。このような補助的な機関が、みずからの名において国政調査権を行使できるものではございませんし、したがいましてその名において勧告やあっせんを行うということには問題を伴おうかと思います。」

405　国政調査権行使の手段としての立入調査権の有無

【要旨】　国政調査権の行使の手段としては、立入調査権は憲法上認めていないというのが通説である。

平九（一九九七）・一・二八（一三九回　衆・本会議録追録）

【参照条文】　議院証言七

【議論の背景】　民主党提案の行政監視院法案の質疑の中で、内閣法制局長官より、国政調査権の行使の手段として立入調査権を認めているのは問題である旨答弁したことから、この点について質問主意書が提出された。

【答弁】

○枝野幸男議員提出国政調査権の憲法解釈に関する質問主意書

「民主党提案の行政監視院法案に関する十二月十日参議院予

算委員会の質疑の中で、斎藤文夫議員の質問に答え、大森内閣法制局長官は『現行法上、国政調査権の行使の手段としてはこの立入調査権は憲法上認めていないというのが学説の通説でございまして、その点で問題があるというふうに思います。』と答弁している。この答弁に関し、以下の通り質問する。

一　この通説とはどのような学者が、どのような著作・論文の中で主張しているのか、具体名で答えよ。

二　それらの学者の学説が通説であると内閣法制局が判断する根拠は何か。

三　この学説が、立入調査権は憲法上認められないとしている理論的根拠はどこにあると認識しているか。」

○答弁書（平成八年（一九九六）一二月二〇日提出）

「一及び二について

内閣法制局が承知している憲法関係の文献中に記載された見解のうち、本件の判断材料となるべきものについて述べると、およそ次のとおりである。

(1)　国政調査権の行政の手段について、強制手段としては、憲法第六十二条が列挙する『証人の出頭及び証言並びに記録の提出』に限られると解するとみられる見解を記載した文献には、次のものがある。

伊藤　正己『憲法入門』（新版）、『憲法』第三版

上田　正一『憲法大系』

榎原　猛『憲法　体系と争点』

清宮　四郎『憲法Ｉ』（第三版）

小林　直樹『憲法講義　下』（新版）

佐藤　功『憲法』（下）（新版）

佐藤　立夫『新版　憲法原論』（第二版）

高野　真澄『現代日本の憲法問題』

田辺　勝二『憲法大要』

長尾　一紘『日本国憲法』（新版）

野中　俊彦『憲法の解釈』III統治（共著）

橋本　公亘『日本国憲法』（改訂版）

長谷部恭男『憲法（1）』統治機構（共著）

原田　清司『憲法』（共著）

樋口　陽一『注釈日本国憲法　下巻』（共著）

宮澤　俊義『全訂日本国憲法』芦部信喜補訂

(2)　また、国政調査権の行使の手段として、住居への強制的な立入りなどは認められないと解するとみられる見解を記載した文献には、次のものがある。

緒方　真澄『憲法要義』（共著）

奥　貴雄『憲法論』

清水　睦『憲法』、『新版憲法演習３』統治機構II（改訂版）所収論文

杉原　泰雄『全訂憲法の論点』（共著）

田口　精一『基本法コンメンタール新版憲法』及び『基本法コンメンタール　憲法』（第三版）所収論文

藤馬龍太郎『新版憲法（4）』（統治機構）（共著）、『憲法の基本問題』所収論文

(3)　一方、『もちろん、現在は法律の規定がないので、法律の規定を待っての上でのことである』としながらも、『憲法第六二条は、厳格な制限列挙と解すべきではなかろうから、行政権が情報収集のために認められる程度の強制手段、例えば立入調査のようなものは、認められるのではないかと解される』とするもの（浅野一郎『議会の調査権』）、衆議院不当財産取引調査委員会より家宅捜索、書類押収の権限を立法化するとの意見が出されたことに関し、『国政調査権につき押収、捜索のような強力な調査方法を立法化することは政策的に適切でない。かりに立法化するとすれば、少くとも憲法第三五条の趣旨を極力尊重するように、厳重な要件を附すべきであろう』とするもの（齋藤秀夫『国会と司法権の独立』）、『権力分立に反するかどうかはさておき、証言と書類提出の要求以上に、現時点で立ち入り検査権まで付与するのが妥当かどうかは、疑問に思う』とするもの（芦部信喜『憲法叢説3憲政評論』）も見受けられる。

以上のような学説の状況から、(3)のような見解はあるものの、国政調査権の行使の手段としては立入調査権は憲法上認めていないというのが学説の通説であると判断したものである。

三について

個々の学説の理論的根拠については、必ずしもつまびらかにされていないが、学説の中には、補助的手段としての国政調査の趣旨に触れたものなどがある。」

406　国政調査権の行使主体

【要旨】　国政調査権は、各議院が行使することになっており、議員個人として持っているものではない。

【参照条文】　衆規九四　参規三三

平九（一九九七）・五・二七　〔一四〇回　衆・決算一分科〕

【議論の背景】　立法調査機能の充実強化をめぐる議論の中で、議員個人個人が国政調査権を行使し得るかが議論された。

【答弁】

○若松謙維議員　各議院の国政調査権、各議員の調査権及び調査員の調査権は、どのような関係にあるのか。

○谷福丸衆議院事務総長　「これは大変難しいところがござい

ますが、建前を申し上げさせていただきますと、憲法六十二条に国政調査権というのが規定されてございます。それは、各議院がそれぞれ行使するということになってございますが、国会法あるいは衆議院規則等では『議院』及び『委員会』と言うような規定にされておりまして、それで『調査』という言葉が使われておりますが、その場合の『調査』というのは、あくまでもその国政調査権による調査、こういうことでよろしいかと思います。ただ、実態といたしまして、本院みずからが国政調査権を行使するということは慣行としてはやっておりません。全部委員会におろして、委員会がその国政調査権を行使している、こういうことになっております。

したがいまして、今、先生御指摘のそういう調査権限の問題と絡みますのは、議員個人個人に国政調査権があるか、こういう議論が一つあると思うのです。

国政調査権というのは、この院内の国政活動、特に委員会、本院が使う場合のことでございまして、議員は国政に委員会なりなんなりで活動するあれは持ってございますから、それは当然、そのために資料収集とか調査とかを行う、その補佐をするのは調査室は行いますけれども、外に向かって、要するに調査権限を何か明示できるか、あるいは公権力というような形で明示できるかというと、それはできない。あくまでもハウスの国政調査権の、外に出るのは議長名義で出る、こういうことが今の事務のやり方でございます。」

○若松　各議員には、国政調査権はあるのか。

○谷　「これは、先生、メンバーではございませんので、ハウスに持っているということでございます。メンバーは持っていないということでございます。」

○若松　なぜ、各議員には国政調査権がないのか。

○坂本一洋衆議院法制局長　「憲法の規定上は、ハウスに国政調査権を与えられておるわけです。それで、それを実際行使する場合には委員会で行使する、委員会単位で、こういうことになっている、こういうことではないかと思います。」

○若松　委員会を構成するのは各議員なのだから、各議員にも、調査権があると考えるべきではないか。

○坂本　「機関とメンバーとやはり別に考えた方がよろしいと思います。いわゆる委員会として議決して、実際はその議員が赴くわけですけれども、これは委員会としての調査、こういうように考えた方がよろしいのではないかと思います。ですから、委員会として議決を行って、これは必ず国政調査承認を受けておいて行くわけですから、議員が個々、個別に行くということではないわけです。」

○若松　各議員が調査することもありうるのではないか。

○谷　「私、先ほど申し上げましたのは、要するに、いわゆる議員、メンバーが国政活動をするためにいろいろ調査することは当然ございます。それは委員会とかハウスが行う調査は同一のものではございませんで、要するに、国政調査権と申します場合には、ハウスあるいは委員会が議決すれば、結局資料要求なり記録の提出を求めるのは、最後には証言法にいくわけです。ところが、議員、メンバーが、ではそれをできるかというと、そこまでの担保はございませんから、要するに国政調査権というのはあくまでも機関が行使するものであるという建前をとっている、こういうことでございます。」

「国会法には、それぞれの記録の提出なり、それから証人喚問の要求の規定は、全部メンバーを単位にしておりませんで機関を単位にして書いてある、こういうことでございます。」

「一つは、今よく話題になります国会法百四条でございますね。それから、衆議院規則の五十六条あるいは二百五十六条、それから、証人喚問でいいますと規則の五十三条等でございます。」

第六三条（国務大臣の議院出席の権利・義務）

407　国務大臣の議院出席・答弁義務

【要旨】　国務大臣は、議院に出席し答弁する義務を有するが、合理的な理由がある場合には、答弁を差し控えることができる。

昭五〇（一九七五）・六・五（七五回　参・法務）

【参照条文】　国会六九〜七二　明憲五四

【議論の背景】　稲葉法務大臣が自主憲法制定国民会議において「欠陥が多い憲法だ」と発言したとされるいわゆる稲葉問題をめぐって、改憲はしないとする三木内閣の姿勢があらためて問われた。

【答弁】

○橋本敦議員　憲法六十三条の国務大臣の国会への出席義務というのは、誠実に議員の質問に答えて答弁をする義務を含むと考えてよいのか。

○吉国一郎内閣法制局長官　「憲法六十三条におきましては、

内閣総理大臣その他の国務大臣の議院出席の権利と義務を規定いたしております。このことは、内閣総理大臣その他の国務大臣が議院に出席をいたしました場合には、発言をすることができ、また政治上あるいは行政上の問題について答弁し説明すべきことを当然の前提といたしておるのでございます。つまり、答弁し説明をする義務があるというふうに考えております。」

○橋本　答弁を差し控えたいと言うことも、答弁になるのか。

○吉国　「この第六十三条の内閣総理大臣その他の国務大臣の国会における答弁または説明のための出席義務というものは、まことに厳粛に考えなければならず、その義務を完全に履行するように努むべきことは当然の憲法上の義務であるという点については、全く仰せられるとおりでございます。

しかしながら、答弁あるいは説明を求められた事項が、全く当該内閣総理大臣あるいは国務大臣の答弁すべき事柄ではないというような合理的な理由がございます場合には、その理由を述べまして答弁をいわば差し控えることがこの義務に違背するということには相ならぬと思います。たとえば全く個人的な事柄について国会で御審議があって、それに対して答弁を求められたというような場合には、この答弁を差し控えるという言葉を申し上げることが答弁になると言い、あるいはその場合には答弁の義務が解除されるんだと言うか、それは言い方の問題でございますけれども、恐らく稲葉法務大臣がそういう言葉を使って先般の審議に際して申し上げましたのは、そういう趣旨のことであろうと思っております。」

○橋本　答弁を差し控えるだけの合理的な理由とは、どのようなものか。

○吉国　「まず、この答弁なり説明をいたしますためには議院に出席することが前提になると思いますが、出席をも不可能にするような事由がある場合、たとえば当該大臣が当日発病をして熱が高くて登院できないというような場合、これについては当然正当な理由ありということで御宥恕いただけるかと思います。その他、出席そのものについて義務を履行できないような場合は多々あると思います。交通事故にあったとか、いろいろな理由があると思いますが、その他、場合によりましては重要な国際案件のために、どうしても当該大臣が重要な条約案件の最後的な詰めを行うとかあるいは署名をするとかいうような場合もございましょうし、その出席自体が不可能になるような事由がまずございましょう。

それから次に、出席をいたしまして御質疑なり御質問を受けたという場合に、やはりその国務大臣といたしましては、国会に出席する場合にはそれぞれ所管事項を背後に負って出席をいたすわけでございます。たとえば通商産業大臣に対しまして日本の農業をいかに考えるか、これは通商産業大臣の立場で農業ということを考える場合もございましょうけれども、そういう問題を離れまして、本来ならば農林大臣が考えなければならないような問題について御質問があれば、所管事項ではございませんのでお答えできませんとか、あるいはお答えを差し控えますということを申し上げましても御宥恕いただけるかと思います。

そのように、先ほど一例として全く私的なあるいは個人的な事項ということを申し上げましたけれども、それ以外にも、当該具体的な場合については、答弁を差し控えさせていただきたいということを申し上げてしかるべき場合が少なからずあると思います。ただ、いずれにいたしましても、この説明なり答弁の義務なりは憲法上の厳粛な義務でございますので、その範囲を確定するについてはきわめて厳正に考えなければならないという橋本委員の御意見に対しては、私もそのとおりであろうと思います。」

408　国務大臣の答弁義務（外交交渉の過程について）

〔要旨〕　外交交渉の過程については、国際的外交慣行等の事情から、秘匿する必要性がある場合が通常である。

昭六三（一九八八）・三・二四（一一二回　参・予算）

【参照条文】　憲七三③

【議論の背景】　日米科学技術協力協定の改定交渉の難航を受けて、政府に対し、その原因についてのアウトラインの説明が求められるという状況の下で、外交交渉の過程についての国務大臣の答弁義務の有無が問われた。

【答弁】

○和田教美議員　憲法七十三条と六十三条との関係をどのように考えるのか。

○味村治内閣法制局長官　「憲法七十三条の規定によりまして、外交関係の処理が内閣の職務とされていることは先生の御指摘のとおりでございます。他方、憲法六十三条は、これは国務大臣の議院出席及び答弁義務を規定しているわけでございますが、内閣総理大臣その他の国務大臣が議院に出席した場合、議案について発言する権利がありますと同時に、答弁または説明を求められました場合には、これに応じて答弁をするという義務があるということをこれは当然の前提としているというふうに解されるわけでございまして、したがいまして、出席して答弁を求められました国務大臣がその義務を厳粛に考えてその義務を履行すべきであるということは、これは当然の憲法上の要請でございまして、外交関係の事項につきましても例外ではないというふうに考えております。

ただ、先ほど先生が御引用になりました昭和五十年六月五日の吉国内閣法制局長官の答弁にもございますように、合理的な理由がありますときは、その理由を明らかにして答弁を差し控えるということも許されるんだということを申し上げているわけでございまして、そういう場合には憲法六十三条には違背しないんだというふうに解されるわけでございます。

先ほど外務省の政府委員からも御説明がございましたが、条約とか協定の締結を目的といたします外交交渉の過程で行われます会談の具体的内容などにつきましては、これは国際的な外交慣行とかあるいは外国との信頼関係の維持とか、あるいは外交交渉を効果的に遂行するためとか、そういったようないろいろな事情から秘匿する必要性がある場合が通常であるということであろうかと思いまして、そういう場合には答弁を差し控えることも許されようかと存ずるわけでございます。」

○和田 六十三条の規定からいえば、政府は外交交渉についてもなるべく可能な範囲で国会に説明をするということが義務なのではないか。

○味村 「ただいま私が申し上げましたことは、外交交渉の過程につきましては、先ほど申し上げましたように、国際的外交慣行等いろいろな事情がございますので、秘匿の必要性がある場合が通常であるということを申し上げたわけでございまして、そういう秘匿の必要性があるからこそ答弁を差し控えることが許されるんだということを申し上げたわけでございます。そういう秘匿の必要性がない場合には、これは憲法六十三条の規定の趣旨に従いまして、当然に答弁をすべきことは言うまでもございません。」

○和田 外交交渉に関する問題は全部答弁を差し控える合理的な理由があるということか。

○味村 「これは、私は外交当局ではございませんのでそこまで申し上げるわけにはいかないんですが、最高裁判所の判例がございまして、これは昭和五十三年五月三十一日の判決でございます。いわゆる西山事件に関する判決でございます。そこに『条約や協定の締結を目的とする外交交渉の過程で行われる会談の具体的内容については、当事国が公開しないという国際的外交慣行が存在するのであり、これが漏示されると相手国ばかりでなく第三国の不信を招き、当該外交交渉のみならず、将来における外交交渉の効果的遂行が阻害される危険性があるものというべきである』と、こういうふうに述べておるわけでございます。」

国会雑

409　国会議員の職務権限

【要旨】国会議員の職務権限には、法令によって定められた本会議等での審議等本来の職務権限のみならず、審議中の法案の取り扱いについての同僚議員の説得等職務と密接な関係にある行為も含まれる。

昭四三（一九六八）・二・二九〔五八回　衆・予算〕

【参照条文】刑一九七～一九七の四　あっせん利得一

【議論の背景】ＬＰガス税法案をめぐるいわゆるタクシー汚職事件をめぐって、国会議員の職務権限の範囲が議論された。

【答弁】

○川井英良法務省刑事局長　「国会議員の職務権限は、御存じのように、たいへん広範で、多岐にわたっているわけでございます。そこで、国会議員の場合に、ただいま申し上げました収賄罪を適用するにあたりましては、職務権限が問題となるわけでございます。そこで、職務権限の法律上の解釈でございますが、公務員の職務権限は、まず第一に、法令によって定められた本来のその公務員の職務権限をいうわけでございます。したがいまして、法令で定められた本来の職務関係につきまして金品の収受があった場合においては、そこに収賄の疑いが生じてまいります。ところが、長い間の大審院時代からの裁判所の判例によりまして、本来の職務行為のほかに、これと密接に関連のある行為についても、収賄罪の場合においては、その職務に入るんだと、こういうふうな判例の解釈が今日確立しているわけでございます。そこで、主として公選による議員の場合におきましては、本来の職務行為よりやや収賄罪の関係におきましては職務権限が拡大している、こういうことでございます。」

○赤間文三法務大臣　「国会議員の職務について考えてみました。国会議員は、御承知のように、憲法とかあるいは国会法、議院規則等の規定によりまして、その職務権限が定められておるのであります。おもなるものは、本会議及び委員会における議案等の審議、表決でございまして、これはその本来の職務権限というふうにわれわれは解しております。したがいまして、国会議員が、たとえば委員会または本会議において審議中の法案の取り扱いについて金品を収受したときは、本来の職務行為に対するわいろとなるものと思います。この点において、学説上の判例は異論がないと承知をいたしております。

次に、国会議員が、たとえば委員会または本会議において審議中の法案の取り扱いについて他の同僚議員を説得、勧誘したこと等に対して金品を収受したときは、本来の職務行為ではないが、職務と密接な関係がある行為としてわいろとなる、これも通例の判例で認められておるのであります。職務に直接関係のある場合と、それと密接なる関係のある場合が含まれておるとわれわれは承知をいたしておる次第であります。」

410　国会決議の意義・拘束力

【要旨】　国会決議は、議決の形式で行われる各院の意思表示であって、法律とは異なり法的拘束力はない。

【参照条文】　憲四一・六九

平六（一九九四）・一一・二九（一三一回　衆・WTO特別）

【議論の背景】　米の輸入自由化問題に関して数回にわたる国会決議がなされていたが、ウルグアイ・ラウンド交渉が全面的に合意され、最終的には右決議に反する形になるという状況の下で、国会決議の効力が問われた。

【答弁】

○今津寛議員　国会決議の持つ意義、拘束力は、どのようなものか。

○野田哲也内閣法制局第四部長　「国会決議の拘束力につきましてのお尋ねにお答えいたします。一般論としてお答え申し上げます。

いわゆる国会決議は、議決の形式で行われる衆議院または参議院の意思表示でありまして、国会を構成する各議院の意思として示された決議の趣旨を尊重して政府が行政を遂行すべきことは当然のことであると考えます。その意味におきまして、政府は国会決議の趣旨を尊重し、その実現に努力すべき政治的な責務を負うものと考えます。

しかしながら、いわゆる国会決議は法律とは異なるものでありまして、法律と同様な意味での法的拘束力はないものと考えております。」

第五章 内閣

第六五条（行政権）

411 行政委員会の合憲性

【要旨】 行政委員会の職権行使の独立性はその行政事務の性質上認められ、これに対しても内閣の監督が人事・予算編成を通して及ぶので、憲法上問題はない。

昭五〇（一九七五）・三・六（七五回 参・予算）

【参照条文】 憲六六・七二 独禁二八 行組三・八

【議論の背景】 公正取引委員会の活動に関する内閣の責任をめぐる議論の中で、同委員会の職権行使の独立性と内閣総理大臣の指揮監督権・行政権行使に関する内閣の責任との関係が問題になった。

【答弁】

○吉国一郎内閣法制局長官 「国会は国の唯一の立法機関であると憲法上規定されております。また、すべて司法権は裁判所に属するとされておるのに対しまして、憲法の第六十五条には単に『行政権は、内閣に属する。』というような規定をいたしておることからいたしまして、内閣は唯一の行政機関ではないと、したがって、行政権の一部を内閣とは別個の機関に行わせることも憲法上許されるのではないかというような見解も一部の学者にはあるようでございまするが、政府といたしましては、憲法第六十五条、また第七十二条の規定の趣旨からかんがみまして、会計検査院等憲法上明文の根拠がある場合は別といたしまして、それ以外に内閣から完全に独立した行政機関はこれを設けることは憲法違反の疑いがあるというふうに考えております。」

○青木一男議員 公正取引委員会の担当している独禁法の施行運用は憲法上の行政権に属するか。

○吉国 「公正取引委員会の担当する私的独占の禁止及び公正取引の確保に関する法律の施行運用の事務は、行政権に属するものでございます。それで、憲法第六十五条によって行政権に属するものでございまするから、憲法第六十五条に言うところの内閣の権限に属することもまた当然でございます。

また、第七十二条におきましては、内閣総理大臣は行政各部に関する指揮監督権を持っておりますが、ただ、公正取引委員会に対しましては、その行政事務の性質上、政治的な配慮を排除いたしまして、政治的な中立、公正の立場からその事務を処理することが社会的にも要請されているというようなものにつきましては、内閣総理大臣の指揮監督権が制限をせられまして、個々の公正取引委員会の事務処理については、直接にこれを指揮して一定の方向においてこれを処理し、あるいは処理しないことを命ずることはできないような法制に相なっております。しかし、その点は公正取引委員会の所掌事務の性質によるものでございまして、憲法上問題を生ずるようなものではない……『内閣は、行政権の行使について、国会に対し連帯して責任を負ふ。』ということが第六十六条において規定をせられておりますが、全般的に申し上げまするならば、内閣の統括のもとにある行政機関の行う行政について内閣が責任を有することは当然でございます。公正取引委員会につきましても、内閣なりあるいは内閣総理大臣の一般的な行政機関に対する指揮監督よりは弱い関係ではございまするけれども、あるいは人事あるいは財務、会計その他の事項を通じて一定の監督権を行使するものでございまして、これらを通じてやはりその行政に対しては国会に対して責任を負うというふうに考えております。」

○青木　独禁法の施行について国会に対し責任を負うのは誰か。

○三木武夫内閣総理大臣　「国会に対する責任は、まあ一般の下級行政官庁に対するような指揮監督権はないにしても、任命権、予算編成権、一般の服務の、何といいますか、一般の服務規程といいますか、そういうものに対してはわれわれ自身が国会に対して責任を負うものでありまして、しかし、全体としてこれは内閣が国会に対して責任を負うことは当然でございます。」

412　日弁連の行う登録事務の合憲性

〖要旨〗　日弁連の行う登録事務や弁護士の指導・連絡・監督に関する事務は行政事務であるが、弁護士は司法作用の一翼を担うので、その職務の独立性を確保するためにこれらの事務に対する内閣の監督を排除することは、立法政策に委ねられており、違憲とはいえない。

昭五三（一九七八）・五・三一　〔八四回　衆・法務〕

【参照条文】　弁護八・三一・四五　行組二

【議論の背景】　日弁連に対する内閣の監督をめぐる議論の中で、日弁連・弁護士会の行う事務の性質が問題となり、弁護士自治と行政権行使に関する内閣の責任との関係が問題となった。

【答弁】

○飯田忠雄議員　日弁連および弁護士会の行う登録事務等は、実質上、行政事務ではないか。
○大井民雄衆議院法制局長　「御指摘のとおり、実質上は行政事務であると理解しております。」
○飯田　各省設置法の中に日本弁護士連合会及び弁護士会の行う行政事務についての監督を決めている規定はあるか。
○大井　「国家行政組織法上弁護士会等に関する監督規定はございません。」
○飯田　日本弁護士連合会及び弁護士会が行う登録事務というものが行政であるならば、当然内閣の監督下に置かれなければならないのではないか。
○大井　「登録事務が行政事務である結果としまして、本来憲法六十五条によりまして行政事務が内閣に属するということで、この内閣のもとに置かれ、国会を通じて国民のコントロールに服するという考え方が一つあるということを申し上げたわけでございます。しかし、また他方、弁護士制度に関して国の監督がいかにあるべきかという観点から申し上げますならば、裁判官、検察官と並びまして司法作用の重大な一翼を担う弁護士の使命と職責にかんがみますならば、国家機関の監督はその職務の独立性を確保する意味において極力排除したい、したがって、内閣の監督のもとに服さないという考え方もまた一つあろうかと思うのでございます。そのいずれをとるかという点につきましては、これはまさに立法政策上の判断の問題でございまして、考え方としまして、そのいずれをとるか、あるいはそれ以外の考え方をどのように構成するかといった問題は挙げて立法上の問題と感ずるのでございまして、その限りにおいて憲法上違憲の問題は起こらないと思うわけでございます。」

413　六五条の行政権と自治体の行政権の関係

【要旨】　地方自治体の行政権は憲法九四条によって保障されており、六五条は地方自治体が担当する行政を除く行政の権限が内閣に属することを意味する。

平八（一九九六）・一二・六〔一三九回　衆・予算〕

【参照条文】　憲九四

【議論の背景】　地方分権に関して、地方自治体の行政権が内閣の行政権に由来するものなのか否かということが問題にされた。

【答弁】
○菅直人議員　地方自治体の行政権は憲法六十五条の行政権に含まれるのか。
○大森政輔内閣法制局長官　「現行日本国憲法は、第八章におきまして地方自治の原則を明文で認めております。そして九十四条は、『地方公共団体は、その財産を管理し、事務を処理し、及び行政を執行する権能を有する。』このように明文で規定しているわけでございますので、地方公共団体の行政執行権は憲法上保障されておる。

したがいまして、ただいま御指摘になりました憲法六十五条の『行政権は、内閣に属する。』というその意味は、行政権は原則として内閣に属するんだ。逆に言いますと、地方公共団体に属する地方行政執行権を除いた意味における行政の主体は、最高行政機関としては内閣である、それが三権分立の一翼を担うんだという意味に解されております。」

第六六条第二項（文民）

414　文民の意味

『要旨』　自衛官は職業軍人であるが、元自衛官は文民である。

昭四八（一九七三）・一二・六（七二回　衆・予算）

【議論の背景】　憲法六六条二項の文民に現職自衛官が含まれないとする過去の政府答弁を受けて、退職自衛官が文民に該当するか否かが問題になった。

【答弁】

○**楢崎弥之助議員**　元自衛官は元職業軍人か。

○**吉国一郎内閣法制局長官**　「過去に自衛官であったとしても、現に国の防衛のための実力組織である自衛隊を離れておりまして自衛官の職務を行なわない者、元自衛官というものは、文民である。」

○**楢崎**　幕僚長を防衛庁長官に任命することはできるか。

○**吉国**　「憲法上は可能であると思います。」

415　文民の意味

『要旨』　旧職業軍人の経歴を有する者であって、軍国主義的思想に深く染まっていると考えられるものは、文民ではない。

昭四八（一九七三）・一二・一九（七二回　衆・建設）

【議論の背景】　旧職業軍人が国務大臣に任命された際、文民の定義が問題になった。

【答弁】

○**福岡義登議員**　なぜ旧陸海軍の職業軍人の経歴があった者は

文民でないという見解をとらないのか。
○大村襄治内閣官房副長官　「学説には、『文民』を単に『旧職業軍人の経歴を有しない者』と解するものもあるが、旧職業軍人であったという一事をもって一律に『文民』でないとすることは、憲法第六十六条の趣旨に照らして正しくないばかりでなく、法の下の平等を定めた憲法第十四条の精神にも反するおそれがある」、こういった理由で、単に『職業軍人の経歴を有する者』ということだけではなく、『軍国主義的思想に深く染まっていると考えられるもの』というふうに判断いたしている次第でございます。」
○福岡　軍国主義的思想に深く染まっているか否かの判断基準は何か。
○大村　「憲法第六十六条第二項の趣旨は、国の政治が武断政治におちいることを防ぐということを目的にいたしておるのでございますので、憲法の趣旨、精神に反することのないように、そういった言動がなかったということを確認した上で文民であるという判断を下されたものと理解いたしておる次第でございます。」
○福岡　軍国主義はどのように定義するのか。
○大村　「軍国主義思想とは、一国の政治、経済、法律、教育などの組織を戦争のために準備し、戦争をもって国家威力の発現と考え、そのため、政治、経済、外交、文化などの面を軍事に従属させる思想をいうものと考えられるのでございまして、この思想に深く染まっている人とは、そのような思想がその人の日常の行動、発言などから明らかにくみとれる程度に軍国主義思想に染まっている人、言いかえれば、単に内心に軍国主義思想を抱くだけではなく、これを鼓吹し普及をはかる等、外的な行為までその思想の発現が見られるような人をさすものと理解しております。」
○福岡　その軍国主義と武断というのは違うのか。
○大村　「ことばは違いますが、大体同じようなことを考えているのではないかというふうに解釈いたします。」

第六六条第三項（国会に対する連帯責任）

416　内閣・閣僚の政治責任のとり方

【要旨】　内閣は、国務大臣の行動に関する責任も含めて、国会に対し連帯して責任を負い、それによって国民に対しても責任を負う。

昭五〇（一九七五）・五・一五〔七五回　参・法務〕

【参照条文】　憲六九

【議論の背景】　内閣ないし閣僚の活動に関する責任がどのような方法で追及されるのかが問題となった。

【答弁】

○白木義一郎議員　内閣は国民に対してどのように責任をとるか。

○吉国一郎内閣法制局長官　「憲法論から申し上げます限りは、憲法第六十六条におきまして、内閣は行政権の行使について連帯してその責任を負うということに相なっております。」

○白木　閣僚の場合はどうか。

○吉国　「閣僚も国務大臣の一員として行動しているわけでございまするので、国務大臣の行動につきましても、内閣は一体として責任を国会に対して、したがってまた全国民に対して負うわけでございます。」

○白木　具体的にはどのように責任をとるのか。

○吉国　「これにつきましては、国会は内閣に対してこれを信任するかあるいは信任しないかという態度を表明されることが憲法上規定をされておりまして、内閣はこの制度を通じて国会に対して責任を負うということに相なっております。」

417　行政委員会の職権行使についての内閣の責任

〔要旨〕　性質上政治的中立性が要求される行政事務を担当する行政委員会の職権行使には、独立性が保障され、それについて内閣は責任を負わないが、これは憲法によって許容されている。

昭五二（一九七七）・五・一九〔八〇回　参・商工〕

【参照条文】　憲六五・七二　独禁二八

【議論の背景】　独禁法改正に際して、公正取引委員会の職権行使について政府の責任が問題とされた。

【答弁】

○青木一男議員　政府は公正取引委員会の職権の行使について国会に対し責任を負うか。

○真田秀夫内閣法制局長官　「六十六条三項『内閣は、行政権の行使について、国会に対し連帯して責任を負ふ。』、この条文は、……七十二条の指揮監督権とうらはらをなすというものであるというわけでございますので、七十二条の方の指揮監督権それ自身について、合理的な理由があれば濃淡があってしかるべしだということが言える以上、その濃淡の淡の部分については、それに見合った程度の責任しか負えないし、それから、公正取引委員会の職務のごとく、独立して行うということが合理性があって認められるということであれば、それに見合う責任は国会に対しては負えない、こういう結果になるわけでございますので、決して六十六条三項違反とは考えておらないわけでございます。」

○青木 国会のコントロールから逸脱した行政部門の存在は許されるはずはないのではないか。

○真田 「憲法六十五条で『行政権は、内閣に属する。』とありますのは、……民主的日本国憲法の民主的な政治機構のあり方の基本を決めたものでございまして、もう少し具体的に申しますと、これは憲法の前文で、およそ国政は国民の厳粛な信託によるものである、そして国民の代表である国会議員をもって組織する国会が政府をコントロールする、その政府をコントロールする仕方としまして、……ここの六十六条三項の内閣が国会に対して責任を負うというのは、まさしくそのことのあらわれでございますので、いまおっしゃいましたような原則が、憲法の定めている民主的な政治機構の大もとである、大綱である、これは間違いないことでございます。」

○青木 公正取引委員会の職務上の失政のあった場合の責任はどうか。

○真田 「それは結局、……事務の性質上、非常に政治的な中立性が強く要求されるという仕事に該当するかどうかという判断のいかんに帰する事柄だろうと思うわけなんです。……公正取引委員会が独禁法の運用をなさるという仕事、その仕事の性質上、非常にやはり政治的な配慮が入っては困るという要請を、非常に重く見るか軽く見るかということだろうと思うんですが、政府は従来からそれは大変重く見ておる、したがって中立性を重く見ることの結果、職権を独立して行って、内閣の個別的な指揮監督権を、特に法律で排除をしている、断ち切っている、しかし、これは憲法の許容するところであろうというふうに解釈している次第でございます。」

418 閣議決定に多数決制を採用することの可否

【要旨】 内閣は、行政権の行使について、国会に対し連帯責任を負うことになっているので、重大事態に際しては事前決定を行うことを前提として、閣議では全会一致による決定を行うべきである。

平一〇（一九九八）・四・二八 〔一四二回 衆・行革特別〕

【参照条文】 省庁改革基

【議論の背景】 閣議決定の全員一致方式が突発的な危機の際に有効か否かが疑問視され、多数決制の採用の可否が問題となった。

【答弁】

○東祥三議員　閣議決定の全会一致方式は危機に有効か。

○橋本龍太郎内閣総理大臣　「行革会議における『内閣の危機管理機能の強化に関する意見集約』の中には、総理大臣が迅速に行政各部を指揮監督できるようにするために、突発的事態の態様に応じて、あらかじめ所要の閣議決定を行うという提言がございます。この中には実は、危機管理監の設置あるいは安全保障室を安全保障・危機管理室に改組するといった内容も含まれていたわけでありますが、この提言を受けまして、重大テロ事件等発生時の政府の初動措置については、閣議決定などの手当ては既に先行させて終わりました。そして、そういう意味では、閣議によって与えられた内閣総理大臣の権限というものは拡大をいたしております。

その上で、日本国憲法において議院内閣制を採用し、内閣は、行政権の行使について、国会に連帯をして責任を負うとされておりますことから、内閣構成員すべてが一体として統一的な行動をとることが要請されており、閣議では全会一致による議決を行うべきものだと思っております。

行政改革会議におきまして、最終報告の中で、多数決制についての提言がされました。これは、閣議の議論を活性化するため、必要であれば合意形式に至る運用上の工夫として多数決の採用も考慮すべしという御指摘をいただいたものでございます。

やはり憲法の範囲内において、内閣の自律にゆだねられるもの、そして、閣議の意思決定のあり方では、やはり憲法で規定されている内閣の連帯責任の根本の問題、そうした考え方から、〔中央省庁等改革〕基本法におきましてはこれに関する規定は盛り込みませんでした。」

419　副大臣制等の可否

【要旨】　副大臣・政務官の設置は、行政機関における政治主導を確立するとともに議院内閣制の運営にも資する。

平一一（一九九九）・六・一一〔一四三回　参・本会議〕

【議論の背景】　新設される副大臣・政務官が国会の委員会の委員や理事を兼ねることが、立法府と行政府の境を曖昧にし、国会の行政監督機能を弱めることになるのではないかとして問題にされた。

【答弁】

○吉川春子議員　副大臣等が国会の委員会の委員や理事を兼ねることは、国会の行政に対するチェック機能を弱めることにならないか。

○小渕恵三内閣総理大臣　「日本国憲法は、三権分立の原理に基づき行政権が内閣に属することを定めつつ、これを前提に議院内閣制を採用いたしており、内閣は、国会の信任を前提として成立し、行政権の行使について国会による責任追及にこたえる立場にあります。

副大臣、政務官を設置して、これが内閣のコントロールのもとに各府省において大臣を補佐することにより、国の行政機関における政治主導の政策決定システムが確立し、内閣の国会に対する責任を全うすることができるようになるものでありまして、必要な範囲で国会議員が副大臣等につくことは議院内閣制の運営にも資するものと考えております。」

第六七条（内閣総理大臣の指名、衆議院の優越）

420　あらかじめ臨時代理が指名されていない場合に内閣総理大臣が欠けたときの措置

【要旨】内閣総理大臣が欠けた場合に、あらかじめ臨時代理が指名されていなかったとき、残った閣僚が協議して決めた者が、次期総理大臣の指名までの暫定期間、臨時代理を務める。

昭三二（一九五七）・三・一五〔二六回　衆・内閣〕

【参照条文】 内九

【議論の背景】 内閣法九条が、あらかじめ指名しておくべき臨時代理が指名されていない場合について定めていないことから、その場合に内閣総理大臣が欠けたときの対応が問題とされた。

【答弁】

○受田新吉議員　内閣総理大臣が欠けた場合に臨時代理があらかじめ指定されていなかったらどうなるか。

○林修三内閣法制局長官　「その場合は、結局内閣法第九条は直接には規定しておりません。従いまして当然に欠けたときには、次の内閣総理大臣が国会において指名されるわけでございますが、それまでの暫定期間につきましては、やはりそこの法理といたしましては、内閣の残られた閣僚が協議してきめられた方がやる、かように考える以外にはないと思います。」

421　内閣総理大臣臨時代理の権限

【要旨】内閣総理大臣の臨時代理は、総理大臣に一身専属的な権限を行使できないことを別として、普通の内閣総理大臣の職務をすべて行う。

昭三九（一九六四）・一〇・五〔四六回（閉）衆・予算〕

【参照条文】 内九

【議論の背景】 内閣総理大臣が欠けた場合の内閣総辞職の手続をめぐる議論の中で、総理大臣の臨時代理の権限が問題になった。

【答弁】

○林修三内閣法制局長官 「内閣総理大臣の地位というものはいろいろの地位を実は含んでおります。国会において内閣総理大臣として指名された地位に基づく地位、指名されたという事実に基づく地位、それから内閣の首班であるということ、それから行政府としては総理府の首長である、いろいろな地位を含んでおります。その中で内閣法九条で臨時に内閣総理大臣の職務を行なうということから申せば、原則としては、一応総理大臣が職務を行なえないときに臨時代理を置かれるのでございますから、当然それを前提とすれば、普通の内閣総理大臣の職務はすべて臨時代理が行なう。ただ、内閣組織の権限と申しますか、組織の地位と申しますか、国会において指名された総理大臣の地位というものに基づく、それから出てくる職務権限、これは一身専属的なもので移らないであろう、かように考えるわけでありまして、その代表的なものは国務大臣の任免権あるいは総辞職と言われましたが、総辞職、もちろんそれもそう言ってもいいと思いますが、実は総辞職は内閣の総辞職でございまして、総理大臣個人の問題ではございません。したがいまして、内閣できめて総辞職をするわけでございますが、そのイニシアチブをとるのは何といっても総理大臣。こういうものはすべて国会において指名された総理大臣がイニシアチブをとるべきものだと思います。ただ、これはなお詳しく申せば、いわゆる総理大臣が欠けた場合あるいは総理大臣がほんとうに意識不明で回復の見込みのない場合、こういう場合は欠けた場合と見ざるを得ない。したがって、欠けた場合は、これはもう総理大臣がおらないのでございますから、代理者が辞職の手続をとらざるを得ないと思います。」

422 首相準公選制の違憲性

【要旨】 国会の多数派を占める政党が主体となって内閣を組織する議院内閣制の下では、国民投票の結果を国会が尊重して首相を指名する首相準公選制は、種々の混乱を招くものであり、憲法の予想しない違憲の制度である。

昭四七（一九七二）・三・二四〔六八回 衆・予算三分科〕

【議論の背景】 首相準公選制は、公選制と違って憲法改正を要しないとの考えもあることから、その合憲性が問題とされた。

【答弁】

○奥野誠亮議員　国民投票の結果を尊重して国会が内閣総理大臣を指名する首相準公選法は違憲ではないか。

○吉国一郎内閣法制次長　「ただいまの奥野分科員のお話は、憲法調査会におきましても、いわゆる首相公選制というものが提唱せられまして、いろいろ議論がございましたときに、憲法の改正をしないでも首相公選制の実をあげることができるのではないかというような議論が一部の学者にございまして、現に某大学の教授の論文ではそのような提案がなされておるわけでございます。〔その内容は〕まず国会議員の候補者について国民投票を行ないまして、その国民投票で一定の有効投票を得たものについて、順次第一順位、第二順位、第三順位と国会で議決を行なって過半数の議決を得た者が総理として指名されるべきものとなるという構成であったかと思います。

このような構想を法律で行なうことができるかということを考えてみまするに、現在の日本国憲法の基本的な政治原理の一つでございます議院内閣制の根本の仕組みの一つを改めることになるのではないかということで、これは現在の憲法のもとにおいてはほとんど不可能と言わざるを得ない、あるいは憲法違反と言わざるを得ないというような問題であろうと思います。それは、憲法の六十七条第一項がいっておりますように、議院内閣制の基本の原理と申しますのは、国会において多数を占めておる政党が主体となって内閣を組織して、それによって行政権を構成して、立法、司法、行政と三権分立している中の行政権の主体となるということが、議院内閣制の基本であろうと思いますので、もしもただいま御提案のような法律によって総理を指名するといたしますならば、奥野分科員御指摘のような混乱〔国民投票の結果を尊重して少数政党の議員を首相に指名する場合の国政上の混乱、国民投票の結果を尊重しなかった場合の混乱〕を生ずることは必定でございます。その意味で、憲法はこのようなことは予想しておらないというべきであろうと思います。また、憲法六十七条の第一項には、内閣総理大臣の指名は他のすべての案件に先立ってこれを行なうということを規定しておることから申しましても、内閣が総辞職をし、あるいは内閣総理大臣が欠けた場合において内閣総理大臣の指名を行なう、この場合に他のすべての案件に先立って行なうということからいたしまして、その間に時間の欠缺することなく、次の内閣総理大臣が選定されることを憲法は予想しておるものと思います。そのような際に、ただいま御指摘のございましたような国民投票を行なう余裕は全く憲法上は出てまいらない。また六十七条の第二項には、衆議院と参議院の指名の議決が異なった場合について規定をいたしておりますが、これにつきましても、ただいまの御提案のような法律で行ないます場合には、このようなことも生じてこないのではないかというようなことからいたしましても、憲法の実定の規定の上から申しましても、ただいまの御提案は憲法に違反すると言わざるを得ないということでございます。」

第七三条（内閣の職務）

423　違憲の疑いのある法律の執行義務

『要旨』　法律を誠実に執行することを職務とする内閣には、違憲の疑いのあることを理由として法律の執行を拒否することは許されない。

昭五七（一九八二）・五・一二（九六回　参・選挙特別）

【参照条文】　憲九九

【議論の背景】　憲法尊重擁護義務を負う大臣・内閣は、違憲の疑いのある法律をどのように扱うかが問題とされた。

【答弁】

○栗林卓司議員　自治大臣には違憲審査権があるのか。

○世耕政隆自治大臣　「私にはその権限はございません。」

○栗林　内閣はどうか。

○角田礼次郎内閣法制局長官　「憲法七十三条の一号には法律を誠実に執行するということが内閣の職務として掲げられております。いやしくも国会を通過して成立した法律に対して行政府である内閣が、それに対して違憲の疑いがあるとか、あるいは若干疑いがあるからその執行を怠るとか、あるいは拒否するというようなことは内閣の立場として許されません。」

424　委任命令の限界

『要旨』　実質的に国会の立法権を没却するような抽象的かつ包括的な命令への委任は憲法上許されない。

平三（一九九一）・二・二〇（一二〇回　衆・法務）

【参照条文】　憲四一

【議論の背景】　湾岸危機に伴う避難民の輸送に関する暫定措置に関する政令に関連して、命令への委任の限界が問題とされた。

【答弁】

○鈴木喜久子議員　委任命令の歯どめをどのように考えるか。

○大森政輔内閣法制局第一部長　「格別の歯どめの有無に関する点でございますが、これも委員十分に御承知のことと思いますが、委任政令として規定できる事項、これにつきましては、もちろん法律の委任の範囲内にとどまること、これは事柄の性質上当然でございますが、憲法四十一条が国会は国の唯一の立法機関であると定めているところからいたしまして、この趣旨を否定し、いわば実質的に国会の立法権を没却するような抽象的かつ包括的な委任は許されないというふうに学説等でも論じられているところでございます。したがいまして、委任できる事項と言われるものは、大体類型的に論じられているところを紹介いたしますと、手続に関する事項、技術的な事項、そして事態の推移に応じ臨機に措置しなければならないことが予想される事項等に限られるというふうに考えられております。」

425　内閣の政策企画立案機能の根拠

〔要旨〕　国民の権利を制限し、国民に義務を課し、刑罰を科するというようなことを除くその他のことに関して、行政は、政策の企画立案を行う権能を憲法上当然有する。

平一〇（一九九八）・六・二〔一四二回　参・行革特別〕

【参照条文】　憲四一・六五・七二

【議論の背景】　政治主導の確立を標榜する行政改革の議論の中で、内閣の政策企画立案機能の根拠が問題になった。

【答弁】

○猪熊重二議員　内閣の政策企画立案機能強化の根拠は何か。

○大森政輔内閣法制局長官　「日本国憲法は、第六十五条におきまして、行政権は、国会が指名した内閣総理大臣及び内閣総理大臣が任命した国務大臣によって構成される内閣自体に行政権が属するんだということ、そして七十二条におきまして、内閣総理大臣は、内閣を代表して行政権の行使に関して必要な議案を提出し、一般国務及び外交関係について国会に報告する等の権限を有する、そしてまた第七十三条におきまして、内閣は、法律を誠実に執行し、国務を総理する、その他条約を締結したり外交関係を処理したりと、いろいろな権限を規定しているわけでございます。

このような点からいたしまして、……国民の権利を制限し、そして国民に義務を課すること、あるいは刑罰を科するというようなことはもちろん国会による法律を要することではございますが、それ以外のことに関しましては、行政府がそのゆだねられた職権の行使をするに際して、行政府としての政策の企画立案を行う権能を有するということは憲法が当然予定していることであると解されるわけでございます。

もとより、今回の改革と申しますのは、国会と内閣との憲法体制下における基本的な関係に何ら影響を与えるものではございませんで、……憲法四十一条が規定する、国会が国権の最高機関であって、唯一の立法機関であるという国会の権能にいささかの変化も来さないということが大前提になっている改革でございます。」

426　条約の事前承認原則

【要旨】　国会の条約承認は、条約の効力が発生する前に行う事前承認が原則である。

昭三四（一九五九）・三・一七〔三一回　衆・内閣〕

【議論の背景】　憲法上、国会は、事前、時宜によっては事後に条約の承認を行うこととされていることから、事前・事後の意味と両者のうちのいずれに承認を行うのが原則かが問題にされた。

【答弁】

○**受田新吉議員**　安保条約のような重大な条約を結ぶ場合には、事前に国会に諮ることが適切ではないか。

○**林修三内閣法制局長官**　「憲法の事前、事後の問題は、御承知のように安保条約に際し、あるいはその後のMSA協定等の際に、国会においても繰り返して御議論のあったところでございまして、……政府の解釈といたしましては、いわゆる批准条項あるいは承認条項の入っておりますものにつきましては、署名によって条約の内容が確定して、それを批准あるいは政府の承認によって効力を発生させる、その中間においてどうするのか。事前、つまり批准あるいは承認以前には効力を発生しておりませんから、その前にやるのが事前である、さように考えております。批准後あるいは承認等によって効力の発生された後に国会の御承認を願うのが事後だ、かように考えております。それから署名のみによって成立する条約、これは国会の御承認を得ようとすれば署名前にしなければなりませんけれども、普通の条約は署名まで内容が確定しないのが普通でございますから、これは事実なかなか行い得ない、従って最近の例では、大体において署名によって効力を発生させることはせずに、みな批准条項、あるいは承認条項、受諾条項というふうに入れておるわけでございます。そういうわけで、署名と批准あるいは承認との間において、いわゆる事前の御承認を願っておるわけであります。ただ憲法の解釈から申せば、いわば時宜によってというのは、条約によっては非常に急を要する場合もあろうから時宜によるということでございまして、どういう場合に必ず事前により、どういう場合にしか事後はできないということには、これは必ずしもならないので、時宜も文字通り時宜によりで、そのときそのときの状態によるというのが憲法の規定だと思います。しかし政府は常に大体の原則として、万やむを得ない場合のほかは事前に御承認を願うという方針をとってきておることは、受田先生よく御承知のことだと思います。」

○受田　事前が原則ではないか。

○林　「憲法は、事前承認を得る、ただし時宜により云々と書いてございますから、原則であることは間違いございません。」

427　国会の条約修正権の有無

〖要旨〗　条約は相手国があるので、普通の法律案のような修正は、条約についてはありえない。

昭三五（一九六〇）・二・一九〈三四回　衆・安全保障特別〉

【参照条文】　国会八三・八五

【議論の背景】　新安保条約の審議において、憲法上、国会に条約修正権があるか否かが問題になった。

【答弁】

○多賀谷真稔議員　国会法八五条の「回付案」とは何か。

○林修三内閣法制局長官　「この点につきましては、御承知だと思いますが、第十九回国会においても議論があったところでございまして、この規定から、一院が他の院と異なった議決をする、しかも、それが修正議決をすることを前提とした条文ではないかという御議論がございまして、これについて当時の政府の見解を示しております。これは必ずしもそうは考えられない、条約の性質上、承認または不承認ということが国会においての御議決だ、ただし、たとえば可分の条約——二つの関連するもの、内容は可分である、そういうものを一括して議案として国会の御承認を求める、そういうことも過去においてあった。そういうものについて、一つの方の条約は承認、一つの方の条約は不承認、こういうことがあり得ないわけではない。そういう場合にこの規定は働くのではないか、かようにその当時もお答えしております。ただいまもそう考えております。」

○多賀谷　当然国会法としては、条約については修正ができるのだという建前になっているではないか。

○林　「憲法の七十三条等の解釈から申しまして、これはやはり、本来は条約の締結権は行政権に属することでございまして、国会に対しては締結についての承認を求めることであり、しかも、条約というものは相手国があることでございますから、普通の立法作用とは違うわけであります。国会が御議決になったからといって、直ちに内容が変わるものではございません。相手国との間に約束ができなければ、内容の変更はできないわけであります。そういうものの性格から申しまして、これは承認か不承認しかあり得ない。ここで言っておるのは、今申しましたような可分の条約について、あるものは可決、あるものは否決——ということは、議案の内容については一部修正でございます。そういうことは、ごくまれな場合にはあるわけであります。そういうものを予定した条文ではあるまいか。」

「結局、問題は、もとの憲法の解釈の問題であります。あるいは行政作用、立法作用の問題から出発してくるわけでございまして、国会法といえども、それを受けて書かれておるものだと私は考えておるのであります。これは御承知のように、普通の法律案のような立法作用であれば、国会が全面的な権限を持っていらっしゃるわけであります。いかなる立法をなさろうと、憲法違反でなければ、それは全部可能なわけであります。従いまして、かりにその議案を政府が出し、あるいは議員がお出しになった場合でも、その内容と異なる議決をなすことは、まさに国会の立法権の作用でございます。ところが、条約の場合は、これは相手国との間でこういう約束をいたすことにいたしました、ついては、そういう約束をしてよろしゅうございますかどうかということを、国会に御承認を求めるわけであります。従って、それを国会が、いわゆる普通の法律案の修正と同じように、これが修正できるとすれば、相手国と相談なしに、内容を一方的に変更しても何の意味もないわけで、それは先ほど申し上げました通りに、これは国会の御希望として、こういうふうに修正しても、もう一ぺん出し直してこい、こういうことだと考えるわけであります。それは結局、出した条約については御承認が得られないということでございまして、もう一ぺんそれは出し直してこい、こういうことで、いわゆる一部修正の御希望があれば、政府としては、前の議案は引っ込めるか、あるいは不承諾の御議決をいただいて、もう一ぺん国会の承認が得られるような内容に直してお出しする、こういうことだと思います。それは、法律案のような修正ということはあり得ない、こういうことを申し上げたわけであります。」

○多賀谷　外交権と条約修正権の混同ではないか。

○林　「これは決して混同はいたしておりません。普通の立法作用であれば、法律を御修正になれば、あるいは原案を修正議決されれば、それがまさに法律としての効力を発生するわけでございます。ところが、条約の場合は、かりに国会で、今おっしゃったような意味で御修正になって、相手国と妥結できない場合は、その条約は当然成り立たない。こういう意味におきましては、国会が御修正になりましても、その効力は、そう申しては何でございますが、何の効力も発生しないのであります。そういう意味におきまして、そういう修正というものは、これは修正じゃないと私は思います。法律案で申します修正は、まさに、国会がそういう内容の意思をおきめになれば、それはそのまま法律として効力を発生する、そういうことでやっていらっしゃるわけでありますが、条約につきましては、こういうことに内容を変えたらどうかとおっしゃる希望の表明というものは、これは別のことで、あり得ると思いますが、そういう希望の表明があれば、政府としても、また向こうと交渉し直して、もう一ぺん条約を出し直す、そういうことになるわけであります。それは、いわゆる普通の法律案でいうような修正とは意味が違う、普通の法律案のような修正はあり得ない、かように私は言っておるわけであります。」

428　国際機関加入に対する国会承認の必要性

〔要旨〕　新たな義務が生じず、政府が法律または予算で与えられた権限の範囲内で活動できる国際機関の場合、閣議決定のみによって、加入できる。

昭四二（一九六七）・六・二三（五五回　衆・外務）

【議論の背景】　国際機関に加入する場合、憲法上、当該機関設立条約について国会の承認があった後、加入するべきではないかと議論になった。

【答弁】

○高島益郎外務省条約局参事　「従来政府が国際機関に加入いたします場合に、その機関を設立する条約につきましてまず国会の御承認を得て、それから後に加入するということを原則としてまいっております。しかし……どのような国際機関に入る場合にもすべて同様の手続によるということではございません。若干の例外はございます。この例外の場合と申しますのは、その国際機関を設立する規約の規定上、政府としまして何ら新しい義務を負うことがなく、かつ政府が法律または予算で与えられた権限の範囲内で十分活動し得る、したがって、何ら新しい義務を負うこともなく、またその機構といたしまして新しい義務を課するということが絶対にないというふうな国際機関につきましては、従来政府限りで閣議の決定等を経まして加入いたしております。アジア生産性機構はまさにこのような事例の一つであります。これ以外に若干の例を申し上げますと、たとえば昭和二十七年に入ったものでございますが、国際米穀委員会、それから同じく二十七年にインド太平洋漁業理事会、それから三十六年にアジア生産性機構、それからまたさかのぼりますが、三十年にはアジア・アフリカ法律諮問委員会、国際ゴム研究会、それから国際養蚕委員会等々いろいろございますが、要するに、これらの国際機関は、大ざっぱに申しますと、調査研究それから情報の交換、そういったような、政府の行政権の範囲内で十分処置し得る活動を主たる目的としておる機関であります。したがいまして、こういう機関につきましては、従来、いままでの取り扱いといたしまして、国会の御承認を得ずに政府限りで加入してまいっております。」

○戸叶里子議員　列挙された機関には、分担金を払っているのか。

○高島　「分担金の額は違いますが、それぞれみな分担金を義務として負っております。ただしこれは毎年国会に予算の一部として御承認いただいておりまして、その予算の範囲内で分担金を払っております。したがいまして、たとえばその機構から三年ないし五年間は脱退できないというふうな種類の国際機関の場合ですと、これは当然国会の御承認を得なければならないのでございますが、そうでなくて、いつでも、たとえば非常に理論上の問題でございますけれども、もし万一分担金につきまして予算が認められないということになりました場合には、直ちに脱退し得るというような道がございまして、そういう場合に限って国会の御承認を得なくても、政府限りで加入し得るのではないかということで、従来そういう取り扱いをしてまいっております。」

429　多国間条約の改正と国会承認の要否

〔要旨〕　国連憲章の基本事項を改正する場合には、国会承認が必要である。

昭四八（一九七三）・六・二一〔七一回　参・外務〕

【参照条文】　国連憲章一〇八・一〇九

【議論の背景】　過去の国連憲章の改正の際、国会承認を求めなかった事例があるところ、新たな改正に際して国会承認が求められたため、多国間条約の改正の場合に国会承認が必要なのか否かが問題とされた。

【答弁】

○森元治郎議員　国連憲章の改正には、国会承認を要する場合と要しない場合があるのか。

○松永信雄外務省条約局参事　「御指摘がございました二十総会の国連憲章の改正は、なぜ国会に提出して承認を求めなかったかという理由につきましては、この改正はその二年前に行なわれました憲章改正の際に当然に技術的、論理的な当然の帰結として行なわれるべきであった改正を、国連事務局のミスによりまして改正漏れとなっていたもの、それを六五年に拾ったものでございます。内容がそういうものでございまして、わが国として当然その改正の発効につき異論があったわけじゃございませんけれども、その改正について、積極的に批准の意思表示をすることについて政府として重要性を認めなかったということがそのおもな理由でございます。で、なぜそういうことになるのかということを申し上げますと、国連憲章の第百八条の場合のごとく、三分の二の加盟国が受諾したときにすべての加盟国について効力を発生するという仕組みになっております改正の場合におきましては、加盟国による批准ないし受諾の行為というものは、三分の二カ国に達するまでは、その改正が発効いたしますために必要な要件としての法律的な性格を持つわけでございます。しかし、改正が一たん発効いたしますと、これはわが国につきましても、最終的な拘束力を持つということとなり、したがいまして、条約締結ということについて、法律的な効果を持たせるとすれば、それ以後の受諾ないし批准というものは法律的には意味のない行為ということになるわけでございます。したがいまして、このような仕組みを持っております国連憲章については、一部の国が受諾ないし批准の手続をとらないということを予想しているということは申せるかと思います。他方、批准ないし受諾という手続、すなわち、条約締結の一つの段階でございますが、行為は、行政権の作用に属するものでございます。したがいまして、このようなことから、政府としまして憲章の改正について、その締結手続をとらなかったという場合において、憲章上の義務を怠ったということはいえないのではなかろうかというふうに考えます。

そこで、それではどういう場合に国会の承認を求めるのか、あるいは求めないのか、その基準はどういうことかということが次に問題になるかと存じます。これにつきましては、たとえば憲章改正が総会で採択されます際に、その改正に反対であるというような態度をとった場合、あるいはその内容について反対ではなくても、特に大きな関心をわが国として持たなかったもの、あるいはその改正について積極的な意思表示をする必要性を認めなかったもの、こういうものは、国会に提出して承認を求めないという場合があるかと存じます。

他方、国会に、……提出すべき改正の内容は何か、どういうものであろうかということを考えますと、国連憲章の本質的な部分と申しますか、基本的な事柄、たとえば安保常任理事国の数や構成を変更するような改正、あるいは安保理事会の権限を修正するような改正、そういったような、国の基本的な事柄にかかわる改正、これは当然国会に提出いたしまして、その諾否につき、国会の承認を仰ぐという手続をとるべきであろうかと思います。

また、今回の改正、先般御承認を得ました改正の場合のごとく、経済社会理事会の構成国が非常に増加するということによって、主として開発途上国の意思を経済社会理事会に大きく反映させるというような改正につきましては、これを積極的に批准するということについて政府として重要性を認めた、こういうことであろうかと存じます。」

○森元　国会の承認審議の途中で多国間条約が成立したらどうなるか。

○松永　「いまの、法律的あるいは理論的な問題として可能性があるわけでございます。先ほど申し上げましたように、わが国につきまして、この方式で発効いたしますと、最終的に拘束力が確定しているわけでございます。したがいまして、国会の御審議中に効力が発生いたしますれば、その後、締結手続を進めるということの法律的な意味は実はなくなるわけでございます。実際にその場合に、手続中の条約案件の取り扱いをどうすべきかということは、なお若干法律的に詰めなければならない問題じゃないかと思って、検討中でございます。」

430　国会承認を必要とする条約の範囲

〔要旨〕　法律事項又は財政事項を含む国際約束及び政治的に重要な国際約束は国会承認を要する条約であり、行政取りきめのうち国会承認条約の実施や細目に関して合意されたものについては、国会に報告される。

昭四九（一九七四）・二・二〇〔七二回　衆・外務〕

【議論の背景】　国会が交換公文等の取り扱い問題について外務省に報告を要求したところ、国会の承認を要する条約の範囲が明らかにされた。

【答弁】

○**大平正芳外務大臣**　「議会制民主主義制度のもとにおいて国会の条約審議権を十分に尊重することは政府の当然の責務であり、なかんずく国民の権利義務に対し重大な影響を与えるような条約につきましては、国会の審議を十分に尽くしていただかなければならないことは言うまでもありません。このため、条約の国会提出の問題については、政府としては、このような基本的態度に立ち、日本国憲法の精神と規定に従い、十全の措置を講じていくべきものと心得ております。

先〔七一回〕国会においては、より一般的な問題として、交換公文等の取り扱いぶりにつき外務省に対して検討方御要望があり、政府としての結論を得次第報告することといたしました。

本件に関し外務委員会において提起された問題は、具体的には、憲法第七十三条三号に基づき、その締結につき国会の承認を経るべき条約の範囲は何か、及びその他の国際約束のうち、一定のものについては国会に報告すべきではないかとの二点に集約されると考えます。

第一の国会の承認を経るべき条約についてでございますが、憲法第七十三条三号にいう条約は、単に何々条約という名称を有するものに限られませんが、他方、政府が締結するすべての国際約束をさすものではありません。この点については、わが国の憲法学説も一致して認めるところであり、また、わが国と同じく議会制民主主義制度を採用している諸外国の憲法及び慣行においても、一定範囲の国際約束は行政府限りで締結し得ることとされております。わが国の憲法上、いかなる国際約束が国会承認条約に該当するかについての政府の見解は、次のとおりであります。

国会承認条約の第一のカテゴリーとしては、いわゆる法律事項を含む国際約束があげられます。憲法第四十一条は、国会は国の唯一の立法機関である旨定めております。したがって右の憲法の規定に基づく国会の立法権にかかわるような約束を内容として含む国際約束の締結には当然国会の承認が必要であります。ここでいう国会の立法権にかかわるような約束を内容として含む国際約束とは、具体的には、当該国際約束の締結によって、新たな立法措置の必要があるか、あるいは既存の国内法の維持の必要があるという意味において、国会の審議をお願いし承認を得ておく必要があるものをさすものであり、領土あるいは施政権の移転のごとく、立法権を含む国の主権全体に直接影響を及ぼすような国際約束もこのカテゴリーに入ると考えられます。

次に、いわゆる財政事項を含む国際約束も国会承認条約に該当いたします。憲法第八十五条は、『国費を支出し、又は国が債務を負担するには、国会の議決に基づくことを必要とする。』旨定めております。したがって右の憲法の規定に基づき、すでに予算または法律で認められている以上に財政支出義務を負う国際約束の締結には国会の承認が得られなくてはなりません。

第三のカテゴリーとして、ただいま申し上げたような法律事項または財政事項を含まなくとも、わが国と相手国との間あるいは国家間一般の基本的な関係を法的に規定するという意味において政治的に重要な国際約束であって、それゆえに、発効のために批准が要件とされているものも国会承認条約として取り扱われるべきものであります。特定の国際約束に拘束される旨の国家の意思表示の形式としては、批准、受諾、承認、署名等がありますが、これらの諸形式のうち、批准は最も重い形式とされており、一般に、締結国相互間あるいは国家間一般の基本的な関係を法的に規定するという意味において、当事国により政治的重要性を有すると認められた国際約束は、批准を発効要件とすることが国際的な慣行になっております。このような批准条約は、国際的に条約として典型的なものでありますので、わが国の憲法上も、かかる国際約束の締結については国会の承認を経るべきものと考えます。

次に、その他の国際約束について申し上げます。

国会承認条約に該当するかどうかの基準は、以上申し上げたとおりでありますが、他方、すでに国会の承認を経た条約や国内法あるいは国会の議決を経た予算の範囲内で実施し得る国際約束につきましては、行政取りきめとして、憲法第七十三条二号にいう外交関係の処理の一環として行政府限りで締結し得るものであります。なお、多くの行政取りきめは、交換公文という形式をとっておりますが、行政取りきめであるかいなかは、かかる形式いかんによるのではなく、あくまでも、その内容が前述のような国会の承認を要する国際約束に該当するかいなかによることは、申すまでもありません。

ところで、行政取りきめであっても、国会承認条約を締結するに際して補足的に合意された当該条約の実施、運用あるいは細目に関する取りきめについては、政府は、国会の条約審議権尊重のたてまえから、当該条約の国会審議にあたっては、従来から、国会に参考としてこれを提出してきております。政府としては、今後は、この趣旨を一そう徹底させ、条約自体についても国会の承認が得られた後に結ばれた同種の行政取りきめについても、当該条約を承認した国会として、その条約がどのように実施あるいは運用されているかを把握しておく上で必要と思われる重要なものは、締結後できる限りすみやかに外務委員会に資料を提出することといたしたいと存じます。」

431　国会の条約不承認の効果

【要旨】　国会が条約の事後承認をしなかった場合、条約は国際的には有効だが、政府は国会に対する責任として、条約の廃棄ないし改定のための交渉をしなければならない。

昭四九（一九七四）・三・四〔七二回　衆・外務〕

【議論の背景】　国会が条約の事後承認を求められてこれを承認しない場合の政府の責任が問題にされた。

【答弁】

○石野久男議員　国会が条約の事後承認をしなかった場合、政府の責任はどうなるか。

○松永信雄外務省条約局長　「事後承認を求めた場合に、その承認を得られなかったときの条約の取り扱いにつきましては、私どももこれは国際法上有効に成立した国際約束といたしまして対外的な効力は発生する、したがって権利義務関係というものが出てくるわけでございます。それによって日本国というものが拘束を受けるわけでございますが、対外的に拘束を受ける日本の国を代表するのは日本の政府でございます。したがいまして、その場合に国際法上発生いたしました条約の実施を政府としては義務づけられるわけでございますけれども、他方、国会の承認を得られなかったためにその義務を履行できないという状態がそこに現出されてくるのではないか、こう考えております。

その場合に、政府が負います責任と申しますのは、対外的にはすでに効力が発生しております条約でございますから、その条約を廃棄するなりあるいは国会の議論において表明されました改変の御指摘を受けて、その条約を改変するような交渉を行なうということになろうかと思いますが、他方、国内的には行政府として立法府に対する責任、……、政治的な責任、それをいかに処理するかということで、きめられるべき問題であろうかと存じます。」

○石野　相手国に対する責任は具体的にどうなるのか。

○松永　「国際法上、外国に対する関係におきましては、政府が国を代表するわけでございます。その政府が締結いたしました条約が効力を発生しているわけでございますから、万一相手方がその条約の廃棄なりあるいは改正というものに応じてこなかった場合は、その条約の法律的な拘束力がそのまま継続する。したがいまして、もしその義務不履行ということがそこにございますれば、義務不履行の状態がずっと続くということであろうかと思います。

他方、こういうような状態、問題がございますから、私どもといたしましては、条約の締結について国会の承認をお願いします場合には、すべからく、極力と申しますか、原則としてはよほどの事態がない限りは事前に提出いたしまして承認をお願いすべきものであろうというふうに心得ているわけでございます。」

○石野　行政協定を国会が承認しない場合はどうか。

○松永　「行政取りきめの場合には、再三御説明申し上げておりますように、政府が与えられております、認められております権限の範囲内において処理するということを本旨としておるわけでございます。したがいまして、国会の御承認を得るとかあるいは得られなかったということとは直接関係がないわけでございます。すなわち、政府の権限の範囲内において処理いたします事項を内容といたします国際約束でございますから、その国際約束が効力を発生いたしまして政府の履行義務が生じた場合に、その義務を履行できないという状態は起こってこないと思います。」

432　留保付条約を国会が留保しない形で議決した場合の効果

【要旨】　留保を付しての条約承認の提案に対して、国会が留保をしない形で条約を承認した場合、当該議決は条約不承認の議決ということになる。

昭五四（一九七九）・四・二六〔八七回　衆・外務〕

【議論の背景】　国際人権規約の承認をめぐる議論の中で、留保付条約締結を求められた国会が、条約を無留保で承認した場合の効果が問題となった。

【答弁】

○草川昭三議員　いわゆる留保条項を条約審議の場合に多数決で否決できるか。

○山田中正外務省条約局外務参事官　「今回の人権規約の御承認をお願いいたしておりますように、留保を付して締結することについて御承認をお願いいたしております場合には、政府といたしましては、条約の特定の条項の一部の法的効果を排除した形で条約を締結することについて御承認をお願い申し上げておるわけでございます。

その留保の内容につきまして、もしくは条約自体の内容につきまして当委員会でいろいろ御議論があることと思いますし、国会の方として、もちろん御意見はいろいろあろうと思います。しかしながら、最終的にもしその留保について、たとえば留保をしない形で御承認という議決があったといたしました場合には、政府といたしましては、御承認を求めた形での御承認はなかったというふうに理解せざるを得ないと考えます。」

433　条約の訳語の訂正

【要旨】　条約の訳語の変更は、正文の変更に伴うものでないかぎり、条約の内容の変更ではないので、条約の締結を所掌する外務省の告示をもって行える。

昭六一（一九八六）・一〇・三〔一〇七回　衆・予算〕

【参照条文】　ジュネーヴ条約六七

【議論の背景】　ジュネーヴ条約六七条中の訳語を外務大臣の名において変更したことをめぐって、訳語の訂正の手続が問題とされた。

【答弁】

〇川俣健二郎議員　条約の訳語の訂正は、外務大臣が告示すれば足りるのか。

〇倉成正外務大臣　「条約の締結は正文に基づいて行われるものということは御承知のとおりでございます。そして……この条約は英文とフランス語と両方でできておるわけでございます。この正文テキストが表現している条約の内容に我が国が拘束されることを約束するという性格を持っておることも御承知のとおりでございます。

今回の訳語の変更は、その訳文である日本語テキストについて、その一部を正文に即した表現に改めるものであって、この条約の正文である英語及びフランス語のテキストには何ら変更があるわけではございません。したがって、条約の内容の変更をもたらすものではない。そういう意味で、今回の訳文の変更はこのような性格のものでございますので、政府としては条約の締結を所掌している外務省の告示をもってその内容を広く国民に知らせることが妥当であると考えて、この措置をとった次第でございます。」

434　新日米防衛協力の指針の国会承認の必要性

『要旨』　新ガイドラインは、日米間に法的権利義務関係を設定するものではないので、国会の承認を受けるべき条約には該当しない。

平一〇（一九九八）・三・二五〔一四二回　参・予算〕

【議論の背景】　いわゆる新ガイドラインをめぐる議論の中で、ガイドラインの法的性格と国会承認の必要性が問題とされた。

【答弁】

○高野博師議員　新ガイドラインは国会承認を要するのではないか。

○大森政輔内閣法制局長官　「新しいガイドラインが国会の承認を求めるべき国際約束であるかどうかということに関しましては、……このガイドラインと申しますのは『平素からの及び緊急事態における日米両国の役割並びに協力及び協調の在り方について、一般的な大枠及び方向性を示す』ものでございまして、政府に立法、予算ないし行政上の措置をとることを義務づけるものではない。これはガイドラインの冒頭で明記してあることでございます。日米両方で確認し合っていることでもございます。

したがいまして、新ガイドラインと申しますのは、旧指針と同様に日米間に法的な権利義務関係を設定したものではございませんので、憲法七十三条三項に言う『国会の承認』の対象たる条約には当たらないということでございます。

しからば法律との関係がどうかということについて、……申し上げますと、安保条約上の直接の義務ではない、安保条約の目的を効果的に達成するための施策であるということでございますが、これは憲法七十三条で内閣に負託されております『外交関係を処理すること。』に当たるわけでございます。したがって、憲法上の根拠はある。

その憲法上の根拠がある『外交関係を処理する』に際しまして、いわゆる法律事項に絡む事柄については国内法の根拠が要る。それがガイドライン関係法として今論じられているわけでございまして、現行法、それで規定していない法律事項については法律案として国会の御審議を経なければならない。私どもは目下その法案策定についての検討をしているわけでございます。」

435　政令を国会の事後承諾にかけることの合憲性

『要旨』　委任立法の場合にも、政令そのものの効果を国会の議決にかけるということは憲法上許されない。

昭二二（一九四七）・八・一三〔一回　参・決算・労働連合〕

【議論の背景】　立法事項について定めることを政令に委任する場合の国会による政令の事後承諾の必要性が問題とされた。

【答弁】

○竹下豊次議員　政令を国会の事後承諾に掛けることは法的に不可能か。

○井手成三内閣法制局次長　「政令そのものの効果を国会の議決に掛けるということは、恐らく憲法上許されない問題じゃないか。例えば最高裁判所が裁判所自体に何か規則の効果を国会に掛けるというようなことを書いたと同じように、政令そのものについて何か国会に掛けるという表現を受けますれば、恐らく私共は憲法上疑義があると思います。同様の結果が起り得るような、例えば政令の規定しておる事項について国会は勿論法律でも廃止できるわけであります。次の議会に政令を或いは又政府に対して決議案を突きつけまして実行を迫ることもできると思います。或いは政令に規定しておる内容をひっくり返してしまうことを決めることができると思いますが、政令そのものの効果を国会の議決に掛けるというような表現でありますれば、私共はこれは相当憲法上研究さして頂かなければならんと思っております。」

○竹下　委任立法の場合、政令を国会の事後承諾に掛けることは違憲ではないのではないか。

○井手　「それは政令の一般原則として限時法、一定の時期まで有効である、或いは一定の条件の完了するまで有効である、政令自体がそういうことを書くのは可能でありますから、そういう角度から研究すればよいだろうと思いますが、政令そのものを今度事後承諾を国会に掛けるなどということは恐らく憲法上私共は許されないだろうと思います。」

第六章　司　法

第七六条（司法権・裁判所、特別裁判所の禁止、裁判官の独立）

436　内閣総理大臣の異議申立てと司法権

『要旨』　内閣総理大臣の異議申立ては、公共の福祉に重大な影響が及ぶ場合、行政権・司法権の調整的役割を果たすものである。

昭三七（一九六二）・四・一九（四〇回　衆・法務）

【参照条文】　憲八一　行訴二七

【議論の背景】　昭和三七（一九六二）年、行政事件訴訟特例法に代わり行政事件訴訟法が制定されたが、その審議過程で、内閣総理大臣の異議申立て制度が存置されたことから、司法権との関係について質問がなされた。

【答弁】

○志賀義雄議員　内閣総理大臣の異議申立て制度は、憲法八十一条、七十六条三項に反しないか。

○植木庚子郎法務大臣　「二十七条の規定にありまする内閣総理大臣の異議の問題につきましては、……、真にやむを得ない場合、公共の福祉に重大な影響を及ぼすおそれがあり、どうしても行政官庁として所見を異にする場合があり得るのでありまず。こうした場合におきましては、きわめて限定されたる範囲において、しかも慎重に、理由の付記でありますとか、この点についてこういうような異議の申し立てをした場合には、次の常会において国会にこれを報告して、そして国会の審議に待つというような方法を講じておりますので、この点については簡単に軽々しくこの条文の発動をすべきではないと考えておりますので、きわめてまれな事例に属するだろうと思いますが、……比較的簡単な手続で、言いかえれば疎明に基づいて決定するとか、あるいは口頭弁論を経ないで済むこともできるとかいったような手続でできる執行停止については、それが公共の福祉に大きな影響を及ぼすおそれがあると思われます場合には、やはりこの二十七条のような備えが必要である。こう考えて提案をしておるような次第でありまず。

この最悪の場合におきまして総理大臣が異議を申し立てた場

合に、これを結果的に見ますと、仰せのように、行政権が裁判権に干渉する、それに優位を得るようにあるではないか、それはその通りであります。従いまして、そうしたことが好ましくないとは私ども当然考えておるのでありまして、よってもってこの異議条項の発動につきましては、真にやむを得ない、公共の福祉に重大な影響を及ぼして、そのために行政秩序がめちゃくちゃになるというような心配がある、そういうような重大な問題のときにしか発動するつもりはないのであります。従って、そうした場合においては、むしろ両者間のいわゆる調整をとる、行政権と司法権との間の調整がこの条文によって行なわれる。一つの緩衡——緩衡という言葉はおかしいですが、両者間の調整的役割を果たす規定になる、かように考えるのでございます。」

437　内閣総理大臣の異議申立て制度と司法権の独立

【要旨】司法権・行政権が交錯する異議申立て制度につき、いずれの機関を優位させるかは政策問題で、司法権の独立の問題ではない。

【参照条文】行訴二七

昭四三（一九六八）・三・一三〔五八回　衆・予算一分科〕

【議論の背景】国会周辺のデモの許可をめぐり、地裁の決定に対する内閣総理大臣の異議申立てが繰り返されたことから、それが司法権の独立を侵すものではないかとして質問がなされた。

【答弁】

○**中谷鉄也議員**　国会周辺のデモの許可をめぐり、内閣総理大臣の異議申立てがくり返し行われているが、司法権の独立の観点から、これをどう考えるか。

○**岸盛一最高裁判所事務総長**　「〔行政事件訴訟法第二十七条の規定は〕たしか昭和三十二、三年ごろに法律改正の際にできた規定であります。その前に、昭和二十六、七年ごろに、同じような制度が、旧法の第十条に規定されておりまして、問題になります点は、あたかも司法権と行政権との接触点にぶつかる問題について起こるわけでありまして、そうなりますと、いずれの機関に優位を認めるかということは、これは政策の問題になるわけでありまして、したがいまして、旧法の十条時代には、もうすでに十八件か二十件近く適用された事例もありますし、新法になりましてからも数回、最近適用された例がありますけれども、いま申しましたような理由から、それが政策問題である以上は、決してこれは司法権の独立になるというふうに考えることはできないと思います。従来からも、裁判所はそのように考えております。」

438　下級裁判所の判決に対する行政権の対応

【要旨】判決が最終審において確定していない以上、法律的に直ちにそれに従わなければならないわけではない。

昭四五（一九七〇）・九・四（六三回（閉）参・決算）

【議論の背景】　同年七月、教科書検定不合格処分を違憲とする第二次家永訴訟第一審判決（いわゆる「杉本判決」、東京地判昭和四五年（一九七〇）七月一七日）が出されたが、それに対する行政府の対応につき質問がなされた。

【答弁】

○和田静夫議員　下級審の判断を行政当局が軽視する風潮があるが、下級審判決と行政の関係を最高裁はどう考えるか。

○矢口洪一最高裁判所事務総局行政局長　「裁判は一審、二審、三審という制度をとっております。で、国民は一審の判決に不服である場合には上級審の判断を求めることになっておるわけでございますが、しかし裁判をいたしております下級審自体といたしましては、それぞれ全責任を負ってここで判断を下しておるわけでございまして、最善と信ずるところに従いまして判断をいたしておるわけでございます。ただ、一審の判断が直ちにそのまま当事者に、勝った当事者にも負けた当事者にも心服してもらえるかどうかということになりますと、これはあくまで訴訟の三審級の制度というものによっていかざるを得ないわけでございまして、第一審の裁判官あるいは二審の裁判官は、それぞれ自分たちのいたしました裁判ということについて、これに心服を得たいということで鋭意全力を傾けておるわけではございますが、その結果それに直ちに従ってもらえるかどうかということは、あくまで当事者がその判決をよしとして確定せしめるかどうかということにかかっておるといわざるを得ないわけでございます。したがいまして、判決が確定いたしません以上は、私どもも下級審の裁判があるということから直ちにこれに従えということには、法律的にはできないわけでございまして、当然不服とされておるところをさらに上級審で判断をする、最終審においてどのように確定するかということによって、そのように確定したものについてはその確定力を十分に当事者あるいは第三者に尊重してもらわなければならない、このような法律構造であり、また現在そのように行なわれておると言わざるを得ないわけでございます。」

439　司法権と弁護士会の懲戒権

【要旨】　弁護士会の懲戒権は、弁護士会の自治を完遂するため例外的に一種の行政処分を付与したもので、憲法に違反しない。

昭五三（一九七八）・五・三一〔八四回　衆・法務〕

【参照条文】　弁護五六

【議論の背景】　弁護士会の登録事務と行政権、強制加入制度と職業選択・思想良心の自由など、弁護士法の合憲性が議論される中、弁護士会の懲戒権と司法権の関係についても質問がなされた。

【答弁】

○飯田忠雄議員　弁護士法五十六条による、弁護士会の所属弁護士の懲戒権は、特別裁判所を禁じ、司法権を裁判所に専属させた憲法七十六条に違反しないか。

○大井民雄衆議院法制局長　「弁護士会及び日本弁護士連合会が完全な自治統制のもとに構成されておるという限りにおきましては、懲戒まで自主的に処分ができるような公の権能を法律が与えておるわけでございますが、この点は完全自治を遂行するために異例ではございます。他には例を見ないのでございますが、そういった立法の趣旨そのものから言って、直ちにこの団体に懲戒権を与えたからといって憲法上問題であるとは考えないのでございます。やはり一つの行政処分として法律が公の権能によって、先ほど来の趣旨によって与えたものだと解釈しておるわけでございます。」

○枇杷田泰助法務省司法法制調査部長　「なるほど除名とか退会処分とかというものが公法上、本人にとって不利益な処分を与える点では非常に重要な効果を持つものであることは御指摘のとおりだと思います。しかし、これは私どもは刑罰とまでは考えておらないわけでありまして、あくまでも行政処分である。公務員におきましても、懲戒処分としての免職ということもございますし、なおほかの業法におきましても、それぞれ登録の取り消しといったようないわば弁護士会の除名に当たるような処分の規定はあるわけでございます。したがいまして、この弁護士会のなしします除名は、行政処分としての行為であるというふうに理解をいたしております。なお、御承知のとおり、そのような処分について本人が不服である場合には、最終的には東京高等裁判所において、行政訴訟の形で争うことができることになっておるわけであります。」

440　陪審制の合憲性

【要旨】　最終的な判断権が裁判官に留保された陪審制であれば、その採用は憲法に違反しない。

昭五二（一九七七）・三・一二〔八〇回　衆・予算一分科〕

【参照条文】　憲三二・七八

【議論の背景】　弘前大学教授夫人殺害事件をめぐる再審無罪判決などに関連して刑事裁判のあり方が問題となり、素人である一般国民を裁判に参加させる陪審制導入の可能性について質問がなされた。

【答弁】

○川口大助議員　法改正により陪審裁判を行う意思があるか。

○賀集唱法務省官房司法法制調査部長　「陪審制というのは、……素朴な民衆感情とか社会常識を裁判に反映させ、裁判を民主化し、国民の身近なものにしようというのが制度のねらいであると思われます。それで、これを採用するかどうかという前に、日本の憲法のもとでどうなっているか。といいますのは、もう御案内のように『何人も、裁判所において裁判を受ける権利を奪はれない。』という憲法の規定がありまして、しかも憲法は『司法』という章のところに、裁判官の独立、司法権の独立を手厚く官の身分保障であるとか裁判官の独立、司法権の独立を手厚く規定をいたしておりますので、そういたしますと、何人も裁判所による裁判を受ける権利というのは、裁判官が構成する裁判所で受けるんだということになりますと、陪審制をいま採用していいかどうかというのは、一つの憲法上の問題が出てまいります。

そこで、先ほども申し上げました憲法の規定からすると、最終的な判断権を裁判官に留保するといいますか、最終的な判断権の余地を残した、そういう留保づきの陪審制ならば採用することは憲法違反ではないと考えられるのでございます。」

441　日本における陪審制の採用について

【要旨】　日本での陪審制の採用については、国民の教育水準等を考慮してもなお検討すべき種々の問題がある。

平元（一九八九）・七・一一（一一四回　衆・本会議録）

【議論の背景】　憲法記念日に向けた談話の中で、矢口最高裁長官が陪審制・参審制の検討に言及し、関連して陪審制導入の可能性についての質問書が提出された。

【答弁】

○滝沢幸助議員提出陪審制度についての質問主意書

「一　陪審法が久しく休止して制度が実存しない理由と経過及び見解を問ふ。

二　最高裁が先般アメリカ等における陪審制度の実状を調査したその成果を問ふ。

三　今日、我国の国民教育の水準は世界に冠たるものであり、充分に陪審制度を生かし得る国民的基礎があると信ずる。如何。

四　世に何事も専門家は専門の事に於て優れていることは勿論

であるが、反面専門家なるが故の死角をもち、その故に誤ることをなしとしない。この事は裁判においても例外ではない。見解如何。

五　今後陪審制度についての研究をさるる用意ありや。

そのための研究調査の機関を設けるなど、実際的作業をさるる用意なきや。

六　昭和三年から実施された陪審裁判の実状はどうであったか。日本民族の特殊性から事実の認定が出来ないとか、素質に問題ありとの批判等が続出していたとか、具体的に答えられたい。

右質問する。」

○答弁書（平成元年（一九八九）七月一一日提出）

「一及び三から六までについて

刑事事件における陪審制度は、陪審法（大正十二年法律第五十号）により昭和三年十月一日から実施されたが、陪審法の停止に関する法律（昭和十八年法律第八十八号）により、昭和十八年四月一日以降停止されたまま現代に至っている。

昭和三年十月一日から昭和十八年三月三十一日までの間、陪審の評議に付された事件の数は、合計四百八十四件であって、その結果の内訳は、有罪三百七十八件、無罪八十一件、公訴棄却一件、陪審更新二十四件である。

陪審法の施行が停止されたのは、陪審の評議に付される事件が逐年減少し、昭和十三年以降は毎年四件ないし一件にすぎないという状態にあったこと及び陪審制度を維持することが当時の状況下において困難であると認められるに至ったことによる。

現在も陪審法の施行が停止されたままでいるのは、現行の裁判制度が適正かつ円滑に運営され、これを国民が支持していることによると考える。

我が国において陪審制度を再び実施するかどうかについては、国民の教育水準等を考慮に入れても、なお検討すべき種々の問題があり、今後とも関係当局において慎重に基礎的な研究を続けていく必要があるものと考える。

二について

御質問は、最高裁判所の調査に係る事項であり、政府として答弁する立場にない。」

442　青法協会員である裁判官に対する国の忌避申立て

〔要旨〕 裁判の公正につき外部から疑惑がもたれる場合には、国として忌避を申し立てることができる。

昭四五（一九七〇）・四・二〇（六三回　参・決算）

【参照条文】 民訴二四Ⅰ（旧三七Ⅰ）

【議論の背景】　自衛隊の合憲性が問題となった長沼事件第一審において、福島重雄裁判長に対し国が忌避を申し立てたことから、同裁判官が青年法律家協会会員であることがその理由ではないかとして質問がなされた。

【答弁】

○佐藤栄作内閣総理大臣　「私はいま、よもや裁判長自身が特殊な団体に属するがゆえに、その点から特殊な政治活動をし、その政治活動が裁判にまで影響したのだろうとは私も思いたくありませんけれども、もしそういうことがあるならば、これは当事者として忌避を主張する、これは、私は当然のことじゃないか、かように思っております。」

○香川保一法務省官房訟務部長　「今回の長沼事件の裁判長福島重雄裁判官に対しまして忌避の申し立てをいたしました理由の要旨を申し述べます。

長沼事件の審理をしております札幌地裁の民事第一部の裁判長福島重雄裁判官は、青法協、青年法律家協会の会員でございます。この青法協は安保廃棄、自衛隊反対等の政治活動を行なっておりますほかに、長沼事件そのものにつきまして原告側の支援活動を活発に行なっているのでございます。その長沼事件が問題になっておる裁判所の裁判長としまして、青法協の会員である福島裁判官が関与するということは、当該裁判官がいかに公正を保持するといたしましても、その裁判の公正につきまして国民の疑惑を招くおそれがある、かような趣旨がまさに民事訴訟法三十七条一項の裁判の公正を妨ぐべき事情があるということに該当すると思量いたしまして申し立てた次第でございます。」

○和田静夫議員　福島裁判官が政治運動をしていたということか。

○香川　「福島裁判官が政治運動をやっているかどうかは、これには関係しないことだというふうに考えております。」

○和田　最高裁の裁判所法逐条解説でも裁判官の政党加入は差しつかえないとされており、青法協会員であることは忌避理由にならないのではないか。

○香川　「裁判官が積極的に政治活動をするということになりますと、これは忌避というふうな問題とは次元を異にした裁判所法五十二条の問題になってくるわけでございます。で、忌避の制度と申しますのは、裁判官に適格性があるとかないとか、あるいはその人格に対する攻撃では決してないのでございまして、国民から見ました場合、その裁判の公正が外部的に保障されている、疑惑を持つことがない、そういうふうなために、かりに当該裁判官がいかに主観的に公正でございましても、外部から見ました場合に、その公正について疑惑が持たれるような事情があるというときに、その裁判官が当該裁判に関与しないということにするために忌避の制度があるというふうに考えております。したがいまして、政治活動云々とは全然問題が違うことだというふうに存じます。」

443　裁判官の「職権」の意味

〔要旨〕　憲法七六条三項の「職権」は裁判の事項に限られ、司法行政は含まれない。

昭四六（一九七一）・五・二一　〔六五回　衆・法務〕

【議論の背景】　修習生の罷免、裁判官の新任・再任問題が議論される中、最高裁の司法行政に対する批判への最高裁側からの反論や「職権」には司法行政等も含むとの田上穣治参考人（一橋大学教授）の発言をめぐり、司法の独立とも関連して「職権」の範囲につき質問がなされた。

【答弁】

○岡沢完治議員　憲法七十六条三項の「職権」は、司法行政など、裁判所・裁判官の憲法上の権限まで含むか、あるいは裁判のみに限定されるか。

○矢口洪一最高裁判所事務総局人事局長　「重要な問題でございますが、私ども仕事を行なっていきます上において、私どもの心がまえとして、七十六条三項を運用いたしております際の気持ちといたしましては、この『職権』という中には裁判の事項に限る。ただ、裁判と申しましても非常に幅が広うございますので、なかなか問題はあろうかと思いますが、司法行政というものは一応その中には含まれないというふうに考えて運用いたしておるわけでございます。」

○岡沢　裁判官人事等は「職権」には含まれないと解しているのか。

○矢口　「司法の独立ということは七十六条の規定もございますし、またそれの次の七十七条にも規定があるわけでございます。七十七条の規定には内部の規律の規則制定の権限も認められておるわけでございます。要するに司法行政というものにつきましても、また憲法によって直接裁判所がこれを扱うように定められておるということは当然のことであるわけでございます。そういうことでございますので、司法行政がいわゆる司法の独立とどういう関係があるかということでございますれば、私ども司法行政もまたこれに含まってておるというふうに考えておるものではございますけれども、お尋ねの七十六条の三項の職権という中には入らないのではなかろうかというふうに考えておるわけでございます。」

444　裁判官の「良心」の意味

〔要旨〕「良心」とは客観的良心を意味し、それに従い裁判ができれば、思想にかかわらず裁判官として適格である。

【議論の背景】　昭四八（一九七三）・三・六（七一回　衆・予算一分科）共産主義者等は裁判官にふさわしくないとの石田和外最高裁長官談話、宮本判事補の再任許否、司法修習生の不採用などの問題が相次ぐ中、裁判官の再任と裁判官の思想及び「良心」との関係につき質問がなされた。

【答弁】

○青柳盛雄議員　共産主義などの思想によって、裁判官の再任や新任は影響されないと、はっきりいえるか。

○矢口洪一最高裁判所事務総局人事局長「裁判官として独立して、その良心――ここでいう良心と申しますのは、客観的な良心というふうに考えられております。私どももそのように考えております。そういった良心に従って裁判のできる方であるならば、具体的にその方が抱いておられる考え、思想といったようなものがどうであろうと、そのことが直ちに裁判官の適格というものに影響するものではない、私どもはこのように考えております。」

○青柳　裁判官には中立の考えを持つものがふさわしく、左や右に偏したものはふさわしくないと考えるか。

○矢口「憲法七十六条三項の良心というものはやはり客観的なものでございまして、そのような客観的な良心に従って裁判のできる方であるならば、私は、裁判官として十分の適格をお持ちになっておる方であると考えます。

ただ、もっとも裁判と申しますのは、それが具体的に行なわれるにあたりまして、客観的に中立、公正でなければいけないということと同時に、そういうふうに行なわれておるというふうに国民全体の方がごらんになっていただく、裁判をそういう意味で御信用いただくというものでなければいけないと、日ごろから考えているわけでございます。そういう点について疑惑を招くおそれがあるということになりますと、これはやはり裁判官としては十分考えて身を処していかなければいけない問題であろうと思います。私どもは、これをこれまで裁判官のモラルの問題として、できるだけ公正、中立であるように、また、そう見えるようにしなければいけないということを申してきたわけでございます。しかし、それはあくまでモラルの問題でございまして、裁判官の適格性の問題といたしましては、ただいまお答えを申し上げたように、客観的な良心というものによって裁判のできる方であるならば十分であろうと、このように考えております。」

445　国際人権B規約の個人通報制度と司法権の独立

【要旨】　個人通報制度は、国内の救済手段を尽くさぬまま受理がなされた例があるなど、司法権の独立等との関係で問題がある。

平九（一九九七）・三・一四〔一四〇回　参・予算〕

【参照条文】　人権B規約二八～四二

【議論の背景】　国際人権B規約選択議定書の個人通報制度につき、批准に努力する旨の国会答弁があるにもかかわらず批准がなされていないとして、早期批准の意思や司法権の独立との関係などについて質問がなされた。

【答弁】

○**本岡昭治議員**　国際人権B規約選択議定書の早期批准について政府はどう考えるか。

○**朝海和夫外務省総合外交政策局国際社会協力部長**　「国際人権B規約選択議定書のご質問でございますが、この個人通報制度は制度として注目すべきものであると考えていることは委員もご承知のとおりだと思います。そこで、いろいろ検討を重ねておるわけでございますが、この制度につきましては、B規約人権委員会での個人通報の実際の事例の分析などをして検討しました結果、若干どうかと思う例もございまして、特に憲法の保障する司法権の独立など、司法制度などとの関連で問題点があるという指摘もあると承知しているところでございます。

そこで、こうした点を踏まえて、委員のご質問の趣旨も踏まえて、従来より政府部内で検討してきているわけでございますが、今後ともこのB規約委員会による制度の運用などをさらに踏まえまして検討を継続する必要があると考えているわけでございます。」

○**池田行彦外務大臣**　「若干どうかと思われるケースと言いましたけれども、例えば国内救済措置を尽くしていないのに個人通報に関するあれが受理されたというようなケースもあった。そういうことで、いわゆる当時の中山外務大臣と委員とのやりとりの後の検討の結果として、さらにこれはいろいろな角度から慎重に検討しなくちゃいけないという事例も出てきたということで、今日もさらに政府部内でいろいろ相談しているんだというふうにご理解賜りたいと思います。」

○**本岡**　法務省は、司法権の独立との関係をどう考えているのか。

○**原田明夫法務省刑事局長**　「現時点までの検討結果では、国内救済措置を尽くしていないのに受理された事例があり、司法権の独立等司法制度などとの関連で問題点があると承知しており、今後ともB規約人権委員会の運用の実情を慎重に見守りながら検討を継続する必要があるものと考えております。」

○本岡　具体的に、何が司法権の独立を侵害するのか。

○原田　「我が国におきましては、係争している司法案件につきまして、三審制度を尽くすということで極めて慎重な手続が行われております。また、再審制度に関する手続もあるところでございまして、それらの手段が尽くされない段階におきまして、大変権威のある国連の委員会でそのことについて取り上げるというような事態がございますと、裁判官の独立、ひいては司法権独立にも多大の問題が生ずるおそれがあるということで、慎重に検討しなければならないものと考えているわけでございます。」

第七七条（最高裁判所の規則制定権）

446　訴訟手続と最高裁規則

【要旨】　訴訟手続をどこまで最高裁規則で定めるかは、法律事項である訴訟当事者の実体法上の権利義務に直接関わる事項などを除けば、立法府の判断による。

昭二九（一九五四）・五・一〇〔一九回　衆・法務〕

【議論の背景】　民事訴訟法改正案の審議において、訴訟手続に関する最高裁規則制定権の範囲について質問がなされた。

【答弁】

○村上朝一法務省民事局長　「憲法七十七条におきましては、訴訟手続に関する事項について、最高裁判所の規則制定権を認めておりますが、まず訴訟当事者の実体法上の権利義務に直接関係ありますものは、たとい同時に訴訟手続に関するものでございましても、本来法律をもって規定すべき事項でありまして、規則をもって制定すべき範囲に属しないと考えるのであります。元来憲法が訴訟手続に関する事項について規則制定権を認めておりますのは、訴訟手続に関する事項は裁判所がみずから処理する事項で、その実際に最もよく通じておりますので、最高裁判所の規則で定めさせることが合理的であろうという考慮に基くものと考えられます。訴訟手続に関する限り、規則制定権をもって裁判所の司法権固有の領域に属するものであり、法律をもっても侵すべからざる領域であるというふうな考え方も一部にあるのでありますけれども、わが憲法の解釈といたしましては、さような国会の立法権を制限する趣旨ではないと考えている次第であります。従いましてただいま申し上げましたような、実体法上の権利義務に直接関係あるような、法律で規定すべき事項は別といたしまして、その他の訴訟手続に関する事項のうち、どういう範囲のものを法律で定め、また最高裁判所規則で定めるかということは、どちらがより実際に適するかという立法政策上の妥当性の問題ではないか。一定の限界を設けて、これ以上は法律をもって規定すべき範囲でないというような、規則の制定権固有の限界というものはない。かように考えているのであります。また法律で定めました事項につきましては、規則をもってこれに抵触する定めをすることができないのは申すまでもないのであります。要するに訴訟手続に関する法規は、国会がみずから法律をもって制定するのが妥当であるとお考えになりました範囲内においては、法律をもって規定せられる。規則にゆだねるのが適当とお考えになります点におきましては、法律をもって規定せずに、規則の定めるところにゆだねるという関係になる、かように考えるのであります。」

447　裁判所職員定員法に関する最高裁判所の提案権

【要旨】　政治責任を負わず、違憲立法審査権を行使する裁判所には、職員定員法であっても、提案権は認められない。

昭四三（一九六八）・三・二八（五八回　参・法務）

【参照条文】　裁判定員

【議論の背景】　裁判所職員定員法改正案の提案説明を法務大臣が行ったことから、裁判所が二重予算の提出権をもっていることとの対比で、裁判所の定員法提案権の有無が問題となった。

【答弁】

〇秋山長造議員　裁判所は二重予算の提出権をもっているが、定員法について提案権がないのはなぜか。

〇寺田治郎最高裁判所事務総局総務局長　「〔国会と同時に内閣にも法案提出権が認められるが〕それでは最高裁判所に提案権を認めてはどうかと、この点については、憲法なり国会法上そうなっているという以上に、やはり三権分立の精神から申しましても、そもそも裁判所というものはそういう形での政治責任を負うものではございません。したがって、裁判所は、定員法のようなものでございますとそれほど問題はないかもしれませんけれども、いずれこの参議院でも御審議いただきます、たとえば裁判所の管轄をどうきめるとか、あるいは裁判所の配置をどうするというようなことでも、やはり一つの政治問題でございますから、それについて政治責任を負うのはやはり内閣であり、最終的には国会でおきめになるという、こういう形であろうと思います。のみならず、現在の憲法では、最高裁判所はいわゆる違憲審査権というものを持っておるわけでございます。そうなりますと、違憲審査権を使いますためには、やはりこれは法律の制定の過程ではあまり裁判所というものが意思表示をするということは好ましいことではない。提案がおかしいばかりでなしに、実は私ども、法務委員会には、従来の慣例で出席いたしまして、そして法案の御審議の際にある程度の意見を述べさせていただいておるわけでございますけれども、しかしこれもかなりの場合には事務当局限りの意見であるというお断わりをしなければならないような場合が出てまいるわけでございます。ここで、この法律に御賛成申し上げるとか、あるいはこういう法案はできるとけっこうだと申し上げておいて、いざ最高裁判所はそういう法律は違憲だと言うことは十分あり得るわけでございます。いま問題になっております職員定員法のようなものにつきましては、これが違憲であるというようなことで問題になる余地はなかろうかと思いますけれども、一般的には、そういうわれわれは提案権が認められておらないし、認められないのが妥当じゃないかと思います。」

448 「弁護士に関する事項」と最高裁規則

【要旨】 弁護士に関する事項を最高裁規則で定めうるのは、訴訟運営にあたっての弁護士との関係を規律するためである。

昭五八（一九八三）・三・四〈九八回　衆・法務〉

【議論の背景】 最高裁判所のあり方や憲法上の位置についての質疑の中、最高裁判所規則制定権が取り上げられ、論点のひとつとして「弁護士に関する事項」の規則制定権の趣旨につき質問がなされた。

【答弁】

○横山利秋議員 最高裁判所が弁護士に関する規則を制定することにどういう意味があるのか。

○山口繁最高裁判所事務総局総務局長 「憲法七十七条にいわゆる弁護士に関する事項の解釈につきましては、文言からいたしますと、弁護士に関する一般的事項について規則で定め得るかのように読めますけれども、最高裁判所に規則制定権がゆだねられた趣旨に照らしますと、一般的に弁護士の職務、資格あるいは身分について定めることは、その範囲を超えるものであって、これらは法律で定めるべきものと解されるわけでございます。

そういたしますと、憲法七十七条にいわゆる弁護士に関する事項は何を示すのかということになるわけでございますが、憲法が制定されました当時の議論をちょっと見てまいりますと、訴訟というものは弁護士と裁判所とが一体になって運営していくものである、そういうことから訴訟運営に当たっての弁護士との関係における一つのルールをつくるのがどうであろうか、こういうような議論がなされたようでございます。したがいまして、これにつきまして、仮に強いて考えられるといたしますと、戦前は弁護士さんも制服を着用されて法廷に見えられていたわけでございますが、仮に弁護士に関する制服のようなものを定めるといたしますと、そのようなものはこの最高裁判所の規則で定めることができるというようになるのではないだろうか、かように考えております。」

第七八条（裁判官の身分保障）

449　裁判官の表現の自由の限界

『要旨』　裁判官にも表現の自由はあり、公表したものの内容につきどこまで監督権が及ぶかは微妙な問題である。

昭四二（一九六七）・五・一（五五回　衆・法務）

【議論の背景】　飯守鹿児島地裁所長が地裁発行の「裁判所広報」に執筆した文章が政治的であるとして国会で問題となる中、裁判官の表現の自由をどこまで統制することができるかが問題となった。

【答弁】

○高橋英吉議員　裁判官に執筆を禁止できる法的根拠があるか。

○岸盛一最高裁判所事務総長　「それは裁判官としてふさわしくないようなものを書くようなことになれば、そういうことはしちゃいけない。これは条文なんかございませんけれど、監督作用に入ると思います。」

○高橋　監督的な意味であって、命令的なものでないということか。

○岸　「まあ、監督といいますか、命令といいますか、監督作用としてそういうものを書くなということは当然言えると思います。しかし、それは書くなということはできますが、非常にデリケートな問題であります。どこまで一体裁判官の口を封じていいかという問題になりますと。」

○高橋　裁判官の懲戒処分には法令の基準があり、それをこえて監督を行えば人権侵害にならないか。

○岸　「これはまことにおっしゃるとおりです。裁判官といえども、自由かってなことを書いていいというわけのものではない。非常に社会に害毒を流すようなものをかりに書いたときには、もちろん禁止どころか、懲戒とか、そういう問題になりますけれども、やはり裁判官といえども、表現の自由は持っております。ただ裁判官の地位にふさわしくないようなことをやってはいかぬという。」

○神近市子議員　表現の自由を禁止するということではない。書いたものから偏見に支配されていると思われる裁判官が裁判を行うのは問題ではないか。

○岸　「こういう人が裁判官をやっているのはよくないじゃないかということになるわけだと思いますが、裁判官の人間、思想を問題にすることになりますので、これはおのずから国法に従った手続においてやられるべきもので、こういう席で特定の裁判官の思想を論じ、その道義問題を論ずるということは、これは私としては慎みたいと思います。」

第七九条（最高裁判所の裁判官、国民審査、定年、報酬）

450　最高裁判所裁判官任命諮問委員会

【要旨】　かっての諮問委員会は、形式主義に流れる、任命権者の責任が明確でないなど短所が多く、復活させるべきでない。

昭四七（一九七二）・三・八〔六八回　衆・予算〕

【議論の背景】　再任拒否事件などと関連した裁判官人事の公正さについての質問と共に、佐藤内閣により任命された最高裁判事が多いとして、任命諮問委員会復活についての質問がなされた。

【答弁】

○中谷鉄也議員　最高裁裁判官の任命のため、裁判官任命諮問委員会を復活させるべきではないか。

○前尾繁三郎法務大臣　「これについては諮問委員会を設けた時代がありました。その実績から考えますと、率直にいって短所ばかりが出てまいりまして、結局非常に形式主義になる。御承知のように、人事はきまった人ではなしに、むしろいろいろな人の意見を聞いたほうがよろしいので、きまった委員になりますと、その任命すべき人の範囲が非常に限定されたり知らなかったり、勢い構成されておる出身のところから何名を出すというような非常な形式主義に流れてくる。それからまた一方からいいますと、委員会に諮問したんだからというので委員会に責任がいってしまう。そういう点から考えまして、私は必ずしも委員会制度がいいとは思わないのでありまして、むしろ全責任をもって指名する人がその後において責任をとる、こういう行き方で、人事に限って、いわゆる民主主義といって広くこの委員会に責任を持たせるべきものではないのではなかろうかというのが私の考えであります。」

451　最高裁長官としての国民審査の要否

〔要旨〕　最高裁判事が長官に指名された場合、職責に違いがないことや国民審査の趣旨から、新たな国民審査は必要ない。

昭四七（一九七二）・三・一四〔六八回　衆・法務〕

【議論の背景】　昭和四四（一九六九）年、石田和外最高裁判事が長官に任命されたが、その後長官として国民審査に付されなかったことから、最高裁長官としての国民審査の要否につき質問がなされた。

【答弁】

○畑和議員　憲法上、最高裁の長官の任命と判事の任命は別個の行為であり、また長官の職責の重さも考えれば、最高裁判事が長官に任命された場合、あらためて国民審査に付すべきではないか。

○真田秀夫内閣法制局第一部長　「第一点の、憲法が最高裁判所裁判官国民審査という制度を設けた趣旨は、先ほど自治省の方がお答えになりましたように、やはり憲法が期待している最高裁判所の職責、それが憲法を守る上において非常に重要な職責を期待しておりますので、具体的に申しますならば、違憲審査権を含む司法の最高機関であって、それを構成するメンバーであるということで、そういう最高裁判所裁判官に負託してある憲法の期待、これが重要な事由であろうかと思います。

ところで、先ほども御答弁がありましたけれども、憲法上最高裁判所を構成する裁判官、つまり長たる裁判官とその他の裁判官とは、憲法上の職責はほとんど違いはありません。片方は『長たる』ということが書いてあるだけでありまして、それは最高裁判所を代表するぞという、何といいますか、司法部全体を権威あらしめるために最高裁判所の長たる裁判官の任命は天皇がするぞというふうになったのがいきさつでございまして、……いまの憲法が最高裁判所の裁判官に期待している職責は全く同じでございまして、差異がございません。先ほど畑委員がお触れになりましたいろいろな、最高裁判所裁判官のうちの長と、それから長でない、以外の裁判官との職責の違いというものはございます。それは裁判所法なりあるいは最高裁判所規則なり弾劾法なり、そういう下位法令でつくった差異でございまして、それを理由にして憲法上のシステムである国民審査に付する必要性の有無の基準に用いるのはいかがかというのが私たちの基本的な考えでございます。

それから、現に最高裁判所の裁判官であられる方が在官のまま最高裁判所長官に任命されたことをどう評価するかということでございますけれども、ただいま申し上げましたように、最高裁判所裁判官としての職責には変わりがない、しかも、国民審査というのは最高裁判所裁判官という職責の重要さにかんがみまして設けられた制度であるということからいたしますと、現に最高裁判所の裁判官である方が在官のまま最高裁判所長官に任命されたという場合は、それは最高裁判所の裁判官という資格は変更がございませんので、つまり憲法上期待している職責にどうも違いがございませんので、それは最高裁判所裁判官としての身分を継続しながら新たに長という役割りをつけ加えたもので、したがって国民審査制度との関連においては、別にそこに新たな審査に付さなければならないという必要性が憲法上出てくるというものではなかろうというのが、第二点についてのわれわれの考え方でございます。

それから、第三点の任命ということに関連してでございますけれども、……昭和二十七年に、これも先ほどお触れになりました最高裁判所の大法廷の判決がございまして、その中で、この国民審査の制度というのは、それは国民が裁判官を罷免すべきかどうかを決定する趣旨であって、その性質は解職の制度である。裁判官の任命行為を完成させるかどうかを審査するものでないということが書いてございます。つまり、任命がよかったか悪かったかというようなことを取り上げて審査するのでなくして、その審査の時点において、現に裁判官であられる方が最高裁判所の裁判官としてふさわしいものであるかどうかということを見るのだよということが判示されております。……私たちもこの判決は妥当なものであるというように考えております。」

452　連記制による国民審査投票用紙の可否

『要旨』　解職制度という国民審査の本質に照らせば、棄権の自由を保障する必要はない。

昭五一（一九七六）・五・二一　〔七七回　衆・法務〕

【参照条文】　最審一四・一五

【議論の背景】　議員提案による最高裁判所裁判官国民審査法改正案が審議される中、法案の趣旨に添う形で、現行の連記制の投票方式が有権者の棄権の自由を十分保障していないのではないかとの質問がなされた。

【答弁】

○青柳盛雄議員　現在、最高裁判官の国民審査は連記制の用紙が用いられているが、一部の裁判官について棄権することができず、問題ではないか。

○真田秀夫内閣法制次長　「ただいまの御質問の問題は、国民審査の投票用紙を裁判官一名につき一枚ずつというふうにすれば全く問題がないということは、御指摘のとおりでございます。

問題は、現行のように、複数の裁判官を同一の機会に国民審査にかける場合に、連名つまり連記の様式を用いているからそういう問題が起きてくるのだろうと思います。

……問題は、もともとこの最高裁判所裁判官の国民審査の制度は、一体性格は何だということが第一の出発点でございまして、先ほど提案者の方も、これは解職の性格を持っているのだということをおっしゃっておりました。私たちもそのとおりだと思います。つまり解職でございまして、裁判官の任命についての適否を審査するというものでは実はないわけでございます。そういうことでございますので、適法に、有効に在職していらっしゃる最高裁判所の裁判官をやめさせたいという人が多ければ罷免になるということでございまして、つまり投票者を二つに分けまして、積極的にやめさせたいぞという票とそれ以外の票とを分けるというのが制度の根本に沿うものだろうと思います。第二番目のグループのそうでない票というものの中には、実はしさいに見ますと幾つかありまして、積極的に信任するという票もありましょう。それから信任していいのかどうかわからぬからといういわゆる白票もあろうと思いますが、いまの解職制度というような国民審査の制度の本質に照らしました場合には、実は第二のグループの中の色分けはさほど意味がないんだろうというふうに考えるわけでございます。

……国民審査のいまの解職の制度であるという点に重点を置いて、制度の本質をそこへ持っていってながめた場合には、実は棄権の自由を保障しなければいかぬという意味合いも、選挙の場合とはかなり違うのだろうと思います。最高裁判所の、先ほど提案者も御引用になりました昭和二十七年の大法廷の判決でも、通常の選挙の場合におけるいわゆる良心的棄権というようなことも考慮しないでいいわけであるとまで言い切っているわけでございまして、私たちはこの考えに従うものでございます。」

第八〇条（下級裁判所の裁判官、任期、定年、報酬）

453　裁判官名簿と内閣の裁判官任命権

【要旨】内閣は最高裁の裁判官名簿の順位を尊重し任命を行うが、任命権がある以上、削除の可能性なども留保される。

昭二二（一九四七）・一〇・六〔一回　参・司法〕

【議論の背景】戦後初の七名の高等裁判所長官任命にあたり、

最高裁長官が七名を決定したとの報道があったことから、最高裁が提出する裁判官名簿と内閣の任命権の関係につき質問がなされた。

【答弁】

○大野幸一議員　裁判官指名名簿の憲法制定当時の趣旨は、現在のように定数以上の者を名簿として提出するというものだったか、それとも、最高裁が指名したものを形式的に内閣が任命するという考えだったか。

○鈴木義男司法大臣　「最初憲法を作りまする場合に、最高裁判所の判事につきまして相当数の……候補者を出してその中から内閣が一番適任と信ずる者を定員だけ任命するという解釈であったことには疑いはないのであります。その先は最高裁判所の人事権というものを尊重いたしまして、できるだけ最高裁判所の選択に委ねる、こういうことも立法当時の意思においては間違いない。今日も同様でありますが、併しそれはただ機械的に最高裁判所が出しまする名簿を鵜呑みにする、そういうものではなくて、やはり任命権は憲法上内閣にあるのでありますから、内閣が選択権を持たなければならんということは条理上当然のことである。但しそれが倍数であるか三倍であるか、或いは五〇%、三〇%でよいかということは、これは無論仰せの通り、そういう確定した規定を設けまするならば、これは国会の御承認を得て法律で決めなければならん問題であります。けれどもそこまで私共は考えておらないのでありまして、或る程度余裕があるならば、その範囲内において、内閣で、最高裁判所の提出した名簿、殊にその名簿の順位というものを尊重して任命する。こういうことで行って差支えないのじゃないか。御承知のように地方裁判所、簡易裁判所等の判事を任命する場合に、倍数ということになりますと、只今定員が千二百人であります。まあ数字的に申しますれば、倍数といえば二千四百人出さなければならん。日本に判事の数は千二百人しかないのでありまして、とても倍数を出すことができない。そこでこの長官とか、上の方だけは楽に倍数でも三倍でも出せますけれども、下に行くほどそういう倍数を出すというわけに行きませんので、結局若干の裕りがあればよろしい。それを最高裁判所の意思を尊重して、その順位に従って内閣が任命する。よく〳〵の事情がない限りは、その順位を乱すということもない予定でありますが、併し事情がありますれば、最高裁判所の提出いたしましたものでも削除することもあり、それだけこの任命権としては留保を持っておりませんければ、任命権の体をなさないわけであります。」

454 裁判官再任の趣旨

【要旨】 運用上再任が原則となっているが、解釈論としては、身分保障は十年の在任期間に限られる。

昭四七（一九七二）・三・二八〔六八回 参・法務〕

【議論の背景】 裁判所職員定員法改正案の審議において、戦後裁判官の身分保障が強化されたことをもふまえ、「再任されることができる」との憲法規定の趣旨についての質問がなされた。

【答弁】

○加瀬完議員 憲法及び裁判所法による「再任されることができる」というのは、どういうことか。

○矢口洪一最高裁判所事務総局人事局長 「裁判官の身分というものが非常に重要でございますので、それについての保障があるわけでございますが、しかしまたあまりにもそれが強大でございますと、まあ司法が特に強くなってしまうというようなこともございましてチェック・アンド・バランスと申しますか、そういった観点から、裁判官の任期というものが憲法に規定されたというように私どもは承知しております。」

○加瀬 憲法改正論争のときには、この裁判官の身分継続に関しては、原則として再任すべきものとするという政府答弁をしているが、認めるか。

○矢口 「御指摘のとおりでございまして、特段の事情なき限り、原則として再任されるのがまあ通例であるという意味におきまして、原則として再任されるものであるという趣旨の御説明であったというふうに理解いたしております。」

○加瀬 同じく帝国憲法改正案の司法の規定に関する想定問答で、「在任中、とくに裁判官として不適当な行跡のない限り再任されることとなろう」といっているが、今も同じ解釈か。

○矢口 「『不適当な行跡』ということばの問題でございますが、一般的な問題といたしまして、御説のとおりに考えていただいてよろしいのではなかろうかと考えております。」

○加瀬 裁判官として不適当な行跡のない限りは、再任されるべきと解してよいか。

○矢口 「裁判官の任命ということにつきましては、新しい憲法が制定されました際に、法曹一元的な考え方といったようなものが、その根底にあったわけでございます。で、そういう場合には、裁判官に欠員が生じました際にはやはりその時点における最も適当な方、それがこれまで裁判官をやっておられた方でございますか、あるいは検察官をやっておられた方でございますか、弁護士をやっておられた方であろうが、そういうことは別といたしまして、広く適任の方を求めていくという考え方があったことは、事実ではなかろうかと思うわけでございます。

しかし、実際問題といたしまして、その後の運用におきましてはなかなか弁護士さんあるいは大学の教授等からきていただくわけにまいりませんので、判事補を採用いたしまして、判事補から十年の経過を経て判事になるというような扱いになってきておるわけでございます。これが、いわゆるキャリア的な運用をなされておるというふうに一般にいわれるところでございまして、そういうキャリア的な運用ということでございますれば、やはりその実際の運用という面からまいりますと、いま仰せのようなことになるのではなかろうかと思っております。」

○加瀬　任期制は、任期中の身分保障にとどまらず、不適当な瑕疵のない限りは身分の継続性を意味していると考えてよいか。

○矢口　「実際の運用ということになりますと、先ほど来御説明申し上げておりますように、大部分の方がずっと任期を重ねられまして、六十五歳あるいは七十歳の定年までおつとめになるということでございます。しかし、それはいわゆる運用の実態というものから見た場合の議論でございます。法律の解釈といいますか、法律論ということでございますれば、やはり十年の任期をもって切れて、身分の保障というものは、その在任中の保障でございまして、任期から任期にまたがる、その途中の保障をも含むものではない、ということになるのではなかろうかと思っております。」

455

裁判官の十年任期・再任の趣旨

〔要旨〕　裁判官の十年任期・再任の制度は、違憲立法審査権など裁判官の重い職責のチェックと法曹一元の可能性を考慮したものである。

昭四八（一九七三）・二・二三〔七一回　衆・法務〕

【議論の背景】　裁判所職員定員法改正案の審議において、最高裁判事の任命や司法修習のあり方などとともに、下級裁判所裁判官の十年任期・再任の制度の趣旨について質問がなされた。

【答弁】

○稲葉誠一議員　昔は裁判官は終身官だといわれていたが、憲法が十年間で再任という制度を設けた趣旨はどのようなものか。

○矢口洪一最高裁判所事務総局人事局長　「裁判官の身分保障というようなものが絶対にその職務上必要であるということは、これは当然のことであろうかと考えます。問題はやはり戦前の裁判官に比しまして、戦後の新しい憲法における裁判官の職責というものは非常に加重されたということが一つございます。その最大のポイントが違憲立法審査権でございます。違憲立法審査権というようなものは、これは戦前とは比べものにならない大きな力でございまして、国会の御制定になりました法律そのものを場合によっては違憲であるというふうに判断する権限でございます。三権分立という考え方はこれもいろいろの方式があろうかとは思いますが、大体三権がお互いにチェックし、バランスをとっていくというところにその分けておる意味があるわけでございます。国会が御制定になりましたような立法を違憲であると判断できるような裁判官、そういう裁判官の権限が一方で加重された場合に、これをそのバランスをとる意味において任期制というものを設けていかなければいけないのではないかということが一つと、それからそれと同時に、もう一つ問題は、やはり法曹一元化というような考え方でございます。できるだけその時点、その時点においてりっぱな法曹人を裁判官にとっていきたいという思想がございます。終身官にして一度任命されると定年になるまで何十年もの間交代がないというようなことになったのでは、そういった理想というものが実現しにくいということもあったろうと思います。」

○稲葉　「再任することができる」との現行規定と、「再任を妨げない」というその前の案とはどう違うのか。

○矢口　「案の字句そのものについての多少の変更はあったようでございますが、中身については変りないものと考えております。」

第八一条（法令審査権）

456　最高裁と憲法裁判所的機能

【要旨】　最高裁判所に憲法裁判所の機能を持たせることはできないが、憲法問題を最高裁に移送することは可能である。

昭二九（一九五四）・四・九〔一九回　参・法務〕

【議論の背景】　民事訴訟法改正案の審議の中で、上告制度改革をめぐり法制審議会司法制度部会において憲法問題だけを切り離し最高裁に移送するとの案があったことが紹介され、関連して終審裁判所としての最高裁の違憲審査権のあり方につき質問がなされた。

【答弁】

○亀田得治議員　憲法八十一条に「終審裁判所」とある以上、最高裁が第一審として違憲法令の審査をすることはできないと最高裁は解釈しているのか。

○村上朝一法務省民事局長　「御承知のように、最高裁判所は昭和二十七年の十月八日の大法廷の判決におきまして『要するに我が現行の制度の下においては特定の者の具体的な法律関係につき紛争の存する場合においてのみ裁判所にその判断を求めることができる』、或いは『裁判所がかような具体的事件を離れて抽象的に法律命令等の合憲性を判断する権限を有することの見解には、憲法上及び法令上何等の根拠も存しない。』ということを言っておるわけであります。……又なお最高裁判所は、『法律命令等の抽象的な無効宣言をなす権限を有するものとするならば、何人も違憲訴訟を最高裁判所に提起することにより法律命令等の効力を争うことが頻発し、かくして最高裁判所はすべての国権の上に位する機関たる観を呈し三権独立し、その間に均衡を保ち、相互に侵さざる民主政治の根本原理に背馳するに至る恐れなしとしないのである。』ということを言っておるのであります。この判決は大法廷の裁判官全員の意思による判決でありまして、その後同趣旨の判決が二、三繰返されておる次第であります。……政府としてもこれは有権的な解釈と考えております。憲法の解釈がそうであるといたしますならば、現行憲法の下においては、外国の憲法裁判所のごとき機能を持たせるということは不可能ではないか、かように考えておるわけであります。……ただ手続の面におきまして、第一審、第二審を経た上でなければ、最高裁判所へ争訟事件を持って行き、憲法の定義の判断を受けることができないであろうという点につきましては、これは訴訟法の問題でございます。憲法問題が主たる論点になっておりますような事件を、申立てにより、或いは最高裁判所の職権で以て、第一審なり第二審に継続している間に、最高裁判所に取り上げて、最高裁判所みずから裁判をするということは、手続法の制定によりまして可能かと考えております。」

○亀田　その場合は、裁判所法七条など、多くの条文をいじらなくとも可能ではないか。

○村上　「私ども研究しました一つの試案といたしましては、第一審或いは第二審に係属しております民事、刑事事件を、裁判所に移送させて、最高裁判所がみずから裁判をするということは、これは手続規定を、詳細法律で定めるということになりますと、相当複雑な規定であります。細かい規定は最高裁判所みずから規則を以て定めるということにでもいたしますならば、裁判所法に一、二の条文を加える程度のことで可能かと考えております。」

○亀田　違憲法令の審査（抽象的違憲審査）を否定する明確な憲法上の根拠があるのか。

○村上　「この判例にも憲法第何条のどの条項によってこういう結論が出るということは言っていないと思うのであります。ただ、憲法の精神といいますか、憲法全体の趣旨が三権分立の原理に立って最高裁判所に司法権を行わせるという建前になっておる。司法権を行う権限である以上は、具体的な争訟が提起されなければ合憲性の判断ということは出て来ないという、何と言いますか、憲法の全体の精神からそういうふうに解釈しておるのじゃないかと、先ほどお挙げになりました憲法八十一条につきましても、これが最高裁判所の先ほど申上げましたような結論を排斥する根拠にはならないということをこの判決中で一時謳っておるわけでありまして、どの条文に違反するかということは具体的には言っておりません。そういう趣旨に解釈しております。」

457　最高裁と抽象的違憲訴訟

【要旨】　最高裁判所に抽象的違憲訴訟を行わせるかどうかは、立法政策上の問題である。

昭三二（一九五七）・四・二五〔二六回　衆・法務〕

【議論の背景】　田中耕太郎最高裁長官出席のもと行われた政府提出の裁判所法改正案の審議の中で、最高裁の機構改革が議論となり、抽象的審査権付与の可否について質問がなされた。

【答弁】

○猪俣浩三議員　最高裁が抽象的違憲訴訟を取り扱うことが、三権分立や民主主義の趣旨にかなうのではないか。

○田中耕太郎最高裁判所長官　「猪俣委員にお答え申し上げますが、確かに、御指摘のように、現在の最高裁判所の、特に大法廷が処理しておりますところの事件の内容を考えてみますると、憲法を取り扱う裁判所としての色彩が非常に濃厚でございます。しかしながら、ある事件につきましては、憲法問題と他の法令違反の問題とが非常にからまり合って出て参っておるのでありまして、従って、憲法裁判所的性格を現に持っているとはいえ、やはりまた、法令の解釈統一、あるいは具体的事件に対して法令の適正なる解釈に基く適正な裁判をするということにつきましても、現在の最高裁判所で相当の分量の仕事をしておるのであります。これは大法廷についてそう申し上げることができるわけでございます。

ただいま猪俣委員の御指摘の、抽象的違憲訴訟の問題も最高裁判所がやったらどうか、そうすればなおさら最高裁判所の権威を高めることになり、ひいては民主主義の基礎としての最高裁判所の機能を十分発揮することになりはしまいかという御説、ごもっともでございます。ただ、これはしかし立法政策上の問題でございまして、各国の例等もいろいろありますし、別にさような裁判所を設けるか、あるいは現在の最高裁判所にさような機能を営ませるかどうかという問題と、もう一つは、さような機関が設けられるか、あるいはさような機能を裁判所が兼ねて行うことにするか、これは非常に政治的な性格を持っておる問題ではないかと考えます。それで、一がいにその点の可否ということを申し上げるわけにも参りませんし、その制度の内容いかんに非常に関係してくるのではないかと思っております。これにつきましては、最高裁判所を代表して参っております私といたしまして、その可否及び抽象的違憲裁判をする裁判所の内容がどうであることが望ましいかというような問題には、ちょっと立ち入って触れますわけには参らないことを、どうぞ御了承をお願いいたします。」

458　条約についての最高裁の違憲審査権

【要旨】 最高裁の違憲審査権は条約の国際法的な面には及ばないが、国内法的な面については認められる。

昭三四（一九五九）・三・三一（三一回 参・予算）

【議論の背景】 日米安保条約を違憲と判断した砂川事件一審判決（東京地判昭和三四年（一九五九）三月三〇日）の翌日の審議において、この判決をめぐり議論が交わされる中、条約についての最高裁の違憲審査権につき質問がなされた。

【答弁】

○戸叶武議員 最高裁判所は条約についても違憲審査権を持つと解釈しているか。憲法の最終解釈権が最高裁判所にゆだねられるとすれば、国権の最高機関である国会との関係をどう解するのか。

○林修三内閣法制局長官 「最初のいわゆる憲法八十一条の最高裁判所の違憲審査権の問題でございます。これに条約が入るかどうかという問題であろうと思います。これは御承知の通りに八十一条には条約のことは書いてございません。従いましてそこに学者にはいろいろの説があるわけであります。これは少くとも私どもは条約の国際法的な面につきましては、やはり最高裁には審査権はないのじゃないかと思っております。しかし、いわゆる国内法的な面についてはこれはいろいろ異論がございます。異論はございますが、従来もわれわれ法制局の考え方は国内法的な面については、やはり最高裁に審査権はあるものと認めるべきじゃなかろうかというふうにわれわれは考えております。……

それから、もう一つの憲法四十一条で国会は最高機関である。最高裁があらゆる法律あるいは条約、そういうものについての最終決定権を持つなら、司法の最高裁判所が最高機関になって国会はその下につくのかというような御質問だと思いますが、これは私はそうじゃないと思います。最高裁判所は憲法八十一条によっていわゆる違憲審査権を持っておりますが、これはいわゆる西独の基本法にいうようないわゆる憲法裁判所とは違うと思います。これはいわゆる司法裁判所でございます。司法裁判所でございますから、具体的な司法事件を通じてのみ最高裁判所は事件の審査をする。しかしその事件の審査をする場合にはある法律が――立法機関の制定された法律あるいは立法機関の承認された条約が国内法に憲法に違反するやいなやということの判断権は最高裁は持っておるわけであります。ただこれはやはり司法裁判所としての性格でございますから、その場合に最高裁判所はかりに違憲の判決をしたといっても、私どもの解釈としては法律が当然無効になるものではない、法律をあるいは廃止することはこれは立法機関のなさるべきことであると思います。立法機関としては当然そういう場合には法律の廃止手続をとることが大体筋であろうと思います。おそらく同じような法律に基いて同じような事件が何回最高裁判所に行きましても違憲になりますから、そういう場合には立法府としてはそういう法律を廃止する、あるいは条約については、かりに国内法的な面、国際法的な面は別でございますが、国内法的な面についてそういう問題があれば条約改定について努力をするということになるのでありまして、最高裁判所は直ちにある法律が絶対に無効である。条約は無効であるということを判決するだけの能力はこれは持っておるわけであります。その点は今の最高裁は立法、司法、行政の上に立つ憲法裁判所ではなく、やはり司法裁判所としての最高裁判所である。そういう点からそういう性格が出てくる、かように考えております。」

459　違憲判決の効力

〔要旨〕　最高裁の違憲判決の効力は当該事件に限られ、過去に遡及したり当該法律を将来に向け無効にするわけではない。

昭四八（一九七三）・四・六〔七一回　衆・法務〕

【参照条文】　刑一九九・（旧）二〇〇

【議論の背景】　最高裁判所が、刑法の尊属殺重罰規定（旧二〇〇条）を違憲と判断した（最大判昭和四八年（一九七三）四月四日）ことから、どのような形で刑法改正を行うのかと関わり、最高裁判所の違憲判決の効力が問題となった。

【答弁】

○横山利秋議員　違憲判決をうけ、刑法をどう改正するつもりか。

○田中伊三次法務大臣　「〔最高裁の違憲判決をめぐっては〕二つの解釈がありまして、一昨日の最高裁の御判決というものは、判決を言い渡した一昨日以後に効力があるのだ、二百条の無効ということ、二百条に関連する一連の条文の無効ということはこれは一昨日以後に無効なんだ、以前は有効なんだ、こういう所見が一つございます。……

それからもう一つは、以後はもちろんのこと、以前といえどもこれはさかのぼって無効となるべきだ、こういう意見が一つございます。……。私は、さかのぼって無効だという結論には、見通しとしてはなるまいと思います。……

そこで第一は、二百条を廃止する、削除する、撤廃する、したがって二百条をめぐります関係条項もその意味において改正になります。……こういう条文は二百条を削除、廃止すると同時に、関係条文はそれに右へならえして訂正しろ、こういう意見が一つの意見でございます。

それからもう一つの意見は、最高裁判所は何もそんなことまでいっておらぬじゃないか、親殺しは普通人殺しより重く処罰することを否定していないではないか、ただ、ばかに重過ぎるではないかということをいうている、どんな事情があっても死刑にするか無期にするか以外に救いようがないというような行き過ぎた差別、一般殺しと比べてそういう極端な差別を設けておる二百条の条文というものは、憲法のすべて国民は平等でなければならぬという大原則に違反をするではないか、よって無効であるということが裁判所の御意見であるのだから、何も撤去をする必要はないじゃないか、直したらいいじゃないか、どう直すべきかというと、親を殺したる場合、直系尊属を殺した場合には無期、死刑ということになっているのだから、無期をもっと下へおろしてくる。……〔懲役六年以上とすれば〕気の毒な事情があれば、その六年の二分の一、情状酌量減軽によって三年まではおろせる、三年以下は執行猶予にして助けることができるのですから、三年という言い渡しをする場合には執行猶予がつけられる。これならば一般殺と比べてみて極端なことはないじゃないか。……こういうことで、第二の条文改正の意見というものが真剣に述べられておるのが現段階でございます。

……私は削除がよかろう。第一のようにずばり削除。ただ、ずばり削除といたしました場合に、社会の感情の上から、重大問題というか、重要な一つの懸念が起こってまいりますことは、そうすると何か、日本の刑法というものは親子の情愛という、古いことばで言うと、淳風美俗、そういう淳風美俗は守らぬのか、それは無視する考えかということがどこかでいわれる。

……そこで、一口その点について意見を申しますと、私はそうは思わない。日本の大事な親子の関係というものを、若くとも年寄りでも否定するものはございません。その大事な淳風美俗を殺人罪の法条、そういう殺人をめぐる刑法などというもので守ってもらわぬでいい。法律外で、美しい日本国民のモラルとしてこれを育てていけばよいのである。刑法の殺人罪の条文があるからないからといって左右されるべきものではない。法律の外でりっぱに育てていくべき大事な淳風美俗でなければならぬ。こう考えると、そこに私自身に得心がいくわけでございます。」

○横山　刑を軽減する改正案が通ると、判決前は二百条、判決後は一九九条、改正後は新規定となり、刑罰規定に違いが生じないか。

○田中　「ごもっともな御心配でございます。判決言い渡しの以後と以前とは、一口に申しますと刑の均衡が破れるという心配がございます。……将来に向かって軽くなる、過去においては重くなるという均衡ですね。そういう均衡の破れ方をするわけでございますが、過去の分につきましては、個別的恩赦によって処理をする以外になかろうということが、現段階の見解でございます。これも確定的なものではございませんが、個別的恩赦によって処置する――処置の必要なものはですよ。全部が必要とはいえぬ。……必要ある部分については個別恩赦を必要とするのではなかろうかということが考えられますので、この点も検討しておる、こういうことでございます。」

○安原美穂法務省刑事局長　「大臣の御意向を受けまして、いまその刑法の改正の要否並びにその内容を検討しておりますが、これはちょっと技術的なことでございますけれども、最高裁判所のこの違憲の判決というものは、法律的にはその当該事件限りしか効果、効力を持たないものだと私ども考えておりますので、過去に当然遡及するとか将来に向かって当然にこの法律を無効にするというような効力を持つかどうかは問題があって、しかしながら、その判決を尊重して、立法、改正を考えるべきだ、尊重する立場からそう考えるべきであると考えて、いわゆる違憲判決の一般的効力ということにつきましては、事務当局としては消極に考えておりまするが、結果的にそれは尊重して、立法の要否を検討し、内容の検討をしていくということを、技術的な問題でありまするが、御理解をいただきたいと思うのでございます。」

460　違憲判決裁判書国会送付の趣旨

【要旨】　違憲判決書の国会送付は判決を通知するもので、最高裁が国会に何らかの措置を要求したり期待する趣旨ではない。

昭四八（一九七三）・七・一三〔七一回　衆・法務刑小〕

【参照条文】　最事規一四

【議論の背景】　最高裁初の法令違憲判決である尊属殺重罰規定違憲判決を受け、最高裁から国会に違憲判決書が送付され、衆院議長は法務委員会に善処を要請した。この措置をめぐり、判決書送付の趣旨につき質問がなされた。

【答弁】

○横山利秋議員　最高裁事務処理規則十四条は、違憲裁判書の

国会送付を定めるが、これは法の修正を求める趣旨か。

○田宮重男最高裁判所事務総局総務局長　「このような判決がありましたときは、それぞれ政府なりもしくは国会等で立法措置もしくは行政措置をする必要も何らかある場合もあるのではなかろうかというような観点から、このような判決があったということをお知らせするということでございまして、それはあくまでも便宜上そういうふうな計らいをするというだけのことでございまして、この判決を送付することによって、最高裁判所として何らかの措置をとられたいというような要求は何ら含んでおらない、こういうふうに解釈しております。」

○横山　期待もしていないのか。

○田宮　「そのような立法もしくは行政措置というものをなされるのは、それぞれ政府なり国会のほうでおきめになることでございますので、その点について特に最高裁判所として期待するとか要求するとか、そういうふうな立場にないというふうに考えております。」

○横山　政府に正本を送り、「国会にも」となっているが、立法府として国会が法律を制定する権能を持っているならば、なぜ政府及び国会にとしなかったか。

○田宮　「〔最高裁事務処理規則〕十二条には法律以外にも命令、規則または処分の問題を掲げておりますので、これらを一括しますと、まず内閣のことについてうたって、さらに法律につきましては当然国会のほうにも関係がございますので、法律関係の裁判については裁判書の正本を国会に送るということで、これは結局のところ条文の書き方の問題でございまして、ただいま横山先生御指摘のように、もしこの条文を書き分けまして、命令、規則または処分が憲法に適合しないときは、その裁判書の正本を内閣に送付する、それから、法律が憲法に適合しないとの裁判をしたときは、その裁判書の正本を内閣及び国会に送付するという形になる、それと全く同じだろうと考えます。」

○横山　政府と国会を同等に考えていると解してよいのか。

○田宮　「御指摘のとおりでございまして、あわせてとか、その両者にといったような趣旨だろうと思います。」

461　統治行為論と司法権

【要旨】　高度の政治性がある国家行為は裁判所の審査権の外にあり、政治部門の判断に任せるのが妥当である。

昭四八（一九七三）・九・一三〔七一回　参・内閣〕

【議論の背景】　自衛隊を違憲と判断した長沼事件一審判決（札幌地判昭和四八年（一九七三）九月一三日）をめぐる議論の中で、裁判所の違憲立法審査権行使と関連して統治行為論についての質問がなされた。

か。

【答弁】

○上田哲議員　憲法八十一条、裁判所法三条が裁判所の権限を明記しているにもかかわらず、統治行為という例外を認めるのか。

○吉国一郎内閣法制局長官　「統治行為の議論と申しますのは、学問上そういうことばを使っておるだけでございまして、八十一条の解釈といたしまして、まあいわば司法権の本質に内在する制約として、三権分立の制度のもとにおきましても司法権の行使についてはおのずからある限度の制約が免れない、その制約というものは、俗に学者が統治行為と呼んでいるようなものについては、たとえ法律上その是非の判断が可能であっても、このような問題については判断はすべきではないという議論でございます。」

○上田　憲法八十一条に例外ありという見解か。

○吉国　「八十一条に例外ありということではございませんで、司法権の本質を解明するとそういうことに相なるということでございます。これは砂川の最高裁の判決にも出ているところでございます。」

○上田　統治行為は法治主義の発展に逆行するという見解についてどう考えるか。

○吉国　「この統治行為の議論、あるいはアメリカのポリティカル・クエスチョンなりフランスのアクト・ド・グーベルヌマンの議論については、確かに、純粋の法治主義というものからすれば、あるいは純粋の法治国思想というものからすれば、これに背馳する原理である面もなくはないと思います。しかしながら、すべてが三権分立で、その三権分立が行なわれて、司法はあらゆる問題について立法なり行政なりの上にあるということが、はたして国家の統合を完全に果たすゆえんであるかどうかということについて考えまするならば、わが国の憲法がとっており、またわが国の憲法がその原理に立っておるとわれわれ考えております統治行為の議論も、また一つの国家統合の原由として重要な意味を持つものであると思います。その意味で、統治行為の議論が現代の学説において相当広い範囲において憲法学者の間においても論ぜられておるものであろうと思います。」

○上田　統治行為の消滅こそ法治主義の方向であって、政府がそれを拡大しようとするのは間違っている。

○吉国　「日本においては、先ほど来申し上げておりますように、いろんな学説がございますけれども、統治行為の議論を唱える学者もある。その学者と同じような議論を、先ほど申し上げました昭和三十四年の最高裁の判決〔砂川事件〕においても、また昭和三十五年〔苫米地事件〕の最高裁の判決においても採用をいたしまして、直接国家統治の基本に関するきわめて高度の政治性のある国家行為については裁判所の判断に属しないという議論でございます。

で、政府と申しますか、私がこれを範囲を広げようなどということは全然毛頭考えていないところでございまして、そのような高度の政治性のある国家統治の基本に関するような国家行為については、有効無効の法律判断が法律上可能である場合であっても裁判所の審査権の外にあって、その判断は最終的には主権者たる国民の判断に属する。それにかわって政治的責任を負うところの政府、国会等の政治部門の判断にまかせられるほうが妥当であるという議論をそのまま展開をいたしまして、その例としては、従来示されたものは衆議院の解散と旧安保条約であるけれども、そのような高度の政治性のある国家統治の基本に関するような問題については、統治行為の議論というものも存在をし、最高裁判決においても認められている、政府としてもそういう考え方をとっておるということを申しただけでございまして、統治行為の範囲を広げようなどということは、もちろん考えておりません。」

462　最高裁の憲法判断が下級審を拘束するとの立法

【要旨】　最高裁の憲法判断が一般的に下級審を拘束するとの立法は、裁判官の職権行使の独立からみて問題である。

昭五〇（一九七五）・六・二〇〔七五回　衆・本会議〕

【参照条文】　憲七六III

【議論の背景】　和歌山地裁（和歌山地判昭和五〇年（一九七五）六月九日）が地公法三七条一項は憲法に違反するとの判断を示したことから、下級審が最高裁の判断を尊重しないのは問題であるとして、標記のような立法の可否につき質問がなされた。

【答弁】

○和田耕作議員　最高裁判所の憲法判断は、一般的に同種同内容の法律の解釈ないし判断にかかわるものに関して下級裁判所を拘束するという立法措置を講ずることについてどう考えるか。

○三木武夫内閣総理大臣　「お尋ねの問題は、憲法解釈にかかわる重要な問題でありますので、これは慎重な検討を必要とすると考えます。憲法第七十六条の三項に、『すべて裁判官は、その良心に従ひ独立してその職権を行ひ、この憲法及び法律にのみ拘束される。』という規定もございますから、これはやはり慎重な検討をすべき問題であると考えます。」

○稲葉修法務大臣　「和田さんの御質問は、同種同内容の法律の解釈に関しては、一般的に最高裁判所の憲法解釈にすべて下級裁判所が拘束される旨の、そういう趣旨の立法をする可能性はどうか、してはどうかという御趣旨のようですが、……下級裁判所にも違憲審査権が認められると解釈されており、また、憲法第七十六条第三項は、『すべて裁判官は、その良心に従ひ独立してその職権を行ひ、この憲法及び法律にのみ拘束される。』こう規定していることから、そういう一般的な拘束をする立法をいたしますことは、憲法上も非常に問題があると思われますので、そのような立法措置が可能かどうか、また、その当否については、なお十分に検討いたしたいと思います。」

463　憲法八一条の違憲立法審査権の趣旨

〔要旨〕　憲法八一条は抽象的違憲立法審査権を規定したものではなく、最高裁規則によりそうした手続を定めることもできない。

　　昭五四（一九七九）・一二・一一〔九〇回　衆・法務〕

【参照条文】　憲七七

【議論の背景】　国政調査のため裁判所の司法行政等をめぐる審議が行われたが、その中で、憲法八一条が定める最高裁判所の違憲立法審査権の性格について質問がなされた。

【答弁】

○飯田忠雄議員　最高裁の法的性格について規定した憲法八十一条に関する従来の最高裁の見解はどのようなものか。

○西山俊彦最高裁判所事務総局行政局長　「いまの御質問の点に関しましては、先ほどお示しになりました最高裁判所の昭和二十七年十月八日の大法廷の判決及び昭和二十八年の四月十五日の大法廷の判決がございますが、いずれも、先ほど御指摘になられましたように、具体的な事件を離れて抽象的に法律、命令等が憲法に適合するかしないかを決定する権限を有するものではない、それが最高裁判所の立場である。それから、憲法八十一条は最高裁判所が違憲審査を固有の権限とする始審にして終審である憲法裁判所たる性格をも併有すべきことを規定したものではない、こういうふうなことを判示しておるわけでございます。」

○飯田　内閣法制局の見解はどうか。

○味村治内閣法制局第一部長　「憲法八十一条は司法の章に規定されておりまして、司法権の一態様としての違憲立法審査権というものを規定しているものであるということが最高裁の判決の御解釈でございますし、私どももそのように考えている次第でございます。

　先生のおっしゃいますように、八十一条が特別の抽象的な違憲立法審査権を規定したものだという説も、もちろんあることは承知いたしておりますが、しかし違憲立法審査を抽象的に行うという権限は、これは裁判所の枠を超えるわけでございまして、もしもそのように憲法が考えているのであれば、明瞭にそのような抽象的な違憲立法審査権を有するのだというふうに規定をするということが当然考えられるわけでございまして、そのような規定がない以上は、やはり先ほどの最高裁判所の判決が示されているとおり、司法権の範囲内で違憲立法審査権を持っているのだ、このように解すべきであろうと思います。

それでは八十一条の趣旨がないんじゃないかとおっしゃるわけでございますが、旧明治憲法におきましては、法律が憲法に違反しているかどうかにつきましては、裁判所は審査する権限がなかったというふうに解釈されていたわけでございまして、そのことを明らかにしただけでも憲法八十一条は意味がある、このように考えるわけでございます。」

○長谷雄幸久議員　裁判所は具体的争訟の枠内でしか違憲審査をしないという規定があるか。

○味村　「これは『司法』という章に規定があるわけでございます。

立法、行政、司法、こういうふうに三つ並んでおります三権分立のうちの一つの権でありますす司法権は、これは、具体的な争訟事件につきまして、法律的な見地からそれを裁くというものを言うのであろう。したがいまして、憲法の司法というのは、当然にそのことを予定しているのであろう、このように考えている次第でございます。」

○長谷雄　憲法七十七条の規則制定権は、憲法裁判の訴訟手続規定も含むのではないか。

○味村　「これは前提が異なるわけでございまして、憲法八十一条は、私どもは先ほど申し上げましたように解釈いたしております。

したがいまして、この『訴訟に関する手続』の中には、そのような憲法裁判所における抽象的な、先生のおっしゃいますような抽象的な憲法裁判をするについての手続は入っていないというように考えております。」

464　最高裁の法令違憲判決の効力

昭五九（一九八四）・四・一九　〔一〇一回　衆・決算〕

【要旨】　最高裁の法令違憲判決の効力については、具体的訴訟事件に関するものである以上、個別的効力説が妥当である。

【議論の背景】　衆議院議員定数配分規定は違憲状態にあると判示した前年の最高裁判決（最大判昭和五八年（一九八三）一一月七日）を受け、定数是正をしないままでの解散総選挙の可否が問題となり、併せて違憲判決の効力についても質問がなされた。

【答弁】

○三浦隆議員　最高裁の法令違憲判決の効力について、最高裁は個別的効力説、一般的効力説のどちらをとるのか。

○上谷清最高裁判所事務総局民事局長兼行政局長　「この点に

ついて判断した最高裁判所の判決はまだ見当たらないようでございます。」

○前田正道内閣法制局第一部長　「ただいま最高裁からのお答えがございましたので政府としての考え方を申し上げます。

裁判はもともといわゆる司法権の作用といたしまして具体的な訴訟事件についてなされる判断でございますから、その効力も当然当該具体的事件に限られると解すべきであろうと存じます。

ところで、憲法第八十一条の最高裁判所の違憲審査権も憲法の第六章『司法』の章において規定されておりますので、ただいま申しましたような意味での司法権の作用として行われるものであると考えます。したがいまして、違憲の判決が出ましたからといいまして、違憲とされました法令が直ちに無効になるというわけではないと考えております。政府といたしましては、従来から御指摘の点につきましては個別的効力説の立場をとっております。」

○三浦　宮沢俊義教授は、一般的効力を認めないと、違憲判決がでても、裁判で争わなかったものは違憲とされた法律の適用を免れることができないと指摘しているが、どう考えるか。

○前田　「違憲とされました判決の効力についてどのように考えるかということにつきましては、学説上もいろいろな考え方があることはただいま御指摘のとおりでございます。個別的効力説あるいは一般的効力説のいずれをとるかによりまして、それぞれ功罪があると思いますけれども、仮に一般的効力説をとりましたときには、判例の変更がないという意味におきましては安定的だということが言えるかもしれませんが、今度は反面におきましてはその遡及効をどういうふうに考えるのか。わかりやすい例で申し上げますと、例えば税金の場合に、既に納めました税金というものを一体どういうふうに考えたらいいのか……というような点がございますので、そのいずれとも決しられない。ただ、先ほど最高裁の方からも申されましたように、判例自体もございませんし、またこれに関しまして憲法にも法律にも特別の規定はないわけでございます。

先ほどのお尋ねで、個別的効力説、一般的効力説のいずれと考えるかというお尋ねでございましたので、政府といたしましてはという限定をつけましてお答えしたつもりでございます。」

第八二条（裁判の公開）

465　公開されるべき裁判の範囲

【要旨】　憲法八二条二項但書は、国民の基本的人権を制限する法律に違反する行為の処罰が問題となる事件などを指す。

昭六二（一九八七）・五・一四〔一〇八回　参・法務〕

【参照条文】　刑訴五三III　刑訴記録四II

【議論の背景】　審議中の刑事確定訴訟記録法案四条二項が、憲法八二条二項但書に掲げる事件については閲覧を禁止できないとする刑事訴訟法五三条三項を引いていたことから、憲法八二条二項但書の意味が問題となった。

【答弁】

○猪熊重二議員　憲法八十二条二項但書の「政治犯罪、出版に関する犯罪又はこの憲法第三章で保障する国民の権利が問題となっている事件」という規定をどう考えているか。

○岡村泰孝法務省刑事局長　「政治犯罪と申しますと、内乱罪など国家の政治的秩序を侵害する犯罪などを指すものと解釈されるのであります。また、出版に関する犯罪ということになりますと、これは出版そのものに関する犯罪あるいはまた出版の方法によることが構成要件とされている犯罪でございます。次に、第三章で保障する国民の権利が問題となっている事件というのは、国民の基本的人権を制限する法律に違反する行為の構成要件といたします犯罪につきまして、これを犯罪として処罰することの当否が問題となっているものを言うものと解釈いたしておるところでございます。」

466　裁判の公開と傍聴人がメモをとる自由

【要旨】　メモの許否は裁判所の法廷警察権に属し、メモをとる自由が当然に傍聴人の権利に含まれるわけではない。

昭六三（一九八八）・四・二〇〔一一二回　衆・決算〕

【参照条文】　裁七一II　民訴規七七

【議論の背景】　法廷でのメモ採取に関する「レペタ訴訟」が最高裁に係争中であったが、衆議院決算委員会で裁判所・法務省関係の決算が審議された際、メモ採取の自由について質問がなされた。

【答弁】

○小川新一郎議員　法廷における一般の傍聴人のメモを許可すべきではないか。

○吉丸真最高裁判所事務総局刑事局長　「一般に、傍聴人のメモを許すかどうかは、それぞれ事件を担当する裁判所の法廷警察権に属することであると解されておりまして、現に、それぞれの裁判所がそれぞれの裁量によって許すかどうかを決めているところでございます。

また、この問題につきましては、現に裁判所に具体的な事件が係属中でございますので、そのようなこともございまして、事務当局の意見を述べることは差し控えさせていただきたいと存じます。

一般に言われているところを御紹介申しますと、まず、憲法八十二条一項には『裁判の対審及び判決は、公開法廷でこれを行ふ。』と規定し、裁判の公開を保障しておりますが、ここに言う『公開』とは、公判期日における手続を何人の傍聴も許す状態で行うということでございまして、それ以上のものではない。したがって、同条の趣旨から見ましても、法廷でメモをとることは当然の傍聴人の権利の内容に含まれるものではないというふうに考えられているところでございます。現在、基本的にはこのような考え方に立って実務が運用されていると承知いたしております。

問題は、メモを許した場合にどのような弊害あるいは問題を生ずるかということでございますが、この点につきまして第一に言われておりますのは、傍聴人がメモをとった場合に、証人などがこれを非常に気にいたしまして、自由な証言をしにくくなるおそれがあるということでございます。現に、事件によりましては、弁護人から裁判長に対しまして、傍聴人がメモをとっているようだが、これをやめさせてほしいというような申し出がなされることもございます。申すまでもなく、法廷で証人等が傍聴人などに何の気兼ねもなく自由に供述できるような雰囲気を確保することは、適正な裁判を実現するために最も基本的な条件であるということでございますので、裁判所としては、この点については特に慎重な考慮をせざるを得ないと考えられているのでございます。

第二に、事件によっては、法廷外において事件関係者またはその支持者などが、証人の証言について、証人を非難、攻撃し、時には名誉棄損または威迫に当たるような行為に及ぶことがあるわけでございますが、そのような際にメモが悪用されるおそれがあるということも指摘されております。このようなことから、現在、全国の裁判所の運用を詳細に承知しておるわけではございませんが、事案によってはメモが許されている場合もございます。ただ、裁判所としては、さきに申しましたような点を考慮いたしまして、メモの許可については慎重な運用を行っているところが多いのではないかと思います。」

第七章　財　政

第八三条（財政処理の基本原則）

467　予算の空白と憲法の国会の議決に基づく財政処理との関係

【要旨】　予算の空白が生じた場合は、繰替払いや第三者弁済などの憲法八三条や八五条に抵触しない形で、各省庁が苦心して処理している。

昭六三（一九八八）・四・五〔一一二回　参・予算〕

【議論の背景】　暫定予算が新年度に入ってから提出され、予算の空白期間における措置が問題となった。

【答弁】

○野田哲議員　予算の空白が生じた場合の各省の処置は八十三条、八十五条に抵触をする措置ではないか。

○味村治内閣法制局長官　「法務省なり郵政省その他から御説明のありましたものは、これはいずれも法律の規定が、繰りかえ払いとかそういうような規定がございますので、そういう規定に基づきまして支出をいたしたという、あるいは第三者弁済というのはこれは国でない者が支出するわけでございますから、したがって、これは会計法の適用がないわけでございます。そういったようないろいろ憲法八十三条なり八十五条に抵触しない形で各省庁が苦心して処理をしているのだと、こういうふうに御理解をいただければ幸いである。」

○野田　被収容者の作業賞与金については国家として矯正協会に対して債務を持つ。憲法の八十五条、国会の議決なしにやられている。

○味村　「この被収容者作業賞与金、これは債務として既に国が負っているわけでございます。矯正協会の方としては国のためにいわば自発的に立てかえるという形になっておりまして、そういう関係では国が債務を負担していない。仮に国が債務を負担するということになりましても、それは従前受刑者に対して負っておりました債務と同額でございますので、特にそのために債務の額がふえるというわけではございません。」

○野田　「予算の成立を前提として国費を支出するというようなことは絶対に許されない、もしそれをすれば違法であるということはもう明らかであると思います。」、こういう角田法制局長官の見解がある。

○味村　「角田前内閣法制局長官がそのように言っていることは御指摘のとおりでございます。ただ、その次につけ加えてございまして、『ただ、それはそれとして、一方において現実に国政を運営するという立場から見て、少なくとも形式的な違法ということのそしりを避けつつ必要最小限度の財務処理を行っているということが偽らない現実の姿だと思います。』ということで、そのような処理が行われているということも敷衍をしているわけでございます。」

468　公共事業各種五ヵ年計画の国会承認について

【要旨】　計画自体によって歳出が義務付けられているわけではなく、長期計画自体を国会の議決に係らしめることは憲法上義務付けられていない。

平八（一九九六）・一二・九（一三九回　衆・予算）

【参照条文】　漁港一七

【議論の背景】　財政再建と公共事業の問題として、一六本の公共事業の五ヶ年計画について根拠法令がなかったり、根拠法令があっても国会承認がないことが問題とされた。

【答弁】

○仙谷由人議員　公共事業の各種五ヵ年計画自身にも国会の承認が必要なんだという法改正をすべきだ。

○大森政輔内閣法制局長官　「憲法八十三条は、いわゆる財政民主主義に関する基本原則を定めております。……財政の各種の作用がどのような態様、方式で国会の議決に基づかなければならないかという問題につきましては、この八十三条の規定するところではなく、専ら他の条文が規定するところにゆだねられていると解するのが現在の通説的な考え方でございます。

……お尋ねの公共事業の各種五カ年計画につきましては、計画自体によってその歳出が義務づけられるわけではなく、事業実施のための目安ともいうべき性質を有しているということにとどまるものでございます。したがって、長期計画自体を国会の議決に係らしめること、これは憲法上義務づけられているわけではないということが言えようかと思います。」

○仙谷　漁港法のような規定をつくれば憲法上違反するか。

○大森　「現行各種五カ年計画につきまして、国会の承認、議決に係らしめていないのは憲法に違反しないというふうに答えたいと思います。」

第八四条（課税）

469　税制上の景気調整措置の政令への委任と租税法律主義

【要旨】　特別償却というような税法上の恩典は、政令に委任しても基本的なものに触れるものではなく、租税法律主義に矛盾しない。

昭四二（一九六七）・五・二五（五五回　衆・大蔵）

【議論の背景】　租税特別措置法の改正において法人税の延納利子税率の引き上げについて一定の範囲で政令で定めることとしていることから政令に委任した税制上の景気調整措置について論議となった。

【答弁】

○平林剛議員　税制上の景気調整措置を政令に委任することと租税法定主義という問題についてはどう考えるか。

○塩崎潤大蔵省主計局長　「租税法律主義を厳密に適用いたしますれば景気調整措置はできない――全く突発的に起こるようなことでございますので、できないわけでございますが、しかし、そうかといいまして、税率とか課税標準とかあるいは納期というものを変えますと、租税法律主義の基本に関する問題だと思います。

今回お願いいたしておりますのは、一定の日本銀行の公定歩合の引き上げという客観的な範囲内におけるという期間内に限定をいたしまして、それが終われば自動的に終わるという措置でございます。これが第一の理由でございます。第二の理由といたしましては、いま申しますように、延納というようなこと、あるいは特別償却というようなことは、基本的なことよりか、むしろ税法が与えた納税者に対する特典だと思うのでございます。……特別償却は、……普通償却を越える一つのおまけでございます。こういった一種の特典あるいはおまけといったものは景気過熱期間中はひとつ遠慮していただくというようなことを講ずること、これは私は租税法律主義に違反するものではない、こういう気がいたすわけでございます。

……私どもの景気調整措置はほんとうの意味の景気調整措置、アメリカのように定率法の償却を制限したり、そういった基本的なものに触れるものではないのでございますから、そういった意味では租税法律主義に矛盾するとは考えておりません。」

470　国鉄の定期運賃の大臣認可による値上げと独占的事業の料金の国会の議決

〔要旨〕　料金の問題、使用料の問題等は行政権の範囲内にあり、国鉄の運賃等の値上げは行政権でやっても差し支えない。

昭四三（一九六八）・三・一五（五八回　衆・予算五分科）

【参照条文】　財三　財特

【議論の背景】　国鉄が大幅な定期運賃値上げを運輸大臣の認可で行うこととされ、財政法三条との関係が問題とされた。

【答弁】

○板川正吾議員　国鉄の大幅な定期運賃の値上げを運輸大臣権限で認可する。国会の議決を経ないで大臣がやるということは、財政法の趣旨に沿わないいんじゃないか。

○中曽根康弘運輸大臣　「税の問題あるいは国民一般に対して負担がかかるような、国が債務を引き受けるとか、そういう問題は、国会の権限であるのは当然のことであると思いますが、料金の問題、使用料の問題等は、必ずしも国会の権限というよりも行政権の範囲内にあるように思いまして、国鉄の運賃等は行政権でやっても差しつかえないものであろうと思います。」

○板川　財政法第三条は独占的な国家の事業については原則として国会の承認を得るというたてまえに立っておる。

○角田礼次郎内閣法制局第四部長　「たてまえに反しているという御質問でございますけれども、財政法第三条の特例に関する法律は、あくまで財政法第三条の特例を定めたものでございますから、原則的なたてまえに対する例外をきめたという意味では、確かにたてまえに反しておるといわざるを得ないと思います。しかし同時に、同じ法律でございますし、財政法第三条に対してある限定した条件のもとにおいて特例を定めるということが、財政法第三条の違反になるということにはならない。そういう意味では、たてまえに反しないといわざるを得ないと思います。」

471　租税法律主義と政令への委任

〔要旨〕　租税法律主義は、賦課徴収に関するすべての事項を法律に規定すべきであるという原則では必ずしもない。

昭四八（一九七三）・三・七（七一回　衆・大蔵）

【参照条文】　定率六～

【議論の背景】　関税定率法改正案の審議において、財界から出されている関税定率については弾力的に政府が決定するという考え方について、租税法律主義との関係について論議となった。

【答弁】

○佐藤観樹議員　租税法定主義というのは一体何か。

○茂串俊内閣法制局第三部長　「この租税法定主義につきまして、現在の制度をごらんいただきますればわかりますように、賦課徴収に関する事項すべてをあげて法律で規定すべきであるという原則では必ずしもないわけでございまして、たとえば実施面の細目にわたる事項あるいは手続にわたる事項あるいはまた国民経済上の緊急な必要性に応じまして機動的にこれに対処しなければならないといったような場合には、その例外が認められておるというのが通説でございまして、現にまた、これは各税法の施行令以下をごらんいただきますとわかります。またそれから関税の関係におきましては、……国民経済上非常に問題があるといったような場合には、緊急の必要に応じて政令によって税率等を変更し得るという政令委任の規定が設けられておるわけでございます。」

○佐藤　その関税定率法を施行するための政令あるいは政令の委任した部分、こういったものは租税法定主義と一体どういうかかわり合いになってくるのか。

○茂串　「このように政令に税率その他の変更をする権能をゆだねるという場合には、これは相当にその要件をしぼりまして、こういった場合にはこうなるといったような要件をかなり厳格にしぼった上で委任しなくてはいけないというふうに一般的には言えると思います。」

「要件を厳格にしぼるという意味は、そのほかにたとえば期間的にどれくらいの期間が要るかとかあるいはまたさらに大きな前提といたしまして、一体どういう場合にそういった弾力条項を発動し得るかといったような国民経済との結びつきと申しますかそういったもの、あるいはそれに関する緊急性と申しますか、そういった点を、要件としては当然に書かなくちゃいかぬと思っております。」

472　賦課額や税率を明記しない秋田市の国民健康保険条例について

【要旨】　条例の算式で計算すると各人の額は分かるようになっており、地方税法の定める要件を全く具備していないとしてこれを無効とする判決について秋田市が控訴したのも理解できる。

昭五五（一九八〇）・三・二一　〔九一回　参・地方行政〕

【参照条文】　憲三〇・九二・九四　地税三

【議論の背景】　電気税の免税点を引き上げる地方税法の改正案の審議において、秋田地方裁判所の秋田市の国民健康保険条例を無効とした判決について問われた。

【答弁】

○三谷秀治議員　国民健康保険税条例に、府県、市町村の条例ですが、賦課額や税率を明記せずに、所得割、資産割、均等割、平等割の税額の算定方式のみを規定したいわゆる秋田方式ですね、これに対して秋田地方裁判所で、憲法三十条、八十四条、九十二条、九十四条及び地方税法第三条違反という判決がおりました。この秋田地裁の判決について自治省はどのような御見解か。

○石原信雄自治省税務局長　「これについては御案内のように、秋田市は直ちに控訴いたしております。

私どもはいまの地方税制度の運用として、税制の解釈として、住民の立場から自分が負担する税金が非常に明快にわかるように率、額等によって定められることが望ましいと思います。そういった指導もしているわけですが、ただ、秋田市の条例の場合には結局、条例に書いてある算式で計算すると各人の額はわかるようになっておる。その限りにおいて、いまの地方税法の定める要件を全く具備していない、これは直ちに無効であるという判決については、やや酷ではないだろうか。それからまた、秋田市も毎年度税額算定の基礎となります課税総額というのは議会で十分審議した上で予算上決められておりますし、この決定の方式も条例できちっと定められておる、算式そのものはきちっと定められておるわけですから、市長が自由裁量的に課税処分しているというわけではないのであります。そういう意味で、私どもはこの秋田市の立場も理解できるという感じであります。」

473　消費税は憲法違反か

【要旨】　消費税は、租税法律主義を定める憲法八四条、一四条一項の平等原則、二五条一項の生存権、二九条一項の財産権のいずれの規定にも反するものではない。

平元（一九八九）・一一・一七〔一一六回　参・税制特別〕

【参照条文】　憲一四・二五・二九　消税

【議論の背景】　七月に行われた参議院議員通常選挙において、消費税が争点となり、その後の国会において野党が消費税廃止法案を提案して、消費税の存続が論議された。

【答弁】

○平野清議員　消費税は憲法違反だ。

○尾崎護大蔵省主税局長　「その違憲と言われる憲法の条文ごとにお答えをさせていただきたいと存じます。

まず第一に、委員ただいま御指摘がございました租税法律主義、憲法八十四条でございますが、消費税法はその消費税の根拠のみならず納税義務者、課税物件、課税標準、課税免除、税率といったその課税要件並びに基本的な徴税手続につきまして明確に定めておりまして、憲法八十四条に定める租税法律主義に反するものではないと考えます。

次に、憲法十四条、法のもとの平等についての規定でございますが、税制は応能負担の原則に適合する所得に対する課税と、それから消費、資産等に対する課税を適切に組み合わせることによりまして、公平で均衡のとれた税体系が確定されるものでございます。消費税は消費の大きさに応じて比例的な負担を求め得るものでございますから、国民の消費の高度化、多様化が行われております今日、国民に消費の大きさに応じた公平な負担を求める税制として、憲法十四条一項の平等原則にむしろ即応したものと言うべきではないかと考えております。

次に、憲法二十五条、生存権との関係でございますが、消費税は間接税に伴う性格といたしまして、所得に対しまして逆進的な面を持つことは否定できません。消費に対しましては比例的でございますが、所得に対して逆進的な面を持つことは否定できない点でございます。しかしながら、消費税の税率は三％でございまして、付加価値税を採用している諸外国に比べましても著しく低いわけでございます。また、一定の医療、教育、社会福祉を非課税としているということもあわせ考えますと、著しく逆進的であるとは言えないと考えております。

そもそも、消費税のみを取り上げまして所得を基準にした税負担の逆進性ということを論ずるべきではないと考えておりまして、税制の所得分配機能は一つの税目のみを取り上げて論ずるというものでないと存じます。それはやはり税体系全体でございますとか、さらには歳出面も含めまして、財政全体として判断すべきものと考えております。

なお、低所得者層に与える消費税の影響を考慮いたしまして、生活扶助基準の改正でございますとか、臨時福祉特別給付金の支給でございますとか、歳出面におきまして所要の政策的措置を実施したところでございます。このような点を考慮いたしますと、消費税法が憲法二十五条一項に反するものでないことは明らかだと存じます。

それから憲法二十九条、財産権についてでございますが、……免税事業者、簡易課税制度等は消費者の支払った消費税が国庫に入らない不合理な制度であるというふうに御指摘をされました。それが消費者の財産権を侵害し憲法に違反するという御主張でございますが、これらの制度は小規模ないし零細な事業者に対する事務負担の軽減等を図る必要から設けられているものでございまして、決して不合理なものではございません。

また、消費税の実質的な税負担は消費者に適正に転嫁することが理念として期待されているといたしましても、民間の取引におきますその価格は原則として当事者間の自由に任されている事柄でございまして、直接公権力による制限がなされるわけではございません。したがいまして、憲法第二十九条一項に違反するものでないことも明らかであると存じております。」

474　通達による土地等の時価の算定基準と租税法律主義

【要旨】　法律に書くことが難しいものを通達により取扱いを統一的にして課税の公正を期するもの。命令などと異なり国民を拘束しない、不服申立てや訴訟の道もあるわけでやむを得ない。

平四（一九九二）・一一・二五〔一二五回　衆・予算〕

【参照条文】　相税二二の二

【議論の背景】　地価税における土地の評価に関して通達で何度も変更したことが問題とされた。

【答弁】

○筒井信隆議員　通達によって税額が、税金が上がったり下がったりする、この事態についてどう考えているか。

○浜本英輔大蔵省主税局長　「土地等の価額につきましては、通常、課税時期におきます時価によることと定められておりまして、……相続税法につきましては、かって最高裁でその点が議論されたことがございましたけれども、こういった法律に時価によるという形の規定を置くことにつきましては、これは別に租税法定主義に反するものではない。

ただ、その場合、時価の算定方法がそれでは細かく法律に書き込めるかと申しますと、ここに難しい問題がございまして、土地等の価額算定の諸要素というのが、社会事情の変化に伴いまして、時、場所によって全く一定でない、そういったことを考慮しますと、その評価方法を法令で定めることは実際には困難だ、逆に画一的に定めることによって実質的な公平を阻害することがあるという判断がございます。したがいまして、現在の実際の取り扱いにおきましては、この時価の解釈としまして、通達によりまして時価の算定基準を明らかにするという取り扱いにせざるを得ない。その取り扱いを統一的にして課税の公平を期するということにしておるわけでございます。

しかし、この通達というものを考えていただきますときに、これは、上級の行政庁が法令の解釈について下級の行政庁に対して行います指令とか命令とか、そういった種類のものでございまして、国民を拘束するものではございません。したがいまして、算定された時価が適正を欠くと認められるときには不服申し立てとか訴訟によってその是正を認める道も開かれておるわけでございまして、この種のものに対しては、このような対応がやむを得ないというふうに私どもは考えております。」

第八五条（国費の支出、国の債務負担）

475　インドネシアに対する円借款・贈与の交換公文と国会の承認

【要旨】　法律の範囲内、予算の範囲内のことであれば、国会から政府に託された範囲内のことであり、あらためて国会にかけることは必要ない。

昭四二（一九六七）・七・一三（五五回　衆・予算）

【参照条文】　憲七三③

【議論の背景】　六月にインドネシアとの間でいわゆる五千万ドルの円借款と一千万ドルの贈与を内容に含む交換公文が結ばれたが、国会の議決を経なかったことが問題にされた。

【答弁】

○北山愛郎議員　インドネシアに対する円借款を調印したが、これは条約として考えても、憲法八十五条の点から考えても、国会の議決を経なければならぬ事項だ。

○高辻正巳内閣法制局長官　「この一千万ドルの贈与につきましては、法令の範囲内あるいは予算の範囲内ということを特に御説明申し上げております。……法令の範囲内、つまり法令を執行するのは政府でございますが、その法令で認められた範囲内、あるいは国会で御議決をいただいた予算の範囲内、これは実は国会から政府に託された範囲内のことでございますので、その範囲内のことでできますことであれば、これはあらためて国会にかけることはない。」

○北山　これは国家間の権利義務に関する問題で、単なる事務的な、技術的な協定ではないのだから、七十三条三号の規定によって、当然国会に出さなければならない。

○高辻　「性質が条約であれば国会に出さなければいかぬし、そうでなければ行政取りきめでよろしいという考え方でございますが、……その中身は、……やはり国会で決議をされた、国会の意思の範囲内で処理することでございますので、そこで、あらためて出すことはない。」

○水田三喜男大蔵大臣　「政府間の取りきめができましたときは、国会開会中でございましたら、補正予算を提出いたして御承認を受けますし、また、国会開会中でない場合に取りきめが行なわれました場合には、予備費をもって支出をしておき、あとで承認を求めることにいたします。」

476　旧憲法第七〇条の財政上の緊急処分と憲法

【要旨】　旧憲法第七〇条の財政上の緊急処分は、憲法上一切許されない。

昭五〇（一九七五）・一二・三〔七六回　衆・大蔵〕

【参照条文】　明憲七〇

【議論の背景】　特例国債の発行を定めた特例法の議論において、この法律が通らない場合の措置が問題になった。

【答弁】

○竹本孫一議員　旧憲法七十条のような財政上の緊急処分の制度はないが、いかなる対応が法律的に考えられるか。

○高橋元大蔵省主計局次長　「旧憲法の七十条にあります財政上の緊急処分というような措置は、新しい憲法では一切封ぜられておりまして、御承知のとおり憲法の八十五条で、『国費を支出し、又は国が債務を負担するには、国会の議決に基くことを必要とする。』という規定がございます。したがいまして、先ほどから御指摘のあります国が特例法を出す、特例債を発行することによりまして新しい歳入を得るという場合には、特例債の発行額につきましても国会の御議決をいただき、それから発行権限につきましても財政法四条を排除する、特例をつくるという法律の根拠をいただく必要がございます。」

○大平正芳大蔵大臣　「政府として一切憲法上許された規定はないわけでございまして、特例法の国会の議決があるまで支払い不能に陥ったものの支払いの道はないわけでございますので、これを差しとめておくよりほかに道はありません。」

第八六条（予算）

477　財政法上の継続費の制度と憲法の毎会計年度の予算の作成、議決との関係

【要旨】　財政法上の継続費に関する規定を設けても憲法違反ではない。

昭二七（一九五二）・一・三一〔一三回　参・大蔵〕

【参照条文】　財一四の二

【議論の背景】　継続費を規定する財政法の一部改正が提案され、財政法上の継続費と憲法の関係が問題とされた。

【答弁】

○菊川孝夫議員　旧憲法には継続費に関する明文があったが、

新憲法にはそれがない。政府は新憲法の下においても継続費を設けることができると考えているのか。

○池田勇人大蔵大臣　『内閣は、毎会計年度の予算を作成し、国会に提出して、その審議を受け議決を経なければならない。』、こうなっておるので『毎会計年度の予算を作成し、』ということになるから、継続費はこの八十六条の違反ではないかという議論があることは私も承知いたしておるのであります。旧憲法との関係におきまして、継続費の規定があったのがなくなったから、新憲法下においては継続費というものはやらないんだ、こう断定するわけには行かんと思います。八十五条、八十六条はそこまで言っておるのではないと考えます。旧憲法時代におきましても、予算外契約というふうなことがございまして、今回はそういうものはございませんが、八十五条の規定によりまして債務負担行為ということを財政法で新たに規定しておる場合もあるのであります。而して毎会計年度というのは原則をきめておるのでございます。原則として一年を会計年度としてやる。併し必ずしも一年に限っていないと私は思うのであります。即ち、繰越明許の規定もございまして、翌年度へ繰越すということもあります。又、債務負担行為につきましても三年間を通じていたしまして、後年度に亘る債務負担行為ができる。こういうことから考えますると、規定上継続費を財政法に設けましても憲法違反では私はないと考えるのであります。

……今回継続費を第一に規定いたしまして、予算上継続費の御審議を願いたいというので、財政法の一部改正を提案しておる次第であります。」

478　予算の組替えを要求する決議と国会の権能

【要旨】　予算を組替えて再提出することを求める決議をすることは、国会の作用として可能である。それに従うかは、政治問題であるが、実際上従わなければ予算の審議ができない。

昭二八（一九五三）・七・二〇〔一六回　参・予算〕

【議論の背景】　衆議院において予算の大幅な修正が行われ修正部分について政府は責任がないと答弁されたことに関連して、予算の組替え要求決議が論議された。

【答弁】

○永井純一郎議員　八十三条に基く修正権を考えて来ますと、如何なる修正でもできる。政府にこの予算はまずいから組直して来いという決議もできる。

○佐藤達夫内閣法制局長官　「組替え要求の決議というようなことは国会法にも憲法に文字としては現われておりませんけれども、これは国会の作用として私は可能なことであると思います。ただそれには従わなければならんかどうかということは、むしろ政治問題であって、一議院において多数の意思によって組替え要求の決議が成立したという場合に政府がその要求に応じない限りいつまでたっても予算の審議はして頂けないのであります。して頂くためにはそれを尊重した形で、又組替えて再提出しなければならない、実際上はそうなると思います。」

479　衆議院可決後の予算の組替え要求決議は可能か

〔要旨〕　一院をすでに通った後は、政府は撤回も修正もできない。参議院においては予算の組替えはできない。

昭二八（一九五三）・七・二九　〔一六回　参・予算〕

【議論の背景】　衆議院において予算の大幅な修正が行われ修正部分について政府は責任がないとしたことに関連して、参議院において政府が予算の組替えを行うことが問題にされた。

【答弁】

○佐藤達夫内閣法制局長官　「政府は一院で審議中であれば、これはその院の御承認があれば撤回もできますし、修正の措置もできます。併し一院をすでに通りまして他の院に廻りました後においては、さような勝手なことは許されんというのが、私の承知しておる範囲では両院の当局者の一致した見解のように思います。政府もさように考えます。従ってその措置〔予算の組替え〕はとれない。従って政府としては衆議院の修正の加わったものが、今日ここに参っておる事態を横から眺めておる、と言っては言葉が適当ではございませんけれども、そういう立場にあると思います。」

480　大幅な繰越明許費と憲法の毎会計年度の予算の作成、議決との関係

〔要旨〕　一般会計の歳出予算の四割が繰越明許であっても、憲法に違反するとは考えていない。

昭三〇（一九五五）・五・二四　〔二二回　衆・決算〕

【参照条文】　財一四・一四の三

【議論の背景】　昭和二八（一九五三）年度の決算報告書に大幅な歳計剰余金が出ていることから、大幅な繰越明許費が問題とされた。

【答弁】

○吉田賢一議員　毎会計年度の予算ということは相当厳重な原則でないかと思う。この原則の例外は、厳格でなければならない。額は可及的少額でなければならない。一般会計の歳出予算の四割が、財政法十四条の規定によって繰り越し明許の例外に

なるというようなことは憲法違反じゃないか。防衛庁費のごとくに五割以上も明許繰り越しになるというと、どっちが例外か原則かわからない。これは少くとも憲法八十六条の条章の精神をじゅうりんする財政行為である。

○一万田尚登大蔵大臣　「憲法に違反するというようなことは毛頭考えておりません。私どもは繰越金に対する基本的な考え方については、全く同じ考えを持っておるのでありますが、今回具体的にしておることは、これは必要がありと考えてしておるのであります。なるほど防衛庁について特に繰り越しが多い、こういうこともあると思いますが、これは防衛力を増強していく関係から、特にこの性質上、たとえば軍艦であるとかその他その生産工程に長期を要するものがあります等いろいろな関係から多い、こういうことも御了承を得たいのであります。なお今後の問題につきましては、今の御意見について十分留意を加えたい、かように考えます。」

481　予算の支出と法律的な根拠の関係

【要旨】　予算の支出は、すべて法律によらなければならないわけではない。予算があれば法律がなくても支出できる。

昭四三（一九六八）・三・一三（五八回　衆・予算一分科）

【参照条文】　被疑者

【議論の背景】　被疑者補償規程が無罪の裁判が確定した場合の補償にとどまっていることについて、その支出の根拠並びに非拘束中の期間及び裁判に要した費用をも補償すべきではないかが問題にされた。

【答弁】

○横山利秋議員　被疑者補償規程というのは何法が根拠か。

○川井英良法務省刑事局長　「法務大臣の訓令でございます。」

○横山　被疑者補償規程が何らの法律的根拠なくして歳出をしているということは、財政法違反じゃないか。

○赤間文三法務大臣　「私は金の支出、予算の支出は全部法律によらなければならぬというふうには解釈をいたしておりません。予算があれば法律はなくとも支出ができる、まして訓令があればそのこと自体は違法でも何でもない、かように私は了解をしております。」

482　暫定予算が成立しない場合の措置

【要旨】　旧憲法にはそういう場合の措置の規定があったが、憲法にはそういう規定はない。国の機関が憲法なり法の期待に従って動くということを考えてできている。

昭四三（一九六八）・三・二一〔五八回　参・予算〕

【参照条文】　明憲七一　財

【議論の背景】　予算の年度内成立が難しい状況になり、暫定予算が組まれることとなったが、予算が年度内に成立しない責任とともに暫定予算が成立しない場合の措置が問題となった。

【答弁】

○木村禧八郎議員　暫定予算が成立しない場合どうするか。

○高辻正巳内閣法制局長官　「旧憲法には実はそういう場合の措置が規定してございました。前年度予算を使うという、かりにそれを持ってきて、そういう場合の欠陥に対処するという規定がございましたが、現在の憲法にはそういうような規定は好ましくないという考え方でございましょう。そういう規定は現在ございません。したがって、憲法の上から言えば、……国会が良識をもって少なくも暫定予算は成立させるであろうというような考え方に立っているんだろうと私は思います。……理論的にぎりぎり言われれば、いまの憲法には、暫定予算が成立しなかった場合に対処する財政、予算上の措置としては、旧憲法のような備わった制度がないと申し上げざるを得ません。」

○木村　ないからどうするか。

○村上孝太郎大蔵省主計局長　「いまだ成立してない法律案等々に基づくことを前提としないで、骨格的な暫定予算というものを提出する。それが否定されるということは、現在の憲法、財政法のもとにおいては予想しておらないルールである、こういうふうにお考えを願いたいと思います。」

○高辻　「現行憲法のもとでは、国会の議決を経ずして国費を支出するということは、原則的にといいますか、基本的にこれは認めておりません。……憲法及び財政法のもとで何かする措置があるではないかと仰せられましても私はそういうものは許されないものだと考えております。

……暫定予算が成立しないということは、われわれとしては、とうてい予想しがたいところでございます。……法律は、あるいは憲法は、国の機関としては憲法なり法の期待するところに従ってものごとが動いていくということを考えてできているものだと私は思います。」

○佐藤栄作内閣総理大臣　「憲法、財政法に規定がありません。したがって、この場合に講ずべき措置がないのであるから、政府としては、暫定予算の性格にかんがみ、その編成及び成立には責任をもって最善を尽くす考えであります。なお、法制上の整備の問題につきましては、今後慎重に検討することといたしたいと思います。」

483　財政投融資計画の国会審議

【要旨】　財政投融資計画を一貫した予算のようなものとして国会の審議の対象とするに足る根拠は見当たらない。

昭四六（一九七一）・二・八（六五回　衆・予算）

【議論の背景】　補正予算の審議において、財政投融資についての一般会計、産業投融資特別会計、資金運用部特別会計などの配分の基準が問題となった。

【答弁】

○田中武夫議員　財政投融資計画というのは、実は、法律あるいは命令、法令に何ら基礎を持たない。財政議会主義、この上に立っても、財政投融資の問題は、もっと、国会も、政府も、考えるべき問題が多い。

○福田赳夫大蔵大臣　「各政府関係機関、地方公共団体、そういうものを一覧してながめることはできまするけれども、これを法的に……横に一貫した予算のようなものとしてこれを御審議願う、その対象とするに足るそういう根拠、つまりこれらの諸機関を通じての統一性というものが見当たりがたい、こういうことを申しておるわけでございます。」

484　特例債の二、三年まとめて発行できる制度と予算の単年度主義

【要旨】　予算の単年度主義は財政民主主義の根幹をなす条文であるが、この条文に矛盾しないやり方であれば、各年度に発行する特例債を一本の法律にまとめることも可能である。

昭五一（一九七六）・一〇・七（七八回　参・大蔵）

【議論の背景】　昭和五一（一九七六）年度の公債発行特例法の審議において、二、三年分の公債発行の特例を一つの法律で定めることができるかが問題となった。

【答弁】

○近藤忠孝議員　財政制度審議会の中川氏が、特例公債ではむしろ二、三年一緒に発行できる制度をつくるべきだと、こういう提案をしている。

○大平正芳大蔵大臣　「政府は当分の間、特例債を必要とする間は国会に対しまして特例債の発行を予算に定められた限度内で許していただきたいということをお願いすべきではなくて、やはり毎年毎年国会の慎重な御審議を経てやってまいるのが正しいやり方であろうと私考えております。」

○近藤　この問題は財政の単年度主義との関係で問題になる。
○加藤隆司大蔵省主計局次長　「憲法の八十六条……、これを単年度原則の根拠規定であるというふうな学説があるわけでございます。われわれはこの規定の趣旨は財政民主主義の根幹をなす条文だと考えております。」
○近藤　たとえば五十二年度、五十三年度、五十四年度に、各年度に発行する特例債を一本の法律案にするということは法律的には憲法上できないということか。
○加藤　「必ずしもそうでございませんので、一般的な法律論といたしましては、この憲法の条文と矛盾しないやり方の法律構成は可能だと思います。たとえば具体的な例で申しますと、憲法に規定してあります債務負担行為あるいは財政法に規定してあります継続費、こういうような、この憲法の条文を踏まえた手続を内包した立法構成というのは可能だと思います。」

485　国会の予算修正権について

【要旨】　国会の予算修正権は、内閣の予算提案権と国会の審議権との調整の問題であり、内閣の予算提案権を損なわない範囲内においてできる。

昭五二（一九七七）・二・二三〔八〇回　衆・予算〕

【参照条文】　憲八三・七三⑤　国会五七の二・五七の三
【議論の背景】　昭和五二（一九七七）年度予算の審議において国会の予算修正についての政府の見解を明らかにしたが、従来の考え方と異なるとして問題にされた。
【答弁】
○真田秀夫内閣法制局長官　「国会の予算修正についての政府の見解を改めて申し上げます。

国会の予算修正について

国会の予算修正については、それがどの範囲で行いうるかは、内閣の予算提案権と国会の審議権の調整の問題であり、憲法の規定からみて、国会の予算修正は内閣の予算提案権を損なわない範囲内において可能と考えられる。

以上でございます。」

「ここで特に申し上げたいのは、必ずしも歳出予算の項の新設にはとらわれないという姿勢をあらわしておるつもりでございます。」
○福田赳夫内閣総理大臣　「本日の見解をもって正式の見解である。」
○矢野絢也議員　かねてからの歴代内閣が示してこられた統一見解、あるいは本予算委員会でお示しになった政府の見解、具体的には、項の新設、項の付加、こういった問題は政府の予算提案権の侵害になる、損なうものであるという意味の従来のお考えは、いま政府のとるところではない。必ずしもすべて項の新設、付加というものは認めない、政府の判断としてそれは予算の提出権侵害になるというものではない、つまり侵害にならない項もあれば、侵害になる項もある、こういう御判断でございますか。

○福田　「そのとおりの見解でございます。」

○矢野　修正権に限界がある、それは政府の予算提出権を損なわない範囲で可能なんだ、その損なわない範囲というものは、一体だれが判断するのでしょうか。あわせて、範囲を超えるこの範囲とは一体何だ、この二つをひとつ具体的に聞きたいのです。

○福田　「どうもその限界点を判断する機関というものは私はないと思うのです。これはやはり国会と政府が連帯と協調というか、そういう中において判断をするというほかはないのじゃないか、そういうふうに考えます。」

○矢野　国会が判断するんじゃないでしょうか。

○福田　「政府に提案権があるわけですから、政府も判断の主体となる、こういう見解でございます。」

○矢野　内閣の予算提出権、八十六条は、そういう内閣の提出権というよりも、むしろ内閣の国会に対する義務というものを第一義的に明らかにしておる。予算を提出しなくてはならぬ、編成しなくてはならぬ義務という色彩が濃い。しかもこの八十六条というものは、先ほど申し上げた八十三条の財政における国会中心主義という基本的な規定、これに基づいてこの八十六条というものが成り立っておる。むしろ正しい解釈は、国会に完全かつ最終的な修正権がこれはもう憲法に基づいてあるのだから、その判断に政府は従っていく。もちろんその前提として編成なり提出する権限は政府にある。そして政府としてのみがたい修正、とてもとても賛成しがたい修正というものがもし国会によって行われた場合には、それは内閣が総辞職をなさるか、あるいはまた解散という形で国民の審判をお受けなさるか、こういうことが憲法構造の正しい解釈であると私は思う。

○真田　「議院内閣制のもとにおいては国会で指名を受けた内閣総理大臣が内閣を組織しまして、そこで政策を立てる、その政策は予算という形で示されるわけですから、そういう意味でやはり内閣の、つまり政府の予算作成権、提案権、これはやはり憲法はかなり重視しておると見ていいのだろうと思うのです。もちろん国会はそれを議決するという権限をお持ちですが、先ほど総理からお話にありましたように、この提案権と議決権を解決する第三者機関というものはないわけなんですね。……提案権と議決権との調整は、それは両者よく話し合って、そこで調整点を見つけ出して、しかるべき方法で処置していくということを憲法は期待しているのだというふうにわれわれは思うわけでございます。」

○**矢野**　国会がそういった問題について最終的な判断を示すということが、憲法の基本的な精神じゃないか。
○**真田**　「国会側だけで、お言葉をかりれば、国会の権能として国会のみの判断でいかような修正、つまり提案権を損なうような修正までできるとは憲法は読めないということです。」
○**矢野**　ささやかでない修正がもし国会で行われた場合は、このときは総理は拒否なさるつもりですか。拒否できるとするならば、それはどういう根拠があるんでしょうか。
○**福田**　「これは政治問題として重大な措置をとらなければならぬ、そういうふうに考えます。」
「この問題は、結局、憲法上限界を決める、こういう機関がないのです。結局、国会、政府に対しまして良識を期待しておる、こういうことだろうと思うのです。お互いに良識でいくほかはない、そういうふうに考えます。」
○**河村勝議員**　国会の修正に対してきわめて制限的に考えるという論拠は一体どういうことなんですか。
○**真田**　「国会に予算についての議決権が与えられている。一方七十三条で政府に提案権が与えられておる。これは職責だとか職務だとかおっしゃいましたけれども、これはまさしく内閣の権限でございまして、それは他の条項などと読み比べていただきますと、これは内閣の権限であることはもう明瞭でございます。」
○**河村**　国会法五十七条の二では、予算修正動議の発議権、ここで衆議院ならば五十名、参議院ならば二十名以上なければ発議ができないという規定と、それから五十七条の三の予算増額修正と内閣の意見陳述という項、ここで予算総額の増額修正については、「内閣に対して、意見を述べる機会を与えなければならない。」そうですね。だからこの二つだけが国会の予算修正に対する唯一の制限規定なんだ。それ以外には何もない。国会の修正というのは原則的に自由である。
○**真田**　「国会法五十七条の二、五十七条の三、これは修正をされるについての手続規定であろうと思います。」
「憲法の解釈としてわれわれは国会の予算についての修正権には提案権を損なわない範囲という限定があるだろう、その範囲内で修正をなされるときの手続をこの国会法が五十七条の二、五十七条の三で定めているというふうに解釈されるわけでございます。」
○**河村**　政府の憲法解釈というものはどういう権威を持つものですか。
○**福田**　「憲法の解釈はなかなかむずかしいところがありますが、その中で政府の見解は、これは非常に大きな重みを持つ、こういうふうに考えております。」
○**河村**　これは決して有権的解釈ではなくて、それで国会を拘束するものではない。

政府は政府の解釈が非常に有権的な解釈であるかのごとくおっしゃっておるけれども、実は本当に有権的に解釈できるのは最高裁判所だけであって、政府のは、まあ有力と言ってもよろしいかもしれないが、一つの解釈である、そこまではよろしいのですね。

○福田「そこまではよろしゅうございます。」

○河村　国会の修正がまるっきり新しいものを出すようなもの、予算を十倍にするとか十分の一にするとかというような、とにかく換骨奪胎してしまって、提案した予算とは思われないようなものにしてしまう、そういうものはいけないのだ、政府の提案権に対する侵害というものはそういうものだ、そういうふうに解釈してよろしいのでしょう。

○福田「予算の根幹を動かすような影響のある修正というものは制限されている、私はこういうふうに思うのです。つまり、憲法は法律案につきましては国会に提案権を認める、しかし予算案につきましては国会には提案権を認めておらないわけです。何だと、こう言いますと、これは予算というのは非常に総合的なものである、そういうことを配慮してのことであろう、こういうふうに思うのです。ですから、その総合的な非常に複雑な予算案、その根幹を揺るがすような修正、これは提案権を政府にのみ専属せしめたという憲法の趣旨と違ってくるのじゃないか、こういう見解です。」

○寺前巌議員　内閣は予算を作成するんだ、国会に出すんだ、こうなっておる。国会に案件としてお出しになった以上は、その審議をするのは国会の側だと思う。この審議にあなたたちは制限があると言われるのか。

○真田「議決されるのは国会でございますから、御審議も十分自由になさって結構なんですけれども、一方政府の提案権というものも憲法に書いてあるわけですから、その修正をされるについては提案権を損なわない範囲で許されるのだろう、こういう意味でございます。」

486　参議院において予算の修正がなされた場合の予算の自然成立について

平四（一九九二）・三・一六〔一二三回　参・予算〕

【要旨】　参議院において予算の修正がなされた場合には、両院協議会の結果を待つが、なお三〇日以内というのが衆議院の予算先議を十全たらしめる。

【参照条文】　憲六〇II

【議論の背景】　平成四（一九九二）年度の予算審議において、参議院が修正した場合の予算の自然成立の時期について問題とされた。

【答弁】

○久保亘議員　憲法六十条に定める自然成立三十日の条項は、参議院が修正議決をした場合には三十日の条項には拘束されない、そのように考えていいか。

○工藤敦夫内閣法制局長官　「憲法の六十条二項におきましては、『予算について、参議院で衆議院と異なった議決をした場合に、法律の定めるところにより、両議院の協議会を開いても意見が一致しないとき、』、今御指摘の部分はそっちの方になると思いますが、そのほかに、『又は参議院が、衆議院の可決した予算を受け取った後、国会休会中の期間を除いて三十日以内に、議決しないときは、衆議院の議決を国会の議決とする。』、こういうことになっておりまして、異なった議決をした場合にはいわゆる国会法で両院協議会というものがございまして、そこでの協議の結果を待つということでございますが、なお三十日以内ということで従来扱われているものと承知しております。」

○久保　参議院が三十日目に修正議決をした場合には、その議決は全く意味を持たないということか。

○工藤　「幾つかの説があるということではございますが、この場合に両院協議会を開いても意見が一致しないとき、こういうときには三十日というのが衆議院の予算先議を十全たらしめるといいますか、そういう扱いが従来行われていたと承知しております。」

○久保　両院協議会等の手続が三十日を超えて行われる場合があり得る。

○工藤　「予算がいわゆる国権の重要事項として憲法でこういう規定をしているという、そういう趣旨を踏まえて従来扱いがなされているものと考えております。」

第八七条（予備費）

487　予備費の国会開会中の支出は憲法違反か

【要旨】　予備費としてのワクのある範囲においては、予見しがたい費目であれば国会開会中といえどもその必要性に応じて支出することは、憲法違反ではない。

昭三九（一九六四）・五・七（四六回　衆・大蔵）

【議論の背景】　国民金融公庫について法律の成立が遅れ、支出が新年度にずれ込んだことから予算がなくなり、国会開会中にこれを予備費から支出したことが問題とされた。

【答弁】

○竹本孫一議員　国会の開会中に予備費によることが根本の問題だ。

○林修三内閣法制局長官　「新憲法になりましてから、国会開会中に予備費の支出された例は実にたくさんあるわけでございます。その場合において、もちろん緊急に支出を要するというたてまえで出されたものと思いますけれども、しかし緊急性からいえば、国会は一日だって補正予算は通過するじゃないかという御議論があれば、実はそれは程度問題になります。……予備費としてのワクのある範囲においては、その範囲のことは憲法上は許されるのじゃないか、予見しがたい支出であるという要件があればいいのじゃないか、さように考えておるわけでございます。過去においても当然にそういう予備費についての国会の事後の御承認はお願いして、事後承認は得ておるわけでございます。」

○竹本　宮沢俊義先生が「日本国憲法」に次のようにいっております。「本条の趣旨は、あらかじめ支出の必要が予見されないために、目的の限定なしに予見しがたい予算の不足に充てるものとして予備金を設けるにあるから、」「現実に予備金を支出する目的が確定したときに、国会が開会中であり、その承諾を得ることが可能である場合に、この予備費を使うのは、本条の趣旨には反する」「この場合は、予備費を使うべきではなく、むしろ予算の修正を国会に提出するのが本筋であろう。」

○林　「旧憲法時代は、どちらかといえば、わりあいに追加予算というものがひんぱんに出された例がございます。したがって予備費が支出された例は比較的少なかったかと思います。……新憲法になりましても、大体この予備費を、予見しがたい費目であれば国会開会中といえどもその必要性に応じて支出することは、私は憲法違反ではないと考えます。政策的に議論としての御意見は、これは私はあろうと思うのであります。あると思いますが、私は法律論としてはいいのじゃないか、かように考えます。特に従来の実例を見ましても、非常に軽微なもの、あるいはルーティン的なもの、それから義務的経費、こういうものにつきましては、予備費のある範囲においては国会開会中にも支出されております。これは私は、従来国会も御承認を願っておりますし、認められたことじゃないか、かように考えます。」

488　予備費の使用について国会の承諾が得られなかった場合の責任

【要旨】　国会の承諾を得た場合には、予備費使用についての内閣の責任が解除されるのであり、不承諾になった場合の内閣の責任は政治的な責任である。

昭五三（一九七八）・五・一〇〔八四回　衆・決算〕

【議論の背景】 昭和五一（一九七六）年度と昭和五二（一九七七）年度の予備費についての審査において国会の承諾が得られなかった場合の責任が問題となった。

【答弁】

○安藤巌議員　予備費を支出した後、国会が承諾しない場合は、どのように措置するのか。

○山口光秀大蔵省主計局次長　「国会の御承諾を得ました場合には、これによりまして予備費使用についての内閣の責任が解除されるというふうに考えております。」

○安藤　不承諾ということになったときは、どういうような責任をとるのか。

○山口　「もしも国会が予備費の使用につきまして承諾を与えない、不承諾だということになりました場合に、過去において予備費を使用いたしまして行いました支出等の法律上の効果にまで影響を及ぼすものではないと思いますが、不承諾になった場合の内閣の責任は政治的な責任であるというふうに考えます。」

489　予備費の計上の考え方

【要旨】 予備費は予算事前議決の例外であり、予見しがたい予算の不足に充てる場合に限られ、計上額はおのずと限界がある。補正の審議をお願いできる場合は、できるだけ補正予算として国会の承認を得るのが筋である。

昭六二（一九八七）・四・二〔一〇八回　衆・決算〕

【議論の背景】 昭和五十九（一九八四）年度、六十（一九八五）年度の予備費の使用についての審議において予備費の計上の考え方が問題にされた。

【答弁】

○渡部行雄議員　予備費についてどのように考えているか。

○宮沢喜一大蔵大臣　「行政府が歳出歳入、殊に歳出でございますが、をいたしますときに、予算という形で国権の最高機関である国会の御承認を受けていたすべきことは当然のことでございます。しかし、最善を尽くしましても予見しがたい事情というものはあり得る、また現実にございますので、その範囲におきまして予備費という形で国会のお許しを得てこれを使用させていただく。もちろん、この支出については事後に国会の御承認を得なければならない、こういう精神のものとして考えております。」

○渡部　政府は、この予備費を使うときには相当厳粛な態度で厳密にこれを考えながら使っていかないと憲法の精神に合わなくなってしまう。

○宮沢　「御指摘のとおり考えております。」

○渡部　一体どういうことを予見してその額の決定をするのか。

○斎藤次郎大蔵省主計局次長　「その金額の限度につきましては国会の議決によって相当と認められるということが要件になっているということでございまして、そのほかに実は特別の法律上の制約はないわけでございます。しかし、予備費制度は予算の事前議決の原則の例外として認められた制度でございますので、その使用は予見しがたい予算の不足に充てる場合に限られているということでございますので、その計上額についてはおのずと限界があると私どもも考えております。」

○渡部　予備費と補正予算との関係についてお伺いいたします。

○斎藤「両者の法律上の要件にはそうさしたる差異がないということで、いわばどちらを選択するかは財政法上政府の判断にゆだねられているという解釈が通説になっておりますけれども、私どもといたしましては、予算作成後に生じた追加財政需要につきまして予備費支出によるべきか補正予算に計上すべきかというのは、その時期がいつになるのか、あるいは国会が開会されていて補正予算の御審議をお願いするチャンスがあるのかとか、あるいは追加の金額の重要性あるいは金額の額とか、そういうものを勘案いたしまして、補正の審議をお願いできる状況にあり補正予算を編成いたすことができる場合には、できるだけ補正予算に種々の要因を盛り込んで事前に国会の御審議をいただいて承認をいただくのが筋ということで、そういう方針で従来から対処しているわけでございます。」

第八八条（皇室財産、皇室の費用）

490　宮中三殿の所有権とその修理費

〔要旨〕　宮中三殿は国有財産としての管理もしておらず、天皇家の私有財産であるが、公的な面も持っており、修復修理を内廷費ではなく宮廷費で行うことも可能である。

昭五〇（一九七五）・五・二九〔七五回　参・内閣〕

【参照条文】　皇経四・五

【議論の背景】　皇室経済法施行法の改正案の審議の中で、皇室の在り方などとともに天皇の私有財産、三種の神器、宮中三殿の所有権などが論議となった。

【答弁】

○秦豊議員　宮中三殿の所有権というのは、どちらに属するのか。

○角田礼次郎内閣法制局第一部長　「今日の段階で、関係当局

の間で公的に意見が一致はいたしておりません。しかし、一応私どもの研究の結果と申しますか、現段階における考え方を申し上げれば、宮中三殿は天皇家の私有財産と観念すべきものであろうというふうに考えております。これは制憲議会におきます金森国務大臣の答弁等を見ましても、宗教的な性格を有するものを公の財産の方へ入れるということは必ずしも適当でないというような意味の答弁もございます。それからその後実際の取り扱いの上から見ましても、国有財産として皇室用財産であれば当然管理のやり方が違ってくるはずでございますが、そういうことを昭和二十二年以来やってないわけでございますから、そういう意味においても現在の段階では天皇家の私有財産であるというふうに考えるべきではないかというふうに私どもは考えております。ただ、その場合に修理等の問題につきましては、これは私どもは必ずしも内廷費でやらなければいけないというふうには考えておりません。と申しますのは、由緒あるものとして天皇に伝わるものでございますから、そういう点に着目すれば、一応宗教的な面で私有財産というふうな観念と、それから同時に公的な面を持っておりますから、そういう公的な面に着目して、内廷費でなくて宮廷費で修理修復をやるというようなことも論理的には可能ではないかというふうに考えております。」

第八九条（公の財産の支出または利用の制限）

491 どのような場合に「公の支配に属する」といえるか

【要旨】　公の機関がある事業に決定的な支配力を持つような場合であり、事業内容、人事について具体的に発言干渉できるような特別な関係にある場合に公の支配に属するといえる。

昭三三（一九五八）・一〇・三〇（三〇回　参・文教）

【議論の背景】　社会教育団体に対する助成の制限を削除し、助成を行えることとする社会教育法の改正案の審議に伴い、憲法上の「公の支配」について問題にされた。

【答弁】

○松永忠二議員　憲法の第八十九条の中にある「公の支配に属しない」ということは、一体どういうふうに解釈をされているのか。

○福田繁文部省社会教育局長　「国または地方公共団体の機関

がある事業に対して決定的な支配力を持つというような場合に、端的に申し上げますと、その事業は公けの支配に属する、こういうような解釈をされておるようでございます。言いかえますと、その公けの機関がその事業に対しまして、事業の内容とか、また団体でありますと構成だとか、人事というようなものにつきまして、具体的に発言干渉ができるような特別な、公けの機関と特別な関係にある場合に、公けの支配に属する、こういうような解釈をとっておるのでございます。」

492　無認可保育所に対する公金支出

【要旨】　無認可保育所の建物の整備に公金を支出することは問題があるが、子供を保育するのに必要な実費弁償的な経費、いわゆる委託費的な経費の支出ならば憲法の規定に抵触しない。

昭四三（一九六八）・三・一五（五八回　衆・予算三分科）

【議論の背景】　昭和四十三（一九六八）年度予算自治省分の地方交付税についての審議の中で、厚生省が無認可保育所に対する支出について憲法違反にならないと判断したことについて質疑がなされた。

【答弁】

○中村重光議員　無認可保育所に対して、厚生省は憲法違反ではないということを明らかにした。国も交付税その他の方法をもって、協力すべきだと思うが、どうか。

○渥美節夫厚生省児童家庭局長　「私どもの考え方では、例の憲法八十九条の規定による、公の財産なりあるいは公金を公の支配に属さないところの団体に助成するということが問題になっておるわけでございます。ただ、その公金の内容でございますけれども、無認可保育施設の建物を整備するとかというふうなことは問題がある。ただし、そういった保育施設におきまして、一人一人の子供に対して、当然その一人の子供を保育するのに必要な実費弁償的な経費、いわゆる委託費でございますが、委託費的なものにつきましては、一般的にいって憲法八十九条による公金の支出にはならないのじゃないか、かような観点で解釈しております。したがいまして、いわゆる無認可保育所におきまして、そういうふうな委託費的な経費の支出をするというならば、これはよろしいのじゃないか、憲法の規定に抵触しないのじゃないか、かように考えておるわけでございます。」

493　私立学校は「公の支配」に属しているか

〔要旨〕　私立学校の設置、廃止、教職員の資格、教育内容等について公の規制があり、学校法人の設立、解散、役員、寄付行為の変更等も認可制であり、助成した場合の規制もあるので公の支配に属すると考えている。

昭四四（一九六九）・七・一（六一回　参・文教）

【参照条文】　私学

【議論の背景】　佐藤総理が私学に対する国の援助はきわめて少なく、国立と大きな差があるのは妥当ではないと発表したことが伝えられたことから、私学助成の憲法上の問題が論議となった。

【答弁】

○安永英雄議員　憲法八十九条と私立学校法五十九条の問題等を明らかにしておかなければならない。

○岩間英太郎文部省管理局長　「私立学校につきましては、設置とか、廃止とか、それから教職員の資格、教育内容等につきまして公の規制を設けております。また、私立学校の設置主体でございます学校法人につきましても、その設立、それから解散、役員、寄付行為の変更等につきまして認可を行なうというふうな規制が加えられております。それからさらに、……私立学校法第五十九条以下におきまして、国が助成をいたします場合の私立学校あるいは学校法人に対する規制をいたしておりまして、ただいまのところでは、私どものほうは、これだけの規制を行なっておればこれは公の支配に属しておるというふうに考えてよろしいんじゃないかということでまいっておるわけでございます。しかし、これは学説の点から申しますと、公の支配に属するというのをきわめて厳格に解する学者もいないことはございません。……人事権とか、それから財政権とか、そういうものまで規制をしなければ公の支配に属するというふうには言いがたいのだというふうな説もございますが、また他方面ではこの判断というのは、これは政策的に考えてしかるべきものじゃないかというふうな御判断もございます。……私どもといたしましてはただいまのような私立学校法におきますいろいろな規制、あるいは学校教育法その他の法律におきます規制によりまして私立学校は公の支配に属すると考えている次第でございます。」

494　私学助成措置と公金の支出制限との関係

〔要旨〕　憲法八九条は、率直に言って実は弱る規定である。実際の日本の国情に合わす解釈が公定的に是認されているが、正直に憲法の規定に立ち返ってみるとその辺はやや問題がある。

昭四六（一九七一）・三・三〔六五回　参・予算〕

【参照条文】　私学

【議論の背景】　自民党内において憲法改正の検討が行われていると伝えられたことから、昭和四十六（一九七一）年度の予算審議において憲法上の問題点が取り上げられ論議となった。

【答弁】

○岩動道行議員　現在の私学、私立学校法では、公の支配があるということを前提にしていろいろな助成措置が講ぜられていると、このように解釈していいいか。

○高辻正巳内閣法制局長官　「憲法八十九条の問題は、確かに率直に言って実は弱る規定であります。憲法調査会でも、あまり政治的でない、まあ実務的な、あるいは国情に合った憲法の規定を考えるという意味合いにおいて憲法改正論を考えます場合に、一番最初に出てくるのが八十九条であると言ってもいいぐらいに八十九条は問題だと私も思います。

いまのお尋ねはその解釈問題に関連してでありますが、確かに日本のような国において慈善、博愛、教育の問題について、国費が公の支配に属していないものには出せない。逆に言えば、公の支配に属させることによって国費が出せるというふうにも解される憲法の規定が、規定の真の精神がそこにあるかどうかはわかりませんけれども、実際の日本の国情に合わすようなことをするにはやはりそういう解釈もやむを得ないのではないかというふうに考えまして、いまの私立学校法あるいは学校教育法その他の規定には、そういう補助と監督の相関関係を規定したものがございます。まあ、そういうことで始末をしておるわけでありますけれども、国会でもそういう法律を御制定になっていただいておりますから、そういう解釈がいまや公定的に是認されていると思いますけれども、正直に憲法の規定に立ち返ってみますと、その辺はやや問題があるように思います。」

495　宗教法人立、個人立の幼稚園に対する補助と公金の支出制限との関係

〔要旨〕　宗教法人法の規制はきわめて簡単なものであり、個人立の経営の内容等については全く公の監督がない。憲法の公の支配の条件を必ずしも満たしていないとの見解もあり、助成を受けるための法律改正の提案がなされている。

昭四九（一九七四）・九・二〇〔七三回（閉）参・決算〕

【参照条文】　宗法　私学

【議論の背景】　昭和四十七（一九七二）年度決算の文部省分の審査において私立学校振興方策懇談会が個人立幼稚園等の助成の適否の問題を十分に検討して対処する旨の報告を出したことから、この点が問題にされた。

【答弁】

○小谷守議員　個人立幼稚園そのものに対してもやはり補助、助成の対象にするという方針でお進めを願わなきゃならぬと思いますがいかがですか。

○安嶋彌文部省初等中等教育局長　「憲法八十九条におきまして公の支配に属しない教育の事業に対しましては公金等を支出してはならないというような規定もあるわけでございます。それを受けまして私立学校法五十九条におきましては、助成の対象を学校法人に限定をする、同時に、その学校法人は助成を受けることに関連をいたしまして、さらに各種の監督——ことばをかえて申しますと、公の支配を受けておるわけでございます。したがいまして、現状で宗教法人立あるいは個人立の幼稚園に補助をするということにつきましては、つまり宗教法人につきましては、これは宗教法人法の規制しかないわけでございますし、またその宗教法人法の規制というのはきわめて簡単なものでございます。また個人立につきましては、経営の内容等につきましては現状におきましては全く公の監督は受けていない、こういう状況でございます。したがいまして、宗教法人立の幼稚園あるいは個人立の幼稚園の現状をもってしては憲法にいう公の支配という条件を必ずしも満たすものではないんではないかというのが内閣法制局等の見解でもございます。したがいまして、そういう考え方を前提にいたしまして、個人立や宗教法人立の幼稚園が助成を受けるためには、やはり現行の私立学校法に若干の改正を加える必要があろうと、こういう判断で数年来議員立法として法改正が提案をされておる次第でございます。」

496　公金の教育・福祉事業への支出制限の趣旨

『要旨』　教育、福祉という美名になれて公金が乱費されるので公の監督の下に置かなければならないとされているが、「公の支配」については憲法解釈としてやや無理なものが残されている。

昭五六（一九八一）・三・一一〔九四回　参・予算〕

【議論の背景】　昭和五十六（一九八一）年度の予算審議において、資料を配布して憲法の言葉遣いに誤りがあるという問題点とともに公金の教育・福祉事業への支出制限の問題点について論議された。

【答弁】

○岩上二郎議員　幼稚園初め保育所等々、それぞれの住民のニーズにこたえていろいろな公金が出ている、こういう場合に八十九条との矛盾をどう整理をしたらいいのか。

○角田礼次郎内閣法制局長官　「一般的には教育とか福祉というようなことについては、これは事柄自体は大変いいことでありますから、ややもすれば、そういう美名になれて公金が乱費されると、そこで公の支配と申しますか、簡単に言えば公の監督のもとに置かなければならないんだと、こういうふうに説明されているわけでございます。しからば、公の支配という条件を満たすには、どの程度の監督をすれば憲法上の要請が満たされるかということになるわけでございます。……いろいろな法律がありまして、現在のところ、そういう法律で定めてある要件を満たしているものについては、公の支配に属するものとしていろいろな補助金が出ているわけでございます。たとえば、個人立の幼稚園などについても、法律によって監督がされているということで補助金が出ております。しかし、それでもなおかつ十分にカバーできないものがあり、なおかつそういうものに対して金を出すべきニーズがあるということは、社会的に現実として認めざるを得ないと思います。その辺については、憲法の解釈としてはやや無理なものがなお残されているということは、私も認めざるを得ないと思います。」

497　政教分離規定における「宗教上の組織」の意義

【要旨】「宗教上の組織若しくは団体」とは箕面忠魂碑・慰霊祭訴訟の最高裁判決（最大判平成五年（一九九三）二月一六日）において特定の宗教の信仰、礼拝、普及等の宗教的活動を行うことを本来の目的とする組織、団体を指すとされたと理解している。

平七（一九九五）・一一・一〇（一三四回　衆・宗教法人特別）

【議論の背景】オウム真理教事件などを背景にして、宗教法人審議会の報告を受け、宗教法人法の改正案が提案され、その審議の中で宗教上の組織の意義が論議となった。

【答弁】

○石橋一弥議員　八十九条に言う「宗教上の組織」とはいかなることか。

○大出峻郎内閣法制局長官　「憲法第八十九条に言いますところの、『宗教上の組織若しくは団体』というふうに書かれているわけでありますが、これはいわゆる箕面忠魂碑・慰霊祭訴訟に係る最高裁の判決があるわけでありますが、『憲法八十九条にいう「宗教上の組織若しくは団体」とは、宗教と何らかのかかわり合いのある行為を行っている組織ないし団体のすべてを意味するものではなく、国家が』『当該組織ないし団体の使用、便益若しくは維持のため、公金その他の公の財産を支出し又はその利用に供したりすることが、特定の宗教に対する援助、助長、促進又は圧迫、干渉等になり、憲法上の政教分離原則に反すると解されるものをいうのであり、換言すると、特定の宗教の信仰、礼拝又は普及等の宗教的活動を行うことを本来の目的とする組織ないし団体を指すものと解するのが相当である。』こういうふうな判決をいたしておるところであります。

要約いたしますというと、特定の宗教の信仰とか礼拝または普及等の宗教的活動を行うことを本来の目的とする、そういう組織ないし団体を指すというふうに理解をいたしておるところです。」

第九〇条（決算、会計検査院）

498　国会の決算審査に関する諸問題について

【要旨】　決算は過去の事実の報告であり、法規範を制定する国家行為形式ではなく、決算の成立の観念はありえないが、国会が判断を示すという意味において単なる報告の提出とは異なる。国会の議決は、意思表示ではなく判断の表示である。

昭三五（一九六〇）・四・一五（三四回　衆・決算）

【参照条文】　明憲七二　財四〇

【議論の背景】　衆議院決算委員会として新憲法下の国会における決算審査のあり方を根本的に検討し、国会中心財政主義の精神に沿わしめ、国会の決算審査を名実ともに権威あらしめることとし、参考人などから意見を聴いた。

【答弁】

○鈴木正吾委員長　法制局としてのお立場から、「国会の決算審査に関する諸問題」に掲げられている諸点を中心とし、特に憲法解釈、すなわち旧憲法七十二条と新憲法九十条の表現の相違、新憲法九十条の「国会に提出」の「国会」とは、両議院と解するのか、また「提出」とは何のために提出するのかなどの点、ほかに財政法第四十条の解釈、財政法第四十条の「会計検査院の検査を経た決算」と会計検査院法第二十一条「決算の確認」との関係等について、御発言いただきたいと存じます。

○山内一夫内閣法制局第一部長　「決算と申しますのは、それ自体といたしましては、予算、すなわち歳入・歳出の計画に対照される実績表であるというふうに理解をいたすわけでございます。その意味におきまして、決算というのは、やはり過去の事実の報告であり、何らかの法規範を制定する国家行為の形式ではないように考えるわけでございます。従って、……決算の作成という観念はあっても、決算の成立という観念は、どうもあり得ないのではないかというように考えるわけでございます。この点、もちろんその決算を、決算法というような形で、諸外国では一つの法規範の定立の形式として理解して制度を作っている国もあるようでございまするが、そういう国の決算法がねらっておりますところの効果は、わが国における決算制度とは若干異なる点がございまするので、外国では決算法として取り扱われているから、わが国の決算が直ちにそうなるというようなことには、相ならないのではないかというふうに考えるわけでございます。憲法九十条一項は、単に『国の収入支出の決算は、すべて毎年会計検査院がこれを検査し、内閣は、次の年度に、その検査報告とともに、これを国会に提出しなければならない。』と規定しているだけでございまするが、しかし、この提出された決算について、国会が当該会計年度の支出または収入の当否の判断、あるいは適法、違法の判断をすべきことを、当然予想しているものと考えるわけでございます。その意味合いにおきまして、決算の提出というものは、単なる報告の提出とはむろん異なるというふうに考えます。国会がその右の判断をいたしますにつきましては、議決で行なわれることは当然であります。ただ、この議決の法的性質はどうかということになりますれば、これは法律用語で表現するのはいささか恐縮ではございまするが、意思表示ではなく、判断の表示であるというふうに理解をいたすわけでございます。」

499　決算に対する国会の議決と両院の意思の一致について

〔要旨〕　政府の責任の追及、過去の事実に対する批判に主眼があり、両院別々にやる方が批判は徹底的にでき、議案説でなければならないという意見に賛成する踏み切りがつかない。

昭三五（一九六〇）・四・二〇〔三四回　参・決算〕

【参照条文】　明憲七二

【議論の背景】　参議院の決算委員会として、決算委員会のあり方、決算委員会の審査の仕方について協議を行なうこととされ、参議院法制局長、参議院事務総長から意見を聴いた。

【答弁】

○矢嶋三義議員　衆参通じての国会の意思決定をなすことが可能であり、また必要な場合があるのじゃないか。

○斎藤朔郎参議院法制局長　「旧憲法時代には会計検査院が決算を確定してそれを議会に報告する、議会は会計検査院の確定した報告書をレビューするのだと、こういう感じでございますが、新憲法では御承知のようにいろいろの条文から考えまして、国会の決算に対する審議権というものも、もっと高いといいますか強いものになっておる、そういう感じは私も持つのでございますが、しかし国権の最高機関としての決算に対する権限というものは、旧憲法時代とは違って非常に強いということを申しましても、そのこと自体からすぐにそれはいわゆる議案説――両院一致の議決であらなくてはならぬのだ、こういう結論には必ずしもなって参らぬと思うのでございます。……決算に対する国会の権限とは、……政府の責任を追及する、責任を追及するためにいろいろ批判をする。過去の事実に対する批判、そこに主眼があると思うのですが、批判ということは一つでなければならぬということはないと思うのです。両院別々な批判をして初めて批判の効果があるのでございまして、それを一つにするのなら一院の意思、一院の批判がむしろ無視される場合が起こってくると思います。それはむしろ議院の独自性とか自立性、そういうものを阻害されることになりますので、最高機関としての批判を徹底的にやるなら、両院別々にやる方が批判は徹底的にやれるのだ。こういう議論も立ち得ると思いますので、新憲法の立て方だから議案説ではなければならぬ――またある場合は議案説でなければならぬ、こういう議論は法制局としては少なくともただいまでは、賛成するというか、踏み切りがつかないところでございます。」

○河野義克参議院事務総長　「過去に生起した事態に対する批判である限りにおいては、一院の批判だけでもやり得る。他院も同一でなければならぬということは、一院の――各院の批判を弱からしめる、あるいは場合によっては消滅せしめるということになっては、しかるべきでないと存じます。つまり、普通、各議院が決議案等を議する、あるいは特に衆議院が内閣の不信任の決議をする、あるいは参議院が警告の決議をするというようなことは、政府に対する最も強い意味の批判を表明しておるわけでありまして、そういう場合に、各議院はその意思の独立が保障されておりまして、その院だけの考え方でいかようにも行動し得る権能を持っておるわけでありますから、行政府の決算として表われた財政処理に対する批判が、必ず他院と同調したものでなければ発揮できないということは、私どもとしてはしかるべきことではないと存じます。」

500　国会に提出された決算の扱い

【要旨】　決算は政府から両院に同時に提出され、両院交渉の扱いになっておらず、会期中に結論が出ない場合は当然次の会期に持ち越され、議案扱いではなく報告書の扱いということになっている。

昭二五（一九五〇）・三・八〔七回　衆・決算〕

【参照条文】　財四〇　国会六八

【議論の背景】　新憲法下において決算を報告案件として取扱うか、議案として処置すべきか衆議院決算委員会においてその解釈及び取扱いを確定することとし、参考人から意見を聴いた。

【答弁】

○本間俊一委員長　決算は国会への報告案件として取扱うか、あるいは議案として処置すべきものであろうかといった点が、論議の対象となっておりまして、本委員会におきましても、この問題を取上げまして、その解釈及び取扱いを確定いたしたい。

○佐藤達夫法務府法制意見長官　「この決算の取扱い方につきましては、申すまでもなく御承知と存じますが、旧帝国議会早々、第六回あるいは第八回の帝国議会におきまして、一体これはどういうふうに扱うべきかという問題が相当論議されておりますし、また新憲法になりましてからも、第一回の国会の際に、当決算委員会におきまして、その取扱い方についての御論議があったように承知しておる次第であります。要するに、従来からのやりきたりを現に踏襲されておるということでございますが、その特徴をつかんでみますと、第一点は、決算というものは政府から両議院に同時に出しておられる。従って一院制という形になっておらないというのが一つの特徴であります。それから第二の特徴は、従って両院は各別にこれを審査されまして、両院交渉の扱い方をされておらないということ。それから第三点は、決算が一つの会期に提出されました場合、その会期中に結論が出ない場合におきましては、当然次の会期にこれを持ち越して審査されておるということが第三の特徴として申し上げることができると思います。それらを総合して考えて来ますと、要するに決算の扱いは、今日まである意味の報告書扱いであった。議案扱いではなくて、報告書の扱いということになっておるということが申し上げられるだろうと思います。」

501　会計検査院の地位、内閣に対する独立について

【要旨】　旧憲法では予算、人事、検査院の法規は勅令等で決められていたが、新憲法ではすべて検査院が独自の立場で自主的に定めることができ、独立性が確保されている。

昭四三（一九六八）・三・二八〔五八回　衆・決算〕

【参照条文】　会検一・三八

【議論の背景】　昭和四十一（一九六六）年度の決算の審査において、旧憲法時代に比べて会計検査院の使命、特質は本質的に変わってきたとして、会計検査院の地位が論議された。

【答弁】

○吉田賢一議員　検査院法の第一条検査院の地位、内閣に対して独立の地位というものは一体何なのか。

○宇ノ沢智雄会計検査院事務総長　「内閣に対して独立するという点でございますが、この点は旧憲法におきましても、御承知のように天皇に直隷し、内閣に対して独立の地位を有するということでございます。天皇直隷の関係は、新憲法になりましてからは消えまして現在の会計検査院法では、内閣に対して独立の地位を有すということだけでございます。しからば、その内閣に対して独立するという趣旨はどうかということでございますが、一口で申し上げますと、予算、それから人事、それから仕事をやってまいります上においてのいろいろな法規が必要でございますが、旧憲法時代におきましては、そういったようなものがすべて勅令等によってきめておられたものを、新憲法になりましてからは、検査に必要な規定などにつきましては、すべて検査院が独自の立場で自主的に定めていくことができるという点、これらの点をひっくるめまして会計検査院の独立性というものが確保されておる、こういうふうに考える次第であります。」

502　会計検査院は予算の作成についての追及ができるか

〔要旨〕　予算の編成等については会計監査院の権限が及ばない。改善意見を出す場合に方向としてこうした方がいいということは、当然だが、こまかに指図することが適当でない場合もある。

昭四三（一九六八）・三・二八〔五八回　衆・決算〕

【参照条文】　会検二九・三六

【議論の背景】　昭和四十一（一九六六）年度決算の審査において予算自体が非経済的な経済性を無視したものである場合に改善意見が出せるかが論議された。

【答弁】

○吉田賢一議員　国民のためにほんとうのサービスにならないことが明らかな予算を作成したというところまで、不当の概念で追及し得るか。

○宇ノ沢智雄会計検査院事務総長　「会計検査院は歳入歳出の決算、予算の執行の結果について判断するのが使命でございますので、予算の編成等に関しましてくちばしをいれますことは国会の予算の審議に対して容喙するということでございますので、その点までは会計検査院の権限は及ばないもの、こういうふうに考えております。」

○吉田　広くもっとこうするなら効率的という改善意見はどうか。

○宇ノ沢　「その改善意見を出すという場合に、やはり方向といたしましてはこういうふうにしたほうがいいではないかということは、これはもう当然のことでございます。そういうことを言って差しつかえないと思います。ただ、問題によりまして、必ずしも会計検査院がその方向までについてこまかに指図することが適当でない場合もありますので、そうした点については、やはり受検庁当局のその後の、本院が提出しました改善意見に対する対策とかというような点について、本院が考えておるのと同じような考え方で善後措置がとられるかどうかということについては、必ずしもこれは私たちも予測できませんので、そこまでこまかくは……。」

503　決算を提出したときの国会の取扱いと国会で出された意思について

【要旨】　決算については予備費と異なり国会の意思を明らかにすべきとはなっていない。国会が意思を明らかにすれば、憲法上の問題ではないがそういう予算を執行した内閣の政治的責任の問題は残る。

昭五三（一九七八）・五・一〇〔八四回　衆・決算〕

【参照条文】　憲八七II

【議論の背景】　昭和五一（一九七六）年度、五二（一九七七）年度の予備費の審議において、昭和四九（一九七四）年度決算について反対者が出ていることから、決算が議案として否決された場合について論議された。

【答弁】

○山口光秀大蔵省主計局次長　「決算につきましては憲法九十条で『これを国会に提出しなければならない。』という規定になっておりまして、憲法八十七条が、予備費について『内閣は、事後に国会の承諾を得なければならない。』と規定しておるのに比べまして、規定の仕方が違うわけであります。つまり予備費につきましては、事後ではございますが、国会の意思を聞かなければいかぬということになっておる。決算については『提出しなければならない。』とのみ書いてありまして、国会の意思を明らかにすべきだというふうにはなっていないわけでございます。したがって、国会がどういうお取り扱いをなさるか、それは院によってそれぞれ取り扱いがあるいは違うのではなかろうかと思うわけでございます。

なぜ決算がそういうふうになっているかということは、すでに収入、支出が終わっておる、実績の集積であって、確定しているものを出すものでございますので、そういう取り扱いになっているのではないかと思います。

ただ、これに対して国会が、それではこういう点はけしからぬじゃないかというようなことを言うこともあり得るわけでございまして、これは憲法上の問題ではなくてあり得るわけでございます。

ただ、そういうような場合には、やはりそういう予算を執行した内閣の政治的責任の問題は残るというふうに考えます。」

第八章　地方自治

第九二条（地方自治の基本原則）

504　自治体の二重構造の保障

【要旨】　憲法は、地方自治制度について、府県、市町村の二重構造になることを必ずしも義務付けてはいない。

昭四四（一九六九）・六・一〇（六一回　参・地方行政）

【参照条文】　自治一の三（旧一の二）

【議論の背景】　都道府県合併特例法案の審議に際して、昭和三二（一九五七）年の地方制度調査会答申の中に示された地方制の是非も議論になった。この制度は、府県に代え地方を設け、首長を地方議会の同意を基に首相が任命するもので、首長直接公選を広域自治体から奪うものであるため、憲法が完全自治体の二重構造を予定しているかが問題となり、併せて特別区長の区議会選任制も問題となった。

【答弁】

○松沢兼人議員　地方制は、地方自治法の改正だけで可能か。

○長野士郎自治省行政局長　「憲法に申しますところの『地方公共団体』は、憲法の規定にも明らかでありますように、憲法九十三条によりまして、地方団体の長、議会の議員というものは、住民の直接の選挙によって選ばれるべきであるということになっておりますから、先ほど申し上げましたような国と市町村の間の中間団体としての地方、そうしてその地方というものは、地方団体としての性格と同時に国家的な性格を持つものだ。しかも、地方の長は地方の議会の同意を得て内閣総理大臣が任命する、こういうようなことでございますと、……少なくとも憲法にいいますところの『地方公共団体』ではない、こういうことに相なろうかと思います。……そこで問題は、憲法が考えておりますところの『地方公共団体』というものは、府県と市町村という二重構造を憲法は予定しておったのか、あるいは『地方公共団体』として憲法が注文しております『地方公共団体』は、一重の構造でもいいのかということが実は問題になるわけでございます。つまり地方という中間団体は特別な地方団体であって、市町村という団体が憲法上の地方団体であれば憲法上の要請を満たしておるのではないか、こういう議論も議論としては成り立つのではなかろうかという感じがいたします。」

○松沢　府県を廃止する地方制構想は憲法違反か。

○長野　「したがいまして、その関係との上で府県制を廃止できるかどうかという議論、憲法論としてはそういう問題が出てくるのではなかろうかと思うのでございまして、その点では、政府の考え方として出ておりますのは、たしか都の特別区の制度の改正のときにそれが問題になりました。……特別区というものは、そういう意味で憲法上の地方団体ではない。あくまで自治法上の特別な団体である。言ってみれば都の内部的な自治組織であると……、そのときには政府の考え方と申しますものは、憲法にいう地方公共団体というものは、必ずしも府県、市町村の二重構造でなくてよろしいんだという考え方をとっておったというふうに見られるのではなかろうかと思います。」

505　固有権としての地方自治権の確認

『要旨』　地方自治権は、事実として人権と同様の前憲法的沿革を持ち、現行憲法は国民の総意としてこれを認めた。

昭四四（一九六九）・七・八〔六一回　参・地方行政〕

【参照条文】　自治一・一の三　旧自治一・一の二

【議論の背景】　都道府県合併特例法案の審議の中で、広域行政と地方自治の本旨との関係が問題となり、日本国憲法が自然権的な固有権として地方自治権を認めているかが論じられ、当時の政府委員は、これを認めるかのような答弁を行った。

【答弁】

○山本伊三郎議員　内閣法制局の地方自治の本旨の解釈について。

○荒井勇内閣法制局第三部長　「この地方自治の本旨というのは、地方的行政のために国から独立した地方公共団体の存在を認める、そうしてその団体が自主的にその公共事務と申しますか、その地方的な行政を行なうべきことというものを原理として打ち立てておるのだというふうに考えます。そうして、……一定の地域、その地方公共団体の基礎となっている地域におけるそういう公共的な事務というものがその地域の住民の意思に基づいてなされるべきであるということで、これを通常、前者を団体自治と言い、後者を住民自治というふうに理解しやすく考えるということで、この二つの意味における近代的な地方自治の原則をここで打ち立てたものであるというふうに理解をいたしております。」

○山本　成文憲法によって承認される以前に、固有の地方自治権が地方住民にあったと考えるか。また現憲法の解釈で、固有の権利としての地方自治は否定されたと考えるのか。

○**荒井**　「地方自治というものが日本国憲法ができて初めて与えられたのだというふうには、必ずしもそのように理解はいたしておりませんで、それは多年の沿革的な事実というものを基礎にいたしております。その点、たとえば日本国憲法に書いておりますような基本的人権というようなものにつきましても、憲法十一条でありますとか十二条で書いておりますけれども、それは日本国憲法を待つことなしに、それ以前からやはりそのような人権というものを尊重しなければいけないのだという世界的な主張の上に立っておりますし、わが国民の総意としてもそういうものを認めるべきだというものが背景にあって、その上に基本的人権というものが認められている。それと同じように、地方自治というものも、明治以来、あるいはそれは徳川時代というような時代のもとにおいても、変わった形態ではありますけれども、そういう自主的な沿革というものがあり、それがだんだんと馴致され精緻なものになって、そしてこの日本国憲法の制定というものになって、そしてこの日本国憲法の制定というものを迎えたということであると思います。」

506　区長公選制実施後の東京都特別区の性格

【要旨】　憲法上の地方公共団体とは一般的総合的なものを指し、区長公選実施後も特別区は憲法上の自治体ではない。

昭四九（一九七四）・五・一六（七二回　衆・地方行政）

【参照条文】　自治一の三（旧一の二）・一七・二八一・二八三Ⅰ

【議論の背景】　都特別区の区長は昭和二七（一九五二）年以降、都知事の同意を得て区議会が選任する制度になっていたが、昭和四九（一九七四）年に直接公選制に戻されたため、都特別区を市町村と同等の憲法上の地方公共団体と見るべきかが議論となった。

【答弁】

○**折小野良一議員**　区長公選制で、都特別区の性格はどうなるのか。

○**林忠雄自治省行政局長**　「今回の改正によりまして、特別区は区長の公選制も採用する、事務も原則として一般の市並みに近づけるというような意味から言えば、特別区の自治体としての独立制を強める方向であることはまさに間違いございませんが、しかし政府といたしましては、今回の改正によって特別区の性格が変わるという、従前憲法上の自治体でなかったものが憲法上の自治体になるとは考えておりません。……大都市としての一体性という意味でなお都に保留されている事務なり権能なりが相当残っておりまして、したがって、特別区の法的な性格としては従来の延長上にあるというふうな考え方に立っております。」

○折小野　地方自治法上の普通・特別地方公共団体の区別と憲法の関係は。

○林　「憲法にいう地方公共団体というのは、いわばゼネラルなといいますか、一般的な、しかも総合的なと申しますか、こういう地方公共団体をさしているものであって、わが国の場合には府県と市町村がこれに当たる。そのほかに特殊な目的を持つ地方公共団体として、自治法に規定する法人格を持った団体として、御承知のとおり特別地方公共団体として一部事務組合、全部事務組合、役場事務組合それから財産区、事業団と、こうございまして、それのもう一つの種類として東京都の特別区があるわけでございます。ですから、この場合は憲法上にいう地方公共団体には当たらないけれども、自治法の中の一つの体系、わが国の地方制度を定める体系の一つとして、一つの特殊目的を持った地方公共団体という中に特別区が位置しておる。ただ、この特別区は特別地方公共団体のうちでは最も普通地方公共団体に類似しておる形態を持っておるわけでございまして、この方向と申しますか、それがどんどん進んでいく場合には一般の市と何ら選ぶところがなくなって、これを憲法上にいう地方公共団体に見ざるを得ないということも、制度のいじり方によってはその段階にいくことが予想されます。現在はまだそこまではいっておらない。」

507　地方税法による自治体の自主課税権の制限

【要旨】　地方税法による非課税措置の定めが自治体の自主課税権を制限しても、直ちに憲法違反とはならない。

昭五〇（一九七五）・三・一二（七五回　参・予算）

【参照条文】　自治二二三　旧地税五II・四八九I②

【議論の背景】　地方税法の非課税措置により税収減に苦しんでいた大牟田市が、憲法の保障する自治体自主課税権を同法が侵害したとして、減収分につき国家賠償請求訴訟を起こす準備をしていた（福岡地判昭和五五年（一九八〇）六月五日で市側敗訴）。

【答弁】

○近藤忠孝議員　総理大臣は、地方自治体の課税権を自治体固有のもので、地方自治の根幹と考えるか。

○三木武夫内閣総理大臣　「地方自治体の課税権は、地方自治法、地方税法で定められておることは御指摘のとおりでありますが、税の問題は国民の負担の公平を図るという見地から経済政策的な考慮も要りますので、国の法律で地方の課税上に一定の枠がはまっていることは御承知のとおりでございます。」

○近藤　自治体の課税権の憲法上の根拠は何か。

○福田一自治大臣　「憲法の第九十二条は、地方自治の大綱は、地方自治の本旨に基いて国の法律で定めるものであるということを明らかにしております。そこで、これを受けまして、地方自治法の二百二十三条、それから地方公務員法の二条におきまして、その趣旨を明らかにいたしておるわけでございます。地方税法においては、地方自治の本旨に基いて地方税の大枠を定める、その枠内で標準税率とか不均一課税、法定外普通税等の地方団体に一定の自主権を認めておる、これはもう御案内のとおりであります。また、地方税における非課税措置は、国、地方を通ずる租税体系のあり方の一環として設けられたものでありまして、その内容の適否については、これはいろいろ議論のあるところでありますけれども、しかし、これは立法政策上の問題でありまして、地方税の非課税措置が直ちに憲法違反であるということにはならないと思っております。」

第九三条（地方公共団体の機関、直接選挙）

508　特別区区長の公選制を廃止することの合憲性

【要旨】　自治法上の政策的な公共団体にすぎない特別区の区長の公選制廃止は憲法に反しない。

昭二七（一九五二）・四・二八　〈一三回　衆・地方行政〉

【参照条文】　自治一の三（旧一の二）・一七・二八一・二八三Ｉ

【議論の背景】　都特別区の区長は、戦後に住民が直接選挙するようになったが、昭和二七（一九五二）年の地方自治法改正で都知事の同意を得て区議会が選任する制度に変えられたため、憲法九三条違反にならないか議論になった。

【答弁】

○立花敏男議員　特別区の区長の公選制廃止は憲法に反するか。

○岡野清豪地方自治庁長官　「憲法は大綱といたしまして、地方に公共団体を置く、こういうことになっております。そうして公共団体の長は公選しろ、こういうことになっております。これは大綱でございます。しかしながら憲法にはその地方公共団体の組織とか運営とかいうことは、一に法律にまかしておる次第であります。でございますから、極端に申しますれば、もし地方公共団体というものを一つも置かぬというような自治法を置いたならば、これは憲法違反でございましょう。同時に憲法にいう地方公共団体を置きながら、その首長を公選にしないというような自治法をつくりましたならば、これまた憲法に対して違反でございます。しかしながら憲法は大綱として地方公共団体を置け、その組織運用は法律によって定めろ、こういうことになっておりまして、自治法が採用いたしておりますところの地方公共団体は、普通公共団体として、憲法に認めてうたってあります。すなわち普遍的に、かつ基礎的であるところの公共団体を憲法にいう地方公共団体とし、自治法によって必ずその長は公選にしなければならぬ次第であります。しかしながら特別区が地方公共団体であるということは、これは自治法上の政策的な公共団体であって、そしてその公共団体の長を公選するせぬは、自治法の政策上の議論でございまして、何ら憲法に反するところではございませぬ。何となれば、御承知の通りに、自治法第一条に出ておりますところの公共団体には二種類ございます。その一種類は、普通地方公共団体と称して都道府県及び市町村としてあります。第二は特別区とか、あるいは財産区とか、一部事務組合で、財産区とか一部事務組合というものは純然たる自治法上の地方公共団体でありまして、それらが今までやはり首長が公選になっておらぬことをもってしても、地方公共団体であって、われわれが認めて憲法の地方公共団体でないというものに対しては、その長の公選というものは、自治法上必要があればしてよろしいし、必要がなければしなくてもよろしい。こういうような建前であります。」

509　教育委員の選任方法を直接公選制から任命制に変えることの合憲性

【要旨】　憲法九三条による直接公選制は、自治体の長と議員についての保障しか明示しておらず、その他は立法事項である。

昭三一（一九五六）・三・一三〈二四回　衆・本会議〉

【参照条文】　教育行政四Ⅰ　自治一八〇の五Ⅰ・一八〇の八

【議論の背景】　戦後、直接公選であった教育委員を、自治体の長が議会の同意を得て任命する制度に変える地教行法案が昭和三一（一九五六）年に提案されたため、憲法九三条が直接公選制を保障する「その他の吏員」の意味が問題になった。

【答弁】

○山崎始男議員　教育委員を任命制に変えることは、直接公選の吏員が憲法に示されながらも一人もいなくなるので、憲法を空文化する点で違憲ではないか。

○鳩山一郎内閣総理大臣　「第二に、九十三条に違反するかどうか、違反するのではないかという御質問でございました。憲法九十三条は、地方公共団体の長及びその議会の議員は住民の直接選挙による旨を明記しておりますが、その他につきましては法律に譲っているのでありまして、教育委員の選任方法を任命制に切りかえましても、決して九十三条に違反するものではないと思います。」

510　知事の多選を禁止する法律の合憲性

【要旨】　知事長期在職の弊害が認められる場合にそれを制約することは、地方自治の本旨と公共の福祉の要請に沿う。

昭四二（一九六七）・八・二　〔五六回　衆・選挙特別〕

【参照条文】　自治一七・一九II

【議論の背景】　自治体の首長、特に知事は強大な権力があるため、現職が改選時にも極めて強く、多選化の傾向があり、それが地方政治の活性化を妨げるという見地から、昭和四二（一九六七）年には知事の四選を禁止する公選法一部改正案が提案され、議論になった。

【答弁】

○門司亮議員　住民の直接選挙で選んだ首長や議員に非違がある時は、住民自身が罷免するのが自治の本旨であり、住民の意思に反して法律が多選を禁止するのは、憲法に反しないか。

○三浦義男衆議院法制局長　「問題といたしましては、知事の長期在職ということに伴いますところのいろんな弊害、そういうものがかりにあるといたしました場合において、これをどういうふうな措置によって阻止することが好ましいかどうか、こういう点から考えました場合におきまして、先ほどの住民のリコールの方法もございましょう。しかしながら、そういう弊害自体が制度自体に内包しておりまして、制度的、必然的にそういう事態が長期在職に伴ってあり得るという見方がかりに成り立ち得るといたしますならば、そういう観点からまたこれを制約することは、私は地方自治の本旨、原則に沿うゆえんであり、それが憲法の言っておる公共の福祉の要請に沿うゆえんにも該当するのじゃないか、かように考えるわけであります。」

511　定住外国人に対する地方参政権の付与と国民主権の関係

【要旨】　国民主権原理からして、国政、地方を問わず、外国人に選挙権を付与することは、極めて難しい問題がある。

平七（一九九五）・二・二〇　〔一三二回　衆・予算三分科〕

【参照条文】　自治一一・一八　公選九II

【議論の背景】　国際化が進む中、定住外国人にも地方参政権を認めるべきとの声が強まった。在日韓国人からは選挙人名簿登録申出却下の取消訴訟も提起され、平成七（一九九五）年二月二八日には最高裁で許容説の立場に立つ判決も下された。

【答弁】

○大口善徳議員　定住外国人の地方参政権付与について、憲法上、禁止説、許容説、要請説があるが、自治省はどう考えるのか。

○野中広務自治大臣　「憲法は国民主権の原理を定めておりますし、また、このことから、公の意思の決定や公権力の行使の任に当たります議員、首長等の公務員を選定、罷免することは我が国国民固有の権利であるということを、委員が御指摘になりました憲法十五条が定めておると認識をいたしておりますので、私どもはさような解釈に立っておるわけでございます。

それだけに、公務員を選任する行為であります選挙につきまして、国政選挙、地方選挙を問わず、外国人の方々に選挙権を付与することは極めて難しい問題があると認識をしております。」

第九四条（地方公共団体の権能）

512　条例による自由権の制限の可否

【要旨】　自由権は公共の福祉保持に必要な限度を超えない限り法律で制限でき、地自法を介して条例でも制限できる。

昭二三（一九四八）・九・一〇〔二回(閉)参・治安及び地方制度〕

【参照条文】　自治二II・一四　旧自治二IIIII・一四

【議論の背景】　戦前の自治体は権力行政を行えなかったのに対し、戦後は自治体に行政事務を与え、法令に違反しない限りにおいて罰則付き条例を定める権限を与えたため、戦後直後は自由権を制約する条例の合憲性が問題となった。

【答弁】

○岡本愛祐議員　憲法で、法律の定めるところによりと書かれていない自由権を、条例で制限することには大いに疑問がある。

○鈴木俊一総理庁官房自治課長　「条例の規定の内容が、お話のように憲法の自由権の規定に触れますような場合に、そういうことが地方自治法上許されるかどうかということは、非常に重大な問題であると思うのでありますが、一応我我事務当局だけで考えておりますことは、現にいろいろ、まあこれは自由権ということでございましょうが、要するに自然的な自由を侵さないようにと、いろいろ保障の規定があるわけでございますが、法律の定めるところによりと書いてあります場合は、お話のようにこれは必ず法律でなければならないと思いますし、それから又何ら書いてない、裸で何々を保障すると書いてあります場合には、ただ形式的に読みますれば、正にこれは法律を以てしても憲法が保障しているのだから、これは破ることはできないという一つの解釈ができると思うのであります。併し憲法第十二条を見ますと、後段の方で権利の濫用を戒しめておりまして、常に公共の福祉のためにこれを利用する責任を負う。こういうことが書いてあるわけであります。これは反面国民個人に対する憲法の義務と存じますが、併しこの義務を集約的に表現して、法律なり、条例なりで、公共の福祉保持という見地から、他の、あとの方の条文に書いてあります自由を制限する。而もその制限の限度が、公共の福祉の保持に必要な限度を超えていないというものでありまするならば、これはやはりそういう規定を設けるということはできるのではないか。法律でそれができるということになりますれば、地方自治法において第二条及び第十四条を通じて、そういうことが地方の条例でやれるのだということが規定してあるのでありますから、そういう根拠に基いて将来でも又これを制限することが、今の限界において或いはできるのではないかというふうに考えておる次第であります。」

513　公害規制における法律と条例の関係について

【要旨】　法律と条例が抵触する場合、たとえ不十分なものでも、その法律が現存している限りは、条例は無効になる。

昭四五（一九七〇）・二・二七（六三回　衆・予算）

【参照条文】　自治二XVI・XVII・一四（旧二XV・XVI・一四）　旧公害基五・一八　環境基七・三六　大気汚染四I

【議論の背景】　当時、東京都等の一部自治体が公害防止条例を制定し、国の規制よりも厳しい有害物質排出規制を行おうとしたため、当該分野を規律する国の法律が定める規制基準を超える「上乗せ規制」の合法性が問題となった。

【答弁】

○細谷治嘉議員　都公害防止条例と法律の関係をどう考えるか。

○内田常雄厚生大臣　「条例というものは法令の範囲内でつくられることに憲法上もなっておりますし、また公害基本法におきましても、いま申しますように根幹的なことは国がきめて、それを実施するためにまた国の根幹からはずれた各地方のそれぞれの事態に即した排出基準なり、あるいはばい煙の発生施設などについて、そういうものは条例できめるべし、こういうことになっておりますから、国が地方のやることを押えることもよくないけれども、国が原理、原則や主要なものについてきめている排出基準等をさらに条例でそれをまた殺すというか、矛盾するようなこともこれまた適当ではないので、私は東京都につきましても、十分打ち合わせてやっていただくように指導をいたすつもりでおります。」

○小川新一郎議員　法律より厳しい条例の合法性はどうか。

○高辻正巳内閣法制局長官　「この法律のたてまえからは、法律の範囲内とかあるいは法令に違反しない限りにおいて条例は効力を有するというたてまえになっていることは、御承知のとおりでございます。

　したがって、この法律と条例との関係が一体どうなっているかということは、具体的な条例の中身をよく見ませんとわからないのでありますけれども、もしも条例の内容が正しい、法律のほうがおくれているということでありますれば、いままでの法の体系からいえば、やはり法律を直すとかいうような方向から考えていかなければならぬ問題であって、条例と法律が抵触するが、もう中身はいいんだから、条例は大手を振って生きていけばよろしいというふうには、法律的な解釈問題としてはそうはなりかねる。やはり法律が悪ければ法律を直さなければいけませんが、しかし、その法律が現存している限りでは、条例はやはり抵触する限りはひっ込まざるを得ない。」

第九五条（地方自治特別法の住民投票）

514　本来は特定の自治体のみに関わる法律を一般法と見なすことの是非

【要旨】　要件に該当する全自治体に適用されるように規定された法律は一般法であり、地方特別法の扱いは受けない。

昭四三（一九六八）・五・一四（五八回　衆・地方行政）

【参照条文】　自治二六一・二六二

【議論の背景】　昭和二七（一九五二）年以降は、本来は特定の自治体のみに関わる法律でも、適用面の規定の仕方を一般法のようにすることで地方特別法の手続を免れる立法が続いたため、憲法九五条を空洞化するものという批判が出されていた。

【答弁】

○細谷治嘉議員　本来は一つの地方公共団体のみに関わる法律を一般法として定めるのは、憲法を空洞化するものではないか。

○長野士郎自治省行政局長　「先ほどおあげになりました市の合併の特例に関する法律あるいは大規模な公有水面の埋立に伴

う村の設置に関する法律、議会の解散に関する特別な法律というようなものは、これはそれらの法律にかかわりませず、法律全般の規定のしかたでございますけれども、特定の地方公共団体にのみこれらの法律を適用するという形で考えられますならば、お話しのような特別法ということに相なるかと思います。しかし、これらの法律は、いずれも一般法として規定されておりまして、そして一般法としてのそれらの要件を規定しておりますところの具体的な要件に該当いたしますならば、いずれの地方団体においても合併の特例の適用があり、村の設置に関する問題の適用があり、議会の解散に関する適用があるわけでございますので、そういう意味で、具体の問題の背景とかいろいろな問題はあったかもしれませんが、法律の適用ということで考えました場合には、これらはすべて一般法でございまして、そういう意味で特別法としての取り扱いには相ならなかったわけでございます。

ことさらに、それは一般法にするか特別法にするかということになりますと、立法のやり方でいろいろ差異が出てくるということがあるわけでございます。しかし憲法が、特別法であれば住民投票に付さなければならないということを考えておりますことは、やはり特別法という特定の地方団体にのみある任務を課しましたり、ある特定の地位を与えたりするということが、地方自治の上からいって、そういうことを国会の立法でかってにやることはよろしくない、一般的な地方自治制度全般として考えることはともかくとしてということでございますので、むしろ特別法的に立法することについての一つの制約というふうにも考えられる面があるわけでございます。したがいまして、相なるべくは、地方自治に関するものは、特定の地方団体にのみ適用されるということで、地方団体相互間における不平等扱いにならないように一般的に扱うということが要請されている面も考えられるわけでございます。」

515　住民投票を不要とする手続を含む都道府県合併特例法案の合憲性

【要旨】　国による一方的合併の場合は住民投票を要するが、自主的合併の場合は住民投票を経なくても違憲ではない。

昭四三（一九六八）・五・一四〔五八回　衆・地方行政〕

【参照条文】　自治六Ⅰ・二六一・二六二

【議論の背景】　昭和四一（一九六六）年以来、提案され続けてきた都道府県合併特例法案は、関係する地方議会の三分の二の賛成で住民投票を不要としていたので、従来、都道府県合併法は地方特別法にあたり、住民投票を要するとしてきた通説との関係が問題となった。

【答弁】

○山内一夫参考人・学習院大学法学部教授　「自主的意思決定に基づく合併というのは、それは結局憲法九十二条の地方自治の本旨という精神からきめればいいことでありまして、その点から言いますと、三分の二の特別多数が得られたときには住民投票は要らないのだというふうに考えて、憲法違反ではないだろうというふうに思うわけでございます。

地方自治法六条一項の法律でこれをきめまする場合には、何といっても国家のほうが一方的にきめまして、その合併の結果というのはその法律によってずっとその法律を廃止しない限りは拘束しますから、これは特別法になるという意味での住民投票は要ると思いますけれども、自主的合併のほうは関係都道府県のイニシアチブでいくわけでございますから、これは地方自治の本旨というそのワク内でものを考えればいいと思うのでございます。地方自治の本旨というワクでこの手続を考えます場合に、必ずしも単一の制度が頭に浮かぶわけじゃなくて、極端に言えば議会の過半数だけでもいいという考え方も私成り立つのじゃないかと思いますが、それでもあえて憲法違反と言わないでもいいのじゃないかと思いますが、この法案はもう一つ慎重に配慮してありまして、住民投票が要らないのは、単に過半数でなくて三分の二以上要るというふうに、三分の二の特別多数があるときにだけ住民投票は要らないのだ、こういう制度になって、そこを慎重に考えているし、三分の二とならなければ住民投票が要るのだ、こういう二段がまえで手段を考えておりますから、その点からいって憲法九十二条の精神には毛頭違反するものではないだろうというふうに思っておるわけでございます。」

516　憲法九五条における「一の地方公共団体」の意味

【要旨】　法律が特定の自治体を適用対象とするものであれば、その自治体の数が複数であろうとも「一の地方公共団体」にあたり、その法律は地方特別法である。

昭四六（一九七一）・一二・一一〔六七回　衆・沖縄北方特別〕

【参照条文】　自治二六一・二六二　旧軍港市転換

【議論の背景】　憲法九五条は、「一の地方公共団体」のみに適用される法律を住民投票を要する地方特別法としているが、それは単数の自治体を対象とする法律に限られるのか、複数の場合にも当てはまるのかの議論があった。

【答弁】

○門司亮議員　憲法九十五条の「一の地方公共団体」の意味について。

○高辻正巳内閣法制局長官　「『一の地方公共団体』という『一』とは一体何であるかということでございますが、これは御説のとおりに、いろいろ学者は論じているようでございます。しかし、私どもは私どもなりに、これは特定のというふうに解釈をいたしておりましてその特定の地方公共団体は、単数であろうと複数であろうと、それは問わない。したがって、例におあげになりましたような佐世保にせよ、一つ一つの地方公共団体の名前を冠した法律もまた、その成立に地方住民の投票を要したという取り扱い、それから旧軍港市などは、まさに御指摘のとおりに幾つかの市が入っております。それは、やはりいま申しましたように、私どもはそれが適当だと考えておりますが、要するに、法律の中に、それは幾つあろうと、特定の地方公共団体を適用対象とするものであれば、やはり地方特別法と考えるべきであろうという考えを持っております。」

517　沖縄復帰特別措置法案における地方特別法の該当性

【要旨】　特定の自治体の組織、権能等について特殊な制度を設けるものでない法律は、地方特別法には当たらない。

昭四六（一九七一）・一二・一五〔六七回　参・本会議〕

【参照条文】　自治二六一・二六二　沖縄復帰特措

【議論の背景】　憲法九五条は、自治体にのみ適用される法律を地方特別法と呼び、住民投票の過半数の賛成を義務付けている。沖縄復帰については米軍基地に関する対立もあり、沖縄復帰特別措置法にも住民投票を求める声があった。

【答弁】

○内田善利議員　沖縄復帰関連法案は憲法九十五条の特別法に該当するから、沖縄県民の住民投票が必要ではないか。

○佐藤栄作内閣総理大臣　「沖縄の復帰に伴う特別措置法案は、沖縄の本土復帰という特殊事態に対応して、復帰時の法秩序の急激な変動を避けつつ漸次本土の法制度のもとに移行させるための経過的な措置を定めたものであります。沖縄の地方公共団体の組織、権能等について新たに本土と異なる特殊な制度を設けようとするものではありません。したがって、憲法第九十五条にいう特別法に当たらないばかりでなく、これらの法案については、その立案の過程で琉球政府と十分意見を調整し、また関係者の意見も伺っておりますので、これに基づく住民投票はもとより、これに準ずる何らかの投票をあらためて行なう必要はないものと私は考える次第であります。」

518　沖縄駐留軍用地特別措置法案における地方特別法の該当性

【要旨】　特別扱いする土地が特定自治体内にあっても、自治体の組織権限に直接触れない法律は地方特別法ではない。

昭五二（一九七七）・五・一四〔八〇回　参・内閣〕

【参照条文】　自治二六一・二六二　土地使用特措

【議論の背景】　民有地を駐留軍用地として強制使用させる特別措置法案は、実際には沖縄県内でしか適用されず、その内容も住民に特別の制限を課する点で地方特別法に該当し、住民投票にかけるべきとの議論が反対派からなされた。

【答弁】

○大塚喬議員　憲法九十五条の住民投票の実施は、地方公共団体の組織、権限、運営についての特別立法に限らず、その住民について他と異なる取り扱いを定める特別立法の場合にも要請されるべきではないか。

○小川平二自治大臣　「憲法九十五条につきましては、従来解釈上いろいろな議論があったと承知いたしておりますが、今日の通説におきましては、地方公共団体の組織あるいは権能に制約を加えるような、そのような特別法についてのみ住民投票が必要である、これが今日の通説となっておるわけでございます。したがいまして、この通説からまいりますれば住民投票を必要としないということになるわけでございまする」

○真田秀夫内閣法制局長官　「従来政府がお答えしておりますし線で申し上げますと、まず、ある法律が九十五条に該当するかどうかということを最終的に決定する権限は、その法律案を審議された後議の議院の議長がお決めになるというふうに、地方自治法の二百六十一条だったですか、規定を読みますとそういうふうに書いてございますので、実は国会の方でお決めになるというのがたてまえなんです。

……その九十五条に対する私たちの方の解釈は、従来からこの九十五条は憲法の『地方自治』という章の中に書いてあることからも明らかなように、これは特定の地方公共団体の組織なり権限なり、それにじかに適用される特別の立法、そういうふうに考えておりますので、今回の法案のように、なるほど特別な取り扱いを受ける土地は沖縄県の区域内にありますけれども、しかし、それはそこの土地について特例を書くだけであって、沖縄県という地方公共団体そのものの組織なり権限なりにじかに触れるというものではないのじゃないかと、そういう意味合いにおきまして、九十五条の特別法とは言えないというふうに実は考えておる次第でございます。」

第九章　改　正

第九六条（改正の手続）

519　憲法改正権の限界と憲法九条

【要旨】　たとえ憲法が平和主義を含む基本原理を憲法改正の外に置くとしても、自衛戦争の否認はそれに含まれない。

昭二六（一九五一）・一〇・一九〔一二回　衆・平和条約及び日米安全保障条約特別〕

【議論の背景】　通説は憲法改正権に実体的限界があることを認め、基本的人権、国民主権、平和主義の三大原理を改正不可能とするが、自衛戦争をも放棄したと解し得る九条二項まで改正不可能と見るか否かについては争いがあった。

【答弁】

○猪俣浩三議員　憲法九十六条の改正手続により九条を改正できるか。

○大橋武夫法務総裁　「わが憲法といたしましては、前文に明らかでありますごとく、自然法的な政治原理を認め、その基礎の上に立っておるものと考えられるのであります。従いまして、このような政治原理の否認ないし変更をいたしまするということは、憲法改正の限界外であるという学説が多く見受けられるのであります。しかしこの説に立って考えてみましても、平和主義がわが憲法の基本原理の一つであるということは、これは申すまでもないのでございますが、それは恒久平和の念願ないしは世界平和の希求を基調といたすものでございまして、自衛のための戦争保持さえも否認するようなことを一つの政治原理として、これを取入れたものと解すべきものではない。これは今日の日本の段階におきまして、かくのごとき規定をいたしまするすることが日本みずからのために必要である、こういう考えによってできておるものと思うのであります。従いまして自衛のための戦争の保持ということにつきまして、もし国民が欲し、またそれが世界平和、国際平和並びに国の安全のために必要であるというようなことがかりにありましたといたしますならば、その前において憲法の改正をいたしますということは、これは法理上の問題といたしましては可能である、こう言わざるを得ないと思います。しかし、あくまでもこれは単なる法理上の問題でございまして、現実の政府の政策といたしまして、この点について何らかの考えを持っておるのではないということを、重ねてお断りをいたします。」

520　憲法改正の限界としての国民主権・平和主義・基本的人権

〔要旨〕主権在民、国際平和協調主義、基本的人権の重要部分は、憲法が将来にわたり国民に保障していると見てよい。

昭五四（一九七九）・五・二九（八七回　参・内閣）

【議論の背景】 憲法改正に関しては限界説と無限界説の対立があり、限界説の中でも何が限界にあたるのかの対立がある。政府は元号法案の審議の中で、国民主権、平和主義、基本的人権が改正の限界にあたるかのような答弁をした点で注目された。

【答弁】

○山中郁子議員　現憲法の国民主権は、憲法改正手続でも変えられないものか。

○真田秀夫内閣法制局長官　「現在の憲法がよって立つ最大の基礎は、やはり主権在民、主権は国民にあると、これがもう大原則だろうと思います。したがいまして、これは私の私見に入るかもしれませんが、憲法改正の手続をもってしても、主権在民の原則を変えるということは現在の憲法は予想していないというふうに私は考えております。」

○山中　象徴天皇制は憲法改正の限界から外れるか。

○真田　「だんだんと議論が際どいところへ入ってくるものですから、一々の条文を挙げられまして、これは改正の手続をもってして改正することができる範囲であるかどうかということになりますと、ちょっとここで私が即断はいたしかねるということなんです。まあ言えることは、先ほど申しました主権在民の原則、それから国際的な平和協調主義、それから基本的人権のうちの重要な部分、そういうたぐいのものは、これは憲法が将来にわたって国民に保障しているというふうに見ていいんだろうと思うんです。」

521　憲法改正の限界に関する内閣法制局の正式見解の欠如

〔要旨〕憲法改正の限界につき内閣法制局が正式見解を述べたことはなく、改憲しない方針の現内閣も検討していない。

昭五五（一九八〇）・一〇・一四（九三回　参・予算）

【議論の背景】 憲法改正の限界につき第八七回国会の参議院予

算委員会で、内閣法制局長官が限界説を公式見解とするかのような答弁を行ったため、翌年の国会で再確認のための議論がなされ、公式見解ではないことが明らかとなった。

【答弁】

○上田耕一郎議員　九十六条による憲法改正に限界はあるか。

○角田礼次郎内閣法制局長官　「鈴木総理は、民主主義、平和主義及び基本的人権の尊重の理念は将来においても堅持すべきであると述べられておりますが、私の総理に伺ったところによりますと、これは総理の現行憲法に対する基本的な姿勢あるいは信念として述べられたものでございまして、法理論としていわゆる憲法改正の限界論として述べられたわけではないというように理解しております。

で、別途、憲法九十六条による憲法改正について法理論的に限界があるかどうかについては、上田委員も御承知だと思いますが、学説としては無限界説と限界説とがあり、限界説もまたその内容としてはさまざまな意見があるというふうに承知しております。」

○上田　国会での政府答弁では、いかなる見解が出ているか。

○角田　「法制局の見解として正式に述べたものはないというふうに承知しております。」

○上田　昨年の国会で、内閣法制局長官は憲法改正の限界を認めたのではないか。

○角田　「真田法制局長官の答弁がありましたことは承知しております。したがいまして、私はただいま正式の見解というふうには申し上げなかったつもりでございます。現にお読み上げになりましたとおり、真田法制局長官は、これは私の私見に入るかもしれませんが、予想していないというふうに私は考えておりますとか、その後で、一々の条文を挙げてお答えすることについては即断はいたしかねているとか、見ていいのだろうと思うんですとかいうふうに、明らかに個人的見解として、しかも断定的でない形で申し上げております。私ももとより個人的見解は持っておりますが、この席で憲法改正に関連して個人的見解を申し上げることは、これは差し控えるべきことだと思いますし、そもそも私どもとしては、そういう問題については憲法改正をしない鈴木内閣の法制局としては一切検討しておりません。」

522　内閣による憲法改正提案の是非と提案後の国会審議手続

【要旨】　内閣は国会に対し憲法改正発議の提案権を持ち、また原案提出後の国会審議は法律案審議とほぼ同様になる。

昭五五（一九八〇）・一二・一八〔九三回（閉）参・法務〕

【議論の背景】　内閣付属の憲法調査会の設置と関わって、憲法改正は国民の憲法制定権力作用であるから、原案の国会提出権も国会議員に専属するとする立場と、議院内閣制を根拠に内閣にも原案提出権を認める立場とが対立した。

【答弁】

○戸塚進也議員　内閣は、憲法改正発議を国会に提案できるか。

○角田礼次郎内閣法制局長官　「正確に事柄を分けてお答えをしなければいけないと思いますが、憲法九十六条には『各議院の総議員の三分の二以上の賛成で、国会が、これを発議し、国民に提案してその承認を経なければばならない。』ということが書いてあります。これはいわゆる発議権と申しますが、これは国会に専属していることは、いま申し上げた規定の上から見ても明らかであります。ただ、国会においてその改正案を審議されるもとになる案を国会に出す権限、これを発議権と区別して申し上げますと提案権になるわけでありますが、そういう提案権は議員がお持ちであることは当然でありますけれども、政府もまたそういう提案権を持っているということは、従来から政府の一貫した解釈でございます。」

○戸塚　その場合、国会の審議の仕方はどうなるのか。

○浅野一郎参議院法制局長　「憲法改正の発議の原案が内閣に提出権があるかどうかにつきましては、異論がないわけではございませんが、ただいま内閣法制局長官がおっしゃられたような解釈が一般的であろうと、こう思います。

それから、原案が提出されまして後の国会の審議は、ほぼ法律案の審議と同じような審議になるのではなかろうかと、こう考えております。」

523　憲法改正権の意義とその手続法が不備であること の責任

〔要旨〕　憲法九六条の憲法改正権は憲法における国民主権の原理を体現したものであり、その手続法の不備は憲法九九条の憲法尊重擁護義務との関係で問題がある。

平一一（一九九九）・四・六（一四五回　参・決算）

【参照条文】　国会一〇二の六・七

【議論の背景】　憲法施行五〇周年を機に国会に憲法論議の場を設けようとする動きが強まり、議案提出権を持たない憲法調査会を各議院に設置する国会法改正が一四五回国会で成立した。これと関連して、憲法改正手続法の不備も問題となった。

【答弁】

○平野貞夫議員　九十六条は国民主権の根本の規定と見てよいか。

○大森政輔内閣法制局長官　「憲法の制定自体とその制定された憲法の規定に基づく改正行為との間には、国民主権との直接性では若干距離があるのではないかとは思われますけれども、基本的には委員御指摘のとおりでございまして、ただいま御指摘になりました憲法九十六条自体におきまして、全国民を代表する者で構成される議院がまず賛成をしてそして国会がこれを発議する、そして主権者である国民に提案してその承認を得る、こういう規定をしているわけでございますから、主権が国民に存することを宣言した憲法前文などの規定とともに憲法における国民主権の原理を体現したものであるという点においては、おっしゃるとおりであると考えます。」

○平野　憲法改正の国会発議は、今の国会法のままで可能か。

○大森　「御指摘のとおりであると考えます。すなわち、例えば国民投票の投票日をどうするとか、投票権者の範囲をどう定めるとか、このような国民投票の詳細につきましては憲法は規定していないわけでございますが、現実の運用としてはどうしても不可欠の事柄でございますので、法律でこれを定める必要がある、現行法制だけでは動かないという点は、御指摘のとおりでございます。」

○平野　憲法改正手続法の整備が憲法体系に不可欠だとすれば、その不備は九十九条の憲法尊重擁護義務に反するのではないか。

○大森　「現在その法制をどうするかということにつきましては、やはり憲法改正に関する、今まさになされようとしている国会の御議論を踏まえて検討すべき問題であると考えておりまして、いまだその整備がなされていないからといって、今までの経緯を踏まえますと、それが憲法九十九条の憲法尊重擁護義務に反するものであるということには当てはまらないんではなかろうかと思うわけでございます。」

○平野　官房長官は手続法の整備についてどう考えるか。

○野中広務官房長官　「御指摘の法整備につきましては、憲法改正に関する国会での御議論なども踏まえて検討されるべき問題であると考えております。いまだその整備がなされていないということをもちまして、九十九条の憲法尊重義務その関係でむしろ問題があるのではなかろうかと思うわけでございます。」

第十章　最高法規

第九七条（基本的人権の本質）

524　実定憲法上の抵抗権の存否

【要旨】　政府の違法行為是正のための請求権や発言権が整備された近代憲法下では、制度外の抵抗権は認められない。

昭四六（一九七一）・三・五　〔六五回　参・予算〕

【議論の背景】　成田空港の建設をめぐり、農家の反対運動が強まり、その中で政府の違憲行為に対する実力抵抗を権利として主張する声もあったため、市民革命期の抵抗権が、近代憲法成立後も実定憲法の中で保障されているかが議論となった。

【答弁】

○加瀬完議員　抵抗権とはいかなるものか。

○高辻正巳内閣法制局長官　「抵抗権というのは、とりわけ国民の意思が国政の上に反映しない、どうにもしようがないというような場合について、少なくも人権宣言の上にあらわれていたことは事実でありますが、しかし、近代憲法のもとにおいて、国民がその意思をあらゆる手段を通じて国政の上に反映することができるようになった現在においては、これは人権宣言ができた当時の抵抗権というようなものは、そのままには現在はないと言っていいと思います。」

○加瀬　抵抗権は、政府の違法行為に対し国民に保障された権利と考えてよいか。

○高辻　「確かに抵抗権というのは人権宣言ができたころの考え方、非常に古典的な考え方で言いますと、これがやはり自然権的なものとして認められてきたことは確かでございます。しかしおっしゃいますように、これが抵抗権というのは実定法上の権利、少なくも日本の憲法その他多数の国の憲法では、実定法上の権利としては認められておりません。この抵抗権が実定法上の権利でない自然権としてこれがものを言うようになりますと、実定憲法自身をひっくり返すおそれが非常にあるものでございます。したがって、……抵抗権があるからといって、その国王の正当なる発言に対して、すべてにわたって抵抗するというようなことがもしかりにあれば、これは繰り返して言いますが、憲法を破壊するものである、ということになると思います。」
○加瀬　政府の違法行為に対する権利として認められるのではないか。
○高辻　「国民の意思というものが国政の上に反映することができるようになった、政府の違法行為に対しては手段を尽くしてこれに対して是正を求める権利というものがある。いわゆるいろいろ請求権とかあるいは発言権とかいうようなものが整備されておりますので、そういうものをもしあなたが抵抗権とおっしゃるなら、これは現行憲法の上にあるということになります。」

第九八条（最高法規、条約・国際法規の遵守）

525　教育勅語と日本国憲法の関係

『要旨』　教育勅語は明治憲法と同じ思想的背景を持つので、その基調において新憲法の精神と合致し難いことは明らかである。

昭二三（一九四八）・六・二〇〔二回　参・本会議〕

【参照条文】　教育勅語　教基前文

【議論の背景】　教育勅語は既に教育基本法等の法令の制定改廃により失効していたが、永年の慣習から教育現場でなお影響力を残していたため、参院決議で教育勅語の失効が確認され、文部大臣もその意義を確認した。

【答弁】

○森戸辰男文部大臣　「敗戦後の新日本は、国民教育の指導理念として、民主主義と平和主義とを高く掲げましたが、それと共に教育勅語その他の詔勅に対しましても、教育上の指導原理たる性格を否定したのであります。このことは新憲法の制定、それに基く教育基本法並びに学校教育法の制定によりまして、法制上にも明確化されたのであります。本院がこの度の決議によって、改めてこの事実を確認闡明されましたことでありまして、誠に御尤もなことと存ずるのであります。……昭和二十一年十一月三日新憲法が公布され、それに基いて翌二十二年三月教育基本法が制定されることになりましたが、その前文におきまして、この法律が日本国憲法の精神に則り、教育の目的を明示し、新らしい日本の教育の基本を確立するためのものであることを宣言いたし、教育の指導原理がこれに移ったことを明らかにいたしました。又学校教育法が制定いたされまして、それと同時に国民学校令以下十六の勅令及び法律が廃止いたされました。これらの立法処置によりまして、新教育の法的根拠が教育基本法及び学校教育法にあることが積極的に明らかにされておるのであります。更に思想的に見ましても、教育勅語は明治憲法と思想的背景を同じくするものでありますから、その基調において新憲法の精神と合致いたし難いもののあることは明らかであります。教育勅語は明治憲法と運命を共にすべきものであります。……かようにして教育勅語は、教育上の指導原理としては、法制上は勿論、行政上にも、思想上にも、その効力を喪失いたしておるのでありますが、その謄本は学校で保管されることになっております。ところがこの点につきましては、永年の慣習から誤解を残す虞れもあり、又将来濫用される危険も全然ないとは申されません。それで今回の御決議に基いて、文部省より配付いたしました教育勅語の謄本は、速やかにこれを文部省に回収いたし、他決の詔勅等も決議の御趣旨に副うて然るべく措置せしめる所存であります。かくいたしまして、真理と平和とを希求する人間を育成する民主主義教育理念を堅く採ることによって、教育の革新と振興とを図り、以て本決議の御精神の実現に万全を期したいと存じておる次第であります。」

526　憲法と条約の効力関係

〔**要旨**〕　条約は国内法としての効力は憲法の下位にあるが、国際的な関係では憲法に優位する。

昭二六（一九五一）・一一・九〔一二回　参・平和条約及び日米安全保障条約特別〕

【参照条文】　平和条約　旧安保条約

【議論の背景】　昭和二六（一九五一）年調印の平和条約と（旧）日米安保条約は、憲法の国際協調主義・平和主義に反するとの反対論が強かったため、締結された条約が憲法に反する場合、条約と憲法の効力関係が問題となった。

【答弁】

○大橋武夫法務総裁　「憲法に違反した条約の効力はどうなるかという問題かと思います。……、若し憲法に違反する条約が締結され、国会によって仮に承認されたとするならばどうなるか。この点については、憲法の規定は、少くとも只今御指摘になりました条文におきましても、明らかに条約を落しております。明文上においては明確を欠いておるわけでありまして、学者の説にもいろいろと議論があるところであり、一概に論ずることは困難かと存じますが、極く大まかに申上げまするならば、憲法改正の手続と条約締結の手続とを対比いたして見ますと、条約は国内法としての効力におきましては当然憲法よりも下位にあるものと考えなければならないと思うのであります。併し一面においては国際法規としては、たとい、その条約が国内の憲法に違反いたしまするとしても、その国家を拘束する効力に至りましては何ら変らないわけでありまするから、内閣としてはこの拘束力から免除されまするためには、条約の改正に努力をするか、或いは又憲法を改正するための措置をとるか、いずれかの方法をとらなければ、この矛盾を解決することはできないであろう。こう思うわけであります。」

○堀木謙三議員　憲法九十八条二項がある以上、締結された条約は憲法に優先して国を拘束すると考えてよいか。

○大橋「国際的な関係におきましては、条約が憲法よりも優先する、こういう解釈でございまして、御指摘の点に同感でございます。」

527　条約と法律の効力関係

〖要旨〗　条約に抵触する法律はその限りで効力を失い、また将来的にもそのような法律は制定できない。

昭二六（一九五一）・一一・九（一二回　参・平和条約及び日米安全保障条約特別）

【参照条文】　平和条約　旧安保約

【議論の背景】　条約が法律に抵触する場合、条約の誠実遵守義務（九八条二項）と公務員の憲法遵守義務（九九条）に基づき、条約が法律に優位することは学説上で承認されており、政府答弁でもこれが確認された。

【答弁】

○大橋武夫法務総裁「条約と法律との関係について申上げますと、法律は公布によって国内法上の効力を生じ、国民に対する拘束力を持つものでありまするが、条約に抵触いたしまして、従前の法律がそれに抵触する限りにおきまして効力を失うに至ることは当然であると考えます。然らば将来におきまして条約に抵触いたします法律が制定できるかということに相成りますと、憲法第九十八条第二項には『日本国が締結した条約及び確立された国際法規は、これを誠実に遵守することを必要とする。』と、かように規定をいたし、又第九十九条は、国務大臣、国会議員等の公務員は、この憲法を尊重し擁護する義務を負う、こういう規定にいたしておるのでありますから、このような法律は制定される道理がないわけでございます。仮に若しこのような法律が制定されるといたしましても、条約は憲法上これを遵守しなければならないのでありますから、直ちにこの法律を改正するための法律が制定され、恐らくは過去に遡ってそれが施行されなければならないこととなる。」

528　条約に対する最高裁の違憲判決の意味

『要旨』　条約に対する違憲判決は国内法的にも条約を無効とせず、政府は条約廃棄交渉の努力義務を負うにすぎない。

昭二九（一九五四）・四・二二（一九回　参・外務・内閣・大蔵連合）

【参照条文】　日米防衛

【議論の背景】　最高裁の違憲判決は条約の国際法上の効力を失わせないが、国内法上の効力については争いがあり、もし条約が国内法上も有効な場合には、最高裁の違憲判決の意味はどうなるかも含めて、日米相互防衛援助協定の批准の承認の際に問題となった。

【答弁】

○八木幸吉議員　最高裁が違憲と判断した条約は、国内法的に将来に向って無効になるか。

○高辻正巳内閣法制局第一部長　「この点につきましては、これは条約に限らないことでございますけれども、仮にその条約が憲法に違反するというふうな決定があったといたしました場合に、最高裁判所のそういう決定が果してどこまでの既判的な効力を有するかということについて二つの考え方が出て来るわけで、これは条約に限りませんが法律にいたしましてもその法律そのもの或いは条約そのものがそのまま無効になってしまう、国会が御制定になった法律そのものが直ちに廃止をされたと同様の結果を来すものであるという考え方が一つございます。併し同時に又、そうではない、それは当該処分についてその法律が働くことが停止されるのだ、条約についても同様でございますが、そういう考え方がございます。それで只今まで学説上は今申上げたように二つの考え方がありますけれども、実際の扱いを申上げれば、それは最高裁判所におきまして、或る法律なりその他の国家の行為についてそれが無効であるからどうであるという判決が下った場合には、当該行為について法律の無効性が問題になるわけで、その法律が丁度国会で廃止されたと同様な結果になるというふうには取扱われておらないわけであります。条約につきましては更に申上げるまでもなく、国と国との間の約束でございますから、仮に国内法的な部面におきましてそういう場合に遭遇いたしましても、国家間の効力は直ちには否定されませんから、若しそういうことになりますれば、恐らくは政府といたしましてはその条約を廃棄するなり改訂するなり、他国との関係において努力をしなければならん、そういう拘束が残ると思いますが、直ちに一切合切無効になるということにはならないものだと考えます。」

529 憲法に優越する条約の範囲

【要旨】 確立された国際法規と一国の安否に関わる条約は憲法に優位する。

昭三四（一九五九）・一一・一七 〔三三回 参・予算〕

【参照条文】 ポ宣 平和条約 新・旧安保約

【議論の背景】 憲法と条約の関係につき憲法優位説と条約優位説が対立しており、前者の場合にも一部の国際法が憲法に優越することを認めるべきかの争いがあった。安保条約の改訂をめぐる憲法論争も背景にあった。

【答弁】

○林修三内閣法制局長官 「憲法と条約の関係につきましては、学説上、憲法優位説、条約優位説が両方あるわけでございます。してあるわけでございますが、従来のわれわれの考え方といたしましては、これを必ずしも一元的には考えておりません。いわゆる条約と申しましても、いろいろなものがあるわけであります。いわゆる、何と申しますか、国際自然法と申しますか、要するに確立された国際法規、そういったものはやはり憲法がその法秩序として受け入れているのだ、かように考えるわけでありま す。たとえて申せば、外交官の治外法権というようなものは、これは当然に憲法がその秩序の中に受け入れておるものである、こう考えるべきだと思うわけであります。すべて裁判所に出訴できるという問題に対するこれは例外になりますけれども、これはやはり国際法秩序がそこは優先して働くものである、かように考えております。それからもう一つは、逆に二国間の政治的、経済的な条約、こういうものがあったから、直ちにそれによって憲法が改正されるかということになりますと、これはやはりそう簡単には言うことができない。やはりそういう場合においては、憲法を優先して考える。憲法違反のような、そういう二国間条約を結ぶべきではない、かように考えるべきだということを言っておるわけであります。もう一点は、これも蛇足でございますが、従来、たとえば降伏文書あるいは平和条約というような一国の安危にかかわるような問題に関する件におきましては、これは必ずしも、憲法と条約とを比較してみた場合には、やはり条約が優先するという場合はあろう。これはこういう三点に分けて、大体、従来言っておるわけであります。」

530 「確立された国際法規」と国際慣習法の関係

【要旨】 国連の条約のみならず国際慣習法も「確立された国際法規」に入るが、逃亡犯罪人引渡しは未だ含まれない。

昭五三（一九七八）・四・二八〔八四回　衆・法務〕

【参照条文】　外交約　犯人引渡二

【議論の背景】　政治犯に関する逃亡犯罪人引渡法改正をめぐる議論の中で、引渡条約が締結されていない国との間での引渡し問題に関わって、この原則が憲法九八条二項の「確立された国際法規」に当たるかが議論となった。

【答弁】

○稲葉誠一議員　憲法九十八条二項の「確立された国際法規」には、明文の法律以外のものも含まれるのか。

○伊藤栄樹法務省刑事局長　「『確立された国際法規』といいますと、国連を中心として種々定められております条約はもちろんでございますが、国際慣習法と言われるものがこれに入ると思います。たとえば例を挙げますと、今日ではウィーン条約というのがありまして外交官に外交特権を認めるような条約が成文化されておりますが、その以前におきましても外交官について一定範囲で外交特権を認めるということは確立された国際慣習法であったと思うのでございます。そういうものが国際慣習法として『確立された国際法規』であろう、こういうふうに思うわけでございます。

それで、この法律との関係についてお尋ねでございますが、逃亡犯罪人を条約の有無にかかわらず引き渡すというような事柄につきましては、まだ国際慣習法として確立されているとは考えておりません。そういう請求があれば一応敬意を払って考慮するという意味の国際礼譲の範囲にとどまっておる、こういうふうな考え方をしております。」

○稲葉　国際礼譲と国際慣習法の違いはどこにあるか。

○伊藤　「国際礼譲と申しますのは、……相手国の存在、権威というものに対して十分敬意を払いつつ耳を傾けるというようなことでございますが、その耳を傾け敬意を払いつつ考慮する、その考慮の結果が常に前向きの方向で処理されるというような一般的な慣行が確立いたしますと、漸次国際慣習法に近づいていき、ついにはすべての国が犯罪人の引き渡しの請求があればこれに応ずるという態度をとるということになりますと、その段階で国際慣習法として成立をした、こういうふうに認める、こういう関係になるのではないかと思います。」

○稲葉　犯罪人引き渡しが国際礼譲の場合、法律が必要か。

○伊藤　「国際礼譲の程度の発展段階であるということを前提にして処置いたします限りにおいては、わが国において最小限立法を要する、こういうことになると思います。一方、国際慣習法が確立されておりますという場合には、仮に国内立法がなくてもこれを遵守しなければならないというような関係になるのではないかと思います。」

531　政府の違憲判断の基準

〔要旨〕違憲の根拠が極めて明瞭な場合を除き、政府の責任で正しい解釈という信念において憲法の解釈を決める。

昭三三（一九五八）・一〇・二三〔三〇回　衆・内閣〕

【参照条文】警職改正案（一九五八）

【議論の背景】安保改訂の対立の中、治安強化を目指した警察官職務執行法改正案が昭和三三（一九五八）年に国会に提出され、その内容が人権侵害となる疑いが強かったため、政府の違憲判断の基準も問題となった。同法案は結局廃案となった。

【答弁】

○飛鳥田一雄議員　警職法改正案は違憲の疑いが非常に強いが、最高裁判決の前に、政府が憲法判断を行う時の基準は何か。

○岸信介内閣総理大臣「政府としては、やはり一応政府の責任において、憲法の正しい解釈という信念に基いて憲法の解釈をきめております。しかしその最後において、最終の決定をなすものは、今飛鳥田委員がお話のように最高裁で決定をいたしますけれども、政府としては憲法に違反するやいなやということについては十分検討して、憲法の解釈上支障ないということだけを行い、またそういう立法をしておるわけであります。」

○飛鳥田　政治学会が全員一致で違憲だと決議しているが、考慮する必要はないのか。

○岸「もちろん政府が責任を持って政治をいたして参ります上におきましては、いろいろな学説やあるいは学者の議論等につきましても十分にわれわれが考慮をすることは当然で、研究もしております。しかし今おあげになりました学者が憲法違反だと言っておる法律的根拠であるとか、解釈的な根拠というものは、私どもの今まで承知いたしておる限りにおいてきわめて明瞭でありませんで、私どもはあらゆる点を考慮して憲法違反にあらずという確信のもとに提案をいたしておるわけであります。」

532　政府の憲法解釈を変更することの可否

〔要旨〕政府の憲法解釈は論理的追求の結果であり、論議の積み重ねで確立され定着した解釈の変更は困難である。

平七（一九九五）・一一・九〔一三四回　衆・宗教法人特別〕

【議論の背景】成文憲法を改正手続を経ることなく実質的に変更する作用である憲法変遷は、政府の憲法解釈の変更が大きな要素を占めるので、政府の憲法解釈変更の可能性と基準が問題となった。

【答弁】

○大出峻郎内閣法制局長官　「憲法の解釈の変更とそれから憲法の変遷ということにお触れになった御質問でございますが、まず、学説上、成文憲法の定める改正手続を経ることなく、法律とか判決、議員や内閣等の行為、慣習、その他客観的な事情の変化によって憲法の条項の持つ意味が変化すること、こういうことが要約をいたしますといわゆる憲法の変遷という考え方であろうかと思いますが、こういう見解を学説の上で認める見解もあるわけでありますが、この概念を認めることについては、学説上も、一定の要件のもとにこれを肯定する立場と、全く否定をするという立場に分かれているものと理解をいたしております。

なお、憲法を初め法令の解釈について一般論として申し上げますと、当該法令の規定の文言、趣旨等に即しつつ、立案者の意図なども考慮し、また議論の積み重ねのあるものにつきましては全体の整合性を保つことにも留意して、論理的に確定されるべきものであると考えております。政府による憲法解釈についての見解は、このような考え方に基づいてそれぞれ論理的な追求の結果として示されたものと承知をいたしておりまして、最高法規である憲法の解釈は、政府がこうした考え方を離れて自由に変更することができるという性質のものではないというふうに考えているところであります。特に、国会等における論議の積み重ねを経て確立され、定着しているような解釈については、政府がこれを基本的に変更するということは困難であるというふうに考えられるわけであります。」

533　憲法九条をめぐる政府の憲法解釈変更の困難性

【要旨】　論理的追及により確定した政府の憲法解釈を基本的に変更することは困難で、九条の問題もその一例である。

平一〇（一九九八）・一二・七（一四四回　衆・予算）

【参照条文】　国連憲章四三　国連平和維持附則二

【議論の背景】　同年一一月に自民党と自由党の連立政権ができたが、自由党首は自衛隊の国連軍への参加あるいは国連平和維持活動の本体業務（ＰＫＦ）への参加を主張していたため、個別的自衛権発動の場合に自衛隊の武力行使を限ってきた従来の政府の憲法解釈の変更が問題となった。

【答弁】

○前田武志議員　内閣の交代や枠組みの変化によって憲法の解釈を変えることはできるのか。

○大森政輔内閣法制局長官　「憲法解釈の変更に関するお尋ねでございますが、内閣法制局は、その職務と申しますのは、法律問題について内閣に意見を申し上げるという立場でございます。そういう立場から、一般的な見解を申し上げたいと思います。

これはもう重々御承知のとおりだと思いますが、憲法を初め法令の解釈と申しますのは、当該法令の規定の文言、趣旨等に即しつつ、立法者の意図あるいはその背景となる社会情勢等を考慮し、また、議論の積み重ねのあるものにつきましては、全体の整合性に留意して、論理的に確定すべき性質のものであるというふうに考え、日ごろそのような立場からその見解を申し上げているわけでございます。

したがいまして、政府の憲法解釈等につきましては、このような考え方に基づきまして、それぞれ論理的な追及の結果として示してきたものでございまして、一般論として言えば、政府がこのような考え方を離れて自由にこれすなわち憲法上の見解を変更することは、そういう性質のものではないというふうに言わざるを得ないと思います。

特に、国会等において、ただいま御指摘にありましたように、議論の積み重ねを経て確立され定着しているような解釈につきましては、政府がこれを基本的に変更することは困難であると考える次第でございます。今問題になっている憲法九条をめぐる諸問題についての見解、これはその一例ではなかろうかというふうに考える次第でございます。」

第九九条（憲法尊重擁護義務）

534　内閣の方針に反して閣僚が改憲推進の言動をすることの是非

【要旨】　内閣が改憲をしないという方針を持つ限り、閣僚が改憲の言動をすることは個人の資格でも許されない。

昭五〇（一九七五）・五・二一（七五回　参・決算）

【参照条文】　内二II

【議論の背景】　当時の法務大臣が改憲派の集会に出席し、また国会で改憲に積極的な発言をしたため、憲法尊重擁護義務違反になるのか、あるいは改憲しないという内閣の方針に照らして許されるのかが問題となった。

【答弁】

○井出一太郎官房長官（政府統一見解）

「稲葉法務大臣が、五月三日、自主憲法制定国民会議に出席しましたことは、たとえそれが個人の資格にしても、閣僚の地位の重みからして、その使い分けは、そもそも困難であり、閣僚の行動としては慎重を欠いたと言わざるを得ません。

また、五月七日参議院決算委員会における同相の発言は、国の最高法規である憲法の持つ重大性から言っても不適切なものがあり、はなはだ遺憾でございます。

政府としても厳重に注意をいたしましたが、稲葉法務大臣はこれらの点を深く反省し、今後は十分その言動を慎むと誓約をいたしております。

三木内閣の閣僚が憲法改正を推進する会合に出席することは、憲法改正をしないという内閣の方針について誤解を生ずるおそれがありますので、三木内閣の閣僚である限りは、今後は出席いたさせません。

自民党は、結党時の政綱において、憲法の自主的改正を図ることにしておりますが、三木内閣は国会でもしばしば言明しておりますとおり、憲法改正を行わない方針であります。したがって、改憲運動のリーダーシップをとるということもございません。

現行憲法は、高い理想を掲げて現実政治の向かうべき目標を設定していることは、すぐれたものであると考えます。

三木内閣としては、現行憲法の理想を政治の上に一層具現してゆくよう、最大の努力をいたす所存であります。

なお、憲法記念日については、憲法の施行を記念し、国の成長を期すという記念日の趣旨に沿って、内閣の責任において、意義ある記念行事を行う考えでございます。」

535　閣僚が改憲団体に所属することの是非

〔要旨〕　閣僚の改憲団体所属は憲法尊重擁護義務に反しないが、改憲しない方針を採る内閣では、改憲の言動は慎むべきである。

昭五五（一九八〇）・一〇・七〔九三回　衆・本会議〕

【参照条文】　内二II

【議論の背景】　閣僚の改憲団体所属や改憲の言動に関し、昭和五〇（一九七五）年の政府統一見解と比べて、改憲団体所属は憲法尊重義務に反しないことが明言された。内閣の連帯責任から言動に慎重であるべきことは確認された。

【答弁】

○鈴木善幸内閣総理大臣　「公務員が憲法を尊重し擁護する義務を負うことは、憲法第九十九条に明記されているところでありますが、同時に、憲法は第九十六条に改正手続を定めていることから明らかなように、憲法改正を論ずることと憲法を遵守することとは個別の問題であります。

自民党の議員も各党の議員と同様に、政治家である以上、憲法について研究し、その改正の要否について意見を持っていることは当然であって、いわゆる護憲運動をする団体もあれば改憲運動をする団体もあって、自由な議論がされるということは一向差し支えないと考えております。……

また、憲法改正を論ずることと憲法を尊重し擁護することとは別個の問題でありますから、閣僚が改憲団体に所属することは憲法の尊重擁護の義務に反しないことは明らかでありますが、鈴木内閣は改憲しない方針をとっている以上、各閣僚は内閣の方針に誤解を生ぜしめないよう、厳にその言動を慎むよう要請しております。」

536　大臣や国会議員の憲法尊重擁護義務と憲法改正発議権の関係

『要旨』　大臣や議員が改憲の検討や主張をしても、改憲の手続を憲法が認めているので憲法尊重擁護義務に違反しない。

昭五五（一九八〇）・一〇・一七〔九三回　衆・本会議録〕

【参照条文】　国会一〇二の六・七

【議論の背景】　憲法は九九条で公務員の憲法尊重擁護義務を定め、九六条で国会の改憲発議権を認めるため、両者の関係が問題となった。特に内閣による改憲調査や改憲案提出は九六条に規定がないため議論になった。

【答弁】

○森清議員提出憲法第九十九条と憲法改正との関係に関する質問主意書

「憲法第九十九条は……と定めているが、他方、憲法は第九十六条をもって憲法改正の手続を定めているので、憲法第九十九条と憲法改正との関係を明らかにするため、次の二点について政府の法律的見解を求めたい。

一　憲法第九十九条の趣旨はどのようなものか。

二　国務大臣又は国会議員が憲法第九十六条に定める手続による憲法改正について検討し、あるいは主張することは、個人の立場でしても、国務大臣又は国会議員の立場でしても、憲法第九十九条に定める憲法尊重擁護義務に違反しないと考えるがどうか。

右質問する。」

○答弁書（昭和五五年（一九八〇）一〇月一七日提出）

「一について

憲法第九十九条は、日本国憲法が最高法規であることにかんがみ、天皇又は摂政及び国務大臣、国会議員、裁判官その他の公務員は、憲法の規定を遵守するとともに、その完全な実施に努力しなければならない旨を定めたものである。

二について

憲法改正については御指摘のように憲法に手続が定められているから、その手続による憲法改正について検討し、あるいは主張することを憲法自体が認めていることは明らかであって、このような検討又は主張を行うことと、現在の憲法の規定を遵守し、その完全な実施に努力することとは別の問題である。したがって、国務大臣又は国会議員がこのような検討又は主張を個人の立場で行っても国務大臣又は国会議員の立場で行っても、憲法第九十九条に違反するものではない。右答弁する。」

537　公務員の憲法尊重擁護義務の法的意味

【要旨】　九九条は、憲法の最高法規性に鑑み、公務員が憲法規定を遵守し、その完全実施に努力すべきことを定める。

平一一（一九九九）・三・一　〔一四五回　参・予算〕

【参照条文】　国公六Ⅰ・三八Ⅴ・九七　地公一六Ⅴ・三一　警三　服務宣誓令等

【議論の背景】　閣僚の改憲発言を巡り公務員の憲法尊重擁護義務が論じられた。本条は直ちに法的義務を生むものではなく、個別立法が必要というのが通説であり、現実には一般公務員にのみ法的義務が課され、閣僚等の特別公務員にはない。

【答弁】

○**橋本敦議員**　中村法務大臣の改憲発言についてどう考えるか。

○**小渕恵三内閣総理大臣**　「委員がまず御指摘されておる憲法の問題につきましては、確かに憲法九十九条で、国務大臣その他の公務員はこの憲法を尊重し擁護する義務を負う旨を定めておりますが、日本国憲法が最高法規であることにかんがみ、国務大臣その他の公務員は憲法の規定を遵守するとともに、その完全な実施に努力しなければならないという趣旨を定めたものであります。一方、憲法は第九十六条においてその改正手続きによる憲法改正について検討し、あるいは主張することは憲法の尊重擁護義務に違反するものではない、このように考えております。」

○**橋本**　「註解日本国憲法」によれば九十九条の憲法尊重擁護義務とは、憲法運用の任に直接携わる者は、みずから憲法に違反しないだけでなく、憲法を尊重しない行動と闘争する義務をも負わされているのではないか。

○**大森政輔内閣法制局長官**　「結論だけ申し上げますと誤解を催すと思いますので、若干付加して申し上げたいと思いますが、『註解日本国憲法』にそのような解説があったように思います。ただ、手元にその資料がございませんので、一字一句同じであるかどうかについては確言を申し上げかねます。

そして、この憲法九十九条に関しまして従来から政府の立場で申し上げております意味、内容につきましては、先ほど総理からも答弁がありましたように、この条項と申しますのは、日本国憲法が最高法規であることにかんがみ、公務員は憲法の規定を遵守するとともにその完全な実施に努力しなければならないという趣旨を定めたものであると、繰り返しそのように答弁してきているところでございます。」

年月日順索引

（ボールド数字は項目番号）

民審査）
22日 **281**（ポルノ映画）
23日 **90**（武器輸出三原則）
24日 **422**（首相準公選制）
28日 **454**（裁判官再任）
30日 **24**（国事行為の臨時代行）
5月9日 **279**（公務員の守秘義務）
6月6日 **360**（弁護人依頼権）
9月12日 **177**（防衛力の限界）
11月13日 **49**（戦力）

昭和48年（1973）
2月1日 **329**（「公共のため」）
23日 **455**（裁判官の任期制度）
3月6日 **444**（裁判官の「良心」）
7日 **471**（政令への委任）
20日 **74**（攻撃的核兵器，防御的核兵器）
4月6日 **459**（違憲判決の効力）
12日 **129**（自衛官の海外駐在）
5月8日 **282**（屋外広告物規制）
6月7日 **22**（天皇の国事行為）
19日 **11**（天皇の地位）
21日 **116**（先制攻撃），**429**（多国間条約の改正，国会承認）
28日 **12**（天皇の地位）
7月13日 **460**（違憲判決裁判書国会送付）
9月13日 **51**（「前項の目的を達するため」），**461**（統治行為論）
18日 **108**（自衛のための武力行使）
19日 **130**（海外派兵）
23日 **174**（軍事規定）
12月6日 **414**（文民）
19日 **415**（文民）

昭和49年（1974）
2月20日 **430**（国会承認を必要とする条約の範囲）
3月4日 **431**（国会の条約不承認）
6日 **392**（国政調査権）
16日 **321**（公務員の労働基本権）
26日 **325**（政治スト）
4月8日 **312**（環境権）
5月16日 **506**（区長公選制）
9月20日 **495**（公金の支出制限）
11月13日 **393**（公務員の守秘義務）
15日 **394**（秘密会）
12月23日 **395**（国政調査権，守秘義務）

昭和50年（1975）
2月26日 **330**（終戦時に接収された在外財産）
3月5日 **53**（自衛隊の戦う力）
6日 **411**（行政委員会）
12日 **283**（政党機関紙誌の規制），**507**（自治体自主課税権）
14日 **25**（天皇の公的行為）
5月14日 **207**（非常時立法），**222**（公共の福祉）
15日 **416**（内閣・閣僚の政治責任）
21日 **534**（内閣の方針に反して閣僚が改憲推進の言動をすること）
29日 **490**（宮中三殿の所有権）
6月5日 **39**（勲章授与），**407**（国務大臣の議院出席・答弁義務）
17日 **300**（酒・たばこ販売業に関する距離制限）
18日 **140**（外国の艦船）
20日 **462**（最高裁の憲法判断）
8月26日 **159**（自衛隊の作戦行動範囲）
10月29日 **160**（米国艦船）
11月20日 **23**（天皇の公的行為），**26**（天皇の私的行為），**218**（人権享

	有主体性)
12月3日	**476**（財政上の緊急処分）
9日	**126**（追跡権）

昭和51年（1976）

4月27日	**396**（司法権，国政調査権）
5月4日	**376**（参議院の存在理由），**377**（国会の責任）
7日	**2**（日本国憲法）
19日	**397**（国政調査権に基づく資料提出要求）
21日	**452**（連記制による国民審査投票用紙）
8月4日	**398**（司法行政）
9月8日	**382**（議院証言法に基づく議員の証言）
10月7日	**484**（予算の単年度主義）
12日	**219**（私人間効力），**399**（刑事被告人に対する証人喚問）
13日	**400**（刑事責任）

昭和52年（1977）

2月23日	**485**（予算修正権）
3月12日	**440**（陪審制）
28日	**284**（ポルノ雑誌の規制）
4月13日	**301**（公務員の天下り規制）
5月14日	**518**（沖縄駐留軍用地特別措置法案）
18日	**345**（適正手続の保障）
19日	**417**（内閣の責任）
11月15日	**118**（商船隊に対する計画的攻撃）

昭和53年（1978）

2月3日	**373**（国民投票法）
13日	**75**（攻撃的兵器）
14日	**86**（F-15，P-3C）
3月1日	**259**（NHKの受信契約強制）
4日	**87**（F-15戦闘機）
11日	**76**（核兵器），**77**（条約遵守義務），**374**（国権の最高機関），**401**（国政調査権の限界）
23日	**402**（検察権の行使）
4月14日	**54**（自衛隊）
18日	**361**（弁護人なしの裁判）
28日	**530**（「確立された国際法規」）
5月10日	**488**（予備費），**503**（決算）
12日	**346**（工作物の除去等の行政処分）
31日	**302**（弁護士会への強制加入），**412**（日弁連の行う登録事務），**439**（弁護士会の懲戒権）
6月6日	**178**（自衛力の限界）
8月16日	**95**（自衛隊の実力行使）
10月17日	**205**（有事法制），**265**（靖国神社参拝）
18日	**239**（定数配分，人口比例）

昭和54年（1979）

2月20日	**223**（猟銃の所持）
3月10日	**4**（前文）
4月26日	**432**（留保付条約）
5月8日	**3**（国体）
29日	**520**（憲法改正の限界）
9月7日	**161**（日米共同訓練）
12月11日	**463**（違憲立法審査権）

昭和55年（1980）

3月4日	**253**（奴隷的拘束，意に反する苦役）
21日	**313**（生活保護基準），**472**（秋田市国民健康保険条例）
27日	**295**（検閲），**296**（税関検査）
28日	**333**（都市計画法，建築基準法）

10月7日 **535**（閣僚の改憲団体所属）
9日 **162**（集団的自衛権）
14日 **521**（内閣法制局）
17日 **536**（憲法尊重擁護義務）
23日 **317**（義務教育無償規定）
28日 **131**（軍用輸送機による邦人救出）
30日 **103**（集団的自衛権，海外派兵），**185**（国連軍への参加），**266**（政教分離原則），**267**（靖国神社国家護持）
11月4日 **133**（公海上の日本船舶の護衛）
12月18日 **522**（内閣による憲法改正提案）
26日 **43**（憲法9条の解釈），**254**（徴兵制）

昭和56年（1981）
2月20日 **91**（武器輸出三原則）
3月9日 **104**（憲法9条解釈）
11日 **5**（前文），**6**（前文），**496**（公金の支出制限）
14日 **255**（国民徴用制度）
19日 **117**（専守防衛）
20日 **92**（武器輸出），**208**（徴兵制），**256**（徴兵制），**358**（裁判の遅延）
4月16日 **94**（交戦権）
27日 **141**（特定海域の防衛分担）
5月7日 **60**（憲法上保有を許されない兵器）
19日 **98**（自衛権の行使）
6月2日 **78**（核積載艦船の領海内通過），**142**（集団的自衛権）
3日 **109**（自衛権の要件），**143**（集団的自衛権），**186**（国際海上監視部隊構想）
10月14日 **249**（拘束名簿式比例代表選挙），**285**（無所属立候補の制限），**378**（拘束名簿式比例代表制）
23日 **224**（酒税免許）
11月17日 **144**（シーレーン防衛）

昭和57年（1982）
3月15日 **225**（胎児の生命尊重）
4月14日 **379**（政党）
5月12日 **423**（違憲の疑いのある法律の執行義務）
7月8日 **44**（戦争放棄）
12月16日 **322**（公務員の争議行為禁止）

昭和58年（1983）
2月5日 **163**（米艦船の護衛）
22日 **145**（集団的自衛権）
3月3日 **132**（徴兵制度，海外派兵）
4日 **448**（弁護士に関する事項）
9日 **146**（外国船舶の護衛）
15日 **134**（有事における海上交通の安全確保）
24日 **147**（米艦の護衛）
4月1日 **148**（集団的自衛権の行使）
11月21日 **386**（議員辞職勧告決議）

昭和59年（1984）
3月1日 **318**（海外子女の教育を受ける権利），**387**（第一審で有罪判決を受けた国会議員に対する懲罰）
4月3日 **18**（天皇，皇太子，皇太孫），**19**（天皇の退位）
19日 **464**（法令違憲判決の効力）
20日 **234**（国籍）
5月10日 **215**（国籍），**251**（請願権），**304**（国籍離脱の自由）

13日　**120**（外国・公海上の日本人の生命等の保護）
4月18日　**56**（戦力による国際貢献）
9月25日　**195**（ＰＫＦへの参加），**196**（武器の使用）
30日　**348**（損失補てん）
11月18日　**197**（武器の使用）
27日　**198**（指図，コマンド）
12月5日　**199**（武力の行使）
18日　**200**（武器の使用）

平成4年（1992）
2月19日　**356**（終身刑の創設）
3月16日　**486**（予算の自然成立）
4月7日　**15**（天皇の選挙権・被選挙権，皇族の選挙権・被選挙権），**20**（女帝）
6月17日　**338**（警戒区域の設定）
11月25日　**474**（通達による土地等の時価の算定基準）
12月8日　**202**（多国籍軍への参加・協力）

平成5年（1993）
3月11日　**403**（捜査内容の公表）
4月12日　**287**（人種差別撤廃条約）
27日　**40**（「儀式を行うこと」）
5月28日　**235**（嫡出でない子）
6月10日　**121**（侵略）
10月13日　**260**（政党助成）
27日　**289**（番組内容への規制），**290**（知る権利）
12月14日　**81**（核兵器の保有）
15日　**288**（放送の政治的公平）

平成6年（1994）
1月10日　**291**（政党助成法）
5月13日　**212**（国連常任理事国入り）
25日　**188**（国連憲章）
6月8日　**189**（国連決議に従った武力行使）
13日　**190**（国連憲章の集団的安全保障）
7月20日　**175**（自衛隊の合憲性）
10月18日　**8**（前文）
26日　**242**（小選挙区選挙の区割り法案）
11月29日　**410**（国会決議）

平成7年（1995）
2月1日　**339**（災害被災者に対する補償）
20日　**511**（定住外国人に対する地方参政権の付与）
10月11日　**9**（前文）
26日　**273**（信教の自由）
11月9日　**532**（政府の憲法解釈）
10日　**497**（政教分離）

平成8年（1996）
2月6日　**314**（生存権）
8日　**367**（公訴時効）
27日　**149**（集団的自衛権に関する憲法解釈）
3月26日　**238**（人種差別撤廃条約）
4月4日　**57**（自衛隊）
5月21日　**165**（米軍に対する支援）
11月27日　**274**（破防法に基づく解散指定）
12月6日　**375**（行政監督権），**413**（行政権）
9日　**468**（公共事業各種五ヵ年計画）
10日　**404**（国会の補助的機関による政府への勧告・あっせん）

平成9年（1997）
1月28日　**405**（国政調査権行使の手段としての立入調査権）
3月13日　**388**（国会議員の個人的行為による懲罰）
14日　**445**（国際人権B規約）
4月7日　**340**（駐留軍用地特措法）
10日　**349**（駐留軍用地特措法）
5月27日　**406**（国政調査権の行使主体）
6月16日　**136**（機雷の除去）
10月3日　**166**（武器弾薬の輸送）
13日　**257**（罰則つきの労務強制）
11月27日　**150**（「武力の行使との一体化」論），**167**（周辺事態における後方地域支援），**243**（在外投票制度）
12月3日　**168**（基地使用の応諾）

平成10年（1998）
3月18日　**151**（「実力をもって」）
25日　**434**（新ガイドライン）
4月28日　**418**（閣議決定）
5月14日　**45**（国際紛争）
19日　**236**（嫡出でない子の国籍取得）
20日　**201**（武器の使用）
6月2日　**425**（内閣の政策企画立案機能）
17日　**82**（核兵器の使用）
12月7日　**533**（政府の憲法解釈）

平成11年（1999）
3月1日　**537**（憲法尊重擁護義務）
2日　**341**（日本鉄道共済移換金）
5日　**292**（知る権利），**342**（納税義務，租税法律主義）
4月1日　**152**（集団的自衛権）
6日　**523**（憲法改正権）
14日　**213**（不審船事件）
20日　**153**（第三国に対する自衛権の行使，商船の臨検）
23日　**169**（周辺事態対応措置），**170**（自己の生命等を防護するための武器使用）
5月11日　**214**（国連憲章）
20日　**191**（武力行使の許容範囲）
6月11日　**419**（副大臣制）
29日　**261**（国旗・国歌の指導）
11月17日　**293**（オウム新法）

平成12年（2000）
5月23日　**250**（定住外国人の地方参政権）

事項索引

（五十音順）

（ボールド数字は項目番号）

〔ら〕

〔わ〕

質問者・答弁者索引

（五十音順）

（ボールド数字は項目番号）

〔あ〕

愛知揆一（外務大臣）　**184**
青木一男（議員）　**411, 417**
青柳盛雄（議員）　**444, 452**
赤城宗徳（防衛庁長官）　**111**
赤沢正道（自治大臣）　**277**
赤間文三（法務大臣）　**409, 481**
秋山収（内閣法制局第一部長）　**45**
秋山進（総理府賞勲局長）　**39**
秋山長造（議員）　**230, 308, 447**
朝海和夫（外務省総合外交政策局国際社会協力部長）　**445**
浅野一郎（参議院法制局長）　**522**
足鹿覚（議員）　**310**
飛鳥田一雄（議員）　**531**
東祥三（議員）　**418**
渥美節夫（厚生省児童家庭局長）　**492**
安部俊吾（議員）　**363**
安倍晋三（議員）　**152**
安倍晋太郎（内閣官房長官）　**265**
阿部助哉（議員）　**365**
荒井勇（内閣法制局第三部長）　**248, 365, 505**
荒木万寿夫（文部大臣）　**38**
荒玉義人（特許庁長官）　**328**
有田喜一（防衛庁長官）　**315**
安藤巖（議員）　**488**
井伊誠一（議員）　**352**
飯田忠雄（議員）　**13, 32, 33, 302, 345, 412, 439, 463**
池田勇人（大蔵大臣）　**477**
――（内閣総理大臣）　**245**
池田行彦（防衛庁長官）　**196**
――（外務大臣）　**445**
石井一（議員）　**149**
石田祝念（議員）　**289**
石野久男（議員）　**431**
石橋一弥（議員）　**497**
石橋大吉（議員）　**197**
石橋政嗣（議員）　**21, 83, 173, 180**
石原信雄（自治省税務局長）　**313, 472**
和泉照雄（議員）　**118**
泉美之松（国税庁長官）　**354, 364**
岩動道行（議員）　**494**
磯辺律男（国税庁次長）　**394**
板川正吾（議員）　**470**
一万田尚登（大蔵大臣）　**480**
井出一太郎（官房長官）　**534**
井出正一（厚生大臣）　**339**
井手成三（内閣法制局次長）　**370, 435**
一井淳治（議員）　**286**
市川正一（議員）　**303**
市川雄一（議員）　**145**
伊藤英成（議員）　**339**
伊藤圭一（防衛庁防衛局長）　**54, 75, 87**
伊藤顕道（議員）　**48, 245**
伊藤栄樹（法務省刑事局長）　**530**
伊藤惣助丸（議員）　**69, 183**
伊東正義（外務大臣）　**6**
稲葉修（法務大臣）　**399, 400, 462**
稲葉誠一（議員）　**68, 91, 94, 98, 103, 109,**

130, 142, 143, 162, 182, 185, 266, 267, 359, 361, 362, 392, 455, 530
犬養健（法務大臣）　381
猪熊重二（議員）　237, 425, 465
猪俣浩三（議員）　220, 247, 298, 351, 457, 519
今津寛（議員）　410
入江俊郎（衆議院法制局長）　380
岩上二郎（議員）　496
岩垂寿喜男（議員）　133
岩間英太郎（文部省管理局長）　493
植木康子郎（法務大臣）　436
上杉光弘（自治大臣）　243
上田耕一郎（議員）　161, 396, 521
上田哲（議員）　461
殖田俊吉（法務総裁）　247
植竹晴彦（議員）　172
上原康助（議員）　27, 178, 196, 208
受田新吉（議員）　16, 17, 22, 95, 129, 420, 426
宇佐美毅（宮内庁長官）　24
臼井日出男（防衛庁長官）　57
内田常雄（厚生大臣）　513
内田善利（議員）　517
内海清（議員）　331
宇ノ沢智雄（会計検査院事務総長）　501, 502
占部秀夫（議員）　229
江田五月（議員）　292
柄谷道一（議員）　141, 358
枝野幸男（議員）　405
衛藤晟一（議員）　194
遠藤和良（議員）　243
及川一夫（議員）　166
大池真（衆議院事務総長）　389
大井民雄（衆議院法制局長）　302, 412, 439
大出俊（議員）　25, 322
大出峻郎（内閣法制局第三部長）　318
——（内閣法制局長官）　8, 189, 190, 242, 273, 291, 497, 532
大内啓伍（議員）　75
大川清幸（議員）　249
大口善徳（議員）　511
太田誠一（総務長官）　292
大塚喬（議員）　518
大貫大八（議員）　221
大野幸一（議員）　46, 453
大橋茂二郎（自治省行政局選挙部長）　239
大橋武夫（法務総裁）　46, 209, 519, 526, 527
——（労働大臣）　326
大平正芳（外務大臣）　430
——（大蔵大臣）　476, 484
大渕絹子（議員）　342
大村襄治（議員）　216
——（内閣官房副長官）　415
——（防衛庁長官）　117
大村清一（防衛庁長官）　102
大森政輔（内閣法制局第一部長）　27, 56, 120, 202, 271, 272, 424
——（内閣法制局長官）　82, 136, 149, 150, 151, 165, 167, 170, 191, 257, 314, 340, 342, 349, 404, 413, 425, 434, 468, 523, 533, 537
大矢正（議員）　232
岡崎万寿秀（議員）　164
岡沢完治（議員）　278, 443
小笠原臣也（自治省行政局選挙部長）　241
岡田克也（議員）　151
岡田春夫（議員）　116, 203
岡野清豪（地方自治庁長官）　508
岡原昌男（法務府検務局長）　363
岡村泰孝（法務省刑事局長）　465

岡本愛祐（議員）　176, 209, 512
岡本富夫（議員）　387
小川新一郎（議員）　466, 513
小川平二（自治大臣）　518
沖本泰幸（議員）　279
奥野健一（司法省民事局長）　311
——（参議院法制局長）　230, 390
奥野誠亮（議員）　422
尾崎護（大蔵省主税局長）　473
小沢克介（議員）　198
小沢貞孝（議員）　330
鬼木勝利（議員）　24
小野明（議員）　397
小野幹雄（最高裁判所事務総局刑事局長）　358
小渕恵三（内閣総理大臣）　214, 261, 419, 537
折小野良一（議員）　506
小和田恒（外務省条約局長）　164

〔か〕

海江田万里（議員）　367
海原治（防衛庁防衛局長）　204
香川保一（法務省官房訟務部長）　442
柿沢弘治（議員）　195
筧栄一（法務省刑事局長）　359
鹿島俊雄（議員）　217
鹿島尚武（国土庁防災局長）　338
賀集唱（法務省官房司法法制調査部長）　440
鍛冶良作（議員）　360
柏原ヤス（議員）　317
春日一幸（議員）　36, 262
春日正一（議員）　124, 282
粕谷照美（議員）　255
加瀬完（議員）　230, 454, 524
片島港（議員）　246
勝尾鐐三（法務省矯正局長）　294
加藤紘一（防衛庁長官）　79, 164
——（内閣官房長官）　20, 202
加藤威二（厚生省薬務局長）　252
加藤陽三（議員）　115
加藤隆司（大蔵省主計局次長）　484
加藤良三（外務省総合外交政策局長）　191
金丸三郎（議員）　239, 285
金丸三郎（答弁者・参議院議員）　249, 378, 379
金丸信（防衛庁長官）　86, 87
金丸徳重（議員）　332
上谷清（最高裁判所事務総局民事局長兼行政局長）　464
神近市子（議員）　449
亀田得治（議員）　101, 125, 456
川井英良（法務省刑事局長）　368, 369, 409, 481
川口大助（議員）　440
川口頼好（衆議院法制局長）　382
川島広守（警察庁警備局長）　305
川俣健二郎（議員）　433
河村勝（議員）　485
神崎武法（郵政大臣）　288
菅直人（議員）　375, 413
甋正敏（議員）　202
菊川孝夫（議員）　477
聴涛弘（議員）　40, 165
岸盛一（最高裁判所事務総局刑事局長）　352
——（最高裁判所事務総長）　391, 437, 449
岸信介（内閣総理大臣）　61, 181, 220, 221, 231, 531
木島日出夫（議員）　257, 349
北浦圭太郎（議員）　10
北村哲男（議員）　348
北山愛郎（議員）　475

木下源吾（議員）　105, 171
木原津与志（議員）　58
木村篤太郎（法務総裁）　176
――（国務大臣）　101
――（保安庁長官）　127
木村禧八郎（議員）　384, 482
木村俊夫（内閣官房副長官）　70
木本平八郎（議員）　226
喜屋武真栄（議員）　297
草川昭三（議員）　432
草葉隆円（議員）　245
工藤敦夫（内閣法制局長官）　14, 28, 37, 41, 187, 195, 199, 200, 270, 486
久保卓也（防衛庁防衛局長）　72, 74, 115, 129, 177, 211
久保亘（議員）　14, 179, 486
熊谷弘（内閣官房長官）　188
倉石忠雄（労働大臣）　324
倉成正（外務大臣）　433
栗林卓司（議員）　423
栗原君子（議員）　274
栗山尚一（外務省条約局長）　148
――（外務省北米局長）　79
黒住忠行（運輸省自動車局長）　299
黒柳明（議員）　135, 174
源田実（議員）　2, 5, 6, 374, 401
小池晃（議員）　191
河野密（議員）　47
河野義克（参議院事務総長）　499
高村正彦（外務大臣）　152, 153, 169
小金義照（議員）　88
小滝彬（防衛庁長官）　58
小谷守（議員）　495
後藤田正晴（警察庁次長）　276
――（法務大臣）　235
小林行雄（文部省大学学術局長）　38
小松一郎（外務省条約局法規課長）　120
小宮武喜（議員）　259
小森龍邦（議員）　238, 287
小柳勇（議員）　264
近藤忠孝（議員）　285, 484, 507

〔さ〕

斎藤朔郎（参議院法制局長）　499
斎藤次郎（大蔵省主計局次長）　489
斉藤節（議員）　385
坂井隆憲（議員）　290
坂上富男（議員）　273, 341
阪上安太郎（議員）　343
坂田道太（文部大臣）　315
――（防衛庁長官）　159
坂本一洋（衆議院法制局長）　406
笹川堯（議員）　242
佐々木静子（議員）　312
笹森順造（議員）　244, 275
佐竹晴記（議員）　99
佐藤栄作（内閣総理大臣）　63, 64, 65, 66, 158, 203, 309, 442, 482, 517
佐藤観樹（議員）　240, 471
佐藤健司（専売公社専務理事）　300
佐藤茂樹（議員）　169
佐藤正二（外務省条約局長）　183
佐藤達夫（法務庁法制長官）　353
――（法務府法制意見長官）　96, 500
――（内閣法制局長官）　30, 31, 88, 246, 371, 384, 478, 479
佐藤藤佐（司法次官）　10
佐藤道夫（法務省刑事局刑事課長）　402
佐藤良正（厚生省社会局保護課長）　313
真田秀夫（内閣法制局第一部長）　85, 113, 217, 278, 280, 451
――（内閣法制次長）　392, 394, 452
――（内閣法制局長官）　3, 4, 76, 77, 95, 178, 205, 219, 223, 284, 346, 373, 398, 401, 402, 417, 485, 518, 520
志位和夫（議員）　261, 314

塩川正十郎（議員）　319
塩崎潤（大蔵省主計局長）　469
志賀義雄（議員）　436
篠原義雄（文部省大臣官房宗務課長）　275
柴田睦夫（議員）　251
島村史郎（総理府大臣官房管理室長）　330
下条進一郎（委員長）　200
白木義一郎（議員）　416
城戸謙次（環境庁企画調整局長）　312
新村勝雄（議員）　79
杉原弘泰（公安調査庁長官）　274
杉山恵一郎（参議院法制局長）　374, 401
鈴木一弘（議員）　393
鈴木喜久子（議員）　424
鈴木俊一（総理庁官房自治課長）　512
——（総理府事務官（地方自治庁次長））　258
鈴木正吾（委員長）　498
鈴木善幸（内閣総理大臣）　133, 535
鈴木義男（司法大臣）　453
鈴切康雄（議員）　18, 71, 72, 126, 131, 132, 318
須藤五郎（議員）　364
砂田重民（自治政務次官）　319
関之（法務府刑政長官総務室主幹）　366
関道雄（内閣法制局第四部長）　21
——（内閣法制局第一部長）　233
関守（内閣法制局第一部長）　334
世耕弘一（議員）　100
世耕政隆（自治大臣）　423
瀬戸山三男（法務大臣）　361
仙谷由人（議員）　468

〔た〕

高木寿夫（国税庁間税部酒税課長）　300
高島節男（通商産業省重工業局長）　93
高島益郎（外務省条約局参事）　428
高辻正巳（内閣法制局第一部長）　528
——（内閣法制局長官）　17, 69, 89, 93, 97, 107, 112, 114, 125, 138, 203, 228, 229, 298, 308, 320, 344, 372, 475, 482, 494, 513, 516, 524
高鳥修（総務庁長官）　227
高野博師（議員）　82, 434
高橋英吉（議員）　280, 449
高橋元（大蔵省主計局次長）　476
高橋通敏（外務省条約局長）　137
多賀谷真稔（議員）　326, 427
滝沢幸助（議員）　441
竹内藤男（建設省都市局長）　331
竹岡勝美（防衛庁長官官房長）　118
竹下豊次（議員）　435
竹下登（内閣総理大臣）　35, 36
竹田現照（議員）　328
武村正義（議員）　212
竹本孫一（議員）　476
田島信威（参議院法制局長）　388
但木敬一（法務省法務大臣官房長）　293
多田省吾（議員）　76, 248, 295, 296
立木洋（議員）　81, 201
立花敏男（議員）　508
楯兼次郎（議員）　184
田中伊三次（法務大臣）　355, 459
——（委員長）　400
田中織之進（議員）　31
田中角栄（通商産業大臣）　90
——（内閣総理大臣）　22, 174
田中慶秋（議員）　250
田中耕太郎（最高裁判所長官）　457
田中康民（内閣法制局第二部長）　216, 332
田中昭二（議員）　350
田中龍夫（文部大臣）　317
田中武夫（議員）　372, 382, 483

谷川和穂（防衛庁長官） 134
――（議員） 187
谷福丸（衆議院事務総長） 406
種田誠（議員） 190
田畑金光（議員） 1, 61
田原隆（法務大臣） 356
田渕哲也（議員） 74, 394
玉置一徳（議員） 306
玉置和郎（議員） 4, 104
田宮重男（最高裁判所事務総局総務局長） 460
田村賢作（議員） 307
丹波実（外務省国際連合局長） 194
――（外務省条約局長） 121, 287
千田正（議員） 371
筒井信隆（議員） 474
津野修（内閣法制局第一部長） 289, 290
角田義一（議員） 291
角田礼次郎（内閣法制局第四部長） 470
――（内閣法制局第一部長） 25, 51, 108, 126, 490
――（内閣法制局長官） 5, 6, 44, 91, 104, 109, 143, 145, 148, 162, 163, 225, 253, 255, 322, 423, 496, 521, 522
椿繁夫（議員） 231
鶴見祐輔（議員） 127
寺田熊雄（議員） 54, 215, 223, 255, 304, 346
寺田治郎（最高裁判所事務総局総務局長） 447
寺前巌（議員） 485
田英夫（議員） 213
土井たか子（議員） 35, 234
戸叶里子（議員） 192, 428
戸叶武（議員） 458
戸田菊雄（議員） 323
戸塚進也（議員） 522
富田朝彦（宮内庁次長） 23
鳥居一雄（議員） 316

〔な〕

内藤功（議員） 219, 283
内藤誉三郎（議員） 12
永井純一郎（議員） 478
永岡光治（議員） 111
長尾立子（法務大臣） 367
中川秀直（議員） 189
中路雅弘（議員） 159
中曽根康弘（運輸大臣） 470
――（防衛庁長官） 211
――（内閣総理大臣） 146, 163, 303, 322, 323, 386
中谷鉄也（議員） 85, 360, 368, 391, 437, 450
長野士郎（自治省行政局長） 504, 514
中村喜四郎（議員） 276, 315
中村重光（議員） 492
中村高一（議員） 181
中山太郎（議員） 284
――（外務大臣） 193
中山福蔵（議員） 106
梨木作次郎（議員） 389
灘尾弘吉（文部大臣） 306, 307
夏目晴雄（防衛庁防衛局長） 147
並木芳雄（議員） 96
楢崎弥之助（議員） 60, 65, 70, 78, 90, 114, 158, 160, 211, 400, 414
西岡武夫（議員） 9
西村栄一（議員） 30
西村真悟（議員） 57
西山敬次郎（議員） 241
西山俊彦（最高裁判所事務総局行政局長） 463
抜山映子（議員） 34
野上元（議員） 97
野木新一（法務庁事務官） 351

野田哲（議員）　3, 23, 269, 467
野田哲也（内閣法制局第四部長）　410
野中広務（自治大臣）　511
——（官房長官）　523
野呂田芳成（防衛庁長官）　213

〔は〕

橋本敦（議員）　407, 537
橋本龍太郎（運輸大臣）　323
——（大蔵大臣）　348
——（内閣総理大臣）　166, 168, 201, 375, 418
長谷雄幸久（議員）　463
畠山蕃（防衛庁防衛局長）　196
羽田孜（内閣総理大臣）　190, 212
——（議員）　175
畑和（議員）　451
秦野章（議員）　398
秦豊（議員）　26, 55, 144, 147, 186, 206, 490
鳩山一郎（内閣総理大臣）　1, 171, 509
浜邦久（法務省刑事局長）　403
浜本英輔（大蔵省主税局長）　474
林修三（内閣法制局長官）　47, 48, 62, 106, 110, 123, 154, 172, 173, 180, 420, 421, 426, 427, 458, 487, 529
林忠雄（自治省行政局長）　506
林百郎（議員）　357
原茂（議員）　39, 300, 402
原純夫（国税庁長官）　232
原田明夫（法務省刑事局長）　445
東中光雄（議員）　260
枇杷田泰助（法務省司法法制調査部長）　439
——（法務省民事局長）　215, 234, 304
平田米男（議員）　167
平野清（議員）　473
平野貞夫（議員）　523
平林剛（議員）　469
福岡義登（議員）　415
福田篤泰（議員）　102
福田繁（文部省社会教育局長）　491
福田赳夫（大蔵大臣）　483
——（内閣総理大臣）　77, 361, 485
福田一（自治大臣）　507
福間知之（議員）　378
伏木和雄（議員）　66, 67
藤井貞人（人事院総裁）　301
藤枝泉介（自治大臣）　327
藤尾正行（議員）　240, 327
藤崎萬里（外務省条約局長）　182, 192
藤田進（議員）　53, 390
藤波孝生（議員）　263
——（内閣官房長官）　268
藤原良一（国土庁土地局長）　337
二見伸明（議員）　344, 356
船田中（防衛庁長官）　122
——（国務大臣）　105
冬柴鉄三（議員）　120, 193
古谷亨（議員）　299
保坂展人（議員）　236
細川護煕（内閣総理大臣）　260
細迫兼光（議員）　233
細谷治嘉（議員）　513, 514
穂積七郎（議員）　64
堀江正夫（議員）　117
堀木謙三（議員）　526
保利耕輔（自治大臣）　250
保利茂（内閣官房長官）　264
堀昌雄（議員）　228
本庄務（警察庁刑事局保安部長）　281
本間俊一（委員長）　500

〔ま〕

前尾繁三郎（法務大臣）　450
前川旦（議員）　108, 138

前田武志（議員）　**533**
前田正道（内閣法制局第三部長）　**296**
——（内閣法制局第一部長）　**383, 387, 464**
前原誠司（議員）　**153**
牧圭次（最高裁判所事務総局刑事局長）　**360**
増田甲子七（防衛庁長官）　**68, 83, 84, 156, 210**
升本達夫（建設省都市局長）　**333**
松井道夫（議員）　**366**
松岡平市（議員）　**381**
松沢兼人（議員）　**504**
松永忠二（議員）　**491**
松永信雄（外務省条約局参事）　**429**
——（外務省条約局長）　**126, 330, 431**
松本七郎（議員）　**137**
松本宗和（防衛施設庁長官）　**271**
松本善明（議員）　**59, 63, 128, 139, 140, 155, 157, 354**
丸谷金保（議員）　**224**
丸山昂（防衛庁防衛局長）　**126, 140, 159, 160**
円山雅也（議員）　**379**
三浦隆（議員）　**464**
三浦義男（衆議院法制局長）　**510**
三木武夫（外務大臣）　**67, 155, 182, 192**
——（環境庁長官）　**312**
——（内閣総理大臣）　**53, 395, 411, 462, 507**
水谷長三郎（議員）　**324**
水田三喜男（大蔵大臣）　**475**
三角哲生（文部省初等中等教育局長）　**317**
三谷秀治（議員）　**313, 472**
道正邦彦（労働省労政局長）　**325**
三石久江（議員）　**15, 20, 42**
三原朝雄（防衛庁長官）　**118**
峯山昭範（議員）　**301**
美濃部亮吉（議員）　**347**
味村治（内閣法制局第二部長）　**259**
——（内閣法制局第一部長）　**60, 131, 132, 141, 463**
——（内閣法制局長官）　**13, 34, 36, 179, 224, 335, 336, 408, 467**
宮尾盤（宮内庁次長）　**15, 27, 40, 42**
宮崎正雄（議員）　**377**
宮沢喜一（議員）　**329**
——（外務大臣）　**160**
——（大蔵大臣）　**489**
宮地茂（文部省大学学術局長）　**305**
村上孝太郎（大蔵省主計局長）　**482**
村上朝一（法務省民事局長）　**446, 456**
村上正邦（議員）　**225**
村田八千穂（総理府大臣官房賞勲部長）　**244**
村中俊明（厚生省公衆衛生局長）　**252**
村山富市（内閣総理大臣）　**175**
村山松雄（文部省大学学術局長）　**310**
茂串俊（内閣法制局第三部長）　**471**
——（内閣法制局第一部長）　**345, 382**
——（内閣法制局長官）　**33, 241, 385, 386**
門司亮（議員）　**258, 320, 510, 516**
本岡昭治（議員）　**445**
森清（議員）　**7, 43, 119, 254, 256, 536**
森戸辰男（文部大臣）　**525**
森中守義（議員）　**112, 156**
森元治郎（議員）　**429**
諸沢正道（文部省初等中等教育局審議官）　**316**

〔や〕

八木幸吉（議員）　**110, 154, 528**
矢口洪一（最高裁判所事務総局行政局長）　**438**

―― （最高裁判所事務総局人事局長） 443, 444, 454, 455
矢嶋三義（議員） 62, 499
安嶋彌（文部省初等中等教育局長） 495
安田幹太（議員） 311
安永英雄（議員） 493
安原美穂（法務省刑事局長） 400, 459
矢田部理（議員） 146, 148, 199, 218, 386, 399
谷津義男（議員） 227
矢野絢也（議員） 163, 373, 485
山内一夫（内閣法制局第一部長） 343, 498
山内一夫（参考人・学習院大学教授） 515
山口喜久一郎（委員長） 380
山口繁（最高裁判所事務総局総務局長） 448
山口哲夫（議員） 271
山口那津男（議員） 270
山口光秀（大蔵省主計局次長） 488, 503
山崎力（議員） 168
山崎昇（議員） 113, 321
山崎始男（議員） 509
山下栄二（議員） 277
山下元利（防衛庁長官） 161
山田太郎（議員） 369
山田俊昭（議員） 338
山田中正（外務省条約局外務参事官） 432
山中郁子（議員） 520
山中吾郎（議員） 38
山花貞夫（議員） 28
山本伊三郎（議員） 355, 505
山本悟（宮内庁次長） 18, 19
山本茂一郎（議員） 210
山本正和（議員） 337
山本政弘（議員） 325
矢山有作（議員） 80, 89, 93
横路孝弘（議員） 11, 281, 294
横山利秋（議員） 222, 368, 448, 459, 460, 481
与謝野馨（議員） 293
吉岡吉典（議員） 56
吉川末次郎（委員長） 353
―― （議員） 52
吉川春子（議員） 41, 419
吉国一郎（内閣法制次長） 16, 71, 422
―― （内閣法制局長官） 2, 11, 12, 26, 49, 53, 74, 116, 130, 207, 218, 222, 283, 321, 329, 376, 377, 393, 396, 407, 411, 414, 416, 461
吉国二郎（大蔵省主税局長） 350
吉田賢一（議員） 480, 501, 502
吉田茂（内閣総理大臣） 50, 52, 99, 100, 176
吉田泰夫（建設省都市局長） 282
吉丸真（最高裁判所事務総局刑事局長） 286, 466
吉村剛太郎（議員） 288
依田圭吾（議員） 305
依田智治（議員） 388
米田勲（議員） 123
米山武政（大蔵省関税局長） 295

〔わ〕

若松謙維（議員） 406
和田一仁（議員） 19
和田耕作（議員） 462
和田静夫（議員） 252, 438, 442
和田教美（議員） 335, 408
渡部行雄（議員） 37, 333, 334, 489

〈監修者〉

浅野《あさの》一郎《いちろう》　前徳山大学学長　元参議院法制局長

杉原泰雄《すぎはらやすお》　一橋大学名誉教授

〈編集委員〉

浅野《あさの》善治《よしはる》　衆議院調査局調査員

岩﨑隆二《いわさきりゅうじ》　参議院法制局参事

植村勝慶《うえむらかつよし》　國學院大學法学部教授

浦田《うらた》一郎《いちろう》　一橋大学大学院法学研究科教授

川﨑政司《かわさきまさじ》　参議院法制局参事

只野《ただの》雅人《まさひと》　一橋大学大学院法学研究科助教授

憲法答弁集［1947－1999］

2003年（平成15年）9月16日　初版第1刷発行

編集委員　浅野善治　岩﨑隆二　植村勝慶　浦田一郎　川﨑政司　只野雅人

発行者　今井　貴　渡辺左近

発行所　信山社出版株式会社

〔〒113-0033〕東京都文京区本郷6-2-9-102

電　話 03（3818）1019

FAX 03（3818）0344

Printed in Japan.

印刷・製本／松澤印刷・渋谷文泉閣

ISBN4-7972-2225-5 C3332